34 Dt. Patent- u. Markenamt
35 Deutsches Museum
36 Forum der Technik
37 Müllersches Volksbad
38 Kulturzentrum am Gasteig
39 Maximilianeum
40 Völkerkundemuseum
41 Bürgersaalkirche
42 Michaelskirche
43 Jagd- u. Fischereimuseum
44 Frauenkirche

45 Literaturhaus
46 Fünf Höfe
47 Hypo-Kunsthalle
48 Feldherrnhalle
49 Staatl. Samml. Ägypt. Kunst
50 Residenz
51 Cuvilliéstheater
52 Residenztheater
53 Nationaltheater
54 Max-Planck-Institut
55 Theater im Marstall

56 Rathaus
57 Alter Hof
58 Hofbräuhaus
59 Kammerspiele
60 Altes Rathaus
61 Jüdisches Zentrum
62 Stadtmuseum
63 Peterskirche
64 Schrannenhalle
65 Krankenhaus links der Isar
66 Valentinmusäum

10 Jahre stadtbuch münchen. Über 1.000 Tipps!

willkommen!

10 Jahre STADTBUCH MÜNCHEN bedeuten nicht nur Abenteuer für Erlebnishungrige und unzählige Kilometer durch zahllose Münchner Tage & Nächte, sondern auch 240.000 Leser! Anlässlich des Jubiläums haben wir das STADTBUCH komplett neu gestaltet: es erscheint nun in einem handlicheren Format, ist übersichtlicher gestaltet und bietet auch deshalb noch mehr Service!

Das Neue STADTBUCH MÜNCHEN kann Ihr Begleiter und Ideengeber sein, es hält für alle Leser Entdeckenswertes bereit und stellt als Wegweiser durch das aktuelle Leben München rund um die Uhr vor. Nützen Sie unsere Vorschläge und Tipps - für Ihren Alltag und Ihre Freizeitgestaltung ...

Wir wünschen Ihnen eine informative Lektüre und viel Spaß!

typisch münchen

Theater am Sozialamt

Frauenkirche

kultur & erlebnis

freizeit & relaxen

essen & trinken

Café-Restaurant Forum

Pinakothek der Moderne

Allianz-Arena

city & guide

typisch münchen

kultur & erlebnis

freizeit & relaxen

essen & trinken

city & guide

Karlsplatz/Stachus

Typisch München

Ludwig Ganghofer, Georg Lohmeier, Werbeagenturen von Bierbrauern, das Hofbräuhaus, die Wiesn, der Komödienstadl, schlechte Filme und sonstige Kitsch-Multiplikatoren haben ganze Arbeit geleistet: außerhalb des Freistaates nimmt man die Bayern/Münchner oft und gerne als brauchtümelnde, in Landhausmode kostümierte, Oktoberfest feiernde, meist grantige, aber auch bierselige, Weißwurst essende Urtypen wahr, die gelegentlich nicht ungeschickt mit Computer und Reagenzglas umgehen können und vereinzelt auch noch erstklassig Fußball spielen.

Fast tragisch für die Restrepublik ist des Weiteren die Tatsache, dass die Marke Bayern das weltweite Bild Deutschlands Weiß-Blau abdeckt. DEN Bayern und DEN Münchner gibt es allerdings nicht - er ist eine Erfindung. Brauchtum wird im Freistaat nicht unbedingt außergewöhnlich intensiv gepflegt, sondern schlicht professionell vermarktet. Klischees wie „Laptop und Lederhose" hat man sich als Worthülsen für den beliebigen Einsatz ausgedacht.

Realität ist: nur die wenigsten Münchner/Bayern haben eine Lederhose oder würden sie gar anziehen.

... die Stadt der Musik

Orlando di Lasso (1532-1594) führte Münchens Hofmusik zu Weltrang. Mozart bemühte sich vergeblich um eine Anstellung - er galt als zu modern. Richard Strauss wurde hier geboren und Richard Wagner fand in König Ludwig II. einen fanatischen Förderer. Der Kiem Pauli erforschte etwa ab 1924 die Volksmusik. Ab 1945 machten Carl Orff, Werner Egk und andere München zu einem Zentrum der Avantgarde. Die Opernfestspiele starteten ab 1957 erneut. Es geht aber auch anders: in den 1970ern zog es internationale Rockgrößen wie die Rolling Stones, Deep Purple oder Queen ins heute geschlossene Musicland-Studio. In den 1980er Jahren machten Bands wie die Spider Murphy Gang oder die Münchner Freiheit die Stadt zur Hitquelle. Und heute? Neben den berühmten Orchestern und Ensembles der in München traditionell erstrangigen Klassik, sind die Sportfreunde Stiller und Phonoboy wichtige Bands der Gegenwart. Weltstars oder regionale Musiker finden jeweils passende Bühnen: vom wegweisenden Atomic Café über den legendären Circus Krone, den Gasteig, das Zenith oder das Prinzregententheater bis hin zu Olympiahalle und -stadion.
Tipp: Rock, Pop, Klassik, Jazz, Folk beim kostenlosen Theatron-Musikfestival am Olympiasee

... die Stadt als Schönheit

Erst im 19. Jh. wurde die eher provinzielle Residenzstadt zur kunstsinnigen Hauptstadt des neuen Königreichs ausgebaut. Allen voran hat König Ludwig I. München in eine Schönheit verwandelt - mit Hilfe von Architekten und Gestaltern, die sich ungeniert, um nicht zu sagen unverschämt, am künstlerischen Fundus Italiens und Griechenlands bedienten. Vor dieser Neugestaltung wurden mit der Frauenkirche, der Kirche St. Michael, der Theatinerkirche, Schloss Nymphenburg, der Asamkirche und der Residenz bedeutende Zeichen in die Stadtlandschaft gesetzt. Auch König Max II. und Prinzregent Luitpold haben wichtige Bauprojekte realisiert. Als das ästhetischste Ensemble des 20. Jh. kann wohl das Olympiagelände gelten. Ganz gegenwärtig und beispielhaft sind die Pinakothek der Moderne, die Allianz-Arena, Otto Steidles Park-Plaza im Westend und Coop Himmelb(l)aus Erweiterungsbau der Kunstakademie.
Tipp: die beeindruckende Herz-Jesu-Kirche in Neuhausen

Fotos: Bayerische Staatsoper, Feldherrnhalle mit Theatinerkirche

Spaß beim Filmfest: Bennent & Schlöndorff

... die Stadt des Films

Die Firma Arri entwickelte bereits 1917 Kameras und Technik fürs Kino und ist nach wie vor führend in der Welt. 1919 begann die Filmproduktion in Geiselgasteig. Seit 1954 sendet das Bayerische Fernsehen. Schätzchen Uschi & Co. brachten in den 1960er Jahren Schwabinger Flair in die Filmszene. Der Junge Deutsche Filme startete mit Fassbinder, Herzog und anderen von München aus. Klaus Lemke setzte in den 1970ern mit Fiereck und Kretschmer weiter auf Schwabinger Lässigkeit. Auf dem Bavaria-Filmgelände wurden Filme wie Das Boot, Die unendliche Geschichte, Asterix & Obelix, (T)Raumschiff Surprise oder Das Parfüm gedreht und auch mit TV-Produktionen sind die Studios in Geiselgasteig gut im Geschäft. Das Filmmuseum besitzt bedeutende Sammlungen u. a. den filmischen Nachlaß von Orson Welles. Zahlreiche Festivals, allen voran das sommerliche Filmfest, locken Stars und Künstler in die Stadt. Die vielfältige Kinolandschaft reicht vom Multiplex bis zur progressiven Filmkunst-Spielstätte.

Tipp: *Kino-Nostalgie im Filmtheater Sendlinger Tor*

Aula der LMU

... die Stadt der Studenten

Schon wieder König Ludwig I.: in einer seiner ersten Amtshandlungen verlegte er die Universität 1826 nach München. Das heutige Hauptgebäude wurde 1840 von Friedrich von Gärtner fertiggestellt. Ab 1903 durften in Bayern Frauen ohne Einschränkungen studieren. Während der Nazi-Zeit wurden jüdische oder oppositionelle Professoren und Studenten von der Universität verwiesen. Der Deutsche Studentenbund organisierte am 10. Mai 1933 die Bücherverbrennung auf dem Königsplatz. Seit 1997 erinnert im Lichthof des Hauptgebäudes der LMU eine Gedenkstätte an die Geschwister Scholl und ihre Freunde, die als Mitglieder der Widerstandsgruppe „Weiße Rose" hingerichtet wurden. Seit den 1970er Jahren wurden Uni-Standorte in Großhadern, Garching, Pasing, Martinsried und Freising eröffnet. Stichworte: HighTechCampus und Münchner Kompetenzzentrum Ethik (MKE). 2006 wurden LMU und TU zu Elite-Hochschulen erklärt. Rund 86.000 Studentinnen und Studenten studieren in München. Sie beeinflussen die Kultur, das Freizeitgeschehen, die Gastronomie, den Wohnungsmarkt - und die Politik. Zumindest war das früher so: 1848 haben unter anderem die massiven Studentenproteste gegen Lola Montez zur Abdankung von Ludwig I .geführt.

... die Stadt der Kunst

Das Antiquarium in der Residenz hat Herzog Albrecht V. für seine Sammlung antiker Büsten 1569-1571 errichten lassen. Damit entstand der erste Museumsbau Deutschlands in München. Über Jahrhunderte bestimmten italienische und holländische Maler, Architekten und Bildhauer die Kunst der Stadt. Im 18. Jh. kaufte Max Emanuel Dutzende niederländische Gemälde, die später den Grundstock für die Alte Pinakothek (1836) bildeten. Nach 1781 gab es eine Gemäldegalerie im Hofgarten und wenige Jahre später eröffnete die erste Kunstausstellung. 1808 ist das Gründungsjahr der Kunstakademie. Zur Zeit König Ludwig I. wird München zur Kunstmetropole. Seine Bauwerke, Sammlungen und Museen bringen die Kunst Griechenlands und Italiens in die Stadt. Nach 1850 ist München, wie später nur Paris, das künstlerische Zentrum Europas: jeder Künstler der etwas werden will, studiert oder arbeitet hier. Später werden Franz von Lenbach und Franz von Stuck zu „Malerfürsten". Ab 1896 blüht in München der Jugendstil auf, die Zeitschrift Jugend gibt der Kunstrichtung den Namen. Wassily Kandinsky, Paul Klee und Giorgio de Chirico arbeiten in der Stadt. 1911 wird das Manifest des „Blauen Reiters" veröffentlicht. 1937 zeigt die Ausstellung „Entartete Kunst" das Nazi-Spießertum. Im Zweiten Weltkrieg werden viele Kunstwerke zerstört. Die Gruppe Spur wird in den 1950er/60er Jahren zum Skandal. 1981 wird die Neue Pinakothek eröffnet, 2002 die Pinakothek der Moderne.

Tipp: *„Open Art" im September - mit dem kostenlosen Shuttlebus durch die Galerien der Stadt*

Pinakothek der Moderne: Baselitz-Saal

... die Stadt des Fußballs

Wer sich der Stadt von Norden her, über die A9 nähert, sieht rechterhand eines der neuen Wahrzeichen Münchens: die Allianz Arena. Das großartige, luftkissenumhüllte Bauwerk, das in Rot, Blau und Weiß leuchten kann, steht nicht für den namensgebenden Sponsor, sondern für die fußballbegeisterte Stadt. Kein Wunder, die Münchner Vereine bieten alles was das Volk will. Da sind die erfolgsverwöhnten und strahlenden 1.-Liga-Siegertypen des FC Bayern, die schon allein wegen ihrer Geschichte die Leidenschaft der Fans anfachen. Den dramaturgisch absolut notwendigen Gegenpol nehmen die Kämpfer des TSV 1860 München ein. Sie schwanken oft zwischen Auf- und Abstieg, haben auch Führungs- und finanzielle Probleme, dümpeln in der 2. Liga und begeistern trotzdem ihre Fans. Das Image vom Arbeiterverein hilft ihnen dabei. Dass mit der SpVgg Unterhaching (2. Liga) ein dritter Verein Fußballfreunde an sich binden kann, wird bei der Medienpräsenz der Roten und Blauen schon mal übersehen.

Tipp: *Lokalderby zwischen Bayern und 60ern.*

... die Stadt der Lässigkeit

Die Bayern sind aus einem Multi-kulti-Mix mit südländischem Einfluß entstanden, sagen manche Ethnologen. Dies will man gerne glauben, wenn man Münchens Vergangenheit und Gegenwart betrachtet. Und das Südliche (siehe „Italiens nördlichste Stadt") prägt das meist „lässige" Lebensgefühl. Dieses Klischee wurde von Fernsehserien wie „Münchner Gschichten" oder „Monaco Franze", im Sinne des Wortes, vorbildlich illustriert. Trotzdem ist das vielzitierte „leben und leben lassen" ein Trugschluß. Eine außergewöhnliche Toleranz ist nicht anzutreffen - eher eine „Wurschtigkeit". Es ist ein „Leben leben lassen" gepaart mit einer „Laß ma mei Rua!"-Haltung. Kurz: Solange niemand die persönliche Ruhezone des anderen stört, also „nervt", kann jeder nach der eigenen Fasson glücklich werden. Vielleicht liegt alles am Föhn. In der trocken-warmen Luft riechen manche träumerisch das Mittelmeer, das vom leichten Leben kündet. Andere plagt der Föhn mit Migräne, Bluthochdruck und anderem Unbill. Die meisten kümmern sich nicht um den Wind aus Italien, sondern freuen sich über den blauen Himmel.
Tipp: Gärtnerplatzviertel - wer entspannt ist, braucht nicht cool zu tun.

... die grüne Stadt

Der Englische Garten ist der größte innerstädtische Park der Welt und zahllose weitere Grünanlagen und Gärten machen München zu einer grünen Stadt. Parkportraits ab Seite 62.
Tipp: Hirschgarten!

Foto: Monopteros im Englischen Garten

... die Stadt des Feierns

Wie vielerorts gibt es auch in München Halbpromis, Adabeis und Professionelle, die jeden dünnen Feiervorwand, jede Einladung - selbst wenn ein Schuhkarton geöffnet oder eine Flasche entkorkt wird - annehmen und herbeisehnen, um kostenlos essen, trinken und das Gesicht oder andere Körperteile in jede noch so unwichtige Kamera halten zu können. Schließlich hat jeder, frei nach Warhol, das Recht 15 Minuten unangenehm aufzufallen. Darum soll sich aber der Boulevard kümmern. Denn: Wie selbstverständlich hat München (Bayern eben) die meisten echten Feiertage Deutschlands. Kirchliche, brauchtümliche, kulturelle und was-auch-immer Feiertage. Zusätzlich werden, besonders zwischen Mai und September, unzählige Feste gefeiert die die ganze Stadt oder einzelne Stadtteile zum Pulsieren bringen. Neben der „Weltmarke" Oktoberfest verströmen nicht wenige Veranstaltungen einen Charme der nicht nur die Einheimischen anzieht. Überregionale Bedeutung haben das Tollwood-Festival (Sommer & Winter), die Opern-Festspiele und das Theatron, das längste Open Air-Musikfestival der Welt, das sicher auch eines der schönsten ist.
Tipp: *Es muss nicht immer der Mega-Event sein, kleinere Feste haben oft mehr Charme.*

... die Stadt vor den Alpen

Natürlich, es ist der Föhn. Dieser warme Fallwind aus Italien „putzt" den Himmel und sorgt für eine freie Sicht aufs Mittelmeer. Stopp: dazwischen sind die Alpen und die beginnen bereits an der Stadtgrenze, möchte man an manchen dieser glasklaren Tage meinen. Sie locken so nah und verheißen Bergluft, Gipfelkreuze, Gebirgsbäche und -seen, Almen, Täler, Schneefelder und Natur. Sprich: Erholung, Sport, Abenteuer, Freizeitvergnügen und Weitsicht - durchaus auch Richtung Norden, Richtung München - aber nicht weiter, versteht sich.
Tipp: *Ammersee, immer wieder Ammersee!*

1,2 Mio. Medien aus allen Wissensgebieten befinden sich in der Stadtbibliothek am Gasteig

... die Stadt der Bücher

Schon im 13. und 14. Jh. befand sich in München die bedeutendste Bibliothek des Abendlandes. Mitte des 15. Jh. gab es bereits eine Stadtbibliothek, außerdem wurde hier der erste deutsche Kalender gedruckt. Anfang des 16. Jh. erschien die erste Münchner Zeitung. In der 2. Hälfte des 16. Jh. wurde der Grundstock der heutigen Staatsbibliothek gekauft. In der Renaissance war München führend in der Buchmalerei. Im 19. Jh. zog es bedeutende Autoren nach München. Die Zeitschrift Jugend (gegr. 1896) gab dem Jugendstil ihren Namen und war auch Forum für die neue Kunstrichtung. Anfang des 20. Jh. war München das literarische Zentrum Deutschlands und der fruchtbare Nährboden fürs politisch-literarische Kabarett. Der Simplicissimus erschien bis 1944 und wurde deshalb von vielen Emigranten kritisiert. Denn ab 1933 waren fast alle bedeutenden Literaten, u. a. Thomas Mann, O. M. Graf und L. Feuchtwanger aus Deutschland geflohen. Ab den 1960er Jahren arbeiteten die meisten deutschen Verlage an der Isar. Seit Ende der 1980er Jahre zählt München, nach New York, die meisten Verlage und Buchhandlungen. Und - trotz Berlin - ist München nach wie vor Heimat bedeutender Autoren.
Tipp: Literaturhaus

... die Stadt Karl Valentins

„Alle anderen - mit Ausnahme der Eskimos und Indianer - haben mehr Interesse an mir gehabt als meine Landsleute", so urteilte Karl Valentin am Ende seines Lebens bitter über die Münchner/Bayern. Verarmt saß er in seinem Haus in Planegg und versuchte (als gelernter Schreiner) die Familie mit dem Herstellen von Haushaltsutensilien über Wasser zu halten. Zwischen 1908 und 1939 war er mit seiner Partnerin Liesl Karlstadt zum Star der Münchner Volkssänger geworden. Tourneen führten nach Berlin, Zürich oder Wien. Hollywood lockte mit einem Angebot - Valentin wollte aber nicht so weit weg. Brecht setzte ihn mit Chaplin gleich. Die Sketche, Bühnenstücke und Filme wurden Publikumserfolge. So genial Valentin als Künstler war, so unfähig blieb er als Geschäftsmann. Alle Versuche eigene Theater oder ein Kuriositätenmuseum zu betreiben, endeten als finanzielles Desaster. Die Zerstörung Münchens und die Schrecken des Krieges konnte der traurige Komiker nicht überwinden. Am 09.02.1948 ist er gestorben. Heute ist Karl Valentin aufgrund zahlreicher DVDs, CDs und Bücher populärer als zu seinen Lebzeiten.
Tipp: Valentin-Karlstadt-Musäum im Isartor

... die Stadt mit Aussicht

In den regelmäßig stattfindenden Umfragen von Meinungs- oder Wirtschaftsforschern landet München wie selbstverständlich auf den vorderen Plätzen - oft auf Platz Eins, wenn es um Lebensqualität, wirtschaftliche Prosperität oder zukunftorientierte Entwicklung geht. So verwundert es auch nicht, dass die meisten Deutschen - vor allem wegen der Schönheit der Stadt und der herrlichen Umgebung - am liebsten in München leben würden. Die Isarmetropole bietet aber nicht nur Perspektiven (Nr. 1 Deutschlands hinsichtlich Wirtschaftsleistung), sondern auch prächtige Aussichten: vom Olympiaturm (Aussicht auf 190 m), vom Südturm der Frauenkirche (92 m), vom Alten Peter (70 m), vom Olympiaberg (60 m), vom Aussichtsberg im Ostpark ...

Tipp: *gute Aussichten ab Seite 101*

... Italiens nördliche Stadt

Die ersten Italiener in München könnten ein paar versprengte Römer gewesen sein. Sie haben aber keine Spuren hinterlassen und sind lieber nach Augsburg und Regensburg marschiert. Die Wittelsbacher holten sich italienische Gastarbeiter an die Isar. Künstler, Architekten, Kunsthandwerker und Musiker sorgten über Jahrhunderte („Italianismus") für Glanz am Fürstlichen Hof. Noch heute wirkt die Altstadt italienisch. Einer südlichen Stimmung frönen die Münchner gerne, können sich aber oft nicht entscheiden, ob sie lediglich einem Klischee folgen wollen oder einen eigenen Stil entwickeln sollen. Vor 230 Jahren begründete Luigi Tambosi aus Trient die Cafféhaus-Tradition am Hofgarten. Peter Paul Sarcletti eröffnete vor 127 Jahren den ersten Eissalon der Stadt. Beide Betriebe bestehen noch heute, auch weil sie nach wie vor zu den Besten ihrer Branchen gehören. Trotz der unzähligen Ristoranti, Pizzerien & Trattorien gilt: die Münchner ernähren sich nicht allein von Pizza & Pasta.

typisch münchen
kultur & erlebnis
freizeit & relaxen
essen & trinken
city & guide

... die Wasserstadt

Münchens Leitungswasser gilt als Bestes Deutschlands. Das Wasser wird kilometerweit aus dem Mangfalltal in die Stadt gepumpt. Durch München fließt auf 13,7 km die Isar (keltisch: die Wilde), deren Hochwasser der Sylvensteinspeicher auffängt und dadurch die Stadt vor Schäden bewahrt. Deshalb konnte die Isar in München renaturiert, weitgehend von Beton und Schutzmauern befreit werden und sich so wieder in einen natürlichen (Stadt-)Fluß verwandeln. Die Münchner feiern ihren Fluß am Flaucher in Thalkirchen, fahren mit dem Floß etwa ab Wolfratshausen in die Stadt, feuchtfröhlich versteht sich. Fast unsichtbar durchfließen mehrere Bäche die Stadt. Sie waren teils schon immer da oder wurden zur Be- oder Entwässerung Münchens angelegt. Der Glockenbach etwa, gab einem Viertel seinen Namen - dafür darf er ein paar hundert Meter oberirdisch fließen. Der bekannteste Stadtbach aber ist der Eisbach, der am Haus der Kunst an die Oberfläche tritt und gleich von den berühmten Eisbach-Surfern geritten wird.
Tipp: *www.grossstadtsurfer.de*

... die Stadt des Sommers

Auch wenn Thomas Mann mit „München leuchtete ..." eine vergangene kulturelle Blüte beschreiben wollte, gilt, zumindest bei entsprechender Witterung, für die in der Sonne erstrahlenden Gebäude: München leuchtet. Etwa auf dem Odeonsplatz, in der Ludwigstraße oder am Gärtnerplatz. Im Sommer sind die (Bier-)gärten, Terrassen, Isarufer & -kiesbänke und die Straßen voll. Die Leute wollen den Sommer genießen, bleiben auch Nachts vor der Tür. Statt karibischem Bacardi-Feeling, beherrscht die Stadt eine all umfassende Cabrio-Stimmung, auch ohne Auto versteht sich. An der Corneliusbrücke und vor dem Völkerkundemuseum verwandeln Tonnen von Sand die Stadtlandschaft in einen Strand - in Abwandlung des 68er Mottos „Über dem Pflaster liegt der Strand". Und auch die Nackten fühlen sich am Eisbach im Englischen Garten, am Flaucher, am Feldmochinger See und am Feringasee pudelwohl - Moralaposteln und Spannern zum Trotz.
Tipp: *Sonnencreme!*

Foto: Garten des Restaurant La Villa

Spielart: SheShePop

365 Tage Programm:

FESTIVALS, FESTE & EREIGNISSE

Über Langeweile braucht sich in München niemand zu beschweren. Wenn jemand nicht weiß, was man tun kann, liegt es meist an der mangelnden Orientierung. Das STADTBUCH zeigt den Weg und listet die wichtigsten regelmäßigen Veranstaltungen.

Kaltenberger Ritterturnier: Mittelalter-Markt

Januar

Münchner Eiszauber

Zum Münchner Eiszauber wird Bayerns größte mobile Eisarena auf dem Stachus/Karlsplatz platziert und bleibt von November bis Januar in Betrieb.

Februar

c-b-r

Die Erlebnis- und Verkaufsmesse für Freizeit und Reise, mit Showbühne und Sporterlebniswelten. Mehr als 1.200 Aussteller aus Dutzenden Ländern präsentieren für jährlich ca. 130.000 Besuchern Caravans, Boote, Sportmode und Equipment für alle erdenklichen Sportarten. In der Neuen Messe München.
www.c-b-r.de

Fasching

Die Münchner Faschings-Höhepunkte, z. B. die Faschingskonzerte, die festlichen Bälle im Bayerischen Hof und im Deutschen Theater, die Funkbälle im BR, die Altschwabinger Weissen Feste (www.weisse-feste.de) in der Max-Emanuel-Brauerei oder die Bälle im Löwenbräukeller („Die Scham muss bedeckt sein!" www.schabernackt.de), konzentrieren sich auf die drei Wochen vor Faschingsdienstag. Am Faschingssonntag verwandelt sich die Fußgängerzone in „München narrisch". Vorher war der Faschingszug der *Damischen Ritter* zwischen Hofgarten und Stiglmayrplatz unterwegs. Trotzdem: wegen Fasching entsteht in der Isarmetropole kein euphorischer Ausnahmezustand - nicht zuletzt der eher uninteressante Tanz der Marktfrauen auf dem Viktualienmarkt (Faschingsdienstag) verdeutlicht dies.

imot

Die Internationale Motorrad Ausstellung ist die größte und besucherstärkste Motorradverkaufsausstellung Süddeutschlands. Motorräder, Roller, Quads, Showbühne, Kino, Biergarten und spezielle Jugendangebote für über 60.000 Besucher.
www.imot.de

St.Patricks-Day

Jedes Jahr Mitte März feiern die Iren in aller Welt den Todestag ihres Nationalhelden mit Paraden. In München marschieren sie mit irischer Volksmusik von der Münchner Freiheit zum Odeonsplatz, wo es anschließend Essen, Trinken und Musik gibt.

Wortspiele

ist der Titel des internationalen Literaturfestivals für junge Autoren im Club Ampere im Muffatwerk. Intention: Spannende Debüts und interessante Neuvorstellungen präsentieren.
www.wortspiele-muenchen.de

April

Ballettwoche

Die Ballettwoche ist ein Ereignis für die Freunde des klassischen Balletts. Neben dem Bayerischen Staatsballett treten - meist Ende April - auch internationale Ensembles auf.
www.bayerisches-staatsballett.de

Biennale ✶

Die Biennale ist ein internationales Festival für neues Musiktheater. Seit 1988 wird die Stadt alle zwei Jahre durch dieses Festival zum Mittelpunkt der Neuen Musik. Junge Komponisten aus aller Welt werden vom Kulturreferat beauftragt, Musiktheaterwerke zu schreiben, die dann im Verlauf des Festivals zur Uraufführung gelangen. Auf dem Programm stehen Opern, Tanz- und Puppentheater und Konzerte Das Festival dauert gut drei Wochen (Ende April bis Mitte Mai).

Blade Nights ✶

Von April bis September, immer montags, kann man die Stadt, und viele ihrer Sehenswürdigkeiten, aus einem anderen Blickwinkel erleben - auf Rollerblades. Durchschnittlich 20.000 Teilnehmer rollen mit - damit ist München die europäische Hauptstadt des Nachtskatings. Der Lauf (nur bei schönem Wetter) beginnt um 21 Uhr und endet um ca. 22.30

März

Die Handwerksmesse

lockt mit Schwerpunkten wie Lebensmittel, Kfz, Haustechnik, Möbel, Mode und Kunsthandwerk Fach- und Privatleute an.
www.ihm.de

Krimifestival München ✶

Etwa 100 Autoren, Stars & Nachwuchsschriftsteller und Experten treffen sich jährlich in der Hauptstadt des literarischen Verbrechens. Die Lesungen und Veranstaltungen finden in Cafés, Buchhandlungen, Theatern, Läden, ebenso im Tierpark, im Pathologischen Institut, im Polizeipräsidium oder im Gefängnis Stadelheim statt.
www.krimifestival-muenchen.de

Starkbierzeit

Die Starkbierzeit gilt als die 5. Jahreszeit (Josephitag/19. März bis Anfang April). Damit niemand in der Fastenzeit hungern muss, haben die Paulanermönche im 18. Jh. das Starkbier, ein kräftiges Doppelbock-Bier, erfunden. Etwa ab 1780 wurde die flüssige Nahrung auch offiziell ans Volk verkauft. Der Fassanstich mit Politikerderblecken (Stark & hart: Django Asül) im Salvatorkeller auf dem Nockherberg ist heute ein überregionales TV-Ereignis.

Uhr. Treffpunkt ist die Wredestra-
ße (Start/Ziel) nahe beim Zirkus
Krone. Warm-Up mit Musik ab
19 Uhr.
www.muenchner-blade-night.de.

Dance ✴

Alle zwei Jahre präsentiert das
internationale Tanzfestival Dance
ein Programm voller Überraschungen, das über die eigene
Disziplin hinweg die Berührung
mit anderen Künsten sucht. Alle
Projekte entstehen in enger
Zusammenarbeit mit internationalen und lokalen Institutionen
und Organisationen. Plus: ein
interessantes Rahmenprogramm.

Frühjahrsbuchwoche

Alle zwei Jahre (seit 1990, nächs-
ter Termin 2008) lesen deutsche
und internationale Schriftsteller
zu einem ausgewählten Thema
(2006: Literatur & Sport). Eines
der wichtigsten Literaturfestivals im deutschsprachigen
Raum. Autorinnen und Autoren,
Wissenschaftler, Journalisten und
auch Künstler anderer Sparten
aus dem In- und Ausland werden
eingeladen, um in Lesungen und
Gesprächen ihr Werk vorzustellen
oder in Podiumsdiskussionen
und Vorträgen Aspekte des The-
menschwerpunkts zu beleuch-
ten. Filmvorführungen, Konzerte,
Ausstellungen, Theaterabende
ergänzen das Programm.

Frühlingsfest

Das Frühlingsfest, das kleine
Oktoberfest, wird auf der Theresienwiese gefeiert. Ein Volksfest
mit Feuerwerk (an den Freita-
gen), ca. 100 Schaustellern, zwei
Bierzelten, allerlei Fahrgeschäften
und großem Flohmarkt am ersten
Samstag (7 - 16 h).
www.muenchner-volksfeste.de

Maidult

Die drei Auer Dulten, jeweils für
9 Tage, sind traditionelle Feste
mit noch typischem Münchner
Lokalkolorit und bereits im 14. Jh.
als Kirchenfeste entstanden. Heute werden Antiquitäten, Trödel,
Küchengerätschaften und -hilfen

Kettenkarussell auf der Auer Dult

Blade Night in Nymphenburg

München Marathon

und Haushaltswaren feil geboten. Es gibt vielerlei Essen, historisch wirkende Karusselle und man hört Volksmusik. Die Maidult auf dem Mariahilfplatz beginnt am Samstag vor dem 1. Mai.
Info☎ 23 33 01 11

Stadt-Triathlon
Der Stadt-Triathlon (Ende April) ist ein Volks- und Jedermanntriathlon mit 400 m Schwimmen, 20 km Radfahren, 5 km Laufen und buntem Rahmenprogramm. Start am Olympiabad.

Mai

Architekturwoche
Seit 2002 veranstaltet der Bund Deutscher Architekten BDA Bayern, alle zwei Jahre zwischen Mai und Juli, die Architekturwoche. Vorträge, Führungen, Diskussionen, Ausstellungen und Lesungen geben Hintergrundinformationen zu Baukultur und Stadtentwicklung.
www.architekturwoche-muenchen.de

BMW-Open
Der Münchner Tennis- und Turnierclub (MTTC) Iphitos e.V. wurde 1892 gegründet und betreibt eine schöne Anlage am nördlichen Rand des Englischen Gartens. Seit über 90 Jahren werden hier, immer Anfang Mai, die internationalen Tennismeisterschaften von Bayern, bekannt als BMW-Open, ausgetragen.

Dokumentarfilmfestival ✳
Hier waren schon so gut wie alle international renommierten Dokumentarfilmer zu Gast. Das 1985 gegründete Festival gilt als ein Spiegel des künstlerischen Dokumentarfilms. Jährlich ca. 80 Filme laufen in verschiedenen Kinos, aber auch im Gasteig, in der Pinakothek der Moderne, im Literaturhaus oder in der Hochschule für Fernsehen und Film.
www.dokfest-muenchen.de

Lange Nacht der Musik ✳
Eine Nacht lang, von 20 - 3 h, wird die lange Nacht der Musik in rund 100 Spielstätten gefeiert. Kneipen, Clubs, Kirchen, Hotels oder Konzerthäuser öffnen sich mit dem Ticket (15,00 €), das auch als Fahrkarte für den Shuttlebus gilt. Klassik, Rock, Chormusik, Swing, Klangexperimente, Weltmusik, Pop, Folk und mehr sind zu hören. Es wird getanzt und gefeiert.
www.muenchner.de

Stustaculum
Im Mai oder Juni wird in der Studentenstadt Freimann, der größten studentischen Wohnsiedlung Europas, das größte studentische Open Air Festival Deutschlands gefeiert. Musik vieler Stile, Essen aus aller Welt und eine entspannte Stimmung kennzeichnen das Fest, das, neben Tunix und Garnix, den Triple-Live-Summer (www.triple-live-summer.de) von München bildet.
www.stustaculum.de

Juni

Garnix
Auf dem Hochschulgelände Garching veranstalten Studenten das mehrtägige Open Air-Festival „Garnix" mit Bands, Kino, lecker Essen, Sport und Gaudi.
www.garnix.de

Little Oktoberfest

Das Little Oktoberfest wird seit 1956 als Deutsch-Amerikanisches Freundschaftsfest im Stadtteil Giesing gefeiert. Ursprünglich sollte es das Miteinander der Münchner mit der US-Armee fördern, heute ist es eine schöne Tradition mit Donuts, BBQ, Bullriding und American Stimmung.

Opernfestspiele ✳

Seit 1875 gehören die Opernfestspiele (Ende Juni - Ende Juli) zu den absoluten Höhepunkten des Münchner Kulturjahres - mit Dutzenden Aufführungen von Opern und Balletten, mit Konzerten und Liederabenden für Kenner und Anfänger. Die kostenlose Oper für alle lockt, an einem Wochenende, auch Eintrittsparer und Zufallspublikum vor die Bühne.
www.muenchner-opern-festspiele.de

Stadtgründungsfest

Fast 850 Jahre ist München alt, da gehört eine mehrtägige Geburtstagsfeier einfach dazu. Mit Handwerkerdorf (Odeonsplatz), Künstlermarkt (mit ca. 100 Künstlern in Theatiner- und Residenzstraße), Musik- und Showbühne (Marienplatz) und Kinderprogramm (Residenzhöfe).

Sommer Tollwood ✳

Das Sommer-Tollwood-Festival ist mit Konzerten, Theater, Lesungen, Kabarett, Akrobatik, internationaler Küche und kulturgemixtem Programm (seit 1988) eine der wichtigsten, publikumsstärksten und schönsten Veranstaltungen Bayerns.
www.tollwood.de

Stadtlauf

Beim Stadtlauf starten jährlich ca. 18.000 Teilnehmer am Marienplatz zum 10 km-Familienlauf, dem 21 km-Halbmarathon oder der 5 km-Strecke für Walker und Nordic Walker. Die Route: Ludwigstraße, Englischer Garten, Hofgarten, Marienplatz.

Tunix

Eine Woche lang, im Juni oder Juli, geht auf dem Gelände zwischen der Mensa der Technischen Universität und der Glyptothek die Post ab. Die Wiese wird von den Studenten kurzerhand zu einem großen Biergarten umfunktioniert und auf der Bühne spielen zahllose Bands.
www.tunix.de

Weinwelt

Die Weinwelt im Olympiastadion ist ein internationales Weinfest mit Degustationen, Leckereien, Live-Musik, Seminaren, Präsentationen und Workshops.
www.weinwelt-muenchen.de

Juli

Blutenburger Konzerte

Seit 35 Jahren finden die Blutenburger Konzerte auf der ehemaligen Pasinger Schlossinsel, im schönen Renaissance-Saal im Schloss Dachau und im ehemaligen herzoglichen Jagdschloss Blutenburg, im Juli/August und im Dezember, statt.
www.schloesser.bayern.de

Brunnenhofkonzerte

Die Konzerte im beschaulichen Brunnenhof der Residenz werden inzwischen von der SZ veranstaltet/unterstützt. Weltmusik, Klassik, Jazz ... stehen auf dem Programm.

CSD

Der Christopher Street Day ist seit 25 Jahren das größte Fest der Münchner Gay Community mit Gaudi und Info-Ständen. Höhepunkte sind die feierlustige Straßenparade und das Tanzen beim nächtlichen Rathaus-Clubbing.
www.csd-munich.de

Fantasyfilmfest

Das internationale Festival für Science Fiction, Horror und Thriller ist inzwischen 20 Jahre alt. Etwa 70 Filme laufen pro Fest (Juli/August) - auch in Stuttgart, Nürnberg, Frankfurt, Köln, Bochum, Hamburg und Berlin.
www.fantasyfilmfest.com

✳ = stadtbuch-tipp!

Filmfest München ✳

2007 feiert das Filmfest München sein 25. Jubiläum. Es ist eine Art Familientreffen der Filmschaffenden ohne den Glamour und das Staraufgebot von Cannes & Co. Im Gasteig und in den Kinos der Isarmeile läuft eine Woche lang ein internationales Filmprogramm, es werden Independents und Neue Deutsche Filme gezeigt. Es gibt Open Air-Kino, Länderschwerpunkte und Specials.
www.filmfest-muenchen.de

Jakobidult

Die sommerliche, neuntägige Jakobidult auf dem Mariahilfplatz ist die zweite Auer Dult des Jahres. Sie beginnt am Samstag nach dem Jakobifest (25. Juli).
Info-☎ 23 33 01 11

Klassik am Odeonsplatz

Ca. 16.000 Zuhörer erleben zwei Konzerte auf der Open Air-Bühne vor der Feldherrnhalle, umrahmt von Residenz und Theatinerkirche.

Klaviersommer

Beim Klaviersommer treffen seit 1981 verschiedene Musikstile aufeinander, die von den besten Interpreten der Welt oder jungen Künstlern gespielt werden. Stichwort: Grenzüberschreitungen. Außerdem kann man die Verbindung von Musik mit anderen Künsten, wie Fotografie, Theater oder Tanz, erleben. Veranstaltungsorte u. a. Philharmonie, Lustspielhaus, Allerheiligen Hofkirche oder Night Club (Bayerischer Hof).
www.klaviersommer.de

Kocherlball

Im 19. Jh. traf sich jeden Sonntagmorgen im Sommer das Hauspersonal am Chinesischen Turm zum tanzen. 1904 wurde das unsittliche Treiben schließlich verboten. Seit 1989 wird der Brauch jährlich am 16. Juli von durchschnittlich 1.200 Volkstanzfreunden fortgeführt. Ab 6 Uhr morgens spielt die Musik!

Magdalenenfest

Das Magdalenenfest wurde erstmals 1728 gefeiert. Seit dem findet dieses, von einer entspannten Biergartenstimmung gekennzeichnete Fest Mitte Juli im Hirschgarten statt. An die 35 Schausteller, 25 Markthändler und diverse Buden mit Speis´ und Trank sorgen u. a. mit Steckerlfisch & Co. für Freude.

Lange Nacht des Sports

Wellness, Fitness, Mannschaftssport und Events auf der Leopoldstraße, der zentralen Hochschulanlage oder auf dem Olympiaberg. Vereine und kommerzielle Anbieter bieten Action und Fun.
www.muenchner.de

Open Air Kino-Saison ✳

Im Juli startet die Freiluftkinosaison. Filmhits, aber auch Raritäten kann man in lauen Sommernächten oder bei kalten Regenschauern erleben. Bei Kino am Pool im Ungererbad (Juni, Juli, August - nur bei schönem Wetter) www.kinoampool.de; bei Kino, Mond & Sterne auf der Seebühne im Westpark (Juli/August bei jedem Wetter) www.kino-mond-sterne.de; und bei Kino am Königsplatz (Juli) www.kinoopenair.de

Ritterturnier

Das Ritterturnier auf dem Kaltenberger Schloss, mit allerlei mittelalterlichem Treiben, lohnt einen Ausflug in den Westen von München.
www.ritterturnier.de

Sommernachtstraum

Der Münchner Sommernachtstraum ereignet sich an einem Samstag im Olympiapark. Mit Gastro-Meile, Musik Tanz, Show und einem 40-minütigen Feuerwerk.

August

ARD Musikwettbewerb

Der ARD Musikwettbewerb (Ende August - Mitte September) ist ein internationaler Wettbewerb für

Theatron MusikSommer: Seebühne

Gesang, Klavier und Bläser. Von den etwa 500 Musikern aus aller Welt, die sich jährlich bewerben, werden maximal vier zum Finale mit dem Symphonieorchester des Bayerischen Rundfunks im Herkulessaal der Residenz zugelassen.
www.ard-musikwettbewerb.de

Sommerfest

Das Sommerfest im Olympiapark wird mit über 100 Fahrgeschäften, Ständen und Buden rund ums Stadion gefeiert. Konzerte, Biergärten, Feuerwerk, Puppen- und Kindertheater und das Schifferstechen auf dem Olympiasee gehören dazu.
www.olympiapark-muenchen.de

Streetlife

Beim Streetlife-Festival verwandeln sich die Leopold- und die Ludwigstraße in eine autofreie Flaniermeile. An die 500.000 Besucher (zweiter Termin als „Corso" im September) erleben Musik, Diskussionen („Was kann eine Straße alles sein?"), Ausstellungen, Filmschauen, Kinder- und Literaturprogramme, Kunsthandwerker, Sport, Spiel und mehr.
www.streetlife-festival.de

Tanzwerkstatt Europa ✮

Die jährliche Tanzwerkstatt Europa bringt aktuelle internationale Strömungen des zeitgenössischen Tanzes und Veranstaltungen mit neuen Arbeiten von Choreografen, Bewegungstheater, Performances und Videokunst nach München. Auf dem Programm stehen Auftritte, Workshops und Kurse.
www.jointadventures.net

Filmfest: Open Air Kino vorm Gasteig

Theatron ✻

Der Theatron MusikSommer steht im Guinness Buch der Rekorde als „längstes Musik-Open-Air-Festival der Welt" - gleichzeitig ist es eines der schönsten Musikfestivals. An 28 Tage spielen im Amphitheater auf der Bühne im Olympiasee ca. 50 Bands und Gruppen neue Volksmusik, Pop, Rock, Folk, Jazz, Klassik oder Musicals. Bis zu 5000 Zuhörer erleben Lokalmatadoren, Nachwuchs und Künstler, die es schaffen werden. Die Sportfreunde Stiller, die Scorpions und die Bananafishbones sind hier schon aufgetreten. Jedes Jahr besuchen über 100.000 Menschen das kostenlose Festival.
www.theatron.de

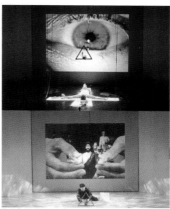

Spielart: Bigger than Jesus

September

Comicfest

Das Comicfest findet alle zwei Jahre (2007) im Forum am Deutschen Museum statt. Ausstellungen, Signierstunden, Buchpräsentationen, eine Comic-Börse und ein vielfältiges Programm mit internationalen Stars und Nachwuchs locken die Fans.
www.comicfest.de

Oktoberfest

Das Oktoberfest wurde 1810 erstmals als Pferderennen mit Preisschießen und Vieh-Ausstellung veranstaltet - anläßlich der Hochzeit des Kronprinzen Ludwig mit Prinzessin Therese. Ab 1811 hieß das Feiergelände Theresienwiese. Das traditionelle Pferderennen verschwand mit dem Ersten Weltkrieg. Aufgrund der oft schlechten Witterung im Oktober wurde das Fest schließlich in den September verlegt. Am 26. September 1980 zündete ein Rechtsradikaler am Haupteingang zur Festwiese eine Bombe, die ihn und zwölf weitere Menschen tötete. 213 Besucher wurden zum Teil schwer verletzt. Für einen Tag verstummte der Feierlärm unter der Bavaria. Heute dauert das größte Volksfest der Welt 16 Tage und endet immer am ersten Sonntag im Oktober. Rund sechs Millionen Menschen

Blasmusikant beim Oktoberfest-Umzug

aus aller Welt besuchen in der Zeit die „Wiesn", wie die Gaudi von den Einheimischen genannt wird. Mehrere Millionen Maß Bier werden getrunken, hunderttausende Brathendl verspeist ...
www.oktoberfest.de

Open Art ☆
Open Art nennt sich das Kunstwochenende der Münchner Galerien. Dutzende Ausstellungen werden eröffnet. Es finden Führungen durch die Galerien statt. In der Rathausgalerie am Marienplatz gibts eine Sonderausstellung.
www.openart.de

Oktober

Fairway
Golfplatz-Kongress und Fachausstellung. Die Leitmesse für alles rund ums das Thema Golf.

Kunst-Messe München
Verkaufsveranstaltung für Kunst- und Antiquitätensammler Kunst aus fünf Jahrtausenden: Gemälde, Schmuck, Skulpturen ... Neue Messe Eingang Ost, Halle B 6

Lange Nacht der Museen ☆
In der Nacht der Museen öffnen ca. 90 Museen, Galerien, Ausstellungshäuser und Institute bis 2 Uhr früh. Shuttlebusse bringen die Nachtschwärmer von Haus zu Haus. Vier Touren führen durch die Kunst- und Museumswelt Münchens.
www.muenchner.de

Kirchweihdult
Kurz nach dem Oktoberfest ist die Zeit der Herbstdult auf dem Mariahilfplatz, die am Samstag vor Kirchweih (3. So im Okt.) eröffnet wird.
Info-☎ 23 33 01 11

München Marathon ☆
(ehemals Medienmarathon): 42,195 km durch die Leopoldstraße, über den Marienplatz, durch den Englischen Garten usw. mit Party, Musik und internationaler Städtewertung.
www.muenchenmarathon.de

Residenzwoche ☆
Neun Tage lebendige Geschichte mit Führungen, Vorträgen, Lesungen und Konzerten in den Sälen der Residenz.
www.residenzwoche.de

Spielart ☆
Das internationale Theaterfestival wurde 1995 gegründet und zeigt alle zwei Jahre im Spätherbst neue Inszenierungen, die das Besondere, Lebendige und Überraschende der Kunstform Theater zum Ausdruck bringen.
www.spielart.org

Systems
Die Fachmesse für Informationstechnik, Telekommunikation und Neue Medien präsentiert das Neueste aus den Bereichen Software und Telekommunikation.
www.systems.de

Wissenschaftstage
An einem verlängerten Wochenende finden unter den Motti „Lebendige Forschung" bzw. „Wie funktioniert was?" die Wissenschaftstage im Hauptgebäude der LMU, Geschwister-Scholl-Platz 1, statt. Gleichzeitig: die Lange Nacht der Wissenschaften.
www.muenchner.de

November

6-Tage-Rennen
Beim Sixdays in der Olympiahalle treffen die besten Radbahnfahrer der Welt aufeinander. Mit einem Tempo von bis zu 70 km/h drehen sie ca. 7.000 Runden. Neben Radsport sind auch das Showprogramm und die Partystimmung wichtig.

Münchner Bücherschau
Die Münchner Bücherschau im Gasteig ist die größte Buchausstellung Bayerns. Unter dem Motto „Lesen-Hören-Entdecken" erleben ca. 150.000 Besucher, an 18 Tagen, Lesungen und Veranstaltung. Über 300 Verlage zeigen ihr Programm und präsentieren ca. 20.000 Bücher.
www.muenchner-buecherschau.de

☆ = stadtbuch-tipp!

Verzaubert

Verzaubert nennt sich das Internationale Queer-Filmfest (auch in Köln, Frankfurt und Berlin). Die besten schwul-lesbischen Produktionen des jeweiligen Kinojahres werden in verschiedenen Reihen vorgestellt.
www.verzaubertfilmfest.com

Winter Tollwood

Das Tollwood-Winterfestival wird seit 2000 auf der Theresienwiese mit beeindruckendem Live-Programm, Shows, Weihnachtsmarkt und Silvesterparty gefeiert.
www.tollwood.de

Festival der Filmhochschulen

Das Internationale Festival der Filmhochschulen wurde 1981 zum ersten Mal veranstaltet. Seitdem gehört es zu den bedeutendsten Nachwuchsfestivals - weil man hier die besten Studentenfilme aus aller Welt sehen und ihre Macher kennenlernen kann.
www.filmschoolfest-munich.de

Dezember

Christkindlmärkte

werden in vielen Stadtteilen gefeiert. Die schönsten finden auf dem Marienplatz (traditionell), an der Münchner Freiheit (Schwabing), beim Winter-Tollwood (Theresienwiese), am Weißenburger Platz (Haidhausen), am Rotkreuzplatz (Nymphenburg), vor der Kirche Maria Schutz (Pasing) und am Chinesischen Turm (Englischer Garten) statt. Zu empfehlen ist auch der Weihnachtsmarkt der Künstler (Hans-Seidl-Platz), wo ganz individuelle Geschenkideen zu entdecken sind. Als Zugabe wird ein Kultur- und Kinderprogramm gestaltet. Der Verein der Freunde Schloss Blutenburg veranstaltet im Schlosshof einen kleinen Markt und eine Krippenausstellung - dazu finden Schlosskonzerte statt. Frohes Fest!

Weihnachten in München: Christkindlmarkt vor dem Neuen Rathaus am Marienplatz

Opera Players: Münchens kleinstes Opernhaus in der Pasinger Fabrik (www.fastfood-theater.de)

Bühne frei:

SCHAUSPIEL, OPER & CO.

Oper, Operette, klassisches oder modernes Sprechtheater, Kabarett, Comedy, experimentelle Performances, internationale Shows und Musicals - für alle Genres und Stile gibt es in München über 50 kleine und große Bühnen ...

Bayerisches Staatsballett ☀

Obwohl die Münchner Tanztradition bis ins 16. Jahrhundert zurückreicht, verwandelte sich das Ballett der Bayerischen Staatsoper erst 1988 in ein eigenständiges Ensemble. Es zählt heute zu den international profiliertesten Kompagnien. Internationale Gastspiele und Tourneen sorgen für das Renommee des Staatsballetts. Aber auch zu Hause, ist die Kompagnie erfolgreich: Jährlich 70 Vorstellungen im Nationaltheater, mit 85 % Auslastung der 2.000 Plätze, sprechen für sich.
Karten: ☎ 21 85 19 20, Mo - Fr 10 - 18 h, Sa 10 - 13 h.
www.bayerisches.staatsballett.de

Bayerische Staatsoper

Über 400 Jahre ist die Gattung Oper inzwischen alt - und auf fast 350 davon kann die Bayerische Staatsoper zurückblicken. Neben Mozart, Wagner, Verdi und Strauss deckt der Spielplan der Staatsoper die Anfänge der Gattung bei Monteverdi bis zu den Auftragsarbeiten der Gegenwart ab. Gespielt wird vor allem im Nationaltheater und im Prinzregententheater. Auch bei den traditionsreichen Münchner Opern-Festspielen zeigt die Bayerische Staatsoper ihr Weltniveau.
Karten: Kasse der Bayerischen Staatsoper, Max-Joseph-Platz 2 (Haupteingang Nationaltheater), ☎ 21 85 19 20, Mo - Fr 10 - 18 h, Sa 10 - 14 h, tickets@st-oper. bayern.de. Max-Joseph-Platz 2, ☎ 21 85 01, www.bayerische-staatsoper.de

Bayerisches Staatsschauspiel

Das Bayerische Staatsschauspiel hatte schon zahlreiche Spielstätten: die Bühne auf der „Malztenne im Faberbräu" an der Sendlinger Gasse, das italienische Barocktheater am Salvatorplatz (1802 wegen Baufälligkeit geschlossen) und schließlich das Residenztheater wo Oper, Ballett und Schauspiel gemeinsam wirkten. Heute bespielt das Bayerische Staats-

schauspiel das Residenztheater, den Marstall und das Theater im Haus der Kunst (Prinzregenten-straße 1, ☎ 21 85 01).
Karten: ☎ 21 85 19 40, Spielplan-Ansage: ☎ 21 85 20 28, Faxabruf Spielplan: ☎ 21 10 46 40, Sammelbestell-ungen für Schüler Mo - Fr ☎ 21 85 21 29, Call-Center der Bayerischen Staatsthea-ter: ☎ 21 85 19 70. Max-Joseph-Platz 1, www.bayerischesstaatsschauspiel.de, www.theaterimhausderkunst.de

Tanzwerkstatt Europa: Woman and Memory

Bel Etage

Das Musik und Show-Revuethe-ater ist von Schwabing nach Obersendling gezogen. Hier ist alles größer: es gibt einen Thea-tersaal, einen Gastro-Raum mit kleiner Bühne, einen Kiosk, einen Biergarten und theatereigene Parkplätze. Das Theater präsen-tiert von Donnerstag bis Samstag Musicals, Parodien, Tanztheater und klassisches Theater. Sonntags spielt Improvisationstheater, am Jazzy Monday treffen sich jazzige Musiker, dienstags gibt's eine Karaoke-Party und mittwochs wird zu Swing getanzt.
Karten: ☎ 33 90 13. Aidenbachstraße/ Ecke Kistlerhofstr., ☎ 33 90 13, www. beletagetheater.com, MVV/MVG: U3, U6, Bus 33, 43, 54, 85 Münchner Freiheit

Blutenburg-Theater

Das Blutenburg-Theater ist Deutschlands erste Kriminalbüh-ne und wurde 1983 eröffnet. Auf dem Spielplan stehen ausschließ-lich Kriminalstücke und Kriminal-komödien. Schwerpunkte sind Krimis von Agatha Christie, Edgar Wallace oder Kriminalkomödien wie „Arsen und Spitzenhäub-chen" und „Ladykillers".
Karten: ☎ 1 23 43 00, Theaterkasse Di - Sa 17 - 19.30 h. Blutenburgstraße 35, ☎ 1 23 43 00, www.blutenburg-theater. de, MVV/MVG: U1 Maillingerstraße

Deutsches Theater

Das größte Gastspielhaus Deutschlands kann auf eine über einhundertjährige Geschichte zurückblicken in deren Verlauf es vorübergehend sogar als Parlamentsraum der Räterepublik genutzt wurde. Heute werden im Deutschen Theater internationale Produktionen aus den Bereichen Oper, Operette, Ballett, Musical, Show und Comedy gebucht.
Karten: ☎ 5 52 34 - 44 44 (Ticket-Ser-vice), Theaterkasse: Mo - Fr 12 - 19 h, Sa 10 - 13.30 h. Einlass/Abendkasse: jeweils eine Stunde vor Vorstellungsbe-ginn. Schwanthalerstraße 13, ☎ 5 52 34 - 2 51, www.deutsches-theater.de, MVV/MVG: S 1-8, U4, U5 Karlsplatz; U1 - U3, U6 Sendlinger Tor; Tram 17 - 21, 27, Bus 56, 58

Drehleier

In diesem Jugendstiltheater werden Kabarett, Varieté, Chan-sons und Shows präsentiert. In der über 30-jährigen Geschichte der Drehleier standen Künstler wie Christian Überschall, Sigi Zimmerschied, Bruno Jonas und Jörg Hube auf der Bühne, auch Theaterstücke (Robin Hood - Jeder Depp kann ein Held sein) werden inszeniert. In der Thea-tergaststätte „Szenerie" (Mo - Fr 11.30 - 15 h und 17 - 2 h, Sa + So 17 - 2 h) werden mittags Speisen ab 3,00 € serviert. Freitags spielt hier Live-Jazz.
Karten: ☎ 48 27 42, Abendkasse 18.30 - 20.30 h, Beginn Mi - Sa 20.30 h, So 20 h, Einlass 18.30 h, Do Uni-Tag mit Studentenausweis 9,00 €. Rosenheimer Straße 123, ☎ 48 27 42, www.theater-drehleier.de, MVV/MVG: S-Bahn Rosenheimer Platz

Fast Food Theater ✦

Keine andere Theaterform ist so interaktiv wie das Improvisations-theater: Es sind die Zuschauer, die die Stichworte geben, aus de-nen sich die Rahmensituationen bestimmen und die nicht zuletzt direkt und ohne Hemmschwelle das bewerten, was sie sehen: Mit Buhrufen, herzlichem Applaus, Rosen oder nassen Schwämmen.

Wo gibt es das sonst im Theater? Ohne Text, ohne Plan und ohne Regieanweisung auf die Bühne zu gehen, um Theater zu spielen - das scheint auf den ersten Blick direkt ins Chaos zu führen. An jedem Montag steht im Hinterhoftheater (Sudetendeutsche Straße 40, Kartenbestellung: ☎ 3 11 60 39) die beliebte „Montagsshow" auf dem Programm. Auf Anfrage präsentiert das Fast Food-Ensemble seine speziell für Kinder konzipierte Impro-Show. Generell gilt: Überraschung möglich!
www.fastfood-theater.de

Galli Theater

Das Galli Theater spielt Komödien, wie „Männerschlussverkauf", „68er Spätlese", „Eva und Lilith" oder „Kellerkinder" - alle aus der Feder von Johannes Galli.
Aufführungstermine: Fr 20.30 h, Sa 16 h (Märchen), 20 h (Abendstück), So 16 h (Märchen), Gabelsbergerstraße 62, ☎ 78 07 83 14, www.galli.de

Georg Maier´s Iberl-Bühne ✳

Bayerisches Volkstheater ohne weiß-blaues Klischee. Seit 1966 betreibt Georg Maier - der die meisten Stücke der Bühne schreibt, jedes inszeniert und fast immer auch selbst mitspielt - die Iberl-Bühne im Stadtteil Solln. Münchner G'schichten, Dramatisches aus dem Oberland, Aufregendes aus der Provinz. Georg Maier fesselt sein Publikum mit Verstand und Geschmack. Einmal pro Monat: Jazz-Monday!
Karten: ☎ 79 42 14, Mo - Fr 10 - 16 h, Vorstellungsbeginn Mo - Sa 20 h, So 19 h, Nachmittags-Vorstellungen 14 h, Einlass/Bewirtung im Theatersaal/Biergarten 2 Stunden vor der Vorstellung. Wilhelm-Leibl-Straße 22, ☎ 79 42 14, MVV/MVG: S7, Sollner Bahnhof; Bus 66, Herterich-/Ecke Bleibtreustraße

Heiglhoftheater

Das Atrium des Studentenwohnheims Heiglhofstraße ist eine ideale Theaterarena und so ist es kein Wunder, dass sich 1995 eine Studententheatergruppe gebildet hat. Seitdem wurden Stücke wie „Arsen und Spitzenhäubchen" oder „Die Panne" von F. Dürrenmatt inszeniert und

- nicht nur - im Studentenwohnheim aufgeführt.
Karten: ☎ 01 75 / 5 23 28 96, Heiglhofstraße 64/028. www.heiglhoftheater.de, MVV/MVG: U6 Klinikum Großhadern

Hinterhoftheater

Das Theater im Wirtshaus am Hart (tägl. 11 - 1 h) in Milbertshofen bietet Kabarett, Kneipe und Biergarten. Jeden Sonntag gibt es das Tatwort-Improvisationstheater (www.tatwort.de) und jeden Montag das Fastfood-Impro-Theater (www.fastfood-theater. de). An anderen Tagen haben Kabarettisten Gastspiele.
Einlass 19 h, Beginn 20.30 h. Karten: ☎ 3 11 60 39. Sudetendeutsche Straße 40, ☎ 3 11 60 39, www.hinterhof-theater.de, MVV/MVG: U2 Am Hart

Komödie am Max II. ✳

Seit 50 Jahren werden hier, in Münchens größtem Privattheater, Komödien und Lustspiele mit prominenter Besetzung aufgeführt.
Karten: Di - Sa 11 - 14 und 15 - 20 h, So + Feiertag 14 - 18 h. Maximilianstraße 47, ☎ 22 18 59, www.komoediemax-zwei.de, MVV/MVG: U4, U5 Lehel; Tram 17, 19 Maxmonument

Kleines Spiel

Seit 50 Jahren wird hier donnerstags Marionettentheater für Erwachsene aufgeführt. Der Eintritt ist frei, Spenden sind willkommen. Einlass ab 19.45 h. Repertoire-Ausschnitt: Mann ist Mann (Brecht), Eilige Nacht (Maria, Joseph, …), Volpone (Ben Jonson) oder Aucassin und Nicolette (Ammenmärchen von Tankred Dorst).
Neureutherstraße 12, Eingang Arcisstraße, MVV/MVG: U2, Bus 53 Josephsplatz; Tram 27 Nordendstraße

Kleines Theater

Das Kasperltheater im Pförtnerhaus im Bürgerpark Oberföhring bietet sonntags (11 und 15 h) und mittwochs (15 h) Veranstaltungen sowohl für Erwachsene als auch für Kinder an.
Karten: ☎ 95 31 25, Kasse 30 Minuten vor Beginn. Oberföhringer Straße 156, ☎ 95 31 25, MVV/MVG: U4 Richard-Strauss-Straße; Bus 88, 188 Michl-Ehbauer-Weg

✳ *= stadtbuch-tipp!*

Komödie im Bayerischen Hof

Die Komödie im Bayerischen Hof ist das einzige Theater dieser Größe in Deutschland, das in einem Luxushotel beheimatet ist. Das elegant eingerichtete Theater wartet mit anspruchsvollen Komödien und Musicals auf. Außerdem: Lesungen und Chansonabende.

Karten: ☎ 29 16 16 33, Mo - Fr 10 - 18 h, Theaterkasse: ☎ 29 28 10, Mo - Sa 11 - 14 h und 15 - 19 h, So 15 - 19 h. Promenadeplatz 6, ☎ 29 16 05 30, www.komoedie-muenchen.de, MVV/MVG: U3, U6, S1 - S8, Bus 52 Marienplatz; Tram 19 Theatinerstraße

Lustspielhaus

Der Schwerpunkt der Aufführungen liegt bei Kabarett und Comedy: Bruno Jonas, Willy Astor, Dieter Nuhr, Django Asül, Günter Grünwald und Willy Michl traten/treten hier auf. Daneben werden im samtroten Jugendstil-Ambiente auch Konzerte mit Jazz, Pop, Worldmusic und einschlägige Münchner Musikern und Bands, angeboten. Dazu gibt es auch ein kulinarisches Angebot im „Vereinsheim" genannten Gastrobereich. Beginn der Vorstellungen ist jeweils um 20.30 h. Einlass: So - Do 19.30 h, Fr + Sa 18.30 h.

Karten: ☎ 34 49 74, Reservierung ab 14 h. Occamstraße 8, ☎ 34 49 74, www.lustspielhaus.de, MVV/MVG: U3, U6, Bus 53, 54, 123, 140, 141, N40 - N43 Münchner Freiheit

Metropol-Theater

Das Programm des Theaters, in einem ehemaligen Kino in Freimann, reicht von „Anleitung zum Unglücklichsein", „Der Elefantenmensch", „Broadway Danny Rose" oder dem, nur aus Musikstücken und Tanz bestehenden, „Das Ballhaus. Erinnerungen an ein Jahrhundert" über Kinderkino bis hin zu Musiktheater. Im Sommer wird gelegentlich auch die Freilichtbühne der Mohr-Villa in der Situlistraße 73, 500 m vom Theater entfernt, bespielt.

Karten: ☎ 32 19 55 33, Di - Fr 15 - 19 h, Abendkasse: eine Stunde vor Vorstellungsbeginn. Floriansmühlstraße 5, www.metropoltheater.com, MVV/MVG: U6 Freimann

Münchner Kammerspiele ✧

Die 1911 gegründeten Münchner Kammerspiele sind nicht nur eine der wichtigsten Bühnen der Stadt, sondern auch Deutschlands. Namhafte Intendanten/Regisseure wie Otto Falckenberg, Luc Bondy, Peter Zadek und Dieter Dorn haben hier Theatergeschichte geschrieben. Klassikerinszenierungen und Uraufführungen bilden nach wie vor einen wesentlichen Bestandteil der Spielpläne. Bayerische Autoren wie Franz Xaver Kroetz, Herbert Achternbusch oder Marieluise Fleißer spielten und spielen eine wichtige Rolle. Auch die Beschäftigung mit zeitgenössischen Dramatikern wie Botho Strauß, Heiner Müller und Werner Schwab prägten das Profil der Münchner Kammerspiele als Gegenwartstheater. Die Auseinandersetzung mit den Strömungen der Gegenwartsliteratur und eine kontinuierliche Arbeit mit einem festen Ensemble kennzeichnen die Kammerspiele.

Karten: ☎ 23 33 70 00, Theaterkasse, Parkhaus, Hildegardstraße 2, Mo - Fr 10 - 18 h, Sa 10 - 13 h, Spielplanansage ☎ 23 33 69 99. Schauspielhaus: Maximilianstraße 26 - 28, ☎ 23 33 70 00, Neues Haus: Falckenbergstraße 1, Werkraum: Hildegardstraße 1, www.muenchner-kammerspiele.de, MVV/MVG: U4, U5 Lehel; Tram 19 Schauspielhaus

Münchner Lach- und Schiessgesellschaft

Das 1956 von Sammy Drechsel und Dieter Hildebrandt gegründete Theater präsentierte über Jahrzehnte erstklassiges, heute legendäres Kabarett. Neben dem aktuellen Lach- & Schiess-Ensemble stellen unter anderen auch Sigi Zimmerschied, Christian Überschall, Dieter Hildebrandt, Rolf Miller, Bülent Ceylan oder Robert Kreis ihre Programme vor. Es gastieren Musik-Kabarett, Stand-up-Comedy und Polit-Kabarett.

Karten: ☎ 39 19 97, Mo - Sa 14 - 19 h. Ursulastraße 9, ☎ 39 19 97, MVV/MVG: U3, U6, Bus 33, 43, 54, 85 Münchner Freiheit

TamS - Theater am Sozialamt „Stillstand Eine Hymne" (o.), Kleines Spiel (u.)

Krimitheater (o.), Fastfood Theater (u.)

Münchner Marionetten-Theater

Das von Graf Pocci und F. L. Schmidt bereits im Jahre 1858 gegründete Theater hat sein festes Domizil seit über 100 Jahren in der Blumenstraße 32. Hier ist auch die Geburtsstätte des berühmten Kasperl Larifari! Neben dem traditionellen Spiel mit Marionetten gibt es auch Stücke mit anderen Figurentechniken (Stab-/Handpuppen).
Karten: ☎ 26 57 12, Di - So 10 - 12 h, Abendkasse: 30 Min. vor Vorstellungsbeginn. Blumenstraße 29a, ☎ 26 57 12, www.muenchner-marionettentheater. de, MVV/MVG: U1 - U3, U6 Sendlinger Tor; Tram 17, 18, 20, 27 Müllerstraße

Münchner Sommertheater ☀

Im Nordteil des Englischen Gartens, auf der Höhe des Isarstauwehrs, befindet sich das Amphitheater, der Spielort des

Münchner Sommertheater (o.), TamS (u.)

RUHE

Münchner Sommertheaters. Das Münchner Sommertheater ist ein, von der Autorin/Regisseurin Ulrike Dissmann geleitetes Ensemble von jungen Schauspielern und Musikern. Bei Regen steht das Theater in der Remise der Mohr-Villa (Situlistraße 73, U6 Freimann) zur Verfügung. Gespielt werden Stücke, wie „Viel Lärm um nichts", „Pygmalion", „Der zerbrochene Krug" oder Ulrike Dissmanns „Don Gil von den Grünen Hosen". Auch Liederabende („Dem Sommer eine Stimme geben") werden inszeniert und z. B. im Kulturzentrum Giesinger Bahnhof präsentiert.
Rümelinstraße 8, ☎ 98 93 88, www.muenchner-sommertheater.de, MVV/MVG: U6 Alte Heide; Bus 87 Rümelinstraße

Münchner Theater für Kinder

Das Theater führt neben Märchen auch klassische Stücke für Kinder auf: Der gestiefelte Kater, Biene Maja, Räuber Hotzenplotz oder Jim Knopf & Lukas der Lokomotivführer.
Karten: ☎ 59 54 54, Theaterkasse: täglich 10 - 14.30 h und 15 - 17.30 h. Dachauer Straße 46, ☎ 59 54 54, www.kindertheater-muenchen.de, MVV/MVG: U1, Tram 20, 21 Stiglmaierplatz

Münchner Volkstheater ☆

Das Münchner Volkstheater wurde 1983 eröffnet. In den ersten Jahren sorgten Schauspieler wie Gustl Bayrhammer, Beppo Brem, Helmut Fischer, Willy Harlander, Karl Obermayr, Veronika Fitz, Enzi Fuchs und Ruth Drexel für

die Anziehungskraft des Hauses. Spätestens seit 2002/2003, seit Christian Stückl Intendant ist, bestimmen nicht mehr Schauspielstars die Bühne, sondern junge Nachwuchsschauspieler (die Brückner-Brüder) und Regisseure. Auf dem Spielplan stehen unbekannte Stücke wie „Kampf des Negers und der Hunde", aber auch Klassiker wie „Viel Lärm um nichts" oder „Woyzeck". Mit der gefeierten Neuinszenierung des „Brandner Kaspar und das ewige Leben" hat das Volkstheater einen Evergreen im Repertoire. Beim jährlichen Festival „Radikal jung" werden bemerkenswerte Inszenierungen junger Regisseure vorgestellt.
Karten: ☎ 5 23 46 55, Mo - Fr 11 -18 h, Sa 11-14 h, Abendkasse: eine Stunde vor Vorstellungsbeginn. Brienner Straße 50, ☎ 5 23 55 - 0, www.muenchner-volkstheater.de, MVV/MVG: U1, Tram 20, 21 Stiglmaierplatz; U2 Königsplatz

Nationaltheater

Das ehemalige Königliche Hoftheater wurde nach seiner Zerstörung bei einem Bombenangriff 1943 am 21. November 1963 wiedereröffnet. Mit einer Fläche von fast 2.500 qm gehört seine Bühne zu den größten der Welt. Das Nationaltheater verfügt über 2.101 Plätze und erreicht in jeder Spielzeit eine Besucherzahl von rund 600.000. Zu seinem umfangreichen Repertoire gehören neben der Oper das klassische und das moderne Ballett sowie klassische Konzerte. In jeder Spielzeit werden zahlreiche Neuproduktionen aufgeführt. Das Nationaltheater ist die wichtigste Bühne der jährlich stattfindenden Opernfestspiele.
Karten: ☎ 21 85 - 19 20, Maximilianstraße 11, Mo - Fr 10 - 18 h, Sa 10 - 13 h. Max-Joseph-Platz 2, ☎ 21 85 - 01, MVV/MVG: S1 - S8, U3, U6, Bus 52, 53 Marienplatz; U4, U5 Odeonsplatz; Tram 19 Nationaltheater, Spielplanvorschau im Internet: www.staatstheater.bayern. de/staatsoper

i-camp - Neues Theater

Im Neuen Theater führen freie Künstler verschiedenste zeitgenössische Produktionen auf.

Tanzstücke und experimentelle Werke, wie „Video und Cyberdance Lounge", gehören dazu.
Karten: ☎ 65 00 00. Entenbachstraße 37, ☎ 65 00 00, www.i-camp.de, MVV/MVG: U1, U2 Kolumbusplatz

Oberanger-Theater

Im Oberanger-Theater im Vollmarhaus kann man Gastspiele wie Queens of Ballet, Jacques Brel-Abende, Inszenierungen der bayerischen Gerhard Loew-Bühne, das Impro-Theater Isar 148 und Travestie-Kabarett erleben. Bayerische Küche im Restaurant.
Oberanger 38, ☎ 2 31 16 60, www.oberanger-theater.de, MVV/MVG: U1 - 3, U6 Sendlinger Tor

Residenztheater

Im, mit moderner Technik ausgestatteten, Residenztheater führen das eigene Ensemble oder Gastensembles alte und neue Klassiker auf. Es ist die wichtigste Spielstätte des Bayerischen Staatsschauspiels und zählt zu den größten Sprechtheatern der Bundesrepublik. (mn)
Karten: ☎ 21 85 - 19 40, Max-Joseph-Platz 1, Mo - Fr 10 - 18 h, Sa 10 - 13 h (14 Tage im voraus), Abendkasse: eine Stunde vor Vorstellungsbeginn. Aktueller Kartenstand: ☎ 21 85 - 20.28. Max-Joseph-Platz 1, ☎ 21 85 - 01, MVV/MVG: S1 - S8, U3, U6, Tram 19 Marienplatz; U3 - U6 Odeonsplatz

Schauburg - Theater der Jugend ☀

„Einfache Wege sind in der SCHAUBURG ausgeschlossen, schrieb das Theatermagazin Deutsche Bühne einmal über die SCHAUBURG, das Kinder- und Jugendtheater der Stadt München. Mut zum Experiment und Fragen statt Antworten - so lauten die Leitsätze des Hauses. Die Vorstellungen eignen sich sowohl für ein erwachsenes Publikum als auch für Kinder und Jugendliche."
Karten: ☎ 23 33 71 71, Mo - Fr 9.30 - 18 h, Sa 12 - 17.30 h, Kassenöffnungszeiten: Di - Fr 14 - 18 h, Sa 12 - 17.30 h und jeweils eine Stunde vor Vorstellungsbeginn. Vorstellungsbeginn zumeist 10.30 h (für Schulklassen) und abends 19.30 h. Franz-Joseph-Straße 47, ☎ 23 33 71 71, www.schauburg. net, MVV/MVG: U3, U6 Giselastraße; U2 Josephsplatz; Tram 27 Elisabethplatz

☀ = stadtbuch-tipp!

Das Schloss - Theaterzelt

Das beheizte und mit moderner Technik ausgestattete Theaterzelt spielt ganzjährig sowohl Klassiker, als auch Stücke zeitgenössischer Autoren und moderne Komödien. Neben eigenen Theaterproduktionen finden auch Gastspiele (Sigi Schwab, Günter Grünwald, Monika Gruber) statt. Außerdem: Biergarten- und Café-Betrieb.
Karten: ☎ 14 34 08 13, im Zelt ab 10 h. Schwere-Reiter-Straße 15, ☎ 1 43 40 80, www.dasschloss.com

Spectaculum Mundi

Das Spectaculum Mundi ist eine Musikbühne mit Barbetrieb im Münchner Süden. Getragen wird die Bühne, die sich als soziokulturelle Einrichtung mit Sparten- und altersübergreifenden Angeboten begreift, vom Kreisjugendring und der Initiative Spectaculum Mundi. Es gibt eine hauseigene Musicalgruppe und das Highlight im Veranstaltungskalender ist das internationale A-Cappella-Festival „Vokal Total & Musica Antiqua Viva", das gleichzeitig Deutschlands größtes A-Cappella-Fest ist.
Karten: ☎ 74 57 65 82. Graubündener Straße 100, ☎ 74 66 40 22, www.spectaculum-mundi.de, MVV/MVG: U3 Fürstenried West

Spieldose

Die Spieldose befindet sich im Künstlerhaus am Lenbachplatz. Aber auch im Amphitheater im Englischen Garten kann man Aufführungen wie „Geierwally" oder „Watzmann" erleben. Andere Stücke: „Picknick im All" oder „Komödie der Irrungen".
Lenbachplatz 8, ☎ 59 13 37, www.die-spieldose.de, MVV/MVG: S1 - S8 Karlsplatz

Staatstheater am Gärtnerplatz

Das Theater nennt sich selbst „Münchens andere Oper" und nimmt über 130 Jahre nach seiner Gründung einen festen Platz mit eigenem Profil neben dem Nationaltheater ein. Schon bei seiner Eröffnung im Jahre 1865 - damals noch unter dem Namen „Münchner-Aktien-Volkstheater" - verstand es sich als Aufrührer gegen festgefahrene Inszenierungen des höfischen Theaters, der neue Wege aufzeigen wollte. So zeichnet sich das Theater am Gärtnerplatz auch heute noch durch ein ausschließlich deutsch gesprochenes und gesungenes Repertoire aus. Im Mittelpunkt steht das Musiktheater und man hat es sich hier zur Aufgabe gemacht, zu vergegenwärtigen, dass auch die Oper eine Form des Theaters ist. Ein Repertoire von 32 Werken, bestehend aus 16 Opern, sechs Operetten, zwei Musicals und acht Balletten wird ergänzt durch jährlich sieben Neuinszenierungen. Dabei sind neben den Klassikern immer auch ausgefallene und moderne Stücke vertreten. (mn)
Karten: ☎ 21 85 19 60, Theaterkasse Mo - Fr 10 - 18 h, Sa 10 - 13 h. Gärtnerplatz 3, ☎ 2 01 67 67, MVV/MVG: U1, U2 Fraunhoferstraße; Tram 17, 18 Reichenbachplatz; Bus 52, 56 Gärtnerplatz

TamS - Theater am Sozialamt

Das Hinterhoftheater im Herzen Schwabings hat sich ganz der zeitgenössischen Literatur („Liebst du mich?", „Worte im Tangoschritt") verschrieben. Aber auch Horvaths „Geschichten aus dem Wienerwald" kommen hier auf die Bühne.
Auf unterhaltsame Weise wird hier kritisch und grotesk gespielt. Das Theater am Sozialamt verfügt über kein festes Ensemble. (mn)
Karten: ☎ 34 58 90. Haimhauser Straße 13a, ☎ 34 58 90, www.tamstheater.de, MVV/MVG: U3, U6, Bus 33, 43, 54, 85 Münchner Freiheit

Teamtheater Tankstelle & Teamtheater Comedy

Im denkmalgeschützten Gebäude einer ehemaligen Tankstelle ist das 99-Plätze-Theater untergebracht. Immer auf der Suche nach Außergewöhnlichem zeigt das Theater Tankstelle klassische und zeitgenössische Theaterstücke internationaler Autoren („Die Orte

Sidebar: typisch münchen · kultur & erlebnis · freizeit & relaxen · essen & trinken · city & guide

Iberl-Bühne (o.), Münchner Volkstheater (u.)

der Marguerite Duras", „Die gesammelten verloren geglaubten Werke von Samuel Beckett"). Besonderheiten: französischsprachige Gastspiele und Lesungen. Die Teamtheater Comedy, die kleine Schwester der Tankstelle, ist ein bezaubernder Ort, dessen Einzigartigkeit ins Auge sticht: Der Künstler Robin Beers hat den Theatersaal mit Fresken im Stil alter florentinischer Palazzi gestaltet. Donnerstag ist übrigens der verbilligte Theatertag.
Reservierung: Tankstelle ☎ 2 60 43 33, Abendkasse an Spieltagen 18 - 20 h. Comedy ☎ 2 60 66 36, Abendkasse an Spieltagen von 18.30 - 20.30 h. Am Einlaß 4, ☎ 2 60 66 36, MVV/MVG: U1, U2 Fraunhoferstraße; S1 - S8, U3, U6 Marienplatz; Tram 18, 20 Reichenbachplatz

PATHOS transport theater

Seit Januar 2002 arbeiten Theater & Company zusammen mit dem PATHOS transport theater im Rahmen des Kulturdiscount. Das PATHOS transport theater bietet ein Forum für Theatergruppen, vornehmlich aus dem Münchner Raum, die innerhalb der Reihe Kulturdiscount ihre Arbeiten zeigen. Dabei steht das Experiment im Vordergrund. Mit geringen Mitteln und kurzen Probezeiten werden in diesem Rahmen Inszenierungen, Lesungen, Performances oder Filme präsentiert.
Karten: ☎ 12 11 10 75 oder ab 19.30 h an der Abendkasse. Dachauer Straße 110d, ☎ 12 11 10 75, www.theater-und-company.de, www.pathostransporttheater.de, MVV/MVG: Tram 12, 20, 21, N20, Bus 53, N41 Leonrodplatz; U1 Rotkreuzplatz

Theater bei Heppel & Ettlich

Die Schwabinger Kleinkunstbühne zeigt, als Theater-Kneipe-Kino, vor allem Kabarett, Comedy, Konzerte („Rock mal wieder!"), Lesungen und Musikkabarett. Das Kinderkino KIKO ist bei Heppel & Ettlich beheimatet. Jeweils sonntags um 11 Uhr beginnen die Vorführungen für Kinder „in den besten Jahren" mit Elternfrühstück und Verlosung. Schulklassen können sich für Sondervorstellungen am Montag oder Freitag anmelden.
Karten: ☎ 34 93 59 ab 18 h. Kaiserstraße 67, ☎ 34 93 59, MVV/MVG: U2 Hohenzollernplatz; Tram 12, 27 Kurfürstenplatz

Schauburg: Von Mäusen und Menschen

Theater Blaue Maus

Hier werden überwiegend gesellschaftskritische („Wo die Liebe hinfällt" in saarländischer Sprache) und politische Stücke aufgeführt. Daneben werden auch Konzerte („Willie Le Truc" - Weltmusik aus Bayern, „Gefillte Fish" - Klezmer) oder Lesungen veranstaltet.
Karten: ☎ *18 26 94.*
Elvirastraße 17a, ☎ *18 26 94,*
MVV/MVG: U1 + 7 Maillingerstraße

Theater Gut Nederling

In den denkmalgeschützten Räumen des ehemaligen Gutes in Moosach spielt das Landstorfer Ensemble - vor allem - eigene bayerische Stücke. Im hauseigenen Restaurant (Di - So 11 - 24 h) wird eine internationale Küche mit österreichischen Akzenten serviert, im Sommer auch im Biergarten.
Nederlinger Straße 78,
www.theater-gut-nederling.de

Theater Halle 7

Das Theater Halle 7, vom inkunst e.V. und der Bundesanstalt für Arbeit als Weiterbildung betrieben, bietet arbeitslosen Schauspielern die Möglichkeit vier Monate lang Stücke zu erarbeiten, Sprach- und Körpertraining zu betreiben und aufzutreten. Gleichzeitig ist das Theater ein Treffpunkt für Talentsucher.
Karten: 53 29 78 29. Walterstraße 7a,
www.inkunst.de,
MVV/MVG: U3 + 6 Goetheplatz

Theater im Fraunhofer ⚜

Theater, Wirtshaus und Hinterhof. Den Schwerpunkt der bekannten Kleinkunst-Bühne, die schon einige namhafte Künstler entdeckte und förderte, bildet das Kabarett. Daneben werden neue Volksmusik, Klezmermusik, Songs, Dixieland und Blues präsentiert. Jeden ersten Sonntag im Monat gibt's in der Theaterkneipe Kulisse den traditionellen literarisch-satirisch-musikalischen Frühschoppen ab 11 Uhr. Ins Wirtshaus lockt der musikalische Frühschoppen mit Gruppen wie Krinoliner Blaskapelle, Fraunhofer Saitenmusik, Mariachi Sol Azteka oder Sons of the Desert sonntags um 11 h (Eintritt 8,00 €).
Karten: Abendkasse.
Fraunhoferstraße 9, ☎ *26 78 50,*
www.fraunhofertheater.de,
MVV/MVG: U1, U2 Fraunhoferstraße

Theater in der Au

Heute zeigt das Theater in der Au mit je zehn Aufführungen pro Produktion zeitgemäße und inhaltlich niveauvolle Volks- und Boulevardstücke von Autoren wie Ludwig Thoma, Kusz und Köbeli. Gespielt wird im Pfarrsaal „Am

Herrgottseck". Erfolgreich sind auch die Lesungen die unter dem Titel „Lyrikwerkstatt" veranstaltet werden.
Karten: ☎ 44 11 84 54.
Am Herrgottseck 5

theater... und so fort

Das 1968 als „Modernes Theater" gegründete Privattheater präsentiert Erst- und Uraufführungen von Gegenwartsautoren. In Kooperation mit THETA e.V. werden zeitgenössische Stücke oder Tanzproduktionen gezeigt. Auch Klassisches, wie „Elektra" kommt hier, z. B. in der bayerischen Fassung auf die Bühne.
Jeden Sonntag, um 15 Uhr, gibt es Doctor Döblingers geschmackvolles Kasperltheater für Kinder. Außerdem: Schauspiel-Workshops & Schauspielunterricht für Profis und Anfänger.
Karten: ☎ 23 21 98 77. Reservierte Karten werden bis 15 Minuten vor Vorstellungsbeginn (20.30 h) zurückgehalten. Hans-Sachs-Straße 12, MVV/MVG: U1 + 2 Fraunhoferstraße; Tram 17, 18, 27 Müllerstraße

Theater Viel Lärm Um Nichts

Das Theater befindet sich in der Pasinger Fabrik und präsentiert - in Anknüpfung an Traditionen des Elisabethanischen Volkstheaters - eigene Stücke und Klassiker der Weltliteratur in meist eigenwilliger „schräger" Inszenierung.
Karten: ☎ 8 34 20 14 (16.30 - 20.30 h), ☎ 74 72 72 74 (10 - 18 h). August-Exter-Straße 1, ☎ 8 34 20 14, 8 34 18 41, MVV/MVG: S3 - S6, S8 Pasing

Theater 44

Die Schwabinger Bühne besteht seit 1959 und führt anspruchsvolles und gesellschaftskritisches Theater mit Stücken („Gatte gegrillt") zeitgenössischer Autoren auf. Auch unbekannte Autoren haben hier eine Chance. Da nur 90 Plätze zur Verfügung stehen, herrscht im historischen Theaterkeller eine intime Atmosphäre.
Karten: ☎ 3 22 87 48 ab 16 h. Hohenzollernstraße 20, ☎ 3 22 87 48, www.theater44.de, MVV/MVG: U3, U6, Bus 54, 154 Giselastraße; Tram 12, 27, Bus 33 Hohenzollernstraße

Jörg Maurers Unterton

Das Theater Unterton befindet sich in einem ehemaligen Luftschutzkeller im Zentrum von Schwabing und steht unter der Leitung des Künstlers Jörg Maurer („Der Satz im Silbensee"). Dieser übernahm 1994 das Theater in der erklärten Absicht, dem Mythos der Kulturmetropole München entgegenzutreten, indem er einer Kleinkunstszene ein Forum bietet, deren Werke sich durch Spontaneität, Individualität, Nähe und das Fehlen jeder Mechanik von der etablierten Großkunst abheben. Die Persönlichkeit Jörg Maurers prägt das Repertoire des Theaters, das neben eigenen Produktionen nur sorgfältig ausgewählte Gastspiele (Magic Puppets, Armin Fischer) und das Impro-Theater „efa" bietet. Präsentiert werden im Unterton neben Kabarett und Theater auch Comedy, Musik und Literatur. (mn)
Karten: ☎ 33 39 33. Kurfürstenstraße 8, ☎ 33 39 33, www.unterton.de, MVV/MVG: U3, U6 Universität; Tram 27 Nordend-/Georgenstraße

ValentinKarlstadt Theater ☀

Das Theater in den Katakomben des Hofbräukellers bietet (ewig) jungen Valentin. Seine Stücke werden frisch inszeniert und in zünftiger Umgebung präsentiert. Spielfreude kennzeichnet dieses Theater.
Karten: ☎ 38 10 28 10, Vorstellungsbeginn pünktlich um 20:02 h (Fr + Sa), Einlass ab 18 h. Hofbräukeller, Innere Wiener Straße 19, www.valentintheater.de, MVV/MVG: U4 + 5 Max-Weber-Platz; S-Bahnen Rosenheimer Platz

ValentinKarlstadt Theater: Wilddieb!

Lesezeichen

LITERATUR IN MÜNCHEN

München ist die Verlagsstadt Nummer 1 in Europa und, nach New York, die zweitgrößte der Welt. München ist eine traditionsreiche Buch- und Literaturstadt, mit mehreren hundert Verlagen und Buchhandlungen, mehreren hundert Schriftstellern und Übersetzern, zahllosen literarischen Institutionen und Initiativen der Literaturvermittlung. Dem steht ein vielseitig interessiertes Publikum gegenüber, das nicht nur bei Lesungen internationaler Star-Autoren die Säle stürmt, sondern auch neugierig ist auf unbekannte deutsche und fremdsprachige SchriftstellerInnen.

100 bis 200 literarische Veranstaltungen finden jeden Monat in München statt - einen Überblick bietet das vom Kulturreferat herausgegebene **Literaturblatt München** (www.muenchen. de/literaturblatt), das auch über Autoren und Bücher, Ausstellungen und Preisverleihungen, Veranstaltungsreihen und andere literarische Initiativen berichtet. Informationen über Münchner Veranstalter, Verlage, Vereine, Preise und Stipendien etc., mit Links zu den Institutionen, finden sich auf der Website des Kulturreferats/Literatur: www.muenchen. de/literaturstadt
Zentren des Lesens in München sind die großen Bibliotheken, die auch Ausstellungen, Vorträge und Lesungen anbieten: die **Bayerische Staatsbibliothek**, als eine der größten wissenschaftlichen Bibliotheken im deutschsprachigen Raum, und die

Münchner **Stadtbibliothek**, die größte in Deutschland mit ihrer Zentrale im Gasteig und ihren 26 Stadtteilbibliotheken und mehr als zehn Millionen Büchern. Die **Monacensia** (www.muenchen. de/monacensia), das „literarische Gedächtnis" der Stadt, verwahrt in ihrem Archiv rund 200 Nachlässe bayerischer Autorinnen und Autoren mit 300.000 Dokumenten, darunter die Nachlässe von Klaus und Erika Mann und Oskar Maria Graf, und sie hat sich mit ihrem Veranstaltungsprogramm auch als literarischer Treffpunkt etabliert. Die **Internationale Jugendbibliothek** ist die weltweit größte Bibliothek für Kinder- und Jugendliteratur mit einem Bestand von einer halben Million Büchern in 130 Sprachen, in deren „BücherSchloss" unter anderem ein Michael-Ende-Museum und ein James-Krüss-Turm zu besichtigen sind.

Ein Zentrum des literarischen Lebens in München bildet das seit 1997 bestehende **Literaturhaus** (www.literaturhaus-muenchen. de), in dem sich prominente Schriftsteller aus aller Welt und Münchner Nachwuchsautoren die Klinke in die Hand geben. Hier finden Ausstellungen, Lesungen und Diskussionen, internationale Tagungen und literarisch-musikalische Partys statt. Daneben bieten Einrichtungen wie die **Offene Akademie** der

Volkshochschule, das **Goethe Forum**, das **Muffatwerk** (www. muffatwerk.de), die **Bayerische Akademie der Schönen Künste** (www.badsk.de), ausländische Kulturinstitute, die großen Münchner Theater und auch Privattheater regelmäßig literarische Veranstaltungen an. Nicht zuletzt die zahlreichen Buchhandlungen, Vereine und Autoreninitiativen sind es, die die vielfältige literarische Szene Münchens prägen. In Schreibwerkstätten und Autorentreffs (z. B. www. muenchner-literaturbuero.de) finden sich ambitionierte NachwuchsautorInnen und Gelegenheitsschreiber zusammen. Neben traditionsreichen literarischen Vereinen und Gesellschaften wie Lyrik Kabinett und Tukan-Kreis, Goethe-Gesellschaft und Thomas-Mann-Förderverein entstehen und behaupten sich neue Initiativen junger Autoren, die im **Café Gap** (jeden 2. Montag Prosa & Poetry, www.speakandspin. de), im **Café Ruffini**, im **Stragula** (www.westend-ist-kiez.de), im **Café Jasmin** (Write-Club, nostalgische Lesungen), im **Cord** (1 x pro Monat Literatur u. m., www. cord.tv), im **Ampere/Muffatwerk** (Poesiefestival, www.muffatwerk. de), in der **Schauburg** (Poetry Slam für Schüler/bis 20. J., Poetry-Workshops, www.schauburg. net) oder im **Substanz** (Poetry-Slam, www.substanz-club.de) ein adäquates Ambiente gefunden haben.

Mehrmals im Jahr rückt die Literatur in besonderer Weise in den Mittelpunkt des kulturellen Lebens in München: mit der Internationalen Frühjahrsbuchwoche im März und der Münchner Bücherschau im November/Dezember. Die vom Kulturreferat veranstaltete **Internationale Frühjahrsbuchwoche** findet in Kooperation mit vielen Buchhandlungen, Verlagen und allen wichtigen literarischen Institutionen der Stadt statt und steht jeweils unter einem Themen- oder Länderschwerpunkt. Zwischen 20 und 40 SchriftstellerInnen aus aller Welt kommen zu diesem Literaturfestival nach München.

Auf der **Münchner Bücherschau** (veranstaltet vom Verband Bayerischer Verlage und Buchhandlungen in Zusammenarbeit mit dem Kulturreferat) stellen über 200 bayerische Verlage rund 200.000 Neuerscheinungen und Longseller aus; das Rahmenprogramm bietet Lesungen, Vorträge mit Dia-Shows, Gesprächsrunden und ein umfangreiches Programm für Kinder.

Weitere „Highlights" wurden in den letzten Jahren literarische Reihen wie die **„Wortspiele"** (www.wortspiele-muenchen. de) mit jungen AutorInnen aus ganz Europa, die Lyrik-Nacht, die Veranstaltung „Krimifestival" (www.krimifestival-muenchen. de), die Internationalen Erzähltage - Initiativen, die ursprünglich nicht auf Dauer angelegt waren, aber wegen der großen Resonanz inzwischen jährlich oder biennal stattfinden. Nicht vergessen werden sollte schließlich das **„Comicfest"** als Festival am Schnittpunkt zwischen Literatur und Kunst, das alle zwei Jahre mit Bild- und Buch-Ausstellungen und Aktionen die Praterinsel drei Tage lang zum Treffpunkt für die Fans der „Neunten Kunst" macht. Poetry-Künstler aus Deutschland, Österreich und der Schweiz treffen sich beim jährlichen National Slam (www.slam2006.de) an drei Tagen auf verschiedenen Bühnen.

Eine definierbare „Autorenszene" bzw. feste Gruppen von Autoren gibt es kaum, abgesehen von den im VS organisierten Autoren und der regen **Poetry-Slam-Szene** (www. slampire.de oder www.substanz-club.de). Ebenso wenig lässt sich ein einschlägiger „Literatentreff" ausmachen. Man trifft sich im „Dukatz" (Literaturhaus) oder bei Schumann's, im Stadtcafé, im Atomic Café oder im Café Ruffini - meist dort, wo Veranstaltungen stattfinden, und die sind ja reichlich im Angebot. Wohl gibt es Freundschaften und lockere Verbindungen zwischen Autoren, die sich ab und an zu gemeinsamen Aktionen zusammentun; das Literaturhaus versammelt NachwuchsautorInnen aus seinen **textwerk-Seminaren** (www.literaturhaus-muenchen. de/programm/textwerke) und den manuskriptum-Seminaren der Universität (www.lmu.de/manuskriptum) zu Veranstaltungen. Aber alles in allem ist die „Szene" weitgehend individualisiert. Und nicht wenige Autoren - darunter Hans Magnus Enzensberger und Uwe Timm - schätzen gerade das an München: dass sie hier in Ruhe arbeiten können.

Über die vielen literarischen Preise die sowohl eine finanzielle Hilfe, als auch für das Image der Autoren von Bedeutung sind, informiert www.muenchen.de/literaturstadt.

Eva Schuster/Robert Wagner

Münchner Hefte

Die Münchner Hefte sind eine Zeitschrift für junge Literatur, die seit Herbst 2002 von Studenten herausgegeben wird. Veröffentlicht werden Nachwuchsautoren, die noch keinen Rahmen für ihre Texte und Gedichte gefunden haben. www.muenchner-hefte.de.

Festivals, Open Air-Kinos & Kinos in München

FILM- & KINOSTADT

Die Film- & Fernsehbranche trifft sich jährlich im Juni/Juli beim Internationalen Filmfest in München. Das ganze Jahr über arbeiten große und kleine Produktionsfirmen und Studios in der Stadt fürs Kino und fürs Fernsehen. Zahlreiche Fernsehsender versorgen die Republik von München aus mit Programmen. Der Nachwuchs aus der Hochschule für Film und Fernsehen wird marktfähig ausgebildet und feiert nationale und, ab und zu, sogar internationale Erfolge. Der Bayerische Filmpreis ist eine der angesehensten Auszeichnungen Deutschlands. Das filmfreundliche Klima der Stadt belegen auch die gut besuchten Kinos, die boomenden Open-Air-Filmvorführungen im Sommer und die Filmfestivals in München.

Filmfestivals:

Fantasy Festival ✳

Seit 1987 findet das Internationale Filmfestival für Science Fiction, Horror und Thriller in München statt. Was als Hinterhofspektakel einiger Freaks begann, wird inzwischen als weltweit erfolgreichstes Genre-Festival in acht weiteren Städten gezeigt. Teils blutrünstige, teils skurrile Ereignisse auf der Leinwand sorgen für Gänsehaut, Ekel, Begeisterung und Nervenkitzel bei den Zuschauern.
www.fantasyfilmfest.com

Filmfest München ✳

Kino ist beliebt in München. Wers nicht schon wusste, das Filmfest, das seit 1983 an der Isar gefeiert wird, liefert den Beweis. Auf 15 Leinwänden, in und rund um den Gasteig, laufen an acht Tagen und Nächten ca. 200 Filme vor regelmäßig 65.000 Zuschauern. Verschiedene Schwerpunkte und Specials kennzeichnen jedes Jahr aufs Neue das Fest: Werkschauen, Länderschwerpunkte, die American Independents und die Reihe mit den aktuellsten deutschen Kino- und Fernsehfilmen. Seit 1997 ehrt das Filmfest München herausragende Persönlichkeiten des internationalen Filmschaffens für ihre Verdienste um die Filmkunst mit dem CineMerit-Award. Für Kinder und Jugendliche gibt es ein eigenes Programm. Mit insgesamt 80.000 € Fördergeldern werden die beste Regie, das beste Drehbuch und die beste Schauspielerleistung des deutschen Kino-Nachwuchses ausgezeichnet. Die entspannte Atmosphäre ist ein großes Plus des sommerlichen Münchner Filmfestes. Dass der Glamour und die Bedeutung von Cannes, Venedig oder Berlin fehlen, stört die wenigsten.
www.filmfest-muenchen.de

Flimmern & Rauschen

Seit 1983 veranstaltet das Jugendamt München jedes Jahr - im August oder November - das Jugendfilmfest für jugendliche Filmgruppen, die ihre Werke einreichen. Die Streifen werden im Muffatwerk gezeigt und die, von einer Jury ausgewählten, Sieger mit Preisen ausgezeichnet.
www.jff.de

Internationales Festival der Filmhochschulen

Studenten von Filmhochschu-

✳ = stadtbuch-tipp!

len aus aller Welt treffen sich in München zu diesem Festival und präsentieren ihre Werke. Viele Arbeiten können sich durchaus mit Filmen „Ausgelernter" messen.

Internationales Dokumentarfilm-Festival ☼

Seit 1986 wird das Festival des Dokumentarfilmes jedes Jahr veranstaltet. Der Filmstadt München e.V. bietet dabei ein interessantes Programm mit internationalen Produktionen, Retrospektiven und einem Wettbewerb.

Verzaubert ☼

„Verzaubert" ist das größte Gay-Filmfestival Europas: Etwa 50.000 Zuschauer und Zuschauerinnen besuchen die vielfältigen Programme. „Verzaubert" tourt, wie das Fantasy Filmfest, als bundesweites Event, durch München, Frankfurt, Köln, Hamburg und Berlin. Spielfilme, Kurzfilme und Dokumentationen sind zu sehen. Seit 1998 ist „Verzaubert" ein Wettbewerbsfestival. Das Publikum wählt den besten Spielfilm und den besten Kurzfilm.
www.verzaubertfilmfest.com

Open Air-Kinos:

Kino am Königsplatz

Jedes Jahr, Ende Juli, werden eine Woche lang auf dem herrlichen Königsplatz Blockbuster gezeigt.
www.kinoopenair.de

Kino am Pool

Vor den Leinwänden im Ungererbad ist es auch nicht ungemütlich. Von Juli bis etwa Mitte August laufen in diesem städtischen Bad Kinohighlights.
www.kinoampool.de

Kino, Mond & Sterne

Unter dem Motto „Kino, Mond & Sterne" zeigt die Seebühne im Westpark jedes Jahr ab Mitte Juni, nach Einbruch der Dunkelheit, Filme, die von vielen gerne (wieder-)gesehen werden.
www.kino-mond-sterne.de

Kino-Portraits:

STADTBUCH-Kinoauswahl

ABC-Filmtheater

Als eines der ältesten Kinos in München entstand das ABC 1913 in einer ehemaligen Schmiede. Riesige Sessel und außergewöhnliche Beinfreiheit gibt es nicht, aber Nostalgie und Programm des Gilde-Kinos machen dies wett: künstlerisch anspruchsvollere Filme werden auch gezeigt.
Säle: 1; Plätze: 156, rollstuhlgerecht; Günstiger: Mo Kinotag, Di Half-Price-Day; Reservierungs-☎: 33 23 00; Herzogstraße 1a, ☎ 33 23 00, MVV/MVG: U3 + 6 Münchner Freiheit

Arri ☼

Bequeme Sitze, super Sicht. Hier laufen vor allem deutsche oder französische Produktionen. Alle fremdsprachigen Filme mit Untertitel. Matineen (So, 11.30 h), Spätprogramm 22 h; Festivalkino ist das Arri sowieso.
Säle: 1; Plätze: 358; Preise: 7,- bis 9,- €; Günstiger: Mo Kinotag 5,50 €, Di Half-Price-Day 4,50 €, Ermäßigungen je nach dem 1,- €; Reservierungs-☎: 38 89 96 64; Türkenstraße 91, ☎ 38 40 53 10, www.arri-kino.de; MVV/MVG: U3 + 6 Universität

Atelier 1 + 2 ☼

Hier werden Filmhits gezeigt, Festivals gastieren ebenfalls und der Vorführer sitzt im Glaskasten. Kunstausstellungen sind im Foyer zu sehen. Montags ab 21 Uhr: MonGay! (schwul-lesbisches Kultkino) Plus: Der sommerliche Innenhof.
Säle: 2; Plätze: 204 + 84; Preise: ab 6,50 €, Wochenende ab 7,50 €, Matinee 6,00 €; Günstiger: Mo + Di 5,00 € bei Normallänge; Zuschlag 0,50 € bei Überlänge; Reservierungs-☎: 59 19 18; Sonnenstraße 12, ☎ 59 19 18, www.city-kinos.de; MVV/MVG: Karlsplatz/Stachus

Atlantis 1 + 2

Eines der traditionellen Kinos. Plus: sehr bequeme Sessel und moderne Technik. Gelegentlich werden auch Originalfassungen (mit Untertitel) gezeigt. Café-Bar im Haus.
Säle: 2; Plätze: 260 + 90; Preise: 6,50 - 8,00 €, Wochenende ab 8,00 €; Güns-

Open Air Kino am Königsplatz

tiger: Mo + Di 5,00 € bei Normallänge, Überlänge 0,50 € Zuschlag, Mi 21 h Sneak-Preview 4,00 €; Reservierungs-☎: 55 51 52; Schwanthalerstraße 2, ☎ 55 51 52, www.city-kinos.de; MVV/MVG: Karlsplatz/Stachus

Autokino Aschheim

Man sitzt im eigenen Pkw und der Sound kommt aus dem Autoradio: ein Drive in-Kino bietet ein interessantes, vielleicht sogar romantische Kinoerlebnis. Im Winter kann man sich Heizlüfter ausleihen.
Bildwände: 2; Plätze: ca. 1.000 Pkw-Stellplätze; Preise: 6,00 € pro Person, Überlängenzuschlag: 1,00 €; Günstiger: 4,00 € für das Doppelticket der 2. Hauptvorstellung, an den Doppelticket-Tagen kann man 2 Filme für 10,00 € (bei Überlänge 11,00 €) pro Person sehen. Münchner Straße 60, 85609 Aschheim, www.autokino-deutschland.de

Cadillac & Veranda

Das Cadillac sieht aus, wie das Innere eines Straßenkreuzers. Und die Wände der Toiletten sind von oben bis unten mit Nummernschildern bepflastert. Die Ausstattung des Veranda ist einer Terrasse im Kolonialstil nachempfunden. Bei „Kino & Vino" läuft ein Film und dazu wird Wein getrunken. Blockbuster-Kino.
Säle: 2; Plätze: 199 + 99; Preise: Fr - So 7,40 €, Do 5,50 €, Mo + Mi 6,00 €; Loge plus 1,00 € , bei Überlänge Zuschlag,

Reservierung kostenlos; Günstiger: Di 4,50 €, Kinder bis 11 J. Di 3,50 €, Mo + Mi - Fr 4,50 €, Sa + So 5,00 €; mit Schüler/Studentenausweis Mo + Mi - So 5,00 €, Familytickets bis 17 h am So 5,00 € pro Person. Reservierungs-☎: 0180 / 5 05 08 11; Rosenkavalierplatz 12, im Arabellapark, ☎ 91 20 00, www.movieclick.de; MVV/MVG: U4 Arabellapark, 5 Min. Gehzeit

Cincinnati

Früher diente das Cincinnati der Unterhaltung amerikanischer Gls. Nach deren Abzug aus ihrer Siedlung im Münchner Südwesten wurde es kurzerhand weiter betrieben. Der große Kinosaal ist unverändert geblieben, das Programm ist aktuell und amerikanisch wie zu früheren Zeiten. Bei Kennern beliebt: die erste Reihe.
Säle: 1; Plätze: 428; Preise: Di - Do 5,50 €; Fr - So 6,50 €; Günstiger: Mo 4,50 €; Schüler/Studenten/Schwerbeh./ Rentner zahlen 1,00 € weniger, außer Fr - So; Reservierungs-☎: 6 90 22 41; Cincinnatistraße 31, Ramersdorf, ☎ 6 90 22 41; MVV/MVG: S2 Fasanengarten; Bus Minnewitzstraße

Cinema

Hier laufen alle Filme in Originalversion. Fragen wie „Wie klingen Heath Ledgers und Colin Farrells Stimmen?" oder „Reicht mein Französisch für einen ganzen Film?" werden hier beantwortet. Plus: Double-Feature-Weekends,

Vorführungen für Schulen und Sneak-Previews.

Säle: 1; Plätze: 430; Preise: ab 7,00 €; Überlängenzuschlag 1,00 €; Günstiger: Mo + Di (außer Feiertage) 5,00 €, Studenten/Schüler ab 6,00 €. Schulvorstellungen ab 4,00 €. HappyHour werktags bis 17.30 h: jeder Film 4,50 €; Reservierungs-☎: 55 52 55; Nymphenburger Straße 31, ☎ 55 52 55, www. cinema-muenchen.com; MVV/MVG: U1 Stiglmaierplatz; S-Bahn Hackerbrücke

City-Filmtheater

Previews, Premieren, Sonntagsmatineen, Spätvorstellungen und Sonderveranstaltungen werden hier gefeiert. Cineasten-Publikum. Das Festival „Verzaubert" und das „Fantasy-Filmfest" sind auch hier zu Gast.

Säle: 3; Plätze: 352, 221 + 103; Preise: ab 6,50 €, Wochenende ab 7,50 €, Überlängenzuschlag 0,50 €; Matinee 6,00 €; Günstiger: Mo + Di 5,00 €; Reservierungs-☎: 59 19 83; Sonnenstraße 12, ☎ 59 19 83, www.city-kinos.de; MVV/MVG: Karlsplatz/Stachus

Eldorado

Hier laufen anspruchsvollere Filme und auch Streifen, die anderswo von den Blockbustern verdrängt werden. Kurz: Arthouse-Programm. Café-Bar im Haus. Ein Plus: Es wird kein Popcorn verkauft!

Säle: 1; Plätze: 285; Preise: 6,50 - 8,00 €, Wochenende 8,00 €; Günstiger: Mo + Di 5,00 €; Reservierungs-☎: 55 71 74; Sonnenstraße 7, ☎ 55 71 74, www.city-kinos.de; MVV/MVG: Karlsplatz/Stachus

Filmcasino

Klassisches Kino mit einladendem Café-Bar-Bereich im 1. Stock der Hofgarten-Arkaden. Bequeme Sitze, kleine Leinwand. Gute Filme, Sonntagsmatineen und Kultstreifen.

Säle: 1; Plätze: 351; Preise: 8,00 €; Günstiger: Mo 5,00 €; bis 18 h Happy Hour 6,00 €; Nachtvorstellung 7,00 €; Reservierungs-☎: 22 08 18; Odeonsplatz 8 - 10, ☎ 22 08 18; MVV/MVG: U3 + 6 Odeonsplatz

Filmmuseum ☀

Hier finden zum Beispiel Sondervorführungen zu Geschichte und Gegenwart des Films statt. Oder man blickt in Filmreihen auf das Werk einzelner Regisseure oder Schauspieler zurück. Bestimmte Genres, Stilrichtungen oder nationale Schulen des Films können ebenfalls im Mittelpunkt des Programms stehen. Alle Filme laufen in Originalfassung. Zugabe: im Haus ist das Stadtcafé.

Säle: 1; Plätze: 165; Preise: 4,00 €; Günstiger: Mitglieder 3,00 €; Reservierungs-☎: 23 32 41 50; St.-Jakobs-Platz 1 (beim Stadtmuseum), ☎ 23 32 23 48, MVV/MVG: Sendlinger Tor, Marienplatz

Forum-Kinos

Im Forum am Deutschen Museum laufen Filme wie „Piraten der Karibik" und „Urmel aus dem Eis". Im Haus ist das Restaurant Bernstein, dessen Terrassen einen herrlichen Blick auf die Isarauen

Filmtheater Sendlinger Tor

bieten.

Säle: 3; Plätze: 136, 179, 329; Preise: Mo, Mi + Do 6,50 €, Fr - So + Feiertage 7,50 €, Kinder bis 12 J. Mi - Mo 5,00 €, Überlängenzuschlag 0,50 - 1,00 €, Digitalzuschlag 1,00 €; Günstiger: Di Kinotag 5,00 € (Kinder bis 12 J. 4,50 €), Schüler/Studenten/Rentner/Wehr-Zivildienst 5,50 € (Mo, Mi, Do) bzw. 6,50 € (Fr-So+ Feiertage); Reservierungs-☎: 21 12 52 00; www.nfadm.de

Gloria-Filmpalast

Wir befinden uns in Münchens größtem einzelnen Kinosaal - über 500 Besucher haben hier, in bequemen Sitzen mit genügend Beinfreiheit, Platz und es gibt sogar noch einen Balkon. Es laufen Blockbuster, Premieren werden gefeiert - kurz: hier gibt's Kino als Event.

Säle: 1; Plätze: 506; Preise: 6,00 - 7,50 €; Günstiger: Mi + Do 4,50 €; Kinder bis 11 J. 4,50 €; Reservierungs-☎: 59 37 21; Karlsplatz 5, ☎ 59 37 21, www.movieclick.de; MVV/MVG: Karlsplatz/Stachus

Karlstor-Kinos

Mainstreamkino in der Fußgängerzone.

Säle: 4; Plätze: 459, 255, 96, 117; Preise: 6,50 - 7,50 €; Günstiger: Mi + Do 4,50 €; Reservierungs-☎: 5 49 05 60; Neuhauser Straße 47, ☎ 5 49 05 60, www.movieclick.de; MVV/MVG: Karlsplatz/Stachus

KIM Kino im Einstein

Als Kinderkino für Ausländer startete die „Kino im Museum"-Aktion 1985 im Haidhausen-Museum. Seit 1998 „spielt" KIM, jeweils sonntags um 15.30 h, im Kulturzentrum Einstein. In der Filmwerkstatt basteln Kinder Daumenkinos, Wackelbilder oder anderes.

Saal: Gewölbekeller; Plätze: ca. 50; Preise: 2,00 € Kinder, 3,00 € Erwachsene; Einsteinstraße 42, ☎ 47 07 77 66, www.kim-kino.de

Kino Solln

Hier werden Filmhits und, zwischendurch, anspruchsvollere Filme gezeigt. Schönes Café im Foyer, wo auch Kunst ausgestellt wird. Das Personal könnte gelegentlich etwas freundlicher sein.

Säle: 2; Plätze: 125 + 184; Preise: -; Günstiger: Mo + Di Kinotag 5,00 €; Reservierungs-☎: 7 49 92 10; Sollner Straße 43 a, ☎ 7 49 92 10,

www.kinosolln.de; MVV/MVG: S7 Solln

Leopold Kinos

Nettes Kino mit entsprechender Beinfreiheit. Hier laufen nicht nur Blockbuster, sondern gute amerikanische und europäische Filme. Regelmäßig gibt's Previews. Alle Kinos sind rollstuhlgerecht.

Säle: 3; Plätze: 113 + 150 + 98; Preise: Mi + Do 6,50 €, Fr - So 7,50 €, Nachtvorstellung, auch am Wochenende, 6,50 €; Günstiger: Mo 5,00 €; Di Half-Price-Day 4,00 €; 1. Vorst., außer Di und Wochenende, 5,00 €; Ermäßigung für S-Club und Senioren; Reservierungs-☎: 33 10 50; Leopoldstraße 78, ☎ 33 10 50; MVV/MVG: U3 + 6 Münchner Freiheit

Mathäser Filmpalast

Auf 33.400 qm im Haus verteilt: 15 Kinosäle, Eisdiele Bellissima, Lounge O^2 und Restaurant-Cafe Eisgrubers. Das Erdgeschoss ist mit dem Stachus-Einkaufszentrum verbunden. Außerdem: Büroräume, Augenklinik, Orthopädiezentrum, Therapiezentrum.

Säle: 15; Plätze: 144 - 839; Preise: 6,00 - 7,00 € (Mo, Mi, Do), 7,50 - 8,50 € (Fr - So + Feiert.), Überlängenzuschlag 0,50 - 1,00 €; Günstiger: Di-Kinotag 5,00 € (Kinder bis 11 J. 3,50 €), Schüler/Studenten/Azubis/Wehr-/Zivildienst 5,50 € (alle Plätze, Mo, Mi, Do - außer Feiertags) bzw. 6,50 € (alle Plätze, Fr - So + Feiert.); Rentner Mo 5,50 € , Sneak-Preview (Mi, 23 h) 4,50 € auf allen Plätzen. Reservierungs-☎: 51 56 51; www.mathaeser.de; MVV/MVG: U1, 2, 4 + 5, alle S-Bahnen, Bus 58 Hauptbahnhof, Stachus

Maxim-Kino

Hier laufen Raritäten, Originalfassungen, experimentelle Streifen, Dokumentarfilme, politische Filme und Filmkunst. Außerdem befinden wir uns in der Gründungsstätte des Internationalen Dokumentarfilmfestes.

Säle: 1; Plätze: 93; Preise: -; Günstiger: Schüler, Studenten, Rentner, Schwerbehinderte, Arbeitslose; Reservierungs-☎: 16 87 21; Landshuter Allee 33, ☎16 87 21, www.maxim-kino.de; MVV/MVG: U1, Tram 12 Rotkreuzplatz; S-Bahn Donnersbergerbrücke; Bus 33 Schlörstraße

Maxx

Multiplex-Kino mit Blockbuster-Programm. Im Haus befindet sich ein Kneipenrestaurant.

Säle: 7; Plätze: 61 (Maxx 7) - 417 (Maxx 2); Preise: Mo, Mi + Do: 6,50 €; Fr - So + feiertags 8,00 €, Überlängenzuschlag 0,50 - 1,00 €; Günstiger: Super-Kino-Di 5,00 € (Erw.), 3,50 € (Kinder); Kinder bis 11 J. 4,50 €, tägl. Bis 19 h Familientag (jeder Erw. in Begleitung seiner Kinder/ bis 11 J. zahlt 4,50 € (Di 3,50 €), Schüler/Studenten/Azubis/Wehr-Zivildienst 5,50 € (Mo - Do, nicht an Feiertagen), Senioren-Mo 5,50 €; Reservierungs-☎: 0 18 05 / 24 63 62 99, der Anruf kostet Gebühr und die Reservierung kostet für jede Karte 0,50 €; Isartorplatz 9, www.cinemaxx.de; MVV/MVG: S1 - S8 Isartor

Monopol ✳

30 Minuten vor Beginn der Vorstellung öffnet das Kino UND es wird keine Werbung gezeigt. Es laufen Filme wie „Lady Henderson präsentiert", „Sommer vorm Balkon" und „Lemming". Außerdem werden zur Sonntagsmatinee Klassiker wie „Lohengrin" präsentiert oder man kann Regisseur-Specials sehen.
Säle: -; Plätze: -; Preise: 6,00 € (Fr - So); Günstiger: 5,00 € (Mo - Do); Reservierungs-☎: ; Feilitzschstraße 7, ☎ 38 88 84 93, www.monopol-muenchen.de

Münchner Freiheit 1 & 2

Die Kinos Münchner Freiheit sind, wie es sich für Schwabing gehört, schon ein bisschen lässiger als anderswo. Das Foyer beeindruckt mit Marmor, die Säle sind blau-gelb bzw. „florida-pink-rot". Große Beinfreiheit.
Säle: 2; Plätze: 236 + 170; Preise: Mi + Do 7,00 €, Fr - So 8,00 €; Nachtvorstellung 7,00 €; Günstiger: Mo 5,00 €; Di Half-Price-Day 4,00 €; 1. Vorst., außer Di, 5,00 €; Ermäßigung für S-Club und Senioren; Reservierungs-☎: 38 38 90 11; Leopoldstraße 82 (im Hertie), Eingang Feilitzschstraße oder direkt vom U-Bahnhof Münchner Freiheit, ☎ 3 83 89 00; MVV: U3 + 6 Münchner Freiheit

Museum Lichtspiele ✳

Nostalgisches Kultkino. Hier laufen, neben Blockbustern und aktuellen Kinohits, Kultfilme wie Rocky Horror (seit 30 Jahren immer samstags in der Spätvorstellung) oder Indien.
Säle: 4; Plätze: 54, 63, 68, 95; Preise: 6,50 € (Di - Do), 6,90 € (Fr - So + Feiert.) Günstiger: Mo 5,00 € (falls Mo ein Feiertag ist, wird der Di zum 5,00 € -Kinotag), Kinder bis 11 J. 3,50 € jeden Tag, Kinderkino (Besucher ab 12 J.) 3,90 € (Mo - Fr) bzw. 4,90 € (Sa + So); Schüler / Studenten/Senioren/Azubis/

Wehr-/Zivildienst mit Ausweis 5,50 € (Di - Do), 5,90 € (Fr + So/feiertags), 6,90 € (Sa); Reservierungs-☎: 01 80 / 58 67 07 77 67; Lilienstraße 2, ☎ 48 24 03, www.museum-lichtspiele.de

Neues Arena ✳

Das Neue Arena im Glockenbachviertel hat 2005 den Kinoprogrammpreis der Stadt München erhalten, weil es anspruchsvolle Erstaufführungen, Originalfassungen, thematische Filmreihen und auch Raritäten zeigt.
Säle: 2; Plätze: -; Preise: 7,00 €; Günstiger: Mo + Di Kinotag 5,00 €, Schüler/Studenten/Wehr-Zivildienst/Rentner/Arbeitslose/Kinder bis 12 J./Gildepass täglich 5,00 €; Reservierungs-☎: 2 60 32 65; Hans-Sachs-Straße 7, ☎ 2 60 32 65, www.neues-arena.de

Neues Gabriel

Seit 1906 besteht dieses nette Kino - das älteste der Stadt. Es zeigt Filme wie Superman, Piraten der Karibik & Co.
Säle: 2 ; Plätze: 63 + 208; Reservierungs-☎: 59 45 74 ab 15 h; Dachauer Straße 16, www.neuesgabriel.de; MVV/MVG: Hauptbahnhof

Rio-Filmpalast

Treffpunkt vor oder nach dem Film (Wer früher stirbt, ist länger tot, Die Geisha) ist das Rio Filmcafé.
Säle: 2; Plätze: 120 + 400; Preise: 4,00 - 8,00 €; Günstiger: Mo Kinotag, Kinotaler; Reservierungs-☎: 48 69 79, auch per Internet möglich, generell keine Gebühr; Rosenheimer Straße 46, ☎ 48 69 79, www.riopalast.de; MVV/MVG: Karlsplatz/Stachus

Royal-Filmpalast

Modernes und bequemes Kino, in dem der Service-Gedanke nie zu kurz kommt. Natürlich laufen hier Blockbuster, auch viele Previews.
Säle: 5; Plätze: 432 + 210 + 220 + 110 + 202; Preise: 4,50 € (Saal vorne), 6,50 € (Saalmitte), 8,50 € (Saal hinten); Kindertarif 5,00 € auf allen Plätzen bei Kinderfilmen, Überlängenzuschlag 0,50 €; Günstiger: Mo + Di 5,00 € auf allen Plätzen; Mi + Do Ermäßigung zur Happy Hour bis 18.30 h; Reservierungs-☎: 53 39 56; Goetheplatz 2, ☎ 53 39 56, www.royal-muenchen.de; MVV/MVG: U3 + 6, Bus 36 Goetheplatz

Sendlinger Tor ✳

Dieses prachtvolle Traditionskino (seit 1913) präsentiert sich modern und up-to-date. Es gibt

typisch münchen

kultur & erlebnis

freizeit & relaxen

essen & trinken

city & guide

nichts zu meckern und den Charme bekommt man zum Filmgenuss (gezeigt werden Hits und gutes Kino) gratis dazu.

Säle: 1; Plätze: 400; Preise: 6,00 - 8,50 €; Überlängenzuschlag bis 1,00 €; Günstiger: Mo + Di 5,50 €; 4,00 € Sozialkarte; 5,00 € Senioren- oder Kinderkarte (bis 12 J.), Schüler/Studenten 6,00 €; Reservierungs-☎: 55 46 36; Sendlinger-Tor-Platz 11, ☎ 55 46 36, www.pressmar-kinos.de, MVV/MVG: U1 - 3, 6, 7, Tram 16 - 18, 27, Bus 31, 56 Sendlinger Tor

Studio Isabella

Nettes 1950er-Jahre-Ambiente, bequeme Stühle. Hier kann man vorwiegend europäische Filme sehen.

Säle: 1; Plätze: 165; Preise: 7,50 €; Günstiger: Mo 4,50 €; bis 18 h Happy-Hours 5,00 €, Nachtvorstellungen 6,50 €; Reservierungs-☎: 2 71 88 44; Neureutherstraße 29, ☎ 2 71 88 44, MVV/MVG: U2 Josephsplatz

Theatiner Film ✳

Das Theatiner hat seinen Schwerpunkt auf europäische Filme gelegt. Diese werden in der Originalfassung mit deutschen Untertiteln gezeigt. Den Stil der 50er Jahre sieht man diesem Kino deutlich an, denn seit seiner Errichtung wurde es zwar mehrfach renoviert, den ursprünglichen Charakter hat man jedoch bewusst beibehalten.

Säle: 1; Plätze: 164; Preise: Mi - So 6,50 € (Reihe 1 - 9), 7,50 € (Reihe 10 - 17); Günstiger: Mo + Di 5,00 € und Ermäßigung für Senioren, Studenten, Arbeitslose, Behinderte und Gildepass-Besitzer; Reservierungs-☎: 22 31 83; Theatinerstraße 32, ☎ 22 31 83, www.theatiner-film.de; MVV/MVG: U2 - 6 Odeonsplatz; Tram 19 Theatinerstraße

Tivoli-Filmtheater

Das nostalgische Filmstudio mit der eleganten Ausstattung besteht seit 1954. Gezeigt werden hier Filme mit Anspruch, auch Klassiker oder Raritäten.

Säle: 1; Plätze: 213; Preise: 6,00 - 8,50 €; Überlängenzuschlag bis 1,00 € ; Günstiger: Mo + Di 5,50 €, 4,00 € Sozialkarte; 5,00 € Senioren- oder Kinderkarte (bis 12 J.), Schüler/Studenten 6,00 €; Familientarif: Eltern zahlen in Begleitung ihrer Kinder (bis 12 J.) auch den Kinderpreis von 5,00 €; Reservierungs-☎: 26 43 26; Neuhauser Straße 3, www.tivolitheater. de; MVV/MVG: U3 + 6 Marienplatz; S-Bahn Marienplatz oder Stachus

TU-Film ✳

Im Sommersemester (zwölf Filmtermine) ist jeden Dienstag Kinotag und während des Wintersemesters (22 Termine) sind der Dienstag und der Donnerstag Feiertage für Kinofreunde. Alle treffen sich im Carl-von-Linde-Hörsaal (Hörsaal 1200) in der Technischen Universität, wo man Filme, vom Blockbuster bis hin zu Klassikern und anspruchsvolleren Streifen (auch OV), zum Sparpreis anschauen kann. Das preisgünstige Kinovergnügen steht allen Filmfreunden offen, man muss also nicht unbedingt studieren, um eingelassen (Filmbeginn 19.30 h (im WS 20.30 h); Einlass 19 - 19.45 h (im WS 20.00 h) zu werden. Sensationell: hier laufen keine abgenudelten Streifen, sondern auch aktuelle Kinohits.

Säle: 1; Plätze: 843; Preise: 3,00 €; 5,00 € für Double Feature; Günstiger: das „Semesterbundle" - für 41,00 € kauft man Karten für alle Vorstellungen eines Semesters und erhält dazu sieben Gutscheine für Getränke und Snacks; Vorverkauf: 18.30 - 19.30 h. Für die jeweils nächsten sechs Vorstellungen kann man Tickets im Voraus kaufen; Arcisstraße 21, 1. Stock, Hörsaal 1200, ☎ 28 75 56 66, www.tu-film.de; MVV/MVG: U2 Theresienstraße

Werkstattkino ✳

Diese „Werkstatt" liegt im Keller eines Hinterhofs und wird vom Werkstatt-Kino e.V. betrieben. Vor 20 Jahren haben die Gründer es sich in den Kopf gesetzt, anderes Kino zu machen: sie wollten Kino pur, für „Süchtige und Einsame". Daher zeigt das Werkstattkino alles, was außergewöhnlich ist: Western, Japan-Trash, Melodramen und Gangsterfilme, Horror oder Dokumentation, Experimentalkino oder Avantgardefilme. Hauptsache es handelt sich nicht um Durchschnittliches oder Alltägliches.

Säle: 1; Plätze: 51; Preise: 4,50 €; Reservierungs-☎: keine Vorbestellung möglich; Fraunhoferstraße 9, ☎ 2 60 72 50, www.werkstattkino.de; MVV/MVG: U1, U2 Fraunhoferstraße

typisch münchen

kultur & erlebnis

freizeit & relaxen

essen & trinken

city & guide

Alte Pinakothek: Führung im Rubenssaal

Große Sammlungen, prächtige Tempel

DIE MUSEEN

Die Bestände der Münchner Museen und Galerien gehören zu den bedeutendsten der Welt. Von der Frühzeit über die Antike und das Mittelalter bis in die unmittelbare Gegenwart hinein kann hier besichtigt, studiert oder einfach nur genossen werden - ganz nach Interesse und Wissensdurst.

Alte Pinakothek ☆

Die Alte Pinakothek wurde von König Ludwig I. gegründet und in den Jahren 1826 bis 1836 nach Plänen von Leo von Klenze erbaut. Ihre Bestände gehen zurück auf die Historienbilder, die Herzog Wilhelm IV. im 16. Jahrhundert für die Münchner Residenz in Auftrag gegeben hatte. Kurfürst Maximilian I. und sein Enkel Maximilian II. Emanuel vergrößerten die Sammlung erheblich. Durch die Wittelsbacher Erbfolge kamen bedeutsame Düsseldorfer, Mannheimer und Zweibrücker Galerien hinzu. Schließlich trug auch die Sammelleidenschaft des Gründers dazu bei, die Alte Pinakothek in den Rang der bedeutsamsten Gemäldegalerie der Welt zu erheben. Sie beherbergt heute wichtige Werke der Altniederländischen und Altdeutschen Schule, der italienischen Renaissancemalerei, sowie der flämischen, holländischen und französischen Malerei des 17. Jahrhunderts. Wichtige Hauptwerke von Sandro Botticelli, Albrecht Dürer, Leonardo da Vinci, Raffael, Tizian, Rubens und Rembrandt, Poussin, und Tiepolo werden ausgestellt.
Mi - So 10 - 17 h, Di 10 - 20 h, Mo geschlossen; Eintritt 5,50 €/erm. 4,00 €/ sonntags 1,00 €. Barerstraße 27, ☎ 2 38 05 - 2 16, www.pinakothek.de, MVG/MVV: U2 + 8 Theresienstraße; Tram 27 Pinakotheken; Bus 154 Schellingstraße

Alpines Museum

Nördlich des Deutschen Museums, auf der Praterinsel zwischen Isar und Isarkanal, liegt das Alpine Museum des Deutschen Alpenvereins (DAV). Das Museum bietet, zusammen mit Archiv und Bibliothek des DAV, einen umfassenden Überblick über den Alpinismus. Hier werden die Geschichte, die Ideen und die Probleme bei der Eroberung des Gebirges thematisiert. Die

Dauerausstellung, mit Exponaten aus den Bereichen Kunst, Naturwissenschaft und Alpinismus, behandelt die Zeit von 1760 bis 1945.

Di - Fr 13 - 18 h, Sa + So 11 - 18 h, Mo geschlossen; Eintritt 3,00 €/erm. 1,00 - 2,00 €, Kinder unter 6 J. frei. Praterinsel 5, ☎ 2 11 22 40, www.alpenverein. de/museum/, MVG/MVV: U4 + 5 Lehel; S1 - 8 Isartor; Tram 17 Mariannenplatz

Archäologische Staatssammlung - Museum für Vor- und Frühgeschichte

Nach Neuerrichtung eines Museumsgebäudes am Englischen Garten fand die 1885 gegründete Prähistorische Staatssammlung 1976 ein Forum für eine Dauerausstellung. Dargestellt wird hier die 120.000-jährige Geschichte der Besiedelung Bayerns bis ins frühe Mittelalter. Gezeigt werden Gegenstände aus dem täglichen Leben, aber auch zahlreiche Kostbarkeiten wie plastische Darstellungen aus der Steinzeit sowie Metallsammel- und Grabfunde aus der Zeit vor der Christianisierung. Zahlreiche Exponate dokumentieren die Herrschaft der Römer und die Anfänge des Christentums in Bayern.

Di, Mi, Fr - So 9.30 - 17.30 h, Do 9.30 - 21 h, Mo geschlossen; Eintritt 2,50 €/ erm. 0,50 - 1,50 €/sonntags 1,00 €. Lerchenfeldstraße 2, ☎ 29 39 11, www.archaeologie-bayern.de, MVG/MVV: U4 + 5 Lehel; Tram 17, Bus 100 Nationalmuseum/Haus der Kunst

Bayerisches Nationalmuseum ✳

Das Museum ist sowohl der Kunst- als auch der Kulturgeschichte gewidmet und führt die Besucher auf einen geschichtlichen Streifzug, der in der Spätantike beginnt und über das Mittelalter bis in das 20. Jahrhundert reicht. Der erste Museumsbau wurde auf Anregung von König Maximilian II. im Jahre 1859 fertiggestellt. Von den zahlreichen Erweiterungen in der Folgezeit ist der Neubau von Gabriel Seidl, der im Jahre 1900 eingeweiht wurde, für das ganze Museum prägend. Auf drei Geschossen mit insgesamt 13.000 qm Ausstellungsfläche werden Bestände präsentiert, deren Grundstock aus dem Besitz der Wittelsbacher stammt und die sich stetig durch Neuerwerbungen oder Aufnahme von Privatsammlungen erweitern. Im Souterrain befinden sich volkskundliche Bestände und die berühmte Krippensammlung. Das Hauptgeschoss bietet einen historischen Rundgang vom frühen Mittelalter bis zum Beginn dieses Jahrhunderts mit Gemälden und Skulpturen, Tapisserien sowie Möbeln und Kunsthandwerk aller Art. Im Obergeschoss werden schließlich Fachsammlungen gezeigt, darunter Porzellan und Fayence, Glas- und Miniaturenmalerei sowie Uhren. Im Schloss Lustheim im Schleißheimer Garten wurde ein eigenes Zweigmuseum für Meißener Porzellan eingerichtet.

Di, Mi, Fr - So 10 - 17 h, Do 10 - 20 h, So freier Eintritt zur Dauerausstellung. Prinzregentenstraße 3, ☎ 2 11 24 - 01, www.bayerisches-nationalmuseum.de, MVG/MVV: U4, U5 Lehel; Tram 20, Bus 53 Nationalmuseum / Haus der Kunst

Bayerische Volkssternwarte

Die Volkssternwarte gibt die aktuellen Kenntnisse über den Weltraum und die Himmelskörper in allgemeinverständlicher

Form an den Bürger weiter. Zu diesem Zweck veranstaltet sie in ihrem Planetarium allabendlich die „Münchner Sternstunden". Bei gutem Wetter können die Himmelskörper durch leistungsstarke Fernrohre beobachtet werden.

September - März: Mo - Fr 20 - 22 h; April - August: Mo - Fr 21 - 23 h; Eintritt 4,00 €/erm.- 2,50 €. Rosenheimer Straße 145a, ☎ 40 62 39, MVG/MVV: U5, S1 - 8 Ostbahnhof, weiter mit Bus 55, 145, 155 Anzinger Straße

Bier- & Oktoberfestmuseum

Ein einem, behutsam restaurierten, 1327 erbauten Haus wurde das Bier- und Oktoberfestmuseum eingerichtet. Das Gebäude selbst ist eine sehenswerte Rarität: die freigelegte Fassadenmalerei, die „Himmelsleitertreppe" vom Parterre bis unters Dach, das römische Streifenmauerwerk, die offene Feuerstelle und die Wohnstube mit Deckenmalerei im ersten Stock zeigen mittelalterliche Bau- und Wohngeschichte. Im 3. Stock wird das Oktoberfest von „einst bis jetzt" dargestellt und im 4. Stock erfahren die Besucher alles über die Geschichte des Bieres. Im Anschluss an den Museumsbesuch sollte man das gemütlich-rustikale Stüberl besuchen, wo man unter massiven Holzbalken sitzend, verschiedene Biere trinken und bayerische Gerichte essen kann.

Di - Sa 13 - 17 h, Gruppenführungen nach Voranmeldung bis 19 h, Museumsstüberl Di - Sa 17 - 24 h, So + Mo geschlossen; Eintritt 4,00 €/erm. 2,50 €. Sterneckerstraße 2, ☎ 24 23 16 07, www.bier-und-oktoberfestmuseum.de, MVG/MVV: U3 + 6, S1 - 8, Bus 52 Marienplatz

Bayerisches Nationalmuseum (linke Seite) Bier- und Oktoberfestmuseum (u.)

DenkStätte Weiße Rose ✳

Eine Gruppe von Münchner Studenten, sie nannten sich die „Weiße Rose", gehörte zu den wenigen die sich der Nazidiktatur widersetzt haben. Vor allem auf Flugblättern widersprachen sie der Propaganda und versuchten die apathische Bevölkerung wachzurütteln. Hans und Sofie Scholl haben ihr Engagement mit dem Leben bezahlt. Am Lichthof der Ludwig-Maximilians-Universität befinden sich eine Präsenzbibliothek, Dokumentationen und eine Ausstellung zur Weißen Rose. Führungen für Gruppen und Zeitzeugengespräche können nach Anmeldung vereinbart werden.

täglich 10 - 15 h, der Eintritt ist frei. Geschwister-Scholl-Platz 1, ☎ 21 80 30 53, MVG/MVV: U3 + 6 Universität

Deutsches Jagd- und Fischereimuseum

Das Museum ist in der ehemaligen Augustinerkirche, einer gotischen Basilika, in der Fußgängerzone untergebracht und führt auf rund 3.000 qm in die Entwicklung und Geschichte der Jagd- und Fischereikultur ein. Neben unzähligen präparierten Tieren und Dioramen mit der heimischen Fauna werden Waffen sowie Jagd- und Fischerei-Geräte gezeigt. Die größte Fischereisammlung der Welt ist Bestandteil des Museums. Darüber hinaus sind eine Geweihsammlung und Sammlungen von Porzellan, Gläsern, Gemälden und Grafiken mit Jagdmotiven zu sehen.

Fr - Mi 9.30 - 17 h, Do 9.30 - 21 h; Eintritt 3,50 €/erm. 1,00 - 2,50 €. Neuhauser Straße 2, ☎ 22 05 22, www.jagd-fischerei-museum.de, MVG/MVV: U3 + 6, S1 - 8, Bus 52 Marienplatz

Deutsches Museum

mit Verkehrsmuseum/Theresienhöhe, Flugwerft Schleißheim

Das im Jahre 1903 von Oskar von Miller gegründete Museum stellt in einzigartiger Weise die Geschichte der Technik und der Naturwissenschaften von den Anfängen bis in die Gegenwart

Museum für Abgüsse: Gott Dionysos mit Gefolge

dar. Es ist mit einer Fläche von 55.000 qm das weltweit größte Museum seiner Art. Historische Originale wie das erste Automobil oder der erste Dieselmotor sowie unzählige Modelle und Experimente zeigen die wichtigsten Gebiete der Technik und der Naturwissenschaften. Seine systematischen Darstellungen reichen vom Bergbau über die Starkstromtechnik bis hin zur Raumfahrt. Die Dauerausstellung wird durch Sonderausstellungen zu aktuellen Themen ergänzt. Dem Museum ist die größte deutsche Spezialbibliothek zur Geschichte der Technik und der Naturwissenschaften angeschlossen. Die in der ganzen Welt renommierten Archive und Sondersammlungen im dritten Obergeschoss können nach schriftlicher Anmeldung benutzt werden. Im Mai 2003 wurde in drei Hallen auf dem ehemaligen Messegelände Theresienhöhe ein Verkehrsmuseum als weitere Dependance eröffnet.

Die Flugwerft befindet sich, als Ergänzung der Luft- und Raumfahrtabteilung auf der Museumsinsel, auf einem der ältesten Flugplatzgelände (Effnerstraße 18, Oberschleißheim, ☎ 31 57 14 - 0,) Deutschlands, unmittelbar neben den Schleißheimer Schlössern. Auf 7.800 qm sind hier rund 50 Flugzeuge und Hubschrauber ausgestellt: vom historischen Flugmodell bis zum modernen Kampfflugzeug und Teilen der Europa-Rakete Ariane.

Dt. Museum, Bibliothek + Flugwerft täglich 9 - 17 h, Verkehrszentrum Fr - Mi 9 - 17 h, Do 9 - 20 h; Eintritt 8,50 €/erm. 3,00 - 7,00 €/Kombiticket (Museum, Flugwerft + Verkehrszentrum) 10,00 €. Museumsinsel 1, ☎ 21 79 - 1, Programmansage Sammlungen: ☎ 21 79 - 4 33, www.deutsches-museum.de, MVG/MVV: S1 - 8 Isartor; Tram 18 Deutsches Museum

Feuerwehrmuseum: ausgebrannte S-Bahn

Feuerwehrmuseum

Das größte Feuerwehrmuseum Deutschlands ist in der Feuerwache 1, der „Hauptfeuerwache", untergebracht. Das Museum bringt dem Besucher die historische Entwicklung des Feuerlöschwesens in der Stadt München näher und führt ihn an den heutigen Stand der Technik heran. Dazu dienen 6.000 Exponate - Originale, Schriftstücke, Urkunden, Modelle, historische und moderne Geräte, Pläne und Abbildungen vom 18. bis zum 20. Jahrhundert.

Sa 9 - 16 h, für Gruppen auch Termine nach Vereinbarung. Der Eintritt ist frei. An der Hauptfeuerwache 8, ☎ 23 53 - 31 86, www.feuerwehr.muenchen.de, MVG/MVV: U1 - U3, U6, Tram 17, 18, 21, 27 Sendlinger-Tor-Platz

Glyptothek ☆

Die Glyptothek gehört zu den ältesten Münchner Museen und ist in einem nach Plänen von Leo von Klenze errichteten klassizistischen Tempelbau untergebracht. Dieser umschließt, gemeinsam mit den Antikensammlungen und den Propyläen, den Königsplatz wie einen antiken Marktplatz. Heute wird hier den Besuchern die Geschichte der antiken Bildhauerkunst von 560 v. Chr. bis 400 n. Chr. vorgestellt. Zu den Beständen gehören weltberühmte Originale ebenso

wie Kopien antiker Meisterwerke. Den Höhepunkt der Ausstellung bilden die Giebelskulpturen des Aphaiatempels von Aegina, dessen Geschichte mit Hilfe von Holzmodellen, Schautafeln und Leuchtkästen erklärt wird. Schließlich werden noch griechische und römische Porträts, darunter ein Jugendbildnis Alexanders des Großen, gezeigt.

Di, Mi, Fr- So 10 - 17 h, Do 10 - 20 h, Mo geschlossen; Eintritt 3,50 €/erm. 2,50 €/ sonntags 1,00 €. Königsplatz 3, ☎ 28 61 00, www.antike-am-koenigsplatz. mwn.de, MVG/MVV: U2 + 8 Königsplatz; Tram 27 Karolinenplatz

Jüdisches Museum

Der freistehende Kubus des Jüdischen Museums wurde neben der Hauptsynagoge und dem Gemeindezentrum der Israelitischen Kultusgemeinde errichtet. Auf drei Galerieebenen erstrecken sich 900 qm Fläche, die flexibel und mit häufig wechselnden Ausstellungen bestückt wird. Die jüdische Kultur und Geschichte in München steht im Zentrum des Museums. Die Wechselausstellung beleuchtet Aspekte des Sammelns in München. Zur Eröffnung werden die Judaica der Wittelsbacher und die Sammlung Alfred Pringsheim mit italienischen Majoliken und Renaissance-Silber gezeigt. Im umlaufend verglasten Foyer befinden sich die Besucherinformation, eine Buchhandlung und ein Café.

Di - So 10 - 18 h, Mo, 24.12., 13./14. + 22.09., 01.01. geschlossen, Eintritt 6,00 € / 3,00 € erm., St-Jakobs-Platz 16, ☎ 23 39 60 96, www.juedisches-museummuenchen.de, MVG/MVV: U3 + 6 Sendlinger Tor; S1, 2, 4 - 6 + 8 Marienplatz

Kartoffelmuseum

Direkt bei den ehemaligen Pfanni-Werken widmet sich dieses Privatmuseum der wunderbaren Knolle. Geschichte, Kultivierung und die Kartoffel in der Kunst sind Themen.

Fr 9 - 18 h, Sa 11 - 17 h, Di - Do nach Vereinbarung, der Eintritt ist frei. Grafinger Straße 2, ☎ 40 40 50, www. kartoffelmuseum.de, MVG/MVV: U5, S1 - 8, Tram 19 Ostbahnhof

Kinder- + Jugendmuseum

Das Kinder- und Jugendmuseum präsentiert wechselnde Mitmach-Ausstellungen. Dabei stehen die Entdeckerfreude und das Experimentieren im Vordergrund: Anfassen und Ausprobieren ist ausdrücklich erwünscht! Die jungen (und älteren) Besucher können sich bei

Neue Pinakothek: Gemälde von Cezanne und Manet

den wechselnden Programmen mit aufregenden und wichtigen Dingen und Phänomenen der Vergangenheit, Gegenwart und Zukunft auseinander setzen, diese real und virtuell erkunden, spielerisch Erfahrungen sammeln und mit Spaß und Spannung Neues erlernen.

Di - Fr 14 - 17.30 h, Sa + So 11 - 17.30 h, Mo geschlossen; Eintritt 4,00 €/Familienkarte 10,00 €/Gruppen ab 10 Pers. nur nach Voranmeldung je 3,00 €. Hauptbahnhof/Seitenflügel Starnberger Bahnhof, Arnulfstraße 3, ☎ 54 54 08 80, www.kindermuseum-muenchen.de

Mensch und Natur

1990 wurde im Nordflügel von Schloss Nymphenburg das Museum Mensch und Natur als zentrales Ausstellungsforum der Staatlichen Naturwissenschaftlichen Sammlungen Bayerns eröffnet. Auf einer Fläche von 2.500 qm werden die Geschichte der Erde und des Lebens, die Vielfalt der Arten sowie ausgewählte Inhalte zur Biologie des Menschen und dessen Verhältnis zur Umwelt dargestellt. Der Museumsrundgang beginnt mit der Entstehung der Erde, führt durch die Welt der Minerale und mündet dann in die Geschichte des Lebens bis zum Auftreten des Frühmenschen. Eine der Hauptattraktionen des Museums ist die Abteilung „Spielerische Naturkunde - nicht nur für Kinder". Hier kann der Besucher auf unterhaltsame Weise Einblicke in die Artenvielfalt gewinnen.

Di - So 9 - 17 h, Mo geschlossen; Eintritt 2,50 €/erm. 1,50 €/sonntags 1,00 €. Nordflügel, Schloss Nymphenburg, ☎ 17 64 94, MVG/MVV: Tram 17, Bus 41 Schloss Nymphenburg

Münchner Stadtmuseum ✫

Das Münchner Stadtmuseum besteht aus dem stadtgeschichtlichen Museum, dem Brauerei-, dem Film-, dem Foto-, dem Musikinstrumenten- und dem Puppentheatermuseum. Im stadtgeschichtlichen Museum sind z. B. Waffen und Rüstungen des bürgerlichen Zeughauses oder die berühmten Morisken-

tänzer zu sehen. Im Stil unterschiedlicher Epochen eingerichtete Zimmer sowie Gegenstände der Volkskunde und Alltagswelt vermitteln dem Besucher einen Einblick in die Lebensweise vergangener Zeiten. Weiterhin werden eine Plakat-, eine Textil- und eine Gemäldesammlung gezeigt. Das Brauereimuseum stellt das Brauereiwesen mit Hilfe von Modellen und Geräten dar. Weiterhin findet sich hier eine Sammlung historischer Gefäße. Das Filmmuseum zeigt zweimal täglich historische Streifen und Filme aus aller Welt in Originalfassung. Im Fotomuseum erschließt sich dem Besucher die Geschichte der Fotografie von den Anfängen bis zum gegenwärtigen Stand der Technik. Das Musikinstrumentenmuseum wartet mit rund 2.000 Instrumenten aus aller Welt auf. Gelegentlich finden hier auch Vorführungen und Konzerte statt. Das Puppentheatermuseum stellt die Kulturgeschichte des Puppenspiels dar und zeigt Puppenarten sowie unterschiedliche Spielformen aus aller Welt. Neben diesen ständigen Ausstellungen ist das Stadtmuseum für seine erstklassigen Wechselausstellungen bekannt.

Di - So 10 - 18 h, Mo geschlossen, Musikinstrumentenabt. Di - Fr 12 - 18 h, Sa + So 10 - 18 h; Eintritt 4,00 €/erm. 2,00 €/So + Feiertage Eintritt in Sammlungen frei. St.-Jakobs-Platz 1, ☎ 2 33 - 2 23 70, www.stadtmuseum-online.de, MVG/MVV: U3 + 6, S1 - 8 Marienplatz; U1 - 3, 6 Sendlinger Tor; Bus 52, Viktualienmarkt; Bus 56, Blumenstraße

Museum für Abgüsse ✫

Kentauren, Götter, Sportler, Helden, Dichter, Philosophen, Jünglinge, mythologische Gestalten und viele andere sind hier zu sehen: rund 1.780 Abgüsse klassischer Bildwerke hat das Museum, dessen Ursprung bis Mitte des 19. Jh. zurück reicht, bis heute gesammelt. Das Abgussmuseum ist für den Lehrstuhl für Klassische Archäologie entstanden. Neben der Sammlung locken Sonderausstellungen oder

✫ = stadtbuch-tipp!

wechselnde Installationen (z. B.: Licht & Glanz von Brian Eno) das Publikum ins Haus.

Mo - Fr 10 - 20 h, Sa + So geschlossen. Freier Eintritt. Meiserstraße 10, ☎ 28 92 76 90, www.abgussmuseum. de, MVG/MVV: U2 + 8 Königsplatz

Museum Reich der Kristalle

Das Museum bildet den öffentlich zugänglichen Teil der Mineralogischen Staatssammlung und ist seit 1974 im geowissenschaftlichen Institut der Universität untergebracht. Auf einer Fläche von rund 1.000 qm wird dem Besucher mit Hilfe von beweglichen Experimentalanordnungen und Modellen, ergänzt durch über 700 Mineralien, ein Überblick über die Mineralogie geboten. In einem separaten Raum werden Sonderausstellungen gezeigt, die ein mineralogisches Thema behandeln.

Di - So 13 - 17 h, Mo geschlossen. Theresienstraße 41 (Eingang Barerstraße, gegenüber Alte Pinakothek), ☎ 21 80 43 12, MVG/MVV: U2 Theresienstraße; Tram 27 Pinakotheken

Museum Villa Stuck

Die prächtige Villa Stuck wurde nach Entwürfen des Eigentümers Franz von Stuck gebaut. Auch die Innenausstattung und die Möblierung hat der Malerfürsten selbst entworfen und zum Teil auch ausgeführt. Die Villa ist heute wieder - nach mehreren Renovierungsphasen - ein Beispiel für Kunst und Leben in der Zeit des Jugendstils. Neben den historischen Räumen, kann man Wechselausstellungen - sowohl historischer als auch zeitgenössischer bildender und angewandter Kunst - und den Garten, der nach pompejanischen Vorbildern angelegt wurde, besuchen.

Mi - So 11 - 18 h, Mo + Di geschlossen; Eintritt gesamtes Haus 9,00 €/erm. 4,50 €. Prinzregentenstraße 60, ☎ 45 55 51 25, www.villastuck.de, MVG/MVV: Bus 53, Tram 18, Friedensengel

Neue Pinakothek

Die Neue Pinakothek wurde in den Jahren 1846 bis 1853 von August von Voit aus privaten Mitteln Ludwigs I. direkt gegenüber der Alten Pinakothek errichtet. Nach den Zerstörungen des Zweiten Weltkrieges wurde an dieser Stelle ein Neubau errichtet, der 1981 eingeweiht werden konnte. Der Rundgang führt den Besucher durch die europäische Malerei vom späten 18. bis zum frühen 20. Jahrhundert. Zu den Schwerpunkten der Ausstellung gehört die Malerei der deutschen Romantik, der Nazarener und Moritz von Schwinds. Darüber hinaus finden sich Werke des Biedermeier, des deutschen Realismus, des Historismus, des Impressionismus, des Pointillismus, des Symbolismus und des Jugendstils. Schließlich gehören noch Werke aus der englischen und französischen Porträt- und Landschaftsmalerei und Malerei der „Deutschrömer" sowie der „Gründerväter" der Moderne, van Gogh, Gauguin und Cézanne, zu den Kostbarkeiten der Neuen Pinakothek. Neben den Gemälden werden auch Plastiken aus den genannten Epochen gezeigt.

Do - Mo 10 - 17 h, Mi 10 - 20 h, Di geschl.; Eintritt 5,50 €/erm. 4,00 €/sonntags 1,00 €. Barerstraße 29, ☎ 2 38 05 - 1 95, www.pinakothek.de, MVG/MVV: U2 + 8 Theresienstraße; Tram 27 Pinakotheken; Bus 154 Schellingstraße

Paläontologisches Museum

Der dreigeschossige Monumentalbau im Stil der Deutschen Renaissance beherbergt rund eine Million Ausstellungsstücke aus aller Welt sowie eine Bibliothek mit etwa 50.000 Bänden. Dargestellt werden die Erdgeschichte Münchens und das Nördlinger Ries. Darüber hinaus sind Skelette von Sauriern sowie Säugetieren aus der Eiszeit bzw. dem Tertiär zu sehen. Zudem finden sich Ausstellungen der Tier- und Pflanzenwelt von Solnhofen und zur Fossilgeschichte des Menschen.

Mo - Do 8 - 16 h, Fr 8 - 14 h, 1. So im Monat 10 - 16 h. Freier Eintritt. Richard-Wagner-Straße 10, ☎ 21 80 66 30, www.palaeo.de; MVG/MVV: U2 + 8 Königsplatz; U1 Stiglmaierplatz

Pinakothek der Moderne: Rotunde

Pinakothek der Moderne ✲

Die Pinakothek der Moderne vereinigt, als eines der weltweit größten Museen für die bildenden Künste des 20. und 21. Jahrhunderts, auf über 1.200 qm Ausstellungsfläche vier bedeutende Sammlungen (Bayer. Staatsgemäldesammlung, Staatl. Graphische Sammlung, Architekturmuseum der TU München, Die Neue Sammlung) unter einem Dach. Das Gebäude von Stephan Braunfels zeichnet sich durch seine offene und großzügige Architektur aus, die Zusammenhänge schafft und den Besuchern immer wieder neue und überraschende Einblicke ermöglicht. Gemälde, Skulpturen, Videoinstallationen, Fotografien, Handzeichnungen, Architekturmodelle und Designobjekte unserer Zeit können von den Besuchern unter einem Dach erlebt werden. Die überdisziplinäre Ausrichtung der Pinakothek der Moderne erhält die Identität der einzelnen Sammlungen und zeigt sie zugleich als miteinander verbundene Teile eines größeren kulturellen Kontextes. Wech-selausstellungen und Veranstaltungen ergänzen das Museumsprogramm. Auch der Shop und das Café sind Anziehungspunkte.
Di + Mi, Sa + So 10 - 17 h, Do + Fr 10 - 20 h, Mo geschlossen; Eintritt 9,50 €/erm. 6,00 €/sonntags 1,00 €. Barerstraße 40, ☎ 23 80 51 59, www.pinakothek.de, MVG/MVV: U2 + 8 Theresienstraße; Tram 27 Pinakotheken; Bus 154 Schellingstraße

Residenzmuseum ✲

Durch den weiträumigen Gebäudekomplex des Residenzmuseums werden zwei unterschiedliche Rundgänge für Besucher angeboten: bis 12.30 h der Vormittagsrundgang, ab 12.30 h der Nachmittagsrundgang Die Residenz liegt im Herzen Münchens und war bis zum Ende des Ersten Weltkrieges der Wohn- und Regierungssitz der Wittelsbacher. Zu besichtigen sind hier fürstliche Stilräume der Renaissance, des Rokoko und des Klassizismus. Gezeigt werden außer Möbeln, Gemälden und Wandteppichen auch einige bemerkenswerte Spezialsammlungen wie die Silberkammer, die Porzellansammlung, die Paramentenkammer und die Ahnengalerie. Zur

Führung gehört das Antiquarium und die Allerheiligen-Hofkirche (Kirche Eintritt frei). Das Cuvilliés-Theater ist wegen Renovierung bis Juni 2008 geschlossen.
April - 15. Okt. täglich 9 - 18 h, 16. Okt. - März: täglich 10 - 16 h; Eintritt: 6,00 €/erm. 5,00 €, Eintritt für Residenzmuseum + Schatzkammer 9,00 €/erm. 8,00 €. Max-Joseph-Platz 3, ☎ 29 06 71, www.schloesser.bayern.de, MVG/MVV: U3 - 6 Odeonsplatz; Tram 19 Nationaltheater; S1 - 8, Marienplatz

Schatzkammer der Residenz

Die Sammlung geht auf Herzog Albrecht V. zurück und gehört zu den bedeutendsten ihrer Art. Im Mittelpunkt steht die europäische Goldschmiedekunst mit Exponaten von der Spätantike über die Renaissance bis zum Klassizismus. Daneben wird auch Kunsthandwerk aus anderen Materialien wie Bergkristall oder Elfenbein gezeigt.
April - 15. Okt. täglich 9 - 18 h, 16. Okt. - März: täglich 10 - 16 h; Eintritt: 6,00 €/erm. 5,00 €, Eintritt für Residenzmuseum + Schatzkammer 9,00 €/erm. 8,00 €. Max-Joseph-Platz 3, ☎ 29 06 71, www.schloesser.bayern.de, MVG/MVV: U3 - 6 Odeonsplatz; Tram 19 Nationaltheater; S1 - 8, Marienplatz

Rockmuseum ☀

Auf der 400 qm großen Aussichtsplattform des Olympiaturmes „rockt" das höchste Museum der Welt. Neben der Aussicht auf München, kann man hier einen nostalgischen Blick in die Rockgeschichte wagen. Signierte Gitarren, goldene Schallplatten, Bühnenkleidung, unveröffentlichte Fotos oder Dokumente und Autogramme dominieren die, sich ständig erweiternde Sammlung. Nicht nur „Rockopas" wie Pink Floyd, ZZ Top, Bruce Springsteen, Rolling Stones oder Kiss werden gewürdigt, auch aktuelle Musiker, wie Robbie Williams, kommen zu Museumswürden.
täglich 9 - 24 h, letzte Auffahrt 23.30 h; Eintritt (inkl. Turmauffahrt) 4,00 €/ erm. unter 16 J. 2,50 €. Spiridon-Louis-Ring 7, im Olympiaturm, www.rockmuseum.de, MVG/MVV: U3 Olympiazentrum; Tram 27 Petuelring

Antiquarium in der Residenz (o.)
Die Besitzer des Rockmuseums vor dem Olympiaturm mit dem Bass von Kiss (u.)

Schloss Nymphenburg

Den Grundstein des Schlosses ließ der bayerische Kurfürst Ferdinand Maria im Jahre 1664 legen. In der Folgezeit hat sein Sohn, Kurfürst Max Emanuel, die Anlage stark erweitert. Der beeindruckende, im Stil des Rokoko dekorierte „Steinerne Saal" im Mittelbau stammt aus der Zeit Kurfürsts Max III. Joseph. Der Stil der Innenräume reicht vom Barock bis hin zum Klassizismus. Das Schloss beherbergt die einst von König Ludwig I. in Auftrag gegebene „Schönheitengalerie" mit Porträts schöner Münchnerinnen. Zum Schloss gehört ein reizvoller Schlossgarten, der in einzigartiger Weise den Landschaftsgarten englischen Stils mit dem streng geometrischen Barockgarten vereint. Im Park befinden sich drei barocke Schlösschen, die „Pagodenburg", die „Badenburg" und die „Magdalenenklause". Das besondere Kleinod des Parks ist die „Amalienburg", die zu den wichtigsten Bauten des Rokoko zählt.

April - 15. Okt. täglich 9 - 18 h, 16. Okt. - März: täglich 10 - 16 h; Eintritt 5,00 €/ erm. 4,00 €/Gesamtkarte Schloss, Marstall + Parkburgen 10,00 €/erm. 8,00 €, im Winter 8,00 €/erm. 6,00 €. Schloss Nymphenburg (Eingang 1), ☎ 17 90 80, www.schloesser.bayern.de, MVG/MVV: Tram 17, Bus 51 Schloss Nymphenburg; Tram 12 + 16, Bus 151, N41 Romanplatz

Marstallmuseum

Das im Jahre 1952 im Südflügel des Schlosses Nymphenburg eröffnete Museum nimmt im europäischen Vergleich einen herausragenden Rang ein. Gezeigt wird eine Sammlung von Prunkwagen und -schlitten sowie Reitausrüstungen und Geschirre aus dem Besitz der bayerischen Kurfürsten und Könige. Das Museum verfügt über alle wichtigen Fahrzeugtypen. Weiterhin ist eine Reihe von Porträts von Leibpferden König Ludwigs II. zu sehen. Die Porzellan-Sammlung der Familie Bäuml ist in den Räumen über dem Marstall-Museum zu besichtigen. Die Sammlung

veranschaulicht die Produktion der Nymphenburger Porzellanmanufaktur seit ihrer Gründung im Jahre 1747 bis in die 1920er Jahre.

April - 15. Okt. täglich 9 - 18 h, 16. Okt. - März: täglich 10 - 16 h; Eintritt 4,00 €/ erm. 3,00 €/Gesamtkarte Schloss, Marstall + Parkburgen 10,00 €/erm. 8,00 €, im Winter 8,00 €/erm. 6,00 €. Schloss Nymphenburg (Südflügel), ☎ 17 90 80, www.schloesser.bayern.de, MVG/MVV: Tram 17, Bus 51 Schloss Nymphenburg; Tram 12 + 16, Bus 151, N41 Romanplatz

Spielzeugmuseum

Das Spielzeugmuseum befindet sich im gotischen Alten Rathausturm am Marienplatz. Hier wird auf vier Stockwerken die Sammlung des Karikaturisten Ivan Steiger gezeigt. Der Besucher lernt hier Spielzeug aus unterschiedlichsten Materialien wie Holz, Papier, Blech, Wachs, Zinn, Federn, Bakelit, Elastolin und sogar geknetetem Brot kennen. Ausstellungsstücke von der schlichten Holzfigur über die Dampfmaschine bis hin zum technischen Verkehrsspielzeug unserer Tage dokumentieren verschiedenste Spielzeugarten. Vom dritten Stock eröffnet sich ein schöner Ausblick auf den Marienplatz und ins Tal.

täglich 10 - 17.30 h; Eintritt 5,00 €/ Kinder 1,00 €/Familie m. Kindern - 15 J. 10,00 €. Alter Rathausturm, Marienplatz, ☎ 29 40 01, www.spielzeugmuseum-muenchen.de, MVG/MVV: U3 + 6, S1 - 8, Bus 52 Marienplatz

Staatliche Antikensammlungen

Die Staatlichen Antikensammlungen sind seit 1967 im klassizistischen Museumsbau des Architekten Ziebland, erbaut in den Jahren 1838 bis 1848, ausgestellt. Ihre Bestände gehen auf Sammlungen der Wittelsbacher Herzöge zurück, die in der Folgezeit, insbesondere durch König Ludwig I., umfangreich ergänzt wurden. Im Museum sind neben einer weltberühmten Sammlung griechischer Vasen kleinformatige Ton- und Bronzefiguren sowie Beispiele antiker Glaskunst zu sehen. Zudem werden Werke

= stadtbuch-tipp!

etruskischer und griechischer Goldschmiedekunst gezeigt.

Di + Do - So 10 - 17 h, Mi 10 - 20 h, Mo geschlossen; Eintritt 3,50 €/erm. 2,50 €/ sonntags 1,00 €. Königsplatz 1, ☎ 59 83 59, www.antike-am-koenigsplatz.mwn. de, MVG/MVV: U2 + 8 Königsplatz; Tram 27 Karolinenplatz

Staatliche Sammlung Ägyptischer Kunst

Die Bestände des Museums gehen bis auf Herzog Albrecht V. zurück und umfassen international bedeutsame Werke aus allen Epochen vom 4. Jahrtausend v. Chr. bis zum frühen Christentum. Die Ausstellung in der Residenz wird ergänzt durch Spezialsammlungen zu den nubischen Kulturen und den ägyptisierenden Statuen im kaiserlichen Rom.
Der Name des Staatlichen Museums Ägyptischer Kunst ist Programm: Es ist weltweit das einzige Museum seiner Art, das sich auf die Kunst, und hier vor allem auf die Rundplastik, Altägyptens konzentriert, wobei alle Epochen von der Vorgeschichte über die klassischen Perioden des Alten, Mittleren und Neuen Reiches über die Spätzeit bis in die griechisch-römische Zeit in qualitätvollen Denkmälern repräsentiert sind. Darüber hinaus sind in komprimierter Form die Kulturen des antiken Sudan (Nubien) und die spätantik-koptische Periode vertreten, hinzu kommen ägyptisierende Denkmäler aus dem kaiserzeitlichen Rom.

Di 9 - 17 h + 19 - 21 h, Mi - Fr 9 - 17 h, Sa + So 10 - 17 h, Mo geschlossen; Eintritt 3,50 €/erm. 2,50 €, Kinder bis 16 J. frei/sonntags 1,00 €. Hofgartenstraße 1, beim Obelisken, ☎ 29 85 46, www. aegyptisches-museum-muenchen.de, MVG/MVV: U3 - 6, Bus 100 Odeonsplatz; Tram 19 Nationaltheater; S1 - 8 Marienplatz

Staatliche Münzsammlung

Die Staatliche Münzsammlung in der Residenz ist mit ihren rund 300.000 Objekten eine der größten Fachsammlungen der Welt. Sie geht auf Sammlungen von Herzog Albrecht V. von Bayern zurück und zählt damit zu den ältesten ihrer Art. Schwer-

punkte liegen im Bereich der Antike (Griechen, Römer, Kelten) und der Medaillenkunde, doch verfügt das Museum auch über bedeutende Mittelalterbestände und eine große neuzeitliche Sammlung aller Länder und Nationen, einschließlich islamischer Staaten, Fernost und Primitivgeld. Hinzu kommen größere Papiergeld- und Wertpapierbestände. Zur Münzsammlung gehört die bedeutendste europäische Sammlung höfischer japanischer Lackkabinette der Edo-Zeit, welche als Münzschränke bei Hofe Verwendung fanden. Die Bibliothek der Sammlung ist die größte wissenschaftliche Fachbibliothek zur Numismatik in Deutschland und steht allen Interessenten offen.

Di - So 10 - 17 h, Mo geschlossen; Eintritt 2,50 €/erm. 2,00 €/sonntags 1,00 €. Residenzstraße 1, Eingang Kapellenhof, ☎ 22 72 21, MVG/MVV: U3 - 6, Bus 100 Odeonsplatz; Tram 19 Nationaltheater

Staatliches Museum für Völkerkunde

Das Museum gehört zu den ältesten seiner Art und nimmt mit seinen rund 300.000 Objekten unter den europäischen Völkerkundemuseen einen hervorragenden Rang ein. Gezeigt werden unterschiedliche Bereiche der Kunst und Kultur aller Erdteile mit Ausnahme Europas. Das Museum verfügt über Exponate aus allen Epochen. Die Dauerausstellungen - Ostasien, Indianisches Südamerika, Indien, Themen afrikanischer Künstler, Arktis und Nordamerika - werden ergänzt durch regelmäßige Sonderausstellungen.

Di - So 9.30 - 17.15 h, Mo geschlossen; Eintritt 3,50 €/erm. 2,50 €/sonntags 1,00 €/Besucher bis 18 J. + Schulklassen frei. Maximilianstraße 42, ☎ 2 10 13 60, www.voelkerkunde-museum-muenchen.de, MVG/MVV: U4 + 5 Lehel; S1 - 8 Isartor; Tram 17 + 19 Max-II-Denkmal

Städtische Galerie im Lenbachhaus + Kunstbau ✴

Des Malerfürsten Franz von Lenbachs repräsentative Atelier-Villa ist seit 1929, nach dem

Pinakothek der Moderne:
Exponat bei der Dan Flavin Retrospektive

Lenbachhaus: Brunnen im Garten

Anbau des rechten Flügels, als Städtische Galerie, das Museum für die Münchner Malerei des 19., 20. und 21. Jahrhunderts. Der Publikumsrenner, die Sammlung der Werke des „Blauen Reiter", ist einer Schenkung der Malerin Gabriele Münter zu verdanken. Die Bernhard-Koehler-Stiftung hat die Kollektion mit Bildern von Franz Marc und August Macke ergänzt. In die Gegenwart verweisen die Werke von Franz Ackermann, Gerhard Richter, Anselm Kiefer, Andreas Hofer oder Liam Gillick. Besonders beeindruckend ist die Installation „Zeige deine Wunde" von Joseph Beuys. Die Wechselausstellungen im Lenbachhaus oder im Kunstbau (in der U-Bahnstation Königsplatz) präsentieren vor allem international bedeutende zeitgenössische Kunst.

Di - So 10 - 18 h, Mo geschlossen;
Eintritt 5,00 - 10,00 €/erm. bis 50 %.
Luisenstraße 33, ☎ 23 33 20 00,
www.lenbachhaus.de,
MVG/MVV: U2 + 8 Königsplatz

Lenbachhaus: Franz Marc-Saal mit einer
aktuellen Bemalung von Franz Ackermann

Haus der Kunst: Kunst für eine bessere Welt!

Valentin-Karlstadt-Musäum

Das kuriose Museum im Isartor wurde 1959 zu Ehren des Münchner Volkssängers und Komikers eröffnet. Ausgestellt sind Bilder, Texte und Gegenstände aus Leben und Werk Karl Valentins und seiner Partnerin Liesl Karlstadt. Neben dem berühmten Nagel, an den er seinen Schreinerberuf hängte, finden sich hier Wanningers Telefon, eine Kindernasenbohrmaschine und viele andere Absurditäten. Zeugnisse der Münchner Komiker und Volkssängergruppen bilden einen weiteren Höhepunkt des Museums. Sie erschließen dem Besucher den kulturgeschichtlichen Hintergrund von Valentins Wirken. In Petra Perles gemütlichem Turmstüberl gibt's Brotzeit und Kaffee.

Mo + Di 11.01 - 17.29 h, Fr + Sa 11.01 - 17.59 h, So 10.01 - 17.59 h, Mi + Do geschlossen; Eintritt 1,99 €/erm. 1,49 €/ Kinder unter 6 J. und 99-jährige in Begleitung ihrer Eltern frei. Jeden 1. Fr im Monat abends Programm (Musik, Kabarett) bis 21.59 h. Tal 43, ☎ 22 32 66, MVG/MVV: S1 - 8, Tram 17 + 18 Isartor

Ausstellungsinstitute & Galerien

Viele Museen besitzen Weltgeltung, einige Ausstellungsforen genießen internationales Renommee. Besonders die klassische und anerkannte Kunst ist mit sensationellen Werken vertreten. Hervorragende Sammlungen werden in München präsentiert. Die Geschichte ist überragend: Wassily Kandinsky, Paul Klee und Franz Marc haben hier gewirkt. Künstlergruppen wie der „Blaue Reiter", „ZEN 49" oder „Spur" entstanden in der Isarmetropole. Wie siehts mit der Gegenwart und der Avantgarde aus? Die Kunstakademie ist nach wie vor etwas verschlafen und schmort eher im eigenen Saft. Viele junge Künstler leben lieber in Berlin. Mit der Pinakothek der Moderne und der - kommenden - Sammlung Brandhorst ist die Kunst der letzten 40 Jahre in bedeutenden Museen vertreten. Die private Galerienszene ist sehr vital.

Artothek

Wer sich Kunst nicht kaufen will oder kann oder sich einfach nicht für ein bestimmtes Werk entscheiden mag, findet in der Artothek den richtigen Partner. Hier kann man Bilder ausleihen und auf Zeit in den eigenen vier Wänden platzieren. Anschließend bringt man die Werke wieder zurück und holt sich neue Arbeiten. Rund 1.200 Werke, vorwiegend

typisch münchen

kultur & erlebnis

freizeit & relaxen

essen & trinken

city & guide

von Münchner, aber auch von überregional bedeutenden Künstlern, stehen zur Auswahl.
Mi + Fr 14 - 18 h, Do 14 - 19.30 h, Sa 9 - 13 h. St.-Jakobs-Platz 15, ☎ 23 32 52 98

Galerie im Rathaus

Mit etwa 10.000 Besuchern im Monat ist die Galerie im Rathaus zu einem begehrten Ausstellungsforum geworden. Vor allem Münchner Künstler werden hier präsentiert. Gewinner des Münchner Kunstpreises erhalten in der Galerie im Rathaus eine Einzelausstellung. Die Jury des Kunstpreises berät auch das Kulturreferat bei der Auswahl der Künstler.
täglich 10 - 16.30 h.
Marienplatz 8, ☎ 2 33 - 51 55

Haus der Kunst ✳

Das Haus der Kunst zeigt internationale Wechselausstellungen - in der Regel drei Ausstellungen gleichzeitig - mit Schwergewicht auf der Klassischen Moderne und der zeitgenössischen Kunst. Darüber hinaus finden aber auch Ausstellungen alter und außereuropäischer Kunst statt. Das Haus wurde unter persönlicher Teilnahme Hitlers von 1933 bis 1937 als „Haus der Deutschen Kunst" erbaut und 1937 mit der ersten „Großen Deutschen Kunstausstellung" eröffnet. Als Kontrastveranstaltung fand im benachbarten Galeriegebäude am Hofgarten die Ausstellung „Entartete Kunst" statt, mit der etwa 600 Kunstwerke und deren Schöpfer an den Pranger gestellt wurden. Später diente das Haus der Kunst den Offizieren der amerikanischen Armee als Kasino, bis 1948 die Bayerischen Staatsgemäldesammlungen in den Westteil einzogen. Der Ostteil des Hauses entwickelte sich zu einer der renommiertesten Stätten des internationalen Ausstellungsbetriebes.
Fr - Mi 10 - 20 h, Do 10 - 22 h, Eintritt je nach Ausstellung/Veranstaltung. Prinzregentenstraße 1, ☎ 21 12 70, www.hausderkunst.de, MVG/MVV: U4 + 5 Lehel, Tram 17 Nationalmuseum/Haus der Kunst

Kunstbunker Tumulka

Seit 1993 werden in einem ehemaligen Luftschutzhochbunker aus der Nazizeit internationale zeitgenössische Kunst, Videokunst und Rauminstallationen gezeigt. Der fensterlose Bau bietet eine Ausstellungsfläche von etwa 350 qm.
Mi - Fr 14 - 18 h, So 15 - 18 h. Prinzregentenstraße 97a, ☎ 45 55 55 41, www.kunstbunker-tumulka.de

Kunsthalle der Hypo-Kulturstiftung

In einem wechselnden Programm wartet die Hypo-Kulturstiftung mit vielbeachteten Ausstellungen, am Eingang zu den Fünf Höfen, auf. Das hochkarätige Programm umfasst ein breites Spektrum von der Antike bis zur Avantgarde.
täglich 10 - 20 h, jeden Mo, der nicht auf einen Feiertag fällt, halbieren sich die Eintrittspreise („Blauer Montag"). Theatinerstraße 8, ☎ 22 44 12, www. hypo-kunsthalle.de, MVG/MVV: U3 - 6 Odeonsplatz; Tram 19 Theatinerstraße

Kunstverein München e.V.

In prominenter Lage, unter den Hofgarten-Arkaden, hat der 1823 gegründete Verein sein Domizil. Aktuelle Tendenzen im internationalen Kunstgeschehen werden hier kompetent präsentiert.
Mi - Fr 14 - 21 h, Sa + So 12 - 18 h. Galeriestraße 4, ☎ 22 11 52, www.kunstverein-muenchen.de

lothringer 13

Zur lothringer13 gehören die Ausstellungs-, Aktions- und Archivräume der Kunsthalle, des Ladens und des Spiegels. Die Halle, eine ehemalige Motorenschleiferei, dient der Präsentation der Neuen Medien. Im Künstlerarchiv und der Videothek des Spiegels wird die Video-Sammlung der Städtischen Galerie präsentiert und fortlaufend ergänzt. Der *Laden*, ein Raum mit Schaufenster, ist ein experimenteller Aktionsraum.
je nach Veranstaltung geöffnet. Lothringer Straße 13, ☎ 4 48 69 61 (Halle), ☎ 01 79 / 4 94 75 86 (Laden), ☎ 48 95 04 79 (Spiegel), www.lothringer13.de

Sammlung Goetz ✳

Die international bekannte Sammlung Goetz ist eine Privatsammlung zeitgenössischer Kunst. Neben Zeichnungen, Graphiken, Gemälden und Fotografien, liegt ein Schwerpunkt auf Video- und Filmarbeiten und raumbezogenen Installationen. Die Bestände werden in Wechselausstellungen in einem von Herzog und de Meuron entworfenen Gebäude präsentiert.

Besuch, nur nach telefonischer Anmeldung, innerhalb der Öffnungszeiten Mo - Fr 14 - 18 h, Sa 11 - 16 h, So geschlossen. Oberföhringer Strasse 103, ☎ 95 93 96 90, www.sammlung-goetz. de, MVG/MVV: U4 Richard-Strauss-Str., dann Bus 188 Richtung Unterföhring bis Bürgerpark Oberföhring

Verein für Original-Radierung

Der 1891 gegründete Verein für Original-Radierung ist ein Forum für zeitgenössische Druckgrafik. In der vereinseigenen Galerie finden jährlich Ausstellungen von Künstlern des Vereins und Gästen statt. Außerdem werden Jahresgaben und Editionen herausgegeben.

Di - Fr 15 - 18.30 h. Ludwigstraße 7, ☎ 28 08 84, www.radierverein.com

Galerien

Die Initiative Münchner Galerien (www.muenchener-galerien.de) gibt ein monatliches Infoblatt über die Ausstellungen ihrer Mitglieder heraus. Publikumsträchtige Aktionen sind die gemeinsamen Vernissagen und Abendöffnungen der Galerien am Kunstareal/bei den Pinakotheken, im Gärtnerplatzviertel, in der Maximilianstraße und rund um das Haus der Kunst. Ein Highlight ist die Aktion „Open Art", die jährlich im September stattfindet. An einem Wochenende bleiben die Galerien offen und ein kostenloser Bus bringt die Besucher von Galerie zu Galerie.

Barbara Gross

Eine Galerie ist interessant, wenn sie interessante Künstler vertritt. Bei Barbara Gross ist man richtig:

Ida Applebroog, Louise Bourgeois, Valie Export, Katharina Grosse, Kiki Smith, Leiko Ikemura, Maria Lassnig und Jürgen Partenheimer zeigen hier ihre Arbeiten.

Di - Fr 13 - 18.30 h, Sa 11 - 14 h. Thierschstraße 51, ☎ 29 62 72, www.barbaragross.de

Fred Jahn ✳

Fred Jahn ist einer der angesehensten und wichtigsten Galeristen der Stadt. Der Schwerpunkt der Ausstellungen liegt auf Zeichnungen und Grafik von europäischen und amerikanischen Künstlern der Gegenwart. Afrikanische Skulpturen und japanische Keramik kann man in der Galerie ebenfalls bewundern. Die von Fred Jahn publizierten Werkverzeichnisse gelten als beispielhaft.

Di - Fr 10 - 18 h. Maximilianstraße 10, ☎ 22 07 14

Ben Kaufmann ✳

Ben Kaufmann ist einer der progressivsten Galeristen der Stadt. Sein Programm weckt die Aufmerksamkeit des internationalen Publikums. Auch in seiner Berliner Galerie.

Di - Fr 14 - 19 h, Sa 11 - 16 h. Amalienstraße 14, ☎ 28 67 55 57, www.benkaufmann.com

Bernd Klüser

Arrivierte, international gefragte Kunst ist hier in repräsentativem Rahmen zuhause: z. B. Donald Baechler, Joseph Beuys, Alex Katz, Ryan Mendoza, Julião Sarmento, Andy Warhol sowie Robert Motherwells Nachlass.

Mo - Fr 11 - 18 h, Sa 11 - 14 h. Georgenstraße 15, ☎ 3 84 08 10 und Türkenstraße 23, Di - Fr 14 - 18 h, Sa 11 - 14 h, www.galerieklueser.com

Sabine Knust

Gemälde, Zeichnungen und hochwertige Grafik-Editionen präsentiert Sabine Knust in der Isarmetropole. Namedropping: Georg Baselitz, Per Kirkeby Julian Schnabel, Peter Doig, Tal R, Hubert Kiecol oder Günther Förg findet man hier.

Mo - Fr 10 - 18 h, Sa 11 - 14 h. Ludwigstraße 7, ☎ 29 16 07 03, www.sabineknust.com

Haus der Kunst: Ausstellung „Black Paintings"

Rüdiger Schöttle ☆
Die Galerie Rüdiger Schöttle wurde 1968 eröffnet und zählt heute zu den interessantesten der Stadt. Die Schwerpunkte sind konzeptionelle Kunst, aktuelle Malerei und Fotografie. Künstler der Galerie: Stephan Balkenhol, Günther Förg, Andreas Gursky, Martin Honert, Candida Höfer, Thomas Ruff, Thomas Schütte, Jeff Wall oder Florian Süssmayr.
Di - Fr 11 - 18 h, Sa 11 - 14 h.
Amalienstraße 41, ☎ *33 36 86,*
www.galerie-ruediger-schoettle.de

Six Friedrich & Lisa Ungar
Seit über 30 Jahren ist Six Friedrich im Geschäft und seit 1996 arbeitet sie mit Lisa Ungar zusammen. Die Avantgarde-Galerie, in einer ehemaligen Schlosserei, verfügt über eine ca. 200 qm große Ausstellungshalle.
Di - Fr 11 - 18 h, Sa 11 - 14 h.
Steinheilstraße 18, ☎ *52 31 07 17,*
www.sixfriedrichlisaungar.de

Sprüth Magers
Philomene Magers zeigt seit 1991 zeitgenössische europäische und amerikanische Minimal- und Konzeptkunst der 60er und 70er Jahre bis hin zu Künstlern der jüngeren und jüngsten Generation. Seit 1994 besteht eine enge Zusammenarbeit mit der Kölner Monika Sprüth Galerie. 1998 haben sich die Galerien zusammengeschlossen und setzen ihre gemeinsame Tätigkeit in Köln, London und München fort. Bei Sprüth-Magers-Projekte, der Filiale in der Ludwigstraße 7, werden junge künstlerische Positionen vorgestellt.
Di - Fr 11 - 14 h und 15 - 18 h, Sa 11 -
14 h. Schellingstraße 48, ☎ *33 04 06 00,*
www.spruethmagers.com

Michael Zink ☆
Michael Zink präsentiert Positionen internationaler zeitgenössischer Kunst: Rosilene Luduvico, Michael Sailsdorfer, Felix Stephan Huber, Yoshitomo Nara, Marcel van Eeden, German Stegmaier und Charles Worthen. Die Galerie betreibt auch eine Filiale in Berlin und ein Studio in New York.
Di - Fr 13 - 18 h, Sa 12 - 16 h.
Theresienstraße 122a / Rückgeb.,
☎ *52 38 94 49, www.galeriezink.de*

Zeltdachtour auf dem Olympiastadion

München ist grün

PARKS

Grünanlagen und Parks ver-
wöhnen die Münchner und sind
Freizeit- und Erholungsoasen
von unschätzbarem Wert. Die
einen sind weltberühmt, die
anderen eher Geheimtipps.
Manchmal sind sie riesengroß,
manchmal klein. Die Parks der
Isarmetropole. Bäume, Wiesen,
Sträucher und Erholung ...

Allacher Forst

Der schöne Allacher Forst bietet
Zuflucht für viele vom Ausster-
ben bedrohte Tier- und Pflanzenarten. Passionierte Zoologen
werden sich an den Hasel-
mäusen, Iltissen, Kibitzen und
Kaisermantelfaltern ergötzen und
die Botaniker jubeln angesichts
des Hügellungenkrautes, das
einzig auf der Welt nur hier seine
Wurzeln schlägt! Alle anderen
genießen die Natur als Ganzes.
Plus: gut viertausend Jahre alte
keltische Hügelgräber.
MVG/MVV: S2 Karlsfeld

Alter Botanischer Garten

Westlich des Karlsplatzes ließ
König Max Josef den Alten
Botanischen Garten der Stadt
anlegen. Bald war er eingerahmt
vom prachtvollen Justizpalast
im Süden und dem Glaspalast
im Norden, der schon vor dem
Zweiten Weltkrieg abbrannte.
Als Botanischer Garten wurde er
bereits um 1900 zu klein, weshalb
man einen neuen bei Schloss
Nymphenburg anlegte. Nach wie
vor ist der Alte Botanische Garten
ein beliebter Treffpunkt - auch
wegen des Biergartens am Park-
café. Die heroische Steinskulptur
des Neptunbrunnens stammt aus
dem Dritten Reich.
MVG/MVV: U4 + 5, S1 - 8, Tram 16 - 21,
27 Karlsplatz/Stachus

Alter Nördlicher Friedhof

Der parkähnliche Friedhof in
Schwabing wird an schönen
Tagen von vielen Besuchern als

Erholungsfläche genützt. Durch
eine hohe Backsteinmauer von
Hektik und Lärm abgeschirmt,
spielen Kinder auf den Rasenflächen zwischen den Gräbern,
während sich die Erwachsenen
sonnen oder auf den Parkbänken
einen kleinen Plausch abhalten.
Als Friedhof wird die 1866 angelegte Fläche seit Jahrzehnten
nicht mehr genützt. Von den
einst 7.272 Gräbern sind heute
noch knappe 800 erhalten.
MVG/MVV: U2 + 8 Josephsplatz

Englischer Garten

Der weitläufige Englische Garten
ist mit über 370 ha, die größte
innerstädtische Grünanlage der
Welt. Der Park ist rund um die
Uhr geöffnet. Im Morgengrauen
waren bereits Reiter und Jogger
unterwegs, sobald die Sonne
wärmt, werden die Bänke und
die Schönfeldwiese von Son-
nenbadern bevölkert. Radfahrer
queren den Park, Hundebesitzer
führen ihre Vierbeiner aus, Eltern
schieben Kinderwägen oder nehmen ihre Kleinen bei der Hand.
Eng umschlungen lustwandeln
Liebespaare. Studenten schwän-
zen die Nachmittagsvorlesung.
Touristengruppen suchen den
Monopteros, Spanner die Nackten. Frisbeescheiben, Volley- und
Federbälle fliegen durch die Luft.
Am großen Wasserfall kühlen sich
erhitzte Parkbesucher ab. Die ge-
schickten Eisbachsurfer werden
bewundert, über dilettierende
Nachwuchssurfboys schmunzeln

= stadtbuch-tipp!

Neulich im Englischen Garten

die Schaulustigen. Da hört man eine Trommel, dort eine Posaune, ein Gitarrenspieler erregt Aufmerksamkeit. Im Schatten des Chinesischen Turmes trinken Touristen mit Einheimischen ihr Bier, beim Seehaus am Kleinhesseloher See nippen die Schicken an ihren Gläsern. Südlich des Isarrings tobt bei schönem Wetter das Leben im Englischen Garten. Der Englische Garten hat aber noch ein zweites Gesicht. Jenseits des Isarrings erstreckt sich seine Nordhälfte bis zum Aumeister-Biergarten in Freimann. Wer will, findet dort schöne Wiesen, Waldhaine und stille Weiher, die sich ihre Ruhe noch bewahrt haben. Wer Entspannung sucht, wird sie hier wohl eher finden, als unter dem Monopteros. Entstanden ist der Englische Garten ab 1789, während in Paris die Revolution tobte. Der nicht gerade beliebte Kurfürst Karl Theodor ließ ihn in den wasserreichen Isarauen, nahe der Residenz, nach einer Idee des späteren Grafen Rumford von Friedrich Ludwig Sckell anlegen, um die Bürger zu besänftigen. Seinen Namen erhielt er nach der „englischen", weil unregelmäßigen, lockeren Bepflanzung mit weiträumigen Rasenflächen, die im Unterschied zur italienischen oder französischen auf alle zurechtgestutzten Dekors und eine streng geometrische Gestaltung, wie etwa im Hofgarten der Residenz am Odeonsplatz, verzichtet und stattdessen einen „natürlichen" Bewuchs vortäuscht.
MVG/MVV: z. B. U 3 + 6 Giselastraße oder Universität

Flaucher ✳

Der Flaucher in Thalkirchen ist Münchens Sonnenanbeter-Areal N°1. Wer in den Sommermonaten intensive Bräune sucht, der kommt auf die Insel. Vom

Neuer Botanischer Garten

Blick von der Residenz in den Hofgarten

Isarwasser umspült liegt das Sonneneldorado da und verheißt heiße Stunden. Jenseits der Brudermühlbrücke darf man auch die letzten Hüllen fallen lassen. Wer so viel schwitzt, bekommt natürlich einen Riesendurst. Kein Problem! Der Flaucher-Biergarten bietet Schatten und kühles Bier.
MVG/MVV: U3 Brudermühlstraße

Hellabrunn

Karl Hagenbeck regte Anfang unseres Jahrhunderts die Schaffung eines Tierparks in München an. Von 1911 an entstand auf dem Gebiet des Schlösschens Hellabrunn der erste Geo-Zoo der Welt. Um 1914 erhielt das Elefantenhaus die erste freitragende Beton-Glaskuppel der

Beim Monopteros im Englischen Garten

Welt. „Geo-Zoo" bedeutet, dass die Tiergehege nach Kontinenten angeordnet und weitgehend den natürlichen Lebensbedingungen angeglichen sind. Mit über 5.000 Tieren ist der Tierpark Hellabrunn heute einer der tierreichsten Europas. Geöffnet ist er vom 1. April bis 30. September von 8 bis 18 Uhr, vom 1. Oktober bis 31. März von 9 bis 17 Uhr.
MVG/MVV: U3 Thalkirchen

Hirschgarten ✶

Rund um die Residenzstadt München lagen zur Kurfürstenzeit Jagdgebiete, in denen verschiedene Tierarten gehalten wurden. Fasane schossen die edlen Herren im Fasanengarten oder der Fasanerie Nord, dem Rotwild setzte man im Hirschgarten nach. Für Läufer, Radfahrer und Spaziergänger bietet der Hirschgarten viel Platz und für Kinder wurde ein Spielplatz angelegt. „Heute geh´n wir in den Hirschgarten!" Wer das sagt, der meint freilich nicht den Park, sondern den beliebten Biergarten unter großen Kastanien und direkt am Wildgehege.
MVG/MVV: S1, 2, 4 - 6, 8 Laim

Hofgarten ✶

Nördlich der Neuen Residenz legten die Herzöge und Kurfürsten einen Garten im italienischen Stil an. Nach der Schleifung der Festungsanlagen erhielt der Hofgarten seine heutige Form. Die windgeschützte Lage macht ihn zu einem Eldorado für

Blick vom Englischen Garten auf die Türme der Frauen- und der Theatinerkirche

Flaucher-Impressionen (o.), Luftbild von Olympiapark mit Stadion, Halle und See (u.)

Tierpark Hellabrunn: Pinguin-Spaziergang

Sonnenhungrige, auch in den Wintermonaten. Vor den Arkaden verbreiten Bocciaspieler südliche Stimmung. Im Zusammenklang von Dianatempel im Zentrum des Gartens, Festsaalbau der Residenz und Theatinerkirche wird das Flair vom „Deutschen Rom", wie München früher gern genannt wurde, deutlich spürbar.
MVG/MVV: U3 - 6 Odeonsplatz

Isarauen

Seit der Verlängerung der U6 über den Kieferngarten hinaus nach Fröttmaning haben Münchens Bürger bequemen Zugang zu einem Park, der Sportfreunden eine Pferdesprunganlage und eine Rodelbahn bietet: gleich hinter Fröttmaning breiten sich die Isarauen aus.
MVG/MVV: U6 Fröttmaning

Luitpoldpark

Der Luitpoldpark zwischen Frankfurter Ring und Scheidplatz wurde 1911 zum 90. Geburtstag des Prinzregenten Luitpold angelegt. Der fast 40 m hohe Hügel im Park entstand nach 1945 - unter seinem Bewuchs liegt der Schutt Schwabings aus dem Zweiten Weltkrieg.
MVG/MVV: U2 + 3, Tram 12 Scheidplatz

Südlicher Friedhof

Marienhof

Der Marienhof, hinter dem Rathaus, sieht aus, als sei er schon zur Königszeit angelegt worden, tatsächlich ist er nur eine Weltkriegsbombenbresche. 1992 hat man die darunter liegenden mittelalterlichen Gewölbe freigelegt und vermessen, ehe die Grünfläche angelegt wurde.
MVG/MVV: U3 + 6, S1 - S8 Marienplatz

Maximiliansanlagen

Mitte des letzten Jahrhunderts ließ König Max II. das östliche Isarhochufer als Park anlegen. Im Laufe der Zeit wurden die Maximiliansanlagen von einer Anzahl heute weltbekannter Bauwerke, wie dem Müller'schen Volksbad oder dem Maximilianeum, durchsetzt. Weiter nördlich steht der Friedensengel. Neben dem „Maxlneum", wo heute ein Denkmal an Ludwig II. erinnert, sollte ein Festspielhaus für Richard Wagner gebaut werden.
MVG/MVV: S1 - 8, Tram 18, 19 + 20 Rosenheimer Platz

Neuer Botanischer Garten ☆

Der 20 ha große, zwischen 1908 und 1914 nördlich des Nymphenburger Schlossparks angelegte Botanische Garten (Menzinger Straße 65, tägl. ab 9 h geöffnet) zählt zu den interessantesten und schönsten Gärten in Europa. In den Gewächshäusern und auf den Freiflächen werden heute ca. 14.000 Pflanzenarten aus aller Welt kultiviert. Auf dem großzügigen Freigelände kann man u. a. auch durch das Alpinum, eine Farnschlucht, einen Rhododendronhain und einen Rosengarten spazieren.
MVG/MVV: Tram 17 Botanischer Garten

Olympiapark

Dort, wo einmal Soldaten exerzierten, 1909 der erste Zeppelin landete und 1925 Münchens erster Flughafen gebaut wurde, entstand zwischen 1968 und 1972 der Olympiapark als Austragungsort der XX. Olympischen Sommerspiele der Neuzeit. Die

Olympiade ist vorbei, der Publikumsmagnet ist geblieben. Ob das Olympiastadion vom Jubel der Fußball- oder Rolling Stones-Fans erbebt oder die Olympiahalle vom Applaus des Publikums der dort stattfindenden Veranstaltungen - überall trifft man Menschenmassen. Jogger, Schwimmer und Ruderer nutzen das Gelände. An schneereichen Wintertagen rodeln die Kinder am Olympiaberg.
MVG/MVV: U2 + 3 Olympiazentrum

Ostpark

Seit in den achtziger Jahren die Trabantenstadt Neuperlach erbaut wurde, entstand an ihrem Nordrand der Ostpark. Mit dem Ostpark hat man sich redlich bemüht, auch der Umwelt Rechnung zu tragen. Abgesehen von zahlreichen Sportstätten ringsum - wie dem Michaelibad - entfaltet das Wiesengelände, von künstlichen Hügelketten eingerahmt und von Kanälen durchzogen, eine harmonische Landschaft, die vielen Pflanzen und Tieren Lebensraum bietet.
MVG/MVV: U2 + 5 Michaelibad oder Quiddestraße

Riemer Park

Das bleibende Ergebnis der Bundesgartenschau ist der Riemer Park mit 10 ha großem Badesee und 20 m hohem Rodelhügel, der auch als Aussichtsberg dienen kann. Die Senkgärten und der „Friendship Garden", ein Geschenk der Stadt Cincinnati, sind, ebenso wie das Kunstwerk „Löwenspinne", erhalten geblieben.

Westpark: Chinagarten

Der 130 ha große Riemer Park wird von mehr als 20.000 Bäumen und 10.000 qm Rosen- und Staudenflächen geprägt. Wobei der Großspielplatz, der Geländespielplatz, die Skate-Anlage und zwei Beachvolleyballfelder den jüngeren Besuchern Freizeitspaß bieten.
MVG/MVV: U2 + 7 Messestadt West + Ost; S3 + 4 Gronsdorf

Schlosspark Nymphenburg

Ein frischgebackener Vater bringt heute der jungen Mutter allenfalls Blumen mit ins Krankenhaus. Als Kurfürst Ferdinand Marias Gemahlin ihm 1662 den ersehnten Thronfolger schenkte, baute er ihr zum Dank das Jagdschloss Nymphenburg. Seine Nachfolger Max Emanuel und Karl Albrecht erweiterten Schloss und Park beträchtlich. 1803 wurde behutsam die Bepflanzung nach englischer Art durchgeführt, und so stellt sich der Schlosspark heute noch dar. Über den Park ist eine Anzahl kunstgeschichtlich wertvoller Bauten verteilt: das Rokokoschlösschen Amalienburg, die Badenburg, die Pagodenburg und die Magdalenenklause die um 1740 im „Ruinenstil" erbaut wurde.
MVG/MVV: Tram 12 + 17, Bus 41 + 65 Schloss Nymphenburg

Schlosspark Schleißheim

Kurfürst Max Emanuel, der die Türken vor Belgrad besiegt hatte, machte sich zeitlebens Hoffnungen auf den Kaiserthron. Kaiser wurde er zwar nie, sein Kaiserschloss jedoch baute er sich, weit draußen vor den Toren Münchens in Schleißheim. Zwischen dem Hauptschloss und dem Schlösschen Lustheim erstreckt sich ein Kilometer italienischer Gartenbaukunst, angereichert mit vielen Fontänen und Blumenrabatten. Neben der Kultur kommen auch die leiblichen Bedürfnisse in den schönen Wirtschaften beim Schloss und ringsum nicht zu kurz.
MVG/MVV: S1 Oberschleißheim

Südlicher Friedhof ✳

Traditionell wurden Friedhöfe stets innerhalb der Stadtmauern angelegt. Daneben gab es aber auch Friedhöfe außerhalb der Mauern - die Pestfriedhöfe. Einer davon ist der 1563 angelegte Südliche Friedhof, heute an der Thalkirchner Straße 17. Als nach 1788/89 die städtischen Gottesacker aufgelöst wurden, wurde der Südliche Friedhof erweitert. 1818/19 entstanden die Arkaden mit den Büsten „verdienstvoller Männer", 1844/45 die neuen Arkaden Friedrich von Gärtners in Anlehnung an die „Campo Santo" in Rom. Viele bekannte Persönlichkeiten des 19. Jahrhunderts wurden hier begraben.

MVG/MVV: U1 - 3, 6 - 8, Tram 16 - 18, 27, Bus 52, 152 Sendlinger Tor; Bus 152 Stephansplatz

Westpark

1983 fand die Internationale Gartenbauausstellung statt. Dazu legte man mitten im Stadtgebiet, flankiert von der A 96 nach Lindau und zweigeteilt vom Mittleren Ring, den Westpark an, der durch Aufschüttungen vom Straßenlärm abgeschirmt wird. Die IGA hat viele Spuren hinterlassen, an denen sich die Besucher noch heute erfreuen können. Dazu gehören die ausgedehnten Beete und Feuchtbiotope ebenso wie das Tiroler Bauernhaus, die afrikanischen Hütten, die Tibetische und die Thailändische Pagode, der Japanische und der Chinesische Garten. Neben diesen Anlagen, die von Mai bis Oktober zugänglich sind, bietet der Westpark auch viele Möglichkeiten zur Freizeitgestaltung. Ballspielen und Drachensteigen auf den Wiesen, weite Wege zum Radfahren und Laufen, Veranstaltungen auf der Freiluftbühne oder geselliges Beisammensein im Biergarten. Nicht zuletzt bietet er ein Beispiel aktiven Umweltschutzes in der Stadt: in seinen Feuchtbiotopen haben viele seltene Tierarten eine neue Heimat gefunden.

MVG/MVV: U6 Westpark

Georg Glonner

Alter Botanischer Garten: Neptunbrunnen

Olympia-Schwimmhalle

„Pack die Badehose ein,
nimm dein kleines Schwes-
terlein - oder wen du willst
- und dann ab nach ... ?!"

BADETIPPS

*In und um München gibt es alles
was die Herzen der Schwimmer begehren - vom kleinen,
versteckt gelegenen Weiher bis
hin zum Hightech-Erlebnisbad.*

Bade-Hotline ☎ 01 80 / 1 79 62 23

Hallenbäder:

Cosima Wellenbad ✳

Cosimastraße 5. Ausstattung/An-
gebot: Wellenbecken, Planschbecken, Heißsprudelbecken mit
Ausschwimmkanal, Sprudelpilz
und Massagedüsen, Eltern-Kind-
Bereich, kostenlose Wassergym-
nastik, Solarium, Massage, zwei
finnische Saunen, Restaurant, im
Sommer Liegewiese mit FKK-Bereich.
*täglich 7.30 - 23 h; Wellenbetrieb (alle
30 Min.): Sa, So + Feiertag ganztägig,
Mo - Fr ab 14 h; Sauna: tägl. 9 - 23 h (Do
Damentag). MVG/MVV: U4 Arabellapark; Bus 59, 154, 184, 189 Cosimabad*

Dante-Winter-Warmfreibad

Dantestraße 6. Ausstattung/An-
gebot: 50 m-Becken, Wellnessbe-
cken mit Wasserliegen, Spru-
delgrotte und Massagedüsen,
Strömungskanal, Wasserpilz,
Saunalandschaft, Solarium,
Restaurant.
*Do - Di 7.30 - 23 h, Mi 7 - 23 h; Sauna
Mo Damentag.
MVG/MVV: U1, Bus 164, 165 Westfried-
hof, Tram 20, 21 Brostei*

Forstenrieder Park

Stäblistraße 27b. Ausstattung/An-
gebot: wurde 1976 im Forsten-
rieder Park eröffnet, 25 m-Sport-
becken, Lehrschwimmbecken,
Eltern-Kind-Bereich, Solarium,
Massageangebot, Stehcafé, Erfri-
schungsautomaten, im Sommer
Liegewiese mit FKK-Bereich,
Kinderspielplatz.
*Mo 8 - 18 h, Di - So 8 - 22 h;
Sauna: täglich 10 - 22 h.
MVG/MVV: Bus 134 Bad Forstenried*

Giesing/Harlaching

Klausener Straße 22. Ausstat-
tung/Angebot: kein Erlebnisbad,
sondern schlicht ein Schwimm-
bad. 25 m-Sportbecken, Lehr-
schwimmbecken, zwei finnische
Saunen, Massageangebot,
Automatenbistro, im Sommer
Liegewiese mit FKK-Bereich.
*Sa - Mo 8 - 18 h, Di, Do + Fr 8 - 21 h,
Mi 8 - 15 h (15 - 20 h Frauenbadezeit);
Sauna: Mo - Fr 9 - 21 h, Sa + So 9 - 18 h.
MVG/MVV: U1, Bus 144, 220 Sankt-
Quirin-Platz; Tram 15, 25 Kurzstraße*

typisch münchen

kultur & erlebnis

freizeit & relaxen

essen & trinken

city & guide

Michaelibad

Heinrich-Wieland-Straße 24. Ausstattung/Angebot: Erlebnis- und Wellnessbad, 25 m-Sportbecken, Nichtschwimmerbecken, Eltern-Kind-Bereich, Außenbecken mit Strömungskanal, Unterwasserliegen und Massagedüsen, 84 m-Abenteuerrutsche, Whirlpools, Dampfbad, Saunalandschaft, Massageangebot, Restaurant.
täglich 7.30 - 23 h; Sauna: 7.30 - 23 h (Di Damentag).
MVG/MVV: U5 + 8, Bus 195 Michaelibad

Müller'sches Volksbad ✳

Rosenheimer Straße 1. Ausstattung/Angebot: Das schönste Bad der Stadt - zugleich auch eines der schönsten der Welt. Im typischen Münchner Jugendstil errichtet. „Hauptsächlich für das unbemittelte Volk" vom erfolgreichen Ingenieur Karl Müller gespendet. Über 100 Jahre alt; zwei Schwimmhallen (31 m- und 18 m-Becken), römisch-irisches Schwitzbad mit verschieden temperierten Warm- und Heißlufträumen, finnische Sauna, Wannen- und Brausebad, Einzelkabinen, Solarium, Massageangebot, Café mit schönen Freisitzen.
täglich 7.30 - 23 h (Mo große Halle bis 17 h); Sauna täglich 9 - 23 h (Di nur Damen, Fr bis 15 h nur Damen); Wannen- und Brausebad Mo 17.30 - 20.30 h, Mi + Fr 8 - 13.30 h.
MVG/MVV: S1 - S8, Tram 17 Isartor; Tram 18 Deutsches Museum

Nordbad

Schleißheimer Straße 142. Ausstattung/Angebot: 33 m-Sportbecken, Nichtschwimmerbecken, Außenbecken mit Strömungskanal, Unterwasserliegen und Massagedüsen; Whirlpool, Kinderplanschbecken, Dampfbad, Solarien, römisch-irisches Schwitzbad mit Sauna kombiniert, Dampfbad, Sanarium mit Warm- und Heißluftraum, Tauchbecken und Freilufterrasse; im Sommer Liegewiese mit Kinderspielplatz.
täglich 7.30 - 23 h; Schwitzbad und Sauna täglich 9 - 23 h (Mi Damentag).
MVG/MVV: U2 + 8 Hohenzollernplatz; Tram 12, 27, Bus 53 + 154 Nordbad

Olympia-Schwimmhalle ✳

Olympiapark, ☎ 30 67 21 50. Ausstattung/Angebot: Die olympische Schwimmhalle gilt als eines der schönsten Garten-Hallenbäder der Welt, mit Wettkampf-, Sprung- und Tauch-, Trainings-, Lehrschwimm- und Aufwärmbecken; großer Saunabereich, Solarium, Fitnessbereich, große Liegewiese mit Trampolinanlage, riesiges Angebot an Kursen.
Mo, Mi, Fr - So 7 - 23 h; Di + Do 7 - 17.15 h und 20.30 - 23 h; Sauna: Mo 10 - 23 h, Di - So 8 - 23 h (Di Damentag).
MVG/MVV: U3 Olympiazentrum

Südbad

Valleystraße 37. Ausstattung/Angebot: 25 m-Sportbecken, Nichtschwimmerbecken, Saunalandschaft mit Freiluftterrasse, Solarium, Kiosk, Restaurant, Massageangebot, im Sommer Liegewiese mit Spielplatz.
täglich 8 - 23 h; Sauna täglich 9 - 23 h (Mo + Do Damentag). MVG/MVV: U3 + 6, Bus 152 Implerstraße; S 7 + 27, Bus 53, 54, 132, 134 Harras

Westbad

Weinbergerstraße 11. Ausstattung/Angebot: Familien- und Freizeitbad, Erlebnisbecken mit Strömungskanal, 25 m-Sportbecken, Außenbecken mit Bad Reichenhaller Sole, Unterwasserliegen und Massagedüsen; zwei Whirlpools, Planschbecken, Saunalandschaft mit Sauna, Sanarium und Dampfbad; Solarium, Massageangebot, SB-Restaurant, im Sommer Liegewiesen mit FKK-Bereich.
Schwimmhalle + Saunalandschaft: täglich 7.30 - 23 h; Sauna-Insel täglich 7.30 - 23 h (Mo + Mi Damen; Di 7.30 - 15 h nur Herren).
MVG/MVV: Tram 19, Bus 57 Westbad

Sommerbäder:

Die Öffnungszeiten der Sommerbäder: Mai - Juli + Sept. 9 - 18 h; Mai - August an heißen Tagen 9 - 20 h

Dantebad ✳

Dantestraße 6. Ausstattung/Angebot: Fünf Schwimmbecken, Erlebnisbecken, 50 m-Becken,

FKK-Bereich mit eigenem Schwimmbecken, Trampolin, Blockhaussauna, Dampfbad, finnische Sauna mit Kneippanlage und Freilufthof.
Stadion und Saunabereich im Sommer 9 - 23 h, Mi ab 7 h; Sauna 7.30 - 23 h (Mo Damentag).
MVG/MVV: U1, Bus 164, 165 Westfriedhof, Tram 20, 21 Borstei

Georgenschwaige-Bad

Belgradstraße 195. Ausstattung/Angebot: Zwei Schwimmbecken, Planschbecken, Trampolin, Kiosk.
MVG/MVV: U2 + 8, Tram 12, Bus 144 Scheidplatz; U3, Tram 27, Bus 50, 174, 178 Petuelring; Bus 54 Rümannstraße

Maria Einsiedel ☀

Zentralländstraße 28. Ausstattung/Angebot: Schön in den Isarauen gelegen, 1899 eröffnet, 390 m-Isarkanal, zwei Schwimmbecken, Planschbecken, Damen-FKK-Bereich, Trampolin, Kiosk, Biergarten.
MVG/MVV: Bus 135 Bad Maria Einsiedel

Michaeli-Freibad

Heinrich-Wieland-Straße 24. Ausstattung/Angebot: Zwei Schwimmbecken, Erlebnisbecken, 1 bis 10 m-Sprunganlage, Planschbecken, Beach-Volleyball-Bereich, Kinderspiel- und Wasserbereich, Trampolin, Kiosk, Biergarten, Riesenwasserrutsche.
MVG/MVV: U5 + 8, Bus 195 Michaelibad

Prinzregentenbad

Prinzregentenstraße 80. Ausstattung/Angebot: Schöne Liegewiesen unter alten Bäumen, 25 m-Sportbecken, Erlebnisbecken mit Strömungskanal, Massagedüsen und Nackendusche, 50 m-Wasserrutsche, Kleinkinderbecken, Kiosk, Sauna-Palast (9 -23 h, Do Damen). Im Winter: Eislaufspaß.
MVG/MVV: U4, Bus 54, 100 Prinzregentenplatz; Tram 18 Friedensengel

Schyrenbad

Claude-Lorrain-Straße 24. Ausstattung/Angebot: Münchens ältestes Bad, seit 1847, zwei Schwimmbecken, Planschbecken, Trampolin, Terrasse, Kiosk.
MVG/MVV: U1, 2, 7 + 8, Bus 52 Kolumbusplatz; Bus 58 Claude-Lorrain-Straße

Sommerbad Allach

Eversbuschstraße 213. Ausstattung/Angebot: Zwei Schwimmbecken, Beach-Volleyball-Anlage, Trampolin-Sprungbrett, Kinderspielplatz, Kiosk.
MVG/MVV: S2 Allach

Sommerbad West

Weinbergerstraße 11. Ausstattung/Angebot: Zwei Schwimmbecken, Erlebnisbecken mit Strömungskanal, Beach-Volleyball-Anlage, Planschbecken, FKK-Bereich, Kinderspiel- und Wasserbereich, Großrutsche.
MVG/MVV: Tram 19, Bus 57 Westbad

Ungererbad

Traubestraße 3. Ausstattung/Angebot: Das wohl populärste Freibad der Stadt ist in Schwabing, schöne Liegewiesen mit altem Baumbestand, drei Schwimmbecken, Erlebnisbecken, Planschbecken, Beach-Volleyball-Bereich, Kinderspiel- und Wasserbereich, Trampolin, Kiosk, Damen- und Familien-FKK-Bereich.
MVG/MVV: U6, Bus 144 Dietlindenstraße

Badeseen in & um München:

15 km-Umkreis:

Fasanerie-See

Der ruhige Punkt im Seen-Trio („Seendreieck des Nordens") zwischen Feldmochinger und Lerchenauer See. Wiesen mit Büschen und Bäumen bilden das Ufer. Ein Spazierweg führt rund um den See. Wer Hunger hat, ißt das selbst mitgebrachte oder kehrt in der Kleingarten-Gaststätte in unmittelbarer Nähe ein. Gelegentlich ist der See mit Vogelkot und Algen belastet.
Anfahrt: mit dem Fahrrad oder S1 bis Fasanerie und dann zu Fuß.

Feldmochinger See

Der Feldmochinger See wird immer wieder als das schönste Badegewässer innerhalb des Stadtgebietes bezeichnet. Wir teilen diese Meinung. Rund um den See wurden sanfte Hügel

Müller'sches Volksbad

angelegt und zahllose Büsche und Sträucher gepflanzt. Auch an den Wochenenden sind die Menschenmassen erträglich. Vorbildlich ist das behindertengerechte Areal mit rollstuhlgerechten Wegen, einer Rollstuhlrampe und einem beweglichen Schwimmsteg. Im Süden des Sees wurde ein abgesperrtes Biotop angelegt. Am Südwestufer ist das FKK-Gelände. Essen gibt's am Kiosk oder im Gasthaus.
Anfahrt: S1 bis Feldmoching.

Feringasee

Der Feringasee ist der beliebteste Badesee der Stadt. Trotzdem kippt die Wasserqualität auch in der Hochsaison nicht. Für die Versorgung ist mit Gaststätte, Biergarten und Kiosken bestens gesorgt. Es lockt ein Sandstrand und die Wiesen werden von Büschen und Bäumen beschattet. Nacktbade-Freunde werden auf der Halbinsel glücklich. Auch Kinder und Surfer haben einen abgetrennten Bereich. Am Feringasee wird beinahe rund um die Uhr gefeiert, je nach Tages- bzw. Nachtzeit wechselt der Publikumsschwerpunkt (Szene, Familien).
Anfahrt: S8 bis Unterföhring, dann der Beschilderung folgen.

Karlsfelder See

Der beliebte Badesee zwischen Karlsfeld und Dachau. Seine Wasserfläche beträgt über 25 ha. Biotop im Nordwesten. Am Wochenende können hier schon mal an die 20.000 Badefreunde zusammenkommen. Keine Panik: die Liegewiesen sind weitläufig, von Bäumen beschattet und von Spazier- und Fahrradwegen durchzogen. Für Jung und Alt: Gasthäuser, Biergarten, Kiosk, Kinderspielplätze, Tischtennisplatten, Fußballplatz, Sommerstockbahnen und Beach-Volleyball-Feld.
Anfahrt: S2 bis Karlsfeld, mit Rad oder per Pedes der Beschilderung folgen.

Lerchenauer See

Der kleinste und älteste See im Münchner Norden. Das Ufer umrahmen Wiesen, Bäume, Kies und die „Skyline" der Hochhaussiedlung. Essen bekommt man im Restaurant am See. Die Kinder freuen sich über den Spielplatz. Manchmal ist die Wasserbelastung durch Vogeldreck deutlich.
MVG/MVV: S1 bis Fasanerie, dann weiter zu Fuß.

Regattasee / Oberschleißheimer Badesee

Der See wurde für die Olympischen Spiele 1972 angelegt und dient auch heute noch als

Trainings- und Wettkampfgewässer. Eigentlich haben Schwimmer hier nichts zu suchen, aber trotzdem konnten sie einen Teil des Sees erobern. Tipp: Nebenan ist ein regulärer Badesee. Also: als Zuschauer zum Regattasee, als Schwimmer zum Badesee.

Anfahrt: S1 Oberschleißheim

Riemer See

Der 12 ha große Riemer See wurde für die BUGA 2005 in der Messestadt Riem angelegt. Am Ostufer locken die von Silberweiden beschattete Liegewiese und der Kiesstrand die Badelustigen. Am Nordufer flanieren Spaziergänger, außerdem wurden terrassenartige Liegewiesen gestaltet. Das Südufer wird von üppig blühenden Stauden gesäumt. Am flachen Westufer führt ein Holzsteg durch Schilfgürtel und Seerosen aufs Wasser. Im Kioskbiergarten treffen sich die Hungrigen und Durstigen. Plus: Beach-Volleyball-Felder.

Anfahrt: U2 + 7 Messestadt West/Ost; S4 Gronsdorf

Unterföhringer See ☀

Im Dreieck Isar, obere Isarau und mittlerer Isarkanal liegt der Unterföhringer See. Warmes Wasser, natürlicher Bewuchs rund um den See und seine absolut fahrradfreundliche Lage machen ihn beliebt. Besonders schön ist es an diesem See, wenns nicht so voll ist. Man verliert sich nicht auf einer riesigen, öden Liegewiese, sondern liegt zwischen Bäumen und Sträuchern. Plus: Seehaus-Restaurant, Aussichts-Schuttberg, Kinderspielplatz und Freizeitsportgelände in der Nähe.

Anfahrt: S8 Unterföhring oder mit dem Rad über den Isarradweg.

Waldschwaigsee

Ein See ohne Freizeit- und Erholungsanlagen. Schlicht, relativ kaltes Wasser und natürliche Uferzone (Wiese, Bäume, Büsche). Publikum: Familien und Naturfreaks.

Anfahrt: S2 bis Karlsfeld, mit dem Rad weiter zum See.

25 km-Umkreis:

Birkensee ☀

Nebenan ist der Langwieder See, etwa einen Kilometer ist der Olchinger See entfernt. Umringt von Wald, Feldern und Wiesen, mit dem Auto nicht direkt erreichbar, ist der nette kleine See besonders bei Nacktbadern beliebt. Bitte nicht die Felder zertrampeln! Am Wochenende wirds hier am See sehr eng.

Anfahrt: A 8, Richtung Stuttgart, Ausfahrt Langwieder See, nach etwa einem Kilometer in der Eschenrieder Straße das Auto abstellen. Zu Fuß dem Trampelpfad folgen.

Böhmer Weiher

Der Baggersee am westlichen Stadtrand liegt unweit der „Aubinger Lohe", einem hübschen Waldgebiet mit Keltenschanze und kleinen Weihern. Die angenehme Ruhe am Kiesufer des Sees tagsüber wird abends von der Party-Gaudi Jugendlicher abgelöst. Im Hochsommer oft starker Algenbewuchs. (bg)

Anfahrt: S3 nach Lochhausen; mit dem Auto über Lochhausen nach Puchheim, erste Straße nach der Ortseinfahrt links.

Deininger Weiher ☀

Romantisch, mitten im Wald, liegt dieser Moorsee in einem Naturschutzgebiet. Der Deininger Weiher hat eine Wasserfläche von etwa 2,6 ha und ist nur etwa 2 m tief, deshalb wird das „weiche" Moorwasser auch angenehm warm. Das Wirtshaus „Waldhaus Deininger Weiher" ist ein beliebtes Ausflugslokal, das besonders wegen seiner frischen Fischschmankerl einen Besuch lohnt. Hier stehen auch Duschen. Im Winter friert der Weiher meist zu, hier kann man dann auch Schlittschuh laufen (kein Verleih) oder Eisstock schießen.

Anfahrt: Mit dem Auto über Grünwald und Straßlach, Richtung Bad Tölz nach Großdingharting, der Beschilderung folgen. S7 Höllrieglkreuth

Echinger See

Einer der publikumsträchtigsten Seen rund um München. Als

Michaelibad

Zentrum des Echinger Erholungs-
gebietes angelegter ehemaliger
Baggersee. Der südliche Teil des
Sees ist Sperrgebiet und dient
als Biotop. Die schöne große
Liegewiese wird von Sträuchern
und Bäumen beschattet. Gaststätte und Kiosk versorgen das
Publikum.
*Anfahrt: A9 Nürnberg, Ausfahrt Eching,
im Ort der Beschilderung folgen oder S1
nach Eching und zu Fuß zum See.*

Garchinger See

Dieser, nur ca.drei Meter tiefe
und relativ warme, Baggersee
entstand beim Bau der Autobahn
München-Nürnberg, also bereits
1933. Deshalb heißt er auch Auto-
bahnsee. Das Areal wurde zu einer Freizeitanlage ausgebaut, das
Umland zum Naturschutzgebiet
erklärt. Ein Teil des Sees ist als
Biotop ausgewiesen. Plus: Kiosk,
Grillplatten für Selbstversorger,
Anlagen für Tennis, Sommer-
stockschießen, Volley- und Bas-
ketball, großer Kinderspielplatz,
vielfältiges Leichtathletikareal,
Zuschauertribüne, schönes Gebiet für Spaziergänge.
*Anfahrt: Mit dem Rad, oder mit dem
Auto A 92, Ausfahrt Schleißheim, Richtung Garching. Vor dem Ort rechts der
Beschilderung folgen.*

Germeringer See

Der eher unspektakuläre See ist
von Laubbäumen umringt und
bietet kaum Interessantes. Der
denkmalgeschützte Hügel am
See findet wenig Beachtung,
die wenigsten erkennen ihn als
jahrhundertealtes Relikt mensch-

lichen Bauens. Die relativ kleine
Wasserfläche und die geringe
Tiefe von etwa sechs Metern
sorgen für angenehme Wasser-
temperatur. Die Uferzone bilden
Wiesen, Büsche, Bäume und
eine Halbinsel. Ein Kiosk und ein
nahes Wirtshaus versorgen das
Publikum.
*Anfahrt: Fahrrad in die S5 bis Germe-
ring-Unterpfaffenhofen, die restlichen
drei Kilometer sind gleich geschafft.
Mit dem Auto nach Germering, am
Ortsende der Beschilderung folgen.*

Gröbenzeller See

Gleich neben dem Olchinger See
liegt der ruhige Gröbenzeller See,
ein noch naturbelassener, hüb-
scher See, der bisher vom großen
Ansturm verschont geblieben
ist und auch „Kleiner Olchinger
See" genannt wird. Die kleine
Liegewiese bietet nur begrenzten
Platz, ansonsten kann man sich
einen Platz am schmalen Weges-
rand suchen - aber bitte die
Anpflanzungen in den Feldern
schonen. (bg)
*Anfahrt: Mit dem Rad in der S3 nach
Gröbenzell, dem ausgeschilderten
Weg zum Olchinger See folgen, vor der
Exterstraße über die Bahnbrücke, dann
dem Weg noch etwa 300 m folgen.*

Heimstettener See

Zu verdanken haben wir diese
Anlage dem Verein Erholungs-
gebiete. Das Areal mit einer elf
Hektar großen Wasserfläche
lockt an sonnigen Wochenen-
den tausende Badefreunde aus
Münchens Osten. Die große
Liegewiesen beschatten Bäume.
Den Imbiss holt man sich im
Lokal und im Biergarten. Rund
um den See locken Wander- und
Radwege.
*Anfahrt: Mit dem Rad und / oder der S6
nach Feldkirchen, der See ist nicht weit.
Mit dem Auto auf der A 94, Richtung
Passau, Ausfahrt Feldkirchen-West,
Richtung Aschheim, dann der Beschil-
derung folgen.*

Langwieder See

Die 120 ha große „Langwieder
Seenplatte" besteht aus Luss-,
Birken- und Langwieder See. Die
Uferzone des Baggersees bilden
Wiesen, Bäume und die Auto-

✶ = stadtbuch-tipp!

bahn. Plus: Rasthaus, Biergarten, Kioske, Bootsverleih, Minigolf und Beach-Volleyball-Felder.

Anfahrt: Mit dem Fahrrad nach Lochhausen, weiter über die Eschenrieder Straße nach Langwied, dann weiter über die Müllerstadl- und Goteboldstraße oder nach Untermenzing über die Goteboldstraße. Mit dem Auto über die A 8, Richtung Stuttgart, Ausfahrt Langwieder See. S3 Lochhausen

Luss-See

Der Luss-See bildet mit Langwieder und Birkensee ein „Bäderdreieck". Er ist erst 1999 durch die Bauarbeiten zur A 99 entstanden. Das ehemalige Baggerloch hat sich schnell als beliebter Badesee etablieren können. Grillen ist nicht erlaubt, Hunde nur in einem bestimmten Bereich. Das Ufergelände besteht aus einem flach abfallenden Kiesstrand. Im Süden fällt das Ufer steil ab - für Kinder ungeeignet! Plus: Kiosk, 2 Kinderspielplätze, 2 Beach-Volleyball-Plätze, 1 Fußballplatz.

Anfahrt: mit dem Auto über die A 8, Richtung Stuttgart, dann bei der Raststätte Langwied rausfahren und parken; einfacher ist es mit der S 3 bis Lochhausen, von dort aus zu Fuß über die Langwieder in die Eschenrieder Straße und geradeaus in die Kreuzkapellenstraße.

Starnberger See

Der Starnberger See ist der „Haussee" der Münchner. Er ist Anziehungspunkt für die Einheimischen ebenso wie für unzählige Touristen. Zahllose Freizeitaktivitäten sind hier möglich. Die Windverhältnisse machen dieses Gewässer zum idealen Segel- und Surfrevier. Während der Saison finden häufig Regatten statt. Die Segelhäfen reihen sich an Yachtclubs und Surfvereine und werden dabei nur von den Strandbädern unterbrochen. Weite Uferzonen sind allerdings Privatbesitz und deshalb unzugänglich. Rund um den See lädt die Landschaft zu Wanderungen oder Spaziergängen ein. Zahlreiche Sehenswürdigkeiten bilden dabei interessante Stationen. Selbstverständlich vergessen wir „unseren" Ludwig II. nicht, der in der Nähe von Schloss Berg im See ertrunken ist. Ein Kreuz erinnert an den Monarchen.

Anfahrt: Mit der S6, die praktisch an jedem großen Ort am Westufer hält. Mit dem Auto über die A 95, Richtung Garmisch-Partenkirchen, Ausfahrt Starnberg.

Unterschleißheimer See

Wieder ein See, der dem Autobahnbau zu verdanken ist. Auf der großen Liegewiese spenden Sträucher und Bäume Schatten. Ein Drittel des Sees ist Naturschutzgebiet, es gibt einen Flachwasserbereich für die Kleinen. Beach-Volleyballer finden ihren Platz und im Gasthaus Seewirt kann man einkehren.

Anfahrt: Mit der S1 bis Unterschleißheim, dann der Beschilderung folgen.

Mehr als 25 km-Umkreis:

Ammersee ☆

Irgendwie ist der Ammersee sympathischer als sein etwas größerer Nachbar, der Starnberger See. Vielleicht liegts daran, dass weniger Uferzonen privatisiert worden und stattdessen über weite Strecken natürlich geblieben sind. Vielleicht liegts auch an der Hügellandschaft. Der Ammersee ist ländlich geblieben und eben nicht schick. Neben Wasserspaß gibt es rund um den See ein volles Programm mit Sehenswürdigkeiten und Freizeitmöglichkeiten. Die Wasserqualität ist gut – der Ammer-Zufluss und der Ringkanal machens möglich, die Größe auch. Viele Kilometer Uferweg locken die Spaziergänger, man kann den See aber auch während einer Schifffahrt (www.bayerische-dampfschifffahrt.de) kennenlernen. Plus: Andechs ist nicht weit, der „heilige Berg" lockt mit Bier und Kloster.

Anfahrt: Die etwa 35 Kilometer von München kann man vielleicht auch mal als Radltour bewältigen. Ansonsten fährt die S5 nach Herrsching oder man erreicht den See über die A 96, Ausfahrt Pfaffenhofen-Herrsching.

typisch münchen

kultur & erlebnis

freizeit & relaxen

essen & trinken

city & guide

Bibisee ☆

Der Baggersee ist dem Kiesabbau für den Autobahnbau zu verdanken. Den Namen verdankt er dem Spitznamen seines Besitzers. Der Bibisee ist wohltuend unspektakulär und angenehm ruhig. Nach dem Modell „Kleingartenanlage" haben sich zahlreiche Familien Parzellen angemietet und nutzen sie fürs Wochenende oder verbringen hier ihren Urlaub. Die Uferzone besteht aus Wiesen und Sandstrand, etwa die Hälfte der Fläche ist kostenpflichtiges Badegelände. Plus: Kiosk, Biergarten, Tennisplatz, Zeltplatz, Segelfluggelände nicht weit, Rutschbahn, Kinderplanschbecken, Flachwasserzone für Nichtschwimmer, Duschen, die Insel im See, FKK-Uferzone und das Weinfest im August.

Anfahrt: Der See liegt zwischen Geretsried und Königsdorf. Zu erreichen über die A 95 bis Wolfratshausen, dann über die B 11 nach Geretsried.

Buchsee

Etwa 30 km von München entfernt liegt dieser kleine See idyllisch in der Voralpenlandschaft zwischen der A 95 und dem Starnberger See. Schatten bietet die Gaststätte.

Anfahrt: Entweder als romantische Radtour durchs Münchner Umland oder mit dem Auto über die A 95, Richtung Garmisch-Partenkirchen. Über die Ausfahrt Wolfratshausen nach Münsing, Richtung Höhenrain, dann den Schildern „Buchsee" folgen.

Harmatinger Weiher

Weniger bekannt, weniger offiziell, weniger überlaufen liegt dieser „See" inmitten wilder Natur und hat nur eine kleine Liegewiese. Junge und Szeneleute stört das nicht. Ein Wirtshaus ist auch nicht weit.

Anfahrt: A 95, Richtung Garmisch, Ausfahrt Wolfratshausen nach Egling, weiter nach Moosham von hier aus nach Harmating.

Kastensee

Zugegeben, dieser Moorsee gehört zu unseren Lieblings-Badegewässern. Nicht nur, weil wir gerne Wasserski fahren. Der See

mit der relativ kleinen Wasserfläche erwärmt sich im Sommer bis auf etwa 24 Grad und die Ayinger Brauerei liegt direkt auf dem Weg. Wiesen, Bäume, Schilf und ein abgetrenntes Naturschutzgebiet (im Osten) bilden die Uferzone.

Anfahrt: Mit dem Auto auf der Bundesstraße Richtung Rosenheim, hinter Peiß nach links, Richtung Glonn, abbiegen.

Kirchsee ☆

Mitten im Naturschutzgebiet, direkt beim Kloster Reutberg, liegt dieser sympathische See, der ein sehr gutes „weiches" Moorwasser bietet. Nur im Norden und Süden sind ausgewiesene Badeareale, der Rest ist Naturschutzgebiet. Nach dem Bad lockt der Biergarten des Bräustüberls des Klosters Reutberg mit süffigem Starkbier.

Anfahrt: A 8, Richtung Salzburg, Ausfahrt Holzkirchen, auf der B 13 in Richtung Bad Tölz bis Sachsenkamm, dann ca. 1,5 km zum Kirchseemoor.

Kranzberger Weiher

Der idyllische Kranzberger Weiher wird immer wieder als typischer Familienbadesee bezeichnet. Eine sichere Flachwasserzone, viel Spielraum für die Kleinen und die angenehme Wassertemperatur tragen zu seinem Ruf bei. Das Ufer besteht aus einer Kieszone, großen Liegewiesen und Sträucherbewuchs. Treffpunkte: Wirtshaus am See, Kinder- und Ballspielplätze.

Anfahrt: A 9, Richtung Nürnberg, Ausfahrt Allershausen, nach Allershausen Richtung Kranzberg und der Beschilderung folgen.

Mammendorfer See

Der Mammendorfer See ist einer von den netten Baggerseen unweit von München. Liegewiesen, Biotopgelände, Büsche und Bäume, Badebucht für die Kleinen, Wasserrutschen, abgetrenntes gebührenpflichtiges Freibad, Kiosk, Biergarten - alles da!

Anfahrt: Mit dem Auto über die B 2 nach Fürstenfeldbruck und weiter nach Mammendorf, der Beschilderung folgen. Mit der S3 nach Nannhofen.

Pilsensee

Ein Winzling im Vergleich zum Ammersee, trotzdem oder gerade deshalb ein sympathisches Badegewässer. Alles was Badelustige wollen, ist hier: Wiesen, Bäume, Strandbad, Kiosk, Restaurant, Surfschule und Campingplatz.
Anfahrt: Mit dem Auto über die A 96, Richtung Landsberg, Ausfahrt Oberpfaffenhofen bis Seefeld, der Beschilderung folgen. Mit der S5 bis Seefeld-Hechendorf.

Pucher Meer

Seit 1997 wurde dieser Baggersee bei Fürstenfeldbruck zur Freizeitanlage ausgebaut. Selbst an heißen Wochenenden findet man auf den großen Liegeflächen noch Platz. Der Uferbereich besteht aus Kies-, Sand- und Grasstrand, ein Nacktbadeareal ist vorhanden und für Rollstuhlfahrer Rampen. (bg)
Anfahrt: Mit dem Auto über die B 471 Richtung Inning, Ausfahrt FFB-Mitte, dann auf die B 2, Richtung Augsburg nach 300 m rechts in den Parkplatz.

Steinsee

Wer zum Schwimmen fährt, um sich zu erholen, hat mit dem Steinsee die richtige Adresse gefunden. Der wunderschöne, gebührenpflichtige See ist in Privatbesitz und dementsprechend bestimmen die Eigentümer die

Seenschifffahrt: Ammer- & Starnberger See

Regeln: Hier wird nicht gegrillt, es laufen keine Hunde über fremde Decken und der Ghettoblaster hat Pause. Dafür gibt's eine Ruderpartie, dösen auf der Wiese und kraulen im supersauberen Nass. Leider sind allzu viele Münchner von diesem See begeistert, deshalb sollte man die Wochentage für den Steinsee reservieren und am Wochenende Alternativen suchen.
Anfahrt: Mit dem Fahrrad oder dem Auto über Putzbrunn nach Oberpframmern, dann der Beschilderung folgen.

Stoibermühlsee

Eine Art Geheimtipp ist nach wie vor der Stoibermühlsee. Selbst an Hochsommerwochenenden kann man hier noch sein Handtuch ausbreiten. Rund um den See locken Wiesen, Büsche, Bäume und der Biergarten.
Anfahrt: A 92, Richtung Landshut, Ausfahrt Freising-Ost, nach Attaching der Beschilderung folgen.

Weßlinger See

Eine voralpenländliche Idylle. Der kleine Weßlinger Moorsee ist der typische Badesee für die Wochentage. Am Wochenende ist er nicht zu empfehlen, da zu viele Gäste die Wasserqualität belasten - besonders während langer Hitzeperioden. Neben Liegewiesen mit Bäumen und Büschen, gibt's hier Kioske, Biergarten, diverse Lokale und Bootsverleih.
Anfahrt: S5 bis Weßling oder mit dem Auto über die A 96, Richtung Memmingen, Ausfahrt Oberpfaffenhofen, weiter nach Weßling.

Wörthsee

Der Wörthsee ist einer der wärmsten Seen in Bayern, also ideal zum Baden. Aber auch die Segler und Surfer haben dieses Gewässer schon längst für sich erobert. Leider ist das Ufer, wegen der privaten Strand- bzw. öffentlichen Freibäder, nur begrenzt zugänglich. Plus: Campingplatz, Surf- und Segelschulen, Spielplätze, Gastronomie.
Anfahrt: S5 bis Steinebach. Mit dem Auto über die A 96, Richtung Memmingen, Ausfahrt Etterschlag, dann weiter Richtung Steinebach.

typisch münchen

kultur & erlebnis

freizeit & relaxen

essen & trinken

city & guide

Erlebnishungrig? Raus aufs Land!

AUSFLUGS-TIPPS

Warum leben so viele Menschen gerne in der Isarmetropole? Zu den häufigsten Antworten zählen „wegen der Freizeit- und Ausflugsmöglichkeiten", „wegen der Berge und Seen" und „weil Italien so nah ist". München, die vielzitierte „nördlichste Stadt Italiens", öffnet sich nur nach Süden. Das einladende bayerische Oberland mit seinen Seen und Gipfeln, die grünen Bergwiesen des Allgäu und die Hochalpengebiete von Tirol locken verführerisch.

Oberbayern & Allgäu

Fünf-Seen-Land

Quasi vor der Haustür Münchens liegt das Fünf-Seen-Land (www.sta5.de). Ob mit Auto oder S-Bahn, in einer guten halben Stunde ist man draußen und findet im Sommer und im Winter unzählige Möglichkeiten bei Müßiggang, Sport oder Kultur zu entspannen. Allein 250 km Rad- und 180 km Wanderwege wurden hier angelegt. Das größte Gewässer der Münchner „Seenplatte" ist der 21 km lange **Starnberger See** (erreichbar mit der S6 bis Tutzing) mit den Ferienorten Starnberg, Berg, Münsing, Seeshaupt, Bernried, Tutzing, Feldafing und Pöcking-Possenhofen und seinen attraktiven Segel- und Surfrevieren. Eine zehnstündige Fuß- oder eine fünfstündige Radwanderung rund um den See bieten Orientierung. Das Starnberger **Würmgau-Museum** gibt einen Einblick in das Leben und Arbeiten der Bevölkerung des Fünf-Seen-Landes seit dem 19. Jh.. Weil sich der bayerische Adel seine Sommerresidenzen am Starnberger See errichten ließ, wurde dieser bald als „Fürstensee" bekannt. 23 Jahre verbrachte Kaiserin Sissi jeden

Sommer am Westufer des Starnberger Sees, auf ihrem heimatlichen **Schloss Possenhofen**. Vom Hotel „Kaiserin Elisabeth" in Feldafing aus, wo Sissi auch wohnte, hat man einen herrlichen Blick über den See. Oder man setzt zur gegenüberliegenden **Roseninsel** über, wo man für Max II., den Vater des Märchenkönigs Ludwig II., 15.000 Rosen angepflanzt und ein kleines Schloss gebaut hat. Ludwig II. zog sich lieber nach **Schloss Berg** am Nordostufer des Starnberger Sees zurück. Dort ist vom Ufer aus ein Kreuz zu sehen, das die Stelle im See markiert, an der er am 13. Juni 1886 tot aufgefunden wurde. Der 16 km lange **Ammersee** (S5 bis Herrsching), gilt als der „Bauernsee" - gemütlich und mit ländlichem Charakter. Die wichtigen Orte sind Herrsching, Andechs und Inning. Für den 41,6 km langen Seerundweg brauchen Fußgänger neun Stunden, Radfahrer schaffen die Strecke in knapp der Hälfte der Zeit. Der 3,7 km lange **Wörthsee** (S5) ist wegen der guten Winde und der vielen Badeplätze ideal zum Surfen, Segeln und Baden. Hauptorte

✳ = stadtbuch-tipp!

Klosterkirche Andechs (linke Seite), auf der Ilkahöhe bei Tutzing (l.), Schloss Possenhofen (r.).

In den Bergen rund um Füssen

sind Steinebach, Auing, Bachern und Etterschlag. Zweieinhalb Stunden brauchen Wanderer für den 11,3 km langen Seerundweg. Mit dem Fahrrad schafft man den Weg problemlos in einer Stunde. Eine interessante Flora und Fauna charakterisiert die Ufer des 2,8 km langen **Pilsensees** (S5). Er ist ein entspannter Badesee geblieben, seine Ferienorte heißen Seefeld, Hechendorf, Meiling und Unering. Der 11,6 km lange Weg um den See ist per pedes in zweieinhalb Stunden (geradelt 1 Std.) zu schaffen. Der kleinste, aber vielleicht romantischste See ist der nur 600 m lange **Weßlinger See** (S5), Schilf und Knöterich begrünen sein Ufer. Weßling und Hochstadt sind die Hauptorte. Zum ersten Kennenlernen des Gebietes eignet sich eine **Dampferfahrt** (www.bayerische-seen-schifffahrt.de) auf dem Ammer-und/oder dem Starnberger See. Die Anlegestellen befinden sich direkt an den S-Bahnhöfen Herrsching und Starnberg. Mehrmals täglich werden ein- oder dreistündige Fahrten angeboten, am besten startet man am frühen Vormittag. Man erreicht

per Schiff die wichtigsten Orte. Ein lohnendes Ausflugsziel zum Wandern, Mountainbiken oder im Biergarten sitzen ist die **Ilka-Höhe** bei Tutzing, mit 728 m die höchste Erhebung am Starnberger See. Von dort hat man einen herrlichen Ausblick über das Wasser bis zu den Alpen. Zwischen Ammersee und Starnberger See liegt einer der wichtigsten Wallfahrtsorte Deutschlands, das Benediktinerkloster in **Andechs** (www.andechs.de). In der Kirche befindet sich auch Carl Orffs Grab. Ob die 1,5 Millionen Besucher den seit 1455 als „heiliger Berg" benannten Hügel wegen des Rokokoklosters mit seinem wertvollen Reliquienschatz und der größten Votivkerzensammlung der Welt erklimmen oder wegen des Bieres, das seit über 500 Jahren von den Mönchen gebraut wird, ist eine überflüssige Frage. Auf jeden Fall grüßt auch hier das Alpenpanorama. Am Westufer hinter Tutzing, etwa 20 km südlich von Starnberg, liegt **Bernried**, einer der ältesten und schönsten Orte am See - mit einem kleinen Kloster, alten Bauernhäusern und Feldwegen zum Spazierengehen oder Radeln. Die Sammlung Buchheim, das **Museum der Phantasie** (www.buchheimmuseum.de), liegt hier herrlich in einem Park direkt am See. Die berühmten Gemälde und Graphiken der Expressionisten, vor allem der Künstlergruppe „Brücke" bilden den Kern der Sammlung, zu der auch afrikanische Masken und Skulpturen, Asiatica, Figuren und Bilder

typisch münchen

kultur & erlebnis

freizeit & relaxen

essen & trinken

city & guide

Starnberg

Jexhof (www.jexhof.de), nördlich der fünf Seen, im Landkreis Fürstenfeldbruck, kann man die Arbeits- und Lebensbedingungen auf einem Bauernhof um 1900 nachempfinden. Interessant sind die Sonderveranstaltungen, die ebenfalls die bäuerliche Tradition zeigen. Essen gibt's im Jägerstüberl, wandern kann man in der Umgebung.

Das **Zisterzienserkloster Fürstenfeldbruck** wurde zwischen 1713 und 1766 von den Brüdern Viscardi erbaut. Die beeindruckende Innenausstattung der Klosterkirche - Fresken und Stuckarbeiten von den Gebrüdern Asam und Andrea Appiani - sorgt für den strahlenden Glanz der Anlage. Im Kloster wird die umfangreichste Maßkrugsammlung Oberbayerns gezeigt.
Björn Gross/Xaver Lang

Museum der Phantasie in Bernried: naive Skulpturen (o.), Steg in den Starnberger See

von Laienkünstlern, böhmische Hinterglasbilder und vieles mehr gehören. Im **Bauernhofmuseum**

Schlosspark in Schleißheim

Flugwerft Schleißheim (u.), herbstliche Stimmung im Allgäu (o.)

Grünwald

Eine Überraschung bietet Münchens südlicher Nobelvorort Grünwald (www. gemeindegruenwald.de): hier stehen nicht nur viele Villen, sondern auch eine mittelalterliche **Burg**. Im Laufe der Jahrhunderte diente sie bereits als Gefängnis und als Pulvermagazin. Heute ist hier ein Zweigmuseum der Prähistorischen Staatssammlung München. Gezeigt werden römische Grab- und Weihesteine, die Rekonstruktion einer römischen Küche und Dokumente zur Geschichte der Burg. Vom Burgturm aus hat man eine schöne Aussicht auf das Isartal und München.

Schloss Schleißheim

Max Emanuel II., der siegreiche Feldherr über die Türken vor Wien, erbaute um 1701 sein bayerisches „Versailles", das **Schloss Schleißheim** (www. schloesser.bayern.de), um seinen europäischen Herrschaftsanspruch zu verdeutlichen. Aus den politischen Träumen ist nichts geworden und das Schloss sollte eigentlich auch viel größer werden, von der ursprünglich geplanten Dreiflügelanlage steht nur ein Flügel. Elemente des Rokoko und des Spätbarock wur-

typisch münchen

kultur & erlebnis

freizeit & relaxen

essen & trinken

city & guide

den hier vereinigt. Die gesamte Anlage, etwa 13 km nördlich von München gelegen, strahlt eine heitere Atmosphäre aus. Berühmt ist die prunkvolle Ausstattung des Schlosses. Das Treppenhaus wurde von Cosmas Damian Asam ausgemalt und die Stukkaturen stammen von Johann Baptist Zimmermann. Max Emanuel II. ließ als Hochzeitsgeschenk für seine Frau einen Kilometer von Schleißheim entfernt das Schlösschen **Lustheim** errichten. Sein endgültiges Gesicht erhielt die gesamte Anlage aber erst unter Ludwig I.. In Lustheim be-

Schloss Dachau: Renaissance-Saal

findet sich heute ein Museum für wertvolles Meissener Porzellan, in Schleißheim werden 300 Werke europäischer Barockmalerei präsentiert. Musikfreunde treffen sich jedes Jahr zu den Sommerkonzerten (Klassik, Jazz, Salonmusik) im Festsaal.

Kaltenberger Ritterturnier

Jedes Jahr im Juli kommen mehr als 100.000 Besucher zum größten **Ritterturnier** (www.ritterturnier.de) der Welt nach Schloss Kaltenberg (S8 bis Geltendorf, dann Shuttlebus oder Autobahn Lindau, Ausfahrt Windach, der Beschilderung „Ritterturnier" folgen). Die Inszenierung ist perfekt: das Gelände wird vom quirligen Leben eines historischen Marktes bestimmt, mit Musik, Theater, Akrobatik, Gaukelei und Tanz. Auf mehreren Bühnen, im Schlosshof und zwischen den herumschlendernden Besuchern sorgen rund 1.000 Künstler für mittelalterliche Atmosphäre. Der Höhepunkt des Besuches ist das Ritterturnier. In einer opernhaften Inszenierung, mit originellen Charakteren, einer beeindruckenden Choreographie, fulminanten Spezialeffekten, spektakulären Stunts und perfekter Pyrotechnik wird das Publikum zum Staunen gebracht.

Dachau

Die altbayerisch wirkende Kreisstadt Dachau (www.dachau.de), ca. 15 km nördlich von München,

ist in zweifacher Hinsicht ein Begriff: Zwischen 1840 und 1914 war hier eine **Künstlerkolonie** die durchaus einem Vergleich mit Worpswede standhält und 1933 bauten die Nazis am Ortsrand ihr erstes **Konzentrationslager**. Lange Zeit war Dachau die Sommerfrische der Wittelsbacher, die auf einer 500 m hohen Anhöhe ein vierflügeliges Schloss errichteten. Anfang des 18. Jh. zerstörten französischen Besatzungssoldaten die drei Flügel, die Kurfürst Max später

Kaltenberger Ritterturnier: Kinderspaß

Pfaffenwinkel: die Pfarrkirche und der Turm „Grauer Herzog" in Wessobrunn

abreißen ließ. Der Blickfang im heutigen **Schloss Dachau** (www.schloesser.bayern.de) ist die Renaissance-Decke im Schloss-Saal. Unter dieser Holzkassettendecke finden im Juli/August klassische Konzerte statt. Nachdem sich die Fürsten aus Dachau verabschiedet hatten, brachten die Künstler aus München sprichwörtlich Farbe ins gemächliche Landleben. In der besuchenswerten **Dachauer Gemäldegalerie** kann man heute die Ergebnisse ihrer Arbeit betrachten. Der Schatten der über dem Ort liegt, hat seinen Ursprung im Jahre 1933. Bis 1945 wurden hier mehr als 32.000 Menschen ermordet. Das erste Konzentrationslager der Nationalsozialisten (www.kz-gedenkstaette-dachau.de) gibt noch heute einen erschütternden Eindruck vom menschenverachtenden Unrechtsregime, von Terror, Folter und Mord.

Ebersberger Forst
Rehe, Hirsche, Mufflons und Wildschweine leben im Mischwald des Ebersberger Forsts (www.ebersberg.de), einem so genannten Bannwald, der durch Zäune und Wildgatter geschützt ist. Der Ebersberger Forst ist mit 75 qkm das größte zusammenhängende Waldgebiet Süddeutschlands außerhalb des Gebirges. Die Landschaft östlich von München

lockt zum Wandern und Fahrrad fahren. Die 619 m hohe Ludwigshöhe ist ein beliebter Aussichtspunkt.

Pfaffenwinkel
Zwischen den Flüssen Lech, Ammer und Loisach, dem südlichen Ammersee und dem Südende des Starnberger Sees bis zu den Ammergauer Alpen liegen Klöster, Kirchen und Kapellen so eng beieinander, dass diese Gegend bereits im 18. Jh. als Pfaffenwinkel bezeichnet worden ist. Im idyllische Alpenvorland kann man von Ort zu Ort wandern und Kleinode aus Barock und Rokoko entdecken. Mögliche Ziele im Land der Mönche, Künstler und Bauern: In **Altenstadt** steht die Kirche St. Michael, eine romanische Gewölbebasilika aus dem 12. Jh. Das Bergbaumuseum in **Peißenberg** (www.peissenberg.de) informiert über die Geschichte und Technik des Pechkohlebergbaus am Hohen Peißenberg. Ein Tiefstollen aus dem Jahr 1869 ist noch begehbar. In der St. Georgskapelle findet man einen in Deutschland einmaligen gotischen Freskenzyklus über die St. Georgslegende. In **Penzberg** (www.penzberg.de) ist die Kirche St. Johannisrain mit Barockaltar und das Bergwerksmuseum besuchenswert. Der Anziehungspunkt im **Klosterdorf Polling**

Die Wies-Kirche (o.), Blick auf Hindelang im Allgäu (u.)

ist das ehemalige Augustiner-Chorherrenstift mit der gotischen Stiftskirche mit Stuck vom Frühbarock bis zum späten Rokoko. Der prächtige Rokoko-Bibliotheksaal ist nur nach Voranmeldung zugänglich. Von September bis Mai werden in diesem Saal Konzerte veranstaltet. Die Kirche des ehemaligen Augustiner-Chorherrenstifts in **Rottenbuch** wurde von Meistern aus dem Pfaffenwinkel prachtvoll ausgestattet. Bei Rottenbuch bietet sich die Ammer als interessante Wildwasserstrecke für Kajakfahrer an. Die vollständig erhaltene Stadtmauer - teils begehbar - mit Wehrgängen, Türmen und Toren lockt viele Besucher nach **Schongau** (www.schongau.de). Der Ort an der Romantischen Straße gilt als das „Tor zum Pfaffenwinkel". Sehenswert sind die barocke Stadtpfarrkirche und die Spitalkirche mit den sechs großen Altären. Das Welfenmünster aus dem 12. Jahrhundert in **Steingaden** (www.steingaden.de) ist der zweite bedeutende romanische Bau des Pfaffenwinkels. Das Kirchenschiff wurde zu einem Rokokoraum umgestaltet. Nicht weit von Steingaden steht das Alterswerk der Gebrüder Zimmermann, die Mitte des 18. Jh. entstandene **Wieskirche** (www.wieskirche.de), die als eine der schönsten Rokokokirchen der Welt gilt. Auch die festlichen Sommerkonzerte (☎ 08861/214181) locken Besucher in die Wieskirche. Der Eiben-

wald-Lehrpfad bei **Paterzell** ist 1,5 km lang und führt durch ein Wäldchen mit etwa 2.000 dieser giftigen Nadelbäume. Nach dem Spaziergang kann man das Wirtshaus „Zum Eibenwald" besuchen. Im Pfaffenwinkel-Museum von **Weilheim** (www.weilheim.de) werden Skulpturen und Gemälde, Zeugnisse der Vor- und Frühgeschichte, Bauernmöbel und eine Krippe präsentiert.

Allgäuer Alpen

Zwischen Bodensee und Lech erstrecken sich die Allgäuer Alpen. Auf dem Weg zu den Gipfeln, von denen zwei Drittel höher als 2.000 m sind, kommt man an grünen Hügeln, saftigen Wiesen und reichen Äckern vorbei. Grasende Kühe beobachten die Erholungsuchenden. Die Flusstäler von Lech und Iller bilden markante Landmarken. Die Hochgebirgslandschaft mit satten Almwiesen, dichten Bergwäldern und imposanten Gipfeln (www.gipfelstuermer.de) ist im Sommer und Winter

Brotzeit hoch über Pfronten (o.), Füssen (u.)

Wanderungen aufbrechen. In der Dorfkirche von **Hindelang** (www.hindelang.net) finden Kunstfreunde einen gotischen Schnitzaltar von Jörg Lederer (1519). Mit der Sesselbahn Hornalpe (Talstation beim Schwimmbad) fährt man bis zur Bergstation (1.226 m) und wandert bergwärts auf das 1.656 m hohe Imberger Horn. Das **Bauernhofmuseum**

Schloss Neuschwanstein

einladend und erlebnisreich. Mit einer der beiden Sesselbahnen der Hörnerbahn erreicht man von **Bolsterlang** (www.bolsterlang.de) aus ein schönes Wandergebiet. Von der Gipfelstation (1.540 m) aus kann man auf ungefährlichen Höhenwegen zu leichten

Illerbeuren (www.bauernhofmuseum.de) besteht aus 16 vollständig eingerichteten Gebäuden: Bauernhöfe, Kornkasten, Kapelle, Backküche und andere. Mit der **Immenstädter Schwebebahn** fährt man von 730 m auf 1.450 m - auf dem Erlebnisberg Mittag hat man einen herrlichen Rundblick. Unter dem Gipfelkreuz starten Gleitschirm- und Drachenflieger. Wanderer marschieren von hier aus beispielsweise Richtung Bärenkopf bis zur Steineberg-Felswand. Eine prächtige Landschaft lockt ins **Kleinwalsertal**. Der Naturlehrpfad Zaferna führt über eine Höhenlage von 1.220 m bis 1.550 m. Nach dem Aufstieg mit dem Sessellift führt der ebene Weg abwechselnd durch Hochwald und über Alpweiden. Ein herrliches Gebirgspanorama belohnt die Wanderer. Mit der **Kanzelwandbahn** (www.kanzelwandbahn.de) gleitet man von Riezlern aus auf knapp 2.000 m hinauf zu saftigen Alpenwiesen. Vom Gipfel des Walmendingerhorns aus genießt man einen der schönsten Ausblicke über die Allgäuer Alpen. Hier locken verschiedene Wanderrouten und das gemütliche Bergrestaurant. Die Sturmannshöhle in **Obermaiselstein** (www.obermaiselstein.de) führt geradewegs in die Eiszeit zurück. Vorbei an über 600.000 Jahre alten Gesteinsformationen, an hohen Felskaminen, über Stege die tiefe Felsspalten überbrücken, wandert man durch die Höhle. **Oberstdorf** (www.oberstdorf.de) ist einer der bekanntesten Orte des Oberallgäu. Von hier aus locken zahlreiche Tourenmöglichkeiten. Man kann auf Naturlehrpfaden wandern, am Grat des Heilbronner Weges entlang, Kletterer wählen den Mindelheimer oder Hindelanger Klettersteig, Tourengeher wandern von Berghütte zu Berghütte. Die **Breitachklamm** bei Tiefenbach ist eine der schönsten Felsschluchten der Alpen. Eine Wanderung durch die Klamm dauert etwa 45 Minuten und anschließend kann man vom Zwingsteg, einer Brücke, die die Klamm in rund 80 m Höhe überquert, einen beeindruckenden Blick in die atemberaubende Schlucht riskieren. Von Oberstdorf aus kann man mit der Nebelhornbahn, der höchsten Bergbahn im Allgäu, zur Bergstation auf dem Nebelhorn (2.224 m) fahren. Dort wird man mit einem eindrucksvollen Blick auf rund 400 Berggipfel belohnt. Nebelhorn (mit 7,5 km die längste Abfahrt Deutschlands), Fellhorn/Kanzelwand (größtes zusammenhängendes Skigebiet am Nordrand der Alpen) und Söllereck: Diese drei Namen sind bei Snowboardern und Alpinskifans ein Begriff. Auf 900 bis 1.100 m Höhe liegt der Ort **Oy-Mittelberg** (www.oy-mittelberg.de). Im Winter wird ein 40 km langes Loipennetz gespurt, es gibt viele Wanderwege und drei kleine Schlepplifte. Im Sommer laden vier Seen zum Baden, Segeln und Surfen ein. Über 100 km markierte Berg- und Talwanderwege, Rad- und Mountainbiketouren, ein Erlebnishallenbad mit 73 m-Wasserrutsche und vieles mehr bietet **Pfronten** (www.pfronten.de). Umfangreiche Wandertipps und Vorschläge für Bergtouren erhält man im Kur- und Verkehrsamt. Über 100 km gut beschilderte Wanderwege erstrecken sich rund um **Sonthofen** (www.sonthofen.de), der südlichsten Stadt Deutschlands. Baden im Sonthofener See, Kanu fahren auf der Iller, Langlaufen auf 35 km gespurten Loipen und für Skifahrer und Snowboarder gibt es im Umkreis von 20 km rund 100 Bergbahnen und Lifte. Abenteuerlustige nehmen an einer Höllochführung (www.hoelloch.de) teil. Einen Besuch wert ist auch die Starzlachklamm. Zwischen steil aufragenden Felsen tost das Wasser in die Tiefe. Im so genannten Königswinkel liegt **Füssen** (www.fuessen.de), die ehemalige Sommerresidenz der Augsburger Fürstbischöfe. Heute kann man durch die historische Altstadt spazieren, das Hohe Schloss bewundern und das Kloster St. Mang mit dem Stadtmuseum besuchen. Der Forggensee lädt zu einer Bootsfahrt ein und rund um Füssen la-

Oberammergau: Kreuzigungsszene aus den Passionsspielen

den weitere elf Seen zum Baden, Surfen und Segeln ein. Wer einen Überblick übers Land bekommen möchte, fährt mit der Tegelbergbahn auf eine Höhe von 1.720 m. Über Füssen und Schwangau erreicht man das berühmteste Märchenschloss (www.schloesser. bayern.de) der Welt. Ab 1869 wurde **Neuschwanstein** (www. neuschwanstein.com) auf einem steilen Felsen auf eine alte Burgruine gebaut. Was der verschwenderische und menschenscheue Ludwig II. ursprünglich ganz allein für sich und seine Träume gebaut hat, wird heute alljährlich von Millionen begeisterter Touristen besucht. Wenige Kilometer westlich von Neuschwanstein, auf **Schloss Hohenschwangau** (www.hohenschwangau.de), hat Ludwig II. längere Zeit als Kind verbracht.

Blick von Gut Kaltenbrunn auf den Tegernsee

Ammer-Gebirge und Wetterstein-Gebirge

Am Fuße des Ammer-Gebirges liegt **Oberammergau** (www. oberammergau.de), das wegen der Passionsspiele, die alle zehn Jahre aufgeführt werden, und den Herrgottschnitzereien berühmt geworden ist. An den schmucken Häusern sieht man farbenprächtige Lüftlmalereien, die in dieser Fülle sonst nur in Mittenwald zu sehen sind. Zum **Kloster Ettal** mit der Barock-Basilika (www.kloster-ettal.de) ist es nicht weit. Von hier aus kann man zu einer Bergwanderung starten oder im schönen Biergarten sitzen bleiben. Im idyllisch abgelegenen Graswangtal steht **Schloss Linderhof**, das einzige der zahlreichen Schlösser (www. schloesser.bayern.de) Ludwigs II. in dem er tatsächlich längere Zeit gewohnt hat. Schlossbesucher (www.linderhof.de) sehen die berühmte elektrisch illuminierte Venusgrotte, den Maurischen Kiosk, das Königshäuschen und die St.-Anna-Kapelle. Beeindruckend sind auch die Wasserspiele im Park. **Garmisch-Partenkirchen** (www.garmisch-partenkirchen.de) ist der bekannteste Wintersportort Deutschlands. Ski fahren, Snowboarden, Wandern (300 km Wanderwege), Klettern und Bergsteigen - alles was man in den Alpen unternehmen kann, kann man von hier aus beginnen. Mit der Seilbahn erreicht man den 1.780 m hohen Wank. Während der Sommermonate kann man auch an der auf 1.175 m Höhe gelegenen Mittelstation zu- oder aussteigen. Vom Gipfel hat man einen überwältigen Rundblick auf Esterberg-, Karwendel-, Ammer- und Wettersteingebirge mit Alpspitze, Zugspitze und Waxenstein. Rund ums Gipfelplateau führt ein 3 km langer Höhenterrainweg. Der Eckbauer ist mit 1.236 m ein gemütlicher Wanderberg mit einem abwechslungsreichen Wandergebiet und leichten

Blick auf den Waxenstein bei Garmisch (o.),
Schnabler-Rennen bei Gaißach (u.)

Eibsee bei Grainau

Höhenwegen für Spaziergänger.
Vorbei an den Olympia-Sprung-
schanzen erreicht man den Gipfel
mit der Seilbahn in 15 Minuten.
Unter den vielen Abstiegsmög-
lichkeit, kann man auch den
Weg zur atemberaubenden
Partnachklamm wählen. Über
schmale Stege, durch Tunnel und
Galerien führt der Weg vorbei
an den tosenden Wasserfällen.
Deutschlands höchsten Berg, die
2.964 m hohe Zugspitze, erreicht
man mit der Zahnradbahn zum
2.650 m hohen Zugspitzplatt und
dem ewigen Eis des Schneefer-
ner-Gletscher. Die Gletscherbahn
fährt weiter zur Gipfelstation.
Bei klarem Wetter hat man von
der Aussichtsplattform aus
einen grandiosen Blick auf die
umliegende Bergwelt. Mit der
Eibsee-Seilbahn kann man vom
gleichnamigen See aus die Zugspitze direkt erreichen. Am Fuße
des Berges, 6 km von Garmisch
entfernt, liegt das Dorf **Grainau**.
Von diesem Luftkurort (www.
grainau.de) aus gibt es gut ausge-
schilderte Wanderwege, leichte
Bergwanderungen und Kraxltou-
ren auf die Berge ringsum. Der
Bader- und der Eibsee laden zu
Bootsfahrten, zum Baden oder

Rafting bei Kochel am See

Surfen im Alpamare in Bad Tölz

zum Wandern ein. Der schöne, fischreiche **Eibsee** ist 972 m hoch gelegen und bis zu 32 m tief. Inmitten der 2 qkm großen Wasserfläche liegen sieben Inseln. Von Grainau aus können Geübte auf der Loisach zu Wildwasserfahrten aufbrechen und im Winter sind 50 km Wanderwege geräumt. Mehr als 100 km Skipisten finden Schneefans zwischen Grainau und Garmisch. Die 16 km Langlaufloipen von Grainau sind mit den Loipen von Garmisch verbunden. Ein Ausflugstipp im Sommer wie im Winter ist die tiefe **Höllentalklamm** (www. klettersteig.com). Hier stürzt der Hammersbach tosend und schäumend in die Tiefe. Gut 100 km südlich von München liegt **Mittenwald** am Fuße des Wettersteingebirges. Der Ort (www. mittenwald.de) ist bekannt für seine prächtig bemalten Hausfassaden - die so genannte Lüftlmalerei - und die bis in unsere Zeit erhalten gebliebene Tradition des Geigenbaus. Wer hierher kommt, sollte deshalb einen Besuch im **Geigenbaumuseum** einplanen. Vier idyllische kleine Seen, der Ferchen-, der Lauter-, der Lutten- und der Wildensee laden zum Baden ein. Danach bietet sich noch eine Fahrt mit der Karwendelbahn auf die 2.244 m hoch gelegene Bergstation an. Faszinierende Ausblicke sind möglich, gut markierte Bergwanderwege und Klettersteige verschiedener

Schwierigkeitsgrade beginnen hier. Im Winter lockt die Dammkar-Skiabfahrt, die von manchen gar als die schönste Abfahrt der Welt bezeichnet wird. Als Aussichtsberg von Mittenwald gilt der Hohe Kranzberg. Mit dem Schwebelift gelangt man in 10 Minuten zum 1.450 m hohen Gipfel. Rechts der A 95, Richtung München, zeigt das **Freilichtmuseum Glentleiten** in Großweil bäuerliche Kultur inmitten einer reizvollen Landschaft (www. loisachtal.net). Auf rund 22 ha werden 20 Haus- und Hoftypen, die an ihren Originalplätzen abgetragen, hier wieder aufgebaut und ihrer Zeit entsprechende eingerichtet wurden, präsentiert. Nicht weit vom Freilichtmuseum liegen Kochel- und Walchensee. Einen Überblick über die reizvolle Landschaft erhält man auf einer Fahrt mit der Herzogstand-Kabinenbahn. Die Aussicht in 1.731 m Höhe ist beeindruckend. Tief unten erstreckt sich der **Kochelsee** mit dem weiten Loisachmoos und auf der anderen Seite liegt der von Bergen eingekesselte **Walchensee** (www.walchensee. net). Vom Berggasthaus aus, bieten sich viele Touren auf gut markierten Wegen durch das Zwei-Seen-Land an. Man kann gemütlich zum Fahrenberggipfel spazieren oder zu einer Gratwanderung zum 1.790 m hohen Heimgarten starten. Die Tour, für die man schwindelfrei sein sollte, zählt zu den 100 schönsten Gratwanderungen der Alpen. Oder man steigt auf den Herzogstandgipfel und genießt von dort den Ausblick (www.kochelpage.de) ins Voralpenland und über das Wetterstein- und Karwendelgebirge bis hinein in die Tiroler Berge. Der nur 6 qkm kleine **Kochelsee** bietet ein reizvolles Ufergelände. Im Hochsommer kann man in diesem See auch baden. Bergwanderer können vom Kochelsee aus wunderbare Touren in die umliegende Bergwelt starten. Ein Highlight ist das **Franz Marc-Museum** (Herzogstandweg 43) in **Kochel am See** (www.kochel.de). Mehr als 150 Bilder und Objekte dokumentieren die Entwicklung Franz Marcs und seiner Freunde von der Künstlergruppe „Blauer Reiter". Der 803 m hoch gelegene **Walchensee** reicht mit einer Tiefe von rund 200 m fast bis zum 600 m hoch gelegenen Kochelsee hinunter. Umrahmt von Bergen gehört der 7 km lange und 5 km breite Walchensee zu den beeindruckendsten Seen Bayerns. Wandern, Biken, Tauchen, Baden, Windsurfen, Golfen ... all diese Freizeitaktivitäten sind in und um den Walchensee herum möglich. Wer zurück in Richtung München fährt, sollte die Benediktinerabtei in **Benediktbeuren** besuchen. Die Kirche der Klosteranlage wurde von Georg Asam im 17. Jahrhundert ausgemalt. Im Barocksaal und in der Basilika finden von Juni bis September Klosterkonzerte statt.

Tölzer Land

Das Tölzer Land (www.ira-toelz.de) erstreckt sich südlich von München, zwischen Isar und Loisach, bis zum Sylvenstein-Speichersee. Der Kurort **Bad Tölz**, 45 km südlich von München, hat der Landschaft seinen Namen gegeben. In der historischen Altstadt (www.bad-toelz.de) kann man traditionell-bunte Bürgerhäuser bewundern. Die Kirchen sind Meisterwerke des Spätbarock.

Der weltberühmte Knabenchor gibt einmal im Monat im Kurhaus ein Konzert und jedes Jahr am 6. November findet ein großer **Leonhardiritt** statt. Wanderwege und Routen für Radtouren sind gut ausgeschildert und das Badezentrum **Alpamare** (www.alpamare.de) lockt. An der B 472 kann man auf der 1.226 m langen **Sommerrodelbahn** (www.blombergbahn.de), rasant durch Hochwald und über Almwiesen gleitend, 220 m Höhendifferenz überwinden. Wer mit dem Doppelsessellift auf den 1.237 m hohen Blomberg fährt, wird mit einer schönen Aussicht in die Alpen belohnt. Im Winter bietet der Blomberg 7 km Skiabfahrt und leichte Übungshänge und eine 5 km lange Naturrodelbahn (die Schlitten kann man ausleihen). Südlich von Bad Tölz liegt **Gaißach** (www.gaissach.de). Hier findet alljährlich zur Faschingszeit das wilde Schnablerrennen statt. Eine 1.500 m lange Strecke über steile, vereiste Hohlwege mit dem „Schnabler", einem Hörnerschlitten, auf dem einst Heu und Holz zu Tal befördert wurden, möglichst schnell bewältigen: so lautet das Ziel der Wettfahrt. Den krönenden Abschluss des Rennens bildet der Sprung über eine Naturschanze, für dessen Weite eine eigene Wertung erfolgt. Bis zu 25 m weit fliegen die maskierten Teilnehmer auf ihren Schlitten durch die Luft. Mehr als 20.000 Schaulustige sehen dann auch die meisten Schnabler bei der anschließenden Landung zu Bruch gehen. Als Tor zum Karwendel gilt der Luftkur- und Wintersportort **Lenggries** (www.lenggries.de). Von hier aus kann man Ausflüge in die herrliche Umgebung unternehmen. Mit der Kabinenbahn erreicht man das 25 qkm große Wandergebiet auf dem Brauneck. Seidelbast, Frauenschuh, Türkenbund, Alpenrosen und Enzian blühen auf den Almwiesen und immer wieder gibt es wunderbare Ausblicke auf die vielen Gipfel ringsum. Der **Sylvensteinstausee**, südlich von Lenggries, wurde 1959 - in unmittelbarer Nachbarschaft mächtiger Gletscher - fertiggestellt. Die Talsperre bändigt die Schmelzwassergewalten der Isar und trägt dazu bei, dass München nicht von Hochwassern heimgesucht wird. Auf dem 410 ha großen Gewässer tummeln sich Wassersportler, die vor der malerischen Bergkulisse Kajak fahren, surfen, segeln oder schwimmen.

Mangfallgebirge

Drei Seen liegen in den Ausläufern des Mangfallgebirges. Von München aus sind sie leicht über die A 8, Richtung Rosenheim, zu erreichen. Von der Ausfahrt Holzkirchen aus kommt man direkt ins **Tegernseer Tal** (www.tegernseer-tal.de), 50 km südlich von München. Das Tal wird vom rund 10 qkm großen **Tegernsee** geprägt. Von der Ausfahrt Weyarn gelangt man über Miesbach zum Schliersee, 56 km von München entfernt, und von dort aus weiter zum Spitzingsee. Die Bilderbuchlandschaft des Tegernseer Tals wurde von König Max I. Joseph von Bayern als Erholungsgebiet „entdeckt". Er ließ das ehemalige Benediktinerkloster Tegernsee um 1817 zu einer Sommerresidenz umbauen. Im Ort sind das **Heimatmuseum** im Schloss und das **Olaf Gulbransson-Museum** (www.olaf-gulbransson-museum. de) sehenswert. Zwischen Tegernsee und Schaftlach fährt an den Wochenenden in den Sommermonaten ein **historischer Dampfzug**. Besonders verlockend ist die nahe Bergwelt, die man zu Fuß auf zahllosen Wanderrouten oder von **Rottach-Egern** (www.rottach-egern.de) aus mit der Wallbergbahn (www.wallbergbahn.de) erreicht. In 1.620 m Höhe endet die Kabinenbahn am Panorama-Restaurant. Hier ist der Ausgangspunkt für leichte und mittlere Bergwanderungen. Zum 1.722 m hohen Gipfel kann man gemütlich wandern.

Die Anstrengung wird mit einer schönen Aussicht belohnt. Nach 5,5 km erreicht man in 1.264 m Höhe die Neureut-Alm. In **Gmund** (www.gmund.de) lockt der herrliche Biergarten bei Gut Kaltenbrunn. Paraglider, Kletterer und Mountainbiker finden rund um den See ihr Terrain. Dass die Landschaft um den See geradezu zu Skitouren einlädt, braucht nicht extra erwähnt zu werden. Bereits vor 150 Jahren wurde der Schlierseer Winkel, 56 km von München entfernt, als Urlaubsregion genützt. Um den See entwickelten sich der Luftkurort **Schliersee** (www.schliersee.de) und die Ortsteile Neuhaus und Fischhausen, nicht weit davon ist der Spitzingsee mit dem gleichnamigen Hochgebirgsort. Mit rund 200 km Länge durchzieht ein Netz von Bergwanderwegen die Region. Mit der Seilbahn kann auf den Schliersberg auf 1.256 m Höhe fahren. Am **Spitzingsee** fahren Seilbahnen auf den 1.640 m hohen Taubenstein und den 1.506 m hohen Stümpfling. Fährt man auf der B 307 weiter Richtung Südosten, erreicht man das von Bergen eingerahmte **Bayrischzell**. Der über 900 Jahre alte heilklimatische Kurort (www.bayrischzell.de) liegt in einer herrlichen Landschaft. Da keine Hotelkomplexe das Ortsbild verschandeln, ist der ländliche Charakter erhalten geblieben. Wanderwege führen in stille Täler, zu glitzernden Seen und auf blühende Hochalmen. Wer die Aussicht genießen will, fährt nach **Osterhofen** (www.osterhofen. de) bei Bayrischzell, von wo aus man mit den Wendelstein-Bergbahnen auf den 1.838 m hohen Wendelstein gelangt. Die Fahrt mit der ältesten Zahnradbahn Deutschlands dauert 30 Minuten, mit der Seilbahn schwebt man in nur 7 Minuten hinauf zur Bergstation. Von hier aus kann man in 20 Minuten zum Gipfel wandern, den Panoramaweg rund um den Wendelstein wählen oder entlang

typisch münchen

kultur & erlebnis

freizeit & relaxen

essen & trinken

city & guide

Chiemsee: die Seebühne ist eine wunderbare Kulisse für Konzerte und Musicals

Schloss Herrenchiemsee: der Spiegelsaal

Der Königssee-Echobläser der Bayerischen Seenschifffahrt (o.), Gmund am Tegernsee (u.)

der Bahntrasse zum Talbahnhof der Zahnradbahn marschieren (1.332 m Höhenunterschied, Dauer 3 1/2 Stunden).

Chiemgau

Auf der A 8, von München kommend, offenbart sich bereits vom Irschenberg aus ein herrlicher Blick auf die Chiemgauer Alpen. Mit einer Wasserfläche von 84,5 qkm ist der **Chiemsee** mit Abstand der größte See Bayerns und damit das „Bayerische Meer". Trotz der vielen Wassersportvereine, Surfclubs, Hotel- und Gastronomiebetriebe, Strandbäder und Campingplätze findet man noch weitgehend unverbaute Ufer und viele freie Zugangsmöglichkeiten. Im Chiemsee wurde die **Seebühne** (www.seebuehne. de) errichtet. Hier kann man im Juli und August Events wie die Musicals Jesus Christ Superstar

Königssee: in kalten Wintern friert der See komplett zu, dann wandern Fußgänger, Langläufer und Mountainbiker - wo sonst die Bayerische Seenschifffahrt verkehrt - nach St. Bartholomä

und Hair oder Konzerte von Yamamoto oder Willy Astor erleben. Die Berg- und Seengebiete des Chiemgau werden durch die Flüsse entwässert. Die Tiroler Ache windet sich bei **Schleching** (Raftingtipp) durch einen engen Canyon, die Alz (Floßfahrten) verläuft bei Trachtlaching in Mäandern und die Salzach (Plättenfahrten) besitzt eine besonders schöne Auenlandschaft. Die **Chiemgauer Hausberge** ragen nicht über 2.000 m hinauf. Das Sonntagshorn, die Zwillinge Hochfelln und Hochgern, die Kampenwand und die anderen Gipfel sind nur im Winter schneebedeckt. Im Sommer blüht und grünt es überall - der Geigelstein wird zu Recht als der Blumenberg des Chiemgau bezeichnet. Mit dem Fahrrad kann man die Region auf rund 1.000 km vernetzten Radwegen kennenlernen. Infos zu Touren gibt es praktisch in jedem Ort. Geschichtsbewusste Ausflügler fahren den ehemaligen **Salzhandelsweg** (Laufen, Tittmoning, Burghausen) oder folgen dem Verlauf der historischen Soleleitung, der ersten Pipeline der Welt, von Rosenheim bis ins österreichische Hallein. Beliebte Ausflugsziele (www.

chiemsee-schifffahrt.de) sind die beiden Chiemseeinseln Herren- und Frauenchiemsee. Auf **Herrenchiemsee** steht das wohl prächtigste Schloss (www. schloesser.bayern.de) Ludwigs II. Das beinahe 100 m lange Bauwerk ist teilweise dem Schloss von Versailles nachempfunden. Die Anlage, die auch ein König-Ludwig II.-Museum beherbergt, ist für Besucher zugänglich. Im Garten beeindrucken die Wasserspiele des Latonabrunnens. Im Sommer finden im Schloss (www. herrenchiemsee.de) bei Kerzenlicht Kammerkonzerte (www.festspiele-herrenchiemsee.de) statt. Stiller geht es auf der kleineren Insel **Frauenchiemsee** zu: hier befindet sich ein Benediktinerinnenkloster mit Agilolfinger-Museum. In der Klosterkirche hat man Fresken und Wandmalereien aus mehreren Jahrhunderten entdeckt. Zu den Inseln und zwischen allen größeren Orten rund um den See verkehren Fahrgastschiffe. Mit der Seilbahn (www.kampenwandbahn.de) fährt man auf die majestätische Kampenwand. Vom 1.669 m hoch gelegenen Gipfelkreuz aus hat man einen herrlichen Blick auf das Bergpanorama (www.

Berchtesgadener Land: Blick vom Jenner auf den Königssee

sektion-kampenwand.de). Am Fuße des Dolomitenfelsens liegt **Aschau** (www.aschau.de). Richtung Süden wandert man an der Prien entlang, in deren Tal im Winter eine traumhaft schöne Loipe verläuft, ins berühmte und malerische **Sachrang**. **Grassau** (www.grassau.de) ist einer der ältesten Orte des Chiemgau. Hier befindet sich auch das Naturschutzgebiet „Kendlmühlfilzen", mit rund 800 ha das größte und bedeutendste Hochmoor am Chiemsee. **Marquartstein** (www.marquartstein.de) gilt als das Tor zu den Chiemgauer Alpen. Der Ort liegt zu Füßen des wuchtigen Hochgernmassivs (1.744 m). Mit seinem westlichen Gegenüber, der Hochplatte (1.587 m), begrenzt es das Achental und bildet mit dem Gebirgswasser der Tiroler Ache, das aus Tirol in den Chiemsee fließt, eine charaktervolle Landschaft. Mit dem Doppelsessellift fährt man auf die Hochplatte und kann den Chiemgau von oben erleben. Wer will, gleitet im Winter mit dem Schlitten von der Bergstation 3,5 km zur Talstation, Schlitten kann man sich ausleihen. Über die blumenreichen Orte **Ober- und Unterwössen** (Alpensegelflugschule) erreicht man das Ende der Alpenstraße, den Ort **Reit im Winkl** (www. reit-im-winkl.de), der vor allem im Winter ein Anziehungspunkt ist. Die Sesselbahn führt hinauf zum 1.060 m hohen Walmberg. Im Sommer lockt der nahe Mittersee zum Baden. Eine der längsten Rodelbahnen Deutschlands führt von Reit im Winkl von der Hindenburghütte 4 km weit zu Tal, auch hier kann man Schlitten ausleihen. Der 1.645 m hohe Rauschberg ist die Attraktion von **Ruhpolding** (www.ruhpolding. de). Mit der Schwebebahn ist der Gipfel bequem zu erreichen. Bei entsprechendem Wetter bietet die Bergstation einen herrlichen Ausblick. Die Sommerrodelbahn im **Familien- und Erlebnispark** (www.maerchenpark.de) ist ein Anziehungspunkt. In **Inzell** (www.inzell.de) wird die Eislauf-Arena im Sommer für Skateboarder umgerüstet. Mit 400 m Streetbahn, Halfpipe, Fun Box, Jump Ramp und anderem mehr. Im Shop kann man sich Skates ausleihen. 15 km nordwestlich des Chiemsees liegt **Amerang** (www.amerang.de) mit dem Bauernhofmuseum und dem Automobil-Museum (www. efa-automuseum.de) mit über 220 Fahrzeugen von 1886 bis in unsere Zeit. Sehenswert ist auch das **Schloss** (www.schlossamerang.de) - hier finden im Juli und August stimmungsvolle Konzerte statt.

Berchtesgadener Land

Der Hausberg von **Bad Reichenhall** (www.bad-reichenhall.de) ist der 1.611 m hohe Predigtstuhl, dessen Gipfel man mit einer Kabinenbahn in 8 1/2 Minuten erreicht. Es werden auch Abendfahrten angeboten! Auf dem Höhenkurweg des Predigtstuhls hat man einen traumhaften Ausblick ins Tal und auf die Gipfelwelt ringsum. Vom Wanderplateau aus gibt es Abstiege aller Schwierigkeitsgrade. Vom Hochschlegel und der Schlegelmulde starten die Gleitschirmflieger. Raftingfreunde befahren die Saalach mit den Abschnitten „Auer Loch", „Auer Loch 2" und „Teufelsschlucht". Ungeübte wählen die „Familienstrecke". Das **Salzmuseum** Bad Reichenhall und die größte romanische Kirche Oberbayerns sind einen Besuch wert. 500 km umfasst das Radwegenetz im Berchtesgadener Land. Infos und Karten erhält man in den Verkehrsämtern. Ein herrliches Alpenpanorama bietet der Schwarzbachwacht-Sattel, den 868 m hohen Aussichtspunkt erreicht man mit dem Auto. Eines der wohl berühmtesten Täler ist die **Ramsau** (www.ramsau.de). Die kleine Kirche mit der Reiter-

alpe im Hintergrund ist eines der weltweit bekanntesten Fotomotive Deutschlands. Der 2.608 m hohe Gletscher des Hochkalter spiegelt sich im wildromantischen Hintersee, den man gemütlich umwandern oder durchpaddeln kann. Mit dem Kajak befährt man die Ramsauer Ache, Radtouren locken und Wanderwege und Klettersteige für alle Schwierigkeitsgrade sind ebenfalls vorhanden. Einer der schönsten Orte Bayerns ist **Berchtesgaden**. Dies erkannte auch Hitler, der sich auf dem Obersalzberg ein Domizil errichten ließ. Heute fahren tausende von Touristen aus aller Welt mit dem Bus bis zum Kehlsteinparkplatz und dann mit Adolfs Lift in das auf einer Höhe von 1.834 m gelegene **Kehlsteinhaus**. Von hier aus hat man einen wunderbaren Ausblick und kann zu einer leichten Klettertour zum Hohen Göll (2.523 m) starten. Das **Salzbergwerk** in Berchtesgaden (www.berchtesgaden.de) ist auf jeden Fall einen Besuch wert. Mit der Grubenbahn gehts in die Tiefe. Auch der zwischen den hohen Felswänden des markanten Watzmann (www.watzmann.de), dem mit 2.713 m zweithöchsten Berg Deutschlands, und des Jenner (1.874 m) liegende 5,2 qkm große **Königssee** wird gerne besucht. Mit dem Schiff fährt man zur Kirche St. Bartholomä oder bis

Tirol: Berge & Seen

Innsbruck: Restaurant im Turm der Sprungschanze (o.) und das „Goldene Dachl" (u.)

zum Obersee. Zahllose Wandermöglichkeiten, bieten sich im **Nationalpark Berchtesgaden** an (www.nationalpark-berchtesgaden.de), etwa geführte Wanderungen zu verschiedenen Themenschwerpunkten. Von Deutschlands ältester Kugelmühle (RVO-Buslinie Marktschellenberg), in der noch heute Untersberger Marmor mit Wasserkraft zu edlen Kugeln geschliffen wird, führt der Weg durch die beein-

druckende **Almbachklamm** in etwa 1 1/2 Stunden zur Talsperre Theresienklause. Wege und Stufen sind mit Geländern und Drahtseilen gesichert. Verschiedene Wanderwege führen von hier aus nach Marktschellendorf oder nach Berchtesgaden.
Die 1.570 m hoch gelegene **Schellenberger Eishöhle** im Untersberg ist die größte Eishöhle Deutschlands, man erreicht sie zu Fuß über Marktschellenberg und Bachkaser in etwa drei Stunden. Die Eishöhle (Besichtigen solange es noch Eis gibt!) ist von Juni bis Mitte Oktober geöffnet. Verpflegung: in der Toni-Lenz-Hütte am Eingang der Höhle.

Tirol
Österreich bietet Freizeittipps für Sommer und Winter: Kaffeetrinken in Innsbruck, Snowboarden auf dem Tuxer Gletscher, Mountainbiken im Silvretta-Gebiet bei Ischgl, Radeln rund ums Rofangebirge, Wandern durch die Wolfsklamm bei Stans im Karwendel, auf Klettertour durch die Stubaier Alpen gehen, Rafting, Canyoning, Langlaufen, Alpinski, Sport-Biken, Fun-Biken - die Möglichkeiten sind enorm. Tirol (www.tirol.at) ist wie ein Synonym für Berge. Sie dominieren das Land und machen es zu einem Dorado für

Wandern im Kalkkögel-Gebiet

Gipfelstürmer. Hütten zum Übernachten, Alpinschulen, Bergwanderwege, Klettergärten und mehr als 60 Klettersteige bieten alle Schwierigkeitsgrade. Ein dichtes und gut markiertes Wegenetz durchzieht die Tiroler Berge, die zu Tagesausflügen oder mehrtägigen Unternehmungen einladen. Bergsteiger, Bergwanderer, Kletterer und alle, die bei einer Gipfelrast eine gute Fernsicht genießen wollen, werden Tirol gerne als Ziel wählen.

Man könnte auch von Hütte zu Hütte wandern und mehrere Tage in der Bergwelt verbringen. Trekking-Touren sind für Fernwanderer konzipiert. Der **Fernwanderweg E 5** führt auf 600 km vom Bodensee zur Adria. In Tirol durchquert er die **Lechtaler** und die **Ötztaler Alpen** (www.oetztal. at). Mehr als Schwindelfreiheit und Trittsicherheit ist nicht nötig. In den 119 Tiroler Skigebieten (www.winter-world.at) stehen 3.500 km Piste und 1.187 verschiedene Aufstiegshilfen - vom Babylift bis hin zur Gondelbahn - zur Verfügung. Theoretisch könnten innerhalb einer Stunde rund 1,2 Millionen Menschen auf die Berge transportiert werden. Etwa 170 Skischulen sind für

Anfänger und Fortgeschrittene, Kinder wie Erwachsene, da. Die verschiedenen „Skischaukeln" verbinden die einzelnen Wintersportorte - per Ski und Lift bewegt man sich von Ort zu Ort. Die alte Universitäts- und Tiroler Landeshauptstadt **Innsbruck** (www.innsbruck.at) liegt, von spektakulären Gipfeln umrahmt im Herzen von Tirol. Der historische Kern der Stadt, der vom Dom und den zahlreichen eleganten Straßen geprägt ist, lockt das ganze Jahr über Besucher aus aller Welt an. Blickfänge sind das **„Goldene Dachl"**, das 1420 an die Residenz der Tiroler Landesfürsten gebaut wurde, und die barocke Hofburg. Interessant für alle, die das kulturelle Angebot ausnützen wollen, ist die „Innsbruck Card", die den Eintritt zu den wichtigen Sehenswürdigkeiten im Raum Innsbruck ermöglicht. 15 km von Innsbruck entfernt lockt in **Wattens** das phantastische, von André Heller gestaltete, dreidimensionale **Erlebnismuseum Kristallwelten** (www.swarovski-kristallwelt. com) mit Kristallen, Licht- und Klangarchitektur, Kunstausstellungen und Park. Es ist inzwischen Tirols meistbesuchte

Sehenswürdigkeit. Nördlich von Innsbruck erstreckt sich das spektakuläre Kalksteinmassiv des **Karwendelgebirges**, das unter Naturschutz steht. Man erreicht das Gebiet über die Autobahn A 95 Garmisch-Partenkirchen über den Grenzübergang Mittenwald. Im Karwendelgebirge bieten sich zahlreiche anspruchsvolle und mittelschwere Klettersteige an. Ein Tipp für Bergwanderer ist die Große Bettelwurfspitze, einer der schönsten Aussichtsberge Tirols. Der von traumhaften Gipfeln umrahmte **Achensee**, der größte See Tirols, ist ein beliebtes Wassersportziel. Das **Wettersteingebirge** erstreckt sich nordöstlich von Innsbruck an der Grenze von Bayern und Österreich. Man erreicht das Gebiet ebenfalls über den Grenzübergang Mittenwald. Der vergletscherte Zugspitzgipfel lädt Skifahrer bis in den Frühsommer ein. Der Zugspitze-Westweg nördlich von **Ehrwald**, an der Grenze von Bayern, ist als leichter Klettersteig zu empfehlen. Die **Lechtaler Alpen** erstrecken sich westlich von Innsbruck und gelten als eine der mächtigsten Gebirgsketten der Nordalpen. Über die A 12 erreicht man das Gebiet von Innsbruck aus. Der **Arlberg** (www.arlberg.com) liegt im westlichen Teil des Gebirges und ist wegen seiner Schneesicherheit ein beliebtes Ziel für Skifahrer. **Lech** (www.lech.at) gilt als einer der exklusivsten Skiorte Österreichs. Einen Besuch wert ist das ebenfalls über die A 12 erreichbare, traumhaft gelegene **Imst** (www.imst.at) mit seinen historischen Kirchen und Gassen und vielen guten Restaurants und Cafés. Rafter zieht es in die Imster Schlucht. Die Bergwelt ist für Mountainbiking ideal. Bergwanderer und Tourengeher finden in den Lechtaler Alpen eine große Zahl an Schutzhütten, die durch viele Höhenwege verbunden sind. Das Ötztal teilt den nördlichen Teil des Ötztaler Gebirgsstockes in die **Ötztaler-**

und **Stubaier Alpen**. Das Tal erstreckt sich insgesamt 63 km in Nord-Süd-Richtung von Sautens (nahe der A 12 von Innsbruck aus) bis nach Obergurgl. Wenn man Richtung Sölden fährt, wird das Tal immer enger und gebirgiger. Das ganze Jahr über kann man in der „Ötztal-Arena", zu der sich die Orte Sölden, Hochsölden, Zwieselstein und Ventkann zusammengeschlossen haben, inmitten einer spektakulären Gletscherlandschaft Alpinsport betreiben. Eine ideale Möglichkeit, das Gebiet vom Auto aus kennenzulernen, ist die Ötztaler Gletscherstraße, eine der höchsten Straßen der Ostalpen, wo sich eindrucksvolle Panoramen der Gipfel und Gletscher darbieten. Die Straße führt 15 km von Sölden zum Rettenbach- und Tiefenbachgletscher. Der so genannte „Mountainbike-Trail" führt durch die reizvollste Landschaft des gesamten Ötztales. Zu den Höhepunkten der Strecke zählen der wunderschöne, naturbelassene **Piburger See** und Tirols größter und schönster Wasserfall, der **Stuibenfall** bei Umhausen, der von einer Nebenstraße von Neudorf aus zu erreichen ist. Der Gaislachkogel oberhalb von Sölden ist wegen der optimalen Thermik ein idealer Treffpunkt für Drachenflieger. Das Ötztal gilt auch als idealer Ausgangspunkt für Rafting und Canyoning. Das Stubaital südöstlich von Innsbruck ist von atemberaubenden steilen Hängen und felsigen Berggipfeln umgeben und gilt als eines der größten Gletscherskigebiete Europas. Man kann es über die A 13, Ausfahrt Schönberg, von Innsbruck aus erreichen. Die **Kitzbüheler Alpen** liegen im nordöstlichen Teil Tirols. Hier erreichen die Gipfel, die grüner und sanfter sind, nie die Höhe der umliegenden Gebirgsstöcke. Das Gebiet lädt deshalb zu beschaulichen Bergwanderungen ein. Die Kitzbüheler Alpen gelten als eines der beliebtesten Wintersportgebiete Österreichs. Viele einfachere und lange Skipisten bieten sich für Anfänger an und die „schwarzen Pisten" des Gebiets wurden durch internationale Skirennen berühmt.

Jane Weston

Salzburger Land

Die barocke Altstadt von **Salzburg** (www.salzburginfo.at) könnte man ganz gemütlich per Fiaker erkunden. Die Gespanne mit Platz für bis zu vier Personen stehen am Residenzplatz. Die über der Stadt thronende Hohensalzburg ist Salzburgs Wahrzeichen und die größte, noch vollständig erhaltene, mittelalterliche Festung Mitteleuropas. Sehenswert sind auch der Dom, die Residenz, die Katakomben, das Rupertinum, das Naturkundemuseum und der Aussichtspunkt Kapuzinerberg. Durch die Gassen der Altstadt weht der Hauch vergangener Zeiten. Ganz gegenwärtig sind die über 400 Geschäfte mit ihrem Angebot von aktueller Mode bis hin zu Schmuck und Antiquitäten. Ab den späten Vormittagsstunden drängeln sich Touristen aus aller Welt durch die engen Gassen. Dann sollte man - vor allem - die Getreidegasse mit Mozarts Geburtshaus meiden. Angenehmer ist da schon ein Platz in einem der vielen verlockenden Kaffeehäuser, ein Spaziergang durch die Parks oder der Besuch einer Galerie. Jedes Jahr Anfang November wird der **Salzburger Jazz-Herbst** veranstaltet. Etwa eine Woche

Der „Einspänner" ist eine Kaffeespezialität

lang gastieren dann Weltstars des Jazz. Zu Ostern und Pfingsten stehen klassische Festspiele auf dem Programm und über das Hauptereignis des Jahres, die **Salzburger Festspiele**, braucht man eh' keine Worte mehr zu verlieren. Wer das Nobelereignis nicht besucht, sich aber für Bildende Kunst interessiert, sollte die Stadt im Juli und August nicht meiden, oft werden zu dieser Zeit großartige Ausstellungen präsentiert. In der landschaftlich reizvollen Umgebung der Festspielstadt locken Ziele, die in wenigen Minuten erreichbar sind. Langgezogene Hügel, tiefe Wälder und weite Wiesen im Norden, das **Untersbergmassiv** im Süden und die **Salzachauen** im Westen prägen das Umland. In **Anif** sind das neugotische Schloss Anif und die Wasserspiele von Schloss Hellbrunn sehenswert. In **Bergheim** kann man die Wallfahrtsbasilika Maria Plain und die Volkssternwarte besuchen. Der geologische Lehrpfad (Saurierfundstelle) durch die kühle Glasenbachklamm bei **Elsbethen** macht Entdeckungen möglich. Schön sind die Eglseen im Hochmoor rund um den Ort. Auf Schloss Goldenstein in Elsbethen wird jedes Jahr am 5. Dezember der traditionelle Krampuslauf abgehalten. Mehrtägige Wanderungen, das Überqueren von Gebirgen und das Durchstreifen von Tälern sind für viele die ideale Form des Bergerlebnisses.

„Jedermann" in Salzburg

Im Park der Swarovski-Kristallwelt in Wattens

Das Heft „Wandern und Trekking im Salzburger Land" stellt zwölf mehrtägige Wandertouren - vier bis zehn Tage lang - zu den schönsten Plätzen in den Salzburger Bergen vor. Ohne warme Kleidung und feste Schuhe braucht man die größte **Eishöhle** (www. eisriesenwelt.at) der Welt (40 km südlich Salzburg, über Tauernautobahn bis Markt Werfen, dann der Beschilderung folgen) nicht zu besuchen. Bei 0 Grad Celsius wird es ganz schön kalt. Während der 75-minütigen Führung kann man die beeindruckende Eiswelt, die man per pedes oder mit der Seilbahn erreicht, mit Karbidlampen erkunden. Bisher wurde von diesem Naturdenkmal eine Gesamtlänge von 47 km erforscht. Zwischen den Hohen Tauern und den Kitzbüheler Alpen liegt

Bramberg (www.bramberg.com) am Wildkogel. Im Habachtal wird die einzige Smaragdmine Europas betrieben. Auf einer Mineralien-Exkursion darf man nach den grünen Edelsteinen schürfen. 58 malerische Bergseen und unzählige Gebirgsbäche und Wasserfälle kennzeichnen das Wanderparadies des **Lungau** (www.lungau.at) in der Region Niedere Tauern/Hohe Tauern/Nockberge. **Saalbach Hinterglemm** (www.saalbach-hinterglemm.at) ist im Sommer und Winter ein ideales Freizeitziel. 400 km markierte Wanderwege - von gemütlichen Spaziergängen bis zu hochalpinen Touren - führen in die Pinzgauer Grasberge in Höhen zwischen 1.000 und 2.100 m, wo 30 Almhütten bewirtschaftet werden.

Postkarten-Blick auf die Salzburger Festung

Aussicht vom Olympiaturm auf Mittleren Ring

Was?Wo?

FREIZEITTIPPS

Sport von A - Z

Einen Überblick über alle bekannten und viele exotische Sportarten, die man in München betreiben kann, gibt das Sportamt (www.sport-muenchen.de) mit dem Handbuch „Sport in München" (5,00 €). Sämtliche Sportvereine, alle städtischen Sportanlagen und das vielfältige Freizeitsportangebot Münchens werden darin vorgestellt. Das Sport- und Gesundheitsprogramm der Volkshochschule (www.mvhs.de) ist auch nach der vorläufigen Schließung des Gesundheitsparks interessant.

Aussichtspunkte

• **Alter Peter** ✳**:** mit 92 m der dritthöchste Turm der Stadt. Der rundum laufende Aussichtsbalkon (April/Okt. Mo - Sa 9 - 19 h, So + Feiertag ab 10 h. Nov./März schließt der Turm um 16 h) befindet sich in einer Höhe von ca. 70 m. Aussicht: Frauenkirche, Rathaus, Marienplatz, Rinder- und Viktualienmarkt und Alpenkette.

• **Bavaria:** hoch über der Theresienwiese steht die altgermanisch anmutende Bronzefigur mit dem bayerischen Löwen an ihrer rechten Seite. In ihrem Kopf ist eine Aussichtsplattform. Aussicht: Frühlingsfest (Ende April), Oktoberfest (Ende Sept./Anfang Okt.), Schwanthaler Höhe.

• **Olympiastadion-Dach** ✳**, Olympiaturm, Olympiaberg:** täglich (Ende Mai - Okt.) dürfen 10 Personen auf das Dach des Olympiastadions klettern und aus 50 m Höhe die Anlage aus einer ungewohnten und luftigen Perspektive betrachten. Wenn es nicht regnet, oder Veranstaltungen im Stadion stattfinden, ist die Kasse Nord um 14.30 h der Treffpunkt für die Zeltdach-Tour (Info-☎ 30 67 24 14; Preis p. P. siehe Seite 312). Im Olympiaturm (289,5 m) fährt der Aufzug täglich von 9 bis 23.30 h bis zur Aussichtsplattform (190 m), wo sich auch das Rockmuseum befindet. Aussicht: bis in die Alpen. Der 60 m hohe Olympiaberg bietet einen kostenlosen Blick ins Olympiastadion, übers Münchner Häusermeer und (bei entsprechendem Wetter) auf die Alpenkette.

Auf dem Olympiaberg

• **Südlicher Domturm** ✳: über das Westportal der Frauenkirche erreicht man nach 86 Stufen den Aufzug (April/Okt. tägl. 10 - 17 h, außer an So-/Feiertagen) zur Turmstube (92 m), direkt unter der Kuppelhaube. Aussicht: Altstadt, Marienplatz, Residenz und Isarhochufer mit Gasteig, Maximilianeum und Friedensengel.

• **Rathausturm:** 2 Lifts zur Aussichtsplattform (April/Okt. Mo - Fr 9 - 19 h. Sa, So + Feiertage ab 10 h) im 9. Stock (70 m). Der Rathausturm misst 85 m vom Marienplatz bis zum „Münchner Kindl" auf seiner Spitze. Am Turmtor, unterhalb des Glockenspieles, steigt man in den Lift zum 4. Stock. Dort befindet sich die Kasse und der zweite Lift zum 9. Stock. Aussicht: Marienplatz, Altstadt, Residenz.

• **Monopteros:** im Englischen Garten, ca. 20 Min von der Ludwigstraße. Aussicht: Garten, Altstadt und Türme.

Weitere Aussichtspunkte:

• **Rodelhügel im Riemer Park**. Aussicht: auf Park, Münchner Osten und Süden.

• **Café Glockenspiel** oder **Café in der Buchhandlung Hugendubel:** Blick auf Marienplatz und Rathaus.

• **Prinzregententerrasse** unterm Friedensengel. Aussicht: Altstadt und Prinzregentenstraße.

• **Maximilianeum.** Aussicht: Altstadt und Maximilianstraße.

• **Schuttberg:** 50 m hoch im Münchner Norden mit seiner markanten Windkraftanlage. Aussicht: Stadt, Hasenbergl, Autobahnring A99.

Riesenrad auf der Wiesn ✳: 30 m über Frühlingsfest (Ende April) und Oktoberfest (Ende Sept.). Aussicht: Theresienwiese, Schwanthaler Höhe, Paulskirche und Bavaria.

Georg Glonner, Xaver Lang

Erlebnisbäder:

• Alpamare ✳, Ludwigstraße 14, Bad Tölz, ☎ 0 80 41 / 50 99 99, www.alpamare.de, täglich 9 - 22 h, Surfanlage 11.30 - 21.45 h. Die Attraktionen sind die verschiedenen Action-Rutschen und die Indoor-Surfwelle. Außerdem locken das Thermalbad und diverse Veranstaltungen wie Kino oder Feste.

• Königliche Kristall-Therme, Am Ehberg 16 / beim Kurpark, Schwangau, ☎ 0 83 62 / 81 96 30, www.kristalltherme-schwangau. de. So - Do 9 - 22 h, Fr + Sa 9 - 23 h, Di + Fr ab 19 h Nacktbaden. Fünf Tonnen Kristalle, der Blick auf Neuschwanstein und Becken mit Salzwasser (5 - 12 % Salzgehalt) begründen die Reise zur Kristall-Therme.

• Therme Erding, Thermenstraße 1, Erding, ☎ 0 81 22 / 22 70 - 2 00, www.therme-erding.de,

Die längste Eisbahn der Welt: der Nymphenburger Schlosskanal

Boule im Hofgarten

Anfahrt: S2 Altenerding, dann mit Bus 550, 560 bis zur Therme oder 800 m zu Fuß. Täglich 10 - 23 h. 39.000 qm Thermenlandschaft mit Palmen und diversen Becken, Wasserfall, Saunen und mehr gehören zum Angebot der Therme Erding.

Bavaria Filmstudios

Bavariafilmplatz 7, Geiselgasteig, ☎ 64 99 31 52, www.filmstadt.de, Geöffnet: 11. März - 5. Nov. tägl. 9 - 16 h, 6. Nov. - 9. März 10 - 15 h. Anfahrt: Tram 25 Bavariafilmplatz (T)Raumschiff Surprise, Das Boot, Asterix & Obelix, Die Manns, Das Parfüm, Enemy Mine und andere Filme oder Fernsehserien wurden/werden in den Bavaria Filmstudios gedreht. Auf einer

wirklich interessanten Tour durch die Filmstadt kann man durch einen Teil der Kulissen wandern und dahinter blicken. Action gibt's bei der Stuntshow und aufregend ist das 4D-Erlebnis-Kino, das dreidimensionale Bilder und Bewegungseffekte bietet.

Boccia/Boule

Ruhe, Gelassenheit, ein südliches Gefühl - das ist Boccia. Am schönsten ist Boccia sicherlich im Hofgarten ✳ neben den Arkaden. Es gibt aber auch zahlreiche offizielle Bahnen in öffentlichen Grünanlagen: am Flaucher/Hellabrunner Straße, im Hirschgarten, an der Karl-Lipp-Straße, am Karl-Marx-Ring, an der Manzostraße, am Meillerweg/Muffat-

typisch münchen

kultur & erlebnis

freizeit & relaxen

essen & trinken

city & guide

Aus Jochen Schweizers Erlebnisprogramm: Kamelreiten (o.) und Hochseilgarten (u.)

werk, östlich der Wirtsbudenstra-
ße, am Südpark/Sendlinger Wald,
im Stadtpark Pasing, im Westpark
und an der Willibaldstraße.

Erlebnis & Abenteuer

Jochen Schweizer sorgt deutsch-
landweit mit seinem Erlebnisprogramm für Freizeitspaß.
Stichworte sind Fliegen & Fallen,
Action & Abenteuer, Sport, Motor,
Wasser & Wind, Wellness und
viele Angebote mehr. In und

rund um München kann man
beispielsweise Mountainbike-
kurse, Offroad-Training, Fall-
schirmspringen, Weinseminare,
Pralinen-Workshops, Kamelreiten,
Segelkurse, Bungee Jumping,
Segelfliegen oder Schneeschuh-
Wandern buchen.
www.jochen-schweizer.de,
☎ 01 80 / 5 60 60 89

Kunsteis:

• Eisschnelllaufbahn Ost, Staudin-
gerstraße 17, ☎ 63 01 91 47, hier
gibt es auch Eisstock-Bahnen und
ein Hockeyfeld
• Kunsteisbahn West,
Agnes-Bernauer-Straße 241,
☎ 89 68 90 09
• Olympia-Eissportzentrum, Spiridon-Louis-Ring 21, ☎ 30 67 21 50,
www.olympiapark-muenchen.de,
hier kann man Eislaufen oder
Eisstock schießen
• Prinzregentenstadion,
Prinzregentenstraße 80, ☎ 47 48
08, hier kann man nett Eislaufen

Mountainbiken im Gebiet von Grainau

60er-Fans in der Allianz-Arena

• Weitere Möglichkeiten: auf dem Nymphenburger Schlosskanal ☀ (eigentlich das Must für Eisläufer und Eisstockschützen), dem Kleinhesseloher See im Englischen Garten, Kunsteisfläche („Eiszauber" Dez./Jan.) am Stachus und auf der Kunsteisfläche am Marienhof hinterm Rathaus.

Rafting-Spaß bei Bad Reichenhall

Fahrrad fahren

Das Fremdenverkehrsamt gibt einen Fahrradführer für München heraus, der Touren durch die Stadt und die nähere Umgebung beschreibt, Stichwort: München mit dem Rad entdecken. Das Radwegenetz der Isarmetropole umfasst etwa 1.200 mehr oder weniger fahrradsichere Kilometer. Wer die Stadt nicht alleine entdecken will, kann das Angebot verschiedener Unternehmen wahrnehmen und eine betreute Radltour - zu allen wichtigen Sehenswürdigkeiten - buchen oder sich einem Verein anschließen. Im Infoladen des ADFC, Platenstraße 4, ☎ 77 34 29, www.adfc-muenchen.de und www.fahrrad-muenchen.de, erhält man das Heft „München, ADFC-Radtouren" und Tipps jeder Art rund ums Fahrrad. Hier kann man auch Reisen mit dem „Euro-Fahrradbus" buchen. Dieser Bus fährt - mit dem Fahrrad auf dem Dach - Ziele in ganz Europa an. In der „Selbsthil-

fewerkstatt" des ADFC wird Hilfe zur Selbsthilfe praktiziert. Technikkurse, Selbsthilfetage sowie das passende Werkzeug machen das Radeln noch attraktiver. Zum Veranstaltungsprogramm des ADFC gehören Radtouren in das Münchner Umland. Von April bis Oktober führen jährlich über 80 Tages-, Nachmittags- und Feierabendtouren auf meist ruhigen Wegen und Nebenstraßen durch das Umland und in das Seen- und Voralpengebiet. Der Führer „Radeln in Oberbayern", herausgegeben vom Fremdenverkehrsverband München/Oberbayern e.V., bietet Touren durch das Voralpenland.

Floßfahrten

Eine Gaudi - vor allem - auf der Isar von Wolfratshausen nach Thalkirchen. Früher waren Flöße oft die einzige Transportmöglichkeit für schwere oder sperrige Güter wie Baumstämme, Schleifsteine oder Gips. Heute werden nur noch Feierlustige befördert. Gruppen bis ca. 55 Personen passen auf ein 18 x 7 m großes Floß. Wenn noch Platz ist, werden aber auch Pärchen oder Einzelpersonen mitgenommen.
Anbieter:
• Bavariaraft, Ohlstadt,
☎ 0 88 41 / 77 51,
www.bavariaraft.de, Fahrten auf Loisach, Isar und Donau
• www.isarflossfahrt.de
• DER, Landshuter Allee 38, ☎ 1 20 42 37, www.isarflossfahrten.biz, Fahrten auf Donau und Isar
• FB Freizeit Service, Max-Anderl-

Str. 107, Neufahrn, ☎ 0 81 65 / 38 38, www.fb-freizeitservice.de
• Flößerei F. Seitner, Heideweg 9, Wolfratshausen, ☎ 0 81 71 / 7 85 18
• Hölzl Floßfahrten GmbH, Mittermühlweg 23, Ingolstadt, ☎ 08 41 / 3 37 00

Flugsimulator

Der Traum, einmal selbst Pilot zu sein: Die Lufthansa bietet die Möglichkeit an professionellen Flugsimulatoren, die auch zur Ausbildung der LH-Piloten genutzt werden, sein Talent zu erproben. Drei Simulatoren stehen zur Verfügung: PA42 (zweimotoriges Turbopropflugzeug), B 737 und A 320 (zweistrahlige Verkehrsflugzeuge). Infos: DER, Landshuter Allee 38, ☎ 1 20 42 37

Fußball

• FC Bayern München, Säbener Straße 51, ☎ 6 99 31 - 0, www.fcbayern.de, www.fcb.de Bewunderung und Neid liegen nah beieinander. Der Rekordmeister, der in manchen Jahren das Geschehen in der Bundesliga ganz alleine zu bestimmen scheint, polarisiert und ist unbestritten einer der erfolgreichsten Clubs Europas. Als „FC Hollywood" wurde die „aufregendste Mannschaft" der Bundesrepublik tituliert - auch wegen der Solostars, die aus der Mannschaft herausstrahlen oder -stechen. Letztlich ist der FCB nicht nur ein Fußballverein mit hunderttausenden Fans in aller Welt, sondern ebenso eine gigantische Geldmaschine. Auch viele Spieler sehen den Club als erstklassigen Durchlauferhitzer, um ihren Marktwert zu steigern.
• TSV München von 1860 e.V. Grünwalder Straße 114, ☎ 64 27 85 60, www.tsv1860.de. Der traditionsreiche TSV 1860 München war eines der Gründungsmitglieder der Bundesliga und spielte von 1963 bis 1970 in der ersten Liga. In diese Zeit fielen auch die großen Erfolge unter Trainer Max Merkel und mit dem

= stadtbuch-tipp!

überragenden Star Petar („Radi") Radenkovic: 1964 DFB-Pokalsieger, 1965 Deutscher Meister und Europapokalfinalist. Danach folgten nur noch Gastspiele in der Eliteliga, insgesamt allerdings acht Jahre in der zweiten Liga und gar elf lange Jahre bei den Amateuren. Doch diese tristen Zeiten konnten den Mythos 1860 nicht zerstören. Die treuen Fans begleiten ihre Elf in alle Stadien der Bayernliga bis zur ersten Bundesliga. Seit 1994/1995 hielten sich die Löwen kontinuierlich im Mittelfeld der Bundesliga. In der Saison 1999/2000 belegten sie sogar den 4. Platz. Inzwischen sind die 60er wieder in der 2. Bundesliga und haben Geld-, Vorstands- und sonstige Sorgen (SZ: „Chaos im Komödienstadl"). Noch ein Schock: Die Löwen leihen sich Geld von den Bayern!
• SpVgg Unterhaching e.V., Am Sportpark 1, ☎ 61 55 91 60, www.spvgg-unterhaching.de. Der überraschende Aufsteiger-Fußballverein, aus dem „Arbeiterstadtteil", der Saison 1999/2000 (Bundesliga-Tabellenplatz 10 !), ist 2001/2002 wieder in die 2. Bundesliga und 2002/2003 in die Regionalliga abgestürzt, um dann wieder in die 2. Bundesliga aufzusteigen.
• Wo gibt es öffentliche Bolzplätze? ☎ 2 33 - 2 76 56

Go-Kart
• Go-Kart München Schwabing GmbH, Neusser Straße 1, ☎ 3 61 16 50
• IKR Indoor Kart Racing, Anton-Ditt-Bogen 19, ☎ 31 80 93 58

• Kart-Palast, Hansastraße 5, ☎ 5 47 03 90, www.kartpalast.de
• Kart & More, Hufelandstraße 16, ☎ 3 11 24 99, www.kart-and-more.de

Inline-Skating
Die Münchner Blade Night (www. muenchner-blade-night.de), die wohl erfolgreichste Inline-Skating-Veranstaltung Europas, wird seit 1999 vom Green City e.V. (www.greencity.de) und der Stadt München veranstaltet. Der Green City e.V. hat den ersten Münchner Skater-Stadtplan erarbeitet. Anhand des Planes kann man sehen, welche Strecken sehr gut befahrbar, gut oder nicht geeignet sind. Kurz: mit dem praktischen Plan wird die Stadt auf acht Rollen „erfahrbar". Weitere Infos gibt's beim Sportamt, www.sport-muenchen.de

Klettern
• DAV-Kletteranlage ✳ Thalkirchen, Thalkirchner Straße 211, ☎ 22 15 91, www.kletterzentrum-muenchen.de. Europas größte Kletteranlage 2.000 qm Indoor (i), 2.450 qm Outdoor (o), Kletterlänge 50 m (i), 22 m (o), Höhe 18 m (i), 16 m (o), Bouldern 360 qm (i), 350 qm (o); Eisklettern (o). Geöffnet: täglich 9 - 23 h, Di, Mi + Do ab 7 h
• Kletteranlage des MTV München, Häberlstraße 11, ☎ 53 48 90, www.mtv-muenchen.de Kletterfläche: 300 qm Strukturwand, 150 qm Boulderfläche, 30 Routen, Höhe 12 m.
• Kletterhalle des Alpenvereins München-Oberland., Herthastraße 41, ☎ 2 90 70 90,

Klettern in der DAV-Kletteranlage in Thalkirchen

www.dav-oberland.de.
120 qm Kletterfläche, 18 m
Kletterlänge. Im Kletterzentrum
Gilching: 1.500 qm (i), 500 qm (o),
Boulderwand 100 qm.
• Kletterturm im Grünwalder
Freizeitpark, Ebertstraße,
☎ 6 41 89 10, www.gruenwalder-
freizeitpark.de.
Geöffnet: Mo - Fr 15 - 19.30 h, Sa,
So + Feiertage 10 - 19.30 h
• Heaven's Gate in der Kultfabrik
am Ostbahnhof, www.klettern-
machtspass.de, ist mit 30 m
Europas höchste Indoor-Kletter-
anlage. 50 Routen mit bis zu 60
m Länge und 60 weitere, kürzere
Route (Höhe bis 6,50 m) sind
möglich.
Geöffnet: täglich 10 - 23 h
• High East Kletterhalle in Kirch-
heim/Heimstetten,
Sonnenallee 2, ☎ 92 79 47 96,
www.high-east.de.
Kletterwand (18 m hoch), Boulderfläche und Hochseilgartenele-
mente. Geöffnet: täglich 10 - 23 h
• Sport Schuster,
Rosenstraße 1 - 5, ☎ 23 70 70. An
einer 25 m hohen Wand - vertikal
durch die Etagen des Sportkauf-
hauses - probieren Interessierte
kostenlos aus, ob klettern für sie
ein Hobby sein könnte.

Laufen
„Laufen in München" (11,95 €)
- das nützliche Buch für alle
Läufer in der Stadt - bietet 25 gut
beschriebene Laufstrecken in
und um München. Ulla Chwalisz
stellt die schönsten Strecken vor
und die Fotos machen Lust, die
Touren selbst auszuprobieren.
Anhand der detaillierten Karten
ist dies ganz einfach. Der prak-
tische Streckenführer ist im Lauf-
und Ausdauersportverlag (www.
las-verlag.com) erschienen.

Minigolf/Bahnengolf
• Minigolfanlage am Eissportstadi-
on im Olympiapark, ☎ 30 67 21 53,
www.minigolf-olympiapark.de,
Geöffnet: Mo - Fr 12 - 20 h, Sa, So
+ Feiertage 11 - 20 h
• Minigolfanlage bei der Harla-
chinger Einkehr,
Karolinger Allee, ☎ 6 42 18 42
• Minigolfanlage bei der Wald-
wirtschaft Großhesselohe,
Georg-Kalb-Straße 1, ☎ 79 81 79
• Minigolfanlage im Englischen
Garten, neben der Gaststätte
Hirschau, Gyslindstraße 15
• Riedmooser Hof, Unterschleiß-
heim, www.minigolf-riedmoos.de,
Geöffnet: April - Okt. Mo - Sa 14
- 20 h, So + Feiertage 12 - 20 h

Münchner Volkssternwarte
Junge mit Hai in Sea-Life

Mountainbiken

Bikes kann man in der Fitness-Station von Sport-Scheck in Unterföhring, Münchner Straße 15, ☎ 99 28 74 - 0, ausleihen. Handschuhe, Radlerhose, Trikot und Helm sind obligatorisch. Bitte nicht die Vegetation zerstören und Spaziergänger zu Tode erschrecken oder überfahren. Ziele: Fahrradwegenetz in und um München, die Isarauen, der Bombenkrater in Grünwald, das Voralpenland, der Herzogstand am Kochelsee, der Wallberg am Tegernsee und rund um den Spitzingsee. Organisierte Touren für Anfänger und Fortgeschrittene:

Olympiapark

6-Tage-Rennen, Fußballspiele, Grand Slam Cup und zahllose Rock- und Popkonzerte sind Publikumsmagnete im Olympiapark (www.olympiapark-muenchen. de). Wer sich selbst sportlich betätigen will, findet hier vielfältige Gelegenheit dazu. Beim Freizeitsport-Treff werden Bodybuilding, Lauftraining, Turm- und Kunstspringen, Frauensportprogramme und vieles mehr angeboten. Ein detailliertes Programm ist an der Kasse der Olympia-Schwimmhalle erhältlich.

Planetarien

• Deutsches Museum, Forum der Technik, Museumsinsel 1, ☎ 2 11 25 - 1 80. www.deutsches-museum.de. Wenn das Museum geöffnet hat, ist ein 30-minütiger Blick (2,00 € zusätzlicher Eintritt) in die Sterne um 10, 12, 14 und 16 h möglich.

• Planetarium der Volkssternwarte München e.V. ✵, Rosenheimer Straße 145a, ☎ 40 62 39, www.sternwarte-muenchen.de, vermittelt die heutigen Kenntnisse über das Weltall und die Himmelskörper in einer für jeden verständlichen Form. Sternstunden sind Mo - Fr von 20 - 22 h (Sept. - März) bzw. von 21 - 23 h (April - August). Eintritt 4,00 €/ erm. 2,50 €.
Jeden Monat wird ein anderes Thema (z. B. Polarlicht, Milchstraße oder Sternschnuppen) behandelt.

Pferdesport

Im Laufe eines Jahres finden auf der Galopprennbahn Riem etwa 30 Rennrennen statt, die beim Münchner Rennverein, Graf-Lehndorf-Straße 36, ☎ 90 88 81, erfragt werden können. Kaum zu glauben: in Riem werden pro Jahr 10 Millionen € umgesetzt.

Rafting/Schlauchboot/ Canyoning

Mit dem Schlauchboot durchs Wildwasser in Bayern oder Tirol! Wir sitzen in Booten für acht bis 15 Personen. Auf dem Inn (durch die Imster oder Tösener Schlucht), der Sanna, der Isar, der Loisach, der Saalach (durch die Teufelsschlucht), auf der Ammer oder der Ötztaler Ache. Ausgangspunkte für Rafting sind unter anderem Lenggries, Bad Tölz, Pechtl, Hochfinstermünz oder Haiming, wo es auch zahlreiche Anbieter für dieses Abenteuer gibt. Die Touren können einen halben oder einen ganzen Tag dauern. Mehrtagestouren sind ebenfalls möglich. Boot, Neoprenanzüge, Helme und Paddel werden gestellt. Individueller als

✵ = stadtbuch-tipp!

Eisbachbader im Englischen Garten

Rafting ist Canadier fahren, weil man das Boot selbst steuert und nur zu zweit drin sitzt. Ausgangspunkt: Haiming-Stams. Hier gibt es Halbtages- und Tagestouren. Geduscht wird unter einem Wasserfall. Weitere Ziele: Loisach und Lech - beide gelten als ideal für Canadier-Touren. Zu Fuß durch Schluchten und Wasserfälle, klettern, schwimmen, abseilen - das ist Canyoning. Ohne Neoprenanzug würde man erfrieren, ohne Klettergeschirr abstürzen. Ausgangspunkte sind beispielsweise überall im Berchtesgadener Land oder in Haiming an der Ötztaler Ache, wo viele Veranstalter Touren anbieten. Canyoning ohne professionelle Organisation - nein danke!

Veranstalter, Anbieter:
• Action & Funtours, Rafting & Canyoning, Paul-Hey-Straße 16, Gauting, ☎ 8 50 59 04, www.action-funtours.de
• Alpina-Rafting, Valleystraße 42, ☎ 7 25 99 95, Camp in Haiming, www.alpina-rafting.de.
• Bavariaraft an Isar und Loisach, ☎ 0 88 41 / 77 51, www.bavariaraft.de
• Natur pur, Rafting/Canyoning, Hochseilgarten, Michael Paul, ☎ 0 80 52 / 54 60, www.natur-pur-paul.de
• No Limits Rafting GmbH, Alte Rathausstraße 21, Kiefersfelden, ☎ 0 80 33 / 35 15
• Outdoor Connection,

☎ 0 30 / 3 93 41 10, bietet Schnupper-Wochenenden in Tirol an.
• Sportfreizeit Werdenfels, Münchner Straße 11, Oberau, ☎ 0 88 24 / 81 26
• Wildwasserschule Inntal, Kiefersfelden, ☎ 0 80 33 / 85 67

Sea-Life ✳

Olympiagelände, Willi-Daume-Platz 1, ☎ 45 00 00, www.sealifeeurope.com. Anfahrt: U3 Olympiazentrum. Geöffnet: täglich 10 - 19 h. In der 2.200 qm großen Ausstellung tummeln sich in 30 Becken 10.000 Tiere. Hai & Co. kann man auch von einem 10 m langen Unterwassertunnel aus beobachten. Neben Sonderausstellungen („Riesenkrabben - Raubritter der Meere"), führt eine Beckenstrecke von der Quelle der Isar über Donau und Schwarzes Meer ins Mittelmeer.

Surfen

Der Eisbach ✳ neben dem Haus der Kunst ist Münchens winziges Surfparadies. Auf der Brücke sammelt sich das staunende Publikum, auf der Welle tanzen die Könner. Ein paar Meter weiter im Englischen Garten übt der Nachwuchs auf einem Holzbrett, das an einer Leine an einem Baum hängt. An der Thalkirchner Floßlände (im Juli Fun Contest „Munich Surf Open") gibt es beim Campingplatz eine starke Welle. Der Großstadtsurfer e.V. (www.grossstadtsurfer.de) organisiert

Tierpark Hellabrunn

Surfer im Alpamare in Bad Tölz

die „wilden" Surfer Münchens. Wer nach Bad Tölz ins Alpamare (www.alpamare.de) fährt, kann sich über eine beheizte Welle freuen - sofern er vorher reserviert hat.

Wildpark
• Wildpark Poing, ☎ 0 81 21 / 83 00, www.wildpark-poing.de. Täglich 9 - 17 h (April - Sept.) bzw. 11 - 16 h (Nov. - März). Auf 570.000 qm verteilen sich Gehege und Volieren mit Wölfen, Luchsen, Wildschweinen, Greifvögeln und Fasanen. Zweihundert Hirsche,

Schafe, Kaninchen, Marder, Waschbären, Füchse, Biber und viele andere heimische Tierarten kann man im Wildpark Poing hautnah erleben. Einen Ponyhof, eine Geflügel- und Schafzucht sowie Gehege mit Streicheltieren gibt es ebenfalls. Die Greifvogelschau ist ein Höhepunkt des Besuches im Wildpark. Anfahrt: S2, Richtung Ebersberg, Bahnhof Poing oder A 94, Richtung Passau, Ausfahrt Parsdorf/Poing, in Poing der Beschilderung folgen.

Zirkus
• Circus Krone, Zirkus-Krone-Straße 1 - 6, ☎ 54 58 00 - 0, www. circus-krone.de. Der Circus Krone reist (April - Mitte Nov.) durch Deutschland und das angrenzende Ausland. Unterwegs sind 400 Menschen, 250 Tiere, 330 Wohn-, Pack- und Gerätewagen und ein Zirkuszelt mit 5.000 Plätzen. Im Münchner Kronebau spielt der Zirkus drei verschiedene Programme im monatlichen Wechsel (Dez. - März). Im Sommer ist der Kronebau für Konzerte und andere Veranstaltungen untervermietet.

essen & trinken

Café Arzmiller (o.), Kaffeehaus Altschwabing (u.)

Guter Morgen, klasse Tag!

CAFÉS

Aran
Altstadt

Diese schöne Imbiss- und Cafébar ist so unkompliziert wie sie beim Betreten wirkt. Es lockt eine Auswahl gesund-frischer Brote, Sandwiches und anderer Kleinigkeiten. Man kann auch einfach nur Kaffee trinken. Alles gibt's zum vor Ort verzehren oder Mitnehmen. Nicht nur für Mittagspäusler ein Tipp.
Mo - Sa 10 - 20 h, So Ruhetag. Theatinerstraße 12, ☎ 25 54 69 82, MVG/MVV: U3 - 6 Odeonsplatz; Tram 19 Theatinerstraße

Aroma-Kaffeebar & Deli ✳
Glockenbachviertel

Die Aroma-Kaffeebar wirkt nicht gestylt und gestelzt, sondern nett und unkompliziert. Hierher kommt man, wenn man angenehm frühstücken (Buffet bis 18 h) will oder um Kaffee (eigene Mischungen, bis zu 20 Sorten) oder Tee zu trinken und die hausgemachten Kuchen, Bagels und Kekse/Cookies zu genießen. Als Snacks gibt es Toasts (ca. 3,10 €) und Suppen (3,90 €) oder Pasta (ca. 5,00 €). Im Wandregal findet man Wein, Säfte, Feinkost und vieles mehr zum Mitnehmen. (xl)
Mo - Fr 7 - 18.30 h, Sa + So 9 - 18 h. Pestalozzistraße 24, ☎ 26 94 92 49, MVG/MVV: U1, 2, 7 + 8, Tram 27 Fraunhoferstraße

Arzmiller
Altstadt

Die Café-Konditorei im schönen Theatinerhof, gleich neben der Theatinerkirche, ist eines der letzten klassischen Kaffeehäuser in der Stadt. Die Gäste kommen zu Arzmiller wegen der täglich frischen Kuchen, Torten, Strudel und dem übrigen hausgemachten Gebäck. Wer Mittagspause macht oder Appetit auf etwas Herzhafteres hat, bestellt, z. B. eine Maultaschensuppe (3,50 €), Spinatstrudel mit Kräutersoße (6,80 €), Toast (ca. 6,80 €) oder einen großen Salat (8,50 €). Eine sprichwörtliche Oase der Ruhe, gegenüber der pulsierenden Theatinerstraße, bilden die sommerlichen Freisitze im Theatinerhof.
täglich 8.30 - 18 h. Theatinerstraße 22, ☎ 29 42 73, www.cafe-arzmiller-muc.de, MVG/MVV: U3 - 6 Odeonsplatz; Tram 19 Theatinerstraße

✳ = stadtbuch-tipp!

Backspielhaus
15 Filialen in verschiedenen Stadtteilen

Frühstücken im Backspielhaus bedeutet unter zwei Dutzend aller nur denkbaren Frühstücksvariationen zu wählen - egal für welches Arrangement man sich entscheidet, die Frische der Zutaten und die erstklassigen hauseigenen Backwaren sorgen immer für Zufriedenheit. Wer frühstücken (bis 18 h) will, zahlt zwischen 4,00 und 12,00 € oder bestellt alternativ einen der leckeren Salate für ca. 11,00 €. (xl)
Mo - Fr ab ca. 7 h, Sa ab ca. 7 h, So ab ca. 9 h, Öffnungszeiten variieren. Filialen in vielen Stadtteilen, Zentrale: Weltenburger Straße 6, ☎ 92 87 09 20, MVG/MVV: U4, Bus 89 Arabellapark

BattyBaristas
Maxvorstadt

Der erste Standort der Coffeeshop-Kette, gleich bei den Pinakotheken, ist gut gewählt, denn das Ausstellungspublikum sucht nach dem Kunstgenuss einen angenehmen Platz zum Plauschen und Relaxen. Den kann man hier finden und flavoured Coffee, Milchshakes, Shaken-Ice-Tea oder andere Tees (Chai) trinken und dazu Tagessuppe (2,90 €), Panini, Bagels, Cookies, Kuchen & Co. essen. All-you-can-eat-Frühstücksbuffet (5,50 €): Sa, So + Feiertag 10 - 15 h. Es gibt einen Stehtischbereich, Plätze an Bistrotischen und - natürlich - eine Lounge.
Mo - Fr 8 - 20 h, Sa + So 9.30 - 19.30 h. Barer Straße 42, ☎ 56 82 32 25, www.battybaristas.de, MVG/MVV: Tram 27 Pinakotheken

Bar Bene
Isarvorstadt

Schon allein der gelb-orange Anstrich verleiht dieser kleinen Kaffeebar eine gute Atmosphäre. Neben Heißgetränken gibt es italienische Weine und Prosecco. Gegessen werden hausgemachte Kuchen, Panini und Tramezzini. Es ist gemütlich und entspannt.
Mo - Sa ab 7 h, So Ruhetag. Lindwurmstraße 21, ☎ 23 26 93 87, www.bar-bene. de, MVG/MVV: U1 - 3, 6 + 7, Tram 16 - 18 + 27 Sendlinger Tor

Bel Mondo
Altstadt

Das nette Café im Völkerkundemuseum ist ganz zeitgemäß gestaltet und bietet mehr als nur eine Versorgungsmöglichkeit für Museumsbesucher. Deshalb wird das Lokal gerne aufgesucht. Man kann Kaffee trinken und Kuchen essen oder die wechselnde Speisekarte nützen und sich mit Suppe, Salat und Hauptgericht stärken. Alles ist frisch und nicht teuer. Die Freisitze unter den Arkaden locken im Sommer.
Di - So 10 - 17.30 h, Mo Ruhetag. Maximilianstraße 42, ☎ 21 26 98 45, MVG/MVV: Tram 19 Maxmonument

Black Bean
Schwabing

In diesem eher kleinen, aber sehr gemütlichen Coffee-Shop tummeln sich viele Studenten. Hier gibt es eine frische Auswahl an dick belegten Bagels, Sandwiches und Wraps, aber auch süße Köstlichkeiten wie Muffins oder Donuts zu äußerst angemessenen Preisen (ab 1,80 €). Darüber hinaus lädt eine riesige Auswahl an „flavours", also Geschmackssirups für den Kaffee oder Kakao, zum Probieren ein. (eh)
Mo - Fr 7.30 - 20 h, Sa 9 - 18.30 h, So 10 - 18.30 h. Amalienstraße 44, ☎ 28 67 50 88, MVG/MVV: U3 + 6 Universität

Bodo's Konditoreicafé (o.), Café CADU (u.), Café-Bar-Lounge brik (rechte Seite)

Bohne & Malz
Altstadt

Kaffee & Bier sind die wohl am häufigsten bestellten Getränke in der Gastronomie. Der Lokalname ist also absolut nahe liegend. Schön, fast klassisch gestaltet und angenehm sind die Räume an der Sonnenstraße. Man kann gut frühstücken und während des Tages - oder auch in der Nacht - Kleinigkeiten oder etwas Größeres aus der vielfältigen Küche essen. Freundliches Personal.
täglich 10 - 1 h. Sonnenstraße 11, ☎ 55 71 79, MVG/MVV: U4 + 5, S1 - 8, Tram 16 - 21, 27 Karlsplatz/Stachus. Filialen: Donisl-Passage, Weinstraße 1, und Rotkreuzplatz.

Bodos
Altstadt

Hier, gleich beim Sendlinger Tor, kann man den Tag recht angenehm beginnen: beispielsweise mit dem kleinen oder großen Frühstück, mit Bodos Schlemmerfrühstück, dem französischen oder dem Käse-Frühstück (Preise 4,00 bis 12,00 €). Danach trinkt man Augustiner oder Krombacher Pils. Überraschung: Hier gibt es auch - wenige - bayerische und

jugoslawische Gerichte. Bodos besteht übrigens bereits seit über 27 Jahren - das Bäckerei- und Konditoreiangebot ist aber täglich frisch. (rw/rl)
Mo - Fr 7.30 - 22 h, Sa 8 - 22 h, So 9 - 22 h. Herzog-Wilhelm-Straße 29, ☎ 26 36 73, www.bodos.de, MVG/MVV: U1 - 3, 6 + 7, Tram 16 - 18 + 27 Sendlinger Tor

brik
Schwabing

Diese Café-Bar-Lounge ist ein Allrounder zum Frühstück, Mittag- oder Abendessen (Sushi, International, Pasta, Salate, Japanisch ...), Kaffee trinken, Cocktail schlürfen (So + Mo 17 - 1 h, jeder Cocktail 5,90 €) und den DJs lauschen (Do - Sa 20 - 2 h). Sonntags (10 - 16 h) Brunch für 9,80 €.
So - Do 8.30 - 1 h, Fr + Sa 8.30 - 2 h. Schellingstraße 24, ☎ 28 99 66 30, www.brik-muenchen.de, MVG/MVV: U3 + 6 Universität

Brotraum-Café ☀
Schwabing

Die Deutschen kaufen immer mehr Billigbrot und das geht so: irgendwo, z. B. in Ungarn, knetet man Teigrohlinge und bringt sie anschließend nach Deutschland, wo sie vor Ort „frisch" gebacken werden. Absurd: das Brot wird dadurch billiger - über Zusatzstoffe können wir nur spekulieren. Dass es anders sinnvoller ist, zeigen Steffen Lossagh und Fridolin Artmann mit ihrer jungen, aber ganz traditionell arbeitenden Bäckerei. Ihre Brote werden aus reinem Natursauerteig nach kreativen Rezepten, z. B. aus Bayern oder Italien, hergestellt und gebacken,

oder ganz nach den individuellen Wünschen der Kunden. Zum Sortiment gehören auch Klein- und Feingebäck, Pralinen, Kuchen und Torten. (xl)
Mo - Sa 7 - 19 h, So + Feiertag 10 - 18 h. Herzogstraße 6, ☎ 76 10 21, www.brotraum.de, MVG/MVV: U3 + 6 Münchner Freiheit

CADU - Café an der Uni
Maxvorstadt

Nett-sympathisches, kleines Café gleich neben der Uni. Eignet sich als Treff während der Kaffeepause, als Ziel für ein Date bei Kerzenschein oder um zu besprechen, wie der Nachmittag oder Abend gestaltet werden soll. Dazu gibt es Sandwiches und andere leckere Snacks. Hinter der wallartigen Mauer, abgeschirmt vom tosenden Verkehr auf der Ludwigstraße, versteckt sich auch ein kleiner Garten.
täglich 10 - 1 h, Küche bis 23.30 h. Ludwigstraße 24, ☎ 28 98 66 00, MVG/MVV: U3 + 6 Universität

Café 48/8 ☀
Maxvorstadt

Das Café in der Pinakothek der Moderne ist nicht nur für Kunstfreunde ein Anziehungspunkt. In dem großen und großflächig verglasten Lokal sitzt man einfach angenehm, gönnt sich Kaffee und Gebäck oder eine warme Mahlzeit aus der typisch-unkomplizierten Pasta- & Co.-Küche. Wie das viel gelobte Museumsgebäude ist auch das Café puristisch-schnörkellos gestaltet und ganz im Hier & Jetzt verankert.
Sa - Mi 10 - 18 h, Do + Fr 10 - 21 h. Barerstraße 40, ☎ 44 45 48 08, MVG/MVV: Tram 27 Pinakotheken

Café am Beethovenplatz ☀
Isarvorstadt

Ein Zeitsprung ereilt scheinbar jeden, der nichts ahnend in dieses historisch anmutende Kaffeehaus eintritt. Hier scheint der Kaffee irgendwie etwas intensiver zu duften und die Zeit, unter Kronleuchtern, etwas langsamer zu verrinnen. Die Auswahl an Speisen (Sommersalate, Pasta etc. für 4,60 bis 10,00 € von der Mittagskarte oder weitere internationale Gerichte für 7,00 bis 17,00 € von der Standardkarte) und Getränken trifft bei vielen ins Schwarze. Die Gäste sitzen zwischen einem alten Klavier, dunkelbraunem Mobiliar und betagten Komponisten-Büsten. Das Café am Beethovenplatz ist Münchens ältestes Klassikcafé. Jeden Abend gibt es Jazz, Blues, Klassik, Klezmer oder Chansons - samstags zusätzlich am Nachmittag - und sonntags sind alle zum Klassik-Jazz-Frühstück eingeladen. (sh)
täglich 9 - 1 h, Frühstück bis 16 h. Goethestraße 35, ☎ 54 40 43 48, www.mariandl. com, MVG/MVV: U3 + 6 Goethestraße

typisch münchen

kultur & erlebnis

freizeit & relaxen

essen & trinken

city & guide

Café Bracha
Gärtnerplatzviertel   *Jüdisch*

Sehr stylish wirkt dieses Café-Restaurant. Hier kann man frühstücken (mit Kaffee, O-Saft, zwei Eiern, Salat und Brot: 8,50 €), Kaffee trinken, zu Mittag essen oder ein Abendessen genießen. Es gibt viel Gemüsiges und Salate, wobei alle Gerichte individuell zusammengestellt werden können und der Gast auswählt, ob er die Speisen im Pita-Brot (3,50 €) oder auf einem Teller (4,50 €) serviert haben möchte. Die Suppe des Tages kostet 3,50 €. Das Besondere: alle Speisen und Getränke werden koscher, also nach genau festgelegten religiösen Regeln zubereitet und die Zutaten werden ebenfalls nach diesen uralten Gesetzen gehandhabt. Koscher bedeutet so viel wie „tauglich" oder „rein". Getrunken wird Augustiner-Bier (aus koscher gewaschenen Gläsern), koscherer Wein oder Prosecco, Tees oder Cappuccino & Co. Zum Café gehört ein Laden, in dem man koschere Lebensmittel kaufen kann.

Mo - Fr 9 - 23 h, So + Feiertag 10 - 23 h, Sa Ruhetag. Klenzestraße 47, ☎ 13 95 86 70, MVG/MVV: U1, 2, 7 + 8, Tram 27 Fraunhoferstraße

Café Crème
Gärtnerplatzviertel

Lange Zeit hatte sich im Ex-Größenwahn nichts Überzeugendes etabliert. Mit dem Boulangerie-Café Crème änderte sich dies. Nicht nur alle Frankophilen freuen sich über die frischen französischen Backspezialitäten, die Snacks und das Getränkeangebot. Alles kann man vor Ort verzehren oder mit nach Hause nehmen. Leger-entspannte Atmosphäre.

Mo - Fr 8 - 19 h, Sa 9 - 16 h, So Ruhetag. Reichenbachstraße 24, ☎ 20 23 83 93, MVG/MVV: U1, 2, 7 + 8, Tram 27 Fraunhoferstraße

Café Frischhut / Schmalznudel ⚹
Altstadt

Das 100-jährige Café Frischhut, genannt „Schmalznudel", ist der richtige Ort für verkaterte Nachtschwärmer, die ihren gebeutelten Körper vor dem Schlafengehen noch mit frischen Schmalznudeln, Rohrnudeln, Krapfen oder Striezeln und starkem Kaffee oder Prosecco stärken wollen, im Sommer auch auf 30 Plätzen im Freien. (mn)

Mo - Fr 7 - 18 h, Sa 5 - 17 h, So + Feiertag Ruhetage. Prälat-Zistel-Straße 8, ☎ 26 82 37, MVG/MVV: U3 + 6, S1 - 8 Marienplatz

Café Glyptothek
Altstadt

Das Café befindet sich im gleichnamigen Museum im Saal der Sphinx. Eine Tunika braucht man zwar nicht zu tragen, trotzdem bestimmt die Umgebung die Atmosphäre. Besonders schön ist es, wenn die Sonne durch die Fenster scheint und die Skulpturen Schatten werfen. (mn)

Di, Mi + Fr - So 10 - 17 h, Do 10 - 19.30 h, Mo Ruhetag. Königsplatz 3, ☎ 28 61 00, MVG/MVV: U2 + 8 Königsplatz

⚹ *= stadtbuch-tipp!*

Café Schneller

Café Haidhausen
Haidhausen

Das Café Haidhausen ist für seine originellen und reichhaltigen Frühstücksangebote (bis 16 h) bekannt. Hinter „Romeo & Julia" verbirgt sich beispielsweise eines mit Lachs, Eiern, Prosecco und mehr. Die Gäste spiegeln die Bevölkerung des Stadtteils wider. Wer allein unterwegs ist, wird gerne die große Auswahl an Zeitungen nutzen. Wer großen Hunger bekommt, kann von den guten internationalen Speisen, etwa Schnitzel oder verschiedene Salate, leicht satt werden. Happy Hours für ca. 30 Cocktails: Mo - Fr von 17 - 19 h. Im Sommer Freisitze im Hinterhof. (mr/gh)
Mo - Fr 9 - 1 h, Sa + So 10 - 1 h.
Rosenheimer Platz, ☎ 6 88 60 43,
MVG/MVV: S1 - 8, Tram 15 + 25 Rosenheimer Platz

Café Hüller
Au

Ein wenig nach Mensa sieht es hier schon aus, trotzdem fühlt man sich im Café Hüller auf Anhieb wohl. Dies liegt zum einen am freundlichen Service, zum anderen freut man sich über das ansprechende Speisenangebot (Frühstück, Suppen, wechselnde Hauptgerichte). Allem voran sind die verschiedenen Pfannkuchen (alle unter 5,00 €) zu nennen, die mal süß, mal deftig serviert werden.
Di - Sa 10 - 23 h, So 10.30 - 23 h, Mo Ruhetag. Eduard-Schmid-Straße 8,
☎ 18 93 87 13, MVG/MVV: Tram 27 Eduard-Schmid-Straße

Café im Hinterhof
Haidhausen

Schon seit 1985 liegt dieses Café in einem Haidhauser Hinterhof versteckt. Während im Inneren der Jugendstil dominiert, sind es draußen auf der sonnigen Terrasse die Pflanzen. Beliebt ist vor allem das Frühstück: unter den 14 verschiedenen ist das „Große Frühstück", inklusive Getränk, das bei weitem meistbestellte. Morgens besonders lecker: die frischen Grapefruit- oder Karottensäfte (gerne mit Kefir). Erstaunlich günstig ist auch der Rest der Speisekarte: Hier findet sich sowohl Bodenständiges wie die Hausspezialität Bratkartoffeln, als auch - meist auf der Tageskarte - viel Italienisches (ca. 6,00 bis 9,00 €) und immer auch vegetarische Gerichte. Für die kleinen Gäste: z. B. Gnocchi mit Tomatensoße oder Bratkartoffeln mit Ketchup (ca. 4,00 bis 5,00 €). Große Auswahl an Zeitungen. (gh/lmd)
Mo - Sa 8 - 20 h, So + Feiertag 9 - 20 h.
Sedanstraße 29, ☎ 4 48 99 64,
MVG/MVV: Tram 18 Am Gasteig; S1 - 8, Tram 15 + 25 Rosenheimer Platz

Café Jasmin
Maxvorstadt

Ein klassisches Tagescafé, das mit seiner nostalgischen Einrichtung, mit bequemen Plüschsesseln und Kitschleuchtern, ein wenig an die gute alte Wirtschaftswunder-Zeit erinnert. Kein Wunder: Das Café gibt es bereits seit den 1950er Jahren und bis 2005 hat sich hier wenig verändert. Nun, als Szenelocation, wurden die Öffnungszeiten verlängert, werden auch Cocktails gemixt, das Getränkeangebot erweitert und das Frühstück oder der Snack machen nach wie vor Spaß. Das Kulturprogramm des Write-Club, mit Lesungen oder Filmschauen, ist klasse. Ebenso erfreulich: niemand kommt auf die Idee, die Original-Einrichtung zu verändern. Danke! (xl/be)
täglich 10 - 1 h.
Steinheilstraße 20, ☎ 52 51 60,
MVG/MVV: U2 Theresienstraße

typisch münchen

kultur & erlebnis

freizeit & relaxen

essen & trinken

city & guide

Café Kunsthalle (l.), Café Lotterleben (o.)

Café Johannis
Haidhausen

Seit 100 Jahren scheint hier die Zeit stehen geblieben zu sein. Das Johannis erfreut sich großer Beliebtheit bei unterschiedlichstem Publikum, vom Straßenkehrer bis zum Professor. Kurz: ein Biotop. (hg)
So, Mo, Mi + Do 11 - 1 h, Fr + Sa 11 - 3 h, Di Ruhetag. Johannisplatz 15, ☎ 4 80 12 40, MVG/MVV: U4 + 5, Tram 15, 18, 19 + 25 Max-Weber-Platz

Café Kubitscheck
Sendling

Ein Blick durch die großen Fenster weckt mein Interesse: Die original 1950er-Jahre-Einrichtung ist einfach wunderbar - genau mein Stil, die bunten Tische, die Stühle, die Tapeten ... Die Torten und Kuchen sehen gut aus und was wir probierten war auch so. Und die Preise sind günstig. Mehr Geld muss man ausgeben, wenn man an den Veranstaltungen (Weinproben, Kochkurse/www.kochschule-wirtschaftswunder.de) teilnehmen will.
Fr - So + Feiertag 8 - 17 h, Mo - Do Ruhetage. Waldfriedhofstraße 105, ☎ 71 04 91 26, www.cafe-kubitscheck.de, MVG/MVV: U6 Holzapfelkreuth

Café Kunsthalle
Altstadt

Ausstellungsbesucher, Shopper und Flaneure kehren in dieses Café ein. Alle treffen auf ein freundliches Personal, das den Ansturm gut bewältigt. Serviert wird das übliche Caféangebot und eine bemerkenswerte Torten- und Frühstücksauswahl.
täglich 9.30 - 20 h. Theatinerstraße 8, ☎ 20 80 21 20, MVG/MVV: U3 - 6 Odeonsplatz; Tram 19 Theatinerstraße

Café im Lenbachhaus ☆
Maxvorstadt

Das Café im Lenbachhaus lockt mit leckeren italienischen Speisen - Suppen, Vegetarischem oder Fleischgerichten - und mit Kaffee und Kuchen. Bei schönem Wetter wählt man seinen Platz am besten im Freien und Italien lässt grüßen.
Di - So 10 - 18 h, Mo Ruhetag. Luisenstraße 33, ☎ 5 23 72 14, MVG/MVV: U2 + 8 Königsplatz

Café Lotterleben
Altstadt

Das Bistro-Café Lotterleben liegt direkt am Viktualienmarkt und lädt aus diversen Gründen zum Verweilen ein. Man kann einen Drink, einen Kaffee oder diverse Speisen genießen. Die Karte bietet eine leckere Auswahl an Köstlichkeiten aus den unterschiedlichsten Ländern, von amerikanischen Burgers über bayerische Schmankerl bis hin zu mexikanischen Fajitas, und wird durch wechselnde Wochenkarten ergänzt. Auch das Frühstück ist empfehlenswert. (eh)
Mo - Sa 9 - 1 h, So 10 - 1 h. Frauenstraße 4, ☎ 26 55 16, MVG/MVV: Tram 17 + 18 Reichenbachplatz

Café Luitpold
Maxvorstadt

Die hausgemachten Pralinen und Torten des Café Luitpold erreichen beinahe Kultstatus und so verwundert es nicht, dass bisweilen Parallelen zwischen dem Luitpold in München und dem Sacher in Wien gezogen werden. Neben all dem Süßen darf man aber keinesfalls die Hauptgerichte (internationale Küche von

Café im Dallmayr, s. S. 204

11 bis 19.30 h: Spaghetti mit Lachsstreifen, Edelfisch „Luitpold") übersehen, die das Café zu einem mittäglichen Anlaufpunkt machen.

Mo - Fr 9 - 20 h, Sa 8 - 19 h, So Ruhetag.
Brienner Straße 11, ☎ 2 42 87 50,
www.cafe-luitpold.de,
MVG/MVV: U3 - 6 Odeonsplatz

Café Narrentasse
Schwabing

Sind wir hier in einem Beautysalon oder in einem Café? Aufwändige (Kunst-)Blumengestecke, Marmorböden, barocke Deko ... kurz und böse: heftiger Friseusenchic. Die Räume sind auch noch in verschiedenen Farben gestrichen. Schön: heiße Schokolade in diversen Geschmacksrichtungen. Außerdem kann sich der üppige Sonntagsbrunch (bis 14 h) wirklich sehen lassen.

Mo - Fr 10 - 20 h, Sa + So 10 - 18 h.
Kurfürstenstraße 45, ☎ 28 70 14 99,
MVG/MVV: U2 + 8, Tram 12 + 27, Bus 33
Hohenzollernplatz

Café Puck ☀
Maxvorstadt

Nicht nur morgens ist das lässige Puck richtig gemütlich. Frühstück ist in vielen Variationen zu sehr angemessenen Preisen, von 2,30 € bis hin zum „Puck-Special" für zwei Personen für 30,00 €, erhältlich. Am Wochenende gibt es eine Spezial-Frühstückskarte. Wer mittags oder abends Hunger bekommt, isst Bagels, Fingerfood, Suppen, Sandwiches, Salate oder Pasta ab 6,50 €. Täglich zwischen 11 und 23.45 h gibt es Hauptgerichte ab 9,60 € aus der exotischinternationalen Küche. Umfangreiches Cocktailangebot.

täglich 9 - 1 h, Frühstück Mo - Sa bis 18 h,
So bis 20 h. Türkenstraße 33, ☎ 2 80 22 80,
www.cafepuck.de,
MVG/MVV: U3 + 6 Universität

Café Reitschule
Schwabing

Zum Lokal gehören ein Wintergarten, schöne Terrassen und ein Garten. Ein Blickfang ist der Reitplatz, der durch ein großes Fenster vom Café aus einsehbar ist. Es gibt eine täglich wechselnde Tageskarte mit international-vielfältiger Speiseausrichtung. Leute, die in der Pause schnell was essen wollen, bestellen sich ein Mittagsmenü (Hauptgericht und Suppe oder Dessert ca. 8,00 €). Auch die Getränkeauswahl ist vielfältig. Weißweine kommen z. B. aus Südafrika und Australien. 70 bis 80 Cocktails werden an der Bar gemixt, wobei die Keeper auch experimentierfreudig sind. Mehr als ein Dutzend Frühstücke (ab 4,00 €) kann man bis 19 h bestellen. Über den After-Work-Club, den beliebten Brunch und den Cateringservice informiert die Homepage. (ab/gh)

So - Do 9 - 1 h, Fr + Sa 9 - 2 h, Küche 11 -
0.30 h. Königinstraße 34, ☎ 3 88 87 60,
www.cafe-reitschule.de,
MVG/MVV: U3 + 6 Giselastraße

Café Schneller
Schwabing

Wer hier Hunger hat, kann sich eine Suppe (Kartoffel, Sellerie, Tomaten ... je 1,70 €) bestellen oder einen Kuchen (1,90 €) essen. Das Motto dieses traditionsreichen, seit 1884 bestehenden Studentencafés könnte lauten: große Portionen zu kleinen Preisen. Im Sommer Freisitze vorne auf der Straße oder im Hinterhof, wo auch die Backstube liegt. Das Café Schneller ist fast schon eine Kultstätte des Schwabinger Studentenlebens. Wer hier nie in der Schlange an der Theke angestanden ist, hat nicht wirklich in München studiert. (rw)
Mo - Fr 8 - 19 h, Sa + So Ruhetage.
Amalienstraße 59, ☎ 28 11 24,
MVG/MVV: U3 + 6 Universität

Café Schwabing
Schwabing

In diesem Café mit typischem Publikum aus dem Stadtteil gibt es Frühstück bis 16 h. 13 Variationen (ca. 4,00 bis 13,00 €) stehen zur Auswahl. Außerdem: internationale Gerichte auf der Tages- und der Abendkarte: Poularde mit Reis und Tagesgemüse (ca. 9,00 €) oder Spaghetti Scampi (ca. 10,00 €). Für die kleinen Gäste gibt es z. B. Kinderschnitzel oder Spaghetti. Zwei Barkeeper zaubern Cocktails nach Wunsch - während der Happy Hours (17 - 20 h und 23 - 1 h) für ca. 5,00 €. Wer alleine kommt, beobachtet die anderen Gäste oder kann sich die Zeit mit Zeitungen und Zeitschriften vertreiben. (mn)
täglich 8 - 1 h. Belgradstraße 1,
☎ 3 08 88 56, MVG/MVV: U2 + 8, Tram 12 + 27, Bus 33 Hohenzollernplatz

Café Tov
Schwabing

Diese Mischung von Oma- und Szene-Café hat Charme. Die breite Glasfront bringt Licht ins Lokal und die verführerischen Süßigkeiten sorgen für „Hüftgold". Wer Hunger hat, bekommt auch herzhaftere Snacks. Nett hier.
Mo - Fr 9 - 20 h, Sa 9 - 19 h, So Ruhetag.
Hohenzollernstraße 41, ☎ 38 38 09 67,
MVG/MVV: U3 + 6 Giselastraße

Café Wiener Platz
Haidhausen

Wie es sich für einen Szene-Treffpunkt gehört, bietet das Café eine beeindruckende Frühstücksauswahl bis zur Geisterstunde. Doch auch die vielfältigen Speisen (Klassiker: Schnitzel mit Röstkartoffeln & Gurkensalat 13,90 € oder Rösti 8,50 €) von Bagels über Wok-Gerichte, Salate bis Pasta, finden den Beifall des Publikums. Viel Glas und Spiegel würden die Atmosphäre ziemlich abkühlen, wenn nicht die schönen Lampen leuchten und die wechselnden Kunstausstellungen Farbe ins Haus bringen würden.
täglich 8 - 1 h, Küche bis 24 h.
Innere Wiener Straße 48, ☎ 4 48 94 94,
MVG/MVV: U4 + 5, Tram 15, 18, 19 + 25 Max-Weber-Platz; Tram 18 Wiener Platz

Café Zimt
Isarvorstadt

Aus dem ehemaligen Konditorei-Café *Pic as* ist nun das Café Zimt geworden. Man kann hier frühstücken und mittags italienische Speisen genießen.
Mo - Fr ab 7 h, Sa + So ab 9 h. Ehrengutstraße 9, ☎ 7 25 69 72, MVG/MVV: Bus 152 Ehrengutstraße; U3 + 6 Implerstraße

Caffé Florian ✳
Schwabing

Diese Espresso-Bar bietet sich für vieles an. Bekommt man Hunger, so lässt es sich übergangslos in den Restaurantteil wechseln, der mit italienischer Küche (Pasta, Tramezzini, Fisch ab 8,50 €) aufwartet, aber auch Frühstücke, Sandwiches und Kuchen bietet. Auf der Mittagskarte findet man Gerichte für 4,90 bis 8,50 € oder zweigängige Menüs für 9,00 bis 11,50 €. Auffällig ist das umfangreiche Weinangebot. Von 20 bis 21 h kann man zur Happy Hour in die separate Cocktailbar Coccodrillo im Keller (kann auch komplett gemietet werden) wechseln, wo dann jeder der 40 Mix-Drinks ca. 4,50 € kostet. Dienstags, mittwochs und donnerstags spielt in der Bar ab 21 h Live-Jazz. (cm)
täglich 9 - 1 h. Hohenzollernstraße 11,
☎ 33 66 39, www.caffe-florian.de,
MVG/MVV: U3 + 6 Giselastraße

✳ = stadtbuch-tipp!

Caffé Piemonte
Altstadt

Ein echtes Caffé, sprich, ein italienisches Café, muss ein Treffpunkt für Jung und Alt sein. Ein Raum für einen angenehmen Aufenthalt, für Entspannung und Kommunikation. Dazu bedarf es keiner Designer-Ausstattung. Der gute alte Begriff Geschmack beschreibt den Anspruch aufs Trefflichste.

Mo - Fr 8 - 21 h, Sa 9 - 18 h, So Ruhetag.
Petersplatz 9, ☎ 13 94 30 10,
MVG/MVV: U3 + 6, S1 - 8 Marienplatz

Cafiko
Haidhausen

Einen Gegenpol zu all den perfekt durchgestylten Cafés und Coffeeshops bildet das legere Cafiko, das mit seinem liebevoll zusammengewürfelten Antik- und Flohmarkt-Mobiliar eine Wohlfühlatmosphäre kreiert. Hierher kommt man um vielerlei Kaffeespezialitäten (die Bohnen stammen aus der Nachbarschaft, von www.der-grenzgaenger.de) oder Tee zu trinken, Suppen (Mi + Do) zu schlürfen oder Salate und Focaccia zu essen.

Mo - Fr 8 - 24 h, Sa 9 - 1 h, So + Feiertag 9 - 20 h. Breisacher Straße 6, www.cafiko.de, MVG/MVV: U5, S1 - 8, Tram 19, Bus 45, 53, 54, 89, 95, 96, 198 + 199 Ostbahnhof

Cameleon
Altstadt

Die netten Freisitze unter den bunten Sonnenschirmen wirken sehr einladend und auch das Bistro-Café im begrünten Haus ist nicht unattraktiv. Unterschiedliche Farblichter sorgen für einen fließenden Lichtwechsel - der Lokalname begründet das Konzept - und die, den Raum umschließende Bank und das parallel verlaufende Spiegelband bilden den Rahmen für das Geschehen. Einziger Fremdkörper: der nervende Flachbildschirm. Die gute Küche (Hauptgerichte ca. 13,00 €) bietet französische Klassiker von kreativ-leicht bis rustikal-bodenständig. (xl)

täglich 10 - 24 h.
Sebastiansplatz 3, ☎ 26 94 91 20,
MVG/MVV: U3 + 6, S1 - 8 Marienplatz

Casa del Caffé
Altstadt

Eine großstädtische Café- und Vinobar. Man sitzt an der langen Theke, an den Tischen am Fenster oder sucht sich einen Platz in den bequemen Sesseln auf der Galerie. Wer Lesestoff braucht, bedient sich in der Bibliothek. Neben Kaffeespezialitäten werden italienische Weine getrunken. Täglich wechselt das Lunchmenü. Wer etwas anderes will, erhält Sandwiches oder studiert das Angebot, das auf der Tafel steht: Carpaccio vom Rind mit Rucola (9,00 €), ein italienischer Wurstteller (7,50 €) oder etwa Porchetta mit Rucola-Parmesan (7,50 €).

Mo - Sa 9 - 21 h, So + Feiertag Ruhetage.
Residenzstraße 2, ☎ 2 72 06 99,
www.casadelcaffemuenchen.de,
MVG/MVV: U3 - 6 Odeonsplatz

Coffee Fellows
Schwabing

Die Einrichtung dieses angenehmen Coffeeshops ist stylish aber gemütlich. Getrunken werden verschiedene Kaffees, gerne auch flavoured, in den Größen Regular, Tall oder XL. Außerdem gibt es Tees, Shakes und Kaltgetränke. Wer Hunger hat, bestellt Bagels (ca. 3,50 €), belegt mit Antipasti, Chicken Curry, Frischkäse, Salami usw. Wer will nimmt an einem der 15 Internetcomputer Platz. Im Angebot sind auch Service-Prints oder Kopien auf CD. WLAN ist selbstverständlich. Weitere Filialen in der Altstadt: Schützenstraße 14, Tal 33 und Zweibrückenstraße 5 - 7. (xl/eh)

Mo - Do 7 - 24 h, Fr 7 - 1 h, Sa 8 - 1 h, So 9 - 24 h. Leopoldstraße 70, ☎ 38 89 84 70, MVG/MVV: U3 + 6 Münchner Freiheit

Conti-Bistro
Altstadt

Das Bistro-Restaurant im Haus der Bayerischen Wirtschaft bietet internationale Küche. Vor der großen Fensterfront oder an der langen Bar kann man günstig Mittag essen oder Kaffee trinken.

Mo - Fr 10 - 1 h, Sa + So Ruhetage.
Max-Joseph-Straße 5, ☎ 55 17 86 84,
www.conti-bistro.de, MVG/MVV: Tram 19
Lenbachplatz; Tram 27 Karolinenplatz

g*-café-bar (o.), Tambosi-Terrasse (rechte Seite)

Cream ✳
Maxvorstadt

Frühstücken (bis 16 h), Mittag essen (wechselnde Tageskarte), chillen oder abends die international-italienische Küche genießen und mit Cocktails (Happy Hour 17 - 20 h, jeder Cocktail 5,00 €) auf die Nacht einstimmen - das Cream ist vielfältig. Die Terrasse, der Hinterhof im Fackellicht und das DJ-Programm (Do - Sa) sind weitere Pluspunkte dieses lässigen Lokales mit den weißen Ledersesseln und der hauseigenen Shisha-Lounge.

So - Mi 9 - 1 h, Do - Sa 9 - 2 h. Amalienstraße 87, ☎ 28 84 48, www.cream-muenchen.de, MVG/MVV: U3 + 6 Universität

Delistar
Schwabing

In den Delistar-Läden muss man seinen Bagel (elf Variationen stehen zur Wahl) nicht kaufen und gehen. Man kann das Kringelgebäck auch vor Ort essen und dazu Kaffee (Espresso, Supremo Blend, Decaffeinated) trinken und kostenlos im Internet surfen. Es gibt Bagels mit getrockneten Tomaten, mit Mohn oder Sesam usw. Als Beläge sind Cream Cheese, Thunfisch, Salat, Nutella und vieles andere denkbar. Wer seine Einkäufe in eine Bagelcard eintragen lässt, erhält nach zwölf Bagels einen kostenlos. Filialen: Kaulbachstraße 41 und Brienner Straße 45 a - d.

Mo - Fr 7.30 - 20 h, Sa 8.30 - 20 h, So Ruhetag. Amalienstraße 40,
☎ 28 99 64 35, www.delistar.de,
MVG/MVV: U3 + 6 Universität

Faun ☆
Gärtnerplatzviertel

Das Faun ist auch als Frühstückstreff beliebt: angenehmes Ambiente und eine umfangreiche Auswahl . Während der Woche gibt es mittags ein Tagesgericht (5,10 €), ein vegetarisches Menü (Suppe und Hauptspeise 6,10 €) und ein Menü mit Fleisch (Hauptgericht und Dessert 7,10 €). Tipps auf der regulären Karte: der Salatteller Faun (9,50 €), die Filet-Pfanne (9,80 €) oder das Straußen-Steak (13,60 €). Von 9 bis 10 h kosten die Heißgetränke nur den halben Preis und von 17 bis 19 h ist Bier-Happy Hour: der halbe Liter Augustiner kostet dann 2,10 €.

So - Do 9 - 1 h, Fr + Sa 9 - 2 h. Hans-Sachs-Straße 17, ☎ 26 37 98, 2 60 64 99, MVG/MVV: U1 - 3 + 6 Sendlinger Tor; Tram 17, 18, 27 Müllerstraße

Friesische Teestube
Schwabing

Der richtige Treffpunkt für einen gemütlichen Plausch; in Polstermöbel gebettet, bei einer heißen Tasse Tee (Kännchen 4,20 €) - 120 Sorten, die Auswahl ist schlicht überwältigend - und einer herzhaften Brotzeit (kleiner Toast 4,40 €, kalte Platte ca. 10,00 €), Baguettes oder Kuchen. Wer Tee verschmäht, findet ein Weinangebot und verschiedene Biere. (ab)

täglich 10 - 22 h, Küche bis 21.30 h. Pündterplatz 2, ☎ 34 85 19, www.friesische-teestube.de, MVG/MVV: U3 Bonner Platz

g*café-bar ☆
Isarvorstadt

In dieser schönen, von 18.000 LED's illuminierten Café-Bar werden 36 Sorten Trinkschokolade so cremig zubereitet, das man sie genüsslich löffeln kann. Dazu wird ein Glas Wasser serviert. Außerdem serviert das g*-Team Frühstücke (bis 16 h), Mittagsangebote (5,00 €), kreativ belegte Brote oder auch mal ein Schokoladen-Fondue. Im Sommer locken Freisitze und das ganze Jahr über mixt der Bartender leckere Cocktails.

Mo - Sa ab 8 h, So ab 10 h. Thalkirchner Straße 11, ☎ 77 21 77 21, www.g-cafe.de, MVG/MVV: U1 - 3, 6 + 7, Tram 16 - 18 + 27 Sendlinger Tor

Gollierhof
Schwanthalerhöhe

So stellt man sich ein Kaffeehaus im historischen Wien vor: dunkles Holz, schlichte Möbel, große Fenster, Lüster, Rüschenvorhänge, österreichische Kaffeespezialitäten, gute Suppen, Mehlspeisen, Wiener Schnitzel, Fiakergulasch und viel Fleischiges mehr. Wer nicht an die Donau reisen will, bleibt halt an der Isar. Alle Preise sind im grünen Bereich.
täglich 10 - 24 h. Parkstraße 22 / Ecke Gollierstraße, ☎ 50 07 32 89, MVG/MVV: U4 + 5 Schwanthalerhöhe; Tram 18 Holzapfelstraße

Götterspeise ✤
Glockenbachviertel

Pralinen und (Trink-)Schokolade zum gleich Trinken/Essen oder zum Mitnehmen bietet diese Chocolaterie mit Café und präsentiert damit eine Vielzahl von Beweisen dafür, dass uns die Kakaobohne von den Göttern geschenkt worden ist.
Mo - Fr 8 - 19 h, Sa 9 - 18 h, So Ruhetag. Jahnstraße 30, ☎ 23 88 73 74, MVG/MVV: U1, 2, 7 + 8, Tram 27 Fraunhoferstraße

Guido al Duomo
Altstadt

Schönes Bistro-Café gleich bei der Frauenkirche. Bei schönem Wetter kann man unter der Markise sitzen, aber auch im Lokal selbst fühlt man sich wohl. Hierher kommt man nicht, weil man großen Hunger hat. Wer aber Pasta, Gemüse oder Meeresfrüchte essen will, findet eine Auswahl leckerer Speisen, die nicht besonders reichlich portioniert sind und deshalb als etwas teuer (Hauptgerichte 8,00 bis 15,00 €) eingestuft werden können.
Mo - Fr 12 - 22 h, Sa 10 - 20 h, So Ruhetag. Frauenplatz 12, ☎ 24 23 16 90, MVG/MVV: U3 + 6, S1 - 8 Marienplatz

Interview
Gärtnerplatzviertel

Der Tag fängt mit einem Frühstück (bis 17 h) an, zum Beispiel mit der Biovital-Variation mit Kürbiskernbrot, Gurke, Tomate, Avocado, Ei, Müsli, Joghurt und Saft. Bei schönem Wetter direkt am Gärtnerplatz. Mittagsangebote: zweierlei Pasta (6,90 - 7,90 €, kl. Salat 1,50 €) und zweierlei Thaigerichte (9,50 €, kl. Suppe 1,00 €. Abends ist die Speisekarte umfangreicher.
täglich 9 - 1 h. Klenzestraße 33, ☎ 2 02 16 49, www.interview-muenchen.de, MVG/MVV: U1, 2, 7 + 8, Tram 27 Fraunhoferstraße; Tram 17 + 18 Reichenbachplatz

Kafe Zentral
Haidhausen

Der Name ist kein Rechtschreibfehler, das Lokal heißt halt so. Das Zentral gibt sich ganz normal und unaufgeregt und ist gerade deshalb sehr angenehm. Die Einrichtung wird von Holz mit Stahlakzenten dominiert. Aus der Küche kommen vor allem Nudelgerichte und Aufläufe, aber auch Schnitzel sind zu haben. Der Frühstücksgast freut sich über die große Auswahl (3,50 bis 10,50 €) und reichlich Lesestoff. Täglich werden zwei wechselnde Mittagessen für ca. 6,00 € serviert, im Sommer auch auf der Terrasse.
So - Do 7 - 2 h, Fr + Sa 7 - 3 h. Schweigerstraße 10, ☎ 65 73 72, MVG/MVV: Bus 152 Schweigerstraße; Tram 27 Mariahilfplatz

Kaffeedscherl
Altstadt

Das kleine Stehcafé am Viktualienmarkt ist eine wienerische Insel. Der Espresso heißt hier Kleiner Schwarzer, eine Melange ähnelt dem Cappuccino und der Einspänner besteht aus Espresso mit Schlagsahne im Glas. Der Kaffee kommt von der Traditionsmarke Julius Meinl aus Wien, genauso wie der Betreiber ein Wiener ist. Wer Hunger hat, bestellt österreichische Mehlspeisen, Sandwiches oder Baguettes. Bier, Weine, Sekt und Schnäpse werden auch aus der Alpenrepublik geliefert.
Mo - Fr 9 - 20 h, Sa 10 - 19 h, So Ruhetag. Westenriederstraße 11, ☎ 29 54 89, www.kaffeedscherl.de, MVV/MVG: U3 + 6, S1 - 8 Marienplatz

Kaffeehaus Altschwabing ✤
Schwabing

Wer die hohen Räume mit ihren Säulen, Lüstern und prächtigem Stuck betritt, fühlt sich in ein Kaffeehaus der vorletzten Jahrhundertwende zurückversetzt. Wenn man dann Platz nimmt, für einen kurzen Moment die Augen schließt und die Atmosphäre atmet, fällt es nicht schwer, Thomas Mann und andere Literaten hier sitzen zu sehen. Frühstücken kann man bis 17 h. Auf der wechselnden Tageskarte findet man Gerichte wie Wiener Schnitzel, Puten-Cordon bleu, Chili, Blumenkohlsuppe, Räucherlachs mit Kartoffelpuffer, Leberkäs oder Kartoffeltaschen. Vor oder nach dem Essen lohnt ein Blick auf die Cocktailauswahl. Im Sommer gerne vor dem Haus, allerdings nicht wenn Konzerte oder ähnliches stattfinden. (mn)

täglich 8 - 2 h, warme Küche bis 22.30 h. Schellingstraße 56, ☎ 2 73 10 22, MVG/MVV: Tram 27, Bus 56 Schellingstraße; U3 + 6 Universität

Karo
Schwabing

Der Name Karo erinnert uns an 70er Jahre-Lokale, doch der Name täuscht. Dieses Kaffee-Haus präsentiert sich auf der Höhe der Zeit, gibt sich loungig und gar nicht altbacken. Dafür sorgt die Einrichtung mit dunklen Ledercouchen, rot beleuchteter Bar, zurückhaltender Deko und die große Fensterfront. Man kann günstig frühstücken oder lecker Essen.

Mo - Fr 9 - 22 h, Sa + So 10 - 22 h. Nordendstraße 24 / Ecke Georgstraße, ☎ 27 37 38 00, MVG/MVV: Tram 27 Nordendstraße

Kiki
Neuhausen

Die sympathische Wirtin Kiki sorgt in ihrem Café-Bistro für eine herzliche Atmosphäre ohne sich dabei anzubiedern. Schlichte weiße Holzmöbel und -regale bestimmen den Raum und bunte Farbakzente lockern das Bild auf. Aus Kiki's Küche kommen frische Salate, Suppen, Pasta und Gemüsiges (Hauptgerichte ca. 6,00 €). Jeden Tag kann man auf der Tafel lesen, was es gerade Frisches gibt. Getrunken werden Obst- oder Gemüsesäfte und Kaffee (wie in Wien, wird dazu ein Glas Wasser serviert). Und deshalb empfehlen wir Kiki's Lokal für die Kaffee- und die Mittagspause und gerne auch zum Kuchen essen am Nachmittag.

Mo - Fr 10 - 18 h, Sa + So Ruhetage. Schulstraße 34, ☎ 13 01 16 52, www.kaffeekiki.de, MVG/MVV: U1 + 7, Tram 12 Rotkreuzplatz; S1 - 8, Bus 33, Tram 17 Donnersbergerstraße

La Cicchetteria
Haidhausen

Wo vor seinem Umzug das Negroni war, sorgt jetzt das La Cicchetteria für italienische Bar-Atmosphäre. Die ursprüngliche und gemütliche Einrichtung wurde erfreulicher Weise kaum verändert. Hierher kommt man auf einen Espresso im Stehen, zum kleinen Pausensnack (Tramezzini & Co.), zum Frühstücken oder zum Wein und Cocktails trinken. Und dabei geht es lässig-entspannt zu.

Mo - Sa 8.30 - 3 h, So 16 - 3 h. Innere Wiener Straße 38, ☎ 44 21 85 80, www.lacicchetteria.de, MVG/MVV: U4 + 5, Tram 15, 18 , 19 + 25 Max-Weber-Platz

Lo Studente
Maxvorstadt

Frühstücken, Kaffee trinken oder Pizza essen. Diese Café-Pizzeria ist eine Art Allround-Versorger (nicht nur) für Studenten die Hunger und Durst haben. Die Atmosphäre ist loungig und die Preise sind günstig.

täglich 8.30 - 1 h. Schellingstraße 30, ☎ 27 37 54 47, MVG/MVV: U3 + 6 Universität

Maria
Glockenbachviertel

Schön, dass es solche Lokale gibt. Alles wirkt improvisiert, hemdsärmelig, aber durchaus sympathisch. Man kann bis 22 h frühstücken und während des Tages bekommt man die üblichen, täglich wechselnden Café-Kneipen-Speisen (Suppen, Pasta, Kuchen) zu günstigen Preisen (3,00 bis 7,00 €). Nur die lehnenlosen Hocker sind mir zu unbequem. Dafür ist frühstücken hier sehr nett. Und die Terrasse an der Straßenkreuzung macht auch Spaß. (xl)

Mo - Fr 8.30 - 22 h, Sa + So 9 - 19 h. Klenzestraße 97, ☎ 20 24 57 50, MVG/MVV: U1, 2, 7 + 8, Tram 27 Fraunhoferstraße

typisch münchen

kultur & erlebnis

freizeit & relaxen

essen & trinken

city & guide

★ **stadtbuch-tipps**

FRÜHSTÜCK

Coffee Fellows

Maria Gandel
Lehel

Das liebenswerte Bistro-Café bietet im Sommer 70 sonnige Freisitze. Abends gibt es französische Gerichte. Auf der täglich wechselnden Mittagskarte findet man Italienisches für ca. 5,00 bis 10,00 €. Maria Gandel ist ein angenehmer Feinkostladen für italienische Spezialitäten, wo der Gast quasi zwischen den Regalen sitzt. Im Winter gerne am Kamin.
Mo - Sa 9 - 1 h, So Ruhetag. Sankt-Anna-Platz 1, ☎ 29 16 25 25, MVG/MVV: U4 + 5, Tram 17 Lehel

Mezzanin Café Küche
Altstadt

Für die Mittags- oder Kaffeepause eignet sich das kleine Mezzanin sehr gut. Täglich frische Speisen (Mo - Fr Tagesgericht mit Salat unter 6,00 €) der italienisch-internationalen Küche gehören genauso zum Angebot, wie Suppen, Salate oder Piadine (Sandwiches mit verschiedenen Belägen, ca. 4,00 bis 6,00 €). An der Straße stehen im Sommer einige Freisitze.
Mo - Sa 11 - 18 h, So Ruhetag. Lueg ins Land 1, ☎ 2 28 50 44, www.mezzanin.net, MVG/MVV: S1 - 8, Tram 17 + 18 Isartor

Mozart ★
Ludwigsvorstadt

Trotz seines betulich-bieder - nichts gegen den genialen Komponisten - klingenden Namens ist dieses Oma-Café bei der jüngeren Klientel ziemlich angesagt. So wird die piefige, nur wenig aufgepeppte Einrichtung als cool angesehen oder einfach ignoriert und dafür die volle Konzentration der Frühstücksauswahl (ca. 4,00 bis 23,00 €) und den internationalen Speisen (Hauptgerichte ca. 9,00 €) gewidmet. Das Getränkeangebot ist ausgesprochen vielfältig.
So - Do 9 - 1 h, Fr + Sa 9 - 3 h, Küche 10 - 24 h. Pettenkoferstraße 2, ☎ 59 41 90, www.cafe-mozart.de, MVG/MVV: U1 - 3, 6 + 7, Tram 16 - 18 + 27 Sendlinger Tor

Muffins'n'More
Neuhausen

Die zusammen gewürfelte Einrichtung und die - teils - skurrilen Deko-Ideen erzeu-

Caffé Florian

gen eine Atmosphäre, die nicht ohne Charme ist. Wir befinden uns in einem Kneipen-Café der unkomplizierten Art. Gebacken werden hier Muffins, Brownies, Bagels, Cheese Cake (diverse Variationen), Pies und einiges mehr. Wen es nach Herzhafterem gelüstet, bestellt vielleicht das Chili. Nette Stimmung, auch wenn ab und zu mal Live-Musik spielt.

Mo + Di 17 - 1 h, Mi - So 11 - 1 h.
Volkartstraße 25, ☎ 55 06 37 96,
MVG/MVV: U1 + 7, Tram 12 Rotkreuzplatz

Nespresso Boutique
Altstadt

Diese Kaffee-Bar verkauft als Nespresso-Boutique nicht nur Nespresso-Produkte, sie ist auch ein durchgestylter Kaffeetrinker-Treff. „Tchibo für den Nachwuchs", sagen manche dazu.

Mo - Sa 8 - 20 h, So Ruhetag.
Residenzstraße 19, ☎ 21 11 49 69,
MVG/MVV: U3 - 6 Odeonsplatz

News Bar ☆
Schwabing

Einfach, aber stilvoll-gelungen eingerichtetes Lokal. Es gibt internationale Magazine und Zeitungen zu kaufen. Die sollte man dann aber auch gleich hier lesen, denn man isst gut und durchaus preiswert. Das reichhaltige Frühstücksangebot (ca. 3,00 bis 9,00 €. Tipp: Sesambagel mit Creamcheese, Rächerlachs, Avocado-Eiersalat und O-Saft 7,70 €) lockt viele an. Auswahltipps auf der Karte: Salatvariationen und saisonale Gerichte, wie beispielsweise Spargel. Außerdem gibt es noch weitere vegetarische und asiatisch-internationale Speisen, Pasta, Sandwiches, Crêpes und diverse Burger. Cocktails gehören auch zum Programm. (sb)

täglich 7.30 - 2 h, warme Küche bis 24 h.
Amalienstraße 55, ☎ 28 17 87,
MVG/MVV: U3 + 6 Universität

Papa & Floana
Altstadt

In der Brot-Bar der Schauspielerin Christiane Burk gibt es 18 verschieden belegte Brote (Tomate, Käse, Geflügelleber, Obazdn, oder Bio-Rührei-Kombis z. B. mit Lachs, Champignons, Thunfisch oder Matjes). Auch die Saison bestimmt die Beläge. Ein Roggen-Mischbrot-Schnittchen kostet 0,80 €. Dazu trinkt man (vielleicht) ein Weißbier aus dem Miniglas. Papa & Floana ist keine Szene-Bar, sondern eine Gastro-Idee für alle Hungrigen, die nicht zu Fritten & Co. greifen.

Mo - Fr 10 - 20 h, Sa 10 - 19 h, So Ruhetag.
Residenzstraße 23, ☎ 24 20 58 80,
www.papa-floana.de,
MVG/MVV: U3 - 6 Odeonsplatz

Platzhirsch
Altstadt

Irgendwann sind sie ganz verschwunden: die Omas aus den Oma-Cafés. Sie wurden von hippen oder pseudo-coolen Kaffee-Tanten verdrängt oder vom DJ-Lärm von ihren Stühlen gepustet. Seit einigen Jahren verwandeln sich alteingesessene biedere Cafés in neudeutsch-trendige

Locations fürs junge Volk. So ist es heute auch nicht mehr besonders aufregend, zumindest wenn man kein früherer Stammgast ist, wenn sich das Café im Rosental in den Platzhirsch verwandelt. Als solcher kann man sich aber fühlen, wenn man vom 1. Stock aus durch die breite Fensterfront den klasse Panoramablick auf den Viktualienmarkt genießt - bei Sahnetorte & Co. versteht sich. Ansonsten: coole Veranstaltungen auf piefigem Teppich.

täglich 10 - 22 h. Rosental 8, 1. Stock,
☎ 26 45 46, www.platzhirschen.de,
MVG/MVV: U3 + 6, S1 - 8 Marienplatz

Rothmund
Isarvorstadt

In diesem sympathischen Café gibt es eine große Auswahl an Frühstücken (ca. 4,00 bis 8,00 € bis 15 h). Sonntags lockt ein internationales Frühstück. Erfreulich: der Nichtraucherbereich. Sehr gute Mittagsgerichte (Bio-Fleisch, Pasta, Salate und vegetarische Speisen) sind für ca. 6,00 bis 11,00 € im Angebot. Freisitze an der verkehrsberuhigten Straße.

täglich 9 - 24 h. Rothmundstraße 5,
☎ 53 50 15, www.rothmundcafe.de,
MVG/MVV: U1 - 3, 6 + 7, Tram 16 - 18 + 27
Sendlinger Tor

Roxy
Schwabing

Hier gibt es ein wirklich opulentes und gutes Frühstück (2,60 bis 9,60 €) - und zwar rund um die Uhr! Neben der wechselnden Tageskarte mit speziellen Mittagsangeboten bietet die Speisekarte Suppen, Salate, Pasta, Burger, Vegetarisches, Steaks und Schnitzel zu üblichen Preisen. Die Auswahl an Cocktails (80 Variationen, aber keine Happy Hour) und Spirituosen ist beeindruckend, auch wenn deren Preise manchem hoch erscheinen. Schön die Lichtobjekte, die, in der etwas kühlen Einrichtung, Akzente setzen. Die sommerlichen Freisitze bieten freie Sicht auf das Leo-Geschehen. (rw/sh)

täglich 8 - 3 h, warme Küche bis 1.30 h.
Leopoldstraße 48, ☎ 34 92 92,
MVG/MVV: U3 + 6 Giselastraße

Ruffini ✳
Neuhausen

Im Ruffini (seit über 27 Jahren) dürfen verschlafene Morgenmuffel bis kurz vor 16 h frühstücken (ab 5,00 €) - jedenfalls am Wochenende, sonst müssen sie ihr Müsli, die Bio-Eier oder das Früchtejoghurt bereits um 12 h verspeist haben. Wirklich lecker: Das Vollwertfrühstück, das allerdings auch seinen Preis hat. Vor allem das Brot und der frische Kuchen, aus der hauseigenen Bio-Bäckerei, verdienen Lob, wie auch das Weinangebot. Die 50 Plätze auf der schönen Dachterrasse sind sehr begehrt. Die wechselnde Tageskarte orientiert sich an der italienischen Küche (zwischen 3,50 und 11,00 €) und glänzt mit Vorspeisen, Suppen, Pasta, Risotto, Salaten und Fleischgerichten - alles lecker. Lesungen, Konzerte usw., finden montags - vor allem im Winter - statt. Im kleinen Laden nebenan gibt's das Ruffini-Sortiment für zu Hause. Das Publikum ist studentisch, wohl situiert und/oder kommt aus der Nachbarschaft. (rl/rw)

Di - Sa 10 - 24 h, So 10 - 18 h, Mo Ruhetag.
Orffstraße 22, ☎ 16 11 60, www.ruffini.de,
MVG/MVV: U1 + 7, Tram 12 Rotkreuzplatz

Saha
Schwabing

Dieses loungige Café-Restaurant ist ein Vollversorger, das bedeutet: hier kann man frühstücken, von 11.30 bis 14.30 h gibt es einen Business-Lunch (täglich wechselndes Gericht mit Dessert und Kaffee 7,50 €) und abends eine wöchentlich wechselnde Karte. Das kuschelige Kaminzimmer eignet sich auch für geschlossene Veranstaltungen. Wer will, bestellt sich eine Wasserpfeife (z. B. Apfel, Erdbeere, Kirsche, Zitrone oder Honigmelone). Übrigens, der Kronleuchter in der Mitte des Lokals hing ursprünglich in Kay's Bistro im Marlene Dietrich-Zimmer.

Mo - Fr 9 - 1 h, Sa + So 11 - 1 h.
Giselastraße 10, ☎ 38 38 07 86,
MVG/MVV: U 3 + 6 Giselastraße

✳ *= stadtbuch-tipp!*

San Francisco Coffee Company
Lehel, Haidhausen, Altstadt, Neuhausen, Gärtnerplatz, Arabellapark, Modehaus Konen, City Center

Die Einrichtung aller Läden der San Francisco Coffee Company zeichnet sich durch ihre Schlichtheit aus. Die Freundlichkeit des Personals lässt gelegentlich zu wünschen übrig. Dafür ist der Kaffee top. Das Publikum ist dynamisch und erfolgreich oder sieht in der Regel zumindest so aus.

Mo - Sa ab 7.30 h, So ab 9 h. www.sfcc.de

Santos
Isarvorstadt

Nette Café-Bar mit günstigem Essensangebot (mittags: Hauptgericht + Softdrink oder Kaffee 6,00 €), das nicht nur aus Suppen und Snacks besteht. Schon am Morgen fällt viel Licht durch die großen Fenster ins Lokal und somit bietet sich das Santos auch als Frühstückslokal an. Ab und zu gibt es hier Livekonzerte bzw. „Happy Sound for Happy People". Die etwas angesnobt wirkenden Stühle stören mich ein wenig.

So, Di - Do 12 - 24 h, Fr + Sa 12 - 4 h, Mo Ruhetag. Angertorstraße 4, ☎ 23 07 73 24, www.santos-muenchen.de, MVG/MVV: U1 - 3, 6 + 7, Tram 16 - 18 + 27 Sendlinger Tor; Tram 17, 18, 27 Müllerstraße

Sappralott
Neuhausen

Ein gemütlicher Tag fängt mit einem entspannten Frühstück an. Im Sappralott kostet es zwischen ca. 4,00 und 7,00 € und wird bis 14 h serviert. Das Sonntagsbuffet lockt bis 15 h. Aus der Küche kommen internationale Speisen, wie Lammhaxerl mit Bratkartoffeln (6,10 €) oder Weizentortillas mit Lachs und Shrimps (9,10 €). Außerdem: täglich wechselnde Mittagsmenüs. Getrunken werden Augustiner-Biere und Cocktails (6,50 €, alkoholfrei 4,50 €). Ruhige Freisitze an der Straße. (hg)

So - Do 10 - 1 h, Fr + Sa 10 - 3 h. Donnersbergerstraße 37, ☎ 16 47 25, MVG/MVV: U1 + 7, Tram 12 Rotkreuzplatz; S1 - 8 Donnersbergerbrücke; Tram 16 + 17 Donnersbergerstraße

Schuhbecks WeinBistro ☀
Altstadt

Im asiatisch-bayerischen Weinbistro (mit Lieferservice) gibt's Suppen, Pasta, Snacks, kalte und warme Antipasti und eine Vielzahl von Brotaufstrichen. Die Qualität stimmt bei Schuhbeck natürlich immer.

Mo - Sa 12 - 1 h, So + Feiertag Ruhetage. Pfisterstraße 9 - 11, ☎ 25 54 88 82, www.schuhbeck.de, MVG: U3 + 6, S1 - 8 Marienplatz; Tram 19 Nationaltheater

Schumann's Tagesbar ☀
Altstadt

Schumann's Tagesbar gibt sich selbstbewusst und leger. In Schumann's Bar geht man wegen der Cocktails und der Bratkartoffeln, in die Tagesbar um einen Espresso oder einen Cappuccino im Stehen oder ein Panini zwischendurch zu genießen. Auf der wechselnden Tageskarte stehen Suppen (ca. 4,00 €), aber auch Fleisch- und Fischgerichte (ca. 10,00 €). Angenehme Atmosphäre. (rp)

Mo - Fr 8 - 21 h, Sa 9 - 19 h, So + Feiertag Ruhetage. Maffeistraße 6, ☎ 24 21 77 00, MVG/MVV: U3 + 6, S1 - 8 Marienplatz; Tram 19 Theatinerstraße

Scenery & Tea to go
Altstadt

Im Teeladen in den Fünf Höfen stehen 50 Teesorten zur Auswahl. Hier kann man alle Tees probieren oder, wie Coffee to go, im Becher mitnehmen. Zum Tee isst man englische Kuchenspezialitäten, außerdem gibt es sechs verschiedene Scones.

Mo - Fr 9 - 20 h, Sa 9 - 19 h, So + Feiertag 13 - 18 h. Theatinerstraße 16, ☎ 24 22 43 96, www.victorianhouse.de, MVG/MVV: Tram 19 Theatinerstraße; U3 - 6 Odeonsplatz

Segafredo-Bar
Maxvorstadt

Keine Frage, wir befinden uns in einer der schönsten Cafébars der Stadt. Ein hoher Raum, große Fenster und ein Design das sich ganz auf die Kraft von Weiß verlässt. Weiß ist die gepolsterte Wand, weiß sind die Stühle, die Tische und auch die Bar. Für Farbe sorgen die Gäste und das

Schumann's Tagesbar (o.), Schuhbecks WeinBistro (m.), Stadtcafé (u.), NewsBar (rechte Seite)

Stadtcafé im Stadtmuseum ✳
Altstadt

Das Publikum ist großstädtisch, kulturinteressiert und cool. Am Wochenende und abends wirds immer sehr voll, so dass man sich, wenn man nicht verdursten will, am besten seine Getränke selbst an der Theke abholt. Das Personal wirkt aber trotz des Stresses freundlich und sympathisch. Im Sommer kann man sich in einen der schönsten Innenhofgärten der Altstadt unter Akazien setzen - falls wirklich mal ein Platz frei ist. Auf der Karte und an den Tafeln an der Theke findet man Suppen, Sandwiches, Risotto und Pasta ab ca. 4,00 €.
So - Do 11 - 24 h, Fr + Sa 11 - 1 h. St.-Jakobs-Platz 1, ☎ 26 69 49, MVG/MVV: U3 + 6, S1 - 8 Marienplatz; Tram 17, 18 Reichenbachplatz

Stimmt So
Altstadt

Wirtshäuser und Kneipen gibt es in München schon mehr als genug. Geradezu wohltuend hebt sich deshalb das „Stimmt So" ab: schwarz-weißer Steinboden, die weiße Treppe zur Galerie ist mit kobaltblauem Teppich belegt, cremefarbene Wände. Der sieben Meter hohe Raum verleiht dem Lokal eine fast würdige Atmosphäre. Mittagspäusler bestellen aus dem täglichen Angebot (ca. 4,00 €) oder von der wöchentlich wechselnden Karte (ca. 7,00 bis 12,00 €). (gh/ak)
täglich 9 - 1 h. Isartorplatz 4, ☎ 2 28 34 34, MVG/MVV: S1 - 8, Tram 17, 18 + N17 Isartor

Segafredo-Sortiment mit seinen Kaffeespezialitäten. Außerdem gibt es Salate, Toasts, Sandwiches, Panini, Kuchen und Desserts.
täglich 7 - 20 h. Theresienstraße 59, ☎ 54 74 09 00, MVG/MVV: U2 Theresienstraße

Selig ✳
Glockenbachviertel   Gay

Café-Bar und Speiselokal in einem, das ist das beliebte Selig. Hier kann man gut frühstücken, Mittag essen und mit Snacks den kleineren Hunger stillen.
Mo, Mi + Do 9 - 1 h, Fr 9 - 3 h, Sa, So + Feiertag ab 9 h, Di Ruhetag bzw. Eventtag. Hans-Sachs-Straße 3, ☎ 23 88 88 78, www.einfachselig.de, MVG/MVV: U1, 2, 7 + 8, Tram 27 Fraunhoferstraße

Stoa
Westend

Ein Blick auf die Speisekarte des Cafés im Westend: Stoa-Burger, vegetarische Enchiladas, Schinkennudeln, überbackener Camembert oder Wiener Schnitzel. Auf der Mittagskarte findet man Gerichte ab ca. 5,00 € und samstags und sonntags kann man aus einer Frühstückskarte wählen. Von Oktober bis März werden zweimal im Monat Live-Konzerte veranstaltet. Im Sommer kann man auch auf der Terrasse sitzen. Nicht verpassen: Straßenfest mit Live-Bands, Grill-Station u.v.m.
So - Do 10 - 1 h, Fr + Sa 10 - 2 h.
Gollierstraße 38, ☎ 5 02 46 13,
MVG/MVV: U4 + 5 Schwanthalerhöhe

Strelizia
Neuhausen

Café-Bistro mit zwei Terrassen. Wer Hunger bekommt bestellt Pizza, Fisch- und Fleischgerichte oder Pasta ab 5,00 €.
täglich 10 - 24 h.
Helene-Weber-Allee 9, ☎ 1 57 58 33,
MVG/MVV: Tram 20 + 21 Goethe-Institut

Tagträumer
Isarvorstadt

So stelle ich mir ein modernes Tagescafé vor: morgens Kaffee und Gebäck fürs Frühstück (wochenends Frühstücksangebot ab 5,00 €), täglich zwei warme Hauptgerichte (ca. 5,00 €), mittags auch Suppen, Toasts, Sandwiches und Snacks für die Pause, nachmittags Kuchen und Torten zum Kaffee und nach der Arbeit gibt's hier noch was Warmes für den Nachhauseweg. Gäste können sich auch auf den wenigen Plätzen ganz relaxt ihren Tagträumen hingeben oder sich über die hauseigenen Kurse informieren.
Mo - Fr 8 - 18 h, Sa + So 10 - 19 h.
Dreimühlenstraße 17, ☎ 76 77 57 51,
www.tagtraum-muenchen.de,
MVG/MVV: Bus 31 + 52 Ehrengutstraße;
Bus 58 Baldeplatz; Bus 131 Roecklplatz; U3
+ 6 Poccistraße

Tahitian Noni Café
Altstadt

Auf der Verarbeitung der polynesischen Noni-Frucht beruht die Geschäftsidee einer amerikanischen Firma, die neben ihrem Münchner Laden, in dem es Nahrungsergänzungen, Beauty- und Wellnessprodukte, sowie Tiernahrung zu kaufen gibt, ein Café betreibt. Die tahitianisch-polynesischen Gerichte sind Kombis aus Fleisch und Obst, Salate und Sandwiches: viel Huhn, aber auch Fisch. Interessante Geschmackserlebnisse sind möglich! Die Einrichtung des Cafés ist dagegen eher langweilig.
Mo - Sa ab 8 h, So ab 11 h. Sonnenstraße
9, ☎ 2 55 51 93 10, MVG/MVV: U4 + 5, S1
- 8, Tram 16 - 21 + 27 Karlsplatz/Stachus

typisch münchen

kultur & erlebnis

freizeit & relaxen

essen & trinken

city & guide

Tambosi ☆
Altstadt

Luigi Tambosi aus Trient begründete vor 230 Jahren dieses traditionsreiche Caffèhaus am Hofgarten. Auch heute noch versetzen antike Canapés, die Tramezzinibar, zahlreiche Applikationen und Intarsien den Gast in die Vergangenheit. Bei einem Latte macchiato oder einem Caffè Borega mit Honig, Zimt und Schokoraspeln kann man in der liebevoll gestalteten Karte schmökern. Neben Crostini oder Antipasti, gibt es Salate, Pasta, Fleisch- und Fischgerichte ab ca. 9,00 €. Frühstücken (bis 14 h) kann man bereits ab ca. 3,00 €. Das Mittagsmenü, mit Vorspeise, Hauptgang und einem Glas Wein, wird für ca. 10,00 € serviert. Bei Sonnenschein sind die Plätze vor dem Tambosi, mit Blick auf die Feldherrnhalle, im Handumdrehen besetzt. (gh/kv)
täglich 8 - 1 h. Odeonsplatz 18, ☎ 29 83 22, www.tambosi.de, MVG/MVV: U3 - 6 Odeonsplatz

Tresznjewski
Schwabing

Man kann hier bis 16 h frühstücken, das dürfte auch Langschläfer erfreuen. Die täglich wechselnden Mittags- und Abendkarten (Essen bis spät in der Früh!) haben Pasta und Salate zum Schwerpunkt. Weiteres: Schnitzel 13,30 €, Currywurst 7,40 €, Spareribs 9,20 € oder Studentenfutter (10 bis 15 h) 3,90 €. Die Einrichtung erinnert ein wenig an ein Jugendstil-Kaffeehaus und ist recht gemütlich.
So - Mi 7.30 - 1 h, Do - Sa 7.30 - 4 h. Theresienstraße 72, ☎ 28 23 49, www.tresznjewski.de, MVG/MVV: U2 Theresienstraße; Tram 27 Pinakotheken

Uni-Lounge
Maxvorstadt

Einen Espresso nach einer allzu langen Vorlesung, ein Tramezzini gegen den Hunger zwischendurch, einen Salat oder einen Absacker am Abend. Die Lounge im Keller des Uni-Hauptgebäudes ist ein Treffpunkt, nicht nur, aber vor allem für Studenten und Profs. Zum Relaxen, Vor- oder Nachbereiten, wie auch immer, auf der Terrasse oder im Lokal.
Mo - Sa 8 - 1 h, So 11 - 19 h. Geschwister-Scholl-Platz 1, ☎ 27 37 32 64, MVG/MVV: U3 + 6 Universität

Vanilla Lounge
Schwabing

Die schöne Vanilla Lounge ist eine anspruchsvolle Café-Bar, die das Ambiente eines modernen Clubs bietet. Von morgens bis spät in der Nacht kann man hier seine Zeit verbringen und frühstücken, Bagels, Tramezzini, Toasts oder Panini essen. Wer es etwas herzhafter mag, bestellt Suppen, Pizzen oder mexikanische Spezialitäten. Cocktailtrinker haben 300 Positionen zur Auswahl. Ein weiteres Highlight der Vanilla Lounge ist natürlich das Kaffeeangebot.
täglich ab 7 h. Leopoldstraße 65, ☎ 38 66 68 36, www.vanilla-lounge.de, MVG/MVV: U3 + 6 Münchner Freiheit

Vee's Kaffee & Bohne
Altstadt

Schön reduziert gestalteter und deshalb eleganter Coffee Shop mit ausgesucht gutem Kaffee-Spezialitätenangebot und einer verführerischen, hausgemachten Kuchenauswahl. (ka)
Mo - Fr 9 - 19 h, Sa 9 - 17 h, So Ruhetag. Frauenstraße 18, ☎ 22 88 00 24, MVG/MVV: S1 - 8 Isartor; Tram 17 + 18 Reichenbachplatz. Filiale Rindermarkt 17: Mo - Fr 9 - 20 h, Sa 9 - 19 h, So Ruhetag, MVG/MVV: U3 + 6, S1 - 8 Marienplatz

Victorian House ☆
Altstadt

Eine Reise ins Empire, ins England des 19. Jahrhunderts, ist ganz leicht. Das Victorian House ist mit seinen mit historischen Möbeln, Bildern und vielerlei Einrichtungsaccessoires dekorierten Räumen eine klassisch-britische Enklave, die die viktorianische Zeit bildhaft wieder aufleben lässt. Es macht Spaß hier zu frühstücken (9.30 bis 14 h, So + Feiertag bis 17 h), sich zum täglich wechselnden Businesslunch (5,00 bis 10,00 €) zu treffen, seinen Nachmittagstee zu nehmen

☆ = stadtbuch-tipp!

oder ein englisch-internationales Abendessen zu verzehren. Zwischen 11.30 und 18 h werden auch Bagels und Sandwiches serviert. (ka)

Mo - Sa 9.30 - 22.30 h, So + Feiertag 9.30 - 19 h, im Sommer So + Feiertag geschlossen. Frauenstraße 14, ☎ 25 54 69 47, www.victorianhouse.de, MVG/MVV: U3 + 6, S1 - 8 Marienplatz; Tram 17 + 18 Reichenbachplatz; S1 - 8 Isartor

Vits
Gärtnerplatzviertel

Alexander Vits Kaffeerösterei und Café wirkt wie eine Mischung aus historischem Kramerladen und modernem Café. Im Vits kann man sich „seinen" Kaffee rösten und mahlen lassen.

Mo - Fr 9 - 19 h, Sa 10 - 18 h, So Ruhetag. Rumfordstraße 49, ☎ 23 70 98 21, www.vitsderkaffee.de, MVG/MVV: S1 - 8, Tram 17 + 18 Isartor

Vorstadt Café
Maxvorstadt

Das Vorstadt Café ist, vor allem beim jungen Publikum, nicht nur wegen seiner opulenten Frühstücke bis 17 h, beliebt. Zum „Love-Frühstück" gibt es unter anderem Garnelen, Champagner und Parmaschinken für ca. 32,00 € und beim „New Yorker" wird Creamcheese, Lachs und weiterer Käse serviert. Nudelgerichte, wie Steinpilzravioli, sind eine der Mittagsspezialitäten zu Preisen zwischen 6,00 und 10,00 €. Auf der Abendkarte findet man italienische und thailändische Speisen. Ein Tipp: Gemüse aus dem Wok für ca. 10,00 €.

So - Do 9 - 1 h, Fr + Sa 9 - 2 h. Türkenstraße 83, ☎ 2 72 06 99, www.vorstadtcafe.de, MVG/MVV: U3 + 6 Universität

Wassermann
Neuhausen

Das Lokal vereint Café, Bar und Restaurant unter einem Dach. Täglich wechseln hier die Tages- und Abendkarten. Auch drei Mittagsmenüs (ca. 6,00, 7,00 und 8,00 €) und Kinderteller bzw. spezielle „Kinderessen" (ca. 4,00 bis 6,00 €) sind im umfangreichen Angebot der internationalen Küche. Die 80 bis 90 Cocktails schmecken von 16.30 bis 19.30 h (ca. 5,00 €) und von 22.30 bis 0.30 h (ca. 6,00 €), zu den Happy Hours, besonders gut. Ab und zu spielt im Wassermann auch Live-Musik, am 1. Mai gibt es zum Wassermann-Geburtstag ein Straßenfest und nur wenn der FC Bayern spielt werden Fußballspiele gezeigt. Im Sommer locken 120 Freisitze unter schattigen Nussbäumen.

täglich 11.30 - 1 h. Elvirastraße 19, ☎ 1 23 23 61, www.wassermann-planet.de, MVG/MVV: U1 + 7 Maillingerstraße

ZappeForster
Gärtnerplatzviertel

Das ZappeForster ist ein hemdsärmeliges Kneipen-Café für lässige Zeitgenossen. Man ratscht, isst (Suppe 3,50 €, Kürbisspätzle 7,50 €, Bio-Kuchen 3,00 €), trinkt und raucht. Nichtraucher können hier Panikattacken bekommen. Der Service wirft die leeren Flaschen so schwungvoll in den Sammelkorb und den Träger unter der Kuchenvitrine, dass uns nach kurzer Zeit die Ohren klingen. Wir wünschen uns ins kitschig-klare Bergpanorama der Fototapete an der Wand. (hl)

täglich 9 - 1 h. Corneliusstraße 16, ☎ 20 24 52 50, MVG/MVV: U1, 2, 7 + 8, Tram 27 Fraunhoferstraße

Zoozie'z
Isarvorstadt

Das Zoozie'z ist nach wie vor eine beliebte Adresse für erstklassigen Sonntagsbrunch. Dieser kostet 15,00 € (ohne Heißgetränke) und stellt von 10 bis 14.30 h eine reichhaltige Palette mit Fleisch und Fisch bereit. Was bietet die Küche sonst noch: die Thai-Suppe, Salate, Pizzen und der Zoozie'z Burger sind Blickfänge auf der Karte. Drei Mittagsgerichte (ca. 5,50 €) wechseln täglich, wobei immer ein vegetarisches Angebot dabei ist. Günstige Cocktails trinkt man hier montags (17 bis 1 h), dienstags (18 bis 19 h + 23 bis 1 h) und samstags (19 bis 3 h). Im Sommer locken schöne Freisitze vor dem seit 25 Jahren erfolgreichen Lokal.

So - Mi 9 - 1 h, Do - Sa 9 - 3 h, Frühstück bis 16 h. Wittelsbacherstraße 15, ☎ 2 01 00 59, www.zooziez.de, MVG/MVV: U1, 2, 7 + 8, Tram 27 Fraunhoferstraße; Bus 58 Baldeplatz

Alfonso's (o.), Bar Centrale (u.), Baader Café (r.)

nächte, Wohlfühlatmosphäre, leckere Cocktails (6,00 € in der ersten Stunde nach Öffnung), zehn Jahre Atomic-Fußballer und vieles mehr. Das Atomic Café ist nach wie vor der Trendsetter in München - nicht nur was das 60er-Jahre-Design anbelangt. Von Britpop über Pop, Indie, Drum'n'Bass, HipHop, Rock bis hin zu Garage reicht das musikalische Spektrum. Es gibt auch eine clubeigene Radiosendung und ein Plattenlabel (www.panatomic.de).
Di - Do 21.59 - 3 h, Fr + Sa 21.59 - 4 h, So + Mo Ruhetag, bei Konzerten (auch So + Mo) ab 20.59 h. Neuturmstraße 5, ☎ 2 28 30 54, www.atomic.de, MVG/MVV: U3 + 6, S1 - 8 Marienplatz

Treffpunkte von spät bis früh!

KNEIPEN-BARS

Alfonso's
Schwabing   Live-Club
Die seit 1988 bestehende Bühne ist ein beliebter Treffpunkt von Fans „handgemachter Musik". Täglich ab 21.30 h spielen Blues-, Soul-, Rock'n'Roll- oder Rockbands für ein Publikum von 17 bis 70 Jahren. Eintritt: 5,00 €. Achtung: nur Platz für 30 Gäste. Zu trinken gibt es Cocktails, Bier und Weine. Für die Hungrigen werden Hot Dogs oder Schinken-Käse-Toasts (je 3,00 €) zubereitet. Im Sommer leistet das Alfonso's einen wichtigen Beitrag zum Schwabinger Straßenfest. (mn)
So - Do 20 - 2 h, Fr + Sa 20 - 3 h. Franzstraße 5, ☎ 33 88 35, www.alfonsos.de, MVG/MVV: U3 + 6 Münchner Freiheit

The Atomic Café ☆
Altstadt   Live-Club
Zehn Jahre Atomic bedeuten: zahllose Konzerte (auch) von Bands die später mal berühmt wurden, durchtanzte Party-

Alter Ofen
Maxvorstadt
Diese Kneipe ist ein Klassiker, ein Lokal, das exotisch wirkt, weil es so normal daherkommt. Genauso ist das Publikum: großstadtszeneferne Menschen, von studentisch bis Arbeit habend oder suchend. Also, die Ofen-Klassiker sind typisches Kneipenessen: Chili (5,50 €), Schinkennudeln mit Salat (6,50 €) und Bratkartoffeln mit Speck, Ei und Salat (6,50 €). Mein persönliches Highlight, falls es mal etwas Deftiges sein soll: ein Kaniso Maximo (6,00 €), das ist ein Schinkenbrot mit zwei Spiegeleiern und mit Käse überbacken. In Susanne Iglesias Kneipe gibt es aber auch Salate (2,50 bis 8,00 €), Suppen, Pasta (6,00 bis 7,00 €) und diverse Fleischgerichte.
täglich 18 - 1 h. Zieblandstraße 41, ☎ 52 75 27, www.alter-ofen.de, MVG/MVV: U2 + 8, Bus 53 Josephsplatz

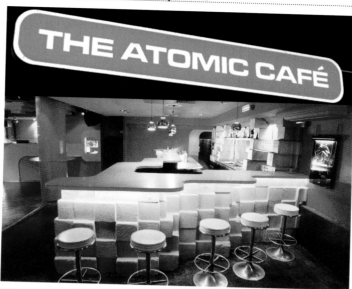

Alter Simpl ✳
Maxvorstadt

Vor 100 Jahren hat sich im Alten Simpl die Redaktion des Satireblattes „Simplicissimus" getroffen und welch illustre Gäste sich hier schon gestärkt haben, kann man an der historischen Fotogalerie, an den mit dunklem Holz verkleideten Wänden, sehen. Ein Hauch von Ringelnatz & Co. ist geblieben, egal ob man in den gemütlichen Räumen sitzt oder den Münchner Sommer an den Tischen auf dem Gehsteig genießt. Frische und ewige Studenten gehören hier ebenso zu den Stammgästen, wie typische Schwabinger. Viele kommen wegen dem wirklich guten und günstigen Essen (Hauptgerichte ca. 7,00 bis 12,00 €). Berühmt ist das riesige Schnitzel Wiener Art, das quantitativ und qualitativ eine Einheit bildet.
So - Do 11 - 3 h, Fr + Sa 18 - 4 h. Türkenstraße 57, ☎ 2 72 30 83, www.altersimpl.de, MVG/MVV: U3 + 6 Universität

Atzinger
Schwabing

Studentenkneipe mit Tradition. Schon eine Institution und fast immer voll mit Menschen aller Art. Auf der Tageskarte stehen 20 mehr oder minder bayerische Gerichte (Currywurst, Kässpätzle, Schweinsbraten, Wiener Schnitzel). Im Sommer werden Bänke und Tische auf die Straße gestellt. Alle zwei Monate wechseln die Kunstausstellungen. Manchmal geht das Personal mit seiner Freundlichkeit recht sparsam um.
So - Di 10 - 1 h, Mi + Do 10 - 2 h, Fr + Sa 10 - 3 h. Schellingstraße 9, ☎ 28 28 80, www.atzinger-muenchen.de, MVG/MVV: U3 + 6 Universität; Bus 53 Schellingstraße

Baader Café ✳
Gärtnerplatzviertel

Das Baader ist seit 1985 eine beliebte Anlaufstelle für Studenten und Junggebliebene. Eine sympathische Café-Kneipe mit entspannter Atmosphäre. Die Preise sind freundlich. Es gibt wechselnde Tagesgerichte (vor allem Suppen und Pasta) von 5,20 bis ca. 8,00 €, beispielsweise Käse-Tortellini in Basilikumcreme oder Chili con carne mit Sauerrahm. Zu den Happy Hours von 18 bis 20 h (Mo - Do auch 23 bis 1 h, Fr + Sa auch 23 bis 2 h) kostet ein Cocktail 4,80 €.
So - Do 9.30 - 1 h, Fr + Sa 9.30 - 2 h. Baaderstraße 47, ☎ 2 01 06 38, MVG/MVV: U1, 2, 7 + 8, Tram 27 Fraunhoferstraße

Baader's
Isarvorstadt

Hier gehts nicht um das bekannte Café, sondern um das Kneipen-Restaurant. Dreizehn Frühstücksvariationen (bis 12 h, Sa + So bis 16 h) stehen zur Wahl. Man kann Mittagessen (11.30 bis 15 h, wechselnde Menüs 5,90 bis 7,90 €) mit Vorspeise, Hauptgericht und Dessert. Auf der Abendkarte (17 bis 24 h) werden Salate, Suppen, Vegetarisches, Tex-Mex, Baguettes (der Meter kostet 16,50 €), Burger, Toasts, Pasta, Grill- und Pfannengerichte angeboten. Das Baader's ist ein nett gestaltetes Lokal, das viele Bedürfnisse befriedigen kann und deshalb ein gut gemischtes Publikum anzieht.
So - Do 8 - 1 h, Fr + Sa 8 - 2 h. Fraunhofer-straße 39 / Ecke Reichenbachstraße, ☎ 13 93 77 10, www.baaders.com, MVG/MVV: U1 + 2, U7, Tram 27, Fraunhoferstraße

Baal
Neuhausen

Die gemütliche Kneipe, in der Nähe der FH, verfügt über eine reichhaltige Auswahl an Bieren und Weinen. Die mit zahllosen Büchern übervollen Wandregale und die restliche Einrichtung verbreiten eine gemütliche, einladende Wohnzimmeratmosphäre. Viele Gäste zieht es zum Billard spielen hierher. Etwa alle vier Monate findet ein Jazzkonzert statt. Wer ein Essen herkommt, tut dies vor allem wegen der guten, reichlich portionierten Pasta-Gerichte. Wer Nudeln nicht mag, probiert stattdessen vielleicht die leckeren Tapas (5,00 bis 7,00 €).
Mo - Fr 12 - 1 h, Sa + So 19 - 1 h, Küche bis 23.30 h (große) bzw. bis 0.30 h (kleine). Kreittmayrstraße 26, ☎ 18 70 38 36, MVG/MVV: U1 + 7 Stiglmaierplatz; Tram 20 + 21 Sandstraße

Bar Centrale ✴
Altstadt

Diese italienische Tages- und Nachtbar könnte auch irgendwo in Milano, Roma oder Turino sein. Großstädtisch, lässig, stilvoll, entspannt. Tagsüber einen Espresso oder Cappuccino und dazu ein Cornetto oder Gerichte von der kleinen Speisekarte und abends Cocktails und Drinks in Clubatmosphäre, besonders gerne im Hinterzimmer. „Bella Monaco!".
Mo - Sa 8 - 1 h, So 11 - 1 h. Ledererstraße 23, ☎ 22 37 62, MVG/MVV: U3 + 6, S1 - 8 Marienplatz

Bar Harlander
Altstadt

Die lila Leuchtflächen und das durchdachte Lichtsystem erzeugen eine schummrige Stimmung in der Edelbar. Geldiges Publikum, Menschen als deren Beruf(ung) schlicht Tochter- oder Sohn-Sein gelten darf und Nachteulen, die partizipieren wollen.
So - Do 18 - 2 h, Fr + Sa 18 - 4 h. Bräuhausstraße 8, ☎ 23 24 16 52, www.bar-harlander.de, MVG/MVV: U3 + 6, S1 - 8 Marienplatz

Bar Muenchen
Altstadt

Mit großem Erfolg haben Schumanns Nachmieter ihre schön gestaltete Bar Muenchen gestartet - entgegen den Ankündigungen von Szene-Laberern, die, wie immer, nichts Gescheites wussten. Mittlerweile hat sich die Aufregung gelegt und die Bar ist ein Bringer, weil das Interieur hell und freundlich ist, die Bartender Könner sind und die täglich wechselnden Speisen (Pasta, Fleisch, Muscheln nach Saison bis 1 h) auch gut schmecken.
täglich 17 - 3 h. Maximilianstraße 36, ☎ 22 90 90, www.barmuenchen.com, MVG/MVV: S1 - 8 Isartor; Tram 19 Kammerspiele

Barfly
Lehel

Die schicke Bar verfügt über ein reichhaltiges Angebot an Cocktails und Spirituosen. Wer Hunger bekommt, setzt sich an die gedeckten Tische und bekommt amerikanische Speisen auf den Teller - etwa Texas-Shrimps, Salat „California Flyer" oder die „Barfly-Platter" mit Chickenwings, Enchiladas und einigem mehr. Das Publikum besteht tagsüber aus Geschäftsleuten, am Abend und am Wochenende wird es aber jünger und mehr trendy. Von Donnerstag bis Samstag sorgen

✴ = stadtbuch-tipp!

DJs mit House, Black Beat und anderen Sounds für Stimmung.

täglich 18 - 1 h. Sternstraße 22, ☎ 22 44 91, MVG/MVV: Tram 17 + 19 Maxmonument

Barista
Altstadt

Die Fünf Höfe werden von vielen als der „Gipfel von München" bezeichnet, weil sie sich so schicki-micki, so überkandidelt und so nobel-exklusiv geben. Untadelig dagegen, präsentieren sich hier in der Regel die Lokale. Eines davon ist das klassische Barista, das als freundliche Tages-, ebenso wie als schicke Cocktailbar fungiert. Das Personal ist professionell und nett und die Cocktails sind erstklassig. (xl)

Mo - Do 10 - 1 h, Fr + Sa 10 - 2 h, So 15 - 1 h. Kardinal-Faulhaber-Straße 11, ☎ 20 80 21 80, MVG/MVV: U3 - 6 Odeonsplatz; Tram 19 Theatinerstraße

Barschwein ⚹
Schwabing

Sendungsbewusstsein und Geschäftsidee: Sparbrötchen und Billigtrinker finden hier eine Heimat. Das Barschwein will als Günstige-Preise-Bar Schluss machen mit der Abzockerei: 0,2 l Mineralwasser 0,50 €, 0,3 l Paulaner 1,50 €, 0,2 l Veltins 1,00 €, 0,2 l Cola 1,00 €, 0,1 l Wein rot oder weiß 2,00 € usw. Wer Hunger bekommt, bringt sich seine Brotzeit selbst mit oder holt sie sich von irgendeinem Take-away aus der Nachbarschaft. Für die Müllentsorgung, zahlt man 0,50 € ans Barschwein, das, mit Live-Musik & DJ-Programm, auch nach dem Umzug recht gemütlich ist und - trotz seines Konzepts - nicht von Knauserern und Geiz-ist-geil-Idioten besetzt wird.

täglich 18 - 5 h. Franzstraße 3, ☎ 01 72 / 8 31 19 39, www.barschwein.de, MVG/MVV: U3 + 6, N40 - 43 Münchner Freiheit

Barschweinessen
Maxvorstadt

Hier arbeitet das Barschwein am „günstig essen"-Konzept. Mittags gibt es drei Hauptgerichte, Suppe und Salat. Abends werden mehrere Hauptspeisen (mindestens 1 x Pasta und 1 x Vegetarisches) angeboten. Die Gäste holen sich ihre Speisen an der Durchreiche aus der Küche. Lobenswert: jedes Gericht erhält man auch als halbe Portion. Die Preise bewegen sich im normalen Bereich (Suppe ab 3,00 €, Salate ab 5,40 €, Pasta ab 5,00 €, Hauptgerichte ab 9,20 €).

Mo - Fr 11 - 14.30 h + 18 - 23 h, Sa + So 18 - 23 h. Tengstraße 20, ☎ 01 72 / 28 31 19 39, MVG/MVV: U2 + 8 Königsplatz

Bergwolf
Gärtnerplatzviertel

Der Bergwolf ist zum einen eine altmodische Imbiss-Kneipe, wenn man Speisen und Getränke betrachtet. Zum anderen aber, hinsichtlich seiner Einrichtung, ganz gegenwärtig. Vor Jahren hätte man den Bergwolf als Proll-Laden bezeichnet, heute tanzt hier die Szene um Currywurst und Pommes rot-weiß. Hinuntergespült wird das Berlin-Ruhrpott-Zeug (scharf, schärfer, brutal) mit Bier. Außerdem kommen Bratwürste, Frikadellen, Kartoffelsalat und schwule Würste (der Gebildete spricht von vegetarisch) auf die Teller. Dazu passt nur Fußball-Fernsehen und alter Rock.

Mo - Do 11 - 14 h + 18 - 2 h, Fr 11 - 14 h + 18 - 3 h, Sa 11 - 3 h, So 17 - 22 h. Fraunhoferstraße 17 / Ecke Klenzestraße, ☎ 23 25 98 58, MVG/MVV: U1, 2, 7 + 8, Tram 27 Fraunhoferstraße

Bobolovsky's
Schwabing

Wer Montagabend (ab 20 h, ca. 9,00 €) keine Zeit fürs All-you-can-eat-Buffet hat, kommt vielleicht mittags (11 bis 14 h) hierher, zum „happy lunch" - dann kosten alle Speisen nur 5,60 € (statt regulär bis 10,00 €) und für die Gerichte, die auf der Karte für über 10,00 € gelistet sind, werden 7,50 € verlangt.

So - Do 9 - 1 h, Fr + Sa 9 - 3 h. Ursulastraße 10, ☎ 39 73 63, www.bobolovsky.de, MVG/MVV: U3 + 6 Münchner Freiheit

Boker ⚹
Schwabing   *Jüdisch*

Boker, die nette Tagesbar des Schmock, hat einen großen Trumpf: das gute Essen. Hier gibt es während des Tages Speisen, wie Königsberger Klopse aus

der Schmock-Karte, aber auch koschere Currywurst. Man kann frühstücken, diverse Mittagsgerichte (11 bis 14 h wechselnde Angebote für 4,50 bis 6,50 €) kommen aus der Küche und für zwischendurch gibt es Sandwiches & Co. Das Boker ist aber nicht nur ein gutes Speiselokal, sondern - mit hohen Räumen, Lederbänken, dunklen Möbeln, großen Fenstern, Spiegeln - ein elegant-legerer Treffpunkt.
täglich 10 - 18 h. Augustenstraße 52,
☎ *35 05 35, www.schmock-muenchen.de,*
MVG/MVV: U2 + 8 Theresienstraße

Brandner Kaspar
Giesing

Die Kneipenfluktuation in der Isarmetropole ist extrem. Umso erfreulicher sind Lokale die gute Qualitäten (30 Cocktails, offene Weine, hausgemachte Brotzeiten) besitzen und auch langfristig, im Falle des Brandner Kaspar seit 35 Jahren, erfolgreich sind. Vielleicht liegts an der übervoll dekorierten Ausstattung, vielleicht am freundlichen Personal, wahrscheinlich aber an allem zusammen.
Di - Sa 20 - 1 h, So + Mo Ruhetage.
Sommerstraße 39, ☎ *65 29 22,*
www.brandnerkaspar.de,
MVG/MVV: U1, 2, 7 + 8 Kolumbusplatz

Brückerl
Langwied   Live-Club

Auf der Clubbühne des Brückerl gibt es jeden Freitag und Samstag Live-Musik - von Jazz bis Rock - und donnerstags lockt Salsa. Im Sommer finden die Konzerte auf der Biergarten-Bühne statt. Der Garten liegt unter dichten Bäumen gleich beim Langwieder See. Für die Kinder wurde ein Spielplatz hergerichtet und auf der Speisekarte stehen bayerische und internationale Gerichte (3,00 bis 8,00 €). Getrunken werden Augustiner- und Unertl-Biere.
Di - Do 17 - 1 h, Fr + Sa 17 - 4 h, So 11 - 1 h,
Mo Ruhetag, bei Biergartenwetter täglich
11 - 1 h.
Goteboldstraße 189, ☎ *81 33 90 77,*
www.brueckerl.de,
MVG/MVV: S3 bis Lochhausen, dann zu
Fuß

Buena Vista
Gärtnerplatzviertel

Kubanische Bar für Feierlustige. Dafür, dass Stimmung aufkommt, sorgt ganz sicher die leckere Spirituosenauswahl - mit riesigem Cocktailangebot. Kubanische Musik und karibisches Essen gehören hier einfach dazu.
So - Do 18 - 1 h, Fr + Sa 18 - 3 h, Küche bis
24 h. Am Einlass 2, ☎ *26 02 28 11,*
MVG/MVV: U3 + 6, S1 - 8 Marienplatz

ggia Lounge (linke Seite), Cortiina Bar (o.), gap (u.)

Ça Va
Westend

Das gemütliche, seit 20 Jahren bestehende Lokal wird gerne besucht. Hier gibt es gutes Essen (Rigatoni ca. 7,00 €, Farmersalat ca. 9,00 €) und preiswertes Kaltenberger Bier. Täglich von 18 bis 20 h (mit Snackbuffet), Di - Sa auch von 22.30 bis 1 h und So + Mo den ganzen Abend lang, kosten die ca. 60 Cocktails ab 4,50 €. Samstags und sonntags lockt eine Frühstücksauswahl (bis ca. 18,00 € für das Zwei-Personen-Frühstück). Das Publikum ist eher studentisch. (mn)

Mo - Fr 18 - 1 h, Sa + So 10 - 1 h, Frühstück bis 18 h. Kazmairstraße 44, ☎ 5 02 85 84, MVG/MVV: U4 + 5 Schwanthalerhöhe

Café Cord ✯
Altstadt

Im ehemals bunten peterundpaul kontrastieren die dunklen Möbel nun zu weiß-creme-beigen Farbtönen. Die (fast) weltweite Speisenauswahl überzeugt Mittagspäusler (Mo - Fr Menü 6,90 €) genauso wie die hungrigen Nachtschwärmer am Wochenende, die hier gerne vorbeischauen, um sich für die Tour durch die umliegenden Clubs zu stärken. Wer frühstücken (bis 16 h, sonntags mit Live-Jazz) will, freut sich über die Auswahl. Das Essen ist frisch, lecker und preisgünstig. Die schön-ruhigen Innenhofplätze sind ein Sommerziel.

So - Do 10 - 1 h, Fr + Sa 10 h - open end. Josephspitalstraße 15, ☎ 54 54 07 80, www.cafe-cord.tv, MVG/MVV: U4 + 5, S1 - 8, Tram 16 - 21, 27 Karlsplatz/Stachus

Café Munich
Schwabing

Das so genannte „Muc" ist vor allem unter Nachtschwärmern eine bekannte Größe. Bis 2.30 h gibt es noch Warmes aus der Küche: Tex-Mex, Burger, Pasta, Toasts, Vegetarisches und Steaks, auch das Frühstück sollte nicht vergessen werden. Die Gerichte kosten meist um die 10,00 €. Die speziellen Mittagsangebote werden mit ca. 6,00 € kalkuliert. Die Cocktails gibt's zwischen 17 und 20 h und zwischen 24 und 3 h zum halben Preis. Die drei Großbildleinwände und zehn Fernseher werden von Fußballfans genützt. (kv)

So - Do 9 - 2 h, Fr - Sa 9 - 3 h, warme Küche bis 2.30 h. Leopoldstraße 9, ☎ 34 38 38, www.cafemunich.de, MVG/MVV: U3 + 6 Giselastraße

Charivari
Schwabing

Ideal für den (Fleisch-)Hunger mitten in der Nacht. Hier gibt's, neben den vielerorts unvermeidlichen Pizzen, Steaks vom heißen Stein und dazu italienische und französische Weine. Als Tagesgericht wird auch mal eine Schlachtplatte für 7,00 € angeboten. Das Charivari besteht bereits seit 28 Jahren und ist nach wie vor ein Treffpunkt für Studenten, Theaterbesucher, Kinogänger und Professoren. (ha)

Mo - Do 15 - 3 h, Fr 15 - 4 h, Sa 18 - 4 h, So Ruhetag. Türkenstraße 92, ☎ 28 28 32, MVG/MVV: Bus 154 Türkenstraße; Tram 27 Schellingstraße; U3 + 6 Universität

Chic
Schwabing

Sehr schöne Lunch-Bar in frischem Design - sehr chic, vielleicht ein wenig steril: wechselnder Lichtzauber, mit weißem Leder bespannte Wand, angenehme Stimmung ... Ein weiteres Plus: trotz des Namens und Designs dominieren hier nicht affektierte Gäste, das Publikum ist so nett wie das Personal. Auf den schön dekorierten Tellern kommt asiatisch-internationales Essen (Hauptgerichte ca. 8,50 €), darunter auch Sushi, auf den Tisch.

So - Do 10 - 1 h, Fr + Sa 10 - 3 h. Leopoldstraße 78, ☎ 38 86 97 57, MVG/MVV: U3 + 6 Münchner Freiheit

Coccodrillo
Schwabing

In dieser, unter dem Caffé Florian gelegenen, Bar wird dienstags, mittwochs und donnerstags ab 21 h Live-Musik, mit den Schwerpunkten Rock oder Jazz, gespielt. Freitags und samstags arbeiten DJs bis 3 h ihre Schallplatten wund. Dazu kann man sich einen der 40 Cocktails (ca. 8,00 €) genehmigen - besonders gerne zwischen 20 und 21 h, denn dann kosten sie 4,50 €. Der Gerstensaft (3,50 €) heißt hier Andechser, Becks und Budweiser.

So - Do 20 - 1 h, Fr + Sa 20 - 3 h (im Sommer geschlossen). Hohenzollernstraße 11, ☎ 33 66 39, MVG/MVV: U3 + 6 Giselastraße

Coellner
Schwabing

Kölsch in München ist wie Augustiner auf der Domplatte in Köln: exotisch. Urig-rustikal präsentiert sich der Coellner. Köbes heißt der Kellner und der Zappes zapft das Bier, pardon, das Kölsch. Dazu passen Rievkooche (Reibekuchen), fleischige Pfannengerichte oder rheinische „Kleinigkeiten" wie der Halve Hahn (Roggenbrötchen mit dicker Scheibe mittelaltem Käse) oder der Kölsch Kaviar (Roggenbrötchen mit Blutwurstscheiben).

Mo - Fr 8 - 24 h, Sa + So 10 - 24 h. Winzererstraße 49a, ☎ 30 66 76 71, www.coellnerimparagraph.de, MVG/MVV: Bus 53, 154 Winzererstraße

Cooperativa ✳
Glockenbachviertel

Cooperativa hört sich nach linkslastiger Planwirtschaft an, nach Sättigungsbeilage, mürrischem Personal und gänzlich nicht nach 21. Jahrhundert. Doch all diese Vorurteile kann man getrost vergessen, denn es ist nett und angenehm hier. Großstädtisch glockenbachszenig. Unverputzte Wände und eine Einrichtung ohne jeden Schnickschnack bilden den Rahmen für Essen und Sein. Wer Hunger hat, bestellt Gegrilltes mit viel Salat und bekommt dann Gutes - vor allem Italienisches - auf den Tisch. Das Angebot liegt weit über dem üblichen Kneipendurchschnitt.

täglich 17 - 1 h. Jahnstraße 35, ☎ 4 48 34 14, MVG/MVV: Tram 17, 18, 27 Müllerstraße

Cortiina Bar ✳
Altstadt

Der helle Bar-Lobby-Bereich des gleichnamigen Design-Hotels ist ein Treffpunkt für Hausgäste und Münchner Publikum. Das Styling - z. B. mit Naturstein-Kamin und weißem Leder - ist perfekt. Man kann trinken (Cocktails, kleine Weinkarte), viel schauen und dabei die entspannte Atmosphäre genießen - wenn nicht gerade wieder alle ins Cortiina drängen. Aus der Küche kommen interna-

✳ = *stadtbuch-tipp!*

tional-feine Barspeisen, die auch anspruchsvollere Esser zufrieden stellen und das Personal bemüht sich erfolgreich, das perfekte Bild abzurunden. Tipp: von Okt. bis April samstags (14 bis 17.30 h) Teatime vorm Kaminfeuer. (xl)
So - Do 18 - 1 h, Fr + Sa 18 - 3 h, So keine Küche. Ledererstraße 8, ☎ 2 42 24 90, MVG/MVV: U3, U6, S1 - 8 Marienplatz

Chico's / Don Luca
Schwabing

Im rustikal-gemütlich anmutenden Doppel-Lokal oder auf der Terrasse: der große Grillspieß (Rodizio) kommt an den Tisch, das Fleisch wird vor unseren Augen abgeschnitten und auf die Teller gelegt. Vielerlei Beilagen, wie Salate oder Dips, holen wir uns selbst vom Buffet und so genießen wir das achtgängige Grillmenü (14,90 €, montags 9,90 €). Das braucht Zeit, macht aber viel Spaß, den der gesamte Laden ist von Feierstimmung erfüllt. Filiale: Morassistraße 2
Mo - Do 17 - 1 h, Fr + Sa 17 - 3 h, So + Feiertag 15 - 1 h, Küche bis 24 bzw. 2 h. Leopoldstraße 44, ☎ 33 01 93 30, www.donluca.de, MVG/MVV: U3 + 6 Giselastraße

Drugstore
Schwabing

Wer hätte das gedacht, dieses Lokal ist bereits über 35 Jahre alt. Die Küche des Drugstore arbeitet durchgehend von 11.30 bis 0.30 h und bietet einen Speisenmix mit thailändischen, italienischen und Tex-Mex-Einflüssen. Salate und Steaks bekommt man auch. Wochentags, zwischen 11 und 15 h, wird ein Businesslunch für 5,20 € angeboten. Eine reichhaltige Frühstücksauswahl wird bis 15 h serviert. Happy Hours: So bis Do 18 bis 19 h und 23 bis 24 h.
täglich 9 - 1 h. Feilitzschstraße 12, ☎ 34 75 31, www.restaurantdrugstore.de, MVG/MVV: U3 + 6 Münchner Freiheit

Edmosesbar ✴
Lehel

Edmoses ist leicht zu finden - direkt gegenüber dem Haus der Kunst. Aufgrund der fast durchgängigen Fensterfront, kann man schon von außen sehen, was drinnen in der bunt illuminierten Bar so abgeht. Täglich wechselt das DJ-Line up, was für immer neue Stimmung sorgt. Ich fordere: Edmosesshorts für alle!
Di + Mi 20 - 1 h, Do - Sa 20 - 3 h, So + Mo Ruhetage. Prinzregentenstraße 2, ☎ 01 63 / 7 42 57 18, www.edmosesbar.com, MVG/MVV: Tram 17, Bus 53 Haus der Kunst; U4 + 5, Tram 17 Lehel

egger im Hofnagel
Altperlach

Eine Universalkneipe mit Bar, Restaurant und Wintergarten unter einem Dach - und ein beheizter Biergarten (bis 1 h) gehört auch dazu. Hier kann man frühstücken, zu Mittag essen (5,00 bis 7,00 €), sich auf einen Drink (60 Cocktails, Happy Hours: 18 bis 20 h und 23.30 bis 0.30 h) treffen und ein entspanntes Abendessen genießen. Die Küche arbeitet bayerisch-international. Neben Löwenbräu, Franziskaner und Spaten-Bier wird auch Guinness und Kilkenny ausgeschenkt. (xl)
So - Do 10 - 1 h, Fr + Sa 10 - 2 h, Frühstück bis 16 h, Küche bis 24 h. Ottobrunner Straße 135, ☎ 67 97 42 42, www.eggerlokale.de, MVG/MVV: U5 + 8, S1 - 8 Östbahnhof, dann weiter mit Bus 55 Pfanzeltplatz

egger Schwabing
Schwabing

Weniger rustikal als die anderen Eggerlokale, ist der jüngste Egger auch der modernste und frischeste, was nicht bedeutet, das er weniger gemütlich wäre: zum Frühstücken (ab 2,50 € bis 20,00 € für zwei. Tipp: Almfrühstück mit vier Käsesorten, Ei, Quark usw. 7,10 €), Mittagessen (Mo - Fr Mittagsmenüs ab 5,90 €) oder zum Abendessen (diverse Burger, Pasta, Bodenständiges, Salate oder mexikanische Spezialitäten). Happy Hours sind von 18 bis 19 h und von 22.30 bis 1 h. Besondere Cocktail-Specials: Sunday-Caipi-Night (ab 18 h halber Preis), Happy Monday (ab 18 h fast alle Cocktails halber Preis) und XXL-Saturday (18 bis 1 h fast alle XXL-Cocktails 5,90 €).
So - Do 9 - 1 h, Fr + Sa 9 - 2 h, Frühstück bis 16 h, beheizter Biergarten bis 23 h. Friedrichstraße 27, ☎ 39 85 26, www.eggerlokale.de, MVG/MVV: U3 + 6 Giselastraße

Max-Emanuel-Brauerei (o.), Ryan's Muddy Boot (u.), Reizbar (rechte Seite o.), Ododo (rechte Seite u.)

Ewiges Licht
Neuhausen

Das Ewige Licht hat etwas Zeitloses. In den 1950ern, 60ern und 70ern trafen sich hier GIs mit alteingesessenen Neuhausern und die machten wiederum mit Studenten Bekanntschaft. In der Kneipe soll auch Luis Trenker eine Signierstunde abgehalten und das Bayerische Rundfunkorchester geprobt haben. Nach dem Erfolg fristete das Ewige Licht über Jahrzehnte ein Boazn-Dasein. Dann wurde renoviert und ein Neustart gewagt. Die Karte ist international. Jeden Sonntag lockt ein Brunch (10.30 bis 15 h) mit kalten und warmen Speisen und einem duftenden Schokobrunnen. Dazu spielt Live-Musik: mal Jazz, mal Bayerisches, mal Walzer.
täglich 10.30 - 1 h. Arnulfstraße 214,
☎ 18 92 13 80, www.ewigeslicht.com, MVG/ MVV: Tram 16 + 17, Bus 132 Steubenplatz

Falk's New Generation B@r
Altstadt

Die weiß getünchten, mit Stuck verzierten und reichlich mit Spiegeln behängten Wände dominieren diese Bar, die sich im Spiegelsaal (1839) des Bayerischen Hofes befindet - dem einzigen Raum im Bayerischen Hof, der den Zweiten Weltkrieg unbeschadet überstanden hat. Das Hotel hat mit der Bar einen weiteren außergewöhnlichen Anziehungspunkt für seine Hausgäste und für Nachtschwärmer geschaffen. Die Klientel sorgt für eine interessante Gästemischung, die mit perfekt gemixten Cocktails und kulinarischen Kleinigkeiten versorgt wird.
täglich 11 - 2 h. Promenadeplatz 2 - 6,
☎ 2 12 00, MVG/MVV: U3 + 6, S1 - 8 Marienplatz; Tram 19 Theatinerstraße

Favorit
Altstadt

Wo früher mal ein 08-15-Laden Marke „Goldener Hirsch röhrt vor sich hin und besäuft sich mit Bier" war, wird einmal durchgewischt, nur ganz wenig renoviert oder verändert, und schon steht ein Szenetreff für das entsprechende Klientel bereit. Laufkundschaft verirrt sich hierher selten und wenn, dann fühlt sie sich eventuell rasch ausgegrenzt. Understatement als common sense des Publikums. Einschlägige Veranstaltungen fördern das Gemeinschaftsgefühl der Gäste, die hier mit der Bierflasche in der Hand rumstehen, ratschen oder dem DJ cool auf die Finger schauen. (xl)
täglich 20 - 2 h. Damenstiftstraße 12, kein ☎, MVG/MVV: U1 - 3 + 6, Tram 16 - 18 + 27 Sendlinger Tor

Fischer-Stüberl
Ludwigsvorstadt

Das rustikale Lokal - es besteht seit 50 (!) Jahren - ist ein beliebter Treffpunkt für Nachtschwärmer. Auch zu später Stunde gibt es hier noch solide Kost (Spareribs ca. 12,00 €, Scampi ca. 17,00 €). Donnerstags, freitags und samstags sorgt ein Alleinunterhalter für Stimmung. (mn)
Mo - Sa 19 - 4 h, So 22 - 4 h. Lindwurmstraße 111, ☎ 76 35 77, MVG/MVV: U3 + 6 Goetheplatz

Flaschenbar
Maxvorstadt

Nicht für Flaschen, sondern für die trinkfreudige Szene ist diese nett eingerichtete, rote und lässige Bar gedacht. Große Bierauswahl.
täglich 19.30 - 3 h. Schleißheimer Straße 43, ☎ 99 01 36 36, www.flaschenbar.com, MVG/MVV: U1 + 7 Stiglmaierplatz; Tram 20 + 21 Sandstraße

Flex
Isarvorstadt

Die Wohnzimmerkneipen, in denen man nicht auf sein Styling achten muss, irgendwelche Spiele (meist Kicker!) spielt und Bier trinkt, sind Oasen inmitten der Wüste der hochgezüchteten Bars. Wohnzimmeratmosphäre entsteht in diesem Independent- und Undergroundclub zwar nicht, aber alles wirkt unkompliziert und ungekünstelt. Hier geht es um Musik (Garage, Alternative, Punk ...) und eine schöne Feierei. Happy Hour täglich (außer Sa) 20 bis 21 h: Bier vom Fass 1,50 €. (xl)
So - Do 20 - 2 h, Fr + Sa 20 h - open end. Ringseisstraße 11a, ☎ 5 30 95 27, www.flex-muenchen.de, MVG/MVV: U3 + 6, Bus 58, N33 Goetheplatz; U1, 2 + 7, Tram 16 - 18 + 27, N17 Sendlinger Tor

Forum ☆
Gärtnerplatzviertel

Das Forum ist ein klassisches Bar-Café-Restaurant, das mittlerweile schon über 14 Jahre erfolgreich besteht. Im modern-netten Ambiente - in dem Naturstein, Leder, Holz, farbige Wände und wechselnde Kunstausstellungen die Akzente setzen - treffen sich hier, und bei schönem Wetter auch auf der 180-Plätze-Sonnenterrasse an der Straße, die unterschiedlichsten Gäste. Vielfalt prägt die internationale Karte: von der tollen Frühstücksauswahl (wechselt alle 4 Wochen), die es zwischen 8 und 24 h (Sa + So bis 15 h) gibt, bis zu kleinen Speisen, dem Businesslunch (Mo - Fr zwischen 11 und 14.30 h) für ca. 6,00 €, und den asiatisch-mediterranen Hauptge-

Kultfabrik
Haidhausen

Die Kultfabrik ist die nahtlose Fortsetzung des KPO: das Kneipendorf beim Ostbahnhof. 700 Menschen arbeiten in der ehemaligen Knödelfabrik bei Tag und Nacht. Neben Lokalen finden die Besucher zwei Konzerthallen (Metropolis und Tonhalle), die Galerie whiteBOX, Europas höchste Indoor-Kletterwand Heavens Gate, 30.000 qm für Büros, Ateliers und einen Kindergarten.

Americanos: *Stimmung, Schlager und Partymusik aus allen Jahrzehnten. Mexikanische Cocktailbar & Club für Kontaktfreudige. Do - Sa ab 21.30 h, bis 23 h Happy Hours. www.americanos.de*

Apartment 11: *„Wie zuhause, nur lauter". Die Möbel für die Chillout-Zone sind an die Wand montiert. Also nichts mit chillen. Hier ist feiern (House & Mainstream) und trinken (Alkohol flaschenweise besonders günstig) angesagt. Fr + Sa ab 22.30 h. www.apartment11.de*

Boomerang: *Der „australische" Club. Günstige Getränke, Musik ab 1980 und Charts. Fr + Sa geöffnet. www.boomerang-club.de*

Cohibar: *Cigars & Drinks. Aber erst nachdem man den Türsteher passiert hat, bekommt man Latinomusik auf die Ohren. Gemütliches Holzinterieur. Nichts für Nichtraucher. Nette Dachterrasse. Fr + Sa ab 22 h.*

Die Bar: *Kleine rote Cocktailbar die den Untertitel „Soulful House" trägt. Mo - Sa ab 22 h. www.diebar-muenchen.de*

Kalinka: *Russendisco (50 % russ. Pop, 50 % intern. Musik, vom Schieber bis zu Russen-Techno), russische Rituale, russische Getränke usw. Fr + Sa ab 22 h. www.clubkalinka.de*

Kölsch: *Viva Colonia! Bier, sprich Kölsch, rheinisches Kneipenessen und Feierlust. www.koelsch-partybar.de*

Living 4: *House, Latin, Black Beats von DJs gemixt, Konzerte oder Kleinkunst. Hoher Flirtfaktor. Die vielen Nischen eignen sich zum Nestbau nach der neuen Pärchenbildung. Fr + Sa ab 22 h. www.living4.de*

Metropolis Music Hall: *500 qm-Konzerthalle. Clubabende mit HipHop und Black Beat. Fr + Sa ab 22 h, Konzerte je nach Termin.*

Nachtkantine: *Großraumtreff, DJ, umfangreiches Speisen- und Getränkeangebot, wechselnde Preisaktionen, günstiger Mittagstisch. Im Sommer Terrasse. (gh/sh) Mo - Do 10 - 4 h, Fr 10 - 6 h, Sa 12 - 6 h, So 12 - 4 h. ☎ 49 00 21 53, www.nachtkantine.de*

Natraj Temple: *Die bizarre Location bietet eine wilde Lasershow. Progressive & Psycho Trance, Goa, Dub & House und Techno. Chill-out im Garten. Fr + Sa ab 23 h. www.natraj-temple.de*

Q-Club: *9 Lounges und 9 Bars, verteilt auf zwei Ebenen. Aus den Boxen schallen Charts und Fetenhits. Fr + Sa ab 22 h. www.qmuenchen.de*

Rafael: *Futuristisches Design, Riesenspiegelkugel, Cocktails nach Geheimrezepten und Musik von 1970 - 2000. Jeden Tag ein anderes Motto. Di - Sa ab 22 h. www.club-rafael.de*

The Temple Bar: *Das irische Pub, wo Ale, Cider, Guinness und Kilkenny getrunken werden, präsentiert sich hell und freundlich - natürlich mit entsprechender Irland-Folklore. Mi - Sa geöffnet, So - Di Ruhetage.*

The Titty Twister: *Inspiriert wurden die Macher von der gleichnamigen Spelunke aus dem Film „From Dusk till Dawn". Muttersöhnchen werden schockiert das Weite suchen. Do ab 21 h, Fr + Sa ab 22 h. www.the-titty-twister.com*

Willenlos: *Die Cocktailbar mit dem Musikprogramm der 1980er bis 90er Jahre. Mi, Fr + Sa ab 22 h. www.willenlos.de*

Außerdem: *5th Sound Café (Mo, Di , Fr + Sa ab 22.30 h), Almrausch Soundhüttn (Do 21 - 4 h, Fr + Sa 21.30 - 5 h), Club Gustav (Lounge-Bar, Fr + Sa, www.clubgustav. de), Matador (spanische Disco, Fr + Sa ab 22 h, www.clubmatador.de), New York Table Dance (So + Di Ladiesnight), Noa (Bar-Lounge, Fr + Sa ab 22 h), Schlagerhalle (Fr + Sa ab 22 h), Strand-Club (Mai - Sept., www.strand-club.com)*

www.kultfabrik.de. Grafinger Straße 6,
MVG/MVV: U5 + 6, S1 - 8, Tram 19, Bus 45, 53, 54, 89, 95, 96, 198 + 199 Ostbahnhof

✴ = stadtbuch-tipp!

richten, gibt's vieles gegen jeden Hunger bis 2.30 h. Abends locken DJs mit chilliger Lounge-Musik und der Barbetrieb die Nachtschwärmer. Die freuen sich auf die überzeugende Cocktailauswahl, wobei die Bartender sehr gerne ihr Können, etwa anhand ihrer Martini-Cocktails, zeigen.
täglich 8 - 3 h, Küche bis 2.30 h, Terrasse bis 24 h, Corneliusstraße 2, ☎ 26 88 18, www.forumcafe.de, MVG/MVV: Tram 17, 18, 27 Müllerstraße

Freebird
Schwabing

Wo früher das Fouquets seine Gäste mit Cajun-Küche versorgt hat, segelt nun der Freebird relax durch die Nacht. Die nette und unkomplizierte Atmosphäre des Vorgängerlokales ist geblieben. Kein Wunder: wir befinden uns in einer 1970er Jahre-Welt mit entsprechendem Soundtrack. Den Cocktail schlürft man vor dem offenen Kamin. Die Hungrigen freuen sich über Indisches. (xl)
Di - So ab 18 h, Mo Ruhetag. Nordendstraße 12, ☎ 27 37 45 20, MVG/MVV: Tram 27 Nordendstraße

Für Freunde
Gärtnerplatzviertel

Von außen unscheinbar, von innen gemütlich und ein wenig hemdsärmelig, gibt sich diese Kneipe komplett entspannt und unkompliziert. Wer eine Show erwartet, ist hier falsch. Blender verziehen sich schnell wieder. Die anderen ratschen, trinken Bier und fühlen sich „unter sich".
Mo - Sa 9 - 1 h / wenn der Stern blinkt, So Ruhetag. Reichenbachstraße 33, ☎ 20 20 64 95, MVG/MVV: U1 + 2, 7 + 8, Tram 27 Fraunhoferstraße

Gap
Ludwigsvorstadt

Ein erfrischender Gegenpol zu den Schickimicki-Läden in der Umgebung. Die provisorisch wirkende Einrichtung erweckt den Eindruck, man befinde sich in einer Theaterkantine. Malerei, Collagen, Fotos und andere Objekte zieren die Wände und Ideen für Ausstellungen sind hier jederzeit herzlich willkommen. An jedem zweiten Montag treffen sich Autoren unter dem Motto „speak & spin" zu Lesungen und einmal im Monat kann man mit einem Konzert im Gap rechnen. Auch die kulinarische Seite kommt nicht zu kurz: eine kleine Schiefertafel, die meist auf dem alten Klavier steht, wird zweimal täglich neu beschrieben. Zur Auswahl stehen Salate, Nudelgerichte und Suppen, immer auch etwas Vegetarisches.
Mo - Fr 9 - 1 h, Sa + So 19 - 1 h. Goethestraße 34, ☎ 54 40 40 94, MVG/MVV: U3 + 6 Goetheplatz

Gecco
Neuhausen

Das Ambiente ist dunkel gehalten und das Maskottchen des Lokals ist ein lebender Gecko. Auf der Speisekarte finden sich unter anderem Gröstl mit Salat, Schweinefleisch mit Glasnudeln und Asiagemüse oder Grillteller „Gecco" mit Rind, Schwein, Pute, Würstl, Gemüse und Pommes. Cocktailfreunde freuen sich montags über die Happy Night, an den anderen Tagen ist die Happy Hour von 23 bis 24 h. Das Bier liefert Diebels, Foster's, Guinness, Kilkenny, Franziskaner und Löwenbräu. (ha)
täglich 18 - 1 h, Küche bis 23 h. Volkartstraße 68, ☎ 1 23 43 77, MVG/MVV: U1 + 7, Tram 12 Rotkreuzplatz

Ginger
Maxvorstadt

Das Ginger ist eine Food- und Cocktailbar, die auch eine loungige Atmosphäre bieten kann. Rot dominiert die Wände, Asiatisches beherrscht die Speisenauswahl und am Wochenende steht ein DJ unter der spiegelnden Discokugel und sorgt für einen entspannten Sound. Gegessen werden Suppen (ca. 3,50 €), Salate (ca. 6,00 €) oder Gerichte aus dem Wok (ca. 7,00 €). Im Sommer öffnet man die Fensterfront, damit das schöne Wetter, sofern ein solches unsere kleine Stadt heimsucht, das ganze Lokal erfüllen kann.
Mo - Fr ab 11 h, Sa + So ab 13 h. Augustenstraße 56, ☎ 58 98 99 98, MVG/MVV: U2 + 8 Theresienstraße

typisch münchen

kultur & erlebnis

freizeit & relaxen

essen & trinken

city & guide

✦ stadtbuch-tipps
KNEIPEN-BARS

Südstadt

Goldene Bar ✦
Lehel

Wir befinden uns plötzlich im Jahr 1937, im golden schimmernden Trink- und Erfrischungsraum von Adolf und den anderen Nazi-Spießern. Der zweite Blick katapultiert uns wieder zurück ins 21. Jahrhundert, mitten in eine (wechselnde) Installation, die mit dem Kleinbürgerprunk bricht. Konstantin Grcic hat hier schon weiß getünchte Biertischgarnituren aufgestellt und Franz West platzierte Spiegeltische mit Metallsofas und -stühlen. Auch auf der schönen Terrasse, die einen Ausblick in den Englischen Garten bietet, kann man Tee, Kaffee und Kuchen genießen oder z. B. Quiche, Lasagne oder Kässpätzle essen. (hl)
Fr - Mi 10 - 20 h, Do 10 - 22 h.
Prinzregentenstraße 1, ☎ 29 16 03 91,
MVG/MVV: Tram 17 Haus der Kunst; Bus
53 Königinstraße

Green Room Bar ✦
Schwabing

Entspannte, gut gestaltete Kellerbar - unter dem Tijuana-Café -, die sich gezielt von den klassisch-gediegenen American-Bars abhebt und deshalb auch eher nicht für das gesetzte Publikum geeignet ist. Für dieses gibt es ja wirklich genügend Lokalitäten. Die junge Szene fläzt sich währenddessen entspannt in die Kissenlandschaft zwischen Grünpflanzen, goldener Mauer und Spiegelwand und trinkt klasse Cocktails.
So - Do 19 - 2 h, Fr + Sa 19 - 3 h.
Leopoldstraße 13, ☎ 33 06 63 52,
MVG/MVV: U3 + 6 Giselastraße

Hard Rock Café
Altstadt

Egal in welcher Stadt man eine Dependance der Kette besucht: das American Food, das perfekt gestaltete Ambiente und der professionelle Service sind überall gleich. Die Preise (Hauptgerichte ca. 13,00 €) auch. Die Portionen sind amerikanisch-riesig und hungrig steht sicher niemand vom Tisch auf. Es gibt Burger,

Pasta, Salate, Pommes und Grillfleisch. Außerdem: Frühstück.
*So - Do 12 - 1 h, Fr + Sa 12 - 2 h, Merchan-
dising täglich 10 - 24 h. Am Platzl 1,
☎ 2 42 94 90, www.hardrock.com,
MVG/MVV: U3 + 6, S1 - 8 Marienplatz*

Harpers and Queens
Altstadt

Nicht nur das was in den Gläsern
serviert wird, sieht gut aus. Die
Bartender sind Könner in ihrer
Profession und auch Showmen.
Das gemischte Publikum freut
sich am Gebotenen und genießt
den Aufenthalt in bequemen
Ledersesseln in der loungigen
Location im ersten Stock.
*Mo - Do 18 - 1 h, Fr + Sa 18 - 4 h, Happy
Hours: Mo - Sa - 20 h, Küche: Mo - Sa 18
- 24 h. So Ruhetag. Sendlinger Straße 46,
☎ 26 94 95 60, www.harpersandqueens.
com, MVG/MVV: U1 - 3 + 6, Tram 16 - 18 +
27 Sendlinger Tor*

Havana Club
Altstadt

Mit einer dunkelhölzernen Bar in
der Mitte, einem Ventilator an der
Decke, der bequemen Sitzecke,
gedämpftem Licht und einem
Castro-Portrait am Eingang,
erzeugt der Havana Club seit
1985 das kubanische Ambiente.
Kennzeichnend für das Lokal
ist die entspannte Atmosphäre,
die ohne Schickimicki-Gehabe
auskommt und deshalb ein abwechslungsreiches Publikum anzieht. Die fundierte Cocktailkarte
deckt so gut wie alle Wünsche ab.
Fazit: Klassisch.
*Mo - Do 18 - 1 h, Fr + Sa 18 - 3 h, So 19
- 1 h. Herrnstraße 30, ☎ 29 18 84,
MVG/MVV: S1 - 8, Tram 17 + 18 Isartor*

Heuler
Haidhausen

In der rot gestrichenen Bar &
Lounge erstrahlen LP-Cover in
Leuchtkästen und illuminieren
die Gästeschar, die sich mit
allerlei Getränken stärken und
in Stimmung bringen kann.
Wochenends sorgen DJs für adä-
quate Beschallung. Der Heuler ist
ein Bringer.
*Mo - Mi 19 - 3 h, Do - Sa 19 - 4 h, So Ruhe-
tag. Kirchenstraße 38, ☎ 62 23 25 22,
www.bar-heuler.de,
MVG/MVV: Bus 159 Kirchenstraße; U5 + 6,
S1 - 8, Tram 19, Bus 45, 53, 54, 89, 95, 96,
198 + 199 Ostbahnhof*

Heyluigi
Glockenbachviertel

In dem Eckhaus in dem jahrelang
das Café Seitensprung war, haben die Nage + Sauge-Leute ihr
Heyluigi eingerichtet. Ein rustikal
anmutendes Kneipen-Restaurant mit viel dunklem Holz und
keinen besonderen Gestaltungs-
akzenten. Das Essen ist international. Wechselnde Mittagskarte
(Wokgemüse 5,80 €, Salate 4,80 €,
Spaghetti mit Salbeihähnchen
5,60 €), Abendkarte wöchentlich
neu. Sonntags lockt der mit Pflaumen gespickte Schweinsbraten.
Nette Freisitze vor dem Lokal.
Wochenends verwandelt sich die
relaxte Atmosphäre des Heyluigi
in Partystimmung.
*Mo - Fr 11 - 1 h, Sa + So 17 - 1 h. Holz-
straße 29, ☎ 46 13 47 41, www.heyluigi.de,
MVG/MVV: 17, 18 + 27 Müllerstraße*

Hide-Out ✴
Neuhausen   Live-Club

Diesen Kellerclub gibt es seit
Mai 1989. In den Anfangsjahren
bestimmten noch Hardrock- und
Countrybands das Programm.
Seit 1999 dominiert Blues mit
seinen Randbereichen, wie
Boogie-Woogie und Zydeco, die
Musik im Hide-Out. Nationale
und internationale Künstler
geben sich hier das Mikro in die
Hand. Donnerstags ist die schon
legendäre Bluessession angesagt.
Die Eintrittspreise bewegen sich
zwischen 3,00 (Session) und
7,00 €. Internationale Sonderkon-
zerte kosten bis ca. 15,00 €.
*Di - Sa 20 - 3 h, So gelegentlich Sonder-
konzerte, Mo Ruhetag, Konzertbeginn
jeweils 21.30 h, Musikende 0.30 h.
Rotkreuzplatz 2a, ☎ 16 96 68,
MVG/MVV: U1 + 7, Tram 12 Rotkreuzplatz*

Holy Home ✴
Gärtnerplatzviertel

Szenige Kneipe mit viel Publikum
aller Altersklassen auf wenig
Raum. Es gibt Augustiner, Becks,
Bud und Schneider. Die Cocktails
werden nach Wunsch gemixt,
sie kosten um die 8,00 € und
schmecken lecker, auch deshalb
kommt man ins Holy Home. Der
Clou des Ladens ist aber seine

Optimolwerke
Haidhausen

Wann und ob der Kunstpark Nord in Fröttmaning, neben der Allianz-Arena, eröffnet, steht noch in den Sternen. Wolfgang Nöth und seine Partner haben 2003 die Amüsiermeile in den ehemaligen Optimolwerken eröffnet. Sie schließt direkt an das Gelände des Ex-KPO, heute Kultfabrik, an. Auf dem Optimolgelände, an der Rosenheimer Straße 143 bzw. Friedenstraße 10, gruppieren sich auf ca. 15.000 qm Bars & Clubs, Imbisse, der Antikpalast (www.antikpalast-muenchen.de, Fr 10 - 19 h, Sa 10 - 18 h, So 11 - 17 h, Deutschlands größtes Kunst- und Antiquitätenzentrum), die Georg-Elser-Hallen und das Jugendstil-Spiegelzelt.

Choice Club: *Hier laufen House, Blackmusic und Charts. Stichworte: tanzen, flirten, schauen und sich kennen lernen. Die Galerie bietet einen Überblick. Fr + Sa ab 23 h, www.choiceclub.de*

Club 4: *Nennt sich „Munich's No. 1 HipHop-Club" und bietet entsprechendes Sound-Programm. Mi, Fr + Sa geöffnet. Zusätzlich Live-Specials an anderen Tagen. www.club-4.de*

Do Brasil: *Café-Bar-Club für Latin und Tropical-Fever. Mi - Sa ab 21 h, www.dobrasil-bar.de*

Drei Türme: *Schön gestalteter Club mit gutem Musikprogramm - auch mal live. Di 21 - 4 h, Mi - Sa 22 - 6 h, ☎ 45 02 88 17, www.dreituerme.de*

Harry Klein: *Harry bucht immer klasse DJs - deshalb kann man hier bei Electro abtanzen und sich vom Beamerprogramm der VJs in Feiersphären katapultieren lassen. Allerdings: Harry heißt nicht nur Klein, er ist es auch. Freitags „Flokati"-House-Partys, samstags elektronische Tanzmusik. Relaxen im kleinen Garten vorm Lokal. Fr + Sa 23 - 6 h, ☎ 40 28 74 00, www.harrykleinclub.de.*

K41 Nightclub: *Ein täglich (!) wechselndes Programm lockt in den K41 Nightclub. täglich ab 22 h, ☎ 63 89 29 11, www.k41.de*

Keller: *Das wechselnde Programm lockt nicht nur die „Härter trinken und Feiern", bzw. die Depeche Mode-Fans in den Club. Mo, Di, Fr + Sa geöffnet. ☎ 4 90 42 10, www.keller-club.info*

Milchbar: *Florian und Jakob Faltenbachers Laden zählt immer noch - vor allem wochenends - zu den beliebtesten Partyschuppen der Stadt. Ein In-Club und Party-Stimmungsverbreiter, wo exzessiv getrunken und auch gebaggert wird. Im Sommer auch auf der Terrasse. So - Do 22 - 6 h, Fr + Sa 22 - 9 h, www.milchundbar.de*

Salon Erna: *Gemütlich-kleine Location zum Tanzen, Trinken, Abhängen und Chillen. Dazu eine etwas andere Musikauswahl. Hier muss man nicht 20 sein, um mitfeiern zu dürfen. Im Kaminzimmer gibt's Kultur, wie Live-Veranstaltungen. Mi Open Stage ab 20.30 h, jeden 1. Do Modenschau ab 20.30 h, jeden 4. Do Austria Rock ab 22 h, Fr Alternative Party ab 21 h, Sa wechselndes Programm ab 21 h, So ab 19 h „Swing on Sunday". ☎ 63 89 29 11, www.salon-erna.de*

Wild Coyote: *Die Coyote-Partys haben ihren eigenen Laden gefunden. Kennzeichen: die flimmernde Leinwand über der Theke. Fr + Sa ab 22 h. ☎ 45 09 08 45, www.wild-coyote.de*

www.optimolwerke.de, Rosenheimer Straße 143 bzw. Friedenstraße 10, *MVG/MVV: U5 + 6, S1 - 8, Tram 19, Bus 45, 53, 54, 89, 95, 96, 198 + 199 Ostbahnhof*

✷ = stadtbuch-tipp!

gemütliche und unkomplizierte Wohnzimmeratmosphäre. Gott sei Dank, haben hier nicht die Szene-Schnepfen das sagen. Wer Hunger bekommt, bestellt Pasta oder Salate. Am Samstag bleibt die Küche kalt. Für den wechselnden, ausgesucht guten Sound sind Live-DJs zuständig. (be)
So - Mi 18 - 1 h, Do - Sa 18 - 3 h, im Sommer ab 19 h.
Reichenbachstraße 21, ☎ 01 45 46, MVG/MVV: U1, 2, 7 + 8, Tram 27 Fraunhoferstraße; Tram 17 + 18 Reichenbachplatz

Hongkong Bar ☆
Isarvorstadt

An der 40 Meter langen Bar oder in der Lounge genießt man in fernöstlichem Ambiente exotische Drinks und scharf gewürzte asiatische Speisen aus Vietnam, Thailand oder China. Die Küche (Hauptgerichte ca. 13,00 €) kann durchaus als anspruchsvoll bezeichnet werden und ist nicht nur bei der Namensgebung der Speisen kreativ. Mehr als 150 verschiedene Longdrinks und Cocktails (Happy Hour 18 bis 20 h, 5,50 €) warten nur darauf, probiert zu werden. (av/mn)
So - Do 18 - 1 h, Fr + Sa 18 - 3 h. Kapuzinerstraße 39, ☎ 01 02 05, MVG/MVV: U3 + 6 Goetheplatz, Bus 58 Baldeplatz

Café Huiras
Laim

Die Küche ist international, das Publikum bunt, eher jung als alt. Bis 18 h stehen zwölf verschiedene Frühstücke (3,60 bis 14,00 €) zur Auswahl. Täglich wechseln die Karte (viele Salate) und die beiden Mittagsmenüs (mit Suppe, Hauptgericht und Dessert für 5,00 €). 25 Cocktails sind im Angebot. Happy Hours: Sonntag und Montag ganztägig, an den anderen Tagen kostet jeder Cocktail zwischen 18 und 20 h den halben Preis. (mr)
So - Do 10 - 1 h, Fr + Sa 10 - 3 h. Camerloherstraße 64, ☎ 5 80 53 11, MVG/MVV: S1 - 8 Laim; Bus 51 Eindorfer Straße

Irish Folk Pub
Schwabing   Irisch

Das Irish Folk Pub ist mit seiner fast 30-jährigen Geschichte die älteste irische Pub in Deutschland. Whiskey-Freunde haben hier die Wahl zwischen 130 irischen und schottischen Whiskeys. Wer sich zum Kenner entwickeln will, sollte bei den regelmäßig stattfindenden Whiskeytastings (40,00 €) mitmachen. Für Bierfreunde gibt es Guinness, Kilkenny, Spaten, Veltins und Franziskaner. Jeden Donnerstag finden Konzerte statt, wobei hier auch schon große Namen wie die Dubliners, Rory Gallagher oder Clannad aufgetreten sind. Wer will, spielt Dart. Die Hungrigen bekommen Beef in Guinness, Irish Stew, Shepherd's Pie, Lamm auf grünen Bohnen, aber auch Sandwiches und Toasts. (sb/mn)
Di - Do + So 20 - 1 h, Fr + Sa 20 - 2 h, Mo Ruhetag. Giselastraße 11, ☎ 34 24 46, www.irish-folk-pub.de, MVG/MVV: U3 + 6 Giselastraße

Isarbar
Altstadt

Die Bar im exklusiven Dorint Sofitel Bayerpost ist als klassische Hotelbar ein Anziehungspunkt für Hausgäste und Münchner Nachtschwärmer. Der elegante Rahmen trägt aber nicht zu einer steifen Atmosphäre bei. Trotzdem: keine Szenebar.
täglich 10 - 2 h. Bayerstraße 12, ☎ 59 94 80, www.sofitel.com, MVG/MVV: U1, 2, 4, 5, 7 + 8, S1 - 8, Tram 16 - 21 Hauptbahnhof

Isar-Lounge
Au

Und plötzlich sitzt man mitten im Grünen, zwischen Weiden und anderen Bäumen, mit Blick auf das Wasser - auf der Holzbohlenterrasse der Isar-Lounge. Wir sind im Garten neben dem Forum am Deutschen Museum oder in den Räumen der Isar-Lounge, wo dunkle Stühle und Tische, weiße Sofas und Leuchtobjekte dem schlichten Raum Atmosphäre geben. Das Lokal ist ein Allrounder und bietet als Café, Bar, Restaurant und Freisitzbetrieb vieles für viele. Wechselnde Tageskarte mit internationalen Gerichten. Auch Frühstücksangebot.
täglich ab 10 h. Museuminsel 1, ☎ 52 03 21 00, www.isar-lounge.de, MVG/MVV: Tram 18 Deutsches Museum

typisch münchen

kultur & erlebnis

freizeit & relaxen

essen & trinken

city & guide

von oben nach unten: Havana Club, Holy Home, Falk's Bar und Club Morizz rechte Seite: Forum

Iwan's Bar
Glockenbachviertel   **Gay**

Im Original Iwan arbeitet jetzt das Café Cord, trotzdem muss niemand auf Iwans thailändisch-anspruchsvolle Küche verzichten. Iwan's Bar führt die jahrzehnte-lange Tradition fort und bietet ein stillvoll-schickes Ambiente fürs, überwiegend schwule Publikum. Im Gegensatz zu früher, gibt es nur eine sehr kleine Speisenaus-wahl. Dafür ist das Wein- und Cocktailangebot umfangreich.
Di - Do 19 - 1 h, Fr + Sa 19 - 2 h, So + Mo Ruhetage.
Hans-Sachs-Straße 20, ☎ 20 00 90 90, MVG/MVV: U1 + 2, 7 + 8, Tram 27 Fraun-hoferstraße; Tram 18, 19 + 21 Müllerstraße

Josef Bar ✶
Gärtnerplatzviertel

Sympathische und ansprechend eingerichtete Wohlfühl-Bar, wo man essen (Burger, Currywurst und Brühpolnische(!) bis in der Früh!) und trinken kann, täglich wechselnde DJs für Stimmung sorgen und im Vögelzimmer dazu „gezwitschert" wird. Freisitze mit Blick auf die Maria-Gäste.
Sommer Mi - Sa 20 - 3 h, Winter Di - Sa 20 - 3 h. Klenzestraße 99, ☎ 20 24 57 50; MVG/MVV: U1, 2, 7 + 8, Tram 27 Fraunho-ferstraße

Julep's New York Bar
Haidhausen

Rustikal-schicke Bar, die seit 17 Jahren mit Tex-Mex- und Cajun-orientierten Gerichten (Fajitas, Ribeye-Steaks, Chicken, Fisch) erfolgreich ist. Wer hier essen will, sollte vorher reservieren - dafür trifft man dann eventu-ell Prominente, die auch gerne mexikanisches oder amerika-nisches Flaschenbier trinken. Oder Cocktails (Happy Hours Mo 17 bis 21 h).
täglich 17 - 1 h, Küche bis 23 h. Breisacher Straße 18, ☎ 4 48 00 44, www.juleps.de, MVG/MVV: U5 + 6, S1 - 8, Tram 19, Bus 45, 53, 54, 89, 95, 96, 198 + 199 Ostbahnhof

Kafe Kult ✶
Oberföhring   **Live-Club**

Das Kafe Kult ist eine kultige Baracke für Live-Konzerte jen-seits des Mainstream: HipHop, Independent, Freejazz, Reggae,

Trash ... Hier treffen sich die unterschiedlichsten Leute, um entspannt ihren Spaß zu haben. Bands aus aller Welt kann man im Kafe Kult erleben, auch Lesungen.
je nach Veranstaltung geöffnet.
Oberföhringer Straße 156, ☎ 95 92 76 92,
www.kafekult.de,
MVG/MVV: Tram 17 + 18, Effnerplatz

Kaffee Giesing
Giesing   *Live-Club*

Ein Veranstaltungstipp, aber fürs Frühstück (ca. 5,00 bis 10,00 €) auch nicht schlecht. Sonntags lädt von 11 bis 13 h das Klassik-Frühstück mit Live-Musik ein. So gut wie jeden Abend wird ab 20 h Jazz oder Blues gespielt (Eintritt frei). Wegen der riesigen Portionen kommt man auch gerne zum Essen (6,50 bis 12,00 €) hierher. Es gibt eine große Salatauswahl und wechselnde Tagesgerichte. Unter 160 Cocktails kann jeder seinen Lieblingsdrink finden. Außerdem: Terrasse mit schönem Ausblick.
Mo - Do 10 - 1 h, Fr + Sa 10 - 2 h, So 10 - 1 h. Bergstraße 5, ☎ 6 92 05 79,
www.kaffee-giesing.de,
MVG/MVV: U1 + 7 Kolumbusplatz; U2 + 7, Tram 15 + 25 Silberhornstraße

Kilians Irish Pub
Altstadt   *Irisch*

Täglich Live-Musik (Irish Folk, New Country, Blues, R'n'B, Rock) bei freiem Eintritt ist nicht der einzige Grund, der für dieses Pub spricht. Auch das Essen ist interessant: irisches Frühstück (8,30 €), Club Sandwich (8,20 €), Fish & Chips (8,90 €), diverse Burger (8,00 bis 10,00 €) und vielerlei Rustikales mehr. Am TV: Champions League-Spiele oder die Rugby League.
Mo - Do 15.30 - 1 h, Fr + Sa 11 - 2 h, So 12 - 1 h. Frauenplatz 11, ☎ 24 21 98 99,
www.kiliansirishpub.com,
MVG/MVV: U3 + 6, S1 - 8 Marienplatz

Klenze 17
Glockenbachviertel

Nett-gemütliches Kneipen-Restaurant mit gut portioniertem international-bayerischem Speiseangebot wie Hamburger, Schinkennudeln oder Schweinsbraten. Getrunken wird vorwiegend Augustiner vom Fass. Gäste: Studenten und Szeneleute. Der Wirt sammelt Single Malt Whiskys, deshalb hat er immer 40 bis 50 Marken im Haus. Etwa alle zwei Monate finden Live-Konzerte statt.
So - Do 18 - 1 h, Fr + Sa 18 - 3 h. Klenzestraße 17, ☎ 2 28 57 95, www.klenze17.de,
MVG/MVV: U1, 2, 7 + 8, Tram 27 Fraunhoferstraße; Tram 17, 18 Reichenbachplatz

Konsulat
Glockenbachviertel

Die unaufgeregt-nette Bar ist, trotz des Namens, ein entspannt-gemütlicher Treffpunkt mit umfangreichem Getränkeangebot. Für Nachschwärmer die keine Show wollen und brauchen.
So - Do 18 - 1 h, Fr + Sa 18 - 3 h.
Klenzestraße 51, MVG/MVV: U1, 2, 7 + 8, Tram 27 Fraunhoferstraße

Kostbar
Maxvorstadt

Schlicht, aber geschmackvoll
gestaltet, präsentiert sich dieses
Bar-Restaurant, das sich hervorragend als Treffpunkt zum
Reden, Trinken, Frühstücken oder
Lunchen (günstiger Mittagstisch,
wechselnde Karten) eignet. Wer
zum Essen kommt, sitzt im vorderen Bereich und bestellt Salate
und Speisen aus der international-mediterranen Küche (Hauptgerichte ca. 10,00 €), die auch für
angenehme Überraschungen gut
ist. Erfreulich: die Portionen. (ka)
Mo - Mi 8 - 24 h, Do + Fr 8 - 1 h, Sa 10 -
18 h, So Ruhetag.
Augustenstraße 7, ☎ 54 54 77 99,
MVG/MVV: U2 + 8 Königsplatz; U1 + 7
Stiglmaierplatz; Tram 20 + 21 Karlstraße

Kreuz 16 ✵
Altstadt

Die Kettenkarussellsitze schau-
keln sehr einladend vor der Theke
- zusammen mit der Beleuchtung
(lila-pink), den schwarzen Möbeln, dem Brokattapetenfeld und
dem Latexfädenvorhang machen
sie diese Bar zu einem optischen
Anziehungspunkt. Getränke,
Stimmung und Musik komplet-
tieren den guten Eindruck dieses
neuen Lokales.
Di - Sa ab 19 h, So + Mo Ruhetage.
Kreuzstraße 16, MVG/MVV: U1, 2, 3 + 6,
Tram 16 - 18 + 27 Sendlinger Tor

Ksar ✵
Gärtnerplatzviertel

Ein Stöhnen ging durch die Reihen der Nachtschwärmer als das
Ksar zusperrte, dann sollte die
„Nachtbar" die Räume wiederbe-
leben. Nun heißt das Ksar doch
wieder Ksar - mit dem Untertitel
Barclub, denn ohne Bar oder Club
geht heute ja fast nichts mehr.
Ansonsten wurde das Lokal deutlich und sehr geschmackvoll auf-
gefrischt. Hoffnungsfroh sehen
wir bei asiatischen Cocktails, dem
Pils der Brauerei Siegenbrunn,
DJ-Sound und guter Stimmung in
die Zukunft.
Mo - Sa ab 20 h, So mietbar.
Müllerstraße 31, ☎ 55 29 84 79,
www.ksar-barclub.de, MVG/MVV: U1, 2, 3
+ 6, Tram 16 - 18 + 27 Sendlinger Tor

l & i ✵
Altstadt

Johann Landersdorfer und
Robert Innerhofer kennen wir
bereits aus dem anspruchsvollen
Restaurant „Landersdorfer &
Innerhofer", wo die Überra-
schungsmenüs für Begeisterung
unter den Gästen sorgen. Mit
dem l & i betreiben die Erfolgs-
gastronomen eine legere Tagesbar in der angesagten Ledererstraße. Dezent, geschmackvoll
und ohne Chichi haben sie das
Lokal eingerichtet und damit den
Stil der Kollegen in der Nachbarschaft (Bar Centrale, Cortiina)
fortgesetzt. Eine überschaubare
und wechselnde Auswahl von Tagesgerichten und Menüs auf der
Abendkarte sind das kulinarische
Angebot des l & i. Wer keinen
Hunger hat, macht es sich bei
einem Espresso oder einem Drink
an der mit gebeizter Mooreiche
verkleideten Bar gemütlich oder
platziert sich in einem der bequemen Sessel.
Mo - Sa 10 - 1 h, So Ruhetag.
Ledererstraße 17, ☎ 23 23 77 89,
MVG/MVV: U3 + 6, S1 - 8 Marienplatz

Leomar Lounge
Altstadt

Die Leomar Lounge ist so etwas
wie die Chillout-Zone des 8Sea-
sons. Eine schwarz-weiß-rote
Lounge, die mit ihrem 60er/70er-
Styling runden bzw. abgerun-
deten Formen frönt. Serviert
werden Heißgetränke, Cocktails
und Baguettes.
Di 18 - 4 h, Do 21 - 4 h, Fr + Sa 22 - 5 h.
Maximilianstraße 2, ☎ 24 29 44 44,
www.leomarlounge.de, MVG/MVV: U4 + 5
Odeonsplatz; U3 + 6, S1 - 8 Marienplatz

Lisboa Bar
Haidhausen   Portugiesisch

Ein Café-Bar-Restaurant, das
eine angenehme Atmosphäre
ausstrahlt und seit über fünfzehn
Jahren ein Liebling der Münchner
Szene ist. Lateinamerikanische
Musik und Fado sorgen für Stimmung und die Speisenauswahl
bietet portugiesische und internationale Spezialitäten wie Caldo
verde (Grünkohlsuppe), Bacalhau

✵ = stadtbuch-tipp!

(Stockfisch), Cataplana de Peixe (Kupferkessel mit Fischeintopf), Schweinelende mit Piri-Piri und Coxinha de Galinha (Huhn in Kartoffelteig). Dazu wird eine schöne Auswahl an Weinen aus Portugal ausgeschenkt. Sonntags (bis 16 h) kann man in der Lisboa Bar auch frühstücken. Im Sommer vor dem Lokal. Jeden Sonntag ab 19 h brasilianischer Jazz-Bossa Nova live. (ab)

Mo - Sa 18 - 1 h, So 10 - 1 h, Küche bis 24 h.
Breisacher Straße 22, ☎ 4 48 22 74,
www.lisboa-bar.de,
MVG/MVV: U5 + 6, S1 - 8, Tram 19, Bus 45,
53, 54, 89, 95, 96, 198 + 199 Ostbahnhof

Living
Giesing

Das Living ist eine nette Kneipen-Bar und eine echte Bereicherung für Giesings Nachtleben. Wer Hunger hat, bestellt von der gemixten Speisekarte (Hauptgerichte ca. 10,00 €), die von Burgern über Tex-Mex bis hin zu asiatischer Küche reicht. Der Bringer ist die beeindruckende Getränkeauswahl: von bodenständig bis anspruchsvoll (Absinth im Dutzend). Die Liste der Cocktails und Longdrinks erfreut ebenso. Happy Hours Di - Sa (17 bis 20 h + ab 23 h) und So + Mo (ab 17 h).

täglich ab 17 h.
Walchenseeplatz 4, ☎ 44 14 08 98,
MVG/MVV: U2 + 7 Untersbergstraße

Lizard Lounge ✳
Gärtnerplatzviertel

Was eine A-Klasse-Lounge sein will, braucht eine gewisse Lässigkeit, eine Entspanntheit, die nichts mit schnöseliger Coolness oder Hip-Gehabe zu tun hat. Nun, die Lizard Lounge zählt nach wie vor zu den besten Lounge-Bars der Stadt, egal ob man (60er-Jahre-)Design, Atmosphäre, DJ-Programm oder Getränkeauswahl und -qualität vergleicht. (xl)

Mo - Sa ab 20 h, So Ruhetag. Corneliusstraße 34, ☎ 20 00 98 27, MVG/MVV: U1, 2, 7 + 8, Tram 27 Fraunhoferstraße

Loggia Lounge & Club
Altstadt

Im Erdgeschoß befindet sich die schöne Lounge mit dem netten Wintergarten. Im Kellergewölbe sorgt der Club für die Erfüllung so mancher Nightlife-Träume: auf der Tanzfläche (House) und an der großen Bar.

Do - Sa ab 21 h, So - Mi Ruhetage.
Falkenturmstraße 6, ☎ 29 27 21,
www.loggia-lounge.de,
MVG/MVV: U3 + 6, S1 - 8 Marienplatz

Loretta Bar
Glockenbachviertel

In Bologna oder Barcelona sind sie an vielen Ecken zu finden, die kleinen Tagesbars, in denen man entspannen, eine Pause machen und eine Kleinigkeit (Panini, Suppe, Tapas, Kuchen) essen kann. Bei diesem Lokaltypus ist in München die Loretta Bar ganz vorne mit dabei: zum Freunde, Kollegen oder Nachbarn treffen und das Leben genießen.

Mo - Fr 7 - 1 h, Sa + So 10 - 22 h, Feiertag Ruhetag. Müllerstraße 50, ☎ 23 07 73 70, MVG/MVV: U1, 2, 3 + 6, Tram 16 - 18 + 27 Sendlinger Tor; Tram 17, 18 + 27 Müllerstraße

Maria Passagne
Haidhausen

Die von außen unauffällige Szene-Bar ist plüschig, klein und gut besucht. In der Wohnzimmeratmosphäre der 50er Jahre treffen sich auch Szene-Promis. Zum Essen gibt es japanische Gerichte wie Sushi (5,00 bis 9,00 €) oder Seafood-Curry (ca. 12,00 €). 70 leckere Cocktails zaubert der Barkeeper gekonnt aus dem Shaker. Bierfreunde trinken Becks, Sol, Jever oder Radeberger. Weine stehen ebenfalls zur Auswahl. Da es nur 25 Sitzplätze gibt, empfiehlt es sich schon früh zu kommen oder zu reservieren.

täglich 19 - 1 h. Steinstraße 42, ☎ 48 61 67, MVG/MVV: S1 - 8, Tram 15 + 25 Rosenheimer Platz

Masters Home ✳
Gärtnerplatzviertel

Das Masters Home ist einer im englischen Kolonialstil eingerichteten Wohnung nachempfunden. Die Atmosphäre ist fast wie auf einer Party in Privaträumen - sogar das Badezimmer wird von Gästen okkupiert - allerdings muss man im Masters Home für Getränke und Speisen bezahlen.

An der Bar gibt es Drinks, Bier und Cocktails. Wer Hunger hat, bestellt Snacks an der Theke oder erhofft sich einen Platz im Esszimmer. Das mehrgängige Degustationsmenü kostet ca. 40,00 €. Das Publikum ist gemischt, aber doch eher schick und cool. Wochenends: DJ-Sound.

täglich 18 - 3 h. Frauenstraße 11, ☎ 22 99 09, MVG/MVV: S1 - 8 Isartor; Tram 17 + 18, Reichenbachplatz

Max-Emanuel-Brauerei ☆
Schwabing

In diesem, seit etwa 1800 bestehenden, Traditionslokal weht immer noch ein frischer Wind - nicht nur wegen der Totalrenovierung 2006. Auf der Karte findet man bayerische Gerichte (Schweinsbraten mit Kartoffelknödel und Krautsalat 8,50 €) und die Wochenkarte bietet auch Internationales wie Salate, Tex-Mex, Pasta, Toasts, Fingerfood und vieles mehr. Das Max-E ist wegen der vielen Veranstaltungen (Theater, Konzerte) beliebt und hier wird gerne getanzt: Tango (Di ab 21 h), Salsa (Mi ab 21 h, Fr ab 22 h.) und Rock'n Roll (So ab 20 h, im Winter ab 19 h). Zur Faschingszeit verwandelt sich der Saal mit weißen Stoffen und Schwarzlicht zur Bühne für die legendären Weißen Feste. Hinter dem Haus findet man einen schönen 750-Plätze-Biergarten, von alten Kastanien beschattet.

April - Okt. Sa - Do 11 - 1 h, Nov. - März Sa - Do 17 - 1 h, Fr immer bis 3 h. Adalbertstraße 33, ☎ 2 71 51 58, www.max-emanuel-brauerei.de, MVG/MVV: U3 + 6 Universität

M.C.Mueller ☆
Glockenbachviertel

Die Stichworte sind: Bar, Club & Burger. Geschmackvoll eingerichtet ist die Bar, von Do - Sa lockt ein Clubprogramm (Vintage, Independent, Disco) und die leckeren Burger (150 g/6,50 € für Jungs, 62,5 g/4,20 € für Mädchen oder vegetarisch 6,50 €) werden im Körbchen mit Beilagen und Dip serviert. Dazu trinkt man Tegernseer Hell oder Becks. Im

Heyluigi (o. + u.)
Hide Out (linke Seite)

Sommer im netten Garten.
So - Mi 18 - 2 h, Do - Sa 18 - 4 h, Happy Hours täglich 18 - 20 h. Müller-/Ecke Fraunhoferstraße, ☎ 18 91 00 39, www.mcmueller.org, MVG/MVV: U1 + 2, 7 + 8, Tram 27, Fraunhoferstraße

Mezzo Cobar
Westend

Nachdem man morgens schon zum Frühstück hier, bei der alten Messe war, spricht nichts dagegen auch in der Mittagspause zum günstigen Business-Lunch (täglich wechselnde Salate, Pasta und italienisch inspirierte Fleisch- und Fischgerichte) zu kommen und dann abends gleich auf ein Glas Wein (25 „offene") vorbeizuschauen. So genannte „Gustaciones" gibt's dazu - das sind internationale Tapas. Events: die 089privat-Partys und Weinproben

(mit Vortrag, Weinen und Fünf-Gänge-Menü 25,00 €).
So - Do 10 - 1 h, Fr + Sa 10 - 2 h. Franziska-Bilek-Weg 1, ☎ 50 07 32 99, www.mezzo-cobar.com, MVG/MVV: U4 + 5 Schwanthalerhöhe

Namenlos
Schwabing

Das Namenlos ist eine Bistro-Bar, in der es ums Essen und Trinken geht. Fast jeden Tag lockt eine Aktion zum All-you-can-eat (z. B. Chicken, Pasta), zum Würfeln (Cocktails für bis 6,00 €) oder zu sonst einem anderen Angebot. Neben einer kneipentypischen Speiseauswahl gibt es auch Specials, z. B., mit Bisonsteaks oder Krokodilfleisch - wer da mitessen will, muss vorbestellen. Das Namenlos eignet sich für Preis-Leistungs-Esser und gegen den späten Hunger.
Mo - Sa 19 - 5 h, So Ruhetag. Fallmerayerstraße 28, ☎ 32 21 22 22, www.bistro-bar-namenlos.de, MVG/MVV: U2 + 8, Tram 12 + 27, Bus 33 Hohenzollernplatz

Netzer & Overath
Gärtnerplatzviertel

Das hemdsärmelige Doppellokal in den Räumen des ehemaligen Hit The Sky: Das Overath (rechter Eingang) ist eine nett-gemütliche Tages- und Nachtkneipe mit großer Frühstücks- (ab ca. 3,00 €) und interessanter Speisenauswahl (ca. 5,00 €). Im Netzer (linker Eingang) versetzen der Bierkon-

sum und Rock-DJs die willige Partymeute in Ekstase. (xl)
Overath So - Mi 9 - 23 h, Netzer Do - Sa 20 - 3 h. Baaderstraße 33, ☎ 20 23 28 40, MVG/MVV: U1, 2, 7 + 8, Tram 27 Fraunhoferstraße

Negroni ✳
Haidhausen

Legere, unaufgeregte Bar, die sich ganz auf das ausgezeichnete Können (Cocktails ca. 9,00 €) der Bartender verlassen kann. Showelemente oder Eventspektakel hat das klassisch wirkende Negroni einfach nicht nötig. Gedämpftes Licht und ein nicht zu lauter Soundtrack reichen völlig aus - was zählt ist der Inhalt der Gläser. Und das Publikum kommt schließlich zum Genießen. Wer Hunger bekommt, bestellt Pasta, Salate oder Antipasti. (ka)
Mo - Do 18 - 2 h, Fr + Sa 18 - 3 h, So Ruhetag. Sedanstraße 9, ☎ 48 95 01 54, MVG/MVV: S1 - 8, Tram 15, 19, N19 + 25 Rosenheimer Platz

Nido - Bar e Cucina
Maxvorstadt

International-italienisch ist die Speisenauswahl (Hauptgerichte ca. 11,00 €), die man von der großen schwarzen Schiefertafel ablesen kann. Genauso unkompliziert präsentiert sich das Nido insgesamt, egal, ob man nur einen schnellen Espresso, ein Croissant, einen Salat oder einen Cocktail haben will. Entspannte Atmosphäre und entspannte Gäste. Mittags gibt's sehr preisgünstige Gerichte. Das Frühstücksangebot kann sich auch sehen lassen. Die Freisitze sind begehrt.
So - Do 8 - 1 h, Fr + Sa 9 - 3 h. Theresienstraße 40, ☎ 28 80 61 03, MVG/MVV: U3 + 6 Universität

Nippler ✳
Schwabing

Das Nippler zählt zu den schönsten Lokalen der Stadt. Genauso geschmackvoll wie das Design sind auch die guten Cocktails (ca. 8,00 €) die professionell gemixt werden und die Leckereien für die Hungrigen. Lässige Atmo. (xl)
täglich 18 - 3 h. Kurfürstenstraße 31, ☎ 27 37 30 30, www.nippler.de, MVG/MVV: U2 + 8, Tram 12 + 27, Bus 33 Hohenzollernplatz; Tram 27 Kurfürstenplatz

Ododo ✳
Gärtnerplatzviertel

Zum Essen, vor der Jagd durch die Nacht, oder als entspannter Treff - das Ododo ist absolut kompatibel. Im Stehen nimmt man einen Drink (Cocktails etwa 7,00 €) und wartet. Wenn endlich ein Tisch frei ist, gibt's Sandwiches, Suppen, Pasta, Salate und manches Vegetarische. Ab zwei Personen kommt ein viel gelobtes Fondue aus der europäisch-asiatisch kochenden Küche - jede denkbare Variation wird angeboten. Die Gestaltung des etwas kargen Lokales ist schick bis cool - wie das Publikum, das sich über die gelegentlichen Partys mit DJ-Sound freut. Nettes Personal. (xl)
Mo - Do 18 - 1 h, Fr + Sa 18 - 2 h, im Sommer 11.30 - 15.30 h und 18 - 1 h, Küche bis 23 h, So Ruhetag. Buttermelcherstraße 6, ☎ 2 60 77 41, MVG/MVV: Tram 17 + 18 Reichenbachplatz

Padres Havanna Exit
Altstadt

Die Karte dieser langen, schlauchförmigen Kneipe bietet eine reichhaltige Auswahl an Getränken (350 Cocktails). Mit roter Farbe, Chrom und Baseball-Utensilien gestaltete Bar, vorwiegend von Gästen um die 20 besucht. Die Hungrigen essen hier Nachos oder Toast.
So - Do 19 - 3 h, Fr + Sa 19 - 4 h. Blumenstraße 43, ☎ 26 42 63, www.padres.de, MVG/MVV: U1, 2, 3 + 6, Tram 16 - 18 + 27 Sendlinger Tor

Pomp
Schwabing

Pompös - wie sollte es auch anders sein - präsentiert sich diese schnuckelige Bar, die wie ein leistungsstarker Durchlauferhitzer funktioniert: Hierher kommen die Leute um sich, in einem aufwändig, teils kitschig gestalteten Rahmen, mit Cocktails (ca. 8,00 €) für die lange Nacht in Stimmung zu bringen. Das Konzept geht auf: Besonders am Wochenende herrscht ein stetes Kommen und Gehen und trotzdem ist es nicht ungemütlich. (ka)
täglich 21 - 3 h. Georgenstraße 50, ☎ 2 71 18 89, MVG/MVV: U2 + 8, Bus 53 Josephsplatz; Tram 27 Nordendstraße

✳ = stadtbuch-tipp!

Pop! ☆
Gärtnerplatzviertel

Diese kleine Kneipe ist ein wenig wie eine Reise in die 1970er Jahre, also in eine Zeit, in der die meisten Gäste noch nicht geboren waren. Die Wände sind nett mit alten Plattencovern bepflastert und aus den Boxen kommt eher Rock als Pop. Getrunken wird Bier und essen kann man das Übliche. Das Pop! ist mietbar und Nachwuchs-DJs dürfen sich hier, nach Anmeldung, versuchen.

täglich ab 19 h. Baaderstraße 49, kein ☎, MVG/MVV: S1 - 8, Tram 17, 18 + N17 Isartor

Raketebar
Haidhausen

Endlich mal wieder ein zeitgemäß-frischer Kneipenzugang im ehemals lässigsten Stadtteil Münchens. Die Raketebar kommt unambitioniert und leger daher. Hier war ganz sicher kein Designer für die Raumgestaltung zuständig - das macht aber nichts, das hat Charme. Die Gäste trinken Bier (Becks, Tegernseer, Schneider) und wollen nicht blenden oder täuschen. Natürlich spielt ein DJ am WE Indie.

Mo - Sa ab 19 h, So Ruhetag. Johannisplatz 11, www.raketebar.de, MVG/MVV: U4 + 5, Tram 15, 18, 19 + 25 Max-Weber-Platz

Reizbar ☆
Schwabing

Gerade weil dieses Lokal nett, sympathisch und wenig affektiert ist, ist es so reizvoll. Das Design ist nicht besonders aufwändig, dafür sind die Bedienung und die Getränkeauswahl (über 250 Cocktails - den Cocktail des Monats bitte beachten) umso erfreulicher. Die Reizbar gehört zu den bemerkenswerten Nachtschwärmertreffpunkten, weil sie so „normal" und angenehm ist.

Mo - Sa 19 - 2 h, Fr + Sa 19 - 3 h, So Ruhetag. Agnesstraße 54, ☎ 18 95 65 51, www. reizbar.com, MVG/MVV: U2 + 8, Bus 53 Josephsplatz; Tram 27 Elisabethstraße

Roosevelt
Lehel

Franklin D. Roosevelt hat die Prohibition abgeschafft. Deshalb ehren ihn Kai Uthoff und „Hank" Kögel mit ihrer Bar. Entspanntes Trinken (vielerlei mit Rum) in gemütlicher Atmosphäre ist angesagt. Es geht um das klassische Barfeeling ohne Schnickschnack.

Mo - Sa 17 - 2 h, So Ruhetag. Thierschplatz 5, ☎ 21 57 83 00, www.roosevelt.de, MVG/MVV: U4 + 5, Tram 17 Lehel

Salotto Lounge
Lehel

Wie die Faust aufs Auge paßt diese Lounge, die mit „pizza, bar, grill" ihre eigentlichen Schwerpunkte setzt, ins Lehel. Die Gäste freuen sich: geboten wird Design statt Folklore. Im Sommer sitzt man sehr angenehm auf den Freisitzen beim St.-Anna-Platz.

Mo - Sa 11 - 1 h, So 18 - 1 h. St.-Anna-Straße 11, ☎ 20 00 15 46, www.salotto-lounge.de, MVG/MVV: U4 + 5 Lehel; Tram 17 + 19 Max II Denkmal

Sax
Glockenbachviertel

Hier treffen sich Heteros ebenso wie Schwule und Lesben, um zu essen, zu trinken, den Tag zu genießen und die Zeit verrinnen zu lassen. Im Sommer gerne auf der Terrasse, ganzjährig auch zum Frühstücken.

So - Do 10 - 1 h, Fr + Sa 9 - 3 h. Hans-Sachs-Straße 5, ☎ 26 88 35, MVG/MVV: U1, 2, 7 + 8, Tram 27 Fraunhoferstraße

Schall und Rauch
Maxvorstadt

Das Schall und Rauch gehört zu den Lokalen, die das Münchner Lebensgefühl vom „leben und leben lassen" zelebrieren. Hier ist alles relativ entspannt und gar nicht schicki-micki. Die Gäste sind studentisch oder zumindest nicht sehr alt. Im Sommer sitzen sie bis tief in die Nacht vor dem Lokal und im Winter kleben alle an der großen Fensterfront und halten nach der wärmenden Sonne Ausschau. Wenn dazwischen Zeit bleibt, wird gefrühstückt oder sonst was Leckeres gegessen.

So - Do 10 - 1 h, Fr + Sa 10 - 3 h. Schellingstraße 22, ☎ 28 80 95 77, MVG/MVV: U3 + 6 Universität

typisch münchen

kultur & erlebnis

freizeit & relaxen

essen & trinken

city & guide

Lizard Lounge, Keller Club (rechte Seite)

Scheidegger
Schwabing

„Münchens älteste Studentenkneipe". Gutes Bier, ordentliches Essen (Salate ca. 9,00 €, Wiener Schnitzel 12,50 €) und interessante Leute - das bietet der Scheidegger. Das dreigängige Mittagsmenü, nach Wahl, bekommt man vegetarisch oder mit Fleisch für 7,50 €. Wer nur das Hauptgericht aus dem Menüangebot will, bezahlt 6,50 €. Edelstoffoase (Augustiner) unter einigen Bäumen, an wenigen Tischen und zwischen vielen Häusern. (rw/mo)
täglich 10 - 1 h.
Bauerstraße 16, ☎ 2 71 48 28,
MVG/MVV: U2 + 8 Hohenzollernplatz;
Tram 12 + 27 Kurfürstenplatz

Schumann's Bar
Altstadt

Schumann's Bar ist 25 Jahre alt und nach wie vor top in Münchens Nachtleben. Hier wird die Helmut Dietl-Satire „Kir Royal" nüchtern-alberne Realität: in ist, wer drin ist. Gerne wird dann Charles Schumanns gelegentliche Ruppigkeit als (spröder) Charme ausgelegt. Das Schumann-Publikum teilt sich in zwei Gruppen, in die, die dazugehören und die, die ihnen zuschauen. Alle können sich in den ihnen zugewiesenen Rollen amüsieren. Die Stimmung ist prächtig und die Cocktails sind perfekt. Kellner, deren adrettes Äußeres und Freundlichkeit nichts zu wünschen übrig lassen, servieren auch gerne kleine oder größere Speisen (Suppen ca. 5,00 €, Tagesgericht 9,50 bis 12,50 €, Käseroastbeef 6,00 €, Roastbeef mit Bratkartoffeln 12,00 €). Das „Vorzimmer" der Bar nennt sich Schumann's Camparino - ein Platz für alle, die sich nicht ins „Allerheiligste" wagen. (av)
Mo - Fr 17 - 3 h, Sa + So 18 - 3 h.
Camparino: Mo - Fr 9 - 20 h, Sa + So Ruhetage. Odeonsplatz 6, ☎ 22 90 60,
www.schumanns.de,
MVG/MVV: U3 + 6 Odeonsplatz

Schwarzer Hahn ☆
Au

Der Schwarze Hahn ist eine lässig-entspannte Kneipe und auch einer der erfolgreichsten Neustarts 2006/2007. Diverse Brauereien (allen voran: Augustiner &

Tegernseer) liefern das Bier, das aus der Flasche getrunken wird. Rot-weiß leuchten die Wände auf denen antik anmutende Poster langhaariger Rockbands kleben. Entsprechende Musik beschallt die vielen Szeneleute, die sich hier - besonders am Wochenende - auf die Füße treten. Die riesige Fensterfront macht dann das Lokal zur Bühne, vor der die Passanten stehen bleiben.

Mo - Mi 20 - 1 h, Do - Sa 20 - 2 h. Ohlmüllerstraße 8, kein ☎, MVG/MVV: U1, 2, 7 + 8 Kolumbusplatz; Tram 27 Mariahilfplatz

Shamrock Irish Pub
Schwabing *Irisch*

Hier treffen sich viele Feierlustige (Mo = Studentnight, Happy Hours: So - Do 24 - 2 h: Flasche Bier 2,00 €; 2 cl Limes, Tequila, Jägermeister oder Apfelkorn 1,00 €). Täglich zwischen 21 und 23.30 h Livemusik (Eintritt frei), nur montags steht irischer Folk auf dem Programm. Neben der Bundesliga kann man hier auch irische Fußballspiele und Rugby sehen. Die kleine Snack-Karte (5,00 bis 8,00 €) bietet unter anderem Chili, Gulaschsuppe, Ciabatta, Baguettes und Tiefkühlpizza.

Mo - Do 18 - 2 h, Fr 18 - 3 h, Sa 14 - 3 h, So 14 - 2 h. Trautenwolfstraße 6, ☎ 33 10 81, www.irish-pub-munich.com, MVG/MVV: U3 + 6 Giselastraße

Stadion/ex-Vollmond
Maxvorstadt

Die sympathische, 26-jährige Kneipe Vollmond wird gerne von Studenten der Fachhochschule besucht und verwandelte sich Ende 2006 in das Stadion - mit entsprechenden Fußball-Utensilien. Nach wie vor spielt die Musikauswahl (Rock, New Wave, Independent) ein große Rolle, man bekommt die üblichen Getränke und verschiedene Speisen (Langos = ungarisches Fladenbrot, Schinkennudeln ca. 6,50 €, Enchilada ca. 8,00 €).

So - Do 19 - 1 h, Fr + Sa 19 - 3 h. Schleißheimer Straße 82, ☎ 52 97 36, MVG/MVV: U2 + 8 Theresienstraße, Josephsplatz

Steinheil 16 ☆
Maxvorstadt

Das schlichte Holzmobiliar mit den blanken Tischen sorgt für unaufdringliche Atmosphäre und die bodentiefen Fenster lassen viel Licht in diese Augustiner-Kneipe. Gestalterische Akzente sind eigentlich nicht vorhanden - und keinem fällts auf, denn hier konzentriert man sich auf das Essen. Die Speisekarte (Kässpätzle, Schweinebraten) ist nicht besonders umfangreich, aber die Tagesgerichte sind sehr zu empfehlen. Über die Super-Riesen-Schnitzel (8,90 €) - so groß wie eine LP - braucht man keine Worte zu verlieren, sie sind der Tipp für alle Preis-Leistungs-Esser. Dieses Verhältnis stimmt aber auch bei den anderen, wesentlich kreativeren Gerichten - für jeden Geschmack wird etwas geboten. Von Montag bis Freitag gibt es ein Mittagsmenü für ca. 8,00 € (Vorspeise oder Dessert und ein Hauptgericht der Standardkarte). Im Sommer stehen Tische direkt an der Straße. (be/ab/ha)

täglich 10 - 1 h. Steinheilstraße 16, ☎ 52 74 88, MVG/MVV: U2 + 8 Theresienstraße

Stragula ✴

Westend

Das Publikum dieser hellen, etwas szenigen und inzwischen doch schon 23-jährigen „Real-wirtschaft" ist gemischt. Alle genießen die gemütliche Wohn-zimmeratmosphäre. Mittags kommen die Büroangestellten aus der Umgebung und geneh-migen sich Spaghetti in Stein-pilzrahm mit gerösteten Pinien-kernen, einen steiermärkischen Rindfleischsalat oder einen bunt gemischten Stragula-Salat mit Putenstreifen. Die Preise fürs - überwiegend bayerische oder ita-lienische - Essen sind fair. Auf der „Lesebühne" des Stragula werden jeden ersten Samstag im Monat Texte (www.westend-ist-kiez.de) vorgetragen. (mn)

Mo - Do 11.30 - 14.30 h + 17.30 - 1 h, Fr 17.30 - 1 h, Sa + So 18 - 1 h. Bergmannstraße 66, ☎ 50 77 43, MVG/ MVV: U4 + 5, S7, 20 + 27 Heimeranplatz

Substanz ✴

Isarvorstadt   *Live-Club*

Über das vielfältige Programm im kultigen Substanz informiert man sich am besten aus der Tagespresse. Hungrige bestel-len Sandwiches - „Sparbröt-chen" achten auf die monatlich wechselnden Getränkespecials. DJ-Programm: HipHop, House, Adult Dance, American College Radio Club und Sixties. Drei- bis viermal im Monat treten gute Live-Bands auf. Jeden zweiten Sonntag im Monat treffen sich Dichter und Rapper zum Poetry

Slam, weitere Lesungen und Dia- oder Film-Schauen gehören zum Programm. Genauso wie der English Comedy Club (jeden ers-ten So) mit englischsprachigen Comedians. Außerdem schaut das Substanz-Publikum gerne gemeinsam Fußballspiele am TV an. Das Substanz ist ein, sich immer wieder neu erfindender, gemischter Treff. (ha)

So - Do 20 - 2 h, Fr + Sa 20 - 3 h, Club-Nächte täglich ab 21.30 h, bei Konzerten usw. direkt danach. Ruppertstraße 28, ☎ 7 21 27 49, www.substanz-club.de, MVG/MVV: U3 + 6 Poccistraße

Südstadt ✴

Isarvorstadt

Sympathische Kneipe mit Wohlfühlatmosphäre. Hier läuft gute Musik, es gibt was Leckeres zwischen die Zähne und die Gäste geben sich auch ganz entspannt. Wer also keine Show braucht, vielleicht kickern oder darten und einen schönen Abend verbringen will, ist in dieser Kneipe richtig. Auf den Tages-oder Standardkarten findet man Knoblauchbaguette (3,30 €), Salate, Gnocchi oder Schnitzel (Biofleisch, 10,90 €). An Aktions-tagen sind ausgewählte Gerichte günstiger. Zu den Happy Hours von 19 - 21 h/24 - 1 h, So den ganzen Abend, kosten Cocktails 2,00 € weniger. Das Wochenpro-gramm wird von wechselnden DJs bestimmt.

So - Mi 19 - 1 h, Do - Sa 19 - 2 h. Thal-kirchner Straße 29, ☎ 7 25 01 52, www. suedstadt-muenchen.de, MVG/MVV: U3 + 6 Goetheplatz; Bus 31 Kapuzinerstraße

Tabacco ✴

Altstadt

Wer den rauchschwangeren Raum dieser klassischen Cock-tailbar betritt, sieht vornehme Kostüm- und Anzugträger/innen. Sie sitzen auf Lederpolstern und anderem edlen Gestühl, trinken Bier, nippen genießerisch an ih-rem Cocktail oder Longdrink und vertiefen sich in ihre Gespräche. Die Küche bietet internatio-nal-amerikanisches Barfood: z. B. Filetspitzen auf Rucola mit Bratkartoffeln (15,50 €) oder

✴ = stadtbuch-tipp!

überbackenen Ziegenkäse auf gemischtem Blattsalat (9,00 €). Suppen kosten ca. 5,50 €. Das Fleisch (z. B. Entrecote, Filet 19,00 €) kommt von bayerischen Fleischhändlern, die nur geprüfte Ware anbieten. Manche behaupten, hier würden die besten Martinis und Manhattans (7,00 €) der Stadt gemixt.

Mo - Do 17 - 1 h, Fr + Sa 17 - 3 h, So Ruhetag. Hartmannstraße 8, ☎ 22 72 16, www. bartabacco.de, MVG/MVV: U3 + 6, S1 - 8 Marienplatz; Tram 19 Theatinerstraße

Tafel & Schwafel
Maxvorstadt

Die zusammengewürfelte Einrichtung ist nicht ohne Charme. Die Gäste sitzen auf dem kissenbewehrten Fensterbrett, auf Holzbänken und -stühlen oder auf einem Thron. Alles wirkt frisch und unkompliziert. Aus der Küche, für alle einsehbar, kommen internationale Gerichte, die von Pasta, Salaten und Brotvariationen dominiert werden. Frühstücken kann man hier auch - und wer, zumindest dabei, nicht tafeln und schwafeln will, hat eben nie in einer (Studenten-)WG gelebt.

Mo - Sa 8 - 22 h, So 10 - 17 h. Augustenstraße 80, ☎ 45 22 95 22, MVG/MVV: U2 + 8 Theresienstraße

Tattenbach ☀
Lehel

Das Tattenbach besticht durch sein zugleich rustikales und elegantes Ambiente, in dem eine wunderschöne Wand-Deckenbemalung und Holz dominieren. Aus der guten Küche kommen unter anderem Schnitzel, schwarze Sepia-Spaghetti und Lachsstreifen in Weißweinsoße oder Kalbsmedaillons mit gegrillten Champignons. Wählen kann der Gast von wechselnden Tages- oder Wochenkarten. Ab und zu gibt es spezielle Weinaktionen. Gelegentlich werden Feste veranstaltet. Das Publikum ist gemischt, aber eher jünger. 70 Freisitze an der Straße.

Mo - Do 11.30 - 14.30 h + 17 - 1 h, Fr 11.30 - 14.30 h + 19 - 2 h, Sa 19 - 2 h, So 19 - 1 h. Tattenbachstraße 6, ☎ 22 52 68, www.tattenbach.de, MVG/MVV: U4 + 5, Tram 17 Lehel

The Big Easy ☀
Neuhausen   Cajun

Angenehm sitzt man an der Bar oder auf den bequemen Korbstühlen vor der Backsteinwand unter dem Kronleuchter und wartet auf das karibisch-französisch inspirierte Cajun-Food - das dann erwartungsgemäß in überzeugenden Portionen (Hauptgerichte ca. 15,00 €) von freundlichen Bedienungen serviert wird. Sonn- und feiertags lockt von 10 bis 17 h ein Jazz-Brunch (15,50 € ohne Getränke). Zu den Happy Hours (17 bis 20 h + 23 bis 1 h) kosten alle Cocktails und Longdrinks 4,50 €. Besonders schön ist es am Wochenende - vor allem, wenn Live-Musik spielt. Lässige Lebensfreude in stimmungsvollem Ambiente - das kann das Big Easy bieten. (ka)

Mo - Sa 17 - 1 h, So 10 - 1 h. Frundsbergstraße 46, ☎ 15 89 02 53, www.thebigeasy.de, MVG/MVV: U1 + 7, Tram 12 Rotkreuzplatz

Trachtenvogl ☀
Glockenbachviertel

Von 1918 bis 2003 wurden hier Trachten verkauft. Dann haben Junggastronomen den Laden übernommen und nicht nur den Namen beibehalten. Es entstand eine kultige Café-Bar mit Originaltrachtendeko und diversen weiß-blauen Elementen, aber auch mit Kuckucksuhren - die kommen bekanntlich aus dem Schwarzwald. Toll: 30 verschiedene Kakaos und zum Knabbern gibt es *süße Teile*. Im Sommer gibt's auch Eis. Außerdem kann man bis 19 h frühstücken und zahlt dafür ca. 3,00 bis 7,00 €.

täglich 10 - 1 h. Reichenbachstraße 47, ☎ 2 01 51 60, www.trachtenvogl.de, MVG/MVV: U1, 2, 7 + 8, Tram 27 Fraunhoferstraße

Trader Vic's
Altstadt

Seit 1972 besteht diese karibische Bar im Keller des Hotel Bayerischer Hof. Trader Vic's brachte schon die Südsee an die Isar, als es noch weit und breit keine Themenbars gab. Ein Klassiker eben. Die Speisen (Hauptge-

Substanz (o.), Tattenbach (u.), Tabacco (o.r.)
rechte Seite: kickern im Südstadt

richte ca. 22,00 €), nach Rezepten rund um den Pazifik, sind scharf und exotisch - als Durstlöscher sollte man aber nicht zu einem der 80 Cocktails, die hier mit großem Können zubereitet werden, greifen, sondern eher zu Alkoholfreiem.
täglich 17 - 3 h, Restaurant ab 18 h.
Promenadenplatz 4, ☎ 22 61 92,
MVG/MVV: U3 + 6, S1 - 8 Marienplatz;
Tram 19 Theatinerstraße

Trinkhalle
Gärtnerplatzviertel

Wer hinter dem Namen ein Wohnzimmer für Säufer vermutet, liegt falsch. Die nett-unkomplizierte Bar ist ein Cocktailparadies mit einer kreativen Auswahl von Dutzenden Mixdrinks. Nina & Co. sind erfahrene Bartender und haben alles im Griff.
So - Do 18 - 2 h, Fr + Sa 19.30 - 5 h.
Baaderstraße 68, ☎ 21 75 46 95, MVG/
MVV: S1 - 8, Tram 17, 18 + N17 Isartor

Tumult
Schwabing

Punkrock, Ska, Folk, Reggae u.v.m. - was die DJs hier aus den Boxen pusten, ist ziemlich unterschiedlich und im Wesent-

lichen abgefahren. Zu Tumulten würde es hier wohl nur kommen, wenn jemand Hitparadenpop spielen würde oder der Absinth ausginge. Die Kellerkneipe ist ein alternativer Platz für Bier- und Jägermeistertrinker, Kickerspieler und Johnny Cash-Hörer.
täglich ab 20 h. Blütenstraße 4,
MVG/MVV: U3 + 6 Universität; Tram 27,
Bus 53 Schellingstraße

Türkenhof
Maxvorstadt

Augustiner-Kneipe mit bemerkenswertem Speisenangebot. Die täglich wechselnden Mittagsgerichte, z. B. Eintöpfe nach der Saison oder Pasta für ca. 5,00 €, werden von Studenten, Professoren und anderen Maxvorstädtern gleichermaßen gerne gegessen. Im Sommer Tische & Stühle auf den Bürgersteig.
So - Do 10 - 1 h, Fr + Sa 10 - 2 h.
Türkenstraße 78, ☎ 2 80 02 35,
MVG/MVV: U3 + 6 Universität; Tram 27,
Bus 53 Schellingstraße

Unterfahrt Jazzclub ☆
Haidhausen   Live-Club

Im Jazzclub im Einstein treffen sich Fans von 15 bis 80. Seit über 30 Jahren gibt es diese zeitlose Kneipe, wo täglich Live-Jazz zu hören ist, nun schon. Erstklassige Musiker und die entsprechende Stimmung gehören beinahe schon zum Inventar. Wechselnde Ausstellungen und das antik anmutende, kunstvolle Interieur (darunter alte Musikinstrumente, wie Saxophone aus der Zeit von 1928 bis 1935, Vasen aus den Südstaaten, Notenmanuskripte, Bilder von Musikern und Instrumenten) tragen zur angenehmen Atmosphäre bei. Auch der Hun-

ger kann gestillt werden. Gute Küche! Tipp: im Winter sonntags Jazz-Frühstück. (rw/sh)

So - Do 19.30 - 1 h, Fr + Sa 19.30 - 3 h, Konzertbeginn 21 h. Einsteinstraße 42, ☎ 4 48 27 94, www.unterfahrt.de, MVG/MVV: U4 + 5, Tram 15, 18, 19 + 25 Max-Weber-Platz

Unschlag-Bar
Altstadt

Nahtlos fügt sich diese Bar in die lange Reihe der entspannt-legeren Nightlife-Spots, wo man gepflegt trinken und auch die eine oder andere Kleinigkeit essen kann. Das ist nicht neu, das ist nicht aufregend - das ist, in diesem Fall, einfach nett.

Mo - Do 18 - 1 h, Fr + Sa 18 - 3 h, So Ruhetag. Hochbrückenstraße 14, ☎ 21 02 85 72, www.unschlag-bar.de, MVG/MVV: U3 + 6, S1 - 8 Marienplatz

Valentinstüberl
Isarvorstadt

Neben den hochgezüchteten und über-designten Gastroschönheiten haben sich in den letzten Jahren die ganz unkomplizierten Wohnzimmerkneipen etabliert. Das Valentinstüberl ist eine Nachbarschaftskneipe, die vom Szenevolk für hip erklärt wurde. Gestaltungselemente und Accessoires die unsere Eltern in den 70er Jahren nicht konsequent genug entsorgt haben, sind hier im Einsatz.

Mo - Do 18 - 1 h, Fr 18 - 2 h, Sa 15 - 2 h, So 17 - 1 h. Dreimühlenstraße 28, ☎ 76 75 70 58, www.valentinstüberl.com, MVG/MVV: Bus 31 + 52 Ehrengutstraße; Bus 58 Baldeplatz; Bus 131 Roecklplatz; U3 + 6 Poccistraße

Vereinsheim ✴
Schwabing

Das „Vereinsheim" ist einer der angesagtesten Szeneläden. Hier geht nicht nur das „deutsche Sommermärchen 2006" in die Verlängerung. Fußballfans (Männer & Frauen) und Kabarettfreunde essen Fleischpflanzerl, Wurstsalat, Currywurst oder Käsekrainer. Die Einrichtung ist zusammengewürfelt-gemütlich. Es wird Fußball-TV geschaut, auf der Bühne finden Lesungen und Konzerte statt und wenn nichts anderes ansteht, sorgen freitags/samstags DJs für Stimmung.
täglich ab 18 h und wenn der FC Bayern in der Bundesliga spielt. Occamstraße 8,
☎ *33 08 86 55, www.vereinsheim.net,*
MVG/MVV: U3 + 6, Bus 53, 54, 123, 140, 141, N40 - N43, Münchner Freiheit

Ver O Peso
Haidhausen

Durchgestyltes, stimmungsvolles und sympathisches Bar-Restaurant mit guter Getränkeauswahl und brasilianischer Küche (Hauptspeisen ca. 18,00 €). Natürlich stehen Steaks und andere Fleischgerichte ganz oben auf der Karte. Netter Service.
Mo - Sa ab 19 h, So Ruhetag. Rosenheimer Straße 1, ☎ *44 49 97 99, MVG/MVV: S1 - 8, Tram 15 + 25 Rosenheimer Platz*

Vorraum
Altstadt

Vorraum zu was? Zur Nacht, versteht sich. Die lila Bar ist zwar nur etwas größer als ein Cocktail-Shaker, aber ideal als entspannter Durchlauferhitzer für die Partymeute.
Mo - Sa ab 17.30 h, So Ruhetag. Tal 15, ☎ *24 29 46 94,*
MVG/MVV: U3 + 6, S1 - 8 Marienplatz

Wasserwerk
Haidhausen

Ein Geflecht aus silbernen Rohren, Hydranten die Tische tragen, blaue Lichtbänder, eine blau illuminierte, lange Bar, Glasbausteinwände und eine bistrotypische Möblierung - so zeigt sich die Kneipe Wasserwerk. Gegen den kleinen oder größeren Hunger hält die Küche Röstigerichte, Salate oder Gnocchi bereit. Das Wasserwerk ist auch als Partylocation beliebt. Montags: jeder Martini-Cocktail 5,00 €.
täglich ab 18 h. Wolfgangstraße 19,
☎ *48 90 00 20, www.wasserwerk.org,*
MVG/MVV: U4 + 5, Tram 15, 18, 19 + 25 Max-Weber-Platz

Ysenegger
Neuhausen

Im Ysenegger kann man den ganzen Tag verbringen. Los gehts mit einer von zehn Frühstücksvariationen, mittags gibt es Menüs (vegetarisch oder mit Fleisch) für ca. 6,00 bis 8,00 €. Die reguläre Karte verzeichnet z. B. Pasta, Salate und Schnitzel. Vor dem Haus befindet sich ein gemütlicher beheizter Garten (bis 22 h) mit 100 Plätzen unter großen Bäumen.
täglich 9 - 1 h, Frühstück bis 16 h.
Ysenburgstraße 3, ☎ *16 27 91,*
MVG/MVV: U1 + 7, Tram 12 Rotkreuzplatz

Zum Jennerwein
Schwabing

Der Name „Zum Jennerwein" suggeriert dem Unkundigen eine rustikale Lokalität, die alpenländische Folklore für Touristen feilbietet. Dass hier schon mal „der Punk abgeht" und man ganz und gar nicht auf übermäßige und umsatzfördernde Freundlichkeit Wert legt, gehört zum heutigen Kneipenalltag. Das Soundprogramm: Independent und Punk.
täglich 20 - 1 h. Belgradstraße 27 / Ecke Clemensstraße, ☎ *3 08 72 21,*
www.zumjennerwein.de,
MVG/MVV: U2 + 8 Hohenzollernplatz; Tram 12 + 27 Kurfürstenplatz

Zum Kloster ✴
Haidhausen

Vom Frühstück bis zum vielfältigen Abendessen - dieses Kneipen-Restaurant ist ein echter Vollversorger und achtet bei den Zutaten besonders auf Qualität und Ökologie. Während der Woche kann man bis 12 h frühstücken (ab ca. 4,00 €) und am Sonntag wird das Breakfast bis 16 h serviert. Mittags lockt eine wechselnde Karte.
Mo - Sa 10 - 1 h, So + Feiertag 10 - 24 h.
Preysingstraße 77, ☎ *4 47 05 64,*
MVG/MVV: S1 - 8, Tram 15 + 25 Rosenheimer Platz; U4 + 5, Tram 15, 18, 19 + 25 Max-Weber-Platz

✴ *= stadtbuch-tipp!*

China, Thailand, Sri Lanka,
Vietnam, Malaysia, Korea ...

ASIATISCH

Bamboo
Neuhausen — *Vietnamesisch*

Dass gutes vietnamesisches
Essen (Hauptgerichte ca. 6,00 €)
nicht teuer sein muss, beweist
das Bamboo. Ambiente bekommt
man zwar nicht fürs Geld, es wurden bloß ein paar Fächer und Bilder an die Wände getackert - die
Einrichtung wirkt eher nachlässig
improvisiert. Das muss aber nicht
stören. Wir essen und gehen
oder lassen uns gleich alles zum
Mitnehmen einpacken.
*Mo - Fr 11.30 - 15 h + 17.30 - 23 h, Sa 17
- 23 h, So 12 - 22 h.*
Blutenburgstraße 112, ☎ 13 92 85 30,
MVG/MVV: U1 + 7, Tram 12 Rotkreuzplatz

Benjarong
Altstadt — *Thailändisch*

Münchens Edel-Thai in „roman-
tischem" Ambiente. Leckeres
Essen, das seinen Preis hat: zum
Beispiel gegrilltes Entenbrustfilet
für ca. 20,00 €. Das Benjarong
gehört aber auch zu den besten
Thai-Lokalen Deutschlands.
Deshalb sollte man mehr Zeit
und mehr Geld mitbringen, um
das authentische und schön prä-
sentierte Essen zu genießen. Der
Service ist meistens lobenswert.
Montags bis freitags gibt es ein
Mittagsmenü für ca. 9,00 €. (hg)
*Mo - Fr 12 - 15 h + 18 - 23 h, Sa 12 - 23 h,
So 18 - 23 h. Falckenbergstraße 7,
☎ 2 91 30 55, MVG/MVV: U3 + 6, S1 - 8
Marienplatz; Tram 17 + 19 Maxmonument*

Cam Ly
Sendling — *Vietnamesisch*

Nicht nur günstiges Essen (Haupt-
gerichte ca. 7,00 €) in reichlichen
Portionen bietet dieses Restau-
rant, sondern auch einen netten
Service, der jeden Gedanken an
Take-away verhindert. Würze und
Zutaten verdeutlichen, dass es
in der asiatischen Küche große
Unterschiede gibt und vietname-
sisch eben typisch (Zitronengras,
Koriander) schmecken kann.

Chang Noi

Dazu braucht es keinen folklori-
stischen Rahmen.
*So - Fr 11 - 14.30 h + 17 - 23 h, Sa 17 - 23 h.
Pfeufer Straße 33, ☎ 74 79 08 84,
www.camly.de, MVG/MVV: Bus 53 + 132
Herzog-Ernst-Platz*

Champor ☀
Bogenhausen — *Malaysisch*

Wer malaysisch essen möchte,
muss zwar nicht gleich nach Fernost fliegen, aber in Münchens
Osten, an die Grenze Bogenhau-
sen-Denning, geht die Reise dann
doch. Der Weg lohnt sich, z. B.,
zum Mittagsbuffet (8,88 €, Mo bis
Mi 11.30 bis 14 h) oder zum mon-
täglichen Abendbuffet (12,00 €).
Inspiriert ist die Küche von
Rezeptideen aus China, Indien
und Indonesien. Davon zeugen
auch die Kennenlernangebote
(täglich 18 bis 22.30 h), wie das
scharfe Sambal Babi (gebratenes
Schweinefleisch in Sambal-Chili
mit Zitronengras verfeinert,
8,90 €) oder Beef Paratel (ge-
schmortes Rindfleisch mit Kokos
nach südindischer Art, 8,90 €).
Wer zu Hause malaysisch kochen
möchte, kann sich auch zu einem
Kochkurs (29,90 €) anmelden
- dabei werden drei Gerichte aus
bereits vorbereiteten Zutaten
gekocht.
*Mo - Fr 11.30 - 14.30 h + 18 - 23.30 h, Sa 18
- 24 h, So Ruhetag. Warthestraße 5,
☎ 99 31 77 64, www.champor.de,
MVG/MVV: U4 Richard-Strauß-Straße*

Chang Noi
Isarvorstadt — *Thailändisch*

In dem kleinen Restaurant sorgen
die folkloristischen Mitbringsel
aus Thailand, viele Blumen und
das Kerzenlicht für eine nette
Atmosphäre. Als hauseigene
Spezialitäten gelten Ente in
Tamarindensoße, gedünstete

Champor-Impressionen, Co-Do (rechte Seite)

Meeresfrüchte in Kokoscreme und Hua Hin-Rindfleisch.
Mo - Sa 11.30 - 14 h + 17 - 24 h, So Ruhetag. Kapuzinerstraße 23, ☎ 53 86 87 40, www.chang-noi.de, MVG/MVV: U3 + 6, Bus 56 Goetheplatz. Filiale in Neuhausen: So - Do 17 - 1 h, Fr + Sa 17 - 3 h, Mo - Fr 11.30 - 14.30 h Business-Lunch. Schlörstraße 1, ☎ 45 24 98 33, MVG/MVV: U1 + 7 Rotkreuzplatz; S1 - 8 Donnersbergerbrücke; Bus 53 + 133 Schlörstraße

Chao Praya
Nymphenburg   **Thailändisch**

Typische thailändische Küche mit teilweise - für europäische Gaumen - sehr exotischen Zutatenkombinationen von zart bis scharf. Tipp: Ente mit Curry für ca. 14,00 €. Mo bis Fr: spezielle Mittagsangebote für 6,00 bis 10,00 €. Nette Einrichtung, freundlicher Service. Das Chao Praya besteht bereits seit über 16 Jahren. (sb)
So - Fr 12 - 14.30 h + 17 - 24 h, Sa 17 - 24 h. Nymphenburger Straße 128, ☎ 1 29 31 90, MVG/MVV: U1 + 7 Maillingerstraße

China Town
Giesing   **Chinesisch**

Traditionsreicher Chinese, seit 1975 in München. Hier gibt es eine überwältigende Auswahl an chinesischen Gerichten. Ein Probiertipp wären beispielsweise die Dim Sum-Leckereien (ab 3,30 €) oder die knusprig geröstete Ente (10,50 €). Mittagsmenüs ab 5,00 €. Abends spendiert das China Town seinen Gästen Pflaumenwein und Glückskekse.
Mo - Sa 11.30 - 14.30 h + 17.30 - 23 h, So 11.30 - 23 h. Schwanseestraße 5, ☎ 6 91 62 26, MVG/MVV: U2 + 8, S5 + 6 Giesing

Cô-Dô
Haidhausen   **Vietnamesisch**

Originalgetreue Küche (Hauptgerichte ca. 14,00 €) aus der vietnamesischen Kaiserstadt Huê, nach Rezepten aus der Familie der Inhaberin. Die Speisen (gegrilltes Rindfleisch im Duftblatt, Rindfleischsuppe mit Zitronengras 4,50 €, Sommer-Fischrolle 6,00 €) sind äußerst schmackhaft und eine willkommene Abwechslung. Die Preise sind fair: Vorspeisen und Suppen 4,00 bis 10,50 €, Hauptgerichte 10,00 bis 17,50 €. Die Ausstattung des Cô-Dô ist klassisch und schlicht. (mr)
täglich 18 - 24, Küche bis 23 h. Lothringer Straße 7, ☎ 4 48 57 97, MVG/MVV: S1 - 8, Tram 15 + 25 Rosenheimer Platz

Cyclo
Maxvorstadt   **Vietnamesisch**

Nett und sympathisch mutet dieses kleine Restaurant an, das zu den unkompliziertesten in dieser Rubrik gehört. Dies wirkt sich, nicht nur mittags, auf die günstigen Preise aus. Trotzdem kann man über die Qualität nicht meckern. Also freut man sich auf der ganzen Linie. (rp)
Mo - Fr 12 - 15 h + 18 - 1 h, Sa + So 18 - 1 h. Theresienstraße 70, ☎ 28 80 83 90, MVG/MVV: Tram 27 Pinakotheken

Gam Singh
Sendling   **Chinesisch**

Dieses, in seiner Einrichtung typisch chinesische Restaurant, bietet besondere Spezialitäten. Von Hummerkrabben (ca. 19,00 €) über Jakobsmuscheln bis zu verschiedenen Entenvariationen (nach Art des Hauses ca. 13,00 €) wird vieles geboten, was die Hongkong-Chinesische Küche ausmacht. Das wochentägliche Mittagsangebot kostet ca. 7,00 €. Das Bier kommt vom Augsburger Hasenbräu oder aus China. (sb)
täglich 11.30 - 14.30 h + 17.30 - 23.30 h. Fürstenrieder Straße 203, ☎ 7 19 49 67, MVG/MVV: U6, Bus 51, 151 Holzapfelkreuth

der vietnamesischen Küche.
Das Ha Long ist also weniger
geeignet für eine Zwischenmahl-
zeit, sondern zum bewussten
Genießen. Im Sommer auch auf
der Terrasse im Hof. (xl)
Mo - Fr 11.30 - 14.30 h + 17.30 - 23.30 h,
Sa + So 17.30 - 23.30 h, Küche bis 22.30 h.
Goethestraße 68, ☎ 5 30 93 21,
MVG/MVV: U3 + 6 Goetheplatz

Ho Guom
Schwabing   *Vietnamesisch*

Die Tische in den gemütlichen Nischen und manches andere erinnern eher an ein Wirtshaus, als an
ein vietnamesisches Restaurant.
Doch der plätschernde Brunnen,
die Rikscha und so manches
Detail sagen uns, dass wir richtig
sind. Selbstverständlich bestätigt
dies auch die Speisenauswahl
(Hauptgerichte ca. 12,00 €), in
Positionen, die andere Lokale
dieser Rubrik nicht bieten. Sehr
angenehm: das Personal.
Mo - Fr 11.30 - 14.30 h + 17.30 - 23.30 h,
Sa 17.30 - 23.30 h, So 12 - 15 h + 17.30
- 23.30 h. Schleißheimer Straße 121,
☎ 30 42 57, MVG/MVV: U2 + 8 Josephsplatz

Goldene Lilie
Bogenhausen   *Chinesisch*

Mittagsmenüs, Hauptgericht
und Vorspeise, bekommt man ab
ca. 7,00 €. Ente in allen Variationen von 12,00 bis 15,00 €.
Spezialitäten: Hongkongente (ca.
15,00 €) oder die scharfen acht
Kostbarkeiten (drei Fleischsorten
und Gemüse für ca. 13,00 €).
Bei schönem Wetter kann man
im Garten unter Ahornbäumen
sitzen.
So - Fr 11.30 - 15 h + 17.30 - 23 h, Sa 17.30
- 23.30 h. Stefan-George-Ring 20,
☎ 9 30 25 70, MVG/MVV: U4 + 5, Tram 15,
18, 19 + 25 Max-Weber-Platz, dann weiter
mit Bus 191 bis Endstation

Ha Long
Ludwigsvorstadt   *Vietnamesisch*

Modern und mit Stil wurde dieses
angenehme Kellerrestaurant von
professioneller Hand eingerichtet. Das Qualitätsbewusstsein,
das sich in der Gestaltung des Lokales verdeutlicht, setzt sich auch
in der Küche des Ha Long fort.
Die übersichtliche Karte (Hauptgerichte ca. 14,00 €) offeriert
ganz selbstbewusst Erstklassiges

Hongkong City
Nymphenburg   *Chinesisch*

Feinkost-Stehimbiss. Der Tipp:
Gebratenes Hühnerfleisch scharf
und ein Tsing Tao-Bier zum lö-
schen. Von 11 bis 14.30 h Mittagsangebote schon für ca. 6,00 €.
täglich 11 - 15 h + 17.30 - 23 h.
Wotanstraße 93, ☎ 1 78 53 64,
MVG/MVV: Tram 12 + 16 Romanplatz

Hoo Wah ☆
Ramersdorf   *Chinesisch*

Chinesisches Restaurant mittlerer
Größe mit einem Angebot, das in
punkto Qualität (Shanghai-Ente)
über dem Durchschnitt liegt. Mit
großem Aufwand werden einige
Gerichte (Happy Ente mit drei
verschiedenen Soßen) und Beilagen auch optisch besonders ori-
ginell präsentiert. Die Reistafel für
zwei Personen kostet ca. 33,00 €,
ein Exklusivmenü, ebenfalls für
zwei Personen, ca. 66,00 €. Das
Mittagsmenü bekommt man ab
ca. 6,00 €. (ha/cm)
täglich 11.30 - 14.30 h + 17.30 - 23 h.
Ottobrunner Straße 13, ☎ 68 68 03,
MVG: U5 + 8, S1 - 8, Tram 19 Ostbahnhof,
dann weiter mit Bus 55

Indochine ☼
Schwabing   **Panasiatisch**

Asiatisch-kolonial könnte man den Einrichtungsstil dieses Lokales nennen, wobei eine freundlich-helle Note den mit Bambus, Saris und Tropenholzmöbeln gestalteten Raum bestimmt. Die Ausstellungen mit asiatischer Kunst wechseln regelmäßig. Gekocht wird panasiatisch, wobei ein europäischer Touch spürbar ist. Abends hat das asiatische Tapas-Menü acht Gänge (ca. 32,00 €). Jeder kann sich aber sein individuelles Menü (Preis pro Gang 4,50 bis 6,50 €) zusammenstellen.

Mo - Sa ab 18 h, Mittags Mo - Fr nur auf Anfrage, So Ruhetag.
Giselastraße 8 / Eingang Kaulbachstraße,
☎ 38 88 73 80, www.indochinemunich.de,
MVG/MVV: U3 + 6 Giselastraße

Kaimug
Altstadt   **Thailändisch**

Suppen, vegetarische Speisen, Geflügelgerichte, Garnelen und Thaicurry gehören zum abwechslungsreichen Angebot des bunt gestalteten und sehr einladenden Kaimug. Garküchen sind in Thailand an jeder Ecke zu finden, in den Fünf Höfen zeigt Kaimug die Edelversion des schnellen Straßenverkaufs, der nicht teuer ist und hier aber nichts mit Fast Food im herkömmlichen Sinn zu tun hat.

Mo - Sa 10 - 22 h, So 12 - 18 h. Theatinerstraße 15, ☎ 20 60 33 25, www.kaimug.de, MVG/MVV: U3 - 6 Odeonsplatz; Tram 19 Theatinerstraße. Filialen: Sendlinger Straße 42, ☎ 26 94 90 08, Mo - Sa 11 - 22 h, So Ruhetag, MVG/MVV: U3 + U6, Tram 16, 17, 18, 27 Sendlinger Tor; Feilitzschstraße 7, ☎ 38 79 96 06, Mo - Do 11 - 1 h, Fr + Sa 11 - 3 h, So 12 - 3 h, MVG/MVV: U3 + 6 Münchner Freiheit

Kam Lung ☼
Neuhausen   **Chinesisch**

Dieses Restaurant im Herzen Neuhausens darf immer noch als Geheimtipp bezeichnet werden, obwohl es bereits seit 1979 besteht. Wer einmal die Köstlichkeiten, wie Feuertopf oder Peking-Ente (ab drei Personen) von Familie Chang genossen hat, kommt bestimmt wieder. Die um-

fangreiche kantonesische Speisekarte lässt keine Wünsche offen, die Bedienung ist freundlich und zuvorkommend. Darauf trinken wir einen Pflaumenwein oder einen der asiatischen Schnäpse. Während der Woche gibt es günstige Mittagsmenüs. (rl/rw)

Di - So 11.30 - 15 h + 17.30 - 24 h, Küche bis 14.30 bzw. 23 h, Mo Ruhetag.
Blutenburgstraße 53, ☎ 1 29 12 54, MVG/MVV: Bus 53 Schulstraße; U1 + 7 Maillingerstraße

Kam Yi ☼
Haidhausen   **Panasiatisch**

Wer mal eine etwas andere chinesische oder vietnamesische Küche kennen lernen will, weil er von Schweinefleisch süß-sauer genug hat, kann seit 1991 das Kam Yi besuchen. Viele Asiaten und die Bewohner des Stadtteils kommen gerne. Lecker: Garnelen, Schwein oder Rind in Teigtaschen (ca. 5,00 €), knusprige Ente (ca. 14,00 €) oder gemischte Garnelen in scharfer Soße (ca. 20,00 €). Und danach: Pflaumenwein oder ein Cocktail (20 Positionen). (ha)

täglich 11.30 - 24 h. Rosenheimer Straße 32, ☎ 4 48 13 66, MVG/MVV: S1 - 8, Tram 15 + 25 Rosenheimer Platz

Kandy ☼
Großhadern   **Sri Lankisch**

Kandy war über Jahrhunderte hinweg die Hauptstadt von Sri Lanka - bis die Briten die Insel besetzten. In München steht der Name für eine authentische Sri Lankische Küche. Wer das Restaurant zu zweit besucht und die landestypischen Spezialitäten probieren möchte, sucht aus der „Appi Dennate"-Auswahl (18,50 € pro Person) bestellen. Serviert werden dann, z. B., neben den leckeren Linsenfladen (Papadam), Gemüsereis, Fisch- oder Fleischcurry, Gemüse- und Linsencurry, Kartoffeln in Kokosnusssoße, gedämpfte Kräuter, ein pikanter Kokosnuss-Salat und Mango Chutney. Wer Kadayappam-Leckereien genießen will, muss vorbestellen. Grundlage dieser Gerichte sind Teigspeisen aus Reismehl, Hefe und Kokosmilch oder aus Reismehl und Kokos-

☼ = stadtbuch-tipp!

flocken, die mit verschiedenen Currys (Huhn, Rind, Schwein oder Gemüse) kombiniert werden. Jede Woche steht auch ein neues Menü (24,00 €) auf der umfangreichen Karte, wie etwa Shrimps mit Avocado und Melone, Chicken Mango-Stew auf Zimt, Kurkuma, Kokossoße mit Reis und als Nachspeise Papayascheiben mit Limettencreme und Vanille-Eis. Im Sommer kann man auch im begrünten Vorgarten sitzen.

Di - Fr 17.30 - 24 h, Sa + So 11.30 - 14.30 h + 17.30 - 24 h, Mo Ruhetag. Würmtalstraße 47, ☎ 7 14 66 95, www.kandy-in-munich.de, MVG/MVV: U6 Großhadern

Kao Kao
Westend *Thailändisch*

Die Auswahl an Thai-Restaurants ist ja nicht knapp, so hat fast jeder Stadtteil seine thailändische Anlaufstelle. Im Westend ist das Kao Kao ein Anziehungspunkt für Freunde von Currys, Kokos & Co. - aber auch von europäischen Kochideen. Und dazu ist gar kein folkloristischer Rahmen nötig. Die Betreiber haben nämlich einiges vom modernen Design des Vorgängerlokals, dem Café Westend, übernommen. Wer an den weiß gedeckten Tischen Platz nimmt, kann sich wohl fühlen. Die Speisen (Hauptgerichte bis ca. 15,00 €) werden von einem Könner zubereitet und der Service ist einfach angenehm. Tipp: Mittagsbuffet für 7,50 € (Mo - Do mittags ausschließlich Buffet). Im Sommer können etwa 45 Gäste bis 23 h bei Fackelschein im Garten sitzen. (kl)

Mo 12 - 14 h, Di - Do 12 - 14 h + 18.30 - 0.30 h, Fr + Sa 18.30 - 0.30 h, Küche bis 23 h, So Ruhetag. Tulbeckstraße 9, ☎ 50 54 00, www.kao-kao.info, MVG/MVV: U4 + 5 Schwanthalerhöhe; Tram 19 Schrenkstraße

Khanittha
Neuhausen *Thailändisch*

Einer der „Traditions-Thailänder" Münchens und entsprechend gemütlich mit holzgetäfelten Wänden, Buddhas und reich verzierten Artefakten dekoriert. Die Stimmung ist familiär. Die Frischküche verzichtet auf Show-

elemente. Tipp: knusprige Ente mit Thai-Spinat für ca. 14,00 €. Für vor oder nach dem (scharfen) Essen stehen 15 Cocktails zur Auswahl. (be)

Mo - Sa 11.30 - 14.30 h + 18 - 23.30 h, So Ruhetag. Thorwaldsenstraße 19, ☎ 1 29 77 72, MVG/MVV: U1 + 7 Maillingerstraße

Kirschblüte
Gärtnerplatzviertel *Thailändisch*

Irgendwie wirkt die Kirschblüte wie eine charmante Kantine. Gibt's denn so was überhaupt? Ja, hier. Etwas spartanisch eingerichtet, aber im Detail liebevoll gestaltet, ist diese Café-Bar mit thailändischer Speisekarte (Hauptgerichte ca. 9,00 €) ein szeniger Anlaufpunkt. Alles wirkt frisch und selbst die Kuchen sind hausgemacht.

Mo - Fr 10 - 15 h + 18 - 22 h, Sa + So Ruhetage. Ickstattstraße 26, ☎ 20 20 76 50, MVG/MVV: U1, 2, 7 + 8, Tram 27 Fraunhoferstraße

Kun Tuk
Maxvorstadt *Thailändisch*

Die Mittagspäusler rekrutieren sich aus den Leuten, die im Stadtteil unterwegs sind: Studenten, Geschäftsleute, Angestellte. Sie alle kommen, weil das Essen gut und das Mittagsangebot (ca. 6,00 €) günstig ist. Abends muss man deutlich tiefer in die Tasche (Hauptgerichte ca. 14,00 €) greifen, aber: die Leistung der Küche rechtfertigt die Preise. Kurz: Das Kun Tuk ist seit Jahren überzeugend und empfehlenswert.

Mo - Fr 11.30 - 17 h + 18 - 1 h, Sa + So 18 - 1 h. Amalienstraße 81, ☎ 28 37 00, MVG/MVV: U3 + 6 Universität

Lotos
Sendling *Chinesisch*

Eines der traditionsreichsten und angesehensten Häuser der chinesischen Kategorie. Seit 28 Jahren in München. Wunderbar gestaltete Räume ohne Plastikapplikationen. Trotzdem sind die Preise o.k. Eine Ente mit Gemüse bekommt man für ca. 15,00 €, die heiße Platte mit verschiedenem Fleisch und Gemüse ebenfalls für ca. 15,00 €. Das Mittagsangebot (Suppe oder Frühlingsrolle und Hauptgericht) bewegt sich in der

Shida (o. + u.)

Preislage von ca. 6,00 bis 9,00 €.
*täglich 11.30 - 15 h + 17.30 - 23 h, Küche bis 14.30 h bzw. 22.45 h.
Konrad-Celtis-Straße 33, ☎ 7 69 12 00, MVG/MVV: U6 Harras, dann weiter mit Bus 53, 132 Johann-Clanze-Straße*

Lotus Lounge
Glockenbachviertel — *Thailändisch*

Großformatige Fotos, dunkle Möbel und ein schönes Parkett ergeben die Lotus Lounge, die genauso aussieht, wie der Name klingt. Man kann aus einem interessanten Speisenangebot (Salate 4,00 bis 7,00 €, Vorspeisen 3,50 bis 7,50 €, Hauptgerichte 12,00 bis 17.00 €, Mittagsmenüs ca. 7,50 €) wählen oder auch mal nur Cocktails oder Singha-Bier trinken.
Di - Fr 11.30 - 14.30 h + 17 - 1 h, Sa + So 17 - 1 h, Mo Ruhetag. Hans-Sachs-Straße 10, ☎ 21 89 97 55, MVV: U1 + 2, Fraunhofer-straße; Tram 17, 18, 27, Müllerstraße

Mai
Gärtnerplatzviertel — *Vietnamesisch*

Hier wird seit 16 Jahren die vielfältige Küche Vietnams deutlich, eine reiche Auswahl an Vegetarischem ist ebenfalls auf der Karte dieses, von schwarzem Lack und Perlmutt bestimmten Restaurants zu finden. Die Mittagsmenüs (ab 6,00 €) wechseln wöchentlich. Der Schwerpunkt der Karte: südvietnamesische Spezialitäten (Hauptgerichte ca. 13,00 €). (be)
Mo - Fr 12 - 14.30 h + 18 - 24 h, Sa + So 18 - 3 h. Klenzestraße 8, ☎ 2 28 33 03, MVG/MVV: S1 - 8, Tram 17, 18 + N17 Isar-tor; U1, 2 + 7, Tram 27, Fraunhoferstraße

Mandarin ☆
Altstadt — *Chinesisch*

Spätestens seit dem Film „Das Hochzeitsbankett" wissen wir, dass Chinesen besonders große Portionen lieben. Im Mandarin scheint man diese Tradition gerne auch den Münchnern vermitteln zu wollen. Der Trumpf: Quantität und Qualität sind ideal und die Preise (Hauptgerichte ca. 13,00 €) sind in Ordnung. Was will man also mehr: Originalküche ohne Show und eine Atmosphäre, die ganz ohne Getue auskommt.
täglich 11.30 - 15 h + 17.30 - 23 h. Lerderstraße 21, ☎ 22 68 88, MVG/MVV: U3 + 6, S1 - 8 Marienplatz

Man Fat
Schwabing — *Chinesisch*

Geräumiger Chinese mit dem üblichen Angebot. Hier trifft sich kein bestimmtes Publikum. In der Mittagspause sind allerdings Studenten in der Überzahl. Um die 6,00 € kosten die Mittagsgerichte hier. Das Peking-Enten-Menü gibt´s für ca. 22,00 € pro Person.
täglich 11.30 - 15 h + 17.30 - 23.30 h, Küche bis 23 h. Barerstraße 53, ☎ 2 72 09 62, MVG/MVV: Tram 27 Pinakotheken

Mittwoch- bis Samstagabend spielt lateinamerikanische Live-musik. Im japanisch-thailändisch anmutenden Garten sitzt man auf roten Stühlen. Ein Treffpunkt ist die offene Palm-Court-Bar und für die kleinen Gäste gibt es im Mangostin einen Platz zum spielen. (mr/cm)

täglich 10 - 1 h, große Karte 11.30 - 15 h + 18 - 24 h, kleine Karte 14 - 18 h, Sonntags-brunch 11 - 15 h.
Maria-Einsiedel-Straße 2, ☎ 7 23 20 31, www.mangostin.de,
MVG/MVV: U3 Thalkirchen.
Filiale: Mangostin City in der Galeria Kaufhof: Mo - Sa 9 - 20 h.
Kaufingerstraße 1 - 5, ☎ 23 18 51, www.mangostin.de,
MVG/MVV: U3 + 6, S1 - 8 Marienplatz

Mangostin, Chang Noi (o.r.)

Mangostin
Thalkirchen   **Thailändisch**

Drei Restaurants (Lemon Grass, Keiko, Papa Joe's Colonial Bar & Restaurant) in einem Haus, das wunderschön auf einem Villen-grundstück liegt. Das Mangostin ist vor allem wegen seiner ausge-zeichneten Fischgerichte beliebt. Auch gehobene Ansprüche werden mühelos befriedigt - zu entsprechenden Preisen. Ein Tipp sind deshalb in jedem Fall die Aktionswochen und -angebote. Sushigerichte gibt es ab 13,00 €. Sonntags lockt ein Brunch mit über 100 internationalen, thai-ländischen und japanischen Ge-richten für etwa 44,00 €. Während der Woche werden zwischen 12 und 15 h ein Business-Brunch für ca. 14,00 € und kleine Gerichte für etwa 7,00 € angeboten. Die Weinkarte glänzt mit einer Aus-wahl an Übersee-Kreszenzen.

Mao ✯
Maxvorstadt   **Chinesisch**

Endlich ein Chinese der nicht auf eine Deko mit goldenen Dra-chen & Co. setzt. Puristisch und schlicht mutet dieses einladende Restaurant an und bekommt schon allein deshalb ein paar Pluspunkte. Warhols Mao-Portrait zeigt den menschenverachten-den Vorsitzenden als Pop-Ikone. Vergessen wir also das wahre Gesicht des Diktators. Denn: auf den Tellern erfreuen uns die typischen Speisen (Hauptge-richte ca. 10,00 €), wobei wir bei Mao gerne deren Frische loben wollen. Außerdem sind die Preise günstig - besonders mittags oder bei All-you-can-eat-Angeboten. Kurz: einer unserer Lieblings-chinesen. Samstags auch beim Cocktail-Abend. (hl/xl)

So - Fr 11.30 - 14.30 h + 17.30 - 24 h, Sa 17.30 - 24 h.
Schleißheimer Straße 92, ☎ 54 35 67 12, www.mao-muenchen.de,
MVG/MVV: U2 + 8 Josephsplatz; Bus 154 Görresstraße

Rainbow
Gärtnerplatzviertel   *Thailändisch*

Hell und frei von Folklorekitsch, also in völlig umgestalteten Räumen, präsentiert sich das Rainbow, das im ehemaligen Vietnam, Münchens ältestem Vietnam-Restaurant, eine neue Zeit einläuten. Das bedeutet: hier wird die Konzentration auf ideenreiche thailändisch-japanische Küche gelegt und nicht auf eine Edel-Show. Dies sollte sich herumsprechen, denn die Speisen sind gut und die Preise absolut korrekt. Netter Service.

täglich 11 - 14.30 h + 17.30 - 23.30 h.
Corneliusstraße 1, ☎ 23 03 23 46,
MVG/MVV: Tram 17, 18, 27 Müllerstraße

Rüen Thai
Westend   *Thailändisch*

Etwas anspruchsvollere Küche (vom Gault Millau ausgezeichnet) mit süd-thailändischen Spezialitäten zu entsprechenden Preisen. Hauptgänge (Seafood, Geflügel - vor allem Entenspezialitäten) kosten 13,00 bis 24,00 €. Mittagsangebote gibt es von Montag bis Mittwoch für 9,00 bis 12,00 €. Die Weinkarte überrascht mit einer internationalen Auswahl von ca. 100 Positionen. Das traditionsreiche Rüen Thai bietet den eine „einzigartige" Kombination von Thai-Küche und erlesenen Weinen aus aller Welt.

Mo - Mi 12 - 14.30 h + 18 - 24 h, Do - So
18 - 24 h. Kazmairstraße 58, ☎ 50 32 39,
MVG/MVV: U4 + 5, S7, 20 + 27 Heimeran-
platz; Tram 18 Trappentreustraße

Seoul
Schwabing   *Koreanisch*

Der 1983 eröffnete „Koreaner" lässt alle Freunde kräftig gewürzter Speisen zu ihrem Recht kommen: mariniertes Rinderfilet (ca. 8,50 €) zum Beispiel, oder scharfe Rindfleischsuppe (ca. 8,50 €). Viele der angebotenen Gerichte werden direkt am Tisch, mit der Pfanne auf dem Gaskocher, zubereitet. Die Liebenswürdigkeit der Chefin ist schon beinahe sprichwörtlich und, neben den sehr delikaten Speisen, wohl einer der Gründe dafür, dass Spontanbe-

sucher zu Stammgästen werden. Das Essen vom Mittagsbuffet kostet 6,50 € (kleiner Teller) oder 11,00 € (großer Teller). Ab und zu finden Karaoke-Abende statt. Im netten Garten werden im Sommer 20 Tische aufgestellt. (av)

Mo 18 - 23 h, Di - So 12 - 14.30 h + 18
- 23 h. Leopoldstraße 120, ☎ 34 81 04,
MVG/MVV: U3 + 6 Münchner Freiheit

Shida
Gärtnerplatzviertel   *Thailändisch*

Hervorragende thailändische Küche (Hauptgerichte ca. 14,00 €) in Münchens erstem (zeitlich betrachtet) Thai-Restaurant. Tipps: die Vorspeisenplatte für zwei Personen (20,00 €) oder Shida-Special-Riesengarnelen-Curry (24,50 €). Das Menü am Mittag, ein Hauptgericht mit Suppe und Frühlingsrolle, kostet ab 7,00 €. Im Shida treffen sich auch viele Theaterbesucher, die, nach der Vorstellung am nahen Gärtnerplatz, hier einkehren. Getrunken werden italienische oder französische Weine, Cocktails oder Bier aus Thailand, von Erlkönig oder Löwenbräu. (be)

Sommer: täglich 18 - 24 h, Winter: Mo
- Fr 12 - 15 h + 18 - 24 h, Sa + So 18 - 24 h.
Klenzestraße 32, ☎ 26 93 36,
MVG/MVV: U1, 2, 7 + 8, Tram 27 Fraunho-
ferstraße

Soul Kitchen
Maxvorstadt   *Panasiatisch*

Wer in der Mittagspause oder nach der Arbeit Lust auf ein preisgünstiges und trotzdem kreatives Essen hat, ist hier genau richtig. Die panasiatische Küche der Soul Kitchen kostet nicht viel, hat dafür aber viele Geschmackserlebnisse zu bieten. Jeden ersten Mittwoch im Monat gibt es ein kalt-warmes Asiafood-Buffet.

Mo - Fr 10.30 - 0.30 h, Sa 17 - 0.30 h, So
Ruhetag. Amalienstraße 23, ☎ 28 67 49 88,
MVG/MVV: U3 - 6 Odeonsplatz

Tem
Schwabing   *Thailändisch*

Das Restaurant im Keller der Römerstraße 15 gehört zweifellos zu den schönsten Lokalen der Stadt. Viele bunte Kissen, warme Farben und überall orientalische Ornamentik, die nicht kitschig,

sondern geschmackvoll eingesetzt wird, machen das Ex-Marròn zu einer modernen Oase. Kerzen und gedämpftes Licht erzeugen eine angenehme Stimmung. Gekocht wird thailändisch (Hauptgerichte ca. 13,00 €) und dabei kommen Huhn, Fisch, Rind, Ente und Schwein zum Einsatz - verfeinert mit Zitronengras, Sojasprossen, Kokosmilch, Gemüse und der Vielfalt der Thai-Gewürze. Im Sommer lockt eine kleine Terrasse vor dem Haus und zu jeder Jahreszeit, und ganz selbstverständlich, eine üppige Cocktailauswahl sowie nicht wenige Spirituosen. (rp)
täglich 18 - 24 h.
Kurfürstenplatz 2, ☎ 33 03 85 20,
MVG/MVV: Tram 27 Kurfürstenplatz

Thai
Oberföhring   **Thailändisch**

So opulent, in Raumgestaltung und Speisenvielfalt, stellen sich viele Thailand vor. Die Erwartungen werden seit 20 Jahren nicht enttäuscht. Zu meinen persönlichen Favoriten der Karte gehören die Zitronengrassuppe mit Hummerkrabben und Champignons (6,20 €) und die knusprig gebratene Ente in Tamarindensoße (15,20 €). Mittags stehen während der Woche drei Menüs für 8,00 bis 12,00 € zur Auswahl. Dazu kann man aus sieben offenen Weinen und 20 Cocktails auswählen. Freundliches Personal. (ab)
täglich 17 - 1 h, warme Küche bis 23.30 h.
Fritz-Meyer-Weg 55, ☎ 95 51 20,
MVG/MVV: U4 Arabellapark, dann weiter mit Bus 59 Fritz-Meyer-Weg

Tse Yang ✳
Bogenhausen   **Chinesisch**

Für viele der beste Chinese in München. Für alle, die eine asiatisch-edle Atmosphäre schätzen. Das Essen ist den höheren Preisen angemessen, die auch für die zahlreich hier verkehrenden Gäste des Park Hilton kein Problem darstellen. Sie müssen, um ins Tse Yang zu kommen, bloß ins Untergeschoss gehen. Es gibt eine feste Karte und für japanische oder chinesische Gäste werden auch

speziele Gerichte zubereitet. Wir Europäer bestellen Rindfleisch in pikanter Soße, geröstete Ente oder Langusten und Hummerkrabben. Dazu trinken wir Tsing Tao-Bier oder chinesischen Weißwein. Es gibt auch französische und italienische Weine. Zwischen den einzelnen Gängen erfreuen wir uns am schönen Aquarium.
Mo 18 - 24 h, Di - So 12 - 15 h + 18 - 24 h.
Am Tucherpark 7, ☎ 33 21 61,
MVG/MVV: U3 + 6 Giselastraße, dann weiter mit Bus 54 Tucherpark oder Tram 17 Maxmonument, dann weiter mit Tram 117 Tivolistraße

Vinh's
Neuhausen   **Vietnamesisch**

Übersichtliches Restaurant mit erstklassigem Speisenangebot (Hauptgerichte ca. 13,00 €) und einer sehr netten Atmosphäre.
Mo - Fr 11 - 14.30 h + 17.30 - 23.30 h, Sa + So 17.30 - 23.30 h.
Leonrodstraße 27, ☎ 1 23 89 25,
MVG/MVV: U1 + 7, Tram 12 Rotkreuzplatz

Wok-Man ✳
Schwabing   **Chinesisch**

Selbstbedienung ist angesagt! Wer sich an der Fast-Food-Atmosphäre nicht stört, wird mit guten asiatischen Gerichten belohnt. Empfehlenswert und verführerisch ist das tägliche Buffet bis 21.30 h: man wählt entweder einen kleinen (7,00 €) oder einen großen (10,00 €) Teller. Im Sommer werden für Studenten und Touristen, die sich hier bevorzugt stärken, 60 Freisitze aufgestellt.
So - Fr 11 - 24 h, Sa 11 - 1 h.
Leopoldstraße 68, ☎ 39 03 43,
MVG/MVV: U3 + 6 Münchner Freiheit

Yee Chino ✳
Neuhausen   **Panasiatisch**

Wie erfreulich: ein Asiate, der keinen 350-Speisen-Mischmasch anbietet, sondern sich auf etwas mehr als zwei Dutzend Hauptgerichte konzentriert und mit einem hochwertigen Teesortiment begeistert. Renner sind die Mittagsmenüs (ca. 6,50 €) oder das Mittagsbuffet (7,50 €), das eine Reise durch die Kulinarik Chinas, Japans und Thailands sein kann. Abends zahlt man für ein Menü ca. 10,00 bis 20,00 €. Die

Zum Koreaner, Nymphenburg

asiatisch-moderne Gestaltung des Bar-Restaurants wollen wir ebenfalls loben.

täglich 11.30 - 14.30 h + 17.30 - 24 h.
Helene-Weber-Allee 19, ☎ 15 98 87 87,
MVG/MVV: Tram 20 + 21 Goethe-Institut

Yum

Altstadt   **Thailändisch**

Das Yum ist wohl das schönste thailändische Restaurant der Stadt. Das Geheimnis seiner Schönheit: wenige Accessoires, wie Buddhas und Blumen, dunkle Wände und eine durchdachte Lichtregie. Die teintfreundliche Beleuchtung sorgt für eine feierliche Atmosphäre. All das wäre natürlich sinnlos, wenn nicht in der Küche Künstler am Werk wären, die eine übersichtliche, aber hochklassige Auswahl an feinen Gerichten, etwa aus dem Wok, vom Grill oder aus dem Topf - oder außergewöhnliche Salate (Yum = thailändisch für Salat), kreieren würden. Die Speisen (Hauptgerichte ca. 15,00 €) kommen aufwändig dekoriert und wunderbar verziert auf den Tisch und machen das Essen auch

zu einem optischen Ereignis. Erfreulich: trotz der Qualität, ist das Personal nicht gestelzt und angesnobt, sondern freundlich und sympathisch. Gleiches gilt für die Gäste, die aber nur einen Platz bekommen, wenn sie drei bis vier Tage vorher reserviert haben. (xl)

täglich 18 - 1 h, Küche bis 23 h.
Utzschneiderstraße 6, ☎ 23 23 06 60,
www.yum-thai.de,
MVG/MVV: U3 + 6, S1 - 8 Marienplatz;
Tram 17 + 18 Reichenbachplatz.
Take-away-Filiale: Yum2take,
Mo - Sa 11 - 23 h, So + Feiertag Ruhetag.
Sebastiansplatz 8, ☎ 66 06 36 13,
www.yum2take.com,
MVG/MVV: Bus 52 Viktualienmarkt; Tram
17 + 18 Reichenbachplatz

Zum Koreaner ☆

Nymphenburg &
Maxvorstadt   **Koreanisch**

Kitschfreie Zone - fast schon zu nüchtern wirkt dieses Restaurant. Koreanische Küche, wie sie auch in ihrem Heimatland gegessen wird, soll es hier geben, sagen die Kenner. Wenn man nach der Schärfe urteilt, mag das durchaus der Fall sein, denn dieses Speisenangebot (von scharf bis „holt bitte sofort die Feuerwehr") ist sicher nicht für jedermann/-frau. Wer aber mit der, sich überall und ständig wiederholenden, Asiaküche „durch" ist, wird sich über die kulinarische Abwechslung beim Koreaner freuen und die vielfältigen Geschmackserlebnisse genießen. Wer will, kann ohne Schuhe, auf dem Tadami auf dem Boden sitzend, essen. Tipp: ein „Klimpab", Seetangröllchen vegetarisch oder mit Fleisch gefüllt. (xl)

So - Fr 11.30 - 14.30 h + 18 - 24 h, Sa 18
- 24 h.
Nymphenburger Straße 132, ☎ 18 98 59 93,
MVG/MVV: U1 + 7 Maillingerstraße.
Filiale in der Maxvorstadt: Bistro im
gleichen Stil gestaltet. Mo - Fr 9 - 21 h, Sa,
So + Feiertage ab 11 h. Amalienstraße,
MVG/MVV: Ü3 + 6 Universität

Muschelsaal im Augustiner

Heit is' zünftig!

BAYERISCH

Alter Hof Vinorant
Altstadt

Im historischen Zentrum der Stadt, direkt im Regierungssitz der altbayerischen Herzöge, befindet sich ein Restaurant, das anspruchsvolle Küche (Hauptgerichte ca. 10,00 €), deren Grundlage fränkische Rezepte und internationale Inspirationen sind, serviert. Dazu trinkt man natürlich weniger Bier, als vielmehr einen guten Wein aus dem Bocksbeutel. Die gotisch-strengen Räumlichkeiten entsprechen der mittelalterlichen Residenz.
Mo - Sa 11.30 - 1 h, Küche bis 23 h, So 11.30 - 15 h. Alter Hof 3, ☎ 24 24 37 33, www.alter-hof-muenchen.de, MVG/MVV: U3 + 6, S1 - 8 Marienplatz

Altes Hackerhaus
Altstadt

Das gemütliche Wirtshaus besteht seit 1738. Von 11 bis 15 h gibt es „Mittagsteller", ansonsten werden die üblichen bayerischen Gerichte serviert. Kinderporti-onen bereiten der Küche keine Probleme. Und je nach Saison kommt auch Lamm oder Spargel auf den Tisch. Die Bedienung ist flott und freundlich. Ab und zu spielt Live-Musik. Im Sommer: Freisitze im Innenhof, wo ein Brunnen plätschert. (rw)
täglich 9 - 24 h. Sendlinger Straße 14, ☎ 2 60 50 26, www.hackerhaus.de, MVG/MVV: U3 + 6, S1 - 8 Marienplatz

Altes Kreuz ⚜
Giesing

Ein gemütliches Lokal mit bayerisch-internationaler Küche. Die Herzlichkeit des Personals entspricht ganz unseren Vorstellungen von einer netten Wirtschaft mit preisgünstiger wechselnder Tages- und Saisonkarte. Im Angebot sind Menüs für ca. 7,00 € oder einzelne Gerichte für ca. 5,00 €. Getrunken werden Augustiner Biere oder österreichische Weine. (be)
täglich 18 - 2 h. Falkenstraße 23, ☎ 18 91 29 29, MVG/MVV: U1, 2 + 7 Kolumbusplatz; Bus 52 Taubenstraße

Am Rosengarten
Westend   Biergarten

Große alte Kastanien spenden vielen der 2.000 Plätze Schatten.

Ein- bis zweimal im Monat spielt eine bayerische Blaskapelle und die Westpark-Seebühne ist auch nicht weit. Für die Kinder hat man einen Spielbereich eingerichtet. Der Mittagsteller (Mo - Fr mit Vor- und Hauptgericht) kostet ca. 7,00 €: Braten- und Pfannengerichte, Vegetarisches und saisonale Kost. Hier kann man auch Frankenwein trinken und seine Brotzeit darf man selbst mitbringen! (be)

täglich 10 - 24 h. Am Westpark 305, ☎ 57 50 53, MVG/MVV: U4 + 5 Westendstraße, dann Tram 18 Stegener Weg

Andechser am Dom
Altstadt

Wer zünftig bayerisch essen und trinken will, kann hier, neben der Frauenkirche, einkehren. Über das gute Andechser Bier braucht man keine Worte zu verlieren, daneben stehen deftige Gerichte zur Auswahl, deren Qualität hervorzuheben ist: Bauernomelett (8,50 €), Kalbsleber (9,00 €), Kalbfleischpflanzerl mit Kartoffel-Rucolasalat (6,50 €) und vieles mehr warten auf hungrige Gäste. Im Sommer gerne unter den Arkaden und vorm Haus. (cm)

täglich 10 - 1 h. Weinstraße 7, ☎ 29 84 81, www.andechser-am-dom.de, MVG/MVV: U3 + 6, S1 - 8 Marienplatz

Asam-Schlössl
Thalkirchen

Im Asam-Schlössl lässt man sich, umsorgt vom aufmerksamen Service, Spezialitäten der bayerischen und deutschen Küche schmecken. Die Saison bestimmt die täglich wechselnde Karte. Aus dem Zapfhahn fließt Augustiner. Das Preisniveau ist angemessen (halbe Bauernente 14,50 €, Schweinsbraten mit Dunkelbiersoße 9,90 €, Salat mit Scampi 9,90 €). Ein dreigängiges Mittagsmenü kostet ca. 12,00 €. Die rustikal-freundlichen Räume sind im Tölzer Stil eingerichtet. Im grün-romantischen Garten kann man gemütlich sitzen. (be)

täglich 11 - 24 h, Küche 11 - 22 h. Maria-Einsiedel-Straße 45, ☎ 7 23 63 73, www.asamschloessl.de, MVG/MVV: U3 Thalkirchen

Aubinger Einkehr
Neuaubing   Biergarten

Die Aubinger Einkehr gehört zu den ruhigeren Biergärten der Stadt. Die Speisen (Bayerisches wie Schweinsbraten 7,50 €, verschiedene Schnitzel, Fisch oder Salate 6,00 €) sind gut und preiswert. Das wechselnde Mittagsangebot bekommt man ab ca. 6,00 €, spezielle Kinderteller für ca. 4,00 €. Wer seine eigene Brotzeit mitbringen will, darf das auch. Kinder freuen sich über den Spielplatz. Anfang August lockt ein Jazz-Frühschoppen. (be)

im Sommer täglich ab 9 h bis die Letzten gehen, im Winter Di - So 10 - 24 h, Mo Ruhetag. Gößweinsteinplatz 7, ☎ 87 55 81, MVG/MVV: S5 Neuaubing

Augustiner am Dante
Nymphenburg/Gern

Große Rundbogenfenster sorgen für helles Licht in der gemütlichen Gaststube. Beispiele der bayerisch-österreichischen Küche: Tafelspitzbrühe (3,50 €), Schweinsbraten (8,50 €), Schnitzel (13,90 €) oder ein Echinger Bachsaibling (11,90 €). Dann wirds internationaler: Salat „Dante" (8,90 €), Penne (8,50 €) und Thaicurry (11,80 €) stehen ebenfalls auf der Karte. Für 5,90 € kann man von Mo bis Fr (11.30 bis 14.30 h) einen „Lunchteller" (z. B. Rindersaftgulasch) bestellen.

täglich 9 - 1 h, Frühstück bis 14 h. Dantestraße 16, ☎ 5 15 91 98 70, www.augustiner-am-dante.de, MVG/MVV: U1, Tram 20 + 21 Westfriedhof

Augustiner Bräustuben
Laim

Wies'n-Atmosphäre bietet die Augustiner Brauerei in ihren ehemaligen Bierkellern und Pferdeställen. Die angebotenen bayerisch-internationalen Speisen schmecken gut und sind zudem erfreulich günstig. Neben der Standardkarte gibt es immer saisonabhängige Gerichte wie Spargel oder Lamm. Während der Woche werden täglich zwei Mittagsgerichte (vegetarisch oder mit Fleisch) für ca. 6,00 € angeboten. Für die kleinen Gäste gibt es eine Kinderspeisekarte. Selbst

✳ = stadtbuch-tipp!

bei großem Andrang behält die Bedienung die Übersicht und ihre gute Laune. Wer es lieber etwas ruhiger hat, sucht sich einen Platz im kleineren vorderen Gastraum.
täglich 10 - 24 h. Landsberger Straße 19, ☎ 50 70 47, MVG/MVV: S1 - 8 Hackerbrücke; Tram 18 + 19 Schrenkstraße

Augustiner Gaststätte ☀
Altstadt

Das, neben dem Hofbräuhaus, wohl bekannteste Münchner Wirtshaus bietet zweierlei: Bierhalle und Restaurant. Beide leben von den sehenswerten Räumlichkeiten (Muschelsaal!) und dem unschlagbaren Edelstoff. Die Küche bietet alles was typisch ist und etwas mehr: zwei Weißwürste 4,70 €, Sauerbraten 8,50 €, gebackenes Schweineschnitzel 10,90 €, Schweinshaxe 11,90 €, Rehschnitzel 13,50 € oder Spanferkel 14,50 €. Kinderportionen sind kein Problem und das freundliche Personal kümmert sich tadellos um alle Gäste. Plus: Münchens schönster Arkadenhof.
Bierhalle: Mo - Sa 9 - 24 h, So 10 - 24 h, Restaurant: täglich 10 - 24 h, Küche - 23 h, Neuhauser Straße 27, ☎ 23 18 32 57, www.augustiner-restaurant.com, MVG/MVV: U4 + 5, S1 - 8, Tram 16 - 21, 27 Karlsplatz/Stachus

Augustiner-Keller ☀
Neuhausen   Biergarten

Dieser Augustiner ist einer der schönsten Münchner Biergärten! Immer wenn ein frisches Fass Augustiner-Edelstoff angezapft wird, läutet die Glocke. Trotz seiner Größe (5.000 Plätze) ist der ca. zweihundert Jahre alte Garten nicht unüberschaubar. Für die Kleinen wurde ein Spielplatz hergerichtet. Im SB-Bereich darf man die mitgebrachte Brotzeit verzehren. Wer nix dabei hat, isst z. B. Bratwürstl (5,60 €), Haxe (9,50 €), Spareribs (9,50 €) oder Obazdn (5,20 €). Wenn die herrlichen Kastanien den Regen nicht mehr abhalten, kann man sich ins Lokal flüchten. Auf der wechselnden Tageskarte findet man bayerische und internationale Gerichte - auch spezielle Mittagsangebote. Wenn Feste (Starkbierfest,

Kehraus, Fischessen ...) gefeiert werden, spielt selbstverständlich Livemusik. (rw/mo)
täglich 10 - 1 h. Arnulfstraße 52, ☎ 59 43 93, www.augustinerkeller.de, MVG/MVV: Tram 17 Hopfenstraße; S1 - 8 Hackerbrücke

Ayingers
Altstadt

Altmünchnerisches Traditionswirtshaus der gleichnamigen Brauerei mit einem, nicht nur, für Touristen aus aller Welt geeigneten, bayerisch-internationalen Speisenangebot (Mo bis Fr Mittagstisch für 8,00 €, z. B. Truthahnschnitzel in Ei gebacken auf Knoblauchgnocchi oder Krustenbraten aus der Schweineschulter mit Semmelknödel). Wer nicht ins Hofbräuhaus will oder schon dort war und „typische" Zünftigkeit sucht, sitzt hier sicher nicht verkehrt und das Bier ist auch süffig.
täglich 11 - 1 h, Küche 11 - 14.30 h + 17.30 - 22 h (große Karte) bzw. 14.30 - 17 h + 22 - 23.30 h (Brotzeitkarte). Am Platzl 1a, ☎ 23 70 36 66, MVG/MVV: U3 + 6, S1 - 8 Marienplatz

Bachmaier Hofbräu
Schwabing

Das vor 110 Jahren eröffnete Lokal ist nach wie vor im Stil eines Gasthauses der 1920er Jahre eingerichtet, lediglich die an der Decke hängenden Lautsprecherboxen, ein Loungebereich und ein „Arbeitsplatz" für einen DJ sind „aktuelle" Gestaltungselemente. Der Betreiber will also nicht noch ein weiteres rustikales Wirtshaus präsentieren, sondern auch „szenig" daherkommen. Deshalb ist gelegentlich auch gaaanz cooles „lounging & clubbing" (www.wirtshouse-clubbing.de) angesagt. Trotzdem: es ist gemütlich und auch die Kerzenleuchter tragen zur Atmosphäre bei. Viel wichtiger ist allerdings die Küche, die ist bayerisch-oberlandig, gut und braucht keine Show und die Preise sind auch korrekt.
Mo - Fr 11 - 1 h, Sa 11 - 3 h, So 10 - 1 h. Leopoldstraße 50, ☎ 3 83 86 80, www.bachmaier-hofbräu.de, MVG/MVV: U3 + 6 Giselastraße

Bavaria Bräu
Westend

Wo fast 200 Jahre u. a. der Pschorr-Keller war, hat im September 2005 die Bavaria Bräu eröffnet. In der riesigen Bierhalle (ca. 1.300 Sitzplätze) bilden der kupferne Sudkessel und der Läuterbottich die Blickfänge und hier wird tatsächlich auch Bier (ca. 4.000 Hektoliter naturtrübes Hausbier) gebraut. Aus der Küche kommen typisch bayerische Gerichte (Schweinsbraten ca. 7,00 €, mittags günstige Angebote). Das riesige Areal birgt zwei weitere Lokale: das Tipico (tägl. 11 - 24 h) hat italienische Speisen (Pesce, Carne, Pasta e Pizza) auf der Karte

Fraunhofer (o.), Bratwurst Glöckl am Dom (m.), Augustiner-Keller (u.)

Biergarten Muffatwerk (o.), Der Pschorr (u.)

und im Colonial (tägl. 18 - 3 h) können die Gäste die Zutaten für ihr Essen selbst zusammenstellen. Im Sommer kann man im Biergarten (im SB-Bereich eigene Brotzeit erlaubt) sitzen - und wenn Oktoberfest ist, weht der Wind die Wies'n-Gaudi bis ins Bavaria Bräu.
täglich 10 - 1 h. Theresienhöhe 7,
☎ 51 99 77 57, www.bavaria-braeu.de,
www.colonial.de, www.tipico-muenchen.
de, MVG/MVV: U4 + 5 Theresienwiese

Bavarese
Isarvorstadt

Gemütlich-szeniges Kneipenrestaurant mit holzgetäfelten Wänden, schwarzen Möbeln und einer bayerisch-italienischen Speisekarte, die mit günstigen Fleischgerichten (ca. 8,00 €), Pasta (ca. 7,00 €) und Pizza (ca. 6,00 €) die Verbindung München-Toskana aufrecht erhält oder neu belebt. (av)
täglich 11 - 1 h. Ehrengutstraße 15,
☎ 52 03 34 37, www.bavarese.net,
MVG/MVV: U3 + 6 Goetheplatz; Bus 31
Ehrengutstraße

Biergarten Muffatwerk ☀
Haidhausen   *Biergarten*

Kein typischer Biergarten, aber trotzdem einer der Schönsten der Stadt: der Biergarten am denkmalgeschützten Muffatwerk. Hier kann man nicht nur bis spät sitzen, sondern auch, z. B., zu Reggae oder Dancehall tanzen, in Liegestühlen chillen und Cocktails schlürfen. Am Tag

lockt vielleicht auch der Isarrad-
weg (70 km zwischen Wolfrats-
hausen und Freising) der direkt
an den Sitzplätzen vorbei führt.
Im Garten brutzeln Öko-Fleisch
und Fisch, es gibt Vegetarisches
und Mediterranes. Getrunken
werden Hofbräu-Bier oder Wein.
Die Kleinen freuen sich über den
Sandkasten und den Spielplatz.
Mo - Do 17 - 1 h, Fr - So 12 - 1 h, im
Sommer versteht sich. Zellstraße 4,
☎ 45 87 50 73, www.muffatwerk.de,
MVG/MVV: S1 - 8 Isartor, Tram 15 + 25
Rosenheimer Platz; Tram 18 Deutsches
Museum

Bratwurst Glöckl am Dom ☀
Altstadt

Zu den guten Würstl vom Rost
- über offenem Buchenholzfeuer gegrillt und mit rauchigem
Geschmack - wählt man Kraut,
Kartoffelsalat oder Meerrettich.
In den gemütlichen Stuben des
über 100-jährigen Wirtshauses
herrscht oft drangvolle Geschäf-
tigkeit, bei Sonne kann man aber
auf einige Plätze im Schatten
neben dem Dom ausweichen.
Natürlich gibt es, neben den
Würsteln, auch andere Spezialitäten wie Ochsenlende, Haxn,
Schweinsbraten - dazu Augustiner-Bier vom Holzfass. (mo/sb)
Mo - Sa 9 - 1 h, So + Feiertag 11 - 23 h.
Frauenplatz 9, ☎ 22 03 85,
MVG/MVV: U3 + 6, S1 - 8, Marienplatz

Bratwurstherzl
Altstadt

In unmittelbarer Nachbarschaft
zum Viktualienmarkt, findet
man das Bratwurstherzl, sozusagen eine fränkische Enklave
im Oberbayerischen. Rostbratwürstl, Stadtwurst, Grillfleisch
und leckeres Schäufele kommen
hier auf die Tische. Aber auch
Kässpätzle, Schweinsbraten,
gefüllte Kalbsbrust oder Schnitzel
findet man neben den speziellen
Mittagsangeboten (Mo - Fr) auf
der Karte. Aus dem Holzfass fließt
süffiges Hacker-Pschorr Edelhell.
Die gut besuchte Wirtschaft - fast
täglich ist die Hälfte der Plätze für
Stammtische reserviert - bietet in
zwei Räumen 160 Gästen Platz.
Ein Blickfang ist die offene Feuer-

stelle im Backsteingewölbe. Auch
schön: die Gartenplätze.
Mo - Sa 10 - 23 h, So + Feiertag Ruhetage,
Küche bis 21.30 h, Würstl + Gegrilltes bis
22 h. Dreifaltigkeitsplatz 1, ☎ 29 51 13,
MVG/MVV: U3 + 6, S1 - 8 Marienplatz;
Tram 17 + 18 Reichenbachplatz

Braunauer Hof
Altstadt

Um 9 h in den Biergarten? Warum
nicht, wenns ein hervorragendes
Frühstück unter Kastanien gibt.
Unweit des hektischen Isartor-
platzes hat sich hier eine Oase
der Ruhe erhalten. Es locken bodenständige Speisen (Schweinsbraten 9,60 €, Ochsenschwanzra-
gout 13,10 €, Waller in Wurzelsud
18,20 €). Kein Wunder, dass
man zwischen Laubengängen
und plätschernden Brunnen, im
Angesicht der riesigen Wandma-
lerei, leicht die Zeit vergisst.
täglich 9 - 24 h, Küche bis 23 h, im Sommer
So Ruhetag. Frauenstraße 42, ☎ 22 36 13,
MVG/MVV: S1 - 8, Tram 17 + 18 Isartor

Brecherspitze
Giesing

Was Küche und Keller zu bieten
haben, kann sich wirklich sehen
lassen und auch die Einrichtung
im Altmünchner 1910er-Stil
schafft eine gute Atmosphäre.
Die wechselnde Wochenkarte
listet die üblichen Gerichte
(Sauerbraten mit Kartoffelknödel
und gemischtem Salat ca. 9,00 €,
Schweinehals mit Kartoffelknödel
ca. 8,00 €). (mo/gh)
Mo - Do 9 - 22 h, Fr 9 - 17 h, So 10 - 17 h,
Sa Ruhetag, kleine Karte 14 - 17 h, sonst
durchgehend. St.-Martin-Straße 38,
☎ 6 51 42 01, MVG/MVV: S2 + 7 St.-Martin-
Straße; Tram 27 St.-Martins-Platz

Burg Pilgersheim
Giesing

In dem rustikal eingerichteten
Restaurant treffen sich nachmit-
tags ältere Ehepaare und abends
Studenten. Schicki-Micki-freie
Zone. Angeblich gibt es hier die
größten Schweinebratenporti-
onen (ca. 7,00 €) von ganz Mün-
chen und sonntags kann man bis
14 h frühstücken (5,00 bis 8,00 €).
Kleiner Kastaniengarten. (sb)
Mo - Sa 17 - 1 h, So 10 - 1 h.
Pilgersheimer Straße 60, ☎ 65 24 35,
MVG/MVV: U1 Candidplatz

☀ = stadtbuch-tipp!

Chinesischer Turm ☆
Schwabing   *Biergarten*

Der Chinesische Turm im Englischen Garten ist das Zentrum eines der schönsten und beliebtesten Biergärten (7.000 Plätze) der Stadt. Hier treffen sich Szeneleute mit Tagestouristen, während Weltreisende mit Altmünchnern an einem Tisch sitzen. Selbst wenn man etwas länger anstehen muss, fürs Bier, für den Schweinsbraten (8,70 €), die Ente (11,90 €), den Bauernsalat (6,90 €), den Steckerlfisch (9,00 €) das Wiener Schnitzel (13,70 €), es macht gar nix aus, weils so schön ist.

täglich 10 - 24 h. Englischer Garten 3, ☎ 3 83 87 30, www.chinaturm.de, MVG/MVV: U3 + 6 Giselastraße, dann zu Fuß durch den Englischen Garten; Bus 54/154 direkt bis Chinesischer Turm; Tram 17 bis Tivolistraße

Concordia-Park
Neuhausen   *Biergarten*

Natürlich-entspannter Biergarten mit etwa 900 Plätzen unter Ahornbäumen. Die Schweinshaxe kostet ca. 7,50 € und von Montag bis Freitag gibt es ein Mittagsgericht für ca. 5,50 €. Im SB-Bereich stört die mitgebrachte Brotzeit niemanden und die kleinen Gäste haben einen Spielplatz als eigenes Refugium. Besondere Ereignisse: die Theateraufführungen des Laimer Brettl, das jährliche Countrymusic-Fest und die Liederabende - schließlich gehören Gaststätte und Garten dem Männergesangsverein Concordia. (rw)

täglich 9.30 - 23 h, im Lokal bis 24 h, bei schlechtem Wetter Mo Ruhetag. Landshuter Allee 165, ☎ 15 52 41, MVG/MVV: Tram 20, 21 Olympiark West; U1 Gern

Der Pschorr
Altstadt

Der Pschorr in der Schranne ist ein gestandenes Wirtshaus, das fast so wirkt, als würde es hier bereits über 150 Jahre stehen. Die Kombination von dunklem Holz, großen Fenstern, hohen Arkaden, dem festlichen Theresiensaal, der Stahl-Galerie und anderen modernen Elementen macht den Brauereiausschank zu einem zeitgemäßen Lokal. Dieser Eindruck wird von der angenehm überschaubaren Karte verstärkt. Sie bietet Suppen (Bierbrotsuppe mit Leberwurst und Röstzwiebeln 2,80 €), Brotzeiten (Radi mit Schnittlauchbrot 5,00 €), Salate (ca. 7,00 €) und außergewöhnliche Hauptgerichte (je 8,50 €) wie dreierlei Geflügelbrust (Ente, Gans, Huhn) mit Apfel-Sellerie-Salat oder Entenbrühwürste mit Gemüsestreifen und Hausbrot.

täglich ab 10 h. Viktualienmarkt 15, ☎ 51 81 85 00, www.der-pschorr.de, MVG/MVV: Tram 17, 18 Reichenbachplatz

Donisl
Altstadt

Der Donisl ist fast so berühmt wie das Hofbräuhaus. Beliebt sind die vielen Freisitze vor dem Haus. Innen verteilen sich die Gäste auf zwei Etagen, unten sitzen Preißn und Japaner beim Schnellmenü, oben machen es sich Münchner und Geschäftsleute gemütlich. Trotz der Hektik bleibt die Bedienung gelassen und freundlich. Durch das Glasdach hat man einen Blick auf die Türme der Frauenkirche. Gute Weißwürste. Faschingstipp! (mo)

täglich 9 - 24 h, warme Küche bis 23 h, kleine Küche bis 23.30 h. Weinstraße 1, ☎ 22 01 84, MVG/MVV: U3 + 6, S1 - 8 Marienplatz

Eierwiese ☆
Grünwald

Von bayerisch bis international reicht das Küchenprogramm der Eierwiese. Damit und mit den verschiedenen Veranstaltungen bzw. Aktionen spricht das nette Lokal ein buntes Publikum an. Im Sommer ist der Garten vor dem Haus begehrt, ansonsten sitzt man auch gerne in den rustikalen Räumen, die mit dunklem Holz getäfelt sind, von dem Watzmann & Co. aus Bildern grüßen.

täglich 11 - 1 h, Küche bis 22 h. Auf der Eierwiese, ☎ 64 96 66 00, www.eierwiese.de, MVG/MVV: Tram 25 Grünwald

Flosslände
Thalkirchen   *Biergarten*

Die beeindruckende Speisekarte ist die Empfehlung für den leider

★ stadtbuch-tipps
BIERGÄRTEN

Waldwirtschaft

direkt an der Straße gelegenen Garten neben dem Maria-Einsiedel-Bad. Hier gibt es französisch-mediterrane Gerichte, fast unschlagbare Vorspeisenteller und leckeren Fisch. Wenn das Wetter nicht mitspielt, kann man in den eher nüchtern, aber geschmackvoll eingerichteten Gasträumen der Villa sitzen. (rp)
Di - Sa 17 - 1 h, So 12 - 1 h, Mo Ruhetag. Zentralländstraße 30, ☎ 74 29 97 15, www.flosslaende.de, MVG/MVV: U3 Thalkirchen

Franziskaner Garten
Trudering   *Biergarten*

Alte Kastanien spenden Schatten im 2.500-Plätze-Biergarten. Die Brotzeit sollte zu Hause bleiben - auch wenn sie mitgebracht werden darf -, denn die angebotenen Speisen, wie die halbe Haxe (6,00 €), fünf verschiedene Steckerlfische und das Ochsenkotelett (9,00 €), dieses traditionellen Wirtshauses, das auch im Winter geöffnet hat, schmecken sehr gut. Mami und Papi essen gemütlich, die Rasselbande (Kinderkarte) tobt derweil auf dem großen Spielplatz. (be/gh)
täglich 11 - 1 h, Küche bis 22.30 h. Friedenspromenade 45, ☎ 4 30 09 96, www.franziskanergarten.de, MVG/MVV: S4, U2 + 7 Trudering; Bus 92 Vogesenstraße

Fraunhofer ★
Gärtnerplatzviertel

Hier kann man sich an rustikalguter bayerischer (Schweinsbraten 6,90 €, Haxn 9,10 €), aber auch vegetarischer Küche laben. Für Atmosphäre sorgt die alte Originaleinrichtung aus der Zeit um die Jahrhundertwende. Hier findet man keinen weiß-blauen Deko-Kitsch. Im Winter spielt am Sonntag zum Frühschoppen Live-Musik und im Hinterhof ist eine Theater- und Kabarettbühne. Der Fraunhofer ist ein traditionelles Haus mit einem Publikum von Jung bis Alt, von Eingeborenen bis Zuagroastn.
Mo - Fr 16.30 - 1 h, von Oktoberfest bis Ostern: Sa ab 11 h + So ab 10 h, im Sommer: Sa + So ab 16.30 h. Fraunhoferstraße 9, ☎ 26 64 60, www.fraunhoferwirtshaus.de, MVG/MVV: U1, 2, 7 + 8, Tram 27 Fraunhoferstraße

Hofbräukeller (o.), Haidhauser Augustiner (u.)

Franziskaner Fuchsenstuben
Altstadt

Hier hat in den 1960ern Walter Matthau seinen Agentenpoker bei Weißwürsten (Stück 2,20 €) eröffnet und nach wie vor setzt man auch auf internationale Gäste, wie die mehrsprachig vorhandenen Karten zeigen. Typische Gerichte im seit über 200 Jahren bestehenden Traditionslokal sind Leberkäs', Rostbratwürstl, Schweinsbraten und Ente - zu Preisen, die etwas über dem Durchschnitt liegen. Politiker, Künstler und eine bunt gemischte Gästeschar besuchen die Franziskaner Fuchsenstuben gerne - im Sommer auch den Biergarten. (gh/mo)
täglich 9 - 24 h, warme Küche 11.30 - 23.30 h.
Perusastraße 5, ☎ 23 18 12 10, MVG/MVV: Tram 19 Nationaltheater

Freisinger Hof
St. Emmeram

Dass die bayerische Kochtradition nicht nur aus Schweinebraten und Sauerkraut besteht, sondern auch feinere Gaumen verwöhnen kann, beweisen die Köche im Freisinger Hof. Ob Tafelspitz oder raffiniert zubereitete Fischgerichte, hier schmeckt alles und die angenehme Atmosphäre lädt zum Bleiben ein. Wie wärs noch mit Topfenknödeln? Österreichische und internationale Einflüsse bereichern die Speisekarte. Kinder erhalten von allen Gerichten halbe Portionen. Im netten Biergarten spenden große Kastanien Schatten. (sb/gh)
täglich 7 - 24 h, warme Küche 11.30 - 14.30 h + 17.30 - 22 h.
Oberföhringer Straße 189, ☎ 95 23 02, MVG/MVV: S8 Johanneskirchen, weiter mit Bus 50 St. Emmeram

Gasthof Wöllinger
Mittersendling

„Da musst du hingehen", sagte der Freund, „der Koch versteht sein Handwerk und die Portionen sind üppig." Die Einrichtung strahlt Gemütlichkeit aus und kann getrost zur kitschfreien Zone erklärt werden. Die täglich wechselnde Karte bietet alles, vom Sonntagsbrunch (im Winter von 10.30 bis 14.30 h, Essen bis zum Abwinken für ca. 17,00 €) bis zu traditionellen Gerichten wie Schweinsbraten oder riesigen

typisch münchen · kultur & erlebnis · freizeit & relaxen · essen & trinken · city & guide

Kalbsschnitzeln. Ayinger fließt aus dem Zapfhahn und naturtrübes Kellerbier. Der Service bereitet dem gemischten Publikum sichtlich Vergnügen. Im Sommer lockt der ruhige 250-Plätze-Wirtsgarten unter schönen Kastanien bis 24 h.

täglich 9 - 1 h, Küche bis 23 h.
Johann-Clanze-Straße 112, ☎ 7 14 46 51,
MVG/MVV: U6 Partnachplatz

Gasthof Zur Mühle
Ismaning

In der urigen, über 100 Jahre alten Gaststätte im gleichnamigen Hotel „Zur Mühle" werden neben traditionellen bayerischen Gerichten auch fantasievolle neue Kreationen angeboten. Draußen gibt's einen gemütlichen 500-Plätze-Biergarten mit Selbstbedienung. Er liegt idyllisch und ruhig an einem Bach. Im Sommer spielt im Garten öfters Blasmusik.

täglich 11.30 - 23 h, warme Küche bis 14.30 h und ab 18 h.
Kirchplatz 3, ☎ 96 09 30,
MVG/MVV: S8 Ismaning

Georgenhof
Schwabing

Bayerische Gastlichkeit in ihrer schönsten Form: die Küche ist ambitioniert, die Ausstattung des Gasthauses gemütlich. Wer einmal hier war, kommt gerne wieder. Täglich lockt eine neue Karte, wobei regional-traditionelle Gerichte dominieren, Wildspezialitäten zum Standard gehören und die Ente bei den Gästen zum beliebtesten Gericht avanciert ist. Französische Speisen ergänzen die Auswahl. Im Sommer kann man auch im „schnuckeligen" (Gästeurteil) 150-Plätze-Biergarten sitzen.

täglich 11.30 - 24 h, warme Küche bis 23 h.
Friedrichstraße 1, ☎ 39 31 01,
MVG/MVV: U3 + 6 Giselastraße

Görreshof
Schwabing

In diesem jungen, gemütlichen Wirtshaus lässt es sich gut und preiswert speisen. Berühmt ist das Holzfällersteak, aber auch der Schweinsbraten und das Schnitzel machen Freude. Augustiner-Bier fließt aus dem Zapfhahn. Das Publikum, vom Handwerker bis zu Geschäftsleuten, ist angenehm bunt gemischt, die Bedienung zuvorkommend. (mr)

Mo - Sa 11 - 1 h, So Ruhetag.
Görresstraße 38, ☎ 18 95 63 36,
MVG/MVV: U2 + 8 Josephsplatz

Großmarkthalle ✳
Sendling

Die Gaststätte Großmarkthalle zieht als „Wallner mit den besten Weißwürsten" noch immer einige Neugierige an, nicht zuletzt wegen der freundlichen Bedienungen. Die besten Weißwürscht sinds vielleicht nicht unbedingt, aber gut sind sie allemal, dazu gibt's hausgemachte Brezen. Fleisch dominiert das Angebot. Mittagsgerichte sind für unter 6,00 € im Angebot. Überraschung: auch eine Weinkarte liegt bereit. Freundlich, sauber, preiswert und ein paar echte Münchner. (rw/mo)

Mo - Fr 7 - 17 h, Sa 7 - 13 h, So Ruhetag.
Kochelseestraße 13, ☎ 76 45 31,
MVG/MVV: U3 + 6 Implerstraße

Haderner Kuchl
Neuhadern

Preiswerte Küche. Berühmt wegen Schweinsbraten und Haxn. Viel „Schweinernes", aber auch Entenbrust (vorbestellen!), Steaks und Salate. Italienische Weinauswahl. Mittags (Seelachs mit Kartoffel- und Feldsalat ca. 6,00 €) trifft sich hier ein eher bürgerliches Publikum, abends verjüngt sich die Gästestruktur. Im gemütlichen Garten, in dem eine Kastanie steht, haben etwa 90 Gäste Platz. (gh/sb)

Mo - Fr 10 - 23 h, Sa + So Ruhetag.
Großhaderner Straße 22, ☎ 7 00 49 40,
MVG/MVV: U6 Großhadern

Haidhauser Augustiner ✳
Haidhausen

Von bayerisch bis international reicht hier die Karte. Günstige Preise. Tagesmenüs: Tagliatelle mit Steinpilzsoße und Erdbeerquark oder Suppe und Hühnerschenkel auf Currysoße mit Reis. Das „Haidhauser Spezial" für ca. 6,00 € kann auch mal ein Seelachs sein. Sonntags gibt

✳ = stadtbuch-tipp!

es immer drei Bratengerichte, wobei 1/4 Bauernente fast immer dabei ist. Eine in sich geschlossene Einheit dagegen bildet die geschmackssichere Einrichtung. Das Personal ist fix und freundlich. Immer wieder werden Feste veranstaltet, am Wochenende sorgen DJs für Musik und Stimmung. (ha)

täglich 9 - 1 h, Frühstück bis 16 h, Küche bis 23 h. Wörthstraße 34, ☎ 4 80 25 94, MVG/MVV: U5 + 6, S1 - 8, Tram 19, Bus 53, 54, 89, 95, 96, 198 + 199 Ostbahnhof

Haxnbauer ☆
Altstadt

Tradition und Geschichte begegnen den Gästen des Haxnbauer im Scholastikahaus sozusagen auf Schritt und Tritt. Das historische Gebäude, dessen Ursprung ins 14. Jahrhundert zurückreicht, zeigt mit hohen Stuckdecken und Wandmalereien was Alt-Münchner Atmosphäre bedeuten kann. Vordringlich kommt man zum Haxnbauer aber um saftig-krosse Kalbs- oder Schweinshaxen zu essen. Das Fleisch aus der hauseigenen Metzgerei wird stundenlang in einem geheimen Kräutermix mariniert, bevor es sich über dem Buchenholzfeuer brutzelnd in eine resche Spezialität verwandelt. Wenn die Begleitung partout nicht an diesem rustikalen Vergnügen teilnehmen will, kann sie oder er auch vegetarische Speisen bestellen.

täglich ab 11 h. Sparkassenstraße 6, ☎ 2 16 65 40, www.kuffler.de, MVG/MVV: U3 + 6, S1 - 8 Marienplatz

Hinterhaustheater im Wirtshaus am Hart
Milbertshofen   Live-Bühne

Auf den Brettern der Hart-Bühne konnte man schon so manche Größe bewundern, bevor die Allgemeinheit wusste, dass es eine ist. Mittwochs bis sonntags finden ab 20.30 h Veranstaltungen (Kabarett, Impro-Theater, Comedy) statt. Alle drei Wochen wechselt das Programm. Die Plakat-Tapete in den Gasträumen kündet davon. Netter 400-Plätze-Biergarten, ordentliche Küche mit Öko-Fleisch (Krustenbraten ca.

10,00 €). Einen „Mittagshit" gibt es während der Woche von 11 bis 15 h für ca. 6,00 €. (rw/mo)

Mo - Fr 11 - 1 h, bei schlechtem Wetter ab 17 h, Sa + So 17 - 1 h, Küche 11 - 23 h. Sudetendeutschestraße 40, ☎ 3 11 60 39, MVG/MVV: U2 Am Hart

Hinterbrühl am See ☆
Obersendling   Biergarten

Hacker-Pschorr-Biergarten mit ca. 1.500 Plätzen, der, wenn es in der Stadt schwül und heiß ist oder während einer Radltour an der Isar, zum entspannten Verweilen einlädt. Anspruchsvolles Wirtshaus (seit etwa 1800) mit gemütlichen Nebenräumen und guter Küche. Die kleinen Gäste bekommen halbe Portionen. Große alte Kastanien dominieren die ruhige Atmosphäre am schönen See. Wo man die eigene Brotzeit essen darf, fehlt zwar der Blick auf das Wasser, nett ist es trotzdem. Für die Kinder gibt es einen gut ausgestatteten Spielplatz. (rw/mo)

täglich 10 - 24 h. Hinterbrühl 2, ☎ 79 44 94, MVG/MVV: U3, Bus 57 + 66 Thalkirchen/ Tierpark

Hirschau ☆
Schwabing   Biergarten

Dieser 1.700-Plätze-Biergarten mit gemütlichem Wirtshaus, im nördlichen Teil des Englischen Gartens, besteht seit über 35 Jahren. Natürlich darf man die Brotzeit selbst mitbringen. Wer nichts zu Hause hat, kann sich z. B. an Wurstsalat (4,50 €), Ripperl (7,00 €), halben Hendl (5,00 €) oder Obazdn (4,50 €) laben. Während der Woche gibt es ein täglich wechselndes Mittagsgericht mit Salat für 5,50 €. Kastanien sorgen für die Biergarten-Atmosphäre, gleich nebenan ist eine Minigolfbahn und der tolle Spielplatz ist das Ziel der Kinder. Erholung für Familien und für Alt und Jung. Gelegentlich mit Live-Musik. (be)

täglich 10 - 23 h. Gyßlingstraße 15, ☎ 36 99 45, www.hirschau-muenchen.de, MVG/MVV: U6 Dietlindenstraße

typisch münchen · kultur & erlebnis · freizeit & relaxen · essen & trinken · city & guide

Wirtshaus Kleine Schmausefalle (o.)
Wirtshaus im Grün Tal (u.)

Hofbräuhaus
Altstadt

Das berühmteste Wirtshaus der Welt ist Station für jeden München-Touristen. Kein Wunder, das von Herzog Wilhelm erbaute Haus besteht seit 1589. Tausende Maß Bier werden ausgeschenkt, tausende Essen serviert - täglich versteht sich. Trotz des Trubels, zieht es aber auch Münchner hierher. Es spielen Blaskapellen, es wird gejodelt, und das riesige Platzangebot meist vollständig in Anspruch genommen. Der Hinterhofbiergarten kann bei den Ausmaßen des Bier-Palastes leicht übersehen werden, sollte er aber nicht, denn die von Bäumen beschatteten Freisitze sind sehr schön. Klasse: hier darf man seine eigene Brotzeit mitbringen! Bei der täglichen Gaudi kann es vorkommen, dass beim Personal die Nerven blank liegen. Blasmusik spielt täglich von 11 bis 15 h und von 18 bis 24 h. Täglich ab 19 h gestaltet ein Alleinunterhalter einen bayerischen Abend. Wer's ruhiger mag, sucht sich einen Platz im ersten Stock. Hunger? Mit der Hofbräuhaus-Grillwurst vom Rost (6,40 €), dem Schweins- (5,90 €) oder Rehgulasch (10,30 €), dem Schnitzel (7,90 €) oder dem Spanferkel (9,90 €) wird jeder satt. Die Preise sind günstig. Tipp: Mittagsmenü mit halbem Hauptgericht, Suppe und Salat für ca. 5,00 €. (av/mo)

täglich 9 - 24 h, Küche und Ausschank bis 23.30 h. Am Platzl 9, ☎ 22 16 76, MVG/MVV: U3 + 6, S1 - 8 Marienplatz

Hofbräukeller
Haidhausen   Biergarten

Der Hofbräukeller ist einer der klassischen Münchner Biergärten. Bis zu 2.000 Gäste sitzen unter schattigen Kastanien biergarten-typisch beieinander. Die Plätze sind begehrt und meistens geht es eng, aber doch gemütlich zu. Man bleibt sitzen, wartet bis die Spezln vom langen Anstehen am Bierausschank zurückkommen, und genießt den Aufenthalt. Bayerische Küche mit modernem Einfluss, bietet der Hofbräukeller. Trotzdem: Kartoffelsuppe (3,20 €), Weißwürste (3,90 €) und Schweinsbraten (9,70 €) gehören zu den beliebtesten Gerichten.

Im so genannten „Kinderpara-
dies" kümmert sich eine Betreue-
rin (Mo bis Sa 10 bis 22 h und So
12 bis 20 h) um die kleinen Gäste.
Das Valentin-Karlstadt-Theater
spielt im Haus. (xl)
*täglich 9 - 24 h, Küche 10 - 22.30 h.
Innere Wiener Straße 19, ☎ 45 99 25 21,
www.hofbraeukeller.de,
MVG/MVV: U4 + 5, Tram 15, 18, 19 + 25
Max-Weber-Platz; Tram 18 Wiener Platz*

Hofer
Altstadt

Die Freisitze im schönen Innenhof machen den „Stadtwirt" Hofer
im Sommer zu einem Anziehungspunkt - einen „Katzensprung"
vom Marienplatz. Doch auch
in der kühleren Jahreszeit lockt
das historische Lokal mit seiner
bayerisch-österreichischen Küche
und dem netten Personal.
*täglich 9 - 24 h, Küche und Ausschank bis
23.30 h. Burgstraße 5, ☎ 24 21 04 44,
www.hofer-der-stadtwirt.de,
MVG/MVV: U3 + 6, S1 - 8 Marienplatz*

Hundskugel ☀
Altstadt

Die Hundskugel ist Münchens
ältestes - im Grundbuch 1440
erstmals erwähntes - Wirtshaus
und bietet ernsthaft Gutes bis
Bestes (Spanferkel) zu völlig
„normalen" Preisen. Ein Menü
von der wechselnden Tageskarte:
Brotsuppe, grüne Nudeln mit
Lachs und Bayerische Creme für
unter 10,00 €. Das Lokal ist liebevoll dekoriert und eingerichtet.
Der kleine 40-Gäste-Garten, von
Bäumen beschattet, ist ruhig und
gemütlich.
*täglich 10.30 - 24 h, Küche bis 22.30 h.
Hotterstraße 18, ☎ 26 42 72,
MVG/MVV: U3 + 6, S1 - 8, Marienplatz*

Insel-Mühle ☀
Untermenzing   Biergarten

Einmalig gelegener Biergarten
mit großen Bäumen und zahlreichen Spielmöglichkeiten für
Kinder. Ideal als Ziel nach einer
Rad- oder Kultur-Wanderung
an der Würm entlang. Nebenan
historisches Restaurant (12 bis
14.30 h und 18 bis 22 h) gleichen
Namens. Die Küche ist anspruchsvoll bayerisch. Ein Mittagsmenü
mit Suppe, Hauptgericht und

Dessert kostet 17,70 €. Die
typischen Biergarten-Speisen
sind aber wesentlich günstiger.
(mo/xl)
*täglich 11 - 22 h. Von-Kahr-Straße 87,
☎ 81 01 - 2 00, www.weber-gastronomie.de,
MVG/MVV: ab Bahnhof Pasing Bus 76 bis
Friedhof Untermenzing*

Isar Bräu
Großhesselohe

Drei eigene Biersorten bietet das
Wirtshaus im alten Großhesse-
loher Bahnhof: Stationsweizen
(Weißbier) und, je nach Saison,
Frühlingsbier oder Bockbier. Die
„Bier-Happy-Hours" sind von
15 bis 17 h, dann kosten 0,3 l
1,11 €. Das Fürstenfeld vom Fass
wird nicht im Haus gebraut. Die
Leute kommen zum Sich-Zeigen
und zum Gut-Essen. Die Speisenauswahl ist bayerisch-mediter-
ran. Von 11.30 bis 15 h gibt es
Mittagsmenüs für 4,50 bis 6,60 €.
Montags kostet der Schweinebraten 6,66 € und die Bierschaum-
suppe, als Spezialität des Hauses,
3,00 €. Viel Grün mit schönen
Kastanien schmückt den großen
Biergarten, zu dem auch ein
Spielplatz gehört. Führerschein-
freundlich liegt der S-Bahnhof
Isartal genau gegenüber. (gh/mo)
*täglich 10 - 1 h, warme Küche bis 22.30 h.
Kreuzeckstraße 23, ☎ 79 89 61,
www.isarbraeu.de,
MVG/MVV: S7 Großhesselohe*

Isarthor ☀
Altstadt

Rustikal-nobles Ambiente im
Münchner-Bürgerstil. Flinke, lus-
tige Bedienung, der auch mal ein
Scherz über die Lippen kommt.
Wohltuende Ausnahme zwischen
all den oberflächlichen Kalorien-
anbietern der Gegend. Tipps:
geräucherte Forelle 6,90 €, gebratene Entenbrust 11,20 € oder
gegrilltes Schweinefilet 12,00 €.
Die Karte wechselt wöchentlich.
Von 10 bis 12 h bekommt man
für 3,90 € ein Weißwurstfrühstück
(zwei Würste mit Bier nach Wahl).
Im Sommer Freisitze mit Blick
aufs Isartor. (gh/mo)
*täglich 10 - 1 h, warme Küche 11 - 22.30 h.
Kanalstraße 2, ☎ 22 77 53,
MVG/MVV: S1 - 8, Tram 17 + 18 Isartor*

Kaisergarten
Schwabing   *Biergarten*

Wer diesen Altschwabinger Wirtsgarten (Bier: Ayinger), unter drei großen Kastanien, besucht, kann bis 23.30 h warme Küche mit bayerisch-toskanischer Ausrichtung genießen. Es gibt viele Salate und Standards wie Schweinsbraten (10,00 €), Wiener Schnitzel oder Saltimbocca (je 14,00 €). Jedes Essen wird auch als Kinderteller portioniert. Und danach lockt die Caipi-Bar im Garten. (hg/mn)

täglich 8.30 - 1 h. Kaiserstraße 34,
☎ 34 02 02 03, MVG/MVV: U3 + 6 Münchner Freiheit; Bus 53 Friedrichstraße

Königlicher Hirschgarten ✶
Neuhausen   *Biergarten*

Mit 8.000 Plätzen Europas größter Biergarten. Und trotzdem: viel Platz zum Atmen, Spielen, Spazieren, Essen (Kaninchenkeule 8,80 €, abgebräunte Knödel mit Salat 3,80 €, gebratener Kalbstafelspitz 9,20 €, Blattsalat mit Frühlingsrolle 5,20 €). Augustiner-Bier aus dem Holzfass (oder Tegernseer) und passable Brotzeiten. Wem das zu wenig ist, der findet auch noch ein pfundiges Restaurant (täglich ab 18 h verschiedene All-you-can-eat-Aktionen für ca. 8,00 bis 15,00 €, sonn- und feiertags Brunch ab 11 h, Erw. 15,30 €, Kinder bis 10 J. 8,50 €) dazu. Nicht nur Kinder freuen sich über das Hirschgehege und das Karussell. Und wem das alles immer noch nicht genug ist, der kann im Park sporteln. In jeder Saison werden drei Sommerfeste gefeiert. Den „Königlichen Hirschgarten" gibt es seit über 200 Jahren. (mo/rl)

täglich 9 - 24 h, Küche: 9 - 11 h Würstl & Co., 11 - 22 h gesamte Karte, bis 22.30 h kalte Küche. Hirschgarten 1, ☎ 17 25 91, www.hirschgarten.de, MVG/MVV: Tram 12, 16, 17 Roman- oder Steubenplatz; Bus 41, 65, 68 Hirschgartenallee; S1 - 6, 8 Laim

Lamms
Altstadt

Nur für eine Putzstunde bleibt das Lamms geschlossen. Damit ist diese Kellerwirtschaft ein idealer Anlaufpunkt für Nachtschwärmer, Gastronomen und ihre Mitarbeiter, die vor dem Schlafengehen noch ein herzhaft-deftiges Pfannen- oder Braten-Gericht aus der bayerisch-österreichischen Küche essen wollen. Während des Tages treffen sich hier Touristen mit Münchnern und freuen sich über das günstige Mittagsmenü (ca. 5,00 €).

täglich 9 - 8 h. Sendlinger Torplatz 11,
☎ 59 19 63, www.lamms.de, MVG/MVV: U1 - 3, U6, Tram 16 - 18, 27 Sendlinger Tor

Lindengarten
Neutrudering   *Biergarten*

Ein 450-Plätze-Biergarten unter schattigen Linden und Kastanien lockt die Gäste hierher. Die Hungrigen essen Tafelspitz oder Schweinshaxe (5,90 €). Die Karte bietet bayerische und internationale Gerichte (ital. Pasta, asiat. Nudelpfanne). Das wöchentliche Mittagsmenü (5,10 €) umfasst ein Hauptgericht mit Suppe oder Dessert. Für die kleinen Gäste ist mit Kinderspeisekarte und Spielplatz gesorgt. Freitags spielen im Gasthof Münchner Bands Rock'n'Roll, Volksmusik, Oldies und Country. In der schönen Jahreszeit wird jeden Monat ein Fest mit Live-Musik veranstaltet. Ein weiterer Anziehungspunkt: das Weißwurst-Frühstück am Samstag und Sonntag von 10 bis 12 h. Nettes Personal! (mn)

täglich 10 - 1 h, warme Küche bis 22.30 h. Solalindenstraße 50, ☎ 4 30 91 78, www.lindengarten.info, MVG/MVV: U2 + 8, S5 Truderinger Bahnhof, weiter mit Bus 92 Friedenspromenade

Mariannenhof
Lehel

Unverfälschte Münchner Küche, mit internationalen Gerichten erweitert, zu annehmbaren Preisen (ca. 10,00 €): Schweinsbraten, Schnitzel, Lasagne mit Lachs. Täglich gibt es drei spezielle Mittagsmenüs für ca. 6,00 bis 8,00 € - mit Suppe oder Dessert. Dazu Augustiner. Unser Tipp: Tafelspitz. Hier kann man sich wohl fühlen. Gemischtes Publikum - Jung und Alt aus dem Lehel. 36 Freisitze vor dem Haus. (be)

Mo - Fr 11 - 1 h, Sa + So 18 - 1 h. Mariannenstraße 1, ☎ 22 08 64, MVG/MVV: Tram 17 Mariannenplatz

Menterschwaige
Harlaching   *Biergarten*

Dieser traditionelle Biergarten liegt romantisch am Isarhochufer unter schönen Kastanien und ist nicht nur für Familien mit Nachwuchs (Kinderkarte und schöner Spielplatz!) zu empfehlen. Die eigene Brotzeit darf auch mitgebracht werden - was will man also mehr? Vielleicht italienische Pastagerichte oder eine gehobene bayerische Küche.
täglich 11 - 22.30 h (Biergarten), 11 - 1 h (Restaurant), Küche bis 22 h.
Menterschwaigstraße 4, ☎ 64 07 32,
www.menterschwaige.de,
MVG/MVV: U1 Wettersteinplatz, dann
Tram 15, 25 Menterschwaigstraße

Michaeligarten
Neuperlach   *Biergarten*

Der große, 1972 eröffnete, Biergarten mit rund 3.400 Plätzen und einem Kinderspielplatz liegt, wie die Terrasse, am Ostpark-See und bietet einen direkten Blick auf das schöne Gewässer. Wer will, kann seine Brotzeit selber mitbringen, es gibt aber auch ein reichhaltiges Angebot an internationalen warmen und kalten Gerichten. Man wählt von der wechselnden Tageskarte (ab ca. 4,00 €), der Salatkarte, der Asiakarte oder der Kinderkarte.
täglich 10 - 24 h.
☎ 43 55 24 24, www.michaeligarten.de,
MVG/MVV: U5, 8 Michaelibad

Metzgerwirt
Nymphenburg

Eine gute Idee für einen Sonntagsausflug: nach einem Spaziergang im Nymphenburger Schlosspark kehrt man beim Metzgerwirt ein. In freundlicher Atmosphäre locken Schmankerl wie Krustenbraten mit Knödel und Blaukraut oder Zwiebelrostbraten mit Bratkartoffeln und Salat. Täglich wechselt das Mittagsgericht und dienstags gibt's eine Schlachtschüssel. Kinderportionen (ca. 6,00 €) bereiten der Küche kein Problem. Die zuvorkommende Bedienung sorgt dafür, dass sich die vielen Stammgäste wie zu Hause fühlen. Im kleinen Biergarten sitzt man unter Kastanien, leider nahe der Straße. Der Spielplatz erfreut aber die kleinen Gäste und damit auch ihre Eltern. (rl)
täglich 10 - 24 h.
Nördliche Auffahrtsallee 69, ☎ 17 04 70,
MVG/MVV: Tram 17 Schloss Nymphenburg

Mongdratzerl
Altstadt

Die bayerische Tapasbar im Hauptbahnhof. Wer behauptet, dass bayerische Tapas früher schlicht Brotzeit genannt wurden, tut dem Mongdratzerl unrecht. Mongdratzerl ist ein altbayerisches Wort (Mong = Magen, dratzerl kommt von dratzn = necken) für eine kleine Speise, die den Magen nicht füllt. Was nicht bedeutet, dass man das Mongdratzerl hungrig verlassen müsste. Ganz wie in einer spanischen Tapasbar, bildet die Kombination ganz unterschiedlicher Tapas (international-spanisch-bayerisch, das Schälchen je 2,50 €, warm oder kalt) den Reiz eines Essens in diesem schön gestalteten Lokal. (xl)
täglich 6 - 1 h, Frühstück bis 11 h.
Arnulfstraße 1, ☎ 5 49 07 13 12, www.
mongdratzerl.de, MVG/MVV: U1, 2, 4, 5, 7
+ 8, S1 - 8, Tram 16 - 21 Hauptbahnhof

Münchner Haupt' ※
Sendling

Bayerisch-deftig ist die Speisekarte, bayerisch-gemütlich ist das schlossartige Ambiente und bayerisch-kulturell präsentieren sich die drei hier gastierenden Theater, die mit Volksstücken für Lacher sorgen. Klar, dass bei einer echten Münchner Gaststätte eine Terrasse und ein großer Biergarten (2.500 Plätze und Kinderspielplatz) nicht fehlen dürfen. Das Bier kommt aus der Schlossbrauerei Kaltenberg und die Küche ist gutbürgerlich. Von Montag bis Freitag werden zwischen 11.30 und 14 h täglich zwei wechselnde "Hausessen" angeboten. Übrigens, der ungewöhnliche Name des Lokales geht auf die "Königl. priv. Hauptschützengesellschaft München 1406" zurück. (ak/rw)
täglich 11 - 23 h. Zielstattstraße 6, ☎ 78 69 40,
MVG/MVV: S7, 20 + 27 Mittersendling

Münchner Suppenküche
Altstadt

„I mog a guade Bria, auf d'Nacht und in der Fria!" Praktisch während eines Einkaufsbummels und in der Mittagspause oder schlicht, wenn man Hunger hat. Die Auswahl an immer frischen Suppen und Eintöpfen ist groß und sie werden schnell serviert. Die Preise liegen zwischen 3,00 und 6,00 €. (sb)

Mo - Fr 8 - 18 h, Sa 8 - 13.30 h, So Ruhetag.
Viktualienmarkt 28 und Schäfflerstraße 7,
☎ 74 74 74 78,
MVG/MVV: U3 + 6, S1 - 8, Marienplatz

Osterwaldgarten
Schwabing   Biergarten

Der malerische 250-Plätze-Biergarten, unter Kastanienbäumen gelegen, wird komplett bewirtet, für die eigene Brotzeit ist hier also kein Platz. Die Gäste werden mit bayerischen und neu-deutschen Speisen (Hauptgerichte ca. 10,00 €) aus dem gemütlichen Gasthaus versorgt: Krautplatte, Sauerbraten, Rostbraten, Kaiserschmarrn usw. Im Herbst/Winter findet jeden ersten Sonntag im Monat ein Frühschoppen mit Gstanzlmusi statt. (gh/mo)

täglich 10 - 1 h. Kefserstraße 12,
☎ 38 40 50 40, www.osterwaldgarten.de,
MVG/MVV: U3 + 6 Münchner Freiheit

Palais Keller ❄
Altstadt

Im Gewölbekeller aus dem Jahre 1425, wo ursprünglich Salz eingelagert wurde, unter dem noblen Hotel Bayerischer Hof, ist das kitschfreie Bayern zu Hause. Auf der Speisekarte findet man etwas feinere Gerichte aus Bayern und Österreich, die auch von der jeweiligen Saison bestimmt werden. Das Essen reicht von solide bis überdurchschnittlich gut. Und die frischen Brezen kommen aus der hauseigenen Bäckerei. Beim sonntäglichen Brunch-Buffet (Oktober - Mitte Mai, 11 bis 15 h) kann man für 33,50 € schlemmen und dabei wechselnde Jazzbands hören. (xl)

täglich 10 - 1 h.
Promenadeplatz 2 - 6, ☎ 2 12 09 90,
MVG/MVV: Tram 19 Theatinerstraße

Park Café ❄
Maxvorstadt   Biergarten

In den 1930er Jahren wurde der Bau mit dem markanten Säulenportal errichtet. Ab den 70ern traf sich hier die Partymeute mit und ohne Promis und nach der Jahrtausendwende war die Luft raus. Nach aufwändiger Renovierung und Umbau ist das Park Café heute attraktiver denn je. Hier kann man bayerisch-international essen, trinken (Cocktail-Happy Hour ab 22 h) und der Biergarten ist nach wie vor einer der schönsten Freisitze Münchens.

Mo - Fr ab 11 h, Sa + So ab 10 h.
Sophienstraße 7, ☎ 51 61 79 80,
www.parkcafe089.de, MVG/MVV: U4 + 5,
S1 - 8, Tram 16 - 21, 27 Karlsplatz/Stachus

Paulaner Bräuhaus
Isarvorstadt

Der Originalcharakter der historischen Wirtschaft wurde bei der Renovierung wiederhergestellt. Dunkles Holz in Kombination mit Fliesen wie anno dazumal. Im riesigen Raum sitzt man an langen Tischen. Ins Glas kommt Hausgebrautes (das helle Zwickl, das Weißbier und das dunkle Weizen). Die Küche gibt sich gutbürgerlich: gute Portionen zu angenehmen Preisen. Im schönen, von Kastanien beschatteten Biergarten haben 1.000 Gäste Platz. (be/mo)

täglich 10 - 1 h. Kapuzinerplatz 5,
☎ 5 44 61 10, www.paulanerbräuhaus.de,
MVG/MVV: U3, U6 Goetheplatz; Bus 58
Kapuzinerplatz

Paulaner am Nockherberg
Giesing

Im Paulanerkeller werden während der Starkbierzeit, die Großkopferten medienwirksam derbleckt und das Fußvolk pilgert auch auf den Berg. Die Atmosphäre hat etwas von einem Bierzelt. Auf der Karte stehen die verschiedensten bayerischen Gerichte (Hauptspeisen ca. 10,00 €), aber auch Internationales. Schöner Biergarten. Gutes Essen! (sb)

täglich 10 - 3 h. Hochstraße 77,
☎ 4 59 91 30, www.nockherberg.com,
MVG/MVV: U1, 2, 7 + 8 Kolumbusplatz;
Tram 15 + 25 Ostfriedhof; Tram 27 Landratsamt

Spektakel (o. + r.)

Paulaner im Tal ★
Altstadt

Nett sind die Bedienungen beim Paulaner im Tal. Man sitzt in im Altmünchner Stil gestalteten Räumen und bekommt eine gute Küche (Fleisch vom Bio-Bauern) - mit allen üblichen Spezialitäten und internationalen Gerichten - in großzügigen Portionen auf den Tisch. Das wechselnde, aber immer günstige Mittagsangebot (Mo bis Fr) bietet ein kräftiges Essen, das alle Hungrigen richtig satt werden lässt.

täglich 10 - 1 h. Tal 12, ☎ 2 19 94 00, MVG/MVV: U3 + 6, S1 - 8 Marienplatz

Prinzregent Garten
Pasing   Biergarten

Dieser 700-Plätze-Biergarten wurde 1924 eröffnet und liegt schräg gegenüber dem Westbad. Im Bedienungsbereich kann man Speisen (gutbürgerlich, aber auch international und aus dem Wok) von der preiswerten Mittagskarte bestellen. Wöchentlich wechselt der so genannte „Tageshit" - ein Gericht wie Bierbratl, Krustenwammerl oder Sauerbraten - für zwei Personen zum Preis (ca.

Waldwirtschaft

9,90 €) von einer Portion. Die eigene Brotzeit darf im SB-Bereich verzehrt werden. Von Februar bis März und von September bis Oktober spielt am Wochenende ab 20 h das Pasinger Bauerntheater. Im Sommer hört man im Garten Live-Musik.

täglich 10 - 24 h, Küche 11 - 22 h. Benedikterstraße 35, ☎ 8 20 27 60, MVG/MVV: Tram 19 Westbad; Bus 72 Benedikterstraße

Rabenwirt
Pullach

600 Gäste können von der „schönsten Terrasse von München" einen tollen Blick über das Isartal genießen. Dazu gibt es eine bayerisch-österreichische Küche von wechselnden Karten: Surbraten mit Kartoffelknödel (5,80 €), Kaiserschmarrn (7,80 €), Schwammerl mit Knödel (7,80 €), oder Hofgutente (14,00 €). Die Kleinkunstbühne spielt zweimal pro Woche.

täglich 11 - 1 h. Kirchplatz 1, ☎ 7 93 01 85, MVG/MVV: S7 Pullach

Ratskeller
Altstadt

In den Kellerhallen unter dem Rathaus gibt es eine fränkisch-bayerische (Bio-)Küche. Von Oktober bis Mai spielt sonntags zum Prosecco-Brunch (10.30 bis 14.30 h, ca. 31,00 €, Kinder bis 12 J. halber Preis, unter 6 J. frei) Live-Musik und einmal im Monat wird ein Weinfest veranstaltet. Im Sommer findet es im Freien statt. Zwei Außenbereiche gehören zum Ratskeller: der Prunkhof und der Weingarten Marienhof. (gh/mo)

täglich 10 - 24 h, warme Küche 11 - 22.30 h. Marienplatz 8, ☎ 21 99 89 22, www.ratskeller-muenchen.de, MVG/MVV: U3 + 6, S1 - 8 Marienplatz

Ridler
Westend

Der Name Ridler deutet nicht unbedingt auf ein Augustiner-Lokal hin. Trotzdem sind wir in einem, mit dunklem Holz eingerichteten, rustikalen Wirtshaus. Zu den typischen Bratengerichten gesellt sich ein großes Salatbuffet.

täglich 11 - 1 h. Gollierstraße 83, ☎ 50 07 33 32, www.wirtshaus-ridler.de, MVG/MVV: U4 + 5, S7 Heimeranplatz

Sau guad
Haidhausen

Rustikal mit einer Erinnerung an die Prinzregentenzeit mutet dieses junge Wirtshaus an. Das gemütliche Lokal ist ein Anlaufpunkt für abwechslungsreiches Essen (Wildschwein mit Haselnußspätzle 11,90 €, Gemüse in Thaicurry 6,80 €), das von bayerischen und weltweiten Ideen inspiriert wird. Wochentags (11.30 bis 14.30 h) gibt es ein wechselndes Mittagsgericht für 6,80 € (inkl. kleinem Getränk).

So - Do 11 - 1 h, Fr + Sa 11 - 3 h. Schornstraße 2/Ecke Franziskanerstraße, ☎ 44 76 00 08, www.sau-guad.de, MVG/MVV: S1 - 8, Tram 15 + 25 Rosenheimer Platz

Schelling Salon ✵
Maxvorstadt

Das günstige Essen im Schelling Salon hat schon so manchen Studenten überleben lassen - ob mit üppigem Frühstück in aller Herrgottsfrühe oder mit Schweinsbraten. Von der wechselnden Wochenkarte kann man sich z. B. Schnitzel oder Wammerl mit Knödel und Sauerkraut bestellen. Wem daheim die Decke auf den Kopf fällt, der findet hier jemanden für eine Halbe oder ein Billard- oder Schachspiel. Interessant sind die vielen Details in den Gasträumen, die sich seit 1872 in dieser gastronomischen Institution und Sehenswürdigkeit angesammelt haben. (xl/av/mo)

Do - Mo 6.30 - 1 h, Di + Mi Ruhetage. Schellingstraße 54, ☎ 2 72 07 88, MVG/MVV: Tram 27, Bus 53, 154 Schellingstraße

Schober
Au

Bayerische Küche und die klassische Wirtshauseinrichtung sorgen für ein weiß-blaues Dahoam-Gefühl in dieser „Realwirtschaft". Was eine Realwirtschaft sein soll, ist mir nicht bekannt. Dafür leuchtet mir ein, dass ich, falls ich samstags zwischen 18 und 20 h Lust auf ein Spanferkel mit Knödel und Kartoffelsalat bekomme, zum Schober gehen sollte, denn wo sonst bekommt man ein Stück von der jungen

✵ = stadtbuch-tipp!

Sau so günstig? Auch wenn man dazu ein Getränk bestellen muss (wer würde das nicht tun?) ist das Angebot ein Schnäppchen. Von Montag bis Freitag (außer an Feiertagen) bekommt man von 11 bis 14 h alle Gerichte bis 10,00 € für 5,00 € (in Verbindung mit einer Getränkebestellung). (ka)
täglich 9 - 1 h. Ohlmüllerstraße 20,
☎ *89 05 07 00, www.schober-wirtshaus.de,*
MVG/MVV: Tram 27 Mariahilfplatz

Spatenhaus an der Oper
Altstadt

Noble Gemütlichkeit zwischen gediegener Einrichtung und Publikum überwiegend in Managerkleidung. In die Preise wird, nach Meinung mancher Gäste, der Blick auf die Staatsoper gleich einkalkuliert. Das richtige Lokal, über 100 Jahre alt, als Station auf dem Weg vom Opernhimmel zum Erdenalltag. Unten sitzt die Laufkundschaft bei bayerisch-rustikaler Kost. Zu den Spezialitäten zählen Schweinsbraten oder Hofente. Ein Stockwerk höher werden internationale Gerichte - beispielsweise Gazpacho, Lachstranche vom Grill oder Hasenrückenfilet auf Gin-Wacholderrahmsoße - den vielen Geschäftsleuten serviert. (mo/xl)
Erdgeschoss: täglich 9.30 - 0.30 h, 1. Stock: täglich 11.30 - 14.30 h + 17 - 1 h.
Residenzstraße 12, ☎ 2 90 70 60,
MVG/MVV: Tram 19 Nationaltheater; U3 + 6, S1 - 8 Marienplatz

Spektakel ✲
Sendling

Das rustikal-gemütliche Speiselokal bietet eine gute bayerische Küche und nennt sich auch Dorfplatzrestaurant, Schwemme, Bar. Wer abends nicht reserviert hat, bekommt so gut wie nie einen Platz am offenen Kamin, am Brunnen oder am Wasserfall. Der Biergarten (Brotzeit mitbringen erlaubt, Spielplatz, nette Leute) lockt viele, ebenso wie der Flohmarkt, der jeden zweiten Samstag im Monat stattfindet. Das Mittagsgericht kostet 5,50 €. (xl)
täglich 11.30 - 1 h.
Pfeuferstraße 32, ☎ 76 75 83 59,
MVG/MVV: U6, S7, Tram 20, 27 Harras

St. Emmerams Mühle ✲
Oberföhring   Biergarten

Malerisch an den Isarauen gelegenes historisches Biergarten-Wirtshaus. Für den, der noch nicht dort war, auf Anhieb nicht leicht zu finden. Aber: Radl-Ausflügler und Spaziergänger sitzen im Garten neben Prominenten. Dabei kann man zwischen SB-Bereich und bedienter Fläche wählen. Für die kleinen Gäste wurden zwei Spielplätze angelegt. Das tägliche Mittagsangebot offeriert Gerichte ab ca. 5,00 €. (rw/mo)
Mo - Sa 11 - 1 h, So + Feiertag 10 - 1 h, Küche bis 22.30 h (warm), bis 23 h (kalt).
St. Emmeram 41, ☎ 95 39 71, MVG/MVV: U4 Arabellapark; Bus 37/38 St. Emmeram

Theatiner
Altstadt

Der kleine, helle „Landgasthof" in der Fußgängerzone. Nett ist hier wohl die richtige Charakterisierung: fürs Weißwurstfrühstück (3,90 €), zum Mittagessen (5,50 €), für den „Theaterteller" (7,50 €) am Abend oder wenn man sonst Hunger auf Bayerisch hat.
Mo - Sa 11 - 22 h, So + Feiertag Ruhetage. Theatinerstraße 33, ☎ 23 23 82 90, MVG/MVV: U3 - 6 Odeonsplatz; Tram 19 Theatinerstraße

Turmstüberl im Isartor
Altstadt

Das Turmstüberl im Valentin-Karlstadt-Musäum sollte nicht allein Museumsbesuchern vorbehalten bleiben. Auch Wirtin und Künstlerin Petra Perle macht das Lokal besuchenswert. Es gibt bayerische Hausmannskost, man kann Kaffee trinken, verschiedene Veranstaltungen besuchen oder ganz einfach die Einrichtung bestaunen. Hier wird nicht geraucht.
Mo - Mi, Fr + Sa 11.01 - 17.29 h, So 10.01 - 17.29 h, Do Ruhetag. Tal 50, ☎ 29 37 62, MVG/MVV: S1 - 8, Tram 17 + 18 Isartor

Unions Bräu ✲
Haidhausen

Der Eigenbrau-Ableger vom Löwenbräu erfreut sich großer Beliebtheit. Ist es doch bei allen Geschmacksdifferenzen wohl das beste junge Bier (Halbe 3,10 €) in der Stadt. Aus der Wirtshaus-

von oben nach unten: Wirtshaus in der Au, Wirtshaus zum Isartal, Unions-Bräu, Zum Dürnbräu. rechte Seite: Zum Straubinger

küche kommen traditionelle Schmankerl. Tageskarte: Tellerfleisch in Wurzelsud mit Butterwirsing und Kartoffeln 10,50 €. Aus der Standardkarte: Schweinebraten mit Semmelknödel 9,50 €, Putenmedaillons in Käse und Ei gebacken, auf Tomatenspargel und mit grünen und gelben Zucchini 11,50 €. Donnerstags und freitags Live-Jazz auf dem Malzboden. (gh/mo)

Gaststätte: täglich 11 - 1 h, Braukeller: Mo - Sa 16 - 1 h, So Ruhetag. Einsteinstraße 42, ☎ 47 76 77, www.unionsbraeu.de, MVG/MVV: U4 + 5, Tram 15, 18 , 19 + 25 Max-Weber-Platz

Viktualienmarkt ☀
Altstadt   *Biergarten*

Extra schön: weil man auch hier seine Brotzeit mitbringen darf und wir ja inmitten von Spezialitäten aus aller Welt sitzen, kann man ganz nach Gusto international oder typisch bayerisch schlemmen. Fast tausend Leute haben Platz, aber ungemütlich eng wird es trotzdem nicht. Man hat viel zu viel zum Schauen und Reden. Echte Münchner und unzählige Nationen versammeln sich. Kann München noch schöner sein? Ideal für Stammgäste: die Brauerei wechselt regelmäßig. (xl)

Mo - Sa 9 - 22 h, So Ruhetag. Viktualienmarkt 9, ☎ 29 75 45, MVG/MVV: U3 + 6, S1 - 8 Marienplatz; Tram 17/18 Reichenbachplatz

Waldwirtschaft ☆
Großhesselohe   *Biergarten*

Einer der Spitzen-Biergärten Münchens - mit Live-Jazz von Karfreitag bis in den September hinein. Jeden Abend spielt hier eine andere Band, sonntags auch tagsüber. Man sitzt wunderschön im Grünen und hat einen herrlichen Ausblick übers Isartal. Wer sich Ärger mit der Parkplatzsuche ersparen will, fährt mit dem Rad, entlang der Isar, hierher. Die gemütlich-rustikale Wirtschaft kann mit einer Spitzenküche, die bayerische und internationale Gerichte (Kalbfleischpflanzerl 8,00 €, Ochsen-Carpaccio 10,80 €, Schweinsbraten 10,50 €) offeriert, beeindrucken. Man darf in den 2.500-Plätze-Biergarten, der schattig unter Bäumen angelegt ist, auch seine eigene Brotzeit mitbringen. Und für die Kinder gibt es einen tollen Spielplatz.
täglich 10.30 - 23 h, Gasthaus Di - So 11 - 1 h, Küche bis 21.30 h, Mo Ruhetag. Georg-Kalb-Straße 3, ☎ 79 50 88, www.waldwirtschaft.de, MVG/MVV: S7 Großhesselohe / Isartalbahnhof

Weisses Brauhaus ☆
Altstadt

Das Stammhaus der Brauerei Schneider zeigt, was die echte Münchner Küche zu bieten hat. G'schwollne mit Kartoffelsalat, Haxnteller, alle möglichen und unmöglichen Innereien oder ein klassischer Schweinsbraten - hier schmeckt sogar die typisch-ruppige, aber herzliche Bedienung gut. Auch eine Kinderkarte ist vorhanden. Der vorzügliche Weißbierbock ist seinen Preis wert. Weintrinker finden aber auch eine umfangreiche Karte. Sonntags von 10 bis 12 h Frühschoppen. 160 Freisitze auf dem Bürgersteig.
täglich 8 - 24 h. Tal 10, ☎ 29 98 75, www.weisses-brauhaus.de, MVG/MVV: U3 + 6, S1 - 8 Marienplatz

Wintergarten
Schwabing   *Biergarten*

Wenn samstags bei schönem Wetter ab 14 h Jazz-Musik angesagt ist, treibt es mich immer hierher. Während der Woche sitzen die Markteinkäufer im 25 qm-Wintergarten um Pause zu machen und viele zieht es wegen des 450-Plätze-Biergartens (Augustiner) an den Elisabethplatz. Man darf seine eigene (kleine) Brotzeit mitbringen. Wer nichts dabei hat und Hunger bekommt, bestellt einen Obazdn (5,50 €), Wurstsalat (5,20 €), ein vegetarisches Pflanzerl (5,50 €) oder andere bayerische Gerichte (Roulade 6,90 €). Für die kleinen Gäste gibt es einen Spielplatz. (hg)
täglich 10 - 24 h, im Winter 11 - 24 h. Elisabethplatz 4b, ☎ 2 71 38 99, MVG/MVV: Tram 27 Elisabethplatz

Wirtshaus in der Au ✳
Au

Die große Renovierung Anfang 2006 hat dem Wirtshaus gut getan und vom Charme ist auch nichts verloren gegangen. Serviert werden bayerische Gerichte in üppigen Portionen (Königsschmarrn 7,60 €, halbe Hofente 13,80 €, Bauernschmaus-Fleischpfanne 15,30 €). Stammgäste loben auch die Kartoffelgerichte und Mehlspeisen. Jazzfreunde kommen am Sonntag (Okt. - März) gerne zum Jazz-Frühschoppen (12 bis 15 h). Im gemütlichen Biergarten finden 120 Gäste Platz und die Kinder können sich mit Spielen vergnügen. (be)
Mo - Fr 17 - 1 h, Sa, So + Feiertag 10 - 1 h.
Lilienstraße 51, ☎ 4 48 14 00,
www.wirtshausinderau.de,
MVG/MVV: S1 - 8 Isartor oder Rosenheimer Platz; Tram 15 + 25 Rosenheimer Platz

Wh. Kleine Schmausefalle ✳
Giesing

In diesem liebevoll eingerichteten Lokal (mit Nichtraucherbereich) kommt zu einem angemessenen Preis gutes Essen auf den Tisch. Preiswert sind vor allem die Mittagsmenüs (täglich zwei Menüs für 6,80 € bzw. 8,80 €, Tagesgerichte ca. 8,00 €, So Brunch 11 bis 15 h 14,50 €). Der schöne Veranstaltungsraum wird gerne von Hochzeitsgesellschaften genützt. Gelegentlich spielt Live-Musik, meist geht es hier aber eher ruhig zu. Schöner, am Auer Mühlbach gelegener Biergarten.
täglich 11 - 1 h. Mariahilfplatz 4,
☎ 6 88 72 35, www.kleineschmausefalle.de,
MVG/MVV: Bus 52 Schweigerstraße

Wirtshaus zum Isartal
Thalkirchen   *Live-Bühne*

Theater, Kabarett, Musicals, Opern, Musikbühne, Festsaal, Nebenräume ... Donnerstags spielt von 20 bis 23 h Live-Jazz, freitags ist ab 20 h Kabarett angesagt und samstags kommt der Kasperl: um 15 h zu den Kindern und ab 20 h zu den Erwachsenen.
täglich 11 - 1 h. Brudermühlstraße 2,
☎ 77 21 21, www.wirtshaus-zum-isartal.de,
MVG/MVV: U3 Brudermühlstraße; Bus 57 Thalkirchen

Wirtshaus zur Brez'n
Schwabing

Bayerisch-traditionell, aber auch modern, gibt sich dieses Lokal, das auf drei Etagen Platz für Touristengruppen, für gemütliche Mittag- oder Abendessen im Kreise von Arbeitskollegen oder Freunden, aber auch lauschige Eckerl zu bieten hat. Über die Standard-Speisekarte hinaus gibt es eine Wochenkarte und zusätzlich, montags bis freitags, von 11 bis 14.30 h ein täglich wechselndes „Mittagsschmankerl" für 5,90 €. Komplettiert wird das umfangreiche Angebot von Tagesempfehlungen auf Schiefertafeln.
täglich 10 - 2.30 h.
Leopoldstraße 72, ☎ 39 00 92,
MVG/MVV: U3 + 6 Münchner Freiheit

...Zimmer
Schwabing

Bayerische Küche mit internationaler Abwechslung in einer überschaubaren Auswahl bietet dieses Speiselokal (Hauptgerichte ca. 9,00 €). Neben Deftig-Rustikalem gibt es auch leichte Salate. Blickfänge im Wirtshaus-Interieur bilden die großen, teils interessanten Gemälde an den Wänden.
täglich 11.30 - 1 h.
Siegfriedstraße 14, ☎ 38 34 69 64,
MVG/MVV: U3 + 6 Münchner Freiheit

Zum Alten Wirt ✳
Obermenzing

Historisches Wirtshaus von 1417! Allein die Räumlichkeiten, mit gemütlichen Nebenräumen, sind einen Besuch wert. Und die Kapelle nebenan kann man sich dann auch gleich anschauen. Wuchtige Kastanien lassen die gutbürgerliche Küche - vor allem Braten- und Pfannengerichte (Spanferkelbraten ca. 11,00 €) auch im Biergarten, schmecken - z. B. Steckerlfisch am Wochenende. Drinnen schauen einem der Kini und Franz-Josef Strauß beim Essen über die Schulter. (rw/mo)
täglich 9 - 24 h, Küche bis 22 h.
Dorfstraße 39, ☎ 8 11 15 90,
www.alter-wirt.info,
MVG/MVV: Bus 76 Lochhamer Straße

✳ *= stadtbuch-tipp!*

Zum Aumeister
Freimann   *Biergarten*

Platz für ca. 3.000 Gäste unter wunderschönen alten Kastanien, Schweinsbraten 5,40 €, Salatbar, auch italienische Gerichte, auf Wunsch kleine Portionen, extra Weinkarte, großer Spielplatz mit Karussell und Klettergerüst, Kindergerichte oder Seniorenportionen. Und: freundliche Gäste. Ein Biergarten-Klassiker für Münchner Familien! Brotzeit mitbringen erlaubt. (mo/sb)

täglich 10 - 22 h. Sondermeierstraße 1, ☎ 32 52 24, www.aumeister.de, MVG/MVV: U6 Studentenstadt oder Freimann

Zum Brunnwart
Schwabing

Am Rande des Englischen Gartens gelegener, gemütlicher, über 130-jähriger Traditionsgasthof. Ein Mittagsangebot gibt es ab ca. 5,00 €, das Menü kostet ca. 8,00 €. Das Essen (vom knusprigen Schweinsbraten für 7,90 € bis hin zu abwechslungsreichen Salaten) schmeckt so, wie es aussieht: gut. Jeden zweiten Donnerstag sorgen ab 20 h Jazzmusiker für Stimmung. Bei großer Hitze halten die alten Kastanien im Biergarten die Sonne bestens ab. Kinder und ihre Eltern freuen sich über den Sandkasten. (xl/mo)

Mo - Fr 11 - 1 h, Sa + So 10 - 1 h. Biedersteiner Straße 78, ☎ 3 61 40 58, MVG/MVV: U6 Dietlindenstraße

Zum Dürnbräu
Altstadt

Aus geschliffenen Glaskrügen mit Zinndeckeln schmeckt das Bier besonders gut. Wenn dann auch noch die Küche so in Ordnung ist, wie im Dürnbräu und das Lokal obendrein gemütlich - was will man mehr? Vielleicht etwas mehr südlichen Charme statt Münchner Gegrantel. Ein Blick auf die Tageskarte: Haxe (ca. 13,00 €), Sauerbraten (ca. 12,00 €), Sülzen (ca. 9,00 bis 11,00 €) oder Schweinebraten (ca. 11,00 €). Kinder erhalten halbe Portionen. Schöner Innenhof. (mo/rw)

täglich 9 - 24 h, Küche bis 23.30 h. Dürnbräugasse 2, ☎ 22 21 95, MVG/MVV: S1 - 8, Tram 17, 18 + N17 Isartor

Zum Flaucher ☆
Sendling   *Biergarten*

Fast versteckt, mitten im den Isarauen, liegen Wirtshaus und Biergarten. Hier rasten nicht nur Spaziergänger, Sonnen- und Flussbader oder Sportler, die an der Isar joggen oder radeln, sondern auch viele Familien: auf dem 1a-Spielplatz und den grünen Wiesen können Kinder sich weitab vom Straßenverkehr austoben. Der Flaucher steht einfach für Sommer in München. Und wenn wichtige Fußballspiele auf Großbildleinwand gezeigt werden, ist die Stimmung unbeschreiblich. Für diejenigen, die sich ihre Brotzeit nicht von zu Hause mitgebracht haben, gibt es Herzhaftes aus der bayerischen Küche: 800 g Ripperl (9,70 €), Schweinswürstl mit Kraut (5,10 €), Obazdn (3,80 €) oder leckere Kartoffeln mit Dip (3,40 €). (kv)

Restaurant Di - So 11.30 - 17.30 h, danach nur Biergarten, Mo Ruhetag. Isarauen 8, ☎ 7 23 26 77, www.zum-flaucher.de, MVG/MVV: U3 Brudermühlstraße

Zum Straubinger ☆
Altstadt

Die moderne Traditionsgaststätte bietet eine wechselnde Wochenkarte, die von der Saison bestimmt wird. Neben Klassikern wie Weißwürsten, Schweinsbraten oder Hofente, sorgen täglich wechselnde Mittagsangebote für zufriedene Stammgäste. Die Faschings- und Sommerfeste oder das Neujahrskaterfrühstück im Straubinger sind feste Größen im Münchner Veranstaltungskalender. Pluspunkte der Gaststätte sind der schöne Biergarten (bis 1 h), die stimmungsvollen Räume, das nette Personal und die Lage gleich beim Viktualienmarkt. In der Bar werden auch Cocktails gemixt (Happy Hour ab 22 h).

täglich 10 - 1 h. Blumenstraße 5, ☎ 2 32 38 30, www.zumstraubinger.de, MVG/MVV: U1 - 3, 6 + 7, Tram 16 + 27 Sendlinger Tor; Tram 17+ 18 Reichenbachplatz

Raffinesse & beste Zutaten!

FRANZÖSISCH

Chez Philippe ✳
Giesing

Chez Philippe ist die Oase der Haute Cuisine in Obergiesing. Man kann auf der netten Terrasse unter Sonnenschirmen sitzen oder es sich im überschaubaren Lokal an den weiß eingedeckten Tischen gemütlich machen. Bei der Gestaltung wurde auf überflüssige Schnörkel verzichtet, genauso zeigt sich das täglich wechselnde Speiseangebot (Hauptgerichte ca. 18,00 €), das auf einer Schiefertafel notiert ist. Es erfreut mit kreativen Tagesgerichten und Klassikern.
Mo - Fr 11.30 - 14 h + 18 - 1 h, Sa + So 18 - 1 h. Zehentbauernstraße 20,
☎ *18 92 22 33, www.chez-philippe.de,*
MVG/MVV: U2 + 7 Silberhornstraße

Crêperie Bernard & Bernard
Haidhausen

Wunderbare Crêpes und Galettes in allen Geschmacksrichtungen. Am besten salzig/herzhaft anfangen und dann zu süßeren Variationen übergehen. Quasi das Traditionslokal - seit 26 Jahren - für Galettes & Co. Das Publikum ist dem Stadtteil entsprechend gemischt. Die vielen Stammgäste freuen sich über die jeweiligen Monatsaktionen. Preisgünstige Mittagsmenüs. Ab und zu gibt es Live-Jazz als Zugabe. (be)
Mo - Sa 18.30 - 1 h, warme Küche bis 23.30 h, So 11 - 23 h.
Innere-Wiener-Straße 32, ☎ *4 80 11 73,*
MVG/MVV: Tram 18 Wiener Platz

Crêperie Cabus
Schwabing

Modern gestaltetes Lokal, mit Designerobjekten dekoriert und bei vielen Studenten beliebt. Zahlreiche Crêpe-Variationen (Hauptgänge ca. 10,00 €) und diverse Salate sind im Angebot. Ein Tipp wäre etwa Galette mit Spinat, Hähnchenbrustfilet und Austernpilzen. Wöchentlich wechselt die Tageskarte. Als Alternative zum Lokal, kann man es sich im Sommer auf der Terrasse gemütlich machen.
täglich 18 - 1 h.
Isabellastraße 4, ☎ *2 71 03 30,*
MVG/MVV: U2 + 8, Bus 53 Josephsplatz

Jean de St. Malo
Glockenbachviertel

Die unauffällige Einrichtung lässt nicht gerade auf ein französisches Lokal schließen. Doch sobald man die große Tafel, auf der die Gerichte aufgelistet sind, gelesen hat, weiß man was hier auf die Teller kommt. Angenehm: Wir befinden uns in einer schickimicki-freien Zone und die angebotene bretonische Küche (Hauptgerichte ca. 15,00 €) kommt selbstbewusst ohne Edel-Getue aus. Tipp: Menüs (ab ca. 30,00 €) bestellen. (rp)
Sa - Do 18 - 1 h, Fr 11.30 - 14.30 h + 18 - 1 h. Holzstraße 25, ☎ *23 00 00 77,*
www.jd-st-malo.de, MVG/MVV: U1 - 3, 6 + 7, Tram 16 - 18 + 27 Sendlinger Tor; U1, 2 + 7, Tram 17, 18 + 27 Müllerstraße

La Bouille
Maxvorstadt

Ganz unprätentiös präsentiert sich das La Bouille als ein Ort, an dem sich Frankophile, die auch genügend Geld (Hauptgerichte ca. 20,00 €) in der Tasche haben, gerne einfinden werden um vielleicht von der Provence zu träumen - aus der viele Rezepte

Rue des Halles (linke Seite), Le Faubourg

stammen. Die Küche ist ihren Preis (Tipp: Vier-Gänge-Menü ca. 37,00 €) wert und das nette Personal kümmert sich auch gerne um die Gäste, deren Französisch nur für Baguette und Trottoir reicht. Im „schönsten Garten Schwabings" - der sogar unter Denkmalschutz steht - finden 90 Gäste einen Platz an der Sonne.
Mo - Fr 12 - 14.30 h + 19 - 24 h, Sa 19 - 24 h, So 18.30 - 23 h.
Neureuther Straße 15, ☎ 2 71 24 06, MVG/MVV: U2 + 8, Bus 53 Josephsplatz; Tram 27 + N27 Elisabethplatz

La Tarti ✳
Maxvorstadt

Wer Tartes & Quiches liebt, aber nicht gerne selber zubereitet, findet bei La Tarti sein Glück. Hier gibt es die wunderbaren französischen Köstlichkeiten salzig/herzhaft (ab ca. 2,90 €: klein, normal oder die ganze Tarte ab 20,00 €) oder süße Tartelettes (je 2,10 €). Wer im Laden nicht das findet, was er sucht, bestellt einfach was er will.
Mo - Fr 10 - 17 h, Sa + So Ruhetage. Dachauer Straße 54, ☎ 54 88 39 66, www.latarti.de, MVG/MVV: U1 + 7, Tram 20 + 21 Stiglmaierplatz

Le Barestovino ✳
Lehel

Der Name erläutert auch das Konzept von Joel Bousquet, der auch das Les Cuisiniers betreibt: das Lokal vereint Bar, Restaurant und Vinothek. Natürlich ist die Küche französisch und auch wirklich gut. Nichts anderes haben

wir erwartet. Eine nette Idee für Sprachbegabte sind die Speating-Abende (speaking + eating = speating, www.speating.de), die hier veranstaltet werden: zum Drei-Gänge-Menü unterhalten sich die Teilnehmer auf Englisch, Spanisch, Französisch, Italienisch usw. Für den entsprechenden Lerneffekt sorgt eine Sprachenschule. Preis für Menü, Getränke und Kurs: 99,00 €. (xl)
täglich 17 - 2 h. Thierschstraße 35, ☎ 23 70 83 55, www.barestovino.de, MVG/MVV: Tram 17 + 19 Maxmonument

Le Bousquérey ✳
Haidhausen

Das kleine Restaurant bietet edle Gerichte verschiedener Art, hat aber auf Fischspezialitäten sein besonderes Gewicht gelegt. Die fangfrische Ware wird professionell zubereitet und auch alle Beilagen sind von ausgezeichneter Qualität. Einen schönen Überblick über die Küche erhält man bei einem Fünf- oder Drei-Gänge-Menü (38,00 bzw. 28,00 €). Auf der Karte stehen drei offene Weine, aber auch die Flaschenweine werden auf Wunsch glasweise ausgeschenkt. Alle Kreszenzen kommen selbstverständlich aus Frankreich. Die Atmosphäre im Le Bousquérey ist angenehm zwanglos, die Einrichtung freundlich und zweckmäßig.
täglich 18 - 1 h, Küche bis 22.30 h, nach Voranmeldung auch Mittagstisch ab zehn Personen. Rablstraße 37, ☎ 48 84 55, MVG/MVV: S1 - 8, Tram 15 + 25 Rosenheimer Platz

Le Cézanne
Schwabing

Der Maler Paul Cézanne hat bekanntlich in der Provence gemalt und gelebt. Und so findet man in diesem, nach dem Künstler benannten Lokal denn auch die ehrlich-klassische Bistroküche der Provence. Alle zwei Wochen wechseln die Hauptgerichte, die auf den Tages- und Standardkarten vorgestellt werden. Dazu trinkt man sorgfältig ausgewählte Weine (40 Positionen) und erfreut sich an der natürlichen Freundlichkeit des Personals. (ab)

Di - So 18 - 1 h, Küche bis 23 h, Mo Ruhetag. Konradstraße 1, ☎ 39 18 05, MVG/MVV: U2 + 8 Josephsplatz; U3 + 6 Giselastraße; Tram 27 Nordendstraße

Le Faubourg ✳
Haidhausen

Ein kleines, aber feines Restaurant, dessen Interieur an eine Pariser Brasserie erinnert: Die großen Fenster geben den Blick auf die Straße frei, der Raum wird von gelb getünchten Wänden bestimmt, an denen Malereien des Wirtes hängen. Neben den 32 Sitzplätzen im Lokal gibt es bei schönem Wetter zusätzlich 20 Terrassenplätze. Im täglich wechselnden Angebot, das auf einer großen Tafel (= Speisekarte) notiert ist und vom charmanten Personal vorgestellt wird, finden sich etwa sechs Vorspeisen, sechs Hauptgerichte, ein Käseteller und vier Desserts. (kv)

Mo - Sa 18.30 - 1 h, So Ruhetag. Kirchenstraße 5, ☎ 47 55 33, www.le-faubourg.de, MVG/MVV: U4 + 5, Tram 15, 18, 19 + 25 Max-Weber-Platz

Le Gaulois
Schwabing

Gäste dieses rustikal eingerichteten Restaurants dürfen sich auf ein wirklich gutes Preis-Leistungs-Verhältnis und eine traditionelle, täglich wechselnde Küche freuen. Am offenen Kamin und an den Holztischen des Le Gaulois lässt es sich vorzüglich in gemütlicher Runde sitzen und Fondue (mit Käse, Fleisch - wahlweise in Öl oder Brühe) oder Galettes genießen. Die Weine sind Eigenimporte aus Frankreich und stammen in der Regel aus ökologischem Anbau. Im Sommer lockt die begrünte und beschirmte Terrasse mit ihren 60 Plätzen. (mn/sb)

Mo - Sa 18 - 1 h, Küche bis 23 h, So Ruhetag. Hörwarthstraße 4, ☎ 36 74 35, www.gaulois.de, MVG/MVV: U3 + 6 Münchner Freiheit

Le Sud ✳
Schwabing

München ist die südlichste Großstadt Deutschlands. Wer dafür auch eine atmosphärische Bestätigung sucht, findet sie in diesem entspannten Restaurant mit dem sehr angenehmen Sommergarten. Die Küche ist französisch-bodenständig und klammert nicht an der Nouvelle Cuisine. Die Qualität der Speisen (Tages- oder Standardkarte) ist hervorragend. Über die Preise braucht man sich nicht zu beschweren. Und das Personal? Nett!

So - Fr 11.30 - 14.30 h + 18 - 1 h, Sa 18 - 1 h. Bismarckstraße 21, ☎ 33 08 87 38, MVG/MVV: U3 + 6 Münchner Freiheit

Les Cuisiniers ✳
Lehel

Die Köche, die dem freundlich eingerichteten Ecklokal den Namen gaben, sind überall. Gerade haben sie noch die Speisen (Menü mittags zweigängig ab ca. 14,00 €, abends viergängig ab 33,00 € - mit passendem Wein 49,00 €), die auf der Schiefertafel notiert sind, erklärt, dann verschwanden sie in der Küche und nun fragen sie am Nebentisch wie ihre wunderbaren und gleichzeitig bodenständigen Kreationen schmecken. Gleich darauf sind sie wieder irgendwo zwischen den Tischen oder zu den Töpfen und Pfannen unterwegs. Dieses Lokal scheint direkt aus Frankreich ins Lehel gebeamt worden zu sein, was Atmosphäre, Stimmung und Essen betrifft. Die Preise sind in jedem Fall gerechtfertigt. Reservieren! (be)

Mo 18 - 1 h, Di - Fr 12 -14 h + 18 - 1 h, Sa 18 - 1 h, So Ruhetag. Reitmorstraße 21, ☎ 23 70 98 90, www.lescuisiniers.de, MVG/MVV: U4 + 5, Tram 17 Lehel; Bus 53 Prinzregentenstraße/Reitmorstraße

✳ = stadtbuch-tipp!

Le Faubourg

Les Vapeurs
Haidhausen

Auf der großen Schiefertafel an der Wand stehen die Gerichte: Vorspeisen (wie hausgemachte Pasteten, Austern oder Carpaccio vom Wildlachs) bewegen sich zwischen 7,00 und 9,50 €, Hauptgerichte (z. B. Eintöpfe mit Perlhuhn, Kaninchen oder Kutteln, Osso bucco á la provencale, Kaiserbarsch auf Linsen) kosten 13,00 bis 18,00 € und Nachspeisen (etwa Sorbets oder Tarte aux pommes) sind mit 3,50 bis 5,50 € veranschlagt. Wer bestellt, erlebt eine Abfolge von kulinarischen Highlights in einem schlichten, aber durchaus ansprechenden Restaurant. Großformatige Bilder sind die Blickfänge der Einrichtung. Nette Idee: täglich wechselt der „Wein zum Kennenlernen", der auch glasweise (0,2 l) probiert werden kann.
Mo - Sa 18 - 1 h, So Ruhetag. Regerplatz 3, ☎ 44 44 99 40, www.lesvapeurs.de, MVG/MVV: S1 - 8 Rosenheimer Platz; Tram 15 + 25 Regerplatz

Makassar ☆
Isarvorstadt

Das vornehme Haus bietet ausgefallene französisch-kreolische Delikatessen, die immer wieder neu kreiert und dem Publikum auf einer wechselnden Tages- oder der Standardkarte vorgestellt werden. Was zählt, sind nicht die Promis am Nebentisch, sondern die Künste der Küche, deren Angebot der Markt bestimmt. Vorspeisen kosten 4,00 bis 9,00 €, Hauptgerichte muss man mit 14,00 bis 20,00 € veranschlagen. Im Makassar wird kein Bier getrunken, sondern Wein (fünf offene und 20 Flaschenweine), außerdem gibt es leckere Cocktails. Die Einrichtung in klassischem Schwarz-Weiß schafft ein stilvolles Ambiente und die Bedienungen strahlen unverbrauchten natürlichen Charme aus. (rw/sh)
Mo - Sa 18 - 1 h, So + Feiertag Ruhetage. Dreimühlenstraße 25, ☎ 77 69 59, www.makassar.de, MVG/MVV: ab Sendlinger Tor Bus 153 Ehrengutstraße

Rue des Halles
Haidhausen

Ein helles Restaurant mit zurückhaltender Einrichtung in gedämpften Farben und festlich gedeckten Tischen. Freunde nicht alltäglicher frischer Fisch-, Fleisch- und Geflügelgerichte kommen hier in jedem Fall auf ihre Kosten. Die wechselnden Mittagsmenüs kosten ab 9,80 €. Bon appetit! (ab/sb)
Mo - Fr 12 - 14.30 h + 18 - 1 h, Sa + So 18 - 1 h. Steinstraße 18, ☎ 48 56 75, MVG/MVV: S1 - 8, Tram 15 + 25 Rosenheimer Platz

Saint Laurent
Haidhausen

Festlich gedeckte Tische, Kerzen, ein angenehmes Licht und die klassisch-französische Küche des Saint Laurent, die immer wieder überraschen kann: Jakobsmuscheln mit Sauerkraut, Rochen in Zitronenkapernsoße auf Blattspinat und Kartoffeln oder Lammkarree mit Kartoffelgratin, Gemüse und Rosmarinessenz sind nur drei Höhepunkte auf der Karte und machen Lust auf einen Besuch. Der Service ist sehr sympathisch. (ka)
Di - So 18 - 1 h, Mo Ruhetag. Steinstraße 63, ☎ 47 08 40 00, MVG/MVV: U4 + 5, Tram 15, 18 , 19 + 25 Max-Weber-Platz

GOURMET

Austernkeller
Altstadt

In diesem rustikal-historischen Kellergewölbe dreht sich seit 30 Jahren alles um Schalen- und Krustentiere aus dem Meer. Ausstattung und Karte geben sich vornehm-üppig. Die Meerestiere werden gekonnt zubereitet und in entsprechender Atmosphäre serviert. Dementsprechend sollte der Gast auch seine Garderobe wählen, wenn er das Lokal im 140-jährigen Haus, nach vorheriger Reservierung, aufsucht. Austern und Langusten werden nach Marktpreis berechnet. Getrunken werden französische, italienische, südafrikanische und neuseeländische Weine.

täglich 17 - 1 h, Küche bis 23.30 h. Stollbergstraße 11, ☎ 29 87 87, www.austernkeller.de, MVG/MVV: Tram 19 Kammerspiele; S1 - 8, Tram 17, 18 + N17 Isartor

Dallmayr ☆
Altstadt

Nach monatelangem Umbau bietet Chefkoch Diethard Urbansky im Restaurant direkt über dem legendären, seit 1700 bestehenden Feinkostgeschäft, auf 330 qm 42 Plätze für die Freunde der vielfältigen international-leichten Küche. Mediterran-inspirierte Menüs mit entsprechenden Weinen (650 Positionen) bilden den Schwerpunkt des hochklassigen Angebots. Kaffeehausatmosphäre erlebt der Besucher im neuen Café, wo Patisserien und Kaffeespezialitäten verführen und zum Verweilen einladen. Mittagspäusler freuen sich über die leichte Speisenauswahl. Das Personal ist distinguiert, das Ambiente edel zurückhaltend gestaltet, ohne irgendwelche Schwellenängste beim Publikum zu erzeugen. Die Preise entsprechen der Qualität der Speisen und des Service. Wer nicht im Haus essen will, kann in den Feinkostabteilungen einkaufen oder sich an den zahlreich präsentierten Delikatessen satt sehen. Über 1,5 Mio. Besucher zieht das Traditionshaus jährlich an.

Café: Mo - Fr 9.30 - 19 h, Sa 9 - 18 h, So Ruhetag, Restaurant: Di - Sa 12 - 15 h + 19 - 23 h, So + Mo Ruhetag. Dienerstraße 14 - 15, ☎ 21 35 - 1 00, www.dallmayr.de, MVG/MVV: U3 + 6, S1 - 8 Marienplatz

linke Seite: Dallmayr (l.), Schwarz & Weiz (r.); rechte Seite: Schuhbecks (o.), Garden Restaurant (u.)

Die Ente vom Lehel
Bogenhausen

Im Arabella Sheraton Grand Hotel hat die in früheren Jahren so berühmte Ente vom Lehel ein neues Zuhause gefunden und beginnt nun erneut nach den Sternen zu greifen. Die kann man unter Umständen sogar während des Essens - durch die gläserne Dachpyramide - am Himmel leuchten sehen. Asiatisch-mediterran ist die kulinarische Ausrichtung und Entengerichte gehören ganz selbstverständlich zum hochklassigen Repertoire des Witzigmann-Schülers in der Küche. Das siebengängige Überraschungsmenü (89,00 € inkl. Wein) ist die wunderbare Visitenkarten des lichtdurchfluteten Lokales. (xl)
Di - Sa 18 - 23 h, So + Mo Ruhetage.
Arabellastraße 6, ☎ 92 64 81 10,
MVG/MVV: U4 Arabellapark

Ederer
Altstadt

Die Fünf Höfe sind der „Gipfel von München": edel, schickimicki und überteuert - so wird von nicht wenigen der mondän anmutende Treffpunkt an der Theatinerstraße charakterisiert. Nun, wenn die Höfe ein Gipfel sind, ist das Restaurant Ederer sozusagen sein exklusiver „Berggasthof". Edel-zurückhaltend eingerichtet, mit Kunst als Gestaltungsakzent an den Wänden, präsentiert sich das Lokal sehr geschmackvoll. Aus der Küche kommt hochklassiges Essen, dessen Inspiration von regional bis mediterran reicht. Die Zutaten sind oft vom Bio-Züchter bzw. vom Inhaber selbst angebaut. Die Preise entsprechen der Qualität des Ederer und sind genau so wie man sie in den Fünf Höfen erwartet. Schön: die Terrasse im Innenhof. Da reservieren wir doch gerne. (rp)
Mo - Sa 11.30 - 15 h + 18.30 - 1 h, Küche bis 14.30 bzw. 22.30 h, So Ruhetag. Kardinal-Faulhaber-Straße 10, ☎ 24 23 13 10, MVG/MVV: U3 - 6 Odeonsplatz; Tram 19 Theatinerstraße

Garden Restaurant ☆
Altstadt

Wohltuend unprätentiös und zwanglos - sehr empfehlenswert. Ein Mittagsmenü kostet 30,50 €. Abends werden zwei viergängige

Menüs für 50,50 bzw. 56,00 € offeriert. Das Garden Restaurant im Hotel Bayerischer Hof wird von unterschiedlichstem Publikum besucht, was vielleicht gerade das Geheimrezept für seine entspannte Atmosphäre ist. Der Service ist sehr aufmerksam. Auf den Teller kommt Erstklassiges der nationalen und international-mediterranen Küche. Sehr große Auswahl an Getränken, allein 122 Positionen, vor allem deutscher Weine. Im Sommer gerne auf der begrünten 72-Plätze-Terrasse. Der Zigarrenstammtisch trifft sich zu jeder Jahreszeit. (be)

täglich 12 - 15 h + 18 - 24 h, Küche bis 14.30 h bzw. 23.30 h.
Promenadeplatz 2 - 6, ☎ 2 12 09 93, MVG/MVV: Tram 19 Lenbachplatz

Hippocampus ☀
Bogenhausen

Ein kleines, vornehmes und ausgezeichnetes Restaurant mit edler Ausstattung: Marmor und filigrane Holzmöbel, die Tische werden mit Silberbesteck eingedeckt. Das Preisniveau der wöchentlich wechselnden Karte liegt, dem Ambiente entsprechend, über dem Durchschnitt: Vorspeisen muss man mit 7,00 bis 13,00 € veranschlagen, Hauptgerichte kosten 18,00 bis 22,00 €, Menüs (die man auch selbst zusammenstellen darf): mittags ca. 22,00 €, abends ca. 42,00 €. Auch für die Getränkekarte sollte man nicht knapp bei Kasse sein, die meisten der sorgfältig ausgesuchten (italienischen) Weine werden nur flaschenweise angeboten. Trotzdem: die Preise sind absolut gerechtfertigt bzw., gemessen an der Qualität, nicht zu hoch. Der abendliche Andrang ist groß, deshalb sollte man reservieren - im Sommer gerne auf den schönen Freisitzen.

So - Fr 12 - 14.30 h + 18.30 - 23 h, Sa 18.30 - 23 h. Mühlbaurstraße 5, ☎ 47 58 55, MVG/MVV: U4 Prinzregentenplatz

Käfer-Schänke
Bogenhausen

Das im November 1969 eröffnete Lokal ist bekannt für seine gute Küche und die hervorragende Auswahl an 280 Weinen. Küchenchef Klaus Baumgartner und sein Team bieten eine internationale bis regionale Küche: Semmelspinat-Knödel mit Rahmpfifferlingen (15,00 €), Kalbsbackerl in Madeira geschmort (22,00 €) oder weißes Heilbutt-Filet mit Rotwein-Schalotten-Kruste (29,00 €) sind Empfehlungen die Freude machen. Bei entsprechendem Wetter sitzt man besonders schön auf dem Balkon.

Mo - Sa 11.30 - 1 h, Küche bis 23 h, So + Feiertag Ruhetage.
Prinzregentenstraße 73, ☎ 4 16 82 47, MVG/MVV: U4 + 5, Tram 15, 18, 19 + 25 Max-Weber-Platz

Königshof
Altstadt

Im ersten Stock des Hotel Königshof befindet sich das gleichnamige, vielfach ausgezeichnete Restaurant und bietet einen herrlichen Blick auf den Stachus. Der Ausblick, das barocke Ambiente und das aufmerksame Personal bilden den Rahmen für das Gourmet-Essen von Küchenchef Martin Fauster. Auf der wechselnden Karte findet der Gast u. a.: gebratenen Hummer auf Berglinsen-Lauchsalat (29,00 €), Kalbsschwanzessenz-Suppe mit Ravioli und Grießnockerl (11,00 €), Seeteufel im Ganzen gebraten mit weißen Bohnen, Räucheraal und Rotweinjus (für zwei Personen in zwei Gängen serviert, 62,00 €), glasiertes Kalbskotelette mit Steinpilzcannelloni und Artischocken (31,00 €). Beeindruckende Visitenkarten der Küche sind das dreigängige Mittagsmenü (42,00 € inkl. Wasser und Espresso, 12 - 14 h) und die fünf- (93,00 €) oder siebengängigen Abendmenüs (118,00 €). Das Getränkeangebot im Restaurant umfasst 1.200(!) Weine.

Di - Sa 6.30 - 10.30 h + 12 - 14.30 h + 18.45 - 0 h, Küche bis 22 h, So + Mo Ruhetage.
Karlsplatz 25, ☎ 55 13 60, www.koenigshof-muenchen.de, MVG/MVV: U4 + 5, S1 - 8, Tram 16 - 21, 27 Karlsplatz/Stachus

✹ = stadtbuch-tipp!

Le Potager ⚜
Altstadt

Wer das Hotel Le Meridien durch das marmorne Portal betritt, erwartet den Luxus eines Fünf-Sterne-Hauses - und wird nicht enttäuscht. Über den schön begrünten Innenhof, der der Küche als provencalischer Kräutergarten dient, erreicht man das elegante Restaurant Le Potager, dessen lange Glasfront wiederum den Blick in den Innenhof lenkt, wo man im Sommer auch speisen kann. Das in hellen Farben gestaltete Lokal präsentiert eine anspruchsvolle, regionale und französisch akzentuierte Küche: Salat von bayerischen Krebsen mit grünem Spargel und gefüllten Spitzmorcheln (12,00 €), Entenbrust in Sesam-Honigkruste mit Palmherzen, Zucchini und Schalotten auf Kokos-Curry-Soße (23,00 €), Filet vom Charolais-Rind auf Brunnenkressesoße mit Kartoffelroulade (26,00 €) und ein warmer Schokoladen-Fondant mit weißem Kaffee-Eis (8,00 €) sind verführerische Beispiele von der wechselnden Karte. Termine im kulinarischen Wochenprogramm: sonntags (12 bis 15 h) kann man beim Brunch (29,50 €) Speisen aus aller Welt genießen. Wer 10,00 € mehr bezahlt, darf auch ins hauseigene Spa „Futuresse" (8 bis 21 h: Fitnessgeräte, Pool, Dampfbad, Sauna & Whirlpool). Von Montag bis Freitag kommen anspruchsvolle Mittagspäusler zum Buffet (12 bis 14.30 h) und am Freitagabend (19 bis 22.30 h) wird ein mediterranes Buffet aufgebaut. Von Juli - August (Di + Fr 18 bis 22.30 h) trifft man sich bei schönem Wetter zum Barbecue im Innenhof.
täglich 12 - 14.30 h + 18 - 23 h.
Bayerstraße 41 / Eingang Goethestraße,
☎ 24 20 10 70, www.lepotager-muenchen.
de, MVG/MVV: U1, 2, 4, 5, 7 + 8, S1 - 8,
Tram 16 - 21 Hauptbahnhof

Mark's Restaurant
Altstadt

Das vielfach ausgezeichnete Restaurant im Luxushotel Mandarin Oriental Munich gehört zum Besten in der Stadt. Dafür sorgt der junge Mario Corti, ein kreativer Küchenchef der zeitgemäß, aber ohne Showelemente, herausragende asiatisch-mediterrane Speisen (Menü ca. 85,00 €) kreiert, die auch als optische Kunstwerke auf den Tisch kommen. Selbst wenn man sich durch das feierlich-edle Ambiente etwas eingeschüchtert fühlt, sorgt das sympathische Personal dafür, dass man das kulinarische Ereignis, das, gemessen am Gebotenen, nicht teuer ist, entspannt genießt. Die Weinkarte umfasst 400 Positionen. Mark's Corner ist das Lobby-Bistro für den entspannten Lunch - an Sonn- und Montagen, wenn das Restaurant geschlossen ist, wird hier abends ein Dinner serviert. Von Mai bis September lockt die Dachterrasse mit einem herrlichen Ausblick über die Altstadt: von Donnerstag bis Samstag wird abends ein australisches Barbecue veranstaltet, am Wochenende wird das Frühstücksbuffet hier aufgebaut und dienstags relaxen die Hotelgäste bei der Yoga-Night.
Bistro Mark's Corner: täglich 9 - 1 h,
Mark's Restaurant: Di - Sa 12 - 14 h + 19 -
23 h, So + Mo Ruhetage, Frühstück täglich
6.30 - 11 h. Neuturmstraße 1,
☎ 29 09 88 62, MVG/MVV: U3 + 6, S1 - 8
Marienplatz; Tram 19 Kammerspiele

Schuhbecks Restaurant ⚜
Altstadt

Alfons Schuhbecks Südtiroler Stuben wirken sehr gediegen, ja fast bieder. Rustikale „Stubenatmosphäre" ist aber nirgends zu spüren. Die Speisen, die der qualifiziert-freundliche Service präsentiert, sind erwartungsgemäß erstklassig bis traumhaft. Schuhbeck lässt sich, wie gewohnt, von der bayerisch-regionalen und von der mediterranen Küche (Menüs ab 73,00 €/drei Gänge bis 113,00 €/sieben Gänge) inspirieren und zeigt einmal mehr, weshalb er einen so guten Namen besitzt. Wer etwas von den Küchengeheimnissen des Meisters erfahren möchte, sollte

Tantris Lounge

sich in Schuhbecks Kochschule anmelden.

Mo 18 - 23 h, Di - Sa 12 - 14.30 h + 18 - 23 h, So + Feiertage nur für Familienfeiern oder Veranstaltungen. Am Platzl 6 - 8, ☎ 2 16 69 00, www.schuhbeck.de, MVG/MVV: U3 + 6, S1 - 8 Marienplatz

Schwarz & Weiz ✴
Altstadt

Zu einem Fünf-Sterne-Hotel gehören selbstverständlich ein erstklassiges Restaurant und eine ebensolche Bar. Im Dorint Sofitel Bayerpost werden diese Erwartungen mit leichter Hand erfüllt: vom Schwarz & Weiz, dem Restaurant, soll hier die Rede sein, die Isarbar wird unter der Rubrik „Bars, Lounges, Kneipen" portraitiert. Küchenchef Sascha Baum präsentiert eine, immer wieder neue, internationale Küche mit orientalischen und asiatischen Einflüssen. Das exklusive Essen (Vorspeisen ca. 14,00 €, Hauptgerichte ca. 23,00 €) wird in einem modern-puristischen Raum serviert, der durch seine edle Ausstattung und seine Größe imponieren kann. Im benachbarten Bistro Suzie W (täglich 11 - 23 h, Sommerterrasse) wählt der Gast die Zutaten und das Küchenteam zaubert daraus dann ein Gericht nach Wunsch.

täglich 12 - 15 h + 18 - 24 h. Bayerstraße 12, ☎ 59 94 80, www.sofitel.com, MVG/MVV: U1, 2, 4, 5, 7 + 8, S1 - 8, Tram 16 - 21 Hauptbahnhof

Tantris ✴
Schwabing

Hier haben die Karrieren vieler namhafter Köche begonnen: Das 1971 eröffnete Tantris, das mit seinen rot-schwarzen Farbakzenten und den gelben Lampen ein wenig wie das Set für einen James Bond-Film wirkt, hat Gourmet-Geschichte geschrieben. Speisen und Getränke genügen allerhöchsten Ansprüchen. Der Business-Lunch mit drei Gängen kostet 60,00 €, das fünfgängige Mittagsmenü bekommt man für 85,00 € und das Abendmenü wird mit 110,00 € (fünf Gänge) bzw. 128,00 € (acht Gänge) veranschlagt. In der Tantris-Lounge, oberhalb der Bar, kann man Cocktails trinken oder sich an Fingerfood, also kleinen Speisen, die ohne Messer und Gabel verzehrt werden, erfreuen. Für Paare bietet die Lounge ein Kennenlern-Angebot: eine Flasche Champagner und sechs Portionen Fingerfood für 115,00 €. Hans Haas Küche (Kochschule: www.hans-haas.de) wird ihren Sternen und Auszeichnungen voll gerecht. Auch der Service lässt keine Wünsche offen. (av/sb)

Di - Sa 12 - 15 h + 18.30 - 1 h, So, Mo + Feiertag Ruhetage. Johann-Fichte-Straße 7, ☎ 3 61 95 90, www.tantris.de, MVG/MVV: U6 Dietlindenstraße

Wotrys (o.), Anti (u.)

Hellas!

GRIECHISCH

Anti ☆
Glockenbachviertel

Eine bunt gemischte Gästeschar trifft sich im Anti bei griechischen Speisen und Weinen. Eine stimmungsvolle Taverne! Wenn sich unter überbordenden Portionen (Vorspeisenplatte mit Gyros 7,50 €, klein 3,80 € oder Calamari für 8,00 €) die Tische biegen, ist jeder mit sich, der Welt und dem Wirt zufrieden. Im Sommer gerne auf den 40 Freisitzen auf dem Gehsteig. (mr)
täglich 17 - 1 h.
Jahnstraße 36, ☎ 26 83 37,
MVG/MVV: U1, 2, 7 + 8, Tram 27 Fraunhoferstraße

Barba Gero's Taverne
Schlachthofviertel

Die rustikale Taverne bietet vieles, wovon Hellas-Freunde träumen: Grillgerichte (7,00 bis 10,00 €), kalte/warme Vorspeisen und frische Salate (bis 8,00 €), süße Desserts (ca. 3,00 €) und Bier und Wein aus Griechenland, woher auch die meisten Zutaten kommen. Zugabe: Live-Musik und eine herzliche Stimmung.
täglich ab 11 h.
Zenettistraße 11, ☎ 74 74 69 22,
MVG/MVV: Bus 152 Zenettistraße

Egnatia ☆
Schlachthofviertel

Einfaches Lokal mit netten Freisitzen und gutem Speiseangebot: Paprika mit Schafskäse gefüllt (4,00 €), Vorspeisenteller (6,50 bis 8,50 €), Bauernsalat (4,50 €), Salat mit Putenstreifen (5,50 €), Schweinefilet in Senfsoße (9,00 €) gegrillte Baby-Calamari (10,90 €), Seeteufel mit gedünsteten Tomaten und Basilikum (12,90 €), Gyros (7,00 €), oder gegrilltes Lammfilet in Schafskäsesoße (8,50 €). Mo bis Fr (11 bis 14 h) Mittagstisch, Mo ab 17 h Fischabend (Dorade 7,90 €).
täglich 10 - 1 h. Schmellerstraße 17,
☎ 74 74 76 10, www.egnatia.net,
MVG/MVV: U3 + 6 Poccistraße

Georgios ☆
Schwabing

Fast zu griechisch und zu lecker um wahr zu sein: Inmitten des kleinen Lokals bereiten die Köche vor den Augen der Gäste die Speisen zu. Kein Wunder also, dass hier die Scampi (17,00 €), das Lamm- und das Schweinefilet (je 11,00 €) oder Gyros (8,50 €) gleich doppelt so gut schmecken. Besonders am Wochenende, wenn Bauchtanz (Fr + Sa 22 h) auf dem Programm steht, sollte man reservieren. (av)

täglich 17.30 - 1 h. Schleißheimer Straße 188, ☎ 3 08 93 96, MVG/MVV: U2 + 8, Tram 12 + 27, Bus 27 Hohenzollernplatz

Kalypso
Schwabing

Hier kommt der Gast in Urlaubsstimmung, zumindest wenn er gerne Ferien im mediterranen Raum macht. Auch der fröhliche Service trägt dazu bei. Im schönen Kalypso, mit seinen blauen Stühlen, der rustikalen Bruchsteinmauer, den Skulpturen und Bildern, sitzt man vor der täglich wechselnden Karte und kann sich nur schwer zwischen den Fleisch- und Fischgerichten (Jakobsmuscheln, Lachsfilet vom Grill, Dorade), den Suppen und Salaten entscheiden. (cm)

täglich 12 - 1 h. Agnesstraße 8, ☎ 2 71 09 00, www.kalypso.de, MVG/MVV: U2 + 8, Bus 53 Josephsplatz; Tram 27 Elisabethplatz

Kyano
Solln

Das Kyano kennen viele wegen seines vorzüglichen Fischangebotes, aber auch die Lammspezialitäten (Keule 13,00 €) sollten nicht übersehen werden. Die Mittagsmenüs der wechselnden Tageskarte kosten zwischen 4,90 und 8,90 €. Das Kyano ist ein griechisches Lokal, das mehr als das Übliche bietet und diesem Anspruch auch durch seine Raumgestaltung und sein Personal gerecht wird. Schöne Terrasse!

Mo - Fr 11 - 15 h + 18 - 1 h, Sa + So 18 - 1 h. Kistlerhofstraße 111, ☎ 7 84 99 64, MVG/MVV: U2 + 7 Silberhornstraße

Kyklos
Neuhausen

Seit über 35 Jahren in der Stadt, zahlreiche Stammgäste, nette Atmosphäre. Manchmal wird

hier am Wochenende griechische Musik live gespielt. Die Mittagspreise liegen bei durchschnittlich 5,40 €. Kulinarische Highlights der Abendkarte sind unter anderem die Königsbrasse (12,00 €), der Wildhase in Rotweinsoße (12,00 €) und Calamari (11,00 bis 12,00 €). Für die kleinen Gäste ist ein Spielbereich eingerichtet. (ha)

täglich ab 16 h. Wilderich-Lang-Straße 10, ☎ 16 26 33, www.taverne-kyklos.de, MVG/MVV: U1 + 7, Tram 12 Rotkreuzplatz

Kytaro ✴
Schwabing

Die Räume des Kytaro bestechen durch folklorefreien eleganten Minimalismus - gerade der richtige Rahmen für einen Edel-Griechen (Hauptgerichte ca. 15,00 €). Wir befinden uns in einem zeitgemäß-schönen Lokal mit guter Küche (viele Speisen die andere Griechen nicht bieten). Am Freitag und am Samstag spielt ab 21.30 h griechische Live-Musik. Im Sommer freuen wir uns über die schöne Terrasse. (mr)

So - Fr 12 - 1 h, Sa 17 - 1 h. Königinstraße 34, ☎ 38 88 76 60, MVG/MVV: U3 + 6 Giselastraße

Lucullus ✴
Giesing

Urig, stimmungsvoll und gemütlich sitzen bis zu 100 Gäste an rohen Holztischen oder unter der schattigen Laube und im Hof. Die Portionen sind reichlich, der Knoblauch ist es auch. Im täglichen Angebot sind etwa 15 Gerichte, die jeweils zwischen 7,00 und 10,00 € kosten: z. B. mit Seelachs gefüllte Mangoblätter in Zitronensoße mit Reis und Salat oder Kaninchen in Knoblauch-Koriandersoße mit Ofenkartoffeln und Salat. Das Lucullus ist seit über 17 Jahren erfolgreich - wer hier gegessen hat, fragt sich nicht warum.

Mo - Sa 17 - 1 h, So 12 - 1 h. Birkenau 31, ☎ 66 29 51, MVG/MVV: U1, 2, 7 + 8 Kolumbusplatz; Tram 27 Mariahilfplatz

Melina
Westend

Das Melina ist ein unspektakulärer „Nachbarschaftsgrieche", der auch für die griechischstämmige Bevölkerung ein Anziehungspunkt ist. Vielleicht sind hier also die Speisen (Hauptgerichte ca. 11,00 €) besonders authentisch, vielleicht nutzt man das Lokal aber auch nur um Landsleute zu treffen.

Mo - Fr 11.30 - 14.30 h + 17 - 1 h, Sa + So 17 - 1 h. Bergmannstraße 35, ☎ 5 00 42 81, MVG/MVV: U4 + 5 Schwanthalerhöhe

Mythos
Schwabing

Der Nachfolger des Simera könnte durchaus einer meiner Lieblingsgriechen werden. Mir gefällts hier, das Essen ist gut und die Portionen sind typisch groß. Die Mittagskarte bietet günstige Speisen, wie den vegetarischen Gemüseteller (4,20 €) oder Lamm mit Kartoffeln aus dem Backofen (5,90 €). Auf der Abendkarte (Hauptgerichte ca. 10,00 bis 16,00 €) locken z. B. Kaninchenkeule in Rotweinsoße (12,10 €) oder Rinderleber in Balsamico (12,50 €).

Mo - Fr 11.30 - 14.30 h + 17.30 - 24.30 h, Sa + So 11 - 24.30 h. Kaiserstraße 55, ☎ 33 53 80, www.mythos-schwabing.de, MVG/MVV: U3 + 6 Münchner Freiheit

O Milos
Sendling

Dieser, seit 17 Jahren bestehende, Familienbetrieb ist bei vielen Freunden der griechischen Küche nicht nur wegen seiner Fischspezialitäten sehr beliebt. Jeden Monat ergänzen Spezialitäten und Getränke aus einem ausgewählten Land die griechische Speisekarte. Alle Speisen gibt es außerdem als Mittagsmenü (ab ca. 6,00 €) und zum Mitnehmen. Freitags und samstags kann man ab 20 h griechische Live-Musik hören. (sq/rw)

täglich 11.30 - 14.30 h + 17 - 1 h. Schöttlstraße 10, ☎ 7 24 19 70, MVG/MVV: S7, 20 + 27 Mittersendling

Paros Taverne
Haidhausen

Das freundlich eingerichtete Restaurant kann besonders wegen seiner Lammspezialitäten (mariniertes Lamm mit Paprika und Zucchini ca. 11,00 €), aber auch aufgrund der Meeresfrüchte, empfohlen werden. Wobei die Tageskarte eigentlich immer interessante Alternativen zu den üblichen griechischen Standards bietet. Die Stimmung im Paros ist so wie wir sie von einer Taverne erwarten: lebensfroh. Im Sommer beliebte Freisitze. (mn)

täglich 17 - 24 h. Kirchenstraße 27, ☎ 4 70 29 95, www.paros-muenchen.de, MVG/MVV: U4 + 5, Tram 15, 18 , 19 + 25 Max-Weber-Platz

Piatsa
Schwabing

Sucht man auf der belebten Leopoldstraße nach romantischem Ambiente für ein ungestörtes Date zu zweit, ist man im Garten des Piatsa genau richtig. Steinerne Tische und Bänke unter üppigen Bäumen machen Lust auf einen schweren griechischen Rotwein, beispielsweise eine Flasche Trilogia vom Peloponnes. Auf der Speisekarte dominieren, wie in Hellas' Küche üblich, Lamm- und Fischgerichte: Baby-Calamari vom Grill auf Rucolasalat oder Lammfilet mit Schafskäsesoße. Kühlt es draußen zu später Stunde etwas ab, ist es bei gedämpftem Licht und gemütlicher Holzeinrichtung auch im Piatsa schön romantisch. Am Wochenende: Bauchtanz um 23.30 h. (kv)

So - Do 11 - 23.15 h, Fr + Sa 11 - 4 h. Leopoldstraße 33, ☎ 34 80 00, MVG/MVV: U3 + 6 Giselastraße

Wotrys ☆
Schwabing

Es geht auch ohne Fischernetze, Akropolisposter und Plastik-Nike. Und: das Wotrys ist einer der wenigen „Griechen" in München, deren Küchenkonzept nicht auf Gyros fußt. Kretische Rezepte, also viel Fisch und Gemüse, bestimmen die Speisekarte - natürlich werden auch die Gyros- und Suvlaki-Traditionalisten bestens versorgt. Die gute Weinauswahl bietet auch für Kenner interessante Kreszenzen. Und der Service ist einfach nett. (xl)

täglich 17 - 1 h. Neureutherstraße 8, ☎ 27 37 57 31, www.wotrys.de, MVG/MVV: U2 + 8, Bus 53 Josephsplatz; Tram 27 Nordendstraße

typisch münchen · kultur & erlebnis · freizeit & relaxen · essen & trinken · city & guide

Curry, Baby!

INDISCH

Deeba
Maxvorstadt

Im Deeba genießt man in heller, freundlicher Atmosphäre feine pakistanisch-indische Tandoori-Spezialitäten mit Geflügel, Lamm oder Fisch (Hauptgerichte ca. 11,00 €). Der Service ist sehr aufmerksam und hilft dem Unkundigen gerne, sich in der Vielfalt der angebotenen Speisen zurechtzufinden. Das Mittagsangebot liegt zwischen ca. 6,00 und 10,00 €.
So - Fr 11.30 - 15 h + 18 - 24 h, Sa 18 - 24 h. Barerstraße 42, ☎ 28 34 07, MVG/MVV: Tram 27 Pinakotheken

Ganga ✳
Gärtnerplatzviertel

Die aromatische Küche Indiens und die behaglich-kitschige Einrichtung des Ganga lassen einen Besuch in diesem Restaurant zu einem Erlebnis werden. Ein guter Tipp sind in jedem Fall die würzigen Currys oder das Tandoori-Lamm, das mit Preisen von ca. 18,00 € nicht günstig ist. Typisch für das Gärtnerplatzviertel ist das bunte, vorwiegend jüngere Publikum, das das günstige Mittagsmenü, Suppe und Hauptgericht für 6,00 bis 9,00 €, zu schätzen weiß. Abends wird im Ganga immer Tabla-Musik gespielt. (ha)
Mo - Fr 11.30 - 15 h + 17.30 - 24 h, Sa + So 17.30 - 24 h. Baaderstraße 11, ☎ 2 01 64 65, MVG/MVV: S1 - 8 Isartor; Tram 17, 18 Reichenbachplatz

India Town
Schwabing

Mittag essen kann man hier vom „All-you-can-eat"-Buffet für ca. 6,00 € (Kinder bezahlen 3,50 €). Überraschend: Es werden 50 verschieden zubereitete Biriami-Shrimps angeboten. Hauptgerichte kosten ca. 9,00 bis 14,00 €. Im Sommer stehen Tische an der Straße, dann schmeckt Lassi, das indische Joghurtgetränk als Erfrischung besonders gut. (ha)
täglich 11.30 - 14.30 h + 17.30 - 24 h. Barerstraße 67, ☎ 2 72 20 98, MVG/MVV: Tram 27 Schellingstraße

Jeeta's
Trudering

Gemütliches Restaurant mit aromatischer original nordindischer Punjab-Küche. Mit der Bestellung eines Tandoori- oder eines Curry-Gerichtes macht man sicher nichts falsch: Chicken-Curry, Chicken-Masala. Das mittägliche „Special-Menü" kann z. B. Shrimps-Curry, Fresh Gemüse oder Chicken-Curry mit der jeweiligen Tagessuppe sein. Als Spezialität des Hauses gilt der Mango-Avocadosalat mit frischem Koriander.
So + Di - Fr 11.30 - 14.30 h + 17.30 - 23 h, Sa 17.30 - 23 h, Mo Ruhetag. Friedenspromenade 114, ☎ 4 30 11 38, MVG/MVV: U2 + 7, S4 Trudering; Bus 92 Vogesenstraße

Mehek
Schwabing

Neben den Mittagsmenüs (5,60 € inkl. Suppe, Getränk dazu 1,50 €) lohnen auch Speisen wie Chana Gosht (Lamm mit Kichererbsen, kräftig gewürzt mit Ingwer, Knoblauch und frischem Koriander) oder Murg Bhart A (Huhn in gegrillten Auberginen, gehackt, gebraten mit Zwiebeln, Tomaten, grünem Chili, Ingwer und frischem Koriander). Bunt dekoriert bietet das Mehek gute Küche.
Mo - Fr 11.30 - 14.30 h + 17.30 - 24 h, Sa 17 - 24 h, So 11.30 - 24 h. Ungererstraße 65, ☎ 36 19 67 80, www.mehek.de, MVG/MVV: U6 Nordfriedhof

Natraj
Neuhausen

Wenn die lecker gefüllten Pfannen auf den Tisch kommen, beginnt eine kulinarische Reise in eine traumhafte Märchenwelt.
So - Fr 11.30 - 14.30 h + 17.30 - 24 h, Sa 17.30 - 24 h. Nymphenburger Straße 26, ☎ 12 00 12 62, MVG/MVV: U1, Tram 20 + 21 Stiglmaierplatz

New Delhi
Bogenhausen

Inder gibt es in großer Zahl. Die einen trumpfen mit orientalischer Pracht auf, die anderen geben sich eher bescheiden. Beide Ausrichtungen sagen nichts über die Qualität der Küche aus. Im New Delhi trifft Bescheidenheit im Auftritt, sprich in der Gestaltung, mit einem sehr guten Koch zusammen. Tandoori-Gerichte, Eintöpfe, Suppen und Desserts machen Lust auf mehr.
Mo - Fr 12 - 15 h + 18 - 24 h, Sa + So 12 - 24 h. Ismaninger Straße 17, ☎ 4 70 17 68, MVG/MVV: U4 + 5, Tram 15, 18 , 19 + 25 Max-Weber-Platz

Satluj (l.), Taj Mahal (r.)

Noor Jahan
Schwabing

Hier schmeckt „indisch" im Sommer besonders gut - wegen der 80 schönen Freisitze im begrünten Hof. Aus der Küche kommt Typisches, wie Tandoori-Lamm oder Chicken-Masala (ca. 12,00 €). Günstig ist das Mittagsmenü, für 6,00 bis 9,00 €, von der wechselnden Wochenkarte. Es gibt auch eine kleine Auswahl an Weinen aus Deutschland, Frankreich und Italien sowie indischen Rotwein. Außerdem Tegernseer und indisches Bier (King Fisher). (ha/rw)
So - Fr 11.30 - 14.30 h + 17.30 - 24 h, Sa 17.30 - 24 h. Kaiserstraße 5, ☎ 34 80 09, MVG/MVV: U3 + 6 Münchner Freiheit

Roshna Tandoori
Haidhausen

Die blau gestrichenen, dezent dekorierten Räumlichkeiten sind sehr groß. Trotzdem finden wir ein ruhiges Plätzchen und freuen uns über die bengalisch-indische Speisenauswahl. Tipps: gemischtes Gemüse in Kokosmilch (8,90 €), scharfes Huhn mit Spinat in Currysoße (10,50 €), Lammkeule mit Zwiebel, Paprika und Tomaten (12,90 €) und als Nachspeise Quarkbällchen in Honig gebacken (3,00 €). Wochentags sind wechselnde Mittagessen ab 5,00 € im Angebot. (ha)
täglich 11.30 - 14.30 h + 17 - 23.30 h. Franziskanerstraße 16, ☎ 4 44 10 95 97, www.roshna-tandoori.de, MVG/MVV: S1 - 8, Tram 15 + 25 Rosenheimer Platz

Safran
Haidhausen

Das Safran bietet eine angenehme Stimmung in zurückhaltend dekorierten, fast schon eleganten Räumen. Wer hierher kommt, freut sich auf ein gutes Essen: Knoblauch-Suppe (3,50 €), Pastetchen mit Gemüse gefüllt (4,00 €), indischer Salat (5,80 €), vegetarischer Tandoori-Teller (10,00 €), scharfes Kalbs-Masala (12,50 €) und Mango-Lamm (10,80 €) wären meine Tipps aus dem interessanten Speisenangebot. Mittagsmenüs - mit Suppe oder Salat - bekommt man ab 5,10 €.

täglich 11.30 - 14.30 h + 17.30 - 0 h.
Steinstraße 9, ☎ 61 46 87 81,
MVG/MVV: U4 + 5, Tram 15, 18, 19 + 25
Max-Weber-Platz

Sangam
Schwabing

Von Montag bis Freitag gibt es bis 14.30 h Mittagsmenüs (Tagessuppe oder kleiner Salat, Basmati-Reis und Hauptgericht), z. B. Saag Alu (Spinat mit Kartoffeln nach Poona-Art 5,60 €), Beef Kashmiri (Lamm mit getrockneten Früchten in Mangosoße, süß-sauer 6,50 €) oder Duck Bombay Curry (Ente mit hausgemachtem Käse in Currysoße 7,70 €). Sangam-Spezialitäten sind verschiedene Entengerichte (14,90 €), Meeresfrüchte (ca. 13,00 €) und die gefüllten Tandoori-Vollkornbrote (3,40 €): Mint Prantha (mit Minze), Vegetable Prantha (mit Gemüse) oder Paneer Kulcha (mit hausgemachtem Käse). Als Getränk empfehle ich Lassi sauer (hausgemachtes Joghurtgetränk 2,50 €) oder Guavensaft (3,10 €).

Mo - Fr 11.30 - 14.30 h + 17.30 - 1 h, Sa, So
+ Feiertag 11.30 - 24 h.
Franz-Joseph-Straße 28, ☎ 34 02 32 15,
www.sangam-online.de,
MVG/MVV: U3 + 6 Giselastraße

Sangeet
Altstadt

Über 20 Jahre war hier der Weintrödler als Treff für ein gesetzteres Publikum aktiv. Das Sangeet hat die Räume nun in ein elegantes indisches Restaurant verwandelt - mit sehr schönen großformatigen Bildern an den Wänden und orientalischen Lampen. Eine kitschige Stimmung entsteht nicht. Das Essen (Hauptgerichte ca. 13,00 €) ist überdurchschnittlich gut. Mittags (Mo bis Sa 11 bis 17 h) locken Menüs ab 5,60 €. An Sonn- und Feiertagen wird zwischen 11 und 24 h das Maharadscha-Buffet aufgebaut. Tipps wären die so genannten Thalis, das sind verschiedene Speisen auf einem Teller - mal vegetarisch, mal mit Fisch- oder Fleischspezialitäten.

täglich 11 - 24 h. Brienner Straße 10,
☎ 28 31 93, www.sangeet-online.de,
MVG/MVV: U3 - 6 Odeonsplatz

Sarovar ☆
Maxvorstadt

Das Sarovar bietet eine wunderbar märchenhafte Atmosphäre, ohne in den Kitsch abzudriften, und die weiß gedeckten Tische zeigen, dass man hier alles tun will, um die Vorfreude der Gästen auf einen angenehmen Aufenthalt und eine authentische Küche zu steigern. Wie wir wissen, liegt das Geheimnis fast aller Küchen in der Auswahl und Verwendung von Gewürzen. Diese, und die Zubereitung im mit Holzkohle befeuerten Lehmofen, verwandeln die Tandoori-Gerichte (Hauptspeisen ca. 11,00 €, meist mariniertes Geflügel, Lamm oder auch Fisch) in Köstlichkeiten. Auch die Suppen (klassisch: Muligatany 3,00 €), Vorspeisen, Salate, Currys und Desserts (Tipp: Firni, das ist Honigmilch mit Reismehl, Mandeln, Pistazien und Nüssen für 3,30 €) sollte man im Sarovar testen.

Mo - Fr 11.30 - 14.30 h + 17.30 - 24 h, Sa
+ So 11.30 - 24 h, warme Küche bis 24 h.
Fürstenstraße 12 / Ecke Theresienstraße,
☎ 28 99 66 89, www.sarovar.de,
MVG/MVV: U3 + 6 Universität

Satluj
Haidhausen

Hier bekommt man „Exotisches aus dem Land der Gewürze". Kurz und knapp: das Satluj zählt zu den besten Indern der Stadt. Schön dekorierte Räume und im Sommer auch Freisitze.

Indisch

täglich 11.30 - 14.30 h + 17.30 - 1 h.
Wörthstraße 9, ☎ 48 00 22 30,
MVG/MVV: U5 + 6, S1 - 8, Tram 19, Bus 45,
53, 54, 89, 95, 96, 198 + 199 Ostbahnhof;
Tram 19 Wörthstraße

Shalimar ✸
Altstadt

Rot dominiert dieses üppig geschmückte Restaurant (Ex-Gin Kao), das sich unweit des Patentamtes befindet und durch seine moderne Ausstrahlung wirkt. Die Karte bietet alles, was man von der indisch-pakistanischen Küche (Hauptgerichte ca. 12,00 €) erwartet. Tipps: Kissen-Lounge und preisgünstiger Mittagstisch.
täglich 11 - 14.30 h + 18 - 1 h.
Morassistraße 16, ☎ 21 02 06 76,
MVG/MVV: S1 - 8, Tram 17, 18 + N17
Isartor

Surahi
Schwabing

Fast ganz ohne folkloristische Zutaten kommt dieses indische Restaurant aus, dafür glänzen die Speisen (Hauptgerichte ca. 12,00 €) umso mehr und gerade deshalb besucht man das Surahi. Alles was man von indischer Küche erwartet, bekommt man in überdurchschnittlicher Qualität und die Gastfreundschaft ist hier sprichwörtlich. Wunderbar. (xl)
täglich 11.30 - 14.30 h + 17.30 - 24 h.
Hohenzollernplatz 8, ☎ 31 56 81 37,
MVG/MVV: U2 + 8, Tram 12 + 27, Bus 33
Hohenzollernplatz

Surbahar
Haidhausen

Die gutbürgerliche Einrichtung im Mühldorfer Hof erinnert noch an die bayerischen Vorgänger - das Lokal wurde sehr zurückhaltend mit indischen Bildern und Skulpturen dekoriert. Auf der Speisekarten haben uns die Knoblauchsuppe (3,00 €), der warme hausgemachte Käse (3,90 €), die vegetarischen Pastetchen (4,00 €) und die Thalis (diverse Gerichte auf einem Teller, z. B. Surbahar-Thali mit zweierlei Fleisch 13,90 €) angelacht. Mittagsmenüs mit Suppe oder Salat kosten 6,00 bis 8,00 €. Ein Tipp: Lamm mit Okraschoten (6,90 €).
täglich 11.30 - 24 h. Flurstraße 32,
☎ 44 49 94 00, www.surbahar.de,

MVG/MVV: U4 + 5, Tram 15, 18 , 19 + 25
Max-Weber-Platz

Swagat
Bogenhausen

Platz ist reichlich vorhanden, in den Kellergewölben des indischen Restaurants, und an den Tischen im Freien, am Rand des Prinzregentenplatzes. Gemälde, Vasen und Buddhafiguren aus Indien schmücken die verwinkelten Räume, in denen man viele gemütliche Ecken findet. Selbst zu später Stunde können hier, z. B., Theaterbesucher aus dem gegenüberliegenden Prinzregententheater noch ihren Hunger stillen. Das Publikum ist bunt gemischt. Von Montag bis Freitag gibt es günstige Mittagsmenüs mit Tagessuppe oder kleinem Salat, Basmati-Reis und einem Hauptgerichte (ca. 5,50 bis 11,00 €), wie etwa Huhn mit Kichererbsen und Curry-Masala-Soße oder Lamm mit Okra-Gemüse. Tipps aus der Tandoori-Auswahl: Huhn in Spinat-, Minze- und Koriandersoße (13,50 €) oder Auberginen mit Käse und Ingwer in Mandelsoße (10,15 €). Indische Teespezialitäten, Lassi und danach ein Kokos- oder Mangoschnaps sind dazu die passenden Getränke. (gh/md)
täglich 11.30 - 14.30 h + 17.30 - 1 h.
Prinzregentenplatz 13, ☎ 47 08 48 44,
www.swagat,de,
MVG/MVV: U4, Bus 100 Prinzregentenplatz

Taj Mahal ✸
Neuhausen

Bilder, Skulpturen, Lampen und bunte Stoffe schaffen den folkloristischen Rahmen für ein authentisches und überdurchschnittlich gutes indisches Essen, das seinen Preis wert ist - und günstiger (Hauptgerichte ca. 10,00 €) als bei manchem Mitbewerber auf den Tisch kommt. Jede Woche (Mo bis Fr) wird ein neues Mittagsmenü (ca. 6,00 €) angeboten. Der Service ist aufmerksam und nett.
Mo - Sa 11.30 - 14.30 h + 17.30 - 24 h, So +
Feiertag 11.30 - 24 h.
Nymphenburger Straße 145, ☎ 12 00 70 50,
www.taj-mahal-muenchen.de,
MVG/MVV: U1 + 7 Maillingerstraße

anna bar (l.), Café Ludwig (o.), Broeding (u.)

Die Welt ist weit!

INTERNATIONAL

Amalon
Glockenbachviertel

Wo früher Chez Philippe eine hervorragende französische Küche ohne überflüssige Schnörkel servierte, bietet nun Detlef Gentgens (Ex-Seehaus, Ex-Orangha) Amalon eine wöchentlich wechselnde, mediterran-leichte Speisenauswahl (Hauptgerichte ca. 13,00 €), die auch regionale Ideen nützt. Das Ergebnis: hier kann man wirklich gut essen und man wird nett bedient. (xl)

So - Fr 11.30 - 1 h, Sa 18 - 1 h. Holzstraße 16, ☎ 23 22 58 40, MVG/MVV: U1 - 3, 6 + 7, Tram 16 - 18 + 27 Sendlinger Tor; U1, 2 + 7, Tram 17, 18 + 27 Müllerstraße

anna Bar & Restaurant
Altstadt

Schön gestaltet und mit interessantem Publikum, ist das Annahotel mit Bar-Restaurant ein Anziehungspunkt geworden. Die großen Schaufenster geben den Blick frei auf den Stachus und gleichzeitig können die Passanten die Gäste betrachten. An das Lichtdesign, mit wechselndem Farbenspiel an den weißen Wänden, im Gastrobereich müssen sich die Augen zwar erst mal gewöhnen. Dann kann man sich auf die international orientierte, täglich wechselnde Speisenauswahl konzentrieren. Die Sushibar (Mo bis Sa 12 bis 24 h, So 18 bis 24 h) im Haus steht für klasse Sushi, Nigiri und Maki. Frühstücken ist auch nett und rauchfrei möglich. (xl)

täglich 7 - 1 h. Schützenstraße 1, ☎ 59 99 50, www.annahotel.de, MVG/MVV: U4 + 5, S1 - 8, Tram 16 - 21, 27 Karlsplatz/Stachus

Bahr's & More
Laim

Internationale Küche ohne Schnickschnack und Edelgetue. In der gemütlichen Atmosphäre, die von Holzmöbeln und der Wandvertäfelung bestimmt wird, servieren nette Bedienungen preisgünstiges leckeres Essen. Jeden Tag wird ein „Special" angeboten. Dies kann mal ein Schweinebraten, mal ein Nudelgericht mit Salat oder auch ein vegetarisches Gericht sein. (rw)

Mo - Sa 18 - 1 h, So Ruhetag. Trappentreustraße 23, ☎ 32 12 04 56, www.bahrs-more.de, MVG/MVV: Tram 18 + 19 Trappentreustraße

Cosmogrill (o.), Cohen's (l.)

Barysphär ✦
Isarvorstadt

Ein schöner Abend: Man fährt vor (für 4,50 € übernimmt der Park-service das Fahrzeug), trifft sich mit Freunden in geschmackvoll gestalteten Räumen (interna-tional Lounge-Style), genießt ein fantasievolles Menü und beschließt den Abend/die Nacht mit einer Cocktailstunde (Happy Hour 18 bis 20 h, halber Preis) bei etwas lautem, aber Stimmung erzeugendem DJ-Sound. Diese Vorstellung teilen offensichtlich nicht wenige Nachtschwärmer, denn das Barysphär ist an vielen Abenden ausgebucht. Wer also die herrliche „Weltweit-Küche" (tapasähnliche Vorspeisen bis ca. 5,00 €, Hauptgerichte 9,00 bis ca. 26,00 €) kennen lernen oder immer wieder essen und sich vom adretten Service verwöhnen lassen will, sollte reservieren. Nach dem Mahl wechselt man in die lässige Club-Bar im Unter-geschoss wo Cocktails, eine ent-spannte Atmosphäre und der DJ-Sound jeden Gedanken an einen Lokalwechsel schnell vergessen machen. Seit November 2006: Mo bis Fr täglich wechselnde Mittagsgerichte. Seit März 2007: montags BBQ und dienstags Afterworkparty ab 18 h.
Mo - Mi 11.30 - 1 h, Do 11.30 - 2 h, Fr 11.30 - 3 h, Sa 18 - 3 h, So 18 - 1 h. Reservie-rungen ab 17 h, Küche bis 2 h. Tumblingerstraße 36, ☎ 76 77 50 21, www.barysphär.de, MVG/MVV: U3 + 6 Goetheplatz

Blauer Bock
Altstadt

Der Blaue Bock ist ein elegantes Lounge-Restaurant, das seinen Gästen eine entspannte Bequem-lichkeit bietet. Wobei die „pure gestylten" Räume und das teure Besteck und Geschirr auf eine ge-wisse Exklusivität hinweisen. Mit einem leicht überschaubaren, erst-klassigen Speiseangebot, das in Zubereitung und Optik keine Wünsche offen lässt, sorgt Witzig-mann-Schüler Hans-Jörg Bach-meier für kulinarische Erlebnisse (Vorspeisen ca. 15,00 €, Haupt-gerichte ca. 27,00 €, Desserts ca. 13,00 €, Vier-Gänge-Menü 49,00 €, Fünf-Gänge-Menü 57,00 €), die überdurchschnittlich sind.
Mo - Fr 12 - 14.30 h + 18.30 - 1 h, Sa ab 12 h, So Ruhetag. Sebastiansplatz 9, ☎ 45 22 23 33, www.restaurant-blauerbock.de, MVG/MVV: Tram 17 + 18 Reichenbach-platz

bloom
Altstadt

Pasta, Pizza und Wokgerichte (Hauptspeisen 5,50 bis 7,50 €) sind die drei Säulen dieses Selbstbedienungslokales das die Macher des „gast im gasteig" be-treiben. Auf zwei Etagen verteilt sich das unkompliziert-lässige Lokal mit offener Küche, Lounge, Bar und Holztischen, die mit Küchenkräutern dekoriert sind. Gegenüber ist das Mathäser Kino.
Mo - Sa 10 - 1 h, So 12 - 1 h. Bayerstraße 2, ☎ 45 21 98 78, www.bloom-kitchen.com, MVG/MVV: S1 - 8, U1 + 2, U4 + 5, Tram 16, 17, 19, 20, 21 Hauptbahnhof

Brenner Grill Pasta Bar ✵
Altstadt

Massive Säulen tragen die schönen Arkaden des Marstalls unter denen sich das Brenner eingerichtet hat, ebenso stark sind die Säulen, die das Gastro-Konzept dieses Lokales tragen. Es gibt einen gemütlichen Lounge-Bereich, wo man relaxt Cocktails oder Kaffeespezialitäten trinken kann, und einen eleganten Dinner-Bereich, wo hausgemachte Pasta (ca. 9,00 €) und zahlreiche Grillgerichte (ca. 13,00 €) offeriert werden. Am Wochenende wird ein All-you-can-eat-Frühstücksbuffet (9,50 €) aufgebaut. Im Sommer locken angenehme Freisitze vor das schöne Lokal. Und das Personal ist zu jeder Jahreszeit nett.
Mo - Sa 8.30 - 2 h, So Ruhetag.
Maximilianstraße 15, ☎ 45 22 88 - 0,
www.brennergrill.de,
MVG/MVV: Tram 19 Nationaltheater

Broeding ✵
Neuhausen

Die Speisekarte beschränkt sich auf ein täglich wechselndes Sechs-Gänge-Menü (54,00 €). Diese Konzentration ist jedoch nicht unbedingt ein Manko, zumal bei der Auswahl der Zutaten mit besonderer Sorgfalt (Biofleisch) zu Werke gegangen wird, weshalb die kreative und moderne Küche seit 15 Jahren erfolgreich ist. Als zusätzliche „vertrauensbildende" Maßnahme kann der Gast dem Koch durch eine große Glasscheibe bei der Arbeit quasi über die Schulter sehen. Zurückhaltung kennzeichnet die Ausstattung des Broeding, alles ist klar, hell und geradlinig ohne überflüssige Schnörkel. Zum Essen gibt es eine hervorragende Auswahl österreichischer, selbst importierter Weine - wobei die offenen Weine täglich wechseln. Vorherige Reservierung ist empfehlenswert. (av)
Di - Fr 12 - 15 h + 19 - 1 h, Sa 19 - 1 h,
Küche bis 22 h, So + Mo Ruhetage.
Schulstraße 9, ☎ 16 42 38,
www.broeding.de,
MVG/MVV: U1 + 7, Tram 12 Rotkreuzplatz

Buffet Kull ✵
Altstadt

In unmittelbarer Nähe zu Oper, Residenztheater und Kammerspielen liegt das Buffet Kull. Das mediterrane Flair und die französisch inspirierte Küche locken Theaterfreunde, Medien- und Businessleute, aber auch die Szene an. Die wöchentlich wechselnde Karte bietet immer wieder kulinarische Überraschungen. Die Einrichtung des schicken Restaurants ist mit Liebe zum Detail entworfen. Festlich: geblümte Tischtücher mit weißen Papierdeckchen. Die Preise: Hauptgerichte ca. 15,00 €, für rund 30,00 € wird täglich ein neues dreigängiges Menü angeboten. (kv/ha)
täglich 18 - 1 h. Marienstraße 4,
☎ 22 15 09, www.buffetkull.de,
MVG/MVV: U3 + 6, S1 - 8 Marienplatz

Busners
Maxvorstadt

Orange gestrichene Wände, Bilderausstellung, weiße Stühle und Tische - relativ schlicht präsentiert sich diese Snackbar, die aber doch mehr bieten kann, als manch andere. Morgens lockt ein Frühstücksangebot, mittags eine ansprechende Auswahl an belegten Broten, Suppen (ca. 3,00 €), Wraps, Salaten und Pfannengerichten (viel Gemüse, auch mal mit Geflügelstreifen), die entweder mit Pasta oder mit Kartoffeln (5,00 bis 6,00 €) kombiniert werden können.
Mo - Fr 7 - 16 h, Sa + So Ruhetage.
Nymphenburger Straße 1, ☎ 55 71 54,
www.busners.com, MVG/MVV: U1, Tram
20 + 21 Stiglmaierplatz

Café Ludwig ✵
Milbertshofen

Direkt im neuen Petuelpark steht der einladend-schöne Glaspavillon des Café-Restaurant Ludwig. Das modern gestaltetet Lokal wirkt durch klare Linien und die fast unbegrenzten Ausblicke ins Freie. Hier kann man frühstücken (ca. 6,00 bis 10,00 €, bis 16 h), Kaffee trinken, vom Spaziergang entspannen oder gutes Essen (Hauptgerichte ca. 11,00 €) ge-

✵ = stadtbuch-tipp!

nießen. Die kreative, überdurchschnittlich gute Küche arbeitet
asiatisch-mediterran-internatio-
nal. Während der Woche bietet
das Ludwig auch wechselnde
Mittagsmenüs (5,90 €).
täglich 10 - 1 h. Klopstockstraße 10,
☎ 32 21 17 66, www.cafe-ludwig.net,
MVG/MVV: U3 Petuelring

Café Voilà
Haidhausen

In diesem großräumigen Café mit
Glaskuppel und Stuckdecke lässt
es sich frühmorgens gepflegt
frühstücken. Aber auch noch bis
tief in die Nacht trifft sich hier
jüngeres Publikum. Täglich von
17 bis 20 h und von 23 bis 1 h
sind Happy Hours. Die Küche ist
international, mit einem breiten
Speiseangebot und wechselnder Tageskarte. Von 11 bis 15 h
gibt es während der Woche ein
günstiges Mittagsmenü. Der Tipp,
und bereits ein Klassiker, ist das
riesige Schnitzel. (lmd)
So - Do 8 - 1 h, Fr + Sa 8 - 3 h, warme
Küche bis 0.30 h.
Wörthstraße 5, ☎ 4 89 16 54,
MVG/MVV: Tram 15, 19 + 25 Wörthstraße

Club Morizz ✴
Gärtnerplatzviertel   Gay

Das von Rottönen dominierte
und schicke Morizz zählt zu den
angesagten Anziehungspunkten
im Gärtnerplatzviertel - und das
nicht nur beim schwulen Publikum. Auch die Heteros wissen
dieses Bar-Restaurant, dessen
gehobene Ausstattung an einen
englischen Club erinnert, zu schätzen. Neben über 100 Cocktails
(5,00 bis 10,00 €, Happy Hours
Mo 23 bis 2 h) aus aller Welt und
einer großen Whiskey-Auswahl
werden auch, wöchentlich wech-
selnd, internationale sowie thailändische Gerichte (Hauptspeisen
ca. 12,50 €) auf hohem Niveau
angeboten - Fr und Sa bis 1.30 h.
Für adäquaten Sound sorgt von
Mi bis Sa ein DJ mit Barjazz und
Samba. Der Service ist nett und
zuvorkommend. (ka)
So - Do 19 - 2 h, Fr + Sa 19 - 3 h.
Klenzestraße 43, ☎ 2 01 67 76,
www.club-morizz.de, MVG/MVV: U1 + 2, 7
+ 8, Tram 27 Fraunhoferstraße

Cocoon
Lehel

In diesem wohltuend gestalteten Restaurant, wo (Kunst-)Licht
einen umschmeichelt und moderne Möbel zum Platz nehmen
auffordern, wird eine kreative
Fusion-Küche (Hauptgerichte
ca. 18,00 €) serviert, die immer
wieder für Geschmacksüberra-
schungen gut ist. Die Zutaten-
und Gewürzauswahl liest sich
auf der Speisekarte manchmal
gewagt, aber unser Gaumen
bestätigt dann die Meister in
der Küche. Schön, dass nicht nur
die gaaanz Coolen und suuuper
Erfolgreichen das Cocoon für sich
allein beanspruchen. Charmantes
Personal.
Di - Fr 18 - 1 h, Sa 18.30 h - open end, So +
Mo Ruhetage. Christophstraße 3,
☎ 25 54 19 66, www.go-cocoon.de,
MVG/MVV: U4 + 5, Tram 17 Lehel

Cohen's ✴
Maxvorstadt   Jüdisch

In Herbert Cohen's Restaurant
isst man eine osteuropäisch-jü-
disch-orientalische Küche, von
den Vorspeisen - etwa Schar-
schuka (pikant-süßlich gewürztes
Tomatenpüree) oder Tchina
(Sesammus) - bis hin zu den klas-
sisch-jüdischen Hauptgängen,
wie „Gefillte Fisch" (im eigenen
Saft geletiert) oder Tschulend
(pikanter Eintopf). Dazu passend: israelische Spitzenweine
(besondere Tropfen sind die aus
der Negev-Wüste). Mittags wird
ein wechselndes Tagesmenü
mit drei Gängen für ca. 9,00 €
serviert. Wer lieber Altbekanntes
auf dem Teller hat: das Wiener
Schnitzel gilt als eines der besten
in München und der Topfenpalat-
schinken als die verführerischste
Süßspeise zwischen hier und
Wien. Wen wundert es, dass
sich viele fast jeden Abend hier
treffen, um sich bei swingender
Klezmer-Musik (freitags ab 20 h
live!) so richtig zu Hause zu
fühlen. (ak)
täglich 12.30 - 1 h, Küche bis 22.30 h,
Theresienstraße 31, ☎ 2 80 95 45,
www.cohens.de, MVG/MVV: U2 Theresien-
straße; U3 + 6 Universität

Buffet Kull (o.), Lenbach (m.), Café Glockenspiel (u.)

Conviva
Altstadt

Die Kantine der Kammerspiele als Kantine zu bezeichnen, wäre eine Beleidigung - obwohl sie für die Schauspieler und Mitarbeiter des Theaters eingerichtet wurde, von diesen genützt wird, und optisch durchaus als solche, schon wegen ihrer Kargheit, zu erkennen ist. Die Preise sind o.k. und die Qualität der regional-international-mediterranen Speisen stimmt auch. Mittags gibt es Zwei-Gänge-Menüs, nachmittags frische Kuchen, Kaffee und Conviva-Schokolade und abends stehen drei- bis viergängige Menüs auf der Karte. Das Conviva ist ein Projekt der „Cooperativen Beschützenden Arbeitsstätten e.V.", einem Verein, der lern-, geistig- und psychisch Behinderte ins Berufsleben integriert. (rp)

Mo - Sa 11 - 1 h, So + Feiertag 17 - 1 h, Küche bis 15.30 h bzw. 17.30 - 24 h. Hildegardstraße 1, ☎ 23 33 69 77, MVG/MVV: Tram 19 Kammerspiele

Cosmogrill
Altstadt

Wer Imbiss hört, denkt an Bude, Fritten, Currywurst, Döner - aber nicht an edles Design, erstklassige Produkte aus Bio-Betrieben und Kochkunst. So wirkt der Cosmogrill auch wie ein Raumschiff, das eine schöne neue Imbiss-Welt in das Herz der Stadt bringt.

Barysphär (o.), Dukatz (u.)

Im futuristischen Lokal entstehen auf dem Tepanyaki-Grill asiatisch-internationale Spezialitäten, außerdem gibt es Salate (5,00 bis 10,00 €) und Bio-Burger oder Bio-Currywurst. Von Mo bis Fr (11.30 bis 15 h) lockt ein täglich anderes Drei-Gänge-Menü (9,00 €): z. B. Ziegenkäsemousse mit Crostini, gebratener Kabeljau mit Paprikagemüse und einer Crème Fraiche-Tarte.

täglich 11 - 6 h. Maximilianstraße 10, Rgb, Eingang Falkenturmstraße, ☎ 89 05 96 96, www.cosmogrill.de, MVG/MVV: U3 + U6, S1 - 8 Marienplatz; Tram 19 Nationaltheater

Drehrestaurant Olympiaturm
Schwabing

Das Drehrestaurant im Olympiaturm, in einer Höhe von 181 Metern, erreicht man mit einer Geschwindigkeit von sieben Metern pro Sekunde - nachdem man den Aufzug betreten hat. Neben der atemberaubenden Aussicht (360 Grad Drehung in 49 Minuten), sofern das Wetter mitspielt, locken die mittägliche Bistroküche (Salat mit Stubenkükenkeule 9,00 €, paniertes Putenschnitzel mit Salat 12,00 € oder drei- bzw. viergängige Mittagsmenüs für 32,00 bzw. 38,50 €) und die anspruchsvolle Abendkarte.

täglich 11 - 24 h. Spiridon-Louis-Ring 7, ☎ 30 66 85 85, www.drehrestaurant.de, MVG/MVV: U3 Olympiazentrum; Tram 27 Petuelring

Dukatz
Altstadt

Das schöne Dukatz im Literaturhaus ist sowohl Café und als auch Restaurant. Neben Frühstück, Kuchen und Torten, hausgemacht versteht sich, bietet die Küche international-mediterrane Gerichte, die durchaus ihren Preis (Hauptgerichte ca. 15,00 €, Menüs ab ca. 30,00 €) haben können. Das liegt an der feinen Zubereitung wie auch an den hochwertigen Bio-Zutaten, die hier häufig verwendet werden. Günstiger sind die Angebote der Imbisskarte (ab ca. 6,00 €). Im Dukatz kann man also entspannt essen, Zeitungen lesen oder interessant aussehenden Menschen, die hier ständig auftauchen, zuschauen. Im Sommer gerne vor dem Haus.

Mo - Sa 10 - 1 h, So + Feiertag 10 - 18 h. Salvatorplatz 1, ☎ 2 91 96 00, www.dukatz.de, MVG/MVV: U3 - U6 Odeonsplatz; Tram 19 Theatinerstraße

Eat the Rich
Maxvorstadt

In ausgelassener Clubatmosphäre treffen sich hier coole Gäste, Szene-Nasen und Feierlustige. Der wilde Einrichtungs-Mix hat schon wieder Stil. Die Küche (bis 2.30 h!) arbeitet italienisch-mexikanisch. Es gibt u. a. Pasta, Chickenwings (ca. 10,00 €) oder Quesadas, das sind mit Käse gefüllte Teigtaschen, für etwa 10,00 €. Vom Bartender erhält man 100 Cocktails in 1/2 Liter-Portionen (um 10,00 €). Von Do bis Sa sorgt ein DJ für die richtige Musikmischung im nett gestalteten Bar-Restaurant.

Mo - Sa 19 - 3 h, So Ruhetag. Heßstraße 90, ☎ 18 59 82, www.eattherich.de, MVG/MVV: U2 + 8 Theresienstraße

Eisbach Bar & Küche ✳
Altstadt

Das dezent gestylte Lokal mit seinen sonnigen Freisitzen ist nicht nur ein Treffpunkt für die Angestellten der Max-Planck-Gesellschaft - im Eisbach kann man frühstücken, lunchen (Mo bis Fr Business Lunch 9,80 €), Tee (große Auswahl) oder Kaffee trinken oder zum Abendessen kommen. Eine vielfältige asiatisch-, mediterran- und deutsch inspirierte Küche (Hauptgerichte ca. 15,00 €) sorgt für Abwechslung. Hier gibt's Salate, Suppen, Pasta, Fleisch- und Fischgerichte. Die Kuchen und Torten für den Nachmittagskaffee kommen vom hauseigenen Konditor.

täglich 10 - 2 h. Marstallplatz 3, ☎ 22 80 16 80, www.eisbach.biz, MVG/MVV: U3 - 6 Odeonsplatz; Tram 19 Nationaltheater

EssNeun
Glockenbachviertel

Das EssNeun ist einer dieser durchgestylten Läden, dem man ansieht, dass hier ein kompetenter Designer sein Konzept verwirklichen konnte. Extravagant, oder zumindest nicht alltäglich, sind die Kreationen (Hauptgerichte ca. 18,00 €, Abendmenü ca. 40,00 €) die die Küche verlassen und durch außergewöhnliche Zutatenkombinationen beeindrucken. Diese, vermeintlich, auf Effekte ausgerichteten Speisen passen sehr gut zum schönen Publikum, das gelegentlich mit (Halb-)Promis gewürzt wird. Kurz: Das EssNeun ist in jeder Hinsicht ein Erlebnislokal. (xl)

So - Do 19 - 1 h, Fr + Sa 19 - 3 h. Hans-Sachs-Straße 9, ☎ 23 23 09 35, www.essneun.de, MVG/MVV: U1 - 3, U6 Sendlinger Tor; Tram 17, 18, 27 Müllerstraße

Feder & Kirsch
Glockenbachviertel

Aus dem ehemaligen Lux ist nun das Feder & Kirsch geworden. Wo früher französische Küche dominierte, ist jetzt die Speisenauswahl skandinavisch bis mediterran - also relativ breit gefächert. Trotzdem bleibt die Auswahl (Vorspeisen ca. 7,00 €, Hauptgerichte ca. 14,00 €) übersichtlich. Dafür bietet das zurückhaltend gestaltete Feder & Kirsch durchaus ungewöhnliche Geschmackserlebnisse mit Elch, Rind, Geflügel oder Fisch - quasi Europa von Nord nach Süd.

täglich ab 18 h. Reichenbachstraße 37, ☎ 59 97 89 90, MVG/MVV: U1 + 2, 7 + 8, Tram 27 Fraunhoferstraße

Fisch Witte ✳
Altstadt   *Fisch*

Seit 20 Jahren ist Fisch Witte ein Einkaufsziel für Fischfreunde in München. Egal ob man einheimischen Fisch oder Meeresfrüchte aus aller Welt will, hier kann man frischen Fisch kaufen. Wer Hunger hat, nimmt eine schnelle Fischsemmel oder im Bistro Platz - besonders gerne auf der Terrasse oder, wenns kälter ist, im beheizten Wintergarten. In der offenen Küche werden Spezialitäten wie die edle Fischsuppe (9,50 €) mit Rouille (Kräuter-Knoblauch-Mayo) und geröstetem Baguette oder der klassische Loup de Mer (10,50 €) zubereitet.

Mo - Fr 7 - 18 h, Sa 7 - 16 h, So Ruhetag. Viktualienmarkt 9, ☎ 22 26 40, www.fischwitte.de, MVG/MVV: U3 + 6, S1 - 8 Marienplatz; Tram 17/18 Reichenbachplatz

g* munich ✳
Isarvorstadt

Holger Stromberg, einem der jungen Kochstars Deutschlands,

gehört diese Restaurant-Lounge. Eine internationale Küche (Hauptgerichte ca. 30,00 €, sechsgängiges Überraschungsmenü 110,00 €) auf hohem Niveau und eine entspannte Atmosphäre bestimmen das stylish eingerichtete g* (gesprochen: Dschie). Wie schon der Name, irritiert auch das, sagen wir mal, Brimborium, das hier zum Teil veranstaltet wird. Wie viel Show ist denn nötig? Sei´s drum - besonders schön ist das Lokal für den späten oder frühen Hunger: Essen bis kurz vor Schluss.

Di - Sa 18 - 2 h, So + Mo Ruhetage. Geyerstraße 52, ☎ 74 74 79 99, MVG/MVV: Bus 58 + 131 Baldeplatz

Gandl
Lehel

Die Kombination von Feinkostladen und Restaurant, wo erlebbar wird, was aus guten Zutaten gezaubert werden kann, wird immer beliebter. Im Gandl kann man während des Tages vielerlei Delikatessen und Weine einkaufen und gleichzeitig italienisch inspirierte Speisen genießen. Abends dominiert die französische Küche und die Preise ziehen deutlich an. Die Gerichte sind so gut, abwechslungsreich und kreativ, dass man sich gelegentlich doch etwas größere Portionen wünschen würde. Aber nein, deshalb ist man noch lange kein Gourmand! (rp)

Mo - Sa 9 - 0.30 h, So Ruhetag. St.-Anna-Platz 1, ☎ 29 16 25 25, www.gandl.de, MVG/MVV: U4 + 5, Tram 17 Lehel

Gast im Gasteig
Haidhausen

Wer vor oder nach einer Veranstaltung im Gasteig Hunger hat, ist im Gast, dem schön gestylten Selbstbedienungs-Bistro-Restaurant im Kulturzentrum, gut aufgehoben. Auf der Karte stehen die üblichen Gerichte: Pasta (mit vielerlei Soßen), Salate, Pizzen oder Speisen aus dem Wok. Das Angebot ist gut, die Preise (ca. 5,00 bis 8,00 €) sind o.k., die Köche bereiten die Gerichte frisch, teilweise vor den Augen

der Gäste und nach deren Wünschen, zu, bezahlt wird mittels Chipkarte, die man am Eingang bekommt. Angenehmer Nebeneffekt: der Gast wechselt nach Lust und Laune den Platz, nimmt z. B. den Aperitif an der Bar, isst im Restaurantareal und trinkt seinen Espresso in der Lounge. Wer keine Lust auf Kantinenflair hat, setzt sich in den bedienten Bereich und bezahlt für das Essen 12,5 % mehr. Im Sommer lockt die schöne Terrasse bis 1 h.

Mo - Do 11 - 1 h, Fr + Sa 11 - 2 h, So 10 - 1 h, warme Küche bis 24 h. Rosenheimer Straße 5, ☎ 4 80 98 27 20, www.gast-muenchen.de, MVG/MVV: S1 - 8, Tram 15 + 25 Rosenheimer Platz

Glockenspiel ✶
Altstadt

Im Herzen von München, direkt am Marienplatz: Vom Café aus, hoch oben in der vierten Etage, kann man gut das Glockenspiel am Rathaus gegenüber beobachten. Einen Fensterplatz zu ergattern ist allerdings ebenso schwierig, wie bei Sonnenschein ein Plätzchen auf der Dachterrasse zu finden. Geschäftsleute, Touristen und vom Einkauf pausierende Gäste sorgen für ein ständiges Kommen und Gehen. Die Speisekarte hat das Prädikat International verdient: Ein Menü könnte zum Beispiel aus Andalusischem Gazpacho mit Chorizo (ca. 5,00 €) als Vorspeise, einem bayerischen Ochsen-T-Bone-Steak auf Pfeffersoße (ca. 18,00 €) und - wenn dann noch Platz ist - einer weißen Mousse au Chocolat mit karamellisierten Erdbeeren als Dessert bestehen. Lecker frühstücken kann man hier (bis 16 h) ebenfalls - die verschiedenen Kombinationen kosten zwischen 6,00 und 13,00 €. (kv/xl)

täglich 10 - 1 h. Marienplatz 28 / Eingang Rosenstraßen-Passage, ☎ 26 42 56, www.cafe-glockenspiel.de, MVG/MVV: U3 + 6, S1 - 8 Marienplatz

Highlight
Schwabing

Das puristisch-elegante Bar-Restaurant im Innside-Hotel, das der Stararchitekt Helmut Jahn gebaut

Seehaus (o.l.), Seven Fish (o.r.), Nage + Sauge (2 x u.); Öeins (rechte Seite)

hat, ist ein neuer Treffpunkt in der Parkstadt Schwabing. Helle Farben, Glasflächen und das schöne Parkett bestimmen den Raum. Aus der Küche kommen mediterrane Speisen.
Mo - Fr 12 - 15 h + 18 - 23 h, Sa + So 18 - 23 h. Mies-van-der-Rohe-Straße 10, ☎ 3 54 08 11 95, www.innside.de, MVG/MVV: U6 Nordfriedhof

Islay
Lehel

Mit rund 200 offenen Whiskys rühmt sich das Islay der größten Whisky-Auswahl der Stadt. Im Barbereich kann man, versunken in einem der bequemen Ledersessel, einen der vielen schottischen Single Malt Whiskys probieren. Dazu passend ist das Ambiente: englisch-edler Clubstil mit holzgetäfelten Wänden und aufwändigem Lichtdesign. Zugleich ist das Islay ein Restaurant. Abgetrennt von der Bar, sitzt man gemütlich bei gedämpftem Licht und hat beispielsweise die Wahl zwischen französischer Hähnchenbrust mit Limetten-Chili-Ingwermarinade (ca. 13,00 €) oder hausgemachten Kartoffelgnocchi mit frischen Steinpilzen (ca. 10,00 €). Tipp: gleich ein Menü (ca. 20,00 €) bestellen. (hk)
Mo - Do 18 - 1 h, Fr + Sa 18 - 2 h, So Ruhetag. Thierschstraße 14, ☎ 29 16 37 00, www.islay-whiskybar.de, MVG/MVV: S1 - 8, Tram 17, 18 + N17 Isartor

Kranz
Glockenbachviertel

Purismus und der gezielte Einsatz von Geschmack: dies gilt beim Kranz sowohl für die Gestaltung

des Restaurants, als auch für das Speiseangebot. Da steht halt z. B. nur „Renke" auf der Karte. Der Fisch wird dann auch nicht in Soße ertränkt, sondern mit wenigen Gewürzen zubereitet und die puristische „Renke" (14,00 €) verwandelt sich in reinen Genuss. Dazu wählt man Beilagen (3,00 €) wie Kartoffeln, Spinat oder Fenchel. Vegetarier bestellen Salat, Pasta oder Risotto. Täglich sind vier klassische Hauptgerichte (2 x Fleisch, 2 x Fisch) und diverse Tagesgerichte im Angebot. Alle Produkte sind Bio, auch die Getränke und der Wein.

täglich 10 - 1 h. Hans-Sachs-Straße 12,
☎ 21 66 82 50, www.daskranz.de,
MVG/MVV: U1 + 2, 7 + 8, Tram 27 Fraun-
hoferstraße; Tram 18, 19 + 21 Müllerstraße

Kulisse
Altstadt

Seit über 45 Jahren besteht die Kulisse, das Theaterrestaurant der Kammerspiele, bereits und trotzdem wirkt das Lokal frisch und absolut zeitgemäß. Dies liegt zum einen an der gekonnten Renovierung und zum anderen an den abwechslungsreichen, immer neuen italienisch-internationalen Gerichten von Kurt Stetter. Man kann hier frühstücken, ein schnelles Mittagsgericht (11.30 bis 14.30 h, Vorspeise, Hauptgericht und Espresso 9,90 €) essen, Kaffee trinken, sich zum Abendessen treffen und nach der Vorstellung über die Aufführung diskutieren. Das schöne Bistro-Restaurant Kulisse passt wunderbar in die Maximilianstraße, gibt sich aber trotzdem nicht elitär-abgehoben.

Mo - Sa 9 - 1 h, So 17 - 1 h, Küche 12 - 24 h.
Maximilianstraße 26, ☎ 29 47 28,
www.kulisse-restaurant.de,
MVG/MVV: Tram 19 + N19 Kammerspiele

La Maison
Schwabing

Selbstverständlich gehört zu einem Designhotel wie dem eleganten La Maison ein ebensolches Restaurant. Chefkoch Fabio Vaccarella kreiert, zusätzlich zur Hauptkarte, täglich zwei neue Menüs (34,00 bis 42,00 €). Das La Maison bietet eine feine Crossover-Küche, die Inspirationen aus Frankreich, Italien und Kalifornien nützt. Gespeist wird an festlich eingedeckten Tischen, in einem geschmackvoll gestalteten Ambiente. Der freundliche Service trägt dazu bei, daß keine allzu steife Atmosphäre entsteht.

Tagesbar täglich 8 - 1 h, Lunch 11.30 -
15 h, Restaurant 18 - 1 h. Occamstraße 24,
☎ 3 30 35 55 77, www.hotel-la-maison.de,
MVG/MVV: U3 + 6 Münchner Freiheit

La Villa im Bamberger Haus
Schwabing

Ganz idyllisch steht das Bamberger Haus im Luitpoldpark. Im Barockpalais wurden zwei Gastro-Konzepte verwirklicht.

Das La Terrazza im Erdgeschoß serviert bayerische und internationale Speisen (günstige Mittagsmenüs). In den Gewölben des Hauses wurde die Cantina eingerichtet. Hier gibt es mexikanische und brasilianische Spezialitäten. Der Hit für Fleischesser ist das Rodizio, ein Menü mit sechs verschiedenen Fleischgängen (Pute, Chorizo, Huhn, Schwein, Lamm, Rind), die an einem Spieß gebraten werden. Direkt am Tisch schneidet der Kellner das Fleisch vom Spieß und belegt die Teller sooft der Gast will, zusätzlich kann man sich am Salat- und Beilagenbuffet bedienen. Im Sommer: wunderschöne Freisitze.

La Terrazza: Di - Do 11 - 1 h, Fr + Sa 11 - 3 h, So 10 - 1 h (Brunch bis 15 h, 14,50 €/ Erw., 7,00 €/Kinder bis 12 J.), Mo Ruhetag; Cantina Mexicana & Churrascaria Brasil Di - Do + So 18 - 1 h, Fr + Sa 18 - 3 h, Mo Ruhetag, Happy Hours täglich im ganzen Haus ab 22.30 h, Di - Sa 17 - 20 h, So + Feiertag ab 17 h. Brunnenstraße 2, ☎ 3 08 89 66, www.restaurant-la-villa.de, MVG/MVV: U2, 3 + 8, Tram 12 Scheidplatz; U3, Tram 27 Petuelring

Landersdorfer & Innerhofer
Altstadt

Modern, aber nicht modisch, und mit alpenländisch-mediterranem Küchenkonzept gehören Landersdorfer & Innerhofer zur ersten Liga der Münchner Restaurants. Der Lunch (ca. 16,00 €) mit Hauptgericht und Suppe oder Dessert macht die Pause zwischen Vor- und Nachmittag zu einem kulinarischen Erlebnis und fordert geradezu dazu auf, dass man sich für abends einen Tisch reservieren lässt, um das viergängige Überraschungsmenü (ca. 50,00 €) essen zu können. In dem zurückhaltend schlichten, aber nicht ohne Stil gestalteten Lokal wird man von einem kompetenten und - meist - freundlichen Service begleitet. Schön. (ka)

Mo - Fr 11.30 - 14 h + 18.30 - 1 h, Sa + So Ruhetage. Hackenstraße 6 - 8, ☎ 26 01 86 37, MVG/MVV: U3 + 6, S1 - 8 Marienplatz; U1 - 3, 6 + 7, Tram 16 - 18 + 27 Sendlinger Tor

Le Florida
Haidhausen

Wir befinden uns in einem Crossover-Lokal auf asiatisch-italie-

nischer Basis, nicht, wie der Name vermuten lässt, in einer Cocktailbar. Die Ex-Nage + Sauge-Macher haben auch bei der Einrichtung das Stilmix-Prinzip angewandt, und so entsteht eine Atmosphäre, die sich zwischen Bar-Kneipe und Restaurant bewegt. Erwartungsgemäß kreativ präsentiert sich die Speisekarte (Hauptgerichte ca. 11,00 €), wobei die pseudo-witzigen Speisenbezeichnungen schon etwas gewollt wirken. Was dann aber auf den Tisch kommt, ist nicht nur schön anzusehen, sondern schmeckt auch sehr überzeugend. (ka)

Mo - Sa 18 - 1 h, So 10 - 23 h. Lothringer Straße 16, ☎ 44 42 95 55, MVG/MVV: S1 - 8, Tram 15 + 25 Rosenheimer Platz

Lenbach ✶
Altstadt

Die aufwändig und sehr geschmackvoll gestalteten Räume im Bernheimer Palais machen das Lenbach zu einem der schönsten Lokale der Stadt. Das gastronomische Konzept setzt auf Vielfalt: Sushi-Bar im Foyer, große Bar mit der längsten Theke Münchens, Bankettsaal und modernes Restaurant mit dem beleuchteten „Laufsteg". Chefkoch ist Maik Haltenhof der seine Ideen mit Rezepten aus aller Welt kombiniert: Lenbach-Schnitzel (18,00 €), Cesar's Salad (ab 9,00 €), sautierte Froschschenkel & Weinbergschnecken (12,00 €), Thaicurry (23,00 €), Antilope mit Kochbananen (21,00 €). Mittags gibt es Angebote ab 9,00 €, Menüs kosten ca. 45,00 €. Mittwochs lockt ab 18.30 h eine After-Work-Party mit DJ & Fingerfood-Buffet. Bei aller opulent-teueren Gestaltung und dem freundlichen Service wird der Gast überrascht: im Lenbach sind die Preise, gemessen an der Qualität, nicht hoch. (rw)

Bar: Mo, Di + Do 14.30 - 1 h, Mi 14.30 - 2 h (ab 18.30 h After-Work-Party), Fr 14.30 - 3 h, Sa 11 - 3 h, Küche bis 1 h; Restaurant: Mo - Fr 11.30 - 14.30 h + 18 - 1 h, Sa 18 - 1 h, Küche bis 24 h; Sushi-Bar Mo - Sa 18 - 24 h; für alle gilt So + Feiertag Ruhetage. Ottostraße 4 - 6, ☎ 5 49 13 00, www.lenbach.de, MVG/MVV: U4 + 5, S1 - 8, Tram 16 - 21, 27 Karlsplatz/Stachus

Loftkitchen
Altstadt

Das Palais der Familie Törring-Jettenbach, die ehemalige Hauptpost, wird irgendwann in ein Hotel umgebaut. Bis dahin bleibt das prächtige Gebäude am Max-Joseph-Platz mit dem 8 Seasons, dem Opera, der Privée Bar und der Loftkitchen ein Tempel des Freizeitvergnügens. Die schöne, im Design der 1960er/1970er Jahre gestaltete Loftkitchen, nutzt die Räumlichkeiten, in denen früher die Notstromaggregate der Telekom standen. Die Spindschränke bilden heute die Garderobe (10,00 € Pfand). Alle schwärmen von der angenehmen Atmosphäre und dem guten Essen. Die mehrgängigen Crossover-Menüs, der jeweilige Gang wird auf Tellerchen mundgerecht serviert, sind Kreationen von Stefan Marquard: Taschenkrebsterrine, Rosmarin-Olivenölgelee, Schwarzwurzel-Cappuccino, Sauerkraut-Blutwurst-Bonbons, Heilbutt auf Ochsenschwanzrisotto, Kalbshaxe in Rotwein gedünstet, Schokoladen-Feigen-Ravioli ... ein Gaumenschmaus für die Szene.
Fr + Sa 19 - 2 h, Funky Kitchen Sa ab 24 h, So - Do Ruhetage. Maximilianstraße 2, ☎ 23 23 79 99, www.loftkitchen.de, MVG/MVV: U3 + 6, S1 - 8 Marienplatz; Tram 19 Nationaltheater

Loggia Restaurant
Altstadt

Elegant und cremefarbig gestaltet ist das Loggia Restaurant ein netter Treffpunkt für Freunde der italienisch-mediterranen Küche (Salate ab 4,10 €, Pasta ab 6,50 €, Fleisch/Fisch ca. 16,00 €, Mittagsmenüs ab 7,50 €).
Mo - Fr 12 - 15 h + 18 - 23 h, Sa + So 18 - 23 h. Falkenturmstraße 10, ☎ 24 23 16 22, www.loggia-lounge.de, MVG/MVV: U3 + 6, S1 - 8 Marienplatz

Lutter & Wegner ✵
Altstadt

Schon allein das wunderschöne Künstlerhaus lohnt einen Besuch. Lutter & Wegner gibt es seit 1811 in Berlin (Charlottenburg und Mitte), wo sie mit ihrer österreichisch-böhmisch-deutschen Küche und dem Weinhandel für Furore sorgen. Lutter & Wegner bietet ein München eine anspruchsvolle internationale Speiseauswahl (vom Frühstück bis zum Mittag- und Abendessen) und etwa 700 Weine. Das kulinarische Angebot reicht vom klassischen Wiener Schnitzel bis hin zu vier- und fünfgängigen Menüs (ca. 40,00 bis 50,00 €). Im Sommer kann man schön auf zwei großen, teilüberdachten Terrassen sitzen. (rw/kv)
Mo - Do + So 8 - 23 h, Fr + Sa 8 - 24 h. Lenbachplatz 8, ☎ 5 45 94 90, www.l-w-muenchen.de, MVG/MVV: U4 + 5, S1 - 8, Tram 16 - 21, 27 Karlsplatz/ Stachus; Tram 19 Lenbachplatz

Müller & Söhne ✵
Westend

Die Ex-Bäckerei ist ein Lokal - mit großer Glasfront - wie wir es uns fürs Westend bzw. für die Großstadt wünschen: eine lässig-entspannte Atmosphäre in einer modern-gemütlichen Einrichtung (Original 1970er mit loungiger Aktualisierung), der ein nicht allzu harter Design-Stempel aufgedrückt wurde. Hier kann man frühstücken, Kaffee trinken, Kuchen schlemmen oder ein Mittag- oder Abendessen (Wochenkarte mit täglich drei wechselnden Gerichten) genießen. Die international-italienische Küche (Suppen, Salate, Pasta) ist gut und günstig. (xl)
Mo - Fr 9 - 23 h, Sa 9 - 18 h, So Ruhetag. Kazmairstraße 28, ☎ 45 23 78 67, MVG/MVV: U4 + 5 Schwanthalerhöhe

Nage + Sauge ✵
Lehel

Man spricht den Namen aus wie er geschrieben ist - wers auf französisch versucht, macht sich lächerlich. Hierher kommt man, um entspannt Cocktails zu trinken oder um zu essen. Die Nage + Sauge-Klassiker: „Ente Elvis" (Entenbrust mit Cassis abgelöscht, dazu Äpfel, Pflaumen, Zucchini & Champignons auf Salat mit Cranberryvinaigrette und Parmesan 10,90 €) und Focaccia, italienisches Fladenbrot das zu Gebratenem (Geflügel,

typisch münchen
kultur & erlebnis
freizeit & relaxen
essen & trinken
city & guide

Das Kranz (o.), La Maison (u.)
rechte Seite: Nektar (o.), Kulisse (u.)

Schwein, Gemüse ...) serviert wird. Außerdem gibt es leckere Pastavariationen, Fleischgerichte, Suppen und Nachspeisen. Alles italienisch inspiriert. Die wenigen Plätze im schönen Lokal sind schnell von Hungrigen und Nachtschwärmern besetzt. Im Sommer: Freisitze unter einer Markise an der Straße. (gh)
täglich 17.15 - 1 h. Mariannenstraße 2, ☎ 29 88 03, www.nageundsauge.de, MVG/MVV: S1 - 8, Tram 17, 18 + N17 Isartor; Tram 17 Mariannenplatz

Nektar ☆
Haidhausen

Der gekonnte Einsatz von Licht und Musik sorgt für eine angenehme Atmosphäre, so dass in den nicht sehr großen Räumen nie ein beklemmendes Kellergefühl aufkommt. Das schöne Nektar ist Bar, Lounge und Restaurant in einem. Wer das mehrgängige Menü (45,00 €) essen will, muss vorher reservieren und entsprechend viel Zeit einplanen. Und: wir sind in einem Erlebnislokal - Räumlichkeiten, Personal, Gäste und Essen sind die Show. Also: Schuhe aus, rauf auf die Liegen im Salle Blanche und das wunderbare Mahl beginnt. Wie bei den alten Römern: nach dem Essen kommt ein Sklave, pardon, ein Masseur und sorgt für Entspannung - wenn man will und einen Obolus von ca. 15,00 € entrichtet. Zwischendurch gibt's ein Unterhaltungsprogramm und anschließend kann auch noch getanzt werden. Wer nichts essen will, macht es sich in der Bar Rouge gemütlich und genießt die erstklassigen Cocktails und gelegentlich auch Live-Musik.
So - Do 19 - 2 h, Fr + Sa 19 - 3 h. Stubenvollstraße 1, ☎ 45 91 13 11, www.nektar.de, MVG/MVV: S1 - 8, Tram 15 + 25 Rosenheimer Platz; Tram 18 Gasteig

Öeins ✻
Schwabing　　　　　　*Österreichisch*

Sehr schön, mit hellen Stühlen, dunklen Tischen, klassischem Holzboden und in lichter Atmosphäre präsentiert sich das Öeins als Restaurant, Bar & Café. Auf Austria-Folk wurde komplett verzichtet und dieses Gestaltungskonzept drückt die Ambition der Küche aus: es geht nicht ums Rustikale, sondern ums Gegenwärtige. Was nicht bedeutet, dass wir auf Tafelspitz, Fiakergulasch, Kaiserschmarrn oder ein gutes Wiener Schnitzel - nur vom Kalb, versteht sich - verzichten müssten. Aber auch wesentlich Leichteres, wie Salate, findet man auf der Karte (Hauptgerichte ca. 11,00 €). Im Sommer bietet auch die Terrasse Platz. (sb)

Mo - Fr 16 - 1 h, Sa + So 10 - 1 h. Herzogstraße 81, ☎ 30 00 59 56, www.oeeins.de, MVG/MVV: U2, Tram 12 + 27 Hohenzollernplatz

Pacific Times
Isarvorstadt

Im Pacific Times dreht sich alles ums Exotische: in Curcuma und Minze marinierte Putenbruststreifen mit Currysoße und Pistazien-Rosinen-Reis oder honigglasiertes Red Snapper-Filet mit Kräutergewürzkruste, dazu Butterreis und karibische Kochbananen. Danach vielleicht Datteln im Speckmantel. Vielfältig ist diese internationale „Crossover-Kitchen". Auf der Wochenkarte entdecken wir Gerichte für 10,00 bis 20,00 €. Dunkle Ventilatoren, heller Dielenboden und Korbsessel von Lloyd's Room bestimmen den klassischen Kolonialstil. Wer nach dem Essen eine gute Zigarre paffen möchte, findet in der Zigarrenvitrine edle Tabakwaren. Steigen auch in München die Temperaturen über 20 Grad, kann man sich auf der Terrasse mit kubanischen Sommercocktails erfrischen. (kv/rw)

So - Do 18 - 1 h, Fr + Sa 18 - 3 h, warme Küche bis 0.30 h bzw. bis 2 h. Baaderstraße 28, ☎ 20 23 94 70, www.pacifictimes.de, MVG/MVV: S1 - 8, Tram 17, 18 + N17 Isartor

Peters Küche, Wein & mehr
Neuhausen

Peters ist eine Tagescafébar mit internationaler Feinkosttheke. Die wechselnde Tageskarte bietet auch Business-Menüs (11 bis

14 h) wie Penne, Salat & Espresso 7,90 €, Saltimbocca, Tagliatelle, Salat & Espresso 8,90 € oder Sellerieschnitzel mit Salat 6,90 €. Hausgemachte Pralinen und Kuchen bereichern das Angebot, das man im schön gestalteten Lokal, im Garten oder - wenn man sich alles zum Mitnehmen einpacken läßt - daheim genießen kann.

Mo - Fr 8 - 23 h, Sa 8 - 20 h. Nymphenburger Straße 21, ☎ 53 86 82 81, www.peters-muenchen.de, MVG/MVV: U1 + 7, Tram 20 + 21 Stiglmaierplatz

Pommes Boutique ✵
Maxvorstadt

Eine wahre Schönheit ist die Pommes Boutique. Sie läßt jeden Gedanken an Imbissbude vergessen. Architekt Martin Schmöller und Designer Michael Spindler haben das Interieur mit magentalila und froschgrünen Farbakzenten, schwarzem Boden und Eichenholzmöbeln stilsicher gestaltet. Auf die Teller kommen frische, doppelt geröstete Pommes, die so dick sind, wie sie von den Belgiern ursprünglich erdacht wurden. Dazu wählt man unter 20 verschiedenen Soßen (von Rot-Weiß über Andalouse bis Samurai) und bestellt zusätzlich „Beilagen" wie Bio-Currywurst, Bärlauchbratwurst oder eine Rohkosttüte.

Mo - Sa 10 - 1 h, So Ruhetag. Amalienstraße 46, ☎ 95 47 33 12, www.pommes-boutique.de, MVG/MVV: U3 + 6 Universität

Preysinggarten
Haidhausen

Mitten in Haidhausen liegt eines der ältesten Restaurants Münchens: der Preysinggarten. Benannt ist das über 100 Jahre alte Lokal nach seinem kleinen, weinumrankten Gärtchen: gerade im Sommer sind die Plätze an den wenigen Tischen dort heiß begehrt. Bis 17 h kann man frühstücken, und wer Appetit auf ein klassisches Essen bekommt, wählt aus der italienisch-mediterranen Speisekarte. Das Mittagsmenü wird täglich neu zusammengestellt. Für Vorspeise und Hauptgericht muss man ca.

7,00 € veranschlagen. Familien mit Kindern sind im Preysinggarten gut aufgehoben, denn hier wird alles getan damit sich die kleinen Gäste auch richtig wohl fühlen. Da sind der Spielplatz und die Spielkiste ganz selbstverständlich. (gh)

täglich 10 - 1 h. Preysingstraße 69, ☎ 6 88 67 22, MVG/MVV: S1 - 8, Tram 15 + 25 Rosenheimer Platz; U4 + 5, Tram 15, 18, 19 + 25 Max-Weber-Platz

Restaurant am Chinesischen Turm
Schwabing

Die Lage, mitten im Englischen Garten, ist ein Trumpf des Restaurants am Chinesischen Turm. Wer mal keinen Appetit auf Biergartenbrotzeiten hat, nimmt auf der schönen Terrasse oder im Lokal Platz. Die Küche bietet bayerische und internationale Gerichte: asiatischer Rindfleischsalat (9,50 €), Heilbutt-Filet (15,90 €) oder Krustenschweinsbraten (9,80 €) sind Blickfänge auf der Karte, die auch saisonale Leckereien anbietet. Interessant für Mittagspäusler sind die günstigen und wechselnden Lunchangebote. Und wenn Schauspieler aus Münchner Krimis lesen, kreiert die Küche ein auf die literarischen Verbrechen abgestimmtes Menü.

täglich 10 - 23 h. Englischer Garten 3, ☎ 38 38 73 27, www.chinaturm.de, MVG/MVV: U3 + 6 bis Giselastraße, dann zu Fuß durch den Englischen Garten; Bus 54/154 direkt bis Chinesischer Turm; Tram 17 bis Tivolistraße

Restaurant Ritzi
Haidhausen

Gleich hinter dem Bayerischen Landtag, in einer ruhigen Seitenstraße am Isar-Hochufer, findet man unvermutet ins Ritzi. Warmes, einladendes Licht, helles Holz und samtige Polstersessel locken nicht nur Gäste des gleichnamigen Hotels. Geschäftsleute und Szenepublikum fühlen sich hier auch zu Hause. An schönen Sommerabenden machen die weit geöffneten Glastüren das Lokal zu einer luftigen Veranda. Man trifft sich zum Mittagessen (Mo bis Fr 12 bis 15 h)

✵ = stadtbuch-tipp!

und zum Business-Lunch (Zwei-Gang 7,50 €, Drei-Gang 9,50 €). Auf der Abendkarte wird mit Bouillabaisse mit Aioli (6,50 €), gebeiztem Filet mit Artischocken-Tomaten-Salat (9,00 €), Safran-Rucolarisotto mit gegrilltem Gemüse (9,00 €) oder Rinderfilet in Kräuterkruste (20,50 €) ein weiteres kulinarisches Feld aufgezeigt. Nach dem Essen empfiehlt sich für die Cocktailstunde die stimmungsvolle Art déco-Bar nebenan. Und morgens kann man im Ritzi sehr angenehm frühstücken. (mlr/xl)

täglich 6.30 - 1 h. Maria-Theresia-Straße 2a, ☎ 4 70 10 10, MVG/MVV: U4 + 5, Tram 15, 18 , 19 + 25 Max-Weber-Platz

Ringelnatz ✻
Schwabing

Die Trümpfe dieses Kneipen-Restaurants: Gemütlichkeit und gute und sättigende Portionen. Auf der Karte stehen überwiegend bodenständige Fleischgerichte (Gulasch ca. 9,00 €) und Pasta (ca. 7,00 €). Was sich so nach 08-15-Langeweile anhört, ist aber immer für eine (kulinarische) Überraschung gut: die meisten Speisen hören sich zwar altbekannt an, kommen aber (fast) immer mit einem besonderen Pfiff, sprich, einer besondere Zutat, einer kreativen Idee des Kochs, auf einem schön angerichteten Teller auf den Tisch. Übrigens, der Dichter Joachim Ringelnatz, den dieses Lokal namentlich ehrt, hat in Schwabing ab den 1910er Jahren Erfolge gefeiert.

So - Do 9 - 1 h, Fr + Sa 9 - 3 h. Haimhauser Straße 8, ☎ 33 06 63 79, www.ringelnatz. com, MVG/MVV: U3 + 6 Münchner Freiheit

Rubico ✻
Isarvorstadt

Stilsicher in angenehmen Farbtönen gestaltet, mit hellem Holz und weißen Möbeln, präsentiert sich das Rubico - ein Bar-Restaurant mit international-feinem Speisenangebot (Hauptgerichte ab 19,00 €) von mediterran bis asiatisch. Martin Baudrexel, auch als TV-Koch bekannt, und Robin Kinner sorgen mit ihrer Erfahrungen aus aller Welt für die kreative Küche (Menüs: drei Gänge 36,00 €, vier Gänge 41,00 €). Schön: das Ruhe ausstrahlende Rubico hat einen dazu passenden Service, der selbstverständlich nicht verschlafen ist. (xl)

Di - Sa ab 18.30 h, So + Mo Ruhetage. Klenzestraße 62, ☎ 20 20 78 28, www.rubico.de, MVG/MVV: U1, 2, 7 + 8, Tram 27 Fraunhoferstraße; Tram 17, 18 + 27 Müllerstraße

Ryles
Lehel

Die Lage ist wirklich nicht schlecht: Englischer Garten, Haus der Kunst, P1, Staatskanzlei und Hofgarten sind der Rahmen in dessen Mittelpunkt das Ryles liegt. Passend zu diesem Umfeld präsentiert sich das durchdacht und nicht überkandidelt gestaltete Lokal, das als Restaurant, Bar und Café fungiert. Hübsche Bedienungen servieren italienisch-asiatische Gerichte. Das ist zwar nicht gerade einfallsreich, aber alles schmeckt gut und ist absolut preiswert. Hier kann man den ganzen Tag verbringen. Leider werden die Freisitze am belebten Altstadtring vom Verkehrslärm dauerbeschallt. Aber man kann auch im Ryles sitzen bleiben, denn die großen Fenster bringen viel Tageslicht ins Lokal. (xl)

Mo - Fr 9 - 1 h, Sa 10 - 2 h, So 10 - 1 h. Franz-Josef-Strauß-Ring 4, ☎ 21 26 82 30, MVG/MVV: Tram 17, Bus 53 Haus der Kunst; U4 + 5, Tram 17 Lehel

Saint
Neuhausen

Dieses jamaikanisch-kreolische Bistro-Restaurant beeindruckt weniger mit seiner einfachen, eher unbestimmten Einrichtung, als vielmehr mit der exotisch-überraschenden Küche (ein Schwerpunkt: Meeresfrüchte in vielerlei Zubereitungen, Hauptgerichte ca. 11,00 €). Hier gehts eindeutig ums Essen - und das ist reichlich portioniert, gut und günstig. Das Saint eignet sich ideal zum entspannten Genießen. Im Sommer gerne auf den netten Freisitzen.

täglich ab 17 h. Hedwigstraße 9, ☎ 18 95 69 11, www.saint-restaurant.de, MVG/MVV: U1 + 7 Maillingerstraße

La Villa im Bamberger Haus: Terrasse & Saal

Schmock ☆
Schwabing   *Jüdisch*

Vorne ist eine moderne Bar mit historisch anmutender Jugendstil-Einrichtung - hier kann man trinken und die Zeit verrinnen lassen. Wer sich in den hinteren Lokalbereich begibt, landet, an weiß-gedeckten Tischen, im Restaurant. Auf der Karte findet man eine überschaubare Auswahl teils koscherer Gerichte: marokkanische Fischsuppe 4,70 €, Vorspeisenteller klein oder groß (israelisch 7,60/14,50 € oder arabisch 8,60/15,50 €), Couscous mit Octopus 8,50 €, Rinderfiletsteak 19,00 €, Grieß-Kalbsbällchen 11,50 €, Kalbslendenmumie mit Dattel-Rosinen-Couscous 18,50 €, Orangenmousse mit geröstetem Sesam 6,50 €. Die Speisen sind einmal mehr der Beweis dafür, dass sich die jüdischen und arabischen Kulturen, zumindest kulinarisch, gegenseitig beeinflussen und befruchten. Eine Erkenntnis, die den Gästen sichtlich Freude bereitet. (ka)

Restaurant täglich 18 - 1 h, Küche bis 23 h,
Tagesbar täglich 10 - 18 h.
Augustenstraße 52, ☎ 52 35 05 35,
www.schmock-muenchen.de,
MVG/MVV: U2 + 8 Theresienstraße

Seehaus
Schwabing   *Biergarten*

Hier, am Ufer des Kleinhesseloher Sees, tummeln sich gerne Städter und Touris. Kein Wunder, welcher Biergarten hat schon Englischen Garten, See und gute Küche gleichzeitig zu bieten und ist obendrein zeitlos lässig.

Pommes Boutique

Tagesgerichte, wie das leckere Saiblingsfilet, kosten ca. 13,00 €, es gibt aber auch Vegetarisches, beispielsweise mit Tofu und Grünkern. Sonntags lockt zwischen 11 und 14.30 h ein Brunch. Außerdem: auch die Innenräume sind sehenswert. Vor oder nach der Einkehr kann man sich Räder oder Boote ausleihen und die Kinder toben auf dem Spielplatz.
täglich 10 - 24 h.
Kleinhesselohe 3, ☎ 3 81 61 30, MVG/MVV: U6 Dietlindenstraße

Seven Fish ☆
Gärtnerplatzviertel   *Fisch*

Typisch Neu-Gärtnerplatzviertel: das vornehm-großstädtisch gestaltete Seven Fish zählt zu den prägenden Lokalen des Stadtteils, außerdem bildet es einen modernen Gegenpol zu den rustikalen Fischküchen. In der Mittagspause gibt es preisgünstigere Angebote (ab ca. 4,00 €, zweigängiges Menü ca. 14,00 €), abends kostet ein Hauptgericht durchschnittlich 12,00 €. Lobenswert: die, übrigens vorzüglichen, Vorspeisen werden, je nach Hunger und Wunsch, in einer von drei möglichen Portionsgrößen serviert. Im Sommer nette Freisitze, genau dort wo alle vorbeiflanieren. Fazit: das Seven Fish bietet Gaumen- und Augenfreuden.
täglich 10 - 1 h.

Gärtnerplatz 6, ☎ 23 00 02 19, www.sevenfish.de, MVG/MVV: U1 + 2, 7 + 8, Tram 27 Fraunhoferstraße

Showroom
Au

Schlicht und zurückhaltend, hell und ohne Schnörkel, also gar nicht auf „Show" ausgerichtet, präsentiert sich dieses Lokal. Deshalb stören mich die zehn flimmernden Monitore ein wenig. Eine Augenweide dagegen sind die Speisen aus der Crossover-Küche von Andreas Schweiger (g*, Cocoon, Mandarin Oriental). Der kreative Koch macht aus Ideen aus aller Welt echte Kunstwerke und gibt sein Können in Kochkursen weiter.
Mo - Sa 17 - 1 h, So Ruhetag.
Lilienstraße 6, ☎ 44 42 90 82, www.show-room.info, MVG/MVV: S1 - 8, Tram 15 + 25 Rosenheimer Platz

Terrine
Maxvorstadt

Große Spiegel und Bilder an den Wänden, weiß gedeckte Tische, gemütliche Korbstühle, der dunkle Holzboden - die neue Terrine zeigt eine klarere Linie - im Vergleich zum eher verspielten Bistro Terrine. Die französische Cuisine ist jetzt nicht mehr die dominierende Konstante. Vielmehr werden mediterrane Einflüsse mit internationalen, asiatischen Ideen kombiniert. Das

Preis-Leistungs-Verhältnis in der neuen Terrine stimmt angesichts der hohen Qualität - egal, ob man ein kleines Mittagsgericht (Lachs mit Lauchsalat 9,00 €, Taube mit roter Beete 11,00 €, Lammkeule 11,00 €) bestellt oder abends eines der drei-, vier- oder fünfgängigen Menüs (47,00 €, 56,00 €, 65,00 €) wählt, die wöchentlich wechseln.

Di - Sa 12 - 15 h + 18.30 - 1 h, So, Mo + Feiertag Ruhetage. Amalienstraße 89, ☎ 28 17 80, www.terrine.de, MVG/MVV: U3 + 6 Universität

Villa Flora
Sendling

In der Villa Flora, einem historischen Gebäude mit nettem Biergarten, wird eine euroasiatische Küche (Sushi, Pasta, Salate, Fleisch & Fisch, Hauptgerichte ca. 11,00 €) serviert. Zusätzlich lockt montags ab 18.30 h ein „All-you-can-eat"-Buffet mit einer leckeren Auswahl an Hauptgerichten, Beilagen und Salaten (9,99 €). Von Mo bis Fr, ab 7 h, gibt es „Floras Flinkes Frühstück" (1,99 €), eine Auswahl an ofenfrischen Croissants und Kaffee. Sonn- und feiertags wird ab 10.30 h ein Familien-Brunch (13,33 € pro Person) aufgebaut. Von Mo bis Fr ab 11.30 h, zahlt man für das täglich wechselnde „Business Lunch-Buffet" 5,90 €. Bei schönem Wetter gibt es im Biergarten ein „Farmer's & Fisher's-Grillbuffet" (18.30 bis 21.30 h, 14,50 €): Seafood, Steaks & Würstl vom Grill und dazu eine Auswahl an Vorspeisen und Salaten.

täglich 8 - 1 h. Hansastraße 44, ☎ 54 71 75 75, www.villa-flora.com, MVG/MVV: U4 + 5, S7, 20 + 27 Heimeranplatz

Volksgarten
Maxvorstadt   Österreichisch

Wer bei einem Lokal mit dem Namen „Volksgarten" eine rustikale Bierschwemme befürchtet, wird angenehm überrascht: wir sind in einem der schönsten Restaurants der Stadt. Elegante Lederbänke und Korbwürfel als Sitzgelegenheiten laden zum Loungen ein - vielleicht vor oder nach dem Besuch des Volkstheaters. Doch die österreichisch-bayerisch-internationale Küche, die hier serviert wird, darf nicht ignoriert werden: gut portioniertes Fleisch oder Fisch mit ebensolchen Beilagen für ca. 12,00 €. Hell und freundlich wirkt der Volksgarten durch seine große Fensterfront und im Sommer lädt der schöne und ruhige Innenhof ein. (rp)

So - Fr 10 - 1 h, Sa 17 - 1 h, Küche bis 23 h. Brienner Straße 50, ☎ 57 87 78 59, www.volksgarten-muenchen.de, MVG/ MVV: U1, Tram 20 + 21 Stiglmaierplatz

Vue Maximilian
Altstadt

Vue Maximilian heißt das Restaurant des Luxushotels Vier Jahreszeiten. Küchenchef Markus Winkelmann und sein Team präsentieren hier eine Gourmetküche mit regionalen und internationalen Einflüssen. Im eleganten Restaurant kann man mit Blick auf die Maximilianstraße speisen. Sonntags lockt ein Brunch mit einer großartigen Schlemmerauswahl. Dafür zahlt man pro Person 45,00 € (Kinder bis 14 J. 50 % Erm.). Ein Glas Prosecco, Wasser, Kaffee und Tee sind im Preis enthalten. Wer brunchet, erhält 50 % Ermässigung auf die Parkgebühren (12 bis 15 h) in der Tiefgarage. Jeden Tag sorgt in der feierlich anmutenden Hotel-Lobby beim „Afternoon-Tea", zwischen 17 und 20 h, ein Pianist für entsprechende Atmosphäre und ab 21 h spielt er in der Bar. (hg)

täglich 6.30 - 23.30 h. Maximilianstraße 17, ☎ 21 25 21 25, www.kempinski-vierjahreszeiten.de, MVG/MVV: Tram 19 + N19 Kammerspiele

Wallenstein-Stuben
Haidhausen   Böhmisch

Ein weiterer kulinarischer Botschafter unseres östlichen Nachbarlandes. Hier werden Kreativität und Ideenreichtum deutlich. Tipp: Svickova (Ochsenlende in Sauerrahmgemüsesoße) für ca. 14,00 €. Eines der wechselnden Tagesgerichte kann z. B. Tafelspitz mit böhmischen Knödeln und Dillsoße sein. Bei schönem Wetter sollte man auf der 60-Plätze-Terrasse sitzen. Die Gäste kommen

★ = stadtbuch-tipp!

oft vom nahen Gasteig. (av)
Di - Fr + So 11.30 - 14.30 h + 18 - 24 h, Sa 18 - 24 h, Mo Ruhetag.
Hochstraße 8, ☎ 48 29 11, MVG/MVV: S1 - 8, Tram 15 + 25 Rosenheimer Platz

Walter & Benjamin
Isarvorstadt

Dieser kleine Laden ist eine Mischung aus Weinbar, Restaurant und Weinhandlung. Die Regale sind gefüllt mit verschiedensten italienischen Nudeln und 300 (Flaschen-) Weinen aus Spanien, Portugal, Frankreich, Italien und den USA. 15 bis 20 davon werden auch glasweise ausgeschenkt - nicht nur bei den regelmäßigen Weinproben. Auch wenn es nur wenige Stehtische und Hocker gibt, überrascht das kulinarische Angebot doch mit allabendlich wechselnden Festessen wie Ravioli mit Ziegenfrischkäse gefüllt, dazu Zucchini und Pinienkerne, Hummer auf Artischockenbeet, Kalbsrücken und Kalbsmaske mit Steinpilzen und Polenta und zum Abschluss Kokoseis mit gebratener Ananas und Schokoladen-Ingwer-Pudding. Vorspeisen und Suppen kosten 4,00 bis 12,00 €, Hauptgerichte 14,00 bis 18,00 € und Desserts kann man mit 4,00 bis 9,00 € veranschlagen. Auch mittags wird hier jeden Tag etwas Neues aufgetischt - aus fünf bis acht Gerichten kann der Gast auswählen - während abends bis zu zehn Speisen offeriert werden. (kv/xl)
Di - Sa 10 - 23 h, Küche 12 - 14.30 h + 18.30 - 22 h, So + Mo Ruhetage. Rumfordstraße 1, ☎ 26 02 41 74, www.walterbenjamin.de, MVG/MVV: Tram 17 + 18 Reichenbachplatz

Zauberberg ✴
Neuhausen

Der gute Ruf der international-feinen Speisen im rauchfreien Restaurant Zauberberg ist wohl begründet. Was die Küche offeriert ist einfallsreich-kreativ - wohlschmeckend sowieso. Täglich wird ein neues, bis zu fünfgängiges, Menü zusammengestellt. Die Gäste bestellen was und so viel sie sich wünschen: drei (33,00 €), vier (42,00 €) oder fünf (48,00 €) Gänge. Wer will, kann sich aus der Menüfolge auch ein einzelnes Gericht aussuchen. Ein Tipp für Mittagsgenießer ist der Zauberberg-Lunch (Di bis Do 12 bis 14 h) inklusive begleitender Weine: das viergängige Menü kostet 55,00 €, die fünfgängige Variante 65,00 €. Die Weine stammen hauptsächlich aus Österreich und Italien. Dazu gesellt sich eine kleine Auswahl an deutschen, spanischen und französischen Weinen. Im Restaurant haben 40 Gäste Platz, im Sommer wird zusätzlich auf der Terrasse gedeckt.
Di - Do 12 - 14 h + 19 - 1 h, Fr + Sa 19 - 1 h, So + Mo Ruhetage.
Hedwigstraße 14, ☎ 18 99 91 78, www.restaurant-zauberberg.de, MVG/MVV: U1 + 7 Rotkreuzplatz; Tram 12, Bus 53 oder N41 Albrechtstraße

Zum Klösterl
Lehel

Irgendwie ist hier das Interieur so, als würde der Prinzregent gleich zur Tür herein kommen, also altmünchnerisch-rustikal, aber nicht kitschig. Das Klösterl ist seit über 25 Jahren in Familienbesitz. Diese Kontinuität in der schnelllebigen Gastronomie zeigt, dass die Wirte hier wohl alles richtig machen. Über zwei Stockwerke verteilt sich das Restaurant und im Sommer zieht es die Gäste auf die kleine Dachterrasse. Auf der abwechslungsreichen Karte, die von der Saison und von Aktionen (z. B. Wild, böhmische Spezialitäten, Spargel, Sommersalate, Schwammerl) bestimmt wird, findet man auch Weinbergschnecken (7,60 €), saure Zipfel (8,30 €) oder Tafelspitz (14,20 €). Ein Klassiker ist das in Butter gebratene Wiener Schnitzel - natürlich vom Kalb - mit Röstkartoffeln und Salat für 10,80 €.
Mo - Sa 17.30 - 1 h, So Ruhetag, Nov. - April: So 17.30 - 1 h, warme Küche bis 24 h.
St.-Anna-Straße 2, ☎ 22 50 86, www.zumkloesterl.de, MVG/MVV: U4 + 5 Lehel; Tram 17 + 19 Max II Denkmal

Il Conto per favore!

ITALIENISCH

Acetaia ✳
Neuhausen

Der Name ist Programm: viele Speisen (Hauptgerichte ca. 13,00 €, Menüs ab ca. 23,00 €/ mittags bzw. 44,00 €/abends) werden mit edlem Essig verfeinert und bieten damit besondere Geschmackserlebnisse. Und so sticht das Acetaia aus der großen Masse der Münchner Italiener heraus. Fazit: die Küche ist frisch und kreativ und das Personal versteht seinen Job. Ach ja, perfektes Ambiente. (hg)
So - Fr 12 - 15 h + 18.30 - 1 h, Sa 18.30 - 1 h. Nymphenburger Straße 215, ☎ 13 92 90 77, MVG/MVV: U1 + 7, Bus 132/133 Rotkreuzplatz; Tram 12 Volkartstraße

Acquarello ✳
Bogenhausen

Die raffinierte, vielfach ausgezeichnete Küche und die feine Weinkarte, machen einen Besuch dieser kulinarischen Institution zu einer Augen- und Gaumenfreude. Genuss ohne Reue! Neben den Speisen setzen nur die bunten Fresken Akzente im ansonsten schnörkellosen Lokal. Hier wird keine Standardkarte angeboten, die Auswahl wechselt täglich. Mittags gibt es ein Business-Menü für ca. 27,00 €, Abendmenüs kosten 47,00 oder 77,00 €. Das Acquarello ist ein Lokal für einen besonderen Abend, an dem man nicht aufs Geld schaut und festliche Garderobe trägt. (be)
Mo - Fr 12 - 14 h + 18.30 - 23 h, Sa, So + Feiertag 18.30 - 1 h. Mühlbaurstraße 36, ☎ 4 70 48 48, www.acquarello.com, MVG/MVV: U4, Bus 44 Böhmerwaldplatz

Adria
Schwabing

Traditionsreicher und seit 1972 bewährter Italiener. Stammgäste wissen: Pizza und Spaghetti sind hier mehr als nur eine Notlösung. Für den späten Hunger, nach Mitternacht, auf der Schwabinger Piste ideal. Mittagessen gibt es

Buon Gusto; rechte Seite: Garibaldi Bar (o.), Nero (u.)

für ca. 7,00 € (mit Fleisch oder vegetarisch). Im Sommer auch auf den Freisitzen an der Leo. (hg)
täglich 10.30 - 3 h. Leopoldstraße 19, ☎ 39 65 29, MVG/MVV: U3 + 6 Giselastraße

Al Pino ✳
Solln

Restaurant mit überdurchschnittlicher Küche zu fairen Preisen und mit ansprechendem Weinsortiment. Eine besondere Empfehlung für dieses Lokal sind die Fleisch- und Fischgerichte. Tipp: ein mehrgängiges Menü (mittags ab ca. 22,00 €, abends ab ca. 40,00 €). Der Service ist zuvorkommend und freundlich. Die Einrichtung ist für manche Geschmäcker etwas zu üppig geraten, dafür sind die Plätze im Garten sehr angenehm. (mr)
So - Fr 12 - 14.30 h + 18 - 23 h, Sa Ruhetag. Franz-Hals-Straße 3, ☎ 79 98 85, www. al-pino.de, MVG/MVV: S7, 20 + 27 Solln

Albarone ✳
Altstadt

Dieses Ristorante braucht mit nichts aufzutrumpfen oder marktschreierisch für sich zu werben. Hierher kommt man, wenn es mittags (Menü ab 24,00 €) mal was Gutes sein darf oder wenn abends (Menü ab 46,00 €) eine erstklassige, aber unaffektierte italienische Küche zum absoluten Wohlbefinden beitragen soll. Klassisch! Netter Innenhof. (kk)
Mo - Fr 12 - 15 h + 18.30 - 1 h, Sa 18.30 - 1 h, So Ruhetag. Stollbergstraße 22, ☎ 29 16 86 87, MVG/MVV: Tram 19 Kammerspiele; S1 - 8, Tram 17, 18 + N17 Isartor

Amadeo
Nymphenburg

Amadeo ist ein typischer Italiener, der alle typischen Erwartungen (Pizza 5,00 bis 8,00 €, Mittagessen etwa 6,50 €, 20 Weine aus Italien) erfüllen kann. Einladend sind die schönen Freisitze im Garten und über den Service freut sich der Gast ebenfalls.
täglich 11 - 1 h, Küche bis 23 h. Pasch-straße 46, ☎ 15 43 36, MVG/MVV: U1 Gern

Antica Trattoria
Harlaching

Familiär geführter Landgasthof mit idyllischer Terrasse und schönem Garten an der Isar. Die Küche verwöhnt mit immer neuen Ideen, wie beispielsweise Flusskrebsen auf Kartoffeln für ca. 12,00 €. Mittags kostet das Menü ca. 8,00 bis 11,00 €. Der Service ist so aufmerksam wie man ihn sich überall wünschen würde, sagen die einen, andere dagegen monieren lange Wartezeiten. Egal: das Essen ist überdurch-schnittlich.
täglich 11.30 - 24 h. Braunstraße 6, ☎ 6 42 66 66, MVG/MVV: U1 Wettersteinplatz, dann weiter mit Tram 15 + 25 Theodolinden-platz

Aquapazza
Au

Die vielen Fischspezialitäten auf der Karte des Aquapazza erinnern ein wenig an „Das Riff", das Fischrestaurant, das hier früher die Gäste verwöhnte. Jetzt kommen die Freunde der medi-terranen Küche (Hauptgerichte ca. 15,00 €), was in der Regel, so auch hier, bedeutet: italienisch-französische Gaumenfreuden, frisch, hausgemacht und kreativ. Und damit ist das Lokal auf der Gewinnerstraße - hoffen wir zu-mindest. Recht gemütlich sitzt es sich draußen vor dem Restaurant.
So - Fr 11.30 - 14.30 h + 18.30 - 23.30 h, Sa 18 - 23.30 h. Mariahilfplatz 24, ☎ 65 10 22 58, MVG/MVV: Tram 27, N27 Mariahilfplatz

Arti-Schocken
Schwabing

Hervorragende und preiswerte Küche (hausgemachte Ravioli für 7,00 bis 9,00 €) in angenehm zurückhaltender Umgebung. 150 Weine stehen auf der Karte. Die kulinarischen Genüsse werden gelegentlich von theatralischen Einlagen des Inhabers, der einer Commedia dell'arte-Truppe angehört, bereichert. Das Mit-tagsangebot bewegt sich in der Preislage von 7,00 bis 10,00 €.
Mo - Fr 10 - 15 h + 19 - 1 h, Sa + So Ruhetage. Barerstraße 48, ☎ 28 59 80, MVG/MVV: Tram 27 Pinakotheken; U3 + 6 Universität

Baricentro
Altstadt

Der Name stellt klar: wir sind in einer Café-Bar im Zentrum. Alles was der Italiener (und der Münch-ner) von so einer Bar erwartet - also schwarze Heißgetränke in guter Qualität - bekommt man hier und mehr. Nämlich leckeres Essen, von Kleinigkeiten bis zu Sattmachern.
Mo - Sa 9 - 22 h, So 14 - 22 h. Sebastiansplatz 5, ☎ 23 25 99 80, MVG/MVV: Bus 52 Viktualienmarkt; Tram 17 + 18 Reichenbachplatz

Bei Mario ✳
Schwabing

Seit 1967 in Schwabing! Wird im-mer wieder als einer der besten

Pizzabäcker (20 Variationen) der Stadt apostrophiert. Aber auf das Zubereiten der Hefefladen mit diversen Belägen lassen sich Marios Kochkünste nicht reduziert. Tipp: Einfach mal eines der, während der Woche, täglich wechselnden Menüs (7,00 bis 11,00 €) oder das günstige Tagesangebot (6,00 bis 8,00 €) probieren. Bei Mario trifft man alle: vom Studenten bis hin zum Minister. Garten im Innenhof! (ha)
täglich 11.30 - 0.30 h. Adalbertstraße 15, ☎ 2 80 04 60, MVG/MVV: U3 + 6 Universität; U2 + 8 Josephsplatz

Bibulus
Schwabing

Der Bibulus-Koch hat zuvor im Vinaiolo gearbeitet und deshalb dürfen wir auch eine anspruchsvolle Küche, jenseits von Pizza & Co., erwarten. Die Vorfreude wird nicht enttäuscht: das Bibulus bietet kreative Speisen (Hauptgerichte ca. 19,00 €, Vorspeisen ca. 10,00 €, Desserts ca. 6,50 €) mit überraschenden Zutatenkombinationen. Kurz: ein sehr interessantestes Ristorante. (be)
Mo - Fr 12 - 14.30 h + 18.30 - 23 h, Sa + So 18.30 - 23 h, Küche bis 14 h bzw. 22.30 h. Siegfriedstraße 11, ☎ 39 64 47, MVG/MVV: U3 + 6 Münchner Freiheit

Bistro Bruno
Glockenbachviertel

Die hausgemachte Pasta (Ravioli mit Steinpilzen ca. 10,00 €) ist gut. Beispiele für Mittagsmenüs: Suppe und Pizza della casa (ca. 6,00 €) oder Suppe, Fisch und Salat (ca. 11,00 €). Happy Hours 11.30 bis 14.30 h: alle Nudelgerichte 4,00 €, Pizza 5,00 €, Fleischgerichte 5,50 €. Ein paar Mal im Jahr werden Fisch- oder Weinfeste in diesem Ecklokal gefeiert.
So - Fr 11 - 15 h + 18 - 1 h, warme Küche bis 23 h, Sa Ruhetag. Pestalozzistraße 16, ☎ 2 60 61 27, MVG/MVV: U1, 2, 7 + 8, Tram 27 Fraunhoferstraße

Bistro Uno
Schwabing

In diesem geschmackvoll eingerichteten Lokal gibt es gute italienische Küche und eine ebenso gute Aussicht durch das große Fenster auf die Freisitze

an der Straße. Tipp: Dorade in Salzkruste für zwei Personen ca. 36,00 €. (mn)
Mo - Fr 11.30 - 14.30 h + 17.30 - 1 h, Sa 18 - 24 h, Küche bis 23.30 h, So Ruhetag. Kaiserstraße 65, ☎ 33 14 30, MVG/MVV: U3 + 6 Münchner Freiheit

Buon Gusto
Altstadt

Erfrischend festzustellen, dass in der direkten Nachbarschaft zum Marienplatz noch Restaurants existieren, deren Preisniveau nicht ins Unendliche abgedriftet ist. Im kleinen und gemütlichen Buon Gusto gibt es Delikatessen wie Mies- oder Venusmuscheln und sehr viel Pasta. Wirt Rinaldo Talamonti fährt regelmäßig in seine Heimat in den Marken, um dort regionale Spezialitäten einzukaufen. An speziellen Abenden stellt er die kulinarischen Genüsse im Buon Gusto vor. (kv)
Mo - Sa 11 - 23 h, So + Feiertag Ruhetag. Hochbrückenstraße 3, ☎ 29 63 83, MVG/MVV: U3 + 6, S1 - 8 Marienplatz

Canale Grande
Nymphenburg

Leider sind wir nicht in Venedig, aber der Blick auf den Nymphenburger Kanal ist auch nicht so schlecht. Im Sommer sieht man Schwäne und im Winter Schlittschuhläufer und Eisstockschützen. Also, vergiß Venedig, denn die feine Küche in diesem ansprechend gestalteten Lokal ist überdurchschnittlich gut und das Personal freundlich und zuvorkommend. Auch wenn die Preise etwas höher sind, Speisen, wie der Lammrücken mit Kräuterkruste (ca. 18,00 €), schmecken ausgezeichnet und das wechselnde Mittagsmenü (zwei Gänge ca. 10,00 €) ist immer sein Geld wert. Nette Gartenterrasse. (be/rw)
täglich 11.30 - 15 h + 17.30 - 24 h. Ferdinand-Maria-Straße 51, ☎ 17 45 65, MVG/MVV: U1 + 7, Rotkreuzplatz; Tram 12, 16, 17 + N17 Romanplatz

Casa Mia
Ludwigsvorstadt

Beliebter preisgünstiger Italiener mit üppigen Nudel-, Pizza- und Salatportionen. Preise für Pizzen: 5,00 bis 7,00 €, für Pasta 5,00 bis

✱ = stadtbuch-tipp!

8,00 €. Einladend sind auch die sehr günstigen Mittagsmenüs. Alle Gerichte gibt es auch zum Mitnehmen. Nettes Personal. (be)
So - Fr 11.30 - 23.30 h, Sa Ruhetag. Implerstraße 47, ☎ 5 32 87 34, MVG/MVV: U3 + 6, Bus 152 Implerstraße

Corretto
Untermenzing

Schön ist es im Lokal, das ganz vom Kontrast zwischen rot gestrichenen Wänden, schwarzen Möbeln, Fotoleuchtkästen und großen Fenstern „lebt" und im Sommer lockt der nette Garten. Gegessen werden Pizzen aus dem Holzofen, aber auch Pasta oder anderen traditionelle Speisen, zu entspannten Preisen.
Mo - Fr 11 - 1 h, Sa, So + Feiertag 10 - 1 h (mit Frühstücksangebot). Haldenberger Straße 28 / Ecke Waldhornstraße, ☎ 14 34 81 48, MVG/MVV: S1 Moosach; Bus 162 Waldhornstraße

Cucina Legame
Maxvorstadt

Im Gegensatz zum Vorgänger wirkt die Cucina Legame (Hauptgerichte ca. 14,00 €) entspannter, aber nicht weniger anspruchsvoll. Wobei die Küche sich nicht allein auf die typische Speisenauswahl verlässt, sondern gerne neue Rezepte und Ideen präsentiert.
Mo - Sa 10 - 24 h, So Ruhetag. Georgenstraße 45, ☎ 28 80 53 62, www.cucina-legame.com, MVG: Tram 27 Nordendstraße; U3 + 6 Giselastraße

Da Alberto ☀
Moosach

Ohne Reservierung ist man hier fast chancenlos. Zu viele haben sich von der hohen Qualität dieses Ristorante überzeugt - und die meisten kommen immer wieder. Die Küche ist kreativ: bei der Wahl der Zutaten, wie auch bei der Zubereitung. Auf einer Tafel stehen die täglich aktuellen Speisen (Hauptgerichte ca. 9,00 bis 28,00 €). Seewolf im Salzmantel oder Penne Arrabiata etwa. Ein Mittagsmenü mit Vorspeise, Hauptgericht und Dessert wird für ca. 20,00 € serviert. (be)
Mo - Sa 11.30 - 15 h + 18 - 24 h, So Ruhetag. Netzerstraße 29, ☎ 14 21 34, MVG/MVV: U1 Westfriedhof; Bus 164, 165 Nederlinger Straße

Da Carmine
Schwabing

Das Bistro Da Carmine bietet eine interessante Auswahl an Gerichten von der kleinen Standardkarte (z. B. Suppen ca. 4,00 €, Carpaccio vom Rind ca. 9,00 € und Pizzen) und der wechselnden Tageskarte. Probiertipps: Spaghetti mit Pesto (ca. 9,00 €) oder Crêpes mit Ricotta und Spinat (ca. 8,00 €). Getrunken werden italienische Weine und Augustiner Biere. Im Sommer gerne unter Sonnenschirmen im begrünten Innenhof, wo auch die Kinder spielen dürfen. (rw)
Mo - Sa 11.30 - 23 h, So Ruhetag. Hohenzollernstraße 26, ☎ 39 07 78, MVG/MVV: U3 + 6 Giselastraße

Dal Cavaliere
Haidhausen

So stelle ich mir „meinen Italiener" vor: die Stimmung muss herzlich, aber nicht anbiedernd, sein und das Essen authentisch, mit einem Schuss bodenständiger Unkompliziertheit und, selbstverständlich, wohlschmeckend. Wenn dann auch noch das Weinangebot ohne Chichi auskommt, sind wir richtig. Bei Dal Cavaliere (Hauptgerichte ca. 11,00 €, Menüs ca. 30,00 €) kann man eigentlich nichts falsch machen. Fleisch-, Fisch- oder Pastagerichte überzeugen selbst kritische Gäste. Wir fühlen uns hier wohl.
täglich 11.30 - 0.30 h. Weißenburger Straße 3, ☎ 48 83 88, MVG/MVV: S1 - 8, Tram 15 + 25 Rosenheimer Platz

Evviva
Bogenhausen

Gino de Vivos Evviva betritt man durch den efeubegrünten Torbogen und darf sich auf eine ausgezeichnete Küche (Vier-Gänge-Menü 30,50 €, Fünf-Gänge 38,50 €) freuen, die mit Kreativität und Können ein wunderbares Aushängeschild für die Cucina Italiana ist. Freundlich-sympathisches Personal.
Mo - Fr 11.30 - 14.30 h + 18 - 23.30 h, Sa 18 - 23.30 h, So Ruhetag. Wilhelm-Dieß-Weg 2, ☎ 93 14 16, www.evviva-muenchen.de, MVG/MVV: U4 Arabellapark, dann weiter mit dem Bus bis Wilhelm-Dieß-Weg

Fratelli's
Altstadt

Dunkles Parkett, weiß gedeckte Tische, weiß gepolsterte Stühle, hohe Fenster und klare Linien - das Fratelli's präsentiert sich hell und ohne Pomp. Die Küche ist anspruchsvoll bis exklusiv: Thunfischfilet mit Blumenkohl-Curry Salat (10,50 €), hausgemachte Sonnenblumen-Tortellini mit Auberginen und Pfifferlingen gefüllt (9,50 €), Gnocchi aus Ricottakäse und Spinat in Salbei-Butter-Soße (9,80 €), Entenbrust mit Pistazien und Cassis (17,50 €), Doradefilet in Meeresfrüchtekruste auf Blattspinat (18,50 €), marinierte Kirschen mit Pralineneis (6,80 €). Qualität bei Speisen und Service erwartet das Publikum. *(wk)*
täglich 11 - 1 h, warme Küche 12 - 23 h. Utzschneiderstraße 1a, ☎ 26 01 18 50, MVG/MVV: Tram 17 + 18 Reichenbachplatz

Friulana
Schlachthofviertel

Rustikal-gemütlich, mit Stoffdecken und Kerzen auf den Tischen und holzgetäfelten Wänden, gibt sich diese Osteria ganz bescheiden. Freunde anspruchsvollen Raumdesigns werden nicht beeindruckt sein. Wer aber gute italienische Küche (Hauptgerichte ca. 12,00 €) mag, besucht das Friulana sicher immer wieder gerne. Und wenn am Samstag auch noch gesungen und musiziert wird, ist die Urlaubsidylle perfekt. *(ka)*
Mo - Fr 11 - 14.30 h + 18 - 1 h, Sa 18 - 1 h, So Ruhetag. Zenettistraße 43, ☎ 76 67 09, MVG/MVV: U3 + 6 Poccistraße

Gambrinus ⚜
Bogenhausen

Das Gambrinus hat sich auf mittel- und süditalienische Regionalgerichte spezialisiert: etwa Creme aus getrockneten Feigen, Spaghettini mit Knoblauch und getrockneten Tomaten oder flambierte Scampi in pikanter Soße auf Paprika. Obwohl das Restaurant nach Gambrinus, dem Schutzherrn der Biertrinker, benannt ist, wird hier vor allem

Il Mulino

Wein getrunken. Passt ausgezeichnet zum edlen toskanischen Ambiente des schicken Restaurants, das auch mit einem ruhigen Garten aufwarten kann. *(wk)*
So - Fr 11.30 - 15 h + 18 - 1 h, Sa 18 - 1 h, warme Küche bis 23 h. Ismaninger Straße 45, ☎ 47 88 41, MVG/MVV: U4 Prinzregentenplatz

Garibaldi
Schwabing

Atmosphärisch wunderbarer italienischer Stehimbiss und Weinhandlung mit großem, qualitativ hochwertigen Sortiment (400 Flaschenweine - jeder kann probiert werden) zu fairen Preisen. Im Imbiss sollte man unbedingt von den leckeren Antipasti kosten. Alternativ zu diesen Vorspeisen bekommt man Käse, Schinken, Wurst und etwas Pasta. Hier treffen sich Studenten, Banker & Künstler. *(ha)*
Mo - Fr 11 - 20 h, Sa 10 - 18 h, So Ruhetag. Schellingstraße 60, ☎ 2 72 09 06, www.garibaldibar.de, MVG/MVV: U2 + 8 Theresienstraße; Tram 27 Schellingstraße

Giesinger Garten ⚜
Untergiesing

Die Riesenpizza (etwa 7,00 bis 9,00 €) von der eine ganze Familie satt werden könnte, zubereitet vor den Augen der Gäste in der Mitte des Lokals, ist beinahe schon Legende. Und dass man hier im Sommer im 200-Plätze-Garten unter schattigen Bäumen sitzt, macht den Giesinger Garten zu Recht zu einem der besonders beliebten Italiener. Das Mittagessen kostet zwischen 6,00 und 10,00 €. *(av)*
täglich 11.30 - 15 h + 17.30 - 23.30 h. Gerhardstraße 4, ☎ 65 77 62, MVG/MVV: U1 + 7, Bus 54 Candidplatz

Golden Twenties ✳
Schwabing

Entspanntes Traditionslokal mit Jugendstil-Einrichtung und weiß gedeckten Tischen auf denen Kerzen für eine festliche Stimmung sorgen. Die Karte bietet Vorspeisen, Pasta (z. B. mit Jakobsmuscheln in Safransoße ca. 11,00 €), Fleisch- (Kalbsfilet mit Steinpilzen ca. 19,00 €) und Fischgerichte. Die Kleinen erhalten auf Wunsch Kinderteller. Tipp: Die wechselnde Mittagskarte mit leckeren preisgünstigen Pasta- (ab 5,00 €) oder Fleisch- bzw. Fischgerichten (ab 8,00 €) und dem dreigängigen Mittagsmenü (ca. 9,00 €). Abends ist das fünfgängige Menü (ca. 38,00 €) ein hervorragender Grund für einen Besuch des Golden Twenties. (mr)
Mo - Fr 10.30 - 15 h + 17.30 - 1 h, Sa + So 18 - 1 h, warme Küche ab 12 h und bis 23.30 h. Arcisstraße 61 / Ecke Georgenstraße, ☎ 2 71 77 01, www.goldentwenties.net, MVG/MVV: U2 + 8, Bus 53 Josephsplatz; Tram 27 Nordendstraße

Grissini
Schwabing

Der Name stammt nicht von ungefähr, sind doch die selbst gemachten Grissini eine besondere Spezialität dieses Restaurants. Was nicht heißen soll, dass die übrigen Speisen, vor allem die typischen Klassiker, den Besuch des Grissini nicht lohnen: Kalbsmedaillons mit Zitrone für ca. 15,00 €, Scaloppina masala für ebenfalls etwa 15,00 €. Vom Personal würde sich der Gast jedoch etwas mehr Aufmerksamkeit wünschen. (be)
So - Fr 11.30 - 15 h + 18 - 1 h, Sa 18 - 1 h. Helmtrudenstraße 1, ☎ 36 10 12 13, MVG/MVV: U6 Dietlindenstraße

Gyoia
Altstadt

Ansprechend gestaltete Restaurant-Bar: modern mit Geschmack. Die umfangreiche Speisekarte (Hauptgerichte ca. 8,00 bis 17,00 €) ist international, mit italienischer Dominanz, weshalb man das Gyoia guten Gewissens in diese Rubrik einordnen kann. Generell würde man sich in der Küche eine ebenso klare Linie wünschen, wie sie beim Raumdesign vorherrscht. Weniger (Auswahl) ist nicht selten mehr. (rp)
Mo - Do 11 - 24 h, Fr 11 - 1 h, Sa 16 - 1 h, So + Feiertag Ruhetage. Oberanger 32, ☎ 23 70 27 43, MVG/MVV: U1 - 3, 6 + 7, Tram 16 - 18 + 27 Sendlinger Tor

Il Borgo
Maxvorstadt

Das elegante Il Borgo wird wegen seiner Fischspezialitäten gerühmt, darüber sollte man jedoch keinesfalls die anderen Highlights der italienischen Küche vergessen, die hier serviert werden. Die Qualität schlägt sich zwar im Preis (Hauptgerichte ca. 15,00 €, Menüs ca. 24,00 €/mittags drei Gänge, ca. 40,00 €/abends fünf Gänge) nieder, doch das äußerst freundliche Personal und die angenehme Atmosphäre trösten darüber hinweg. (mr)
Mo - Fr 11.30 - 14.30 h + 18 - 24 h, Sa 18 - 24 h, So + Feiertag Ruhetage. Georgenstraße 144, ☎ 1 29 21 19, MVG/MVV: U2 + 8, Bus 53 Josephsplatz

Il Castagno
Westend

Lokal und Publikum sind eher schick. Neben diversen Pizzen gibt es allerlei Feines aus der guten italienischen Küche, für das man etwas tiefer in die Tasche greifen muss: Seezunge mit Mischpilzen in Cognac für ca. 18,00 €, das Mittagsmenü für ca. 21,00 €. Im Garten kann man gemütlich unter Kastanien sitzen, während sich die Kleinen auf dem Spielplatz beschäftigen.

Mo - Sa 11.30 - 24 h, Küche bis 23.30 h, So Ruhetag. Grasserstraße 10, ☎ 53 53 57, MVG/MVV: S1 - 8, Tram 16 + 17 Hackerbrücke

Il Cigno ✱
Haidhausen

Gute Küche und noch dazu recht preiswert: dieser Italiener am Bordeauxplatz kann solche Versprechen halten. Inhaber Francesco D'Amico schwört auf die Küche der Toskana, der Emilia Romagna und Apuliens. Die Qualität der hausgemachten Pasta (Fettucine mit grünem Spargel und Parmaschinken) hat sich herumgesprochen. Auch die Pizzen (ca. 6,00 bis 10,00 €) sind ihren Preis wert. Bei den Fisch- und Fleischgerichten liegt das Preisniveau höher: der gemischte Fischteller vom Grill kostet ca. 18,00 €. Die hohen, stuckverzierten Altbau-Räume geben dem Lokal, bei gedämpftem Licht, ein sehr gemütliches Ambiente. Im Sommer lockt die Terrasse. (gh/lmd)

täglich 10 - 14.30 h + 17.30 - 24 h. Wörthstraße 39, ☎ 4 48 55 89, MVG/MVV: U5 + 6, S1 - 8, Tram 19, Bus 45, 53, 54, 89, 95, 96, 198 + 199 Ostbahnhof

Il Grappolo
Maxvorstadt

Dieser kleine, sehr angenehme Stehitaliener (Sitzplätze gibt es auch, bitte reservieren) bietet eine interessante Tageskarte (Antipasti, Pasta, Salate, Suppen) die ca. 20 Positionen für 6,00 bis 14,00 € umfasst. Die Weinkarte präsentiert 200 Kreszenzen - kein Wunder, schließlich ist nebenan eine Vinotheca. (sb)

Mo - Sa 11.30 - 23.30 h, warme Küche bis 22 h, So + Feiertag Ruhetage. Adalbertstraße 28, ☎ 39 62 41, MVG/MVV: U3 + 6 Universität

Il Mulino
Schwabing

Gute italienische Küche zu fairen Preisen und edle Tropfen aus dem Land südlich der Alpen - in lebhafter bis lauter Atmosphäre - so lautet das Erfolgsrezept der Mühle. Vorbestellung ist zu empfehlen, um diverse Fleisch- (Kalbsröllchen in pikanter Soße) und Fischgerichte (Babysteinbutt vom Grill), Pasta (Spaghetti Marinara), Pizza oder ein Mittagsmenü (ca. 5,00 bis 10,00 €) mit Pasta oder Fisch genießen zu können. Netter Garten unter schattigen Kastanien. (hg/rp)

täglich 11.30 - 24 h, warme Küche bis 24 h. Görresstraße 1, ☎ 5 23 33 35, MVG/MVV: U2 + 8 Josephsplatz

Il Padrino
Haidhausen

Ein kleines, familiäres Restaurant zum Wohlfühlen: unauffällig und schlicht, aber gemütlich. Die Gerichte der wöchentlich wechselnden Karte sind preiswert und über zu kleine Portionen kann man sich wahrlich nicht beschweren. Die meisten Hauptgerichte kosten 10,00 bis 15,00 €. (kv)

täglich 11.30 - 14.30 h + 17.30 - 23.30 h. Kirchenstraße 44, ☎ 4 47 11 84, MVG/MVV: U4 + 5, Tram 15, 18, 19, 25, Max-Weber-Platz

Il Piccolo Principe
Altstadt

Anspruchsvolles italienisches Bistro-Restaurant, das seinen Schwerpunkt auf frische gesunde Vollwertküche legt. Probiertipps: hausgemachte Ravioli mit Kastanienfüllung in Basilikumsoße für 7,20 € oder Perlhuhnkeule mit Steinpilzen gefüllt für 12,50 €. Das werktägliche dreigängige Mittagsmenü kostet 7,50 €. An die Weinfreunde: im Il Piccolo Principe gibt es zehn offene und 150 Flaschenweine. Die Atmosphäre ist freundlich und familiär.

Mo - Fr 12 - 15 h + 18 - 22 h, Sa 12 - 15 h, So Ruhetag. Kapuzinerstraße 48, ☎ 7 21 34 50, MVG/MVV: U3 + 6 Goetheplatz; Bus 58 Baldeplatz

Katzlmacher
Altstadt

Einige Zeit war er weg, nun ist er wieder da: der Katzlmacher, die Osteria der Gebrüder Zanuttigh. Das geräumige Restaurant mit den orange gestrichenen Wänden und den weißgedeckten Tischen steht nach wie vor für eine gute, allerdings auch höherpreisige Küche. Mittagsangebote: Pasta & Espresso 9,50 €, kleine Vorspeise, Pasta & Espresso 14,50 €, kleine Vorspeise, Pasta, Hauptgericht & Espresso 24,50 €. Ansonsten kosten Hauptgerichte um die 21,00 € und für ein Abendmenü sollten durchschnittlich 48,00 € veranschlagt werden.

Mo - Sa 12 - 15 h + 18.30 - 1 h, So Ruhetag.
Bräuhausstraße 6, ☎ 33 33 60,
www.der-katzlmacher.de,
MVG/MVV: U3 + 6, S1 - 8 Marienplatz

L'Angolino
Haidhausen

Schon durch die breite Fensterfront, sind all die italienischen Feinkost-Leckereien zu sehen, die man im L'Angolino probieren und kaufen kann. Inmitten von Regalen voller Espresso, Pasta, Pesto, Olivenöl, Basilikum und Oregano, dem großen Weinregal und der Feinkosttheke mit Käse- und Wurstdelikatessen, kann man an den Stehtischen, bis 16 h, für wenig Geld Spezialitäten kosten. Pasta, Pizzen (5,00 bis 8,00 €) oder Vorspeisenteller sind zu empfehlen. Spätestens beim Wein fällt die Wahl schwer: hier gibt es Weine aller Regionen Italiens. Typisch für Haidhausen: Im Sommer stehen Tische im Freien zu beiden Seiten des „Eckchens". (lmd)

Mo - Fr 9 - 19 h, Sa 9 - 14 h, So Ruhetag.
Wörthstraße 16, ☎ 48 44 99,
MVG/MVV: Tram 15, 19 + 25 Wörthstraße

L'Angolo della Pizza ✻
Haidhausen

Modern-sympathische Pizzeria, folklorefrei nett eingerichtet und auch personell gut aufgestellt. Hier gibt's Pizzen von ca. 3,00 bis 10,00 € - dann beträgt der Durchmesser stattliche 32 cm. Die Schiefertafel informiert über das weitere Angebot, das viele lobenswert-leckere Gerichte um Pasta, Carne und Frutti di Mare umfasst. (hg)

Mo - Fr + So 11.30 - 14 h + 17.30 - 0.30 h,
Sa + Feiertag 16 - 0.30 h.
Breisacher Straße 30, ☎ 4 48 89 79,
MVG/MVV: U5 + 6, S1 - 8, Tram 19, Bus 45,
53, 54, 89, 95, 96, 198 + 199 Ostbahnhof

L'Osteria
Schwabing

Pizza, Pasta, Design & Atmosphäre sind die vier Säulen der Erfolgsgeschichte der L'Osteria, die auch in Regensburg, Nürnberg und Rosenheim zuhause ist. Die „Pistolen-Lampen" hat Philippe Starck entworfen und die übergroßen, lecker belegten Pizzen (ca. 6,00 bis 10,00 €) kommen aus der einsehbaren Küche. Es gibt auch Tagesgerichte, Pasta und Dolci - und: viele Freisitze.

Mo - Sa 11 - 24 h, So 15 - 24 h.
Leopoldstraße 28 a, ☎ 38 88 97 11,
www.losteria.info,
MVG/MVV: U3 + 6 Giselastraße

La Corte dell'Angelo
Obergiesing

In dem kleinen Fischristorante, das als Familienbetrieb einen sehr persönlichen Service bietet, werden auch die typischen Fleischgerichte nicht vernachlässigt. Dabei beherrscht der Koch nicht nur die klassische Küche, sondern nimmt sich auch kreative Freiheiten. Deshalb sitzt man gerne in dem engelgeschmückten La Corte dell'Angelo.

Mo, Mi - Fr 11.30 - 14.30 h + 17.30 -
23.30 h, Sa 17.30 - 23.30 h, So 11.30 -
23.30 h, Di Ruhetag.
Perlacher Straße 11, ☎ 62 00 96 40,
MVG/MVV: U2 + 7 Untersbergstraße

La Famiglia
Altstadt

Dieses gemütliche Ristorante im Hotel Torbräu ist - wie so viele - ein Familienbetrieb und man kann hier, ohne anzuecken, mit seiner Großfamilie, sofern man sie hat, kommen und alles ist bene! Frische saisonale Produkte, die Karte (Lamm „Julienne" Toskana-Art 10,50 €, Petersilien-Fazzoletti (Pasta) mit Lachs und Ananas 9,90 €, Flugentenbrust in Traubensoße 17,90 € oder Kaninchenkeule mit Paprika und Oliven gefüllt 17,50 €) wechselt wöchentlich, und die Rezepte aus der Toskana sorgen für kulinarische Freuden und einen stimmungsvollen Aufenthalt. (ka)

täglich 11 - 1 h, Tal 41, ☎ 24 23 41 80,
MVG/MVV: S1 - 8, Tram 17, 18 + N17
Isartor

⭐ stadtbuch-tipps
PIZZA

Nero

Punto Divino, Piazza Linda (rechte Seite)

La Fattoria
Au

So ländlich sieht es hier wirklich nicht aus, auch die Küche ist viel kreativer als auf einem italienischen Landgut (Fattoria). In dem hellen und eher schlicht eingerichteten Restaurant bekommt man außergewöhnliche italienische Speisen (Hauptgerichte ca. 10,00 €), die es sonst so eher nicht gibt. Und: das nette Personal macht nicht auf etepetete.
täglich 18 - 1 h, Küche bis 23.30 h. Schlotthauerstraße 16, ☎ 62 23 14 96, MVG/MVV: U1, 2, 7 + 8 Kolumbusplatz oder Tram 27 Eduard-Schmid-Straße

La Fiorentina
Altstadt

Die Kehrseite der Beliebtheit: warten auf einen freien Tisch oder vom Kellner ganz unkompliziert an einen nicht voll besetzten Tisch platziert zu werden. Die schmackhafte toskanische Küche - vor allem die vielfältige Tageskarte verdient Beachtung - entschädigt die „Berührungsängstlichen". Seit 29 Jahren treffen sich hier Italienliebhaber, die typische Atmosphäre suchen. Nichtraucher können in einem geschützten Bereich Platz nehmen. (gh/av/be)
Mo - Fr 11.30 - 23.30 h, Sa 11.30 - 15 h + 18 - 23.30 h, So Ruhetag. Goethestraße 41, ☎ 53 41 85, MVG/MVV: U3 + 6 Goetheplatz

La Galleria
Altstadt

Edle Speisen in edlen Räumen, so könnte die Charakterisierung des inzwischen über 30-jährigen La Galleria lauten. Das Ambiente verströmt unaufdringliche Eleganz, die Küche ist einfallsreich-

kreativ und dabei ihren Preis wert: Hauptgerichte (ca. 14,00 €), Menüs (mittags ca. 27,00 €, abends 48,00 €/fünfgängig, 54,00 €/sechsgängig). Die Raumgestaltung, mit zeitgenössischer Kunst an den Wänden, ist dezent und geschmackvoll. Freundlicher Service! (be/xl)

Mo - Sa 12 - 14.30 h + 18.30 - 24 h, Küche bis 23 h, So Ruhetag.
Sparkassenstraße 5, ☎ 29 79 95,
MVG/MVV: U3 + 6, S1 - 8 Marienplatz

La Lucania
Freimann

Diese Pizzeria zeigt sich traditionell rustikal mit einfachen Möbeln, Stofftischdecken, rotweiß-gelben Wänden und vielen Weinflaschen als Angebot und Deko. Neben dem Pizza-Sortiment, kann man auf der Schiefertafel wechselnde Gerichte entdecken. Das täglich neue Mittagsmenü (ab 5,80 €) besteht aus einem Hauptgericht und einer Suppe oder einem Salat.

Di - So 11.30 - 14.30 h + 17.30 - 24 h, Mo Ruhetag. Floriansmühlstraße 1, ☎ 3 22 67 96, MVG/MVV: U6 Freimann

La Mucca Pazza
Neuhausen

Das La Mucca Pazza („Die verrückte Kuh") kann man ohne Zweifel zu den angenehmsten Restaurants der Stadt zählen: Naturstein, cremefarbige Stühle und Bänke, dezenter Blumenschmuck … ab und zu wird die zurückhaltende Gestaltung mit Kuhbildern oder bunten Kuhskulpturen akzentuiert. Die gute Küche ist bodenständig und gleichzeitig kreativ. Meine Favoriten: Pasta (ca. 7,00 €) und das Huhn in Zitronen-

Kapernsoße (15,90 €). Ab 7,00 € gibt es einen täglich wechselnden Business-Lunch. Angenehme Freisitze.

Mo - Fr 11.30 - 14.30 h + 18 - 24 h, Sa + Feiertage 18 - 24 h, So Ruhetag. Alfonsstraße 3, ☎ 12 00 37 56, www.la-mucca.pazza.de, MVG/MVV: U1 + 7 Maillingerstraße

La Rocca
Altstadt

Das nicht allzu große La Rocca ist kein Rustikalitaliener, sondern ein schlicht-modern gestaltetes Restaurant, das eine feine Küche (Pasta ca. 9,00 €, Fisch- oder Fleischgerichte ca. 17,00 €) in einer sympathisch-überschaubaren Auswahl offeriert. Im Innenhof sitzt man auch sehr angenehm.

Mo - Sa 12 - 15 h + 18.30 - 24 h, So 18 - 24 h. Maximilianstraße 35 / Eingang Herzog-Rudolf-Straße, ☎ 24 21 77 78, MVG/MVV: Tram 19 Kammerspiele

La Stanza
Lehel

Mit etwas Fantasie sitzen wir auf einem Balkon über dem Canale Grande. O.k., nur das Balkongeländer ist echt und Fototapeten haben wir schon Mitte der 1970er Jahre entsorgt. In diesem Lokal wirkt der Retro-Style aber absolut sympathisch, wie die gesamte Atmosphäre des La Stanza. Und die Speisen (Hauptgerichte ca. 10,00 €) sind wirklich gut - wenn auch nicht besonders üppig portioniert.

Mo - Sa 8 - 1 h, So 10 - 1 h. St.-Anna-Straße 13, ☎ 25 54 23 93, www.la-stanza.de, MVG/MVV: U4 + 5, Tram 17 Lehel

La Stella
Schwabing

In diesem nett eingerichteten, seit 15 Jahren bestehenden Restaurant werden auch gehobenere Ansprüche befriedigt. Vorbildlich ist die Aufmerksamkeit der Kellner, denen auch bei Hochbetrieb das Heft nie aus der Hand gleitet. Das Mittagsangebot (Pizza, Fisch oder Pasta jeweils mit Salat) kostet ca. 8,00 €. Im La Stella trifft sich ein gemischtes, aber eher jüngeres Publikum. (mn)

täglich 11.30 - 14.30 h + 18 - 23.30 h. Hohenstaufenstraße 2, ☎ 34 17 79, MVG/MVV: U3 + 6 Giselastraße; Tram 27 Elisabethplatz

typisch münchen

kultur & erlebnis

freizeit & relaxen

essen & trinken

city & guide

La Tazza D'Oro
Schwabing

Sobald die Sonne den letzten Schnee wegschmilzt, wollen die Münchner vors Haus, sprich, vors Lokal. Besonders Schwabing wäre ohne Freisitze nicht das was es ist. Das Klischee ist Realität. „Ciao, come stai, wia gehts da denn?" Sonnenbrille vor den Augen oder auf der Stirn. Cappuccino, Espresso, Wein und der Blick überall und nirgends. Es gibt die üblichen Speisen (Hauptgerichte ca. 9,50 €), aber was zählt sind die Sonne und wir - vor dem Tazza D'Oro. Die Innenräume wurden mit himmelblauen Mittelmeer-Impressionen dekoriert. (xl)
*Mo - Sa 11 - 24 h, So Ruhetag.
Hohenzollernstraße 13, ☎ 33 38 37,
MVG/MVV: U3 + 6 Giselastraße*

La Vecchia Masseria ※
Altstadt

Hierher kommt man um ein italienisches Lebensgefühl wie aus dem Bilderbuch zu genießen. Die Gestaltung und Deko bringen uns irgendwohin aufs Land - dort wo die Zitronen blühen - und die Stimmung ist familiär-ausgelassen. Die Karte offeriert zwar eine klassische Küche (Hauptgerichte ca. 10,00 €, Menüs ca. 9,00 €/mittags, bzw. ca. 23,00 €/abends), hält aber nicht nur auf der wechselnden Tageskarte kulinarische Überraschungen bereit. Trumpf: der schöne Garten.
*täglich 11.30 - 24 h. Mathildenstraße 3,
☎ 5 50 90 90, MVG/MVV: U1 - 3, 6 + 7,
Tram 16 - 18 + 27 Sendlinger Tor*

Limoni
Maxvorstadt

Wo früher der Monkey Room in eine Phantasiewelt führte, hat nun das Ristorante Limone (hoffentlich) eine reelle Zukunft. Wir sind in einem der schönsten Lokale dieser Rubrik. Angenehmes Licht, geschmackvolle Einrichtung und eine sympathisch überschaubare Karte sind die ersten Pluspunkte des Limone. Die Küche (Drei-Gänge-Menü 39,00 €) bietet Pasta-Leckereien wie Strozzapreti mit Kaninchenragout

(11,00 €) oder gegrillte Kalbslende (18,50 €) oder Calamaretti & Gambas mit Rucola (18,00 €).
*Mo - Fr 11.30 - 14.30 h + 18.30 - 23 h, Sa + Feiertage 18 - 23 h, So Ruhetag.
Amalienstraße 38, ☎ 28 80 60 29,
www.limoni-ristorante.com,
MVG/MVV: U3 + 6 Universität*

Marietta Cucina
Westend

Frühstück und Mittagstisch sind die Schwerpunkte in Marietta Pirschs Cucina. Eines der täglich wechselnden Tagesgerichte (z. B. Penne mit Zucchini, Paprika und Schafskäse) kostet mit einem Getränk 6,80 €. Zur Speisenauswahl gehören auch Salate (3,50 bis 7,50 €), Pasta (6,00 bis 7,80 €), Bruschetti, Toasts und Panini. Diese italienische Bistro-Bar zählt zur neuen Generation der aktuellen Westend-Lokale. (xl)
*Mo - Fr 8 - 18 h, Sa 10 - 18 h, So Ruhetag.
Westendstraße 33, ☎ 22 84 96 60,
www.marietta-cucina.de,
MVG/MVV: Tram 18 + 19 Holzapfelstraße*

Medici
Neuhausen

Nicht opulent und prächtig ausgestattet, wie der Name des Ristorante vermuten lassen würde, zeigt sich das Lokal, sondern eher zurückhaltend kühl, mit dunkler Möblierung. Allein das große, den Raum dominierende Bild, das vielleicht Mitglieder der Familie Medici zeigt, illustriert die Assoziationen mit denen der Besucher das Lokal betritt. Dafür ist die Küche (Hauptgerichte ca. 12,00 €) fein und wunderbar vielfältig: Antipasti, Meeresfrüchte, Desserts. Alles absolut seinen Preis wert. Mittags gibt es günstigere Menüs (bis ca. 9,00 €), die aber durchaus einen exklusiven Touch haben. (xl)
*Mo - Sa 11.30 - 1 h, Küche bis 22.30 h, So Ruhetag. Nymphenburger Straße 70,
☎ 12 73 87 66, MVG/MVV: U1 + 7 Maillingerstraße*

Menzinger's
Obermenzing

Hinter dem sympathisch-unspektakulären Namen verbirgt sich eine urgemütliche Trattoria mit einem schönen Biergarten. In den, mit dunklen holzgetäfel-

※ = stadtbuch-tipp!

ten Wänden und ebensolchen Decken, rustikal-wirtshausähnlich ausgestatteten Räumen treffen sich die Gäste aus einem Grund: sie alle wollen gutes Essen. Damit sind sie hier richtig, denn die Küche bietet Bodenständig-Traditionelles ohne Chichi. Das man sich hier so wohl fühlt, liegt auch am herzlichen Service.

täglich 11 - 1 h. Menzinger Straße 123, ☎ 89 16 19 41, MVG/MVV: S2 Obermenzing

Monaco
Gärtnerplatzviertel

Diese Pizzeria-Trattoria zeigt sich als klassisch-traditionelles Lokal - was im häufig aufgestylten Gärtnerplatzviertel ja fast schon wieder etwas Besonderes ist. Aus der Küche kommen die typischen Pasta-, Fleisch- und Fischgerichte. Pizzen sind der Schwerpunkt. Wer seine Bestellung nur abholt, bezahlt den Mitnahmepreis.

Mo - Sa 11.30 - 14.30 h + 17.30 - 23.30 h, So + Feiertag 17.30 - 23.30 h. Reichenbachstraße 10, ☎ 26 81 41, MVG/MVV: U1, 2, 7 + 8, Tram 27 Fraunhoferstraße

Nero ✳
Altstadt

Das auf zwei Etagen gelegene Nero ist hell, geräumig und, durch seine großen Fenster, von der Straße gut einsehbar. Gespeist wird an langen Tischen, wo man auch mit anderen Gästen ins Gespräch kommen kann, es stehen aber auch kleinere Tische zur Verfügung. Serviert werden leckere hauchdünne Pizzen (ca. 8,00 €), deren, teils extravagante, Belagsvariationen mehr bieten als beim Italiener an der Ecke. Hier sind also auch Experimentierfreudige richtig. Die Antipasti empfehlen wir ebenfalls gerne. Die heute wohl bei jedem neuen Lokal unvermeidliche Lounge (Lobenswert: Nichtraucherbereich) befindet sich auf dem Balkon. Wochenends sorgt ein DJ für Stimmung. Kurz: Das Nero will eindeutig ein Szene-Italiener sein UND schafft dies ohne Mühe.

So - Do 18 - 2 h, Fr + Sa 18 - 3 h. Rumfordstraße 34, ☎ 21 01 90 60, www.nero-muenchen.de, MVG/MVV: S1 - 8, Tram 17 + 18 Isartor

Nuova Italia
Schwabing

Im Nuova Italia gibt es Spezialitäten aus allen Regionen Italiens. Ein Gastrokonzept das seit etwa neunzehn Jahren erfolgreich ist. Auf der Wochenkarte findet man 16 Positionen. Bei schönem Wetter sitzt man auf der Terrasse.

täglich 12 - 24 h. Belgradstraße 9, ☎ 30 40 67, MVG/MVV: U2 Hohenzollernplatz; Tram 12, 27, Bus 53 Kurfürstenplatz

Osteria Italiana
Maxvorstadt

Diese Osteria bietet neben schmackhafter Küchenkunst viel Romantik. Ein Aufenthalt im sommerlichen Innenhof dieses traditionsreichen Lokales ist ein ganz besonderes Erlebnis. Die anspruchsvolle Speisekarte wechselt täglich, die Preise (Hauptgerichte ca. 18,00 €) sind aber gleich bleibend gehoben.

Mo - Sa 12 - 15 h + 18.30 - 24 h, Küche bis 23 h, So Ruhetag. Schellingstraße 62, ☎ 2 72 07 17, MVG/MVV: U3 + 6 Universität; Tram 27, Bus 154 Schellingstraße

Osteria Tendarossa ✳
Schwabing

Das, mit Antiquitäten und ansprechender Kunst ausgestattete Restaurant zählt zu den interessantesten Lokalen dieser Rubrik. Man sitzt unter Kronleuchtern an festlich gedeckten Tischen oder in Strandkörben unter der Markise auf der Terrasse. Aus der kreativen Küche kommen italienische Gerichte, die mit arabisch-internationalen Ideen verfeinert werden. Chefkoch Sam Bouabana ist für dieses vielzitierte „Fashion-Cooking" zuständig. Hört sich nach Chichi & Co. an, bietet aber außergewöhnliche Geschmackserlebnisse.

Mo - Sa 12 - 14 h + 18.30 - 23 h, Sa + Feiertage 18.30 - 23 h, So Ruhetag. Kaulbachstraße 48, ☎ 38 37 71 30, www.osteria-tendarossa.de, MVG/MVV: U3 + 6 Universität

Osteria Veneta
Gärtnerplatzviertel

Gekocht wird, was der Markt an Frischem und Aktuellem zu bieten hat. Deshalb kann sich der Gast auch nicht an einer fixen

Vinaiolo (o.), Riva (u.)

Karte orientieren, sondern muss sich anhand der Vorschläge des Service entscheiden. Dies bedeutet hier aber keinen Ausflug in die Untiefen einer nicht definierten Küche, sondern vielmehr eine kulinarische Entdeckungsreise, die zu Begegnungen mit Bekanntem und Überraschendem führt. (xl)

Mo - Fr 12 - 14.30 h + 18 - 23 h, Sa 18 - 23 h, So + Feiertag Ruhetage. Utzschneiderstraße 4, ☎ 26 02 20 93, MVG/MVV: Tram 17 + 18 Reichenbachplatz

Perazzo
Altstadt

Elegant und zurückhaltend wurde dieses schöne Restaurant gestaltet. Selbst das Deckengemälde ist in dezenten Farben komponiert, aber die Beleuchtung lässt nie ein Gefühl von Kargheit entstehen. Nichts weniger als eine kreative, immer neue feine italienische Küche (Hauptgerichte ca. 18,00 €, Menüs ab ca. 35,00 €) dürfen die Gäste des Perazzo erwarten. Die Erwartungen an den Service werden hier ohne Mühe erfüllt: unaufdringlich, flexibel und kompetent. (xl)

Mo - Sa 11.30 - 14.30 h + 18.30 - 24 h, So Ruhetag. Oskar-von-Miller-Ring 36, ☎ 28 98 60 90, MVG/MVV: U3 - 6 Odeonsplatz

Piazza Linda ✳
Schwabing

Viel Atmosphäre und eine gute italienisch-amerikanische Küche, ohne Edelgetue, bietet die Piazza Linda, das Live-Musik-Restaurant der Sängerin Linda Jo Rizzo, die auch schon eine eigene CD veröffentlicht hat. Die Wände sind mit Fotos von Filmstars tapeziert, die aus einer Zeit stammen, als noch nicht jede unbedeutende Nachwuchsgöre zum Superstar hochgejubelt wurde, um nach dem zweiten Film verdientermaßen in Vergessenheit zu geraten. Echt und ungekünstelt: das sind die Attribute für die Küche (lauwarmer Kürbissalat mit gebratener Dorade 10,50 €, Tagliatelle mit Pfifferlingen 9,50 €, Rib-Eye-Steak mit Speck und schwarzen Bohnen 16,00 €). Zugabe: täglich Live-Musik (Chanson, Jazz, Rock, Latin, Tango, Folk ...), Di Open Stage, Feste.. (xl)

Di - Do 18 - 1 h, Fr + Sa 18 - 3 h, So + Mo Ruhetage. Elisabethstraße 12, ☎ 27 27 22 01, www.piazzalinda.de, MVG/MVV: U3 + 6 Giselastraße; Tram 27 Elisabethplatz

Punto Divino
Altstadt

Ein guter Bistro-Italiener macht den Mittagstisch zum kulinarischen Erlebnis und bringt seine Gäste in Gefahr, von ihm abhängig zu werden. Punto Divino birgt, mit seinen Spezialitäten aus verschiedenen Regionen Italiens, ein gehöriges Suchtpotential. Was serviert wird ist mal leicht, mal etwas deftiger, aber immer kreativ und ein Genuss. Da wir nachmittags noch arbeiten müssen, darf es dazu nur ein kleines Glas Wein sein - aus der Vinothek holen wir uns dann die Flasche für zu Hause. (xl)

Mo - Fr 12 - 22 h, Sa 12 - 18 h, Küche Mo - Fr bis 21 h, So Ruhetag. Sendlinger Straße 62, ☎ 26 02 31 01, MVG/MVV: U1 - 3 + 6, Tram 16, 17, 18, 27, Sendlinger Tor

Riva ✳
Altstadt

Szenige Bar-Pizzeria im Kantinenlook. Hier bekommt man überaus überraschende und besonders

Osteria Tendarossa

leckere Pizzen, die jenseits des Üblichen sind. Auch angesagt: Cappuccino trinken, ratschen, sehen, gesehen werden - an der Theke versteht sich. Wer einen Tisch besetzt und seine Pizza gegessen hat, dem bleibt für den Espresso danach nicht allzu viel Zeit, denn - noch - warten schon die nächsten Gäste auf einen Sitzplatz.

Mo - Sa 8 - 1 h, So + Feiertag 12 - 1 h, warme Küche 11.30/12 - 23 h.
Tal 44, ☎ 22 02 40, www.rivabar.com, MVG/MVV: U3 + 6, S1 - 8 Marienplatz; S1 - 8, Tram 17 + 18 Isartor

Riva Bar Pizzeria ✴
Schwabing

Die neue Riva Bar Pizzeria gehört, wie das Riva im Tal oder das Buffet Kull, zum Cortiina-Imperium. Das bedeutet: das Lokal bietet ein ausgesucht schönes Ambiente und gutes Essen (leckere Pizzen mit außergewöhnlichen Belägen, z. B. Sushi, Thai, Vitello Tonnato) sowieso. Hier in Schwabing locken auch noch eine Frühstücksauswahl, viel Platz und eine große sommerliche Terrasse.

Mo - Mi 8 - 1 h, Do 8 - 3 h, Fr + Sa 8 - 5 h, So 11 - 1 h. Feilitzschstraße 4, ☎ 3 09 05 18 08, www.rivabar.com, MVG/MVV: U3 + 6 Münchner Freiheit

Riviera
Maxvorstadt

Das Riviera ist ein sehr geschmackvoll gestaltetes Bar-Restaurant mit netten Zweiertischen, bequemen Sesseln und einer loungigen Atmo. Wir kommen aber nicht nur zum Entspannen, sondern auch zum Essen. Zweimal pro Woche wechselt das Tagesangebot, wer mittags (Mo bis Fr) kommt, wählt vielleicht das Drei-Gänge-Menü (9,90 €). Aber auch die Einzelgerichte können Freude machen: Kürbiscarpaccio mit Hühnerbrust (6,90 €), Salatteller mit marinierten Flusskrebsen, Orangenfilets in Sweet-Lemon-Dressing (6,90 €) und die Pizza Santini mit Tomaten, Mozzarella, Austernpilzen, Champignons, Speckwürfeln und Knoblauchöl (7,80 €) sind unsere Tipps.

täglich 11 - 1 h. Türkenstraße 79, ☎ 28 77 77 15, www.bar-pizzeria-riviera.de, MVG/MVV: U3 + 6 Universität

Roma
Altstadt

Ein eleganter Szeneitaliener, der von einer tiefroten Wandbemalung und dunklen Möbeln dominiert wird. Der Blickfang hinter der Bar ist die Skulptur der römischen Wölfin, die Remus und Romulus an ihren Zitzen nährt. Die Preise der international-italienischen Küche (wechselnde Tageskarte, Salate ca. 5,00 bis 15,00 €, Sandwiches 7,00 bis 10,00 €, Pasta ca. 9,00 €, Asiatisches 8,00 bis 14,00 €) orientieren sich auch an der Luxuslage und am schicken Publikum - das rekelt sich im Sommer gerne auf der Terrasse. Für die 130 Cocktails gibt es leider keine Happy Hour. Frühstücken (3,90 bis 11,80 €) kann man im Roma bis 17 h. (sb)

täglich 8 - 3 h, warme Küche bis 1 h. Maximilianstraße 31, ☎ 22 74 35, www.romamunich.de, MVG/MVV: Tram 19 Kammerspiele; S1 - 8, Tram 17 + 18 Isartor

Romans
Neuhausen

Hier bekommt die Bezeichnung Edel-Italiener ihre Berechtigung. Aufwändig und edel gestaltete Räume, Personal das seine Gäste verwöhnt und eine kreative und erstklassige Küche bilden eine überzeugende Einheit. Dass dieses „Gesamtkunstwerk" auch bezahlt werden muss, stört das sichtlich „geldige" Publikum nicht, das sich zum Frühstück, zum günstigeren Mittagslunch, auf einen Cappuccino oder Espresso oder zum feierlichen Abendmenü trifft. Im Sommer gerne auf den Freisitzen im wunderschönen Kastaniengarten. (rp)

täglich 11 - 1 h. Romanstraße 1, ☎ 1 68 98 98, www.ristorante-romans.de, MVG/MVV: U1 + 7, Tram 12 Rotkreuzplatz

San Marino
Westend

Hier gibt es 20 Pizzen (7,00 bis 11,00 €) und zehn verschiedene offene Weine. Im Sommer werden neun Tische auf die Terrasse gestellt.

Mo - Sa 11.30 - 14.30 h + 17.30 - 23.30 h, So Ruhetag. Westendstraße 161, ☎ 5 02 60 00, MVG/MVV: Tram 18 + 19 Barthstraße

Santini
Gärtnerplatzviertel

Ein Plus der Osteria an der Ecke Fraunhofer-/Erhardtstraße ist das sympathisch-nette Personal, das mit Freude am Service agiert. Zu Santini kommt man zum Mittag- und Abendessen oder um im idyllischen Garten (bis 1 h) zu sitzen. Tipps: Lachs in Proseccosoße, die gegrillte Rinderlende oder, der Klassiker, Kalbsmedaillon in Zitronensoße.

Mo - Fr ab 11.30 h, Sa + So ab 12 h. Fraunhoferstraße 43, ☎ 2 02 26 58, www.osteria-santini.de, MVG/MVV: U1, 2, 7 + 8, Tram 27 Fraunhoferstraße

Sinans ☀
Ludwigsvorstadt

Großräumige und doch chillige Pizzeria zum lecker Pizza (ca. 8,00 €) essen. Es gibt aber auch gute Pasta und verführerische Salate. Die Preise sind in Ordnung. Die Atmosphäre ist freundlich (bei Tag), vielleicht sogar romantisch (bei Nacht mit Kerzen und dem richtigen Date).

täglich 9 - 1 h. Mozartstraße 4, ☎ 51 56 37 84, www.sinans.de, MVG/MVV: U3 + 6 Goetheplatz

Vapiano
Altstadt

McDonalds & Co. haben es vorgemacht und nun ziehen auch die Italiener nach: Systemgastronomie (in Düsseldorf, Frankfurt, Hamburg, Nürnberg ...) alla Italiano. Eigentlich ein Widerspruch, denn Essen bedeutet im klassischen Italien auch Lebens-

☀ = stadtbuch-tipp!

genuss, Zeit zum Genießen. Und so Fast geht es im durchaus sympathischen Vapiano daher auch nicht zu. Eine Pizza braucht nun mal ihre Zeit (deshalb werden die Besteller angepiept) und frische Pasta dauert eben auch so lange, wie sie braucht. Eigentlich befinden wir uns in einer Art Edel-Kantine in den Fünf Höfen. Die Preise der bestellten, teils, überraschend leckeren Speisen (Pizza, Pasta, Salate) und Getränke werden auf einer Chipkarte gespeichert. Bezahlt wird am Ausgang.

Mo - Sa 9 - 24 h, So + Feiertag 12 - 24 h. Theatinerstraße 15 / Salvatorpassage, ☎ 2 06 06 58 60, www.vapiano.de, MVG/MVV: U3 - 6 Odeonsplatz; Tram 19 Theatinerstraße

Vinaiolo ✳
Haidhausen

Die schönen Schränke und Vitrinen mit Weinflaschen und Spirituosen, die Küchenutensilien die herumstehen oder -hängen, all das bietet eine Kulisse, die an einen historischen Kramerladen erinnert. Davor stehen weiß gedeckte Tische, eng beieinander, so dass eine gemütliche Atmosphäre entsteht, wenn man keine Berührungsangst kennt. Diese Stimmung, das sympathische Personal und die Küche, deren kleine, aber wirklich feine Speisekarte (Hauptgerichte ca. 20,00 €) wöchentlich wechselt und nur verarbeitet, was der Markt frisch liefert, machen den unkomplizierten Charme des Vinaiolo aus. Bei der Weinauswahl kann man sich getrost beraten lassen. (be)

So - Fr 12 - 15 h + 18.30 - 1 h, Sa 18.30 - 1 h, Küche bis 24 h. Steinstraße 42, ☎ 48 95 03 56, www.vinaiolo.de, MVG/MVV: S1 - 8, Tram 15 + 25 Rosenheimer Platz

Via Veneto ✳
Lehel

Dolce Vita wie in einem römischen Patio: im Sommer sitzt man auf der Terrasse an der Maximilianstraße oder im Innenhof. Aus der Vielzahl italienischer Restaurants hebt sich dieses durch raffinierte, leichte Kost heraus: Zucchiniblüten gefüllt mit Ricotta und Basilikum als Antipasto, Tagliolini mit schwarzen Sommertrüffeln oder Lammcarré in Kräuterkruste auf Berglinsen als Hauptgericht. In dem schlichten, geschmackvoll eingerichteten Restaurant finden regelmäßig Weinproben statt, zu denen man sich aber vorher anmelden sollte. Touristen aus den umliegenden Nobelhotels sind hier ebenso zu Gast wie Promis aus der Medien-, Kunst- und Sportwelt. Mittags dagegen bestimmen Geschäftsleute das Bild. Kurzentschlossene könnten abends enttäuscht werden - ohne Reservierung ist kaum ein Platz zu bekommen. (kv/rw)

täglich 11 - 3 h, warme Küche 12 - 24 h. Maximilianstraße 40, ☎ 22 64 99, MVG/MVV: Tram 19 Kammerspiele; S1 - 8, Tram 17 + 18 Isartor

Vini e Panini
Schwabing

Hier kann man einkaufen und essen: z. B. weit über die übliche italienische Küche hinausgehende Speisekreationen, die der Padrone aus Italien mitgebracht hat. Toskanische Mittagsgerichte (Mo bis Fr 12 bis 15.30 h, Sa 11 bis 14 h) mit frischen Kräutern: Risotto mit Artischocken (8,00 €), Spaghetti mit Lotte (10,00 €), Huhn in Kräutern (12,50 €) oder Rinderschmorbraten (13,00 €). 100 Weine, direkt von den Gütern importiert, stehen zur Auswahl (3,00 bis 5,00 € pro Glas). (gh/sb)

Mo - Fr 10 - 18.30 h, Sa 10 - 14 h, So Ruhetag. Nordendstraße 45, ☎ 2 72 17 43, MVG/MVV: Tram 27 Elisabethplatz

Tanz den Fujiyama!

JAPANISCH

Akakiko
Haidhausen

Japanisch essen bedeutet in München oft auch tief in die Tasche zu greifen. Da kommen die All-you-can-eat-Offerten des Akakiko vermeintlichen Nippon-Fans sehr gelegen: Von Montag bis Freitag bezahlt man dafür 15,00 €, samstags und sonntags 18,00 €, dann darf man so viele Sushi-Teller leer essen, wie man eben kann. Doch auch das weitere Speisenangebot (Bento-Menüs ca. 10,00 €) sollte man beachten. Noch ein Tipp für Sparer: mit Bonuskarte Punkte sammeln und wenn die Karte voll ist, einmal gratis essen. (xl)
Akakiko-Filiale Maxvorstadt:
täglich 11.30 - 14.30 h + 17.30 - 24 h.
Amalienstraße 9, ☎ 28 99 81 61,
MVG/MVV: U3 + 6 Universität
Haidhausen:
täglich 11.30 - 14.30 h + 17.30 - 23.30 h.
Franziskanerstraße 15, ☎ 48 99 83 83,
MVG/MVV: S1 - 8, Tram 15 + 25 Rosenheimer Platz
In den Riem-Arcaden:
Mo - Sa 10 - 23 h, So 12 - 22 h.
Willy-Brandt-Platz 5, ☎ 99 88 50 88,
MVG/MVV: U2 + 7 Messestadt

Fujikaiten
Schwabing

Es läuft und läuft und läuft ... vor unseren Augen rollen Sushi und andere japanische Spezialitäten (Fleischspieße) vorbei und wir brauchen nur zuzugreifen (gerne als All-you-can-eat-Angebot für ca. 24,00 €). Was sich da so auf den Tellern und in den Schälchen anbietet ist frisch und lecker und macht den Besuch zu einem vergnüglichen Essen zu zweit oder in der Gruppe. Abgerechnet wird am Schluss. Nette Atmo und ebensolches Personal. In der dazugehörenden angenehmen Bar im ersten Stock läuft ein Tapas-Band und es gibt eine große Cocktail-Auswahl.
täglich 11.30 - 15 h + 18 - 23 h.
Münchner Freiheit 4, ☎ 38 66 67 66,
MVG/MVV: U3 + 6 Münchner Freiheit

No mi ya; rechte Seite: Sushi + Soul (o.), Akakiko (u.)

Kaede ☆
Untergiesing

Der schlichte, zurückhaltend gestaltete, andere würden vielleicht sagen, der etwas kahle Raum mit den hellen Holzmöbeln ist der Rahmen für das japanisch-vegetarische Restaurant Kaede. Mittagsangebote (6,50 €) sind z. B. eine leckere Tempura-Platte oder das Curry-Wok-Gemüse (jeweils mit Vollkornreis und Misosuppe) oder frittierte Soja-Medaillons und Salat mit Gemüse. Tofu und Soja bestimmen die Auswahl an Hauptgerichten (ca. 9,00 €) auf der regulären Karte, es gibt aber auch Sushi (5,00 €) und hausgemachte Weizennudeln mit verschiedenen Gemüsen oder Soßen. Und als Nachtisch? Soja-Milch-Vanilleis mit Azuki-Bohnen und Grüntee-Soße (3,00 €). Japanisch-vegetarische Bio-Küche ist definitiv nicht langweilig!
Mo - Fr 11.30 - 14 h + 18 - 22 h, So 17 - 22 h, Sa + Feiertag Ruhetage.
Sommerstraße 41, ☎ 62 30 38 44,
www.kaede-muenchen.de,
MVG/MVV: U1, 2, 7 + 8 Kolumbusplatz

Kims Sushi
Schwabing

Im beliebten, inzwischen seit 14 Jahren bestehenden Sushi-Steh-imbiss gibt es alle Speisen auch zum Mitnehmen und ab einer Bestellung von 15,00 € (je nach Stadtteil) wird auch der Lieferservice aktiv. Hier bekommt man zudem alle Zutaten zum selber kochen. (mn)
Mo - Fr 11 - 15 h + 17 - 22 h, Sa, So + Feiertage 17 - 22 h. Herzogstraße 91,
☎ 3 00 75 33, www.kimssushi.de,
MVG/MVV: Tram 12 Clemensstraße

Kitcho
Altstadt

Japaner und Deutsche besuchen das Kitcho, um Sushi oder Tempura-Gerichte zu essen. Die Auswahl ist groß und die Preise sind o.k. Spezielle Mittagsangebote kosten bis 8,00 €. (ab)
Mo - Sa 12 - 15 h + 18 - 23.30 h, So Ruhetag. Wurzerstraße 14, ☎ 2 28 38 82, MVG/MVV: U3 - 6 Odeonsplatz

Kyoto Running Sushi
Westend

Alles dreht sich! Im schlicht gestalteten Kyoto Running Sushi konzentriert sich alles auf die kalten und warmen japanischen Spezialitäten die auf dem zweistöckigen Laufband vor den Augen der Gäste vorbeirollen. Günstige Mittagsangebote und All-you-can-eat-Aktionen erleichtern den Westendlern die Entscheidung für das Kyoto.
täglich 11.30 - 14.30 h + 17.30 - 23.30 h. Heimeranplatz 2, ☎ 50 07 89 98, www.kyoto-sushi.de, MVG/MVV: U4 + 5, S7, 20 + 27 Heimeranplatz

no mi ya ✴
Haidhausen

no mi ya bedeutet Trinklokal und in diesem Sinn versteht sich die bayerisch-japanische Kneipe auch nicht als Restaurant, sondern als quirlige Wirtschaft, in der man zu den Getränken japanische Leckereien schlemmen kann: Sushimenü (ca. 24,00 €), Sushi maki (ca. 7,00 €) oder gegrillte Yakitori-Spieße mit Hühnerbrustfilet, Pute, Octopus oder auch Gemüse (pro Spieß ab ca. 2,00 €). Aber auch koreanisches Kimchi für ca. 3,00 € pro Portion steht zur Auswahl. Typische Getränke: grüner Tee, Sake, Altöttinger Hell oder Unertl Weißbier. (kv)
Winter: 18 - 1 h, Sommer: 17 - 1 h. Wörthstraße 7, ☎ 4 48 40 95, www.nomiya.de, MVG/MVV: U5 + 6, S1 - 8, Tram 19, Bus 45, 53, 54, 89, 95, 96, 198 + 199 Ostbahnhof

Sakura Sushi Bar
Altstadt

Eine authentisch wirkende Atmosphäre und zahlreiche asiatische Gäste schaffen Vertrauen, das nicht enttäuscht wird. Sushi in allen Variationen und reichlich warme Gerichte (leckere Suppen!) umfassen alles, was wir von Nippons Küche erwarten.
täglich 11 - 15 h + 17 - 23 h. Prannerstraße 19, ☎ 22 80 14 72, MVG/MVV: U3 - 6 Odeonsplatz

Sasou
Altstadt

Die Vielfalt Asiens mit einer deutlichen japanischen Dominanz präsentiert das Sasou. Dazu passt die durchgestylte Einrichtung mit den formschönen Hockern und die riesige Fensterfront sorgt für Aus- und Einblicke. Vor allem die wunderbaren Suppen (ca. 7,50 €) haben ein verführerisches Suchtpotential. Die Salate will ich ebenfalls loben. Natürlich gibt es auch zahlreiche Variationen von Fingerfood und klasse Sushi an der Selbstbedienungstheke. Im Sasou wird nicht geraucht.
Mo - Sa 11 - 22 h, So + Feiertag Ruhetage. Marienplatz 28, ☎ 26 37 01, www.sasou.de, MVG/MVV: U3 + 6, S1 - 8 Marienplatz

Shoya
Maxvorstadt

Japanische Küche muss nicht immer hochpreisig angeboten werden, dies hat sich in München noch nicht recht herumgesprochen. Und so gehört auch das Shoya in die eher zu teuere Kategorie. Das in dunklen und roten Tönen gestaltete Lokal strahlt eine klassisch-japanische Strenge aus. Die Speisenauswahl ist überdurchschnittlich und die Qualität des Gebotenen lässt auch keine Wünsche offen. Ein Tempuragericht kostet etwa 18,00 €, das Abendmenü wird für ca. 40,00 € angeboten. Günstiger sind die Shoya-Imbisse.
*Di - So 18 - 24 h, Sushi bis 22 h, Küche bis 23 h, Mo Ruhetag. Gabelsbergerstraße 85, ☎ 52 3 62 49, MVG/MVV: Tram 20 + 21 Sandstraße; U1 + 7 Stiglmaierplatz; U2 + 8 Theresienstraße.
Imbisse in der Altstadt: Frauenstraße 18, ☎ 24 20 89 89; Mo - Sa 11 - 22 h, So 14 - 22 h; Orlandostraße 5, ☎ 29 27 72, täglich 11 - 23.30 h.
MVG/MVV: U3 + 6, S1 - 8 Marienplatz*

Sushibar ✴
Schwabing

„Bar" ist hier eigentlich untertrieben, angesichts dieses schönen

Restaurants, das mit einem sicheren Blick gestaltet wurde. Auch von Sushi & Co. erwarten wir, neben Frische und Qualität, dass sie bildschön sind. In der Sushibar erfüllt man unsere Wünsche ganz zauberhaft. Sushi, Sashimi, Kushi (Spieße), Tempura-Gerichte oder Ramen (8,00 bis 12,00 €) werden mit hausgemachten Sojasoßen serviert. Diverse Curry-Gerichte findet man ebenfalls auf der Standardkarte. Täglich wechseln die Mittagsmenüs, wobei für Suppe, Hauptgericht und Dessert mit 7,00 bis 10,00 € kalkuliert werden sollte. Wer nicht ins Lokal kann/will, bestellt beim Homeservice (☎ 30 00 51 50). (ka)

Mo - Fr 11.30 - 14.30 h + 17 - 1 h, Sa 17 - 1 h, So + Feiertag 18 - 1 h. Marschallstraße 2, ☎ 38 89 96 06, www.sushibar-muc.de, MVG/MVV: U3 + 6 Münchner Freiheit

Sushi + Soul ☆
Glockenbachviertel

Entspannte Sushibar. Überaus geschmackvolles Interieur. Stimmungsvoll: die Illumination an der Wand - Meeresrauschen für die Augen. Aus der Konserve kommt nur die Musik - in zurückhaltender Lautstärke. Sushihäppchen erhält man ab etwa 10,00 €, frittierte Garnelen kosten ca. 14,00 €. Die Karte lockt mit weiteren japanischen Attraktionen, die uns Freude bereiten. Neben Asahibier, Holsten, Franziskaner und acht offenen Weinen gibt es 250 Cocktails, die der Keeper zwischen 17 und 20 h, zu den Happy Hours, zum halben Preis zaubert. Wer will, zieht die Schuhe aus und sitzt beim Essen auf Bodenmatten. Im Sommer kann man es sich auch auf den Freisitzen an der Straße gemütlich machen. Sympathisches Personal. (xl)

täglich 18 - 1 h. Klenzestraße 71, ☎ 2 01 09 92, MVG/MVV: U1, 2, 7 + 8, Tram 27 Fraunhoferstraße; Tram 17 + 18 Müllerstraße

Tenmaya
Maxvorstadt

Die Gäste ziehen die Schuhe aus und die Geishas umsorgen sie mit japanischer Freundlichkeit - sofern man einen für zwei bis sechs Personen ausgestatteten Raum (Tatami-Zimmer) reserviert hat. Der zeremonielle Charakter des Essens wird dabei betont. Wenn man eines der Menüs (ab 33,00 €) bestellt und sich Zeit nimmt, kann man die japanische Küche hier besonders genießen. Im vorderen Teil des schönen Tenmaya rollt ein Sushi-Laufband (80 Spezialitäten zum All-you-can-eat: mittags 11,80 €, abends 19,80 €/So bis Do bzw. 21,80 €/Fr und Sa) an den Gästen vorbei.

täglich 11.30 - 15 h und 17.30 - 24 h. Theresienstraße 43, ☎ 57 93 31 30, MVG/MVV: U2 + 8 Theresienstraße

Tokami
Maxvorstadt

Preiswerte und schmackhafte japanische Mittagsmenüs (ca. 15,00 €) locken die Gäste ins Tokami. Aber auch abends ist dieses Restaurant (Hauptgerichte ab ca. 12,00 €, Sushiplatte pro Person ab etwa 30,00 €, Menü ca. 50,00 €) gut besucht. Das helle, minimalistische Interieur des Lokales kann als freundlich-angenehm bezeichnet werden. (ab)

täglich 12 - 14.30 h + 18 - 23.30 h. Theresienstraße 54, ☎ 28 98 67 60, MVG/MVV: U2 + 8 Theresienstraße; Tram 27 Pinakotheken

Toshi ☆
Altstadt

Wir sind bei einem der besten Japaner der Stadt. Fisch und Meeresfrüchte - als Sushi oder als Teppanyaki, das ist hier nicht unbedingt die Frage. Der stille Genießer wird begeistert die frischen Röllchen verzehren. Der Erlebnishungrige erfreut sich am Showgrillen und an den flinken Fingern des Kochs an der heißen Platte am Tisch. All das hat natürlich seinen Preis, der hier aber absolut gerechtfertigt ist. Sympathisches Personal. Auch das Interieur gefällt. Nebenan ist Toshis Tagesbar, die die Fans von Toshi Kabatakes Küche durchgehend verwöhnt.

Mo - Fr 12 - 14 h + 18 - 24 h, Sa 18 - 24 h, So Ruhetag, Bar: Mo - Do 12 - 1 h, Fr + Sa 12 - 3 h, So ab 18 h. Wurzerstraße 18, ☎ 25 54 69 42, www.restaurant-toshi.de, MVG/MVV: Tram 19 Kammerspiele

Was kochen die Azteken?

MEXIKANISCH

Enchiladas
Maxvorstadt

Mexikanisches Essen (Burritos, Fajitas, Tacos, Tortillas) wie man es kennt, gemütliches Ambiente mit Höhlen-/Ruineninterieur, dunklen Möbeln und Kerzenschein wie man es mag und dazu zwei Happy Hours (60 Cocktails jeweils 4,00 bis 6,00 €) von 17 bis 20 h und von 23 bis 1 h speziell für Margueritas - das sind die Gründe für den anhaltenden Erfolg dieser netten Tex-Mex-Restaurant-Bar. Hier ist immer was los. Bei gutem Wetter lockt auch die kleine Terrasse. Sonn- & feiertags: Brunch ab 11 h. Löblich: der rauchfreie Bereich. (mr)
Mo - Do 17 - 1 h, Fr + Sa 17 - 2 h, So + Feiertag 11 - 1 h. Gabelsbergerstraße 97, ☎ 52 22 97, www.enchilada.de, MVG/MVV: Tram 20 + 21 Sandstraße; U1 + 7 Stiglmaierplatz

EscoBar
Haidhausen

In das feucht-fröhliche EscoBar(-Gefängnis) strömen nicht nur die Happy Hour-Jockeys (Mo bis Sa 17 bis 21 h, So 17 bis 1 h), sondern auch die All-you-can-eat-Freunde (Mo Buffet 9,00 €). Weitere Aktionen: Di (Mojito 4,00 €), Mi (Caipirinha 4,00 €) und Do (Sex on the Beach 4,00 €). Typisch für ein Tex-Mex-Lokal sind die Gerichte: Lamm-Tortilla 9,80 €, Diabolo-Rolls 10,50 €, Quesadillas Vegetariana 7,50 € oder gegrillte Calamari 8,90 €. Gegen 23 h ist der größte Teil des Restaurantbetriebs gelaufen, dann wird es meist bei Salsa und den Gipsy Kings recht ausgelassen.
So - Fr 17 - 1 h, Sa 17 - 2 h. Breisacher Straße 19, ☎ 48 51 37, MVG/MVV: U5 + 6, S1 - 8, Tram 19, Bus 45, 53, 54, 89, 95, 96, 198 + 199 Ostbahnhof

Joe Peñas
Isarvorstadt

Die Einrichtung im Joe Peñas folgt bekannten Standards und ist recht gemütlich. Die Speisekarte bietet alles was man erwartet, beispielsweise Fajitas oder Enchiladas. Auf einer Tafel werden wechselnde Tagesgerichte notiert. Kurz: gutes Essen freundlich serviert! Die Könner hinter der Theke mixen 180 Cocktails. Von 17 bis 1 h (Mo) bzw. 17 bis 20 h (Di bis So) kosten sie jeweils ca. 4,55 €. Wer zwischen 23 und 1 h einen Cocktail bestellt zahlt 5,60 €. Nette kleine Terrasse. (mr)
täglich 17 - 1 h. Buttermelcherstraße 17, ☎ 22 64 63, MVG/MVV: S1 - 8, Tram 17, 18 + N17 Isartor

Pappasitos
Schwabing

Fröhlich, und bisweilen recht ausgeflippt, präsentieren sich das inzwischen sechzehnjährige Pappasitos und sein vorwiegend jüngeres Publikum (+/- 30 Jahre). Zum intimen Rendezvous ist das Lokal weniger empfehlenswert, wer jedoch Spaß haben will, kommt hier auf seine Kosten. Wer Hunger hat, bestellt aus der typischen Standardkarte (Burger & Tex-Mex, aber auch Pasta). Täglich, ab 22 h, wird Tanzmusik gespielt. Von Donnerstag bis Samstag kümmert sich zusätzlich ein DJ um gemischten Sound. Zur Happy Hour, täglich von 17 bis 19.30 h, kosten die Cocktails ca. 4,00 €. (hg)
Mo - Sa 18 - 1 h, So Ruhetag. Schraudolphstraße 44, ☎ 2 72 13 46, MVG/MVV: Tram 27 Nordendstraße

Sausalitos ✴
Maxvorstadt

Eins vorweg: beim Eintritt in diese Riesenlocation (etwa 500 qm) trifft man ganz logisch nicht auf ein Refugium intimer Gastlichkeit. Den höflichen, aber nicht immer flinken Bedienungen und Kellnern wünschen wir die eine oder andere Zigarettenpause weniger und im fachlichen Umgang mit dem Gast so viel Glück wie der Küchenbrigade (diese zeigt sich kreativ und souverän bei der Zubereitung der leckeren Gerichte). Es gibt die allseits

Sausalitos

beliebten Tex-Mex-Standards (Tapas, Enchiladas, Muschelsuppe) und diverse Variationen, wie mit Sprossen und Garnelen gefüllte Maiscrêpes mit Blattsalaten. Von der Ausstattung her betrachtet wirkt dieser Mexikaner eher untypisch - vom „Kitsch" bleiben wir hier so gut wie vollständig verschont, doch die Atmosphäre ist gut. (sh).

So - Do 17 - 1 h, Fr + Sa 17 - 2 h.
Türkenstraße 50, ☎ 28 15 94,
MVG/MVV: U3 + 6 Universität.
Filiale: Tal 16, ☎ 24 29 54 94,
MVG/MVV: U3 + 6, S1 - 8 Marienplatz

Zapata
Neuhausen

Dieses Restaurant überrascht durch sein vergleichsweise gediegenes Ambiente. Die Drinks (ca. 200 Cocktails, Happy Hours bis 19 h und ab 23 h) sind hervorragend und die Speisen schmackhaft und frisch. Sie werden aus den mexikanisch-internationalen Tages- und Wochenkarten ausgesucht. Der gastronomische Namensvetter des legendären mexikanischen Revolutionärs tritt damit den Beweis dafür an, dass Tex-Mex-Gastronomie nicht in jedem Fall gleichbedeutend mit stark erhöhtem Geräuschpegel und ausgelassen feuchtfröhlicher Stimmung sein muss.

täglich 11 - 1 h.
Wilderich-Lang-Straße 4, ☎ 1 66 58 22,
MVG/MVV: U1 + 7, Tram 12 Rotkreuzplatz

Ziegelhaus
Lerchenau / Siedlung am Hart

Beliebtes Speiselokal mit einer Auswahl von Tex-Mex bis zu traditionellen Gerichten, in dem vor allem am Abend einiges los ist. Im Sommer gibt es ein Mittagsangebot für etwa 5,00 €. Zwei bis drei Gerichte, sowohl mit Fleisch als auch vegetarisch, stehen zur Auswahl. Happy Hours: Mo und Di, den ganzen Abend, jeder Cocktail 4,50 €. Mittwochs ist Caipi-Night, ein „Jumbo-Caipi" kostet dann 4,50 €. Do, Fr und Sa gibt's ab 23 h jeden Cocktail für 4,50 €. Im Sommer lockt auch der 600-Plätze-Biergarten. Wer in dessen SB-Bereich (wo man es darf) nicht sein eigenes Essen mitbringen will, freut sich über die mexikanischen und bayerischen Gerichte. Die Kinder toben auf dem Spielplatz, während es sich die Erwachsenen unter den großen Bäumen gemütlich machen.

1. April - 15. Sept.: Mo - Fr 11 - 1 h, Sa 15.30 - 1 h, So 17 - 1 h, 16. Sept. - 31. März: So - Fr 17 - 1 h, Sa 15.30 - 1 h. Knorrstraße 172, ☎ 3 16 57 51, www.ziegelhaus-muenchen. de, MVG/MVV: U2 Am Hart

Aus 1001 Nacht!

ORIENTALISCH

Amir
Schwabing

Lamm, Geflügel und Rind sind die Produkte, die im Amir verarbeitet werden. Die Idee für ein Festessen: eine ganze Lammkeule für fünf Personen für jeweils ca. 19,00 €. Zur kaspisch-georgischen Landesküche gehören natürlich auch Meeresfrüchte. Mittagsangebot ab 6,00 €. Im Sommer lockt der kleine Garten. Alles in allem: ein gemütliches Lokal mit nettem Personal. (mr)
Mo - Fr 11.30 - 14.30 h + 18 - 23 h, Sa + So 18 - 23 h. Ungererstraße 128, ☎ 36 75 64, MVG/MVV: U6 Nordfriedhof

Arabesk
Schwabing

Erinnert ein wenig an eine Opiumhöhle: sand-orangefarbene Kellerwände, eine von einem Zelt überdachte Bühne und in der Mitte die große Wasserpfeife, die zum Nachtisch geraucht werden kann. Freitag und Samstag - gelegentlich auch während der Woche - ab 22 Uhr Bauchtanz. Küche: libanesisch-orientalische Spezialitäten (Hauptgerichte ca. 14,00 €), wie gegrilltes Geflügel, Fisch auf arabische Art, marinierte Lammfiletstücke ... leckerer Tipp: die 60 verschiedenen Vorspeisen (4,00 bis 6,00 €). Die libanesische Küche im 1984 eröffneten Arabesk gilt als authentisch - ein Beleg dafür sind wohl auch die zahlreich anzutreffenden arabischen Gäste. (kv/xl)
So - Do 12 - 15 h + 18 - 1 h, Fr + Sa 12 - 15 h + 18 - 3 h, warme Küche bis 24 h. Kaulbachstraße 86, ☎ 33 37 38, www. arabesk.de, MVG/MVV: U3 + 6 Universität

Cedar-Lounge ✸
Schwabing

In der Cedar-Lounge sorgen weniger die typischen Gasthausmöbel für ein orientalisches Gefühl, sondern vielmehr die sprichwörtliche Gastfreundschaft, die das Personal verbreiten kann.

Freitags und samstags mit der schwungvollen Unterstützung von Bauchtänzerinnen. Entscheidend sind natürlich die libanesisch-mediterranen Speisen, die die anspruchsvoll-authentische Küche zaubert. Die so genannten Meza sind kalte und warme Vorspeisen, die, in ihrer Vielfalt kombiniert, zu einem Festmahl werden können. Mischwi, das sind Hauptgerichte vom Holzkohlengrill, (Laham Ghanam, also Lammfleisch am Spieß 15,00 € oder Huhn in Würfeln mit Knoblauch 14,50 €) und Meeresfrüchte (Zackenbarsch mit Sesamsoße und libanesischem Brot für zwei Personen 32,00 € oder marinierte Riesengarnelen 22,00 €) bilden weitere Schwerpunkte der Karte. Nach dem Essen ist ein arabischer Kaffee fast schon Pflicht und wer sich traut, isst als Dessert supersüße Ismalieh Bilkachtah, das sind gebackene Nudeln, gefüllt mit Sahnecreme, Honig und Pistazien (6,50 €). Im Sommer sitzt man sehr angenehm vor dem Eckhaus unter der Markise, umgeben von Rosen, Geranien und anderen Pflanzen.
täglich 11.30 - 1 h, Mittagsmenü 11.30 - 14.30 h. Georgenstraße 67, ☎ 27 37 07 09, www.cedar-lounge.com, MVG/MVV: U2 + 8, Bus 53 Josephsplatz

Chopan
Neuhausen

Fladenbrot, Lamm, Geflügel, gefüllte Teigtaschen, Reis und Gemüse gehören zur afghanischen Küche (Hauptgerichte ca. 12,00 €) im Chopan. Verfeinert werden die Speisen mit Gewürzen und Kräutern, die unsereinem eher unbekannt sind oder bei uns zumindest selten verwendet werden. Das rot illuminierte Chopan bietet gutes Essen in angenehmer Atmosphäre! (mn)
täglich 18 - 24 h. Elvirastraße 18a, ☎ 18 95 64 59, MVG/MVV: U1 + 7 Maillingerstraße

Hindukusch ✸
Haidhausen

Wenn man Hindukusch hört, denkt man an eine fremde Welt und den Bundeswehreinsa-

✸ = stadtbuch-tipp!

tz in Afghanistan. Über die Menschen wissen wir wenig. Im Restaurant Hindukusch kann man die Küche Afghanistans kennen lernen. Das einfache Lokal, das mit ebensolchen Möbeln eingerichtet ist, bekommt seinen orientalischen Touch durch die vielen Teppiche, die reich verzierten Lampen und die Backsteinwände. Wer nicht auf den Wirtshausstühlen sitzen will, sollte es sich in der Kuschelecke, zwischen vielen Kissen, gemütlich machen. Neben Spezialitäten wie der gegrillten Lammleber (12,90 €) oder „Leidam" (Lammfleisch mit Spinat und Kümmel, 11,90 €), gibt es Salate und Reisgerichte, einige Vorspeisen (z. B. Joghurt-Dillsoße mit Putenbruststreifen, 6,50 €) und als Nachspeise, z. B., „Gulabjamann", das sind süße Teigbällchen mit Sahne verfeinert (2,90 €).
täglich 18 - 1 h. Bazeillesstraße 5,
☎ 44 76 98 99, www.hindukusch.com,
MVG/MVV: U5 + 6, S1 - 8, Tram 19, Bus 45,
53, 54, 89, 95, 96, 198 + 199 Ostbahnhof

Karawanserei
Ludwigsvorstadt

Viel Atmosphäre - nicht nur wenn ein Bauch tanzt - hat dieses reich geschmückte, in einer eher unwirtlichen Gegend gelegene, persische Restaurant zu bieten. Und so ist die Karawanserei eine Art Herberge für die kulinarischen Träume aus 1001-Nacht. Schwerpunkte der Karte: Lamm- und Geflügelgerichte (ca. 15,00 €) und die berühmten Joghurt-Spezialitäten. (ka)
Mo - Fr 11.30 - 15 h + 17 - 23 h, Sa + So 12 -
23 h. Pettenkoferstraße 1, ☎ 54 54 19 54,
www.karawanserei-muenchen.de,
MVG/MVV: U1 - 3, 6 + 7, Tram 16 - 18 + 27
Sendlinger Tor

Ksara
Schwabing

Was könnte der Libanon für ein wunderbares Land zum Leben und Genießen sein - wenn nicht seit Jahrzehnten Extremisten jeder Couleur, Glaubenskrieger und Agitatoren wüten würden. Das schöne Ksara - ein helles Lokal, wo Stoffservietten auf weißen Tischdecken platziert werden, historisch anmutende Bilder die Wände zieren und Fensterimitationen einen Blick ins libanesische Gebirge frei geben - lädt zu einer kulinarischen Reise in den Libanon ein. Speisen, die wir uneingeschränkt empfehlen wollen: Warak Inab (mit Reis und Gemüse gefüllte Weinblätter), Soujok (scharfe Rinderwurstscheiben mit Knoblauch gebraten), Spieße mit Lamm oder Geflügel, gegrillte Wachteln und frischer Fisch je nach Angebot des Marktes. Das Kaschta ist ein verführerisches Dessert, ein libanesisches Panna cotta mit Orangenblütenwasser und Pistazien, das man gerne von einem arabischen Kaffee begleiten lässt. Auch libanesische Weine werden ausgeschenkt.
So - Do 18 - 1 h, Fr + Sa 18 - 3 h.
Haimhauser Straße 7, ☎ 33 08 82 99,
www.ksara.de,
MVG/MVV: U3 + 6 Münchner Freiheit

Lawrence
Haidhausen

Wie in einem Kellerverlies fühlt man sich hier wirklich nicht. Die warmen Farben, die vielen Kissen und Tücher, die reich verzierten Lampen ... dem Orientfan wirds ganz warm ums Herz. Aber auch das kulinarische Angebot (Hauptgerichte ca. 15,00 €, Tipps sind die vielen Speisen für zwei) der persisch-libanesischen Küche kann einem das Herz erwärmen. Zum Wohlfühlen trägt auch der sehr gastfreundliche Service, der den arabischen Gepflogenheiten alle Ehre macht, bei.
Okt. - März täglich 18 - 1 h, April - Sept.
täglich 12 - 1 h, Küche bis 24 h.
Innere Wiener Straße 18, ☎ 5 44 76 05 79,
MVG/MVV: U4 + 5, Tram 15, 18 , 19 + 25
Max-Weber-Platz

typisch münchen

kultur & erlebnis

freizeit & relaxen

essen & trinken

city & guide

Hindukusch (o.), Cedar Lounge (u.)

Marrakech
Schwabing

Schon der Name weckt orientalische Bilder in meinem Kopf und die Erwartung an einen erlebnisreichen Abend. Tatsächlich ist das Marrakech weniger opulent gestaltet, als erwartet - was aber kein Nachteil sein muss. Zumindest die Lampen und Tischsets scheinen authentisch zu sein. Aus der Küche kommen einfache, aber original marokkanische Speisen zu angenehmen Preisen (Hauptgerichte ca. 10,00 €). (rp)
Mo - Fr 11.30 - 14.30 h + 17.30 - 23.30 h, Sa 17.30 - 23.30 h, So Ruhetag.
Clemensstraße 14, ☎ 35 66 38 36, MVG/MVV: Tram 12 Clemensstraße

Pamir
Maxvorstadt

Das afghanische Lokal mit multikulturellem Ambiente überzeugt mit einer ausgezeichneten Speisekarte (Mittagstisch ab 5,50 €) und sehr zuvorkommendem Service. Empfehlungen: „Mantu" (mit Hackfleisch und Zwiebeln gefüllte Teigtaschen, in Quark eingelegt, mit Linsen, 12,00 €), „Dopiasa" (Lammfleisch in würziger Soße mit Fladenbrot, 13,00 €) oder „Narendypalau" (Hähnchenfleisch und gebackener Safranreis mit Mandeln, Pistazien und Streifen der Bitterorangenschale - süß-pikant, 13,00 €).

In Anbetracht der allgemeinen Schärfe der Gerichte freut sich der Gast über die große Getränkeauswahl, die allerdings nur drei offene - italienische - Weine beinhaltet.
täglich 11.30 - 14.30 h + 18 - 24 h.
Dachauer Straße 78, ☎ 52 79 10, MVG/MVV: U1 + 7 Stiglmaierplatz; Tram 20 + 21 Sandstraße

Pars
Neuhausen

Mit seinen Mosaiken und bunten Kacheln ist das Pars wohl das schönste orientalische Restaurant der Stadt. Bei der Auswahl persischer Speisen und deren Zubereitung wird besonders auf Authentizität geachtet. Exotische Geschmackserlebnisse sind - fast - immer garantiert. (rs)
täglich 11.30 - 24 h.
Dachauer Straße 19, ☎ 54 82 88 27, MVG/MVV: U2 + 8 Königsplatz

Samara Oriental

Sahara City
Milbertshofen

Das Lokal ist mit wallenden Tüchern zeltartig eingerichtet, wodurch eine authentisch wirkende Atmosphäre entsteht. Mit 80 verschiedenen Vorspeisen kann man das Mahl beginnen: süßer Paprika, Käsestrudel, Joghurt, Auberginensalat, Petersiliesalat ... Der Teller mit zehn Vorspeisen kostet ca. 10,00 €, für 15 Variationen bezahlt man ca. 15,00 €. Nachdem man lässig an der Wasserpfeife genuckelt hat, kann man als Hauptspeise vielleicht noch Hühnchenfleisch mit Sesamsoße, Auberginen süß-sauer oder Couscous probieren. Alle Hauptgerichte bleiben, mit Preisen um 14,00 €, im Rahmen. Es gibt schweren libanesischen Wein, italienische Weine - mancher trinkt Jever. Nach einer Bauchtanzvorführung am späten Abend (Freitag und Samstag um 22 und 22.30 h) trennt man sich nur ungern von diesen Genüssen. Zum Abschied vielleicht noch ein arabischer Kaffee oder ein Mokka mit Kardamom? Kleiner Garten. (sb)
Di - So 15 - 1 h, Mo Ruhetag.
Riesenfeldstraße 18, ☎ 3 59 56 44,
MVG/MVV: U3, Tram 27 Petuelring

Samara Oriental ✵
Lehel

Kardamom, Muskat und Pfeffer sind aus der ägyptischen Küche nicht wegzudenken. Mit diesen und anderen Gewürzen verfeinerte Speise, wie schwarze Linsensuppe mit geröstetem Knoblauch (4,80 €), Weinblätter mit Hackfleischreis gefüllt (7,60 €), Kalbsragout mit Vemacil-Reis (17,20 €) oder gegrillte Garnelen mit ägyptischem Reis (19,20 €) serviert ein freundlicher Service im Samara Oriental, Münchens erstem ägyptischen Restaurant. Wer nach dem Dessert (z. B. Mehalabia, Pudding mit Nüssen, Rosinen und Rosenwasser, 4,80 €) das arabisch-orientalische Restaurant verlässt, geht vielleicht ins Untergeschoß in die farbenfrohe und zugleich kuschelige Lounge, um einen würzigen Kardamom-Mokka zu trinken oder eine mit Apfelblüte, Minze oder Kirsche aromatisierte Wasserpfeife zu schmauchen. Spätestens dann kann man den Zauber des Orients erahnen.
Mo - Fr 11 - 1 h, Mo - Fr 11 - 14 h Businesslunch, Sa 17 - 1 h, So Ruhetag.
Bruderstraße 6, ☎ 25 54 22 94,
www.samaraoriental.de,
MVG/MVV: U4 + 5, Tram 17 Lehel

Tortilla, Paella, Gazpacho ...

SPANISCH

Alhambra
Ludwigsvorstadt

Gleich neben dem Deutschen Theater befindet sich das Alhambra, eine orientalisch-spanische Restaurant-Bar-Lounge. Trotz des riesigen Platzangebotes entsteht hier kein Großraumgefühl. Vielmehr sorgt die Gestaltung des Lokales, mit den verschiedenen Sitzmöglichkeiten in Nischen und den unterschiedlich dekorierten Räumen, für eine angenehme Stimmung. Die Speisekarte (Hauptgerichte ca. 13,50 €) ist spanisch-arabisch-mediterran ausgerichtet, wobei Tapas (ab ca. 3,00 €) und wechselnde Tagesgerichte das Angebot bestimmen. Nachts: DJ-Sound und Bauchtanz.
So - Mi 10 - 1 h, Do 10 - 3 h, Fr + Sa 10 - 5 h. Schwanthalerstraße 13, ☎ 54 88 17, MVV/MVG: U4, U5, S1 - 8, Tram 16, 17, 18, 27 Karlsplatz/Stachus

Bar Tapas ✴
Maxvorstadt

Gilt als die „erste Tapasbar Deutschlands". 30 verschiedene, täglich wechselnde Variationen der leckeren spanischen „Zwischenmahlzeit" gibt es - mit Geflügel, Fleisch oder Gemüse, kalt oder warm zum Preis von jeweils ca. 3,50 €. Dies hat sich herumgesprochen und so drängen sich hier die hungrigen, aber auch kontaktfreudigen Gäste gerne. Durch die Kehlen fließen Rioja-Weine. (mn)
So - Do 16 - 1 h, Fr + Sa 16 - 3 h. Amalienstraße 97, ☎ 39 09 19, MVG/MVV: U3 + 6 Universität

Bar Triana ✴
Maxvorstadt

Diese einfache spanische Vinothek-Kneipe ist auch eine sympathische Tapasbar, wo nicht nur Weine (Orangenwein, Manzanilla) und Sherrys, sondern auch - neben vielerlei leckeren Kleinigkeiten aus Fleisch, Fisch,

Käse oder Gemüse, kurz Tapas genannt - Suppen, Salate und Süßes auf den Tisch kommen. Das wird anderswo auch serviert, das Plus der Bar Triana: eine entspannte Atmosphäre, außerdem arbeiten hier nette Menschen und die Preise sind ebenso freundlich.
täglich 18 - 1 h, Küche bis 23 h. Schleißheimer Straße 19, ☎ 55 26 91 22, www.bartriana.de, MVG/MVV: U1 + 7 Stiglmaierplatz; Tram 20 + 21 Sandstraße

Bodega Dali
Schwabing

Mitten in München findet man diese spanische Weinschänke in einem historischen Kellergewölbe. Die vom Wirt importierten Weine sind in einer guten Auswahl vorrätig. Ob für den großen oder kleinen Hunger (und Geldbeutel), bei dem klassischen, aber auch feinen kulinarischen Angebot, findet sich bestimmt für jeden etwas auf der Speisekarte. Wie wärs mit Fidena, das ist eine katalanische Paella mit Huhn und Meeresfrüchten, bei der der Reis durch Nudeln ersetzt wird. (lmd)
täglich 17 - 1 h, warme Küche bis 24 h. Tengstraße 6, ☎ 27 77 96 96, MVG/MVV: U2 + 8, Tram 12 + 27 Hohenzollernplatz

Casa de Tapas
Schwabing

Sehr nette und stimmungsvolle Bodega, schön ausgestattet - besonders die Fliesen sind ein Blickfang. Hier sitzt man relativ eng beieinander, oft sind alle Plätze belegt, also gehört eine gewisse Kontaktfreude seitens der Gäste dazu. Eine Auswahl von der Tapastheke zu bestellen, ist nie verkehrt und die spanischen Fisch- und Fleischgerichte (ca. 10,00 €) sind ebenfalls nicht zu verachten. Cocktails werden im Casa de Tapas gerne getrunken.
täglich 16 - 1 h. Bauerstraße 2 / Ecke Nordendstraße, ☎ 27 31 22 88, MVG/MVV: Tram 12 + 27, Bus 33 Kurfürstenplatz; Tram 27 Elisabethplatz

Centro Espanol
Sendling

In dieser, inzwischen 38-jährigen, und damit Münchens ältesten spanischen Taverne, kann man vielfältige spanische Spezia-

✴ = stadtbuch-tipp!

litäten verspeisen - wenn man einen Platz bekommt. Dies ist nicht immer leicht, da keine Reservierungen möglich sind und die bodenständige Qualität und die günstigen Preise überaus anziehend wirken: Hähnchen in Knoblauchsoße, Kaninchen in Knoblauch, vielerlei Tapas oder Paella ... Hier trifft sich ein gemischtes, aber eher jüngeres Publikum, das die entspannte Atmosphäre genießt. (ha)

täglich 18 - 1 h, Küche bis 23 h.
Daiserstraße 20, ☎ 76 36 53,
MVG/MVV: U3 + 6 Implerstraße

El Cortijo ☀
Schwabing

Die hervorragende und vielfältige - stark knoblauchbetonte - spanische Küche mit frischen Meerestieren und Geflügel in vielen Variationen zeichnet das El Cortijo am Englischen Garten aus: Kartoffelomelett, gegrillter Seefisch oder Schweinefilet vom Grill zu Preisen, die absolut in Ordnung sind. Dazu spanische Weine oder Spaten-Bier. Als Zugabe: fast täglich Live-Gitarrenmusik. (ha)

Mo - Sa 17.30 - 2 h, So + Feiertag 12 - 2 h,
Küche bis 23 h.
Feilitzschstraße 32, ☎ 33 11 16,
MVG/MVV: U3 + 6 Münchner Freiheit

El Español
Haidhausen

Spanische Baratmosphäre. Eher etwas für Barcelona-Freunde als für Mallorca-Pilger. Fröhlich-ausgelassene Stimmung und andalusische Küche sind die Kennzeichen des El Espanol. Vorspeisen (3,50 bis 10,10 €): frittierte Sardellen, Serrano-Schinken oder Käse aus La Mancha. Suppen kosten 3,60 bis 4,80 €, Salate 3,50 bis 8,60 €. Tipps unter den Fischgerichten (11,80 bis 16,90 €): Riesengarnelen in Cava-Sektsoße oder der gemischte Fischteller. Das Hähnchen in Knoblauchsoße und die verschiedenen Paellas sind ebenfalls zu empfehlen. Donnerstags ab 21 h ist eine Flamenco-Show angesagt.

täglich 15 - 1 h, Küche bis 23.30 h.
Pariser Straße 46, ☎ 48 84 96,
www.elespanol-muenchen.de, MVG/MVV:
S1 - 8, Tram 15 + 25 Rosenheimer Platz

El Perro y El Griego
Haidhausen

Die urige Tapasbar erweckt schon durch ihre hohen Räume mit großen Bögen und Aufschriften in spanischen Wildwest-Lettern den Eindruck, einer völlig anderen Kultur anzugehören. Die Karte bietet wirklich Spanisches, und das in großer Vielfalt: unzählige Tapasvariationen für ca. 2,50 bis 7,00 €, Mittagsangebote für um die 6,00 €. Zwischen fünf offenen Riojas kann man wählen und 40 Cocktails gibt's von 16 bis 20 h zum Happy-Preis. Zumindest am Wochenende sollte man reservieren. (cm/rw)

Mo - Fr 11 - 1 h, Sa + So 16.30 - 1 h.
Belfortstraße 14, ☎ 48 25 53,
MVG/MVV: U5 + 6, S1 - 8, Tram 19, Bus 45,
53, 54, 89, 95, 96, 198 + 199 Ostbahnhof

La Boveda
Isarvorstadt

Natursteinwände, dunkle Möbel - kurz eine rustikal anmutende Atmosphäre bietet diese Tapas-Bar. Gegessen werden neben Tapas (ab 3,30 €) typisch spanische Gerichte - z. B. montags Paella (All-you-can-eat inkl. Salatbuffet 8,90 €). Dienstags kostet der Caipi 3,99 €.

täglich 17.30 - 1 h. Buttermelcherstraße 5,
☎ 24 21 11 97, www.laboveda.de,
MVG/MVV: S1 - 8, Tram 17, 18 + N17 Isartor

La Tasca
Neuhausen

Sehr beliebt und wegen dem leckeren Essen gut besucht. Das La Tasca verwöhnt mit der ganzen Vielfalt der spanischen Küche, dazu trinkt man stilecht Sangria oder wählt aus der umfangreichen Weinkarte. Die Portionen sind so bemessen, dass es schwer fallen dürfte, hungrig aufzustehen. Das Mittagsmenü kostet ca. 6,70 € und abends wählt man Fisch- und Fleischgericht von der Tafel. Viele Familienfeiern finden im, bereits 1975 eröffneten, La Tasca statt und im Sommer lockt ein kleiner Garten. (ha)

So - Fr 11.30 - 15 h + 18 - 1 h, Sa 18 - 1 h,
warme Küche bis 23 h.
Mettinghstraße 2, ☎ 16 82 01, MVG/MVV:
Tram 16 + 17 Burghausener Straße

Lardy (l. + r.)

La Tierra
Gärtnerplatzviertel

Musik, Cocktails und Küche vereinigt Marcos Miller in seiner kleinen Bar. Früher war er auf Ibiza als DJ aktiv und gekocht hat er bei Schuhbeck, im Nido und im Café Reitschule. Das Ergebnis: gut gefüllte Teller mit Meeresfrüchten, Pasta und Salaten, die frisch und lecker sind. Die täglich wechselnden Speisen (Essen bis 4 h Früh!) stehen auf der Schiefertafel. Ab 22 h gibt's Balearic House-Beats auf die Ohren.

täglich 18 - 4 h, DJ ab 22 h.
Klenzestraße 5, ☎ 29 70 42,
MVG/MVV: S1 - 8, Tram 17, 18 + N17
Isartor

Lardy ☀
Schwabing

Schickes, junges Publikum trifft sich im Lardy bei delikaten spanisch-portugiesischen Spezialitäten. Das Preisniveau orientiert sich spürbar an der Kaufkraft der Gäste. Kaninchenbraten, Blauhai oder die Lardy-Fischpfanne (für zwei Pers.) sind aber auch lecker. Happy Hours sind von 17 bis 21 h, dann kosten die Cocktails jeweils ca. 5,00 €. Von Donnerstag bis Samstag mixt ein DJ Soul-Sound und im Sommer lockt auch die Terrasse. Ungewöhnlich für ein Restaurant in dieser Rubrik: der Türsteher am Wochenende! Also wird der Schwerpunkt wohl doch eher auf Szenebar gelegt. (ha)

täglich 17 - 3 h, Küche bis 24 h.
Leopoldstraße 49, ☎ 34 49 49,
MVG/MVV: U3 + 6 Münchner Freiheit

Marbella
Neuhausen

Bodenständig und ohne jeden Versuch, in irgendeine Richtung eine Show abzuziehen, gibt sich dieses spanische Kneipen-Restaurant, sprich, diese Bodega. Authentisch, wie auf dem flachen Land auf der iberischen Halbinsel angeboten, so kann man die preisgünstigen Speisen, zu denen ideale Weine ausgeschenkt werden, charakterisieren. Gleiches gilt für die Einrichtung und den Service. (ka)

Mo - Sa 18 - 1 h, So Ruhetag.
Horemansstraße 30 / Ecke Albrechtstraße,
☎ 12 77 97 53,
MVG/MVV: Tram 12, Bus 53 Albrecht-
straße; U1 + 7 Maillingerstraße

Olé Madrid
Isarvorstadt

Ein wirklich originaler Spanier. Durch Einrichtung, Speisen (Fischauswahl!) und Flamenco-Shows (freitags und samstags ab 20.30 h) wird man schnell in Urlaubsstimmung versetzt. Das Essen (Tapas ca. 4,00 €, Hauptspeisen ca. 12,00 €) ist seinen Preis wert: auf der Tageskarte findet man Gerichte für 9,00 bis 11,00 €. Zwischen 17 und 19 h sind Happy Hours für Cocktails. Erfreulich ist auch die Familienfreundlichkeit: dreimal im Jahr wird die Paella an Sonntagen für Familien zum halben Preis berechnet. Termine einfach im Lokal erfragen!

täglich 17 - 1 h, Küche bis 23 h.
Häberlstraße 15, ☎ 53 77 16,
MVG/MVV: U3 + 6 Goetheplatz

Restaurant Myra (o. + u.)

Der Duft des Knoblauchs!

TÜRKISCH

Alan Taverna
Neuhausen

Ein sympathisch-kleines Restaurant für kurdische Küche. Fisch- und Grillgerichte (Hauptspeisen ca. 12,00 €) sowie vegetarische Speisen dominieren die Karte. Beachtenswert sind auch die jeweiligen Tagesspezialitäten. Am Mittwoch, Freitag und Samstag begleiten ab 20 h Bauchtanzvorführungen das Essen.
Mo - Sa 17 - 1 h, So Ruhetag.
Maillingerstraße 4, ☎ 18 78 38,
MVG/MVV: U1 + 7 Maillingerstraße

Alaturka
Au

Jeden Mittwoch (19 bis 23 h) lockt ein türkisch-internationales Buffet (All-you-can-eat für 8,50 €) in diese Taverna-Bar. Die reguläre Karte bietet eine große Auswahl an Spezialitäten: Vorspeisen (4,00 bis 8,00 €), Salate, wie Hirtensalat (5,80 €) oder Salatteller mit Lamm und Pute (8,90 €). Empfehlenswerte Hauptspeisen: Lamm aus der Pfanne (11,50 €), Teiggerichte

aus dem Steinofen, Pizza mit Spinat und Käse (8,10 €) und das gegrillte Schwertfischsteak (11,50 €). Mit einer Nachspeise, wie dem Joghurt mit Honig und Nüssen (3,80 €), und einem türkischen Kaffee sollte man sich vielleicht in die gemütlich-nette Orientecke zurückziehen und das Essen authentisch ausklingen lassen.
täglich 17 - 1 h. Regerplatz 2,
☎ 44 45 44 55, www.alaturka-taverna.de,
MVG/MVV: Tram 15 + 25 Regerplatz

Dersin
Neuhausen

Das Speisenangebot des Dersin deckt die Weiten der anatolischen Küche (z. B. Lammspieß mit Joghurt ca. 10,00 €) gut ab. Zudem gibt es abwechslungsreiche Fischspezialitäten und die Wochenkarte wird je nach Saison zusammengestellt. Das Dersin bietet 90 Gästen Platz, für weitere 25 steht ein Nebenraum zur Verfügung. Freitags und samstags wird zwischen 21 und 22 h Bauchtanz vorgeführt. (rw)
täglich 17.30 - 1 h.
Jutastraße 5, ☎ 1 23 54 54,
MVG/MVV: U1 + 7 Maillingerstraße

Dilo
Haidhausen

Hier ist die anatolische Küche zu Hause. Neben verschiedenen typischen Tagesgerichten ist das Lamm in Auberginen-Knoblauch-Soße, mit Käse überbacken, für etwa 10,00 € ein Tipp. 30 Cocktails gibt es hier vor oder nach dem Essen. Zwischen 22 und 24 h kosten sie jeweils ca. 4,50 €. 30 Plätze hat der kleine Garten beim Haus. Das Publikum ist sehr gemischt, wobei es sich ab etwa 22 h merklich verjüngt. (rw)
Mo - Sa 17 - 1 h, Küche bis 23.30 h, So Ruhetag. Pariser Straße 19, ☎ 4 48 12 54,
MVG/MVV: U5 + 6, S1 - 8, Tram 19, Bus 45, 53, 54, 89, 95, 96, 198 + 199 Ostbahnhof

Diyar
Haidhausen

Recht gemütlich wirkt dieses kurdisch-türkische Restaurant, das von Backsteinwänden beherrscht wird. Beispiele aus dem wirklich interessanten Speisenangebot:

Vorspeisen wie Tarama Fisch-
creme (4,50 €), Vorspeisenteller
(klein 5,50 €, groß 8,50 €) oder
Sigara Boregi (Teigfingerchen gefüllt mit Schafskäse und Petersilie
5,50 €). Hauptgerichte, die man
probieren sollte sind Lamm-
fleischspieß vom Grill (11,50 €),
Hackfleisch-Pizza (9,50 €), Spinat
in Blätterteig mit Joghurtsoße
(8,50 €) oder gegrillter Tintenfisch
(11,00 €). Als Nachspeise nehme
ich süßes Helva (4,00 €). Freitags
und samstags Bauchtanz. Im
Sommer locken die Freisitze. (xl)
täglich 11.30 - 1 h. Wörthstraße 10,
☎ 48 95 04 97, www.diyar.de,
MVG/MVV: U4 + 5, Tram 18 Max-Weber-
Platz; Tram 15, 19 + 25 Wörthstraße

Letoon
Neuhausen

In einem schönen, stuckverzierten Eckhaus residiert das
Letoon, das, neben dem Restaurant mit seinen dunkel getäfelten
Wänden, den rustikalen Holzmöbeln, mit Blumen und Kerzen auf
den Tischen, auch angenehme
Freisitze bietet. Auf der wechselnden Karte stehen authentische
anatolische Spezialitäten. Wie
vielfältig die türkische Küche sein
kann, kann man hier auf angenehme, sprich, leckere Art erfahren. Gerne bei den günstigen,
sich täglich ändernden Mittagsmenüs (Suppe, Hauptgang und
Dessert ab 7,00 €). Frühstücken
(bis 16 h) kann man hier auch.
täglich 10 - 1 h. Ysenburgstraße 13,
☎ 12 71 07 77, www.restaurant-letoon.de,
MVG/MVV: U1 + 7, Tram 12 Rotkreuzplatz

Myra ✳
Glockenbachviertel

Das Myra ist offensichtlich gut
durchdacht eingerichtet, jedoch
erwartungsgemäß nicht modern
gestylt. Ins Myra kann man zum
Cocktail trinken gehen oder
wenn man Lust auf eine feinere
türkische Küche hat, kurz, auf
Lamm oder Fisch - frisch und sen-
sibel zubereitet. Von 12 bis 16 h
locken günstige Mittagsmenüs.
Mo - Fr 12 - 1 h, Sa + So 17 - 1 h.
Pestalozzistraße 32, ☎ 26 01 83 84,
www.restaurant-myra.de, MVG/MVV: U1
- 3, 6 + 7, Tram 16 - 18 + 27 Sendlinger Tor

Pardi
Neuhausen

Das Pardi gilt als das beste
türkische Restaurant der Stadt.
Doch nicht nur die erstklassigen
Vorspeisenteller, Fleisch- oder
Fischgerichte (ca. 12,00 €) sind
ihren Preis wert, auch die Gestaltung und Einrichtung des Lokales
liegt über dem Durchschnitt der
türkischen Kollegen. Im Sommer
ist die schöne Terrasse ein Anziehungspunkt, im Winter lockt
die Bar. Der charmante Service
versorgt die Gäste vorbildlich.
täglich 9 - 1 h.
Volkartstraße 24, ☎ 13 18 50,
MVG/MVV: U1 + 7, Tram 12 Rotkreuzplatz

Patara
Neuhausen

Wenn man Hunger hat, gerne
Fleisch isst und entsprechende
Portionen will, ist man hier richtig. Das Essen schmeckt gut und
alles ist o.k. Im Sommer auch auf
den Freisitzen.
täglich 11 - 15 h + 17 - 1 h.
Blutenburgstraße 94, ☎ 20 23 23 71,
MVG/MVV: U1 + 7 Maillingerstraße

Ramo
Haidhausen

Aus dem indischen Kashmir ist
das türkisch-mediterrane Ramo
geworden. Nach wie vor sorgen
das Gewölbe, die angenehme
Beleuchtung und das viele Holz
für eine wunderbare Atmosphäre.
Gegessen werden türkisch-mediterrane Speisen, viel Vegetarisches ist auch dabei.
Di - So 17 - 1 h, Mo Ruhetag.
Pariser Straße 38, ☎ 4 48 10 10,
www.ramo-muenchen.de, MVG/MVV: S1
- 8, Tram 15 + 25 Rosenheimer Platz

Roj
Giesing

Die hellen, orange gestrichenen
Wände strahlen eine Freundlichkeit aus, die man auch im Service
wieder finden kann. Kurdisch-türkische Spezialitäten, viel Lamm
und Geflügel, aber auch Fischgerichte, kommen auf den Tisch. Die
Qualität und die Preise erfreuen.
Mo - Sa 16 - 1 h, Küche bis 23.30 h, So
Ruhetag. Grünwalder Straße 9,
☎ 69 35 97 78, MVG/MVV: U1, Tram 15 +
25 Wettersteinplatz

Knacig & frisch!

VEGETARISCH

Anna's Küche
Altstadt

Wer beim Einkaufen im Basic Bio-Supermarkt hungrig geworden ist oder sich in seiner Mittagspause gesund stärken will, weiß Anna's Küche im ersten Stock des Supermarktes sehr zu schätzen. Die überschaubare Auswahl an vegetarischen oder veganen Speisen (Hauptgerichte 7,00 bis 10,00 €) ist täglich neu - täglich frisch ist sie sowieso.

Mo - Sa 11.30 - 18 h, So Ruhetag.
Westenriederstraße 35, ☎ 24 23 18 73,
MVG/MVV: S1 - 8, Tram 17 + 18 Isartor

Au Lac
Schwabing

Statt Schwein oder Rind süßsauer, bietet dieses einladende Restaurant eine kreativ-innovative, rein vegetarische China-Küche. Soja & Tofu sei Dank! Absolut empfehlenswert.

täglich 11.30 - 14 h + 17.30 - 24 h.
Kurfürstenstraße 47, ☎ 28 67 30 21,
MVG/MVV: U2 + 8, Tram 12 + 27, Bus 33
Hohenzollernplatz

Bon Valeur
Altstadt

Gesund und entspannend - so sollte ein Essen sein. Dass es natürlich auch schmecken muss, ist selbstverständlich. In diesem Bistro werden nur Bio-Zutaten verarbeitet. Die Gäste freuen sich über Suppen, Eintöpfe (ca. 6,00 €), Salate und international-leichte Gerichte (ca. 8,00 €) - wobei vor allem die zufrieden sind, die nicht bei jedem Gericht ein Stück Fleisch oder Fisch erwarten.

Mo - Do 10 - 22 h, Fr + Sa 10 - 1 h, So +
Feiertag Ruhetag. Sonnenstraße 17,
☎ 54 88 39 94, www.bonvaleur.de,
MVG/MVV: U4 + 5, S1 - 8, Tram 16 - 21, 27
Karlsplatz/Stachus

Buxs ※
Altstadt

Saisonale Vollwertkost und frische Säfte vom Selbstbedienungsbuffet kennzeichnen seit vielen Jahren das erfolgreiche Buxs. Die Speisen werden abgewogen und nach Gewicht berechnet (100 g für 2,00 €). Mehrere warme Hauptgerichte, über 40 Salate, einige Desserts, Kuchen, Säfte, Bier und Wein stehen täglich zur Auswahl am Buffet bereit. Bei jedem Gericht steht/hängt ein Schild auf dem die verwendeten Zutaten aufgelistet sind. Diese werden zum überwiegenden Teil von Biobetrieben geliefert. Wer die Speisen nachkochen will, kann sich die Buchreihe „buxs feine vegetarische Küche" (Sammelband 19,80 €), die von der Inhaberin Anna Lander herausgeben wird, kaufen. (be)

Mo - Fr 11 - 18.45 h, Sa 11 - 15 h, So +
Feiertag Ruhetage. Frauenstraße 9,
☎ 2 91 95 50, www.buxs.de,
MVG/MVV: Tram 17 + 18 Reichenbach-platz

Café Ignaz ※
Schwabing

Nettes alternativ-modernes Café, das nur vegetarische Speisen (auch viele vegane Gerichte!) mit Zutaten von Bio-Bauern anbietet. Nicht nur Ökos treffen sich hier um zu frühstücken (Buffet 7,00 €, Sonntagsbrunch bis 13 h für 8,00 €) oder günstig zu Mittag (12 bis 14 h vegetarisches Buffet ca. 6,00 €) zu essen. Die vielen preiswerten Leckereien, etwa Gratins oder Reispfannen, sind für alle da. Familien mit Kindern freuen sich über die Kinderermäßigung beim Brunch und Mittagsbuffet. Übrigens: im Café herrscht Rauchverbot! (mn)

Mo + Mi - Fr 8 - 22 h, Di 11 - 22 h, Sa, So +
Feiertag 9 - 22 h. Georgenstraße 67,
☎ 2 71 60 93, MVG/MVV: U2 + 8 Josephs-
platz; Tram 27 Nordendstraße

Café Kopfeck
Altstadt

Dass vegan-vegetarische Küche absolut szenig-entspannt daherkommen kann, zeigen dieses Café und sein Publikum.

Mo - Fr 11.30 - 23 h, Sa 17.30 - 24 h, So
Ruhetag.
An der Hauptfeuerwache 12, ☎ 23 68 45 13,
MVG/MVV: U1 - 3, 6 + 7, Tram 16 - 18 + 27
Sendlinger Tor

typisch münchen

kultur & erlebnis

freizeit & relaxen

essen & trinken

city & guide

Prinz Myshkin (o.), Das Gollier (u.)

Das Zerwirk
Altstadt

Seit über 700 Jahren steht das Haus, das bereits als Bade-, Falken- und Brauhaus, aber auch als Wildgeschäft und als Studiobühne des Gärtnerplatztheaters genützt wurde schon. Die Vielfalt und Kreativität der veganen Küche zu zeigen, ist ein Anliegen des Zerwirk Restaurants. Alle Gerichte auf der Speisekarte entstammen der pflanzlichen Küche. Sämtliche Tierprodukte, auch Milch, Käse, Eier und Honig sind tabu. Hier sind keine pullovertragenden Ökos am Werk, sondern Profis, die mit Zutaten aus der Ökoproduktion vegane international-orientalisch-asiatische Köstlichkeiten kreieren. Es gibt Mittagsmenüs (6,90 € für Hauptgericht und Suppe oder Dessert) und abends eine erweiterte Karte (Menüs 20,00 bis 40,00 €), deren Angebot auch nicht als teuer bezeichnet werden kann. Nur die fast schmucklosen Restauranträume wirken fantasielos. Aus dem Club wurde ein veganer Laden mit Imbiss. Im Haus ist auch ein Veranstaltungssaal.

Restaurant Mo - Sa 11 - 1 h, Laden & Imbiss Mo - Sa 10 - 22 h, So Ruhetag. Ledererstraße 3, ☎ 23 23 91 91, www.zerwirk.de, MVG/MVV: U3 + 6, S1 - 8 Marienplatz

Vegelangelo (o.), Das Zerwirk (u.)

Kornkammer
Schwabing

Seit 30 Jahren gibt es diesen Na-turkostladen - damit ist er einer der ältesten der Stadt. Der zum Geschäft gehörende „vollwertige" Stehimbiss wurde vor elf Jahren eröffnet. Gemüse- und Tofupflan-zerl gehören zum täglich wech-selnden Speisenangebot. Es wird kein Alkohol ausgeschenkt, aber auf einen frisch gepressten Saft, Kaffee, Tee oder etwas Süßes am Nachmittag kommt der ernäh-rungsbewusste Gast gerne in die Kornkammer. (cm)
Mo - Fr 9.30 - 18.30 h, Sa 9.30 - 16 h, So Ruhetag.
Haimhauser Straße 8, ☎ 34 11 35,
MVG/MVV: U3 + 6 Universität

MilchHäusl ⁂
Maxvorstadt

An einem „Haupteingang" des Englischen Gartens steht das MilchHäusl, der bayerische Kiosk mit Stube und Freisitzen. Hier gibt es Bio-Fast-Food, dessen Zutaten u. a. von den Herrmanns-dorfer Landwerkstätten geliefert werden. Das MilchHäusl eignet sich als Pausenstation für Spa-ziergänger, für Mittagspäusler und alle anderen Hungrigen. Im Winter gibt es auch Suppen und YETI-Glühwein, ansonsten locken Frühstücke (1,80 bis 4,50 €, von 10 bis 20 h) und Brotzeiten wie Tomaten-Mozzarella-Semmel oder Obazda-Semmel (je 2,90 €). Alles Bio.
täglich 10 - 22 h (im Sommer) bzw. 10 - 19 h (im Winter). Königinstraße 6, ☎ 51 72 97, www.milchhaeusl.de, MVG/MVV: U3 + 6 Universität

Mutter Erde
Schwabing

Abwechslungsreiche Vollwert-kost, mittags günstige wechseln-de Gerichte (Tagesteller mit Salat oder ein Mittagsmenü, Suppen, Rohkostsalate) mit deutsch-italie-nischer Ausrichtung und ein viel-schichtiges Publikum kennzeich-nen den vegetarischen Imbiss im Naturkostladen „Mutter Erde". Hier kann man sich auch vor oder nach dem Essen mit ökologisch einwandfreien Lebensmitteln und Produkten versorgen. Vege-tarisches Wochenprogramm: Mo Hülsenfrüchtetag, Di Reistag, Mi Nudeln und rote Soßen-Tag, Do

Nudeln und weiße Soßen-Tag, Fr Gemüsetag. Statt Alkohol trinkt man Demetersäfte. Im Sommer kann man es sich auch auf den Bierbänken in der Amalienpassage gemütlich machen. (cm)

Laden: Mo - Fr 9 - 19 h, Sa 9 - 14 h, So geschlossen. Imbiss: Mo - Fr 12 - 16 h, Sa + So kein Imbiss.
Amalienstraße 89, ☎ 28 31 27,
MVG/MVV: U3 + 6 Universität

ÖQ Herrmannsdorfer ✴
Altstadt

Das Bistro im Herrmannsdorfer Bioladen, gleich beim Viktualienmarkt. Hier bekommt man sehr gute, ökologisch einwandfreie Speisen, die auch ihren (berechtigten) Preis haben. Die Auswahl an vegetarischen oder fleischigen Gerichten wird von der Saison bestimmt und die Zutaten kommen fast ausschließlich vom Herrmannsdorfer Hof. Hier wird nicht geraucht.

Mo - Fr 9 - 18.30 h, Sa 8 - 16 h, So Ruhetag.
Frauenstraße 6, ☎ 26 35 25,
www.herrmannsdorfer.de,
MVG/MVV: Tram 17 + 18 Reichenbachplatz; U3 + 6, S1 - 8 Marienplatz

Prinz Myshkin ✴
Altstadt

Ausgezeichnete vegetarische Küche (montags bis freitags Mittagsangebote ca. 5,00 €) in angenehmer lichtdurchfluteter Atmosphäre. Große Auswahl (Hauptgerichte ca. 10,00 €) nach raffinierten internationalen Rezepten (indisches Gemüse mit Cashew-Bällchen), Salate und Gemüse-Pfannen. Das Prinz Myshkin ist auch ein netter Treffpunkt. Der Hauptteil des Lokales ist Nichtrauchern vorbehalten - für Raucher gibt es ein Nebenzimmer. Zugabe: der Service trägt mühelos dazu bei, dass man sich hier wie Prinz und Prinzessin fühlt. (mr)

täglich 11.30 - 0.30 h. Hackenstraße 2,
☎ 26 55 96, www.prinzmyshkin.com,
MVG/MVV: U3 + 6, S1 - 8 Marienplatz

Tabula Rasa
Glockenbachviertel

Das nette kleine Feinkost-Bistro wirkt sehr einladend und ist nicht nur deshalb beliebt. Entschei-

dend sind natürlich die gesundleckeren Gerichte, die, zum überwiegenden Teil, mit Zutaten aus dem Bio-Anbau gekocht werden. Dies wissen auch die vielen Mittagspäusler zu schätzen, die - nicht selten - die Töpfe und Pfannen leer essen. Wer nachmittags oder abends kommt, kann sich dann am Snackangebot satt essen - das ist auch nicht zu verachten.

Mo - Fr 8 - 22 h, Sa + So 9.30 - 22 h.
Holzstraße 18, ☎ 23 23 18 71,
MVG/MVV: U1 + 2, 7 + 8, Tram 27 Fraunhoferstraße; Tram 18, 19 + 21 Müllerstraße

Vegelangelo
Maxvorstadt

Das winzige Restaurant ist ein farbenfrohes Kleinod für die Freunde vegetarischer Küche. Wer an den wenigen Tischen einen Platz gefunden hat, freut sich über die leckere Frischküche, die internationale Rezeptideen zu angemessenen Preisen (6,00 bis 19,00 €) verwirklicht, wobei auf der kleinen Karte Pastavariationen dominieren. Tipps: gefüllte Zucchiniblüten (5,80 €) oder Tofucurry (9,80 €). Der persönliche Service rundet das angenehme Essen ab.

Di - So 18 - 24 h, mittags nach Reservierung, Mo Ruhetag.
Türkenstraße 76, ☎ 28 80 68 36,
MVG/MVV: U3 + 6 Universität

Vitaminbude
Altstadt

Das „vitale Bistro" bietet ganztägig warme und kalte Bio-Speisen und -getränke. Samstags lockt ein Brunch von 10 bis 15 h. Außerdem kann man in dem Laden-Bistro Nahrungsergänzungen (Vitamine, organische Mikromineralien, Spurenelemente und sekundäre Pflanzenstoffe), gesunde Pflegesortimente, Bücher, Spielzeug, CDs und Orff-Instrumente kaufen.

Mo - Fr 7.30 - 19 h, Sa 10 - 16 h, So Ruhetag. Kreuzstraße 6, ☎ 54 54 48 04,
www.vitaminbude.de, MVG/MVV: U1 - 3, 6 - 8, Tram 16 - 18 + 27, Bus 31, N17, N20, N27, N33 Sendlinger Tor

✴ = stadtbuch-tipp!

Trocken, halbtrocken, lieblich?

WEINLOKALE

Bianco & Rosso
Glockenbachviertel

Die loungige Vinothek und Weinbar ist eine Alternative zu den zahllosen Bierbars. Internationale Weine, kleine Speisen und Zigarren sind im Angebot. Sehr ansprechendes Ambiente.

Mo - Sa 10 - 22 h, So Ruhetag. Pestalozzistraße 20, ☎ 26 94 98 62, www.bianco-rosso.de, MVG/MVV: U1 - 3, 6 Sendlinger Tor; U1 + 2, 7 + 8, Tram 27 Fraunhoferstraße; Tram 18, 19 + 21 Müllerstraße

Degustini ☆
Isarvorstadt

Das Degustini ist ein feines, mediterranes und rauchfreies Weinrestaurant. An hohen Tischen, auf Barhockern sitzend, genießen wir - auf der Höhe der Zeit sozusagen - saisonale Gerichte wie Zucchini-Krabben-Salat, Fusili mit Kaninchenfilet, Artischocken und Kirschtomaten, Schwertfischroulade auf Mangoldgemüse, Stubenküken alla Diavolo und als Dessert Schokoladen-Flan mit frischen Waldbeeren. Mittags gibt es ein wechselndes Angebot warmer Gerichte, abends ein täglich wechselndes Degustationsmenü mit drei, vier oder fünf Gängen (ab 33,00 €). Überraschung: Was die Küche zaubert, erfährt der Gast erst, wenn die Teller den Tisch erreichen. Wer nur vegetarisch essen will oder bestimmte Zutaten nicht mag, braucht nur entsprechende Hinweise zu geben. Im Degustini steht eine beeindruckende Auswahl vorzüglicher Weine zur Verfügung. Alle Weine (gelegentlich Weinproben) werden auch glasweise ausgeschenkt. Im Sommer lockt eine schöne Terrasse mit Brunnen.

Mo - Fr 11.30 - 14.30 h + ab 18 h, Sa ab 18 h, warme Küche bis 22.30 h, So + Feiertag Ruhetage. Kapuzinerstraße 25b, ☎ 59 94 38 66, www.degustini.de, MVG/MVV: U3 + 6 Goetheplatz; Bus 58 Kapuzinerplatz; Bus 31 Kapuzinerstraße

Geisels Vinothek ☆
Altstadt

Nicht nur bei Kennern erfreuen sich die Auswahl von über 400 verschiedenen Weinen (auch aus Eigenanbau der Familie Geisel), vor allem aus Deutschland, Frankreich und Italien - davon 20 offene -, sowie die kompetente Beratung in dieser Vinothek eines guten Rufs. Etwa alle zwei Monate werden hier von Winzern Weinproben abgehalten. Abgerundet wird der flüssige Hochgenuss mit kleinen oder größeren Speisen aus der Küche von Christoph John, etwa Crostini mit schwarzem und grünem Olivenpüree (3,90 €), Roastbeef mit Bratkartoffeln (13,00 €) oder Wildlachs im Strudelteig gebraten auf Mangoldgemüse und Reiskrapfen (17,00 €). Das Mittagsangebot für 17,00 € ist ein zweigängiges Menü (z. B. Prosciutto San Daniele mit marinierten Oliven und Tagliatelle mit Ragout von der Hirschkeule und Rosenkohl) mit 0,5 l Pellegrino und Espresso oder Kaffee. Am Abend (18.30 bis 22.30 h) bietet sich ein Drei-Gänge-Überraschungsmenü für 32,00 € an. Vor dem Lokal, das wie ein rustikales französisches Bistro wirkt, befinden sich 50 Freisitze.

täglich 10 - 1 h, Küche 12 - 23 h. Schützenstraße 11, ☎ 55 13 71 40, MVG/MVV: U1, 2, 4, 5, 7 + 8, S1 - 8, Tram 16 - 21 Hauptbahnhof

Kleinschmidtz
Gärtnerplatzviertel

Das Kleinschmidtz ist ein nettes, kleines Bar-Weinhaus-Restaurant für Gourmets. Die Karte enthält Gerichte der französisch-internationalen Küche (wechselnde Tagesgerichte ca. 11,00 €, Hauptgerichte ab ca. 14,00 €, Menüs ab ca. 40,00 €). Die Weinkarte offeriert ca. 50 Positionen aus Frankreich, Italien und Spanien - zu angemessenen Preisen. Im begrünten Hinterhof haben 25 Gäste Platz. (mn)

Di - So 18 - 1 h, Mo Ruhetag. Fraunhoferstraße 13, ☎ 2 60 85 18, MVG/MVV: U1, 2, 7 + 8, Tram 27 Fraunhoferstraße

typisch münchen

kultur & erlebnis

freizeit & relaxen

essen & trinken

city & guide

MaxPrivate Vinobar
Altstadt

MaxPrivate ist das neue gastronomische Angebot im Hotel Kempinski Vier Jahreszeiten. Die Idee: fünf individuelle Konzepte in fünf unterschiedlich gestaltete Räume: MaxPrivate ist Vinothek, Bistro, Lounge, Restaurant und Bar. Die geschmackvolle Einrichtung, kräftige Farben und raffinierte Lichteffekte lassen keine dunkle Kellerbarstimmung aufkommen. Man kann sich zum Wein trinken treffen, die regionale bis mediterrane Küche probieren oder Champions-League, Formel 1 und andere sportliche Ereignisse auf großen Flatscreens anschauen. Live-Konzerte erfreuen die Gäste ebenfalls. (hg)
Di - Sa 17 - 1 h, So + Mo Ruhetage.
Maximilianstraße 17, ☎ 21 25 21 25,
www.maxprivate.de,
MVG/MVV: Tram 19 + N19 Kammerspiele

Pfälzer Residenzweinstube
Altstadt

Die Weinstube unter der Residenz - mit sommerlichen Freisitzen, gleich an der Feldherrnhalle. Hier gibt es Typisches aus der sonnigen Pfalz und viele Weine. Im beeindruckenden, säulengestützten Gewölbe wird von Mo bis Sa (11 bis 15 h) ein Mittagessen (4,90 €) serviert und sonntags ab 11 h ist der Jazzfrühschoppen angesagt. Gäste sind gesetztere Herrschaften, Weintrinken, Jazzfreunde und Touristen.
täglich 10 - 0.30 h. Residenzstraße 1,
☎ 22 56 28, MVG/MVV: U3 - 6 Odeonsplatz

Retters
Altstadt

Zu Nicole Retters Restaurant gehören auch ein Weinhandel und ein Weinkeller. So verwundert es nicht, daß hier gute Tropfen aus allen deutschen Weinanbaugebieten, aber auch Kreszenzen aus Nachbarländern angeboten werden. Die anspruchsvolle Küche bietet dazu feine und kreative Speisen, die nach Rezeptideen aus ganz Deutschland entstehen. Der sympathische Service und die ansprechende Gestaltung des

MaxPrivate Vinobar

Lokales tragen ergänzend dazu bei, das Retters als ein Restaurant für Erwachsene - frei von Showeffekten - wirken zu lassen.
Di - Sa 11.30 - 14.30 h + 17.30 - 23 h, So,
Mo + Feiertage Ruhetage, Weinkeller: Mo
- Sa 11 - 19 h. Frauenstraße 10 - 12,
☎ 23 23 79 22, MVG/MVV: S 1 - 8 Isartor,
Tram 17 + 18 Reichenbachplatz

Rolandseck
Schwabing

In dieser großräumigen badischen Weinstube werden, dem Namen entsprechend, deutsche Weine angeboten. Wenn Spezialitätenwochen, etwa mit „Spezialitäten aus Kärnten", veranstaltet werden, freuen sich die Gäste. Publikumsschwerpunkt: gesetzt und älter. (ab)
täglich 11 - 24 h. Viktoriastraße 23,
☎ 3 08 37 17, MVG/MVV: U3 Bonner Platz

Südtiroler Weinstadl
Maxvorstadt

Das nette Lokal lässt mit seiner Berghütten-Atmosphäre Erinnerungen an den letzten Winterurlaub wach werden. Zu einem guten Tropfen serviert man kräftig-deftige Gerichte (etwa

Schnitzel, Kässpätzle, Brotzeiten und Rustikales aus Südtirol), die allerdings nur im Stehen oder auf dem Barhocker genossen werden können. Es gibt Weine aus Südtirol und anderen italienischen Regionen, davon 25 Flaschenweine und acht bis zehn offene rote und vier bis sechs weiße Weine. Besucht wird der Weinstadl von einem bunt gemischten Publikum, vom Studenten bis zum Staatskanzlei-Beamten. (ab)

Mo - Fr 11.30 - 15 h + 18.30 - 23 h, Sa + So Ruhetage. Amalienstraße 53, ☎ 28 58 90, MVG/MVV: U3 + 6 Universität

Truffaldino's
Maxvorstadt

„Weine & Feines" lautet das Motto der sympathisch-kleinen Wein-Bar Truffaldino's. Dutzende Weine (ca. 20,00 bis 100,00 € pro Flasche) aus Frankreich, Italien, Spanien und Österreich warten auf die Gäste oder Käufer. Eine interessante Feinkostauswahl erweitert das Angebot. Außerdem kann man hier auch nette Kleinigkeiten oder vollwertige Hauptgerichte (gerne Bio) essen. Die Spezialitätenrezepte kommen aus den Ländern aus denen auch die Weine stammen. Bei schönem Wetter werden ein paar Tische an die Straße gestellt. Im Truffaldino's ist nur Platz für 15 Personen, daher sollte man reservieren. (ha)

Mo - Sa 16 - 22 h, So Ruhetag. Türkenstraße 63, ☎ 2 71 27 67, MVG/MVV: U3 + 6 Universität

Weinhaus Knott
Haidhausen

Wer in dieser über 100-jährigen Weinhandlung beim auswählen Hunger bekommt, kann sich in der Weinstube niederlassen, wo es kleine Speisen gibt: geröstete Maultaschen, Nürnberger Bratwürste, Züricher Geschnetzeltes. Die Weine kommen aus europäischen Lagen - Deutschland, Österreich, Italien, Spanien und Frankreich. (ab)

Mo - Fr 11 - 22 h, Sa 10 - 14 h, So Ruhetag. Ismaninger Straße 5, ☎ 47 37 38, MVG/MVV: U4 + 5, Tram 15, 18, 19 + 25 Max-Weber-Platz

Weinhaus Neuner
Altstadt

Restaurant und Weinstube mit großem internationalen Weinangebot (ca. 100 Weine aus aller Welt) und vielfältiger Küche. Ein Tipp: das zwei- oder drei-gängige Mittagsmenü (ca. 14,00 bzw. 18,00 €). Angenehm: das Lokal ist kein Schicki-Treffpunkt, sondern für alle Gäste interessant. Das Weinhaus Neuner (seit 1622) gilt als ältestes Weinhaus Münchens, das Restaurant gibt es seit 1852.

Mo - Sa 11.30 - 14 h + 17.30 - 24 h, So Ruhetag. Herzogspitalstraße 8, ☎ 2 60 39 54, MVG/MVV: U4 + 5, S1 - 8, Tram 16 - 21, 27 Karlsplatz/Stachus

Weinhaus Schneider
Altstadt

Das Weinsortiment ist international. Auch auf dem Teller gehts ebenso (Gerichte 8,00 bis 18,00 €) zu. Eine Spezialität sind die zehn verschiedenen Fondue-Variationen (pro Person zwischen 22,00 und 26,00 €). Mit Schokolade, Fleisch oder Käse ... Da freut sich nicht nur das Theaterpublikum, das seit 1914 vom Nationaltheater hierher pilgert. Wer nur Bier trinken will, wählt zwischen Augustiner vom Fass und Andechser Doppelbock. Die Speisekarte ist wie ein Journal gestaltet und kann für 3,00 € erworben werden.

Di - So 16.30 - 3 h, Mo Ruhetag. Sparkassenstraße 1, ☎ 29 16 13 06, MVG/MVV: U3 + 6, S1 - 8 Marienplatz

Weinkehr
Altstadt

Das Weinkehr ist die Einkehr im Kellergewölbe des Oberösterreichhauses - sie teilt sich in den rustikal-feinen Restaurant- und den modern-schlichten Thekenbereich. Auf der überschaubaren Karte (Hauptgerichte ca. 17,00 €) findet man viele österreichische Klassiker, die aber immer einen besonderen Pfiff in der Zubereitung oder bei der Zutatenauswahl aufweisen.

Mo - Fr 11.30 - 14.30 h + 17.30 - 24 h, Sa 17 - 24 h, warme Küche bis 23 h, So Ruhetag. Brienner Straße 23, ☎ 5 12 66 28 - 0, MVG/MVV: U3 - 6 Odeonsplatz; Tram 27 + N27 Karolinenplatz

Dancing the night away

CLUBS-DISCOS

2Rooms
Altstadt

In die ehemaligen Räumen des Karlstor-Kinos ist der schöne Club 2Rooms eingezogen. Der Tanzsaal und die Lounge sind perfekt gestylt und das Musikprogramm wechselt täglich zwischen House, R & B und Pop. Die Lichtstimmung kann mittels elektronischer Feinregelung gewechselt werden und auch die Soundanlage ist vom Feinsten.
Di - Sa ab 21 h, Sa bis 9.30 h, So + Mo Ruhetage. Neuhauser Straße 47 / Eingang Herzog-Wilhelm-Straße 2, www.2rooms.de, MVG/MVV: U4 + 5, S1 - 8, Tram 16 - 21, 27 Karlsplatz/Stachus

8Seasons ✳
Altstadt

Das 8Seasons ist eine der hippsten Nightlifeadressen der Stadt. Gründe dafür: der nicht sehr große Club residiert über den Dächern der Stadt, die ca. 180 qm große Dachterrasse ist im Sommer das Highlight (im Winter mit Wintergarten) und die japanische Küche ist klasse. Das 8Seasons sollte es, vor dem Umbau des Gebäudes, nur 8 Seasons lang geben. Inzwischen ging der Club mehrmals in die Verlängerung.
Di 18 - 4 h (Afterwork-Party), Do 20 - 4 h, Fr + Sa 22 - 6 h. Maximilianstraße 2, ☎ 24 29 44 44, www.8-seasons.com, MVG/MVV: U4 + 5 Odeonsplatz; U3 + 6, S1 - 8 Marienplatz

Ampere ✳
Haidhausen

Der Ampere-Club im Muffatwerk ist einer der Bringer für alle, die auf das schrecklich-schöne 70er-Jahre-Design - auf 350 qm und zwei Etagen - stehen. DJing mit HipHop, Funk, Soul und NuJazz steht hier auf dem Programm, außerdem natürlich allerlei Partys und Live-Gigs.
Fr ab 21 h, Sa ab 23 h, an den anderen Tagen je nach Veranstaltung. Zellstraße 4, ☎ 45 87 50 73, www.ampere-muffatwerk.de, MVG/MVV: S1 - 8 Isartor bzw. Rosenheimer Platz; Tram 17 + 18 Deutsches Museum

✳ = stadtbuch-tipp!

Baby
Altstadt

Essen, trinken, tanzen sind die drei Schlagworte die das Innenleben des Baby beschreiben sollen. Mit Stuck, allerlei Zierrat, weißem Leder, Spiegel-Lounge, Kristalllüstern und hochgelegter Tanzfläche tut das Baby einiges um hübsch daher zu kommen. Wenn die Göre ihre Gäste aber in zwei Klassen, quasi in Unter- und Oberschicht einteilt, macht sich das junge Ding bei uns absolut unbeliebt. Separater VIP-Eingang und private VIP-Lounge sind so was von pubertär. Vor allem: in München gibt es weit und breit keine VIPs.
täglich ab 20 h. Maximiliansplatz 5 / Eingang Max-Joseph-Straße, ☎ 01 60 / 90 90 02 24, www.babymunich.com, MVG/MVV: Tram 19 Lenbachplatz

Backstage
Neuhausen

Das neue Backstage, zwischen Hirschgarten und Friedenheimer Brücke, ist ein beliebter Treffpunkt für Musikfans und die junge Szene, die nicht dem Mainstream folgen. Auf 3.600 qm befinden sich eine große Halle und ein Club für kleine Konzerte oder Partys. Wer Hunger bekommt, bestellt Snacks oder was Kräftiges aus der Pfanne, es muss ja nicht immer der berühmte Veggie-Burger (ca. 4,00 €) sein. Top: der szenig-bunte Nacht-Biergarten (ab 19 h), in dem am Wochenende gegrillt (auch selbst Mitgebrachtes) wird und dauernd ein nettes Programm (von DJing, Openairtanz bis "Tatort" auf Großleinwand) für Spaß sorgt. (be)
Do - Sa 22 - 5 h, an den anderen Tagen je nach Veranstaltung, Konzerte in der Regel ab 20 h. Wilhelm-Hale-Straße / Ecke Birketweg, ☎ 1 26 61 00, www.backstage089.de, MVG/MVV: Tram 12 + 16 Steubenplatz

Badeanstalt ✳
Milbertshofen

Dass ein ehemaliges Hallenbad eine klasse Partylocation sein kann, kennt man schon aus anderen Städten. Mit der „Badeanstalt" hat auch München seinen Club

im Bad. Getanzt wird im Becken, relaxt in Liegestühlen, gegrillt auf der Terrasse, gefeiert wird überall. Alle paar Wochen wechselt das Programm und damit auch die Zielgruppe. Tolle Live-Acts.
Fr + Sa ab 22 h. Leopoldstraße 250, ☎ 35 89 49 23, www.badeanstalt.net, MVG/MVV: U3 + 6 Münchner Freiheit; Bus 85 Griegstraße

Café am Hochhaus ☆
Glockenbachviertel

Im hässlichen Eckhaus war früher ein Oma-Café, heute zählt die überschaubare Location zu den ersten Szene-Treffs der Stadt. Klasse DJing, Cocktails schlürfen, abhängen, Großstadt fühlen.
täglich ab 20 h. Blumenstraße 29 / Ecke Papa-Schmid-Straße, ☎ 89 05 81 52, www.cafeamhochhaus.de, MVG/MVV: U1 - 3 + 6 Sendlinger Tor; Tram 17, 18 + 27 Müllerstraße

Cord
Altstadt

Tanzen, loungen, trinken, feiern oder durch die große Fensterfront die nächtliche Sonnenstraße - auf der die Lichter der Großstadt leuchten - von oben betrachten, auf Lederbänken abhängen, dem DJ lauschen: Cord. Und über den Köpfen der Partymeute leuchtende „Himmelsscheiben". Montags wird geswingt.
Mo ab 20 h, Di - Sa ab 21 h, So Ruhetag. Sonnenstraße 18, ☎ 55 21 38 98, www.cord.tv, MVG/MVV: U4 + 5, S1 - 8, Tram 16 - 21, 27 Karlsplatz/Stachus

Die Bank
Glockenbachviertel

In diesen Räumen war vorher tatsächlich eine Bank. Heute wird hier nicht ums goldene Kalb, sprich den Mammon, getanzt (Electro Lounge, Rock ...), sondern gechillt, getrunken und (gut) abgehangen. Auf zwei Etagen kann man die Zeit verbringen. Für Atmosphäre sorgt buntes Licht, Abwechslung bringen Veranstaltungen wie Ausstellungen und Lesungen.
Di - Do 17 - 2 h, Fr + Sa 17 - 3 h, So + Mo Ruhetage. Müllerstraße 42, ☎ 23 68 41 71, www.die-bank.com, MVG/MVV: U1 - 3, 6 + 7, Tram 16 - 18 + 27 Sendlinger Tor

Disco Palermo
Altstadt

Schon der Name klingt nach den 1970er Jahren. Auf zwei Ebenen.
Fr + Sa 23 h, So - Do Ruhetage. Sonnenstraße 12, www.discopalermo.de, MVG/MVV: U4 + 5, S1 - 8, Tram 16 - 21, 27 Karlsplatz/Stachus

Erste Liga
Isarvorstadt

Wo früher Bayerns größte Leder- und Jeans-Disco, The Stud, als Bergwerk verkleidet für Gays arbeitete, hat die Erste Liga eine neue Heimat gefunden. Nach Komplettumbau will die grünfarbige Erste Liga, gleich beim Sendlinger Tor, mit neuem/altem Konzept an die erfolgreiche Zeit in der Hochbrückstraße anknüpfen. Sweet Harmony nennt sich die Galerie-Bar im Lokal. (hg)
Do - Sa ab 23 h, So - Mi Ruhetage. Thalkirchner Straße 2, ☎ 2 60 84 03, www.ersteliga.com, MVG/MVV: U1 - 3, 6 - 8, Tram 16 - 18 + 27, Bus 31, N 17, N20, N27, N33 Sendlinger Tor

K&K Klub
Gärtnerplatzviertel

Österreichisch-ungarisch-böhmisch-jugoslawisch, k & k eben, kochte die Küche hier früher. Nun hat Electro alle Kaiserlichen vertrieben und es regiert ein szeniges Partyvolk. Das schräge Trash-Ambiente ist in seinem abgewetzten Charme und den wechselnden „Lichtspielen" szenig-zeitgemäß. Und auf die Ohren gibt es Indie-Disco, Funky-Soul-Stuff und gelegentlich auch portugiesischen Live-Sound.
So - Do 20 - 2 h, Fr + Sa 20 - 3 h. Reichenbachstraße 22, ☎ 2 01 56 71, www.kuk-klub.de, MVG/MVV: U1 + 2, 7 + 8, Tram 27 Fraunhoferstraße

Max Suite
Altstadt

Hier tanzt der Nachwuchs der Max-Straßen-Society - nicht besonders ekstatisch, aber doch ganz ausgelassen. Gemütliche Liegewiese, atmosphärische Beleuchtung, teure Getränke - und dazu gibts HipHop und House.
Di - Sa ab 22 h, So + Mo Ruhetage. Maximilianstraße 16, ☎ 22 32 52, www.maxsuite.de, MVG/MVV: U4 + 5, S1 - 8, Tram 16 - 21, 27 Karlsplatz/Stachus

typisch münchen

kultur & erlebnis

freizeit & relaxen

essen & trinken

city & guide

Nachtgalerie (o.), Mia (u.)

Meinburk Bar & Club ✳
Maxvorstadt

Wo früher das Küchenstudio Meinburk seine Schau- und Verkaufsräume hatte, bietet nun ein Bar-Club allen Nachtschwärmern ein stylishes Ambiente, das sich sehen lassen kann. Der Schwerpunkt liegt auf entspanntem Sitzen & Trinken - an der langen Theke oder auf den gemütlichen Sitzlandschaften. Auf der kleinen Tanzfläche kann man zu House & Co. abhotten. Wer Meinburk-Clubmitglied wird, bekommt einen Schlüsselbund mit dem man freien Eintritt zu den regulären Veranstaltungen erhält.
Fr + Sa ab 22 h, Do Specials, So - Mi Ruhetage. Seidlstraße 15, ☎ 01 71 / 4 94 91 71 www.meinburkclub.com, MVG/MVV: U1 + 7, Tram 20 + 21 Stiglmaierplatz; U1, 2, 4, 5, 7 + 8, S1 - 8, Tram 16 - 21 Hauptbahnhof

Mia
Altstadt

Der edle Club von Consti Wahl und Giulia Siegel in Räumen, die bereits Münchner Gastro-Geschichte (Sugar Shack) geschrieben haben. Schön: die Gestaltung und der Galerie-Blick. Lecker & empfehlenswert: das euro-asiatische Essen im sehr angenehmen Mia-Restaurant. Die Karte bietet Meeresfrüchte-Gerichte und Sushi, Pasta, Salate und Schnitzel & Co. zu angemessenen Preisen. Die passenden Weine kommen aus Italien, Frankreich, Spanien und Österreich. Im Haus: Pokerschule (www.muenchener-pokerschule.de).
Mi + Do 20 - 1 h, Fr + Sa 20 - 3 h, So - Di Ruhetage. Herzogspitalstraße 6, ☎ 44 23 23 13, www.mia-club.de, MVG/MVV: U4 + 5, S1 - 8, Tram 16 - 21, 27 Karlsplatz/Stachus

Monofaktur
Altstadt

Kleiner, in der Barmer-Passage versteckter, aber angesagter Szeneclub mit gutem (Live-)Programm (Partys, Konzerte, Filme, Lesungen). Hier treten Bands vieler Musikstile auf. Am Wochenende läuft die Partysause.

Von oben nach unten: P1, Badeanstalt, 8Seasons, Die Registratur

Donnerstags Jazz, Latin, Funk, Groove ...

Di - Sa ab 22 h, fast täglich Veranstaltungen wie Konzerte oder Kino ab 20 h. Sonnenstraße 27, ☎ nicht anrufen - hingehen, www.monofaktur.info, MVG/MVV: U4 + 5, S1 - 8, Tram 16 - 21, 27 Karlsplatz/Stachus; U1 - 3, 6 + 7, Tram 16 - 18 + 27 Sendlinger Tor

Nachtgalerie
Westend

Die Nachtgalerie bietet auch im Ex-Nachtwerk ein unterschiedliches Musik- und Partyprogramm (Uni-Balz, Musikverkehr, ...) an. Sommers lockt das Freiluftgelände mit Sand, Grill, Liegestühlen und allem was dazugehört. Günstige Getränkepreise sorgen für ausgelassene Partystimmung. Am Einlass werden die Ausweise kontrolliert.

Fr + Sa ab 22 h, Landsberger Straße 185, ☎ 32 45 55 95, www.nachtgalerie.de, MVG/MVV: S 1-8 Donnersbergerbrücke; Tram 18 + 19 Am Lokschuppen

Neva
Altstadt

Das Neva ist die Bar unter den Maximilianhöfen. Oben und ringsum verkaufen Designerläden Mode und ein paar Stufen darunter kann man die Garderobe dann vorführen. Der Blickfang im Bar-Club ist der wie schwebend wirkende Vorhang, an dem ca. 60.000 Glasperlen in Rosé und Aubergine glitzern. Dieser Eyecatcher soll 2,5 t schwer sein. Die Wände schimmern in Beige, Creme und Perlmutt. Platz nehmen können die Gäste, die einen Mix der Münchner Nachtschwärmer darstellen sollen, auf grauen Sitzmöbeln an der elf Meter langen Bar oder auf der Empore. Die mit Messing gerahmte Tanzfläche dient mittwochs auch als Bühne für Live-Musiker (Jazz, Rock, Klassik), ansonsten sorgen DJs (Elektro, House, ...) für Stimmung.
Di - Sa 19 - 5 h, So + Mo Ruhetage. Maximilianstraße 11, ☎ 21 02 04 80, www.nevabar.com, MVG/MVV: U3 + 6, S1 - 8, Marienplatz; Tram 19 Nationaltheater/Oper

NY.C
Altstadt   Gay

Münchens legendäre Gay-Disco, die auch bei Heteros einen erstklassigen Ruf besaß, war nach einigen Konzeptwechseln ins „out" geraten. Nach 25 Jahren wurde die Disco endlich entkernt. Die neuen Betreiber haben die Wände versetzt, den Club radikal umgestaltet und mit Lounge und zwei Dance-Areas als NY.C wiedereröffnet. Licht und Sound (Ambient, Ibiza-House) sind nun zeitgemäß.
Fr, Sa + vor Feiertagen ab 23 h, Eintritt frei bis 24 h, danach 5,00 €. Sonnenstraße 25, ☎ 62 23 21 52, www.nyclub.de, MVG/MVV: U1 - 3, 6 - 8, Tram 16 - 18 + 27, Bus 31, N 17, N20, N27, N33 Sendlinger Tor

P1
Lehel

Das P1 ist einer der erfolgreichsten Clubs Europas. Das „Einser" präsentiert sich als Lounge & Club. Bekannte DJs, wie etwa Tom Novy, legen hier auf. Die Gäste tanzen und feiern oder relaxen im „Prinzregentenstüberl". In der Lounge, die ganz zurückhaltend gestaltet ist, zaubern raffinierte Lichteffekte unterschiedliche Stimmungen. Beim Betreten der Lounge stößt der Gast zuerst auf die weiße Bar, an der Kaffeespezialitäten gebrüht werden. Im Zentrum aber steht die 13 Meter lange Lounge-Bar. Ein Begegnungspunkt zu späterer Stunde ist die „pp-Bar", nahe den WCs. Sie bildet mit einer Sofa-Liegewiese das Bindeglied zwischen Lounge und Club. Im Sommer ist die Terrasse der Hit. (ab/sb/mn)
täglich Lounge ab 21 h, Club ab 23 h. Prinzregentenstraße 1, ☎ 29 42 52, www.p1.de, MVG/MVV: U4 + 5 Lehel; Tram 17 Haus der Kunst

Pacha
Altstadt

Endlich ist das Pacha dort wo es hingehört: am Maximiliansplatz. Als Großraumclub zwischen Kultfabrik und Optimolwerken hat das Ibiza-Konzept nicht funktioniert - auch nicht als Edeldisse. In den Räumen des ehemaligen Nachtcafé startete die Disco mit den Kirschen im Logo neu, vor allem aber kleiner und - deshalb? - exklusiver. Edel- und halbedelmetallen schimmert das Pacha in Gold, Bronze und Kupfer und lockt die durchaus gemischt auftretenden Gäste mit House auf die Tanzfläche oder zu Cocktails an die Bars. (rw)
Di - Sa 21 - 6 h, So + Mo Ruhetage. Maximiliansplatz 5, ☎ 59 59 00, www.pacha-muenchen.com, MVG/MVV: Tram 19 Lenbachplatz

Palais
Altstadt

Wo sich früher Animierdamen rekelten, feiert jetzt die Szene. Im ehemaligen Puff wurde einmal durchgewischt, ein paar Mal gelüftet und schon konnte der kultige Szenespot am Hauptbahnhof eröffnet werden. Die House-Musikauswahl und die Vergangenheit der Räume machen das Palais aus.
Fr + Sa ab 23 h, So ab 6 h Chill out. Arnulfstraße 16 - 18, ☎ 50 07 31 31, www.palaisclub.de, MVG/MVV: U1, 2, 4, 5, 7 + 8, S1 - 8, Tram 16 - 21 Hauptbahnhof

Prager Frühling ☆
Schwabing

In der Keller-Tanzbar lassen hässliche Tapeten und ebensolche Lampen die 1960er Jahre aufleben. Alles wirkt so schräg, dass es schon wieder gut ist. Auf der Liegewiese kann man sich vom Augenschock oder vom Tanzen entspannen. Gute Konzerte, tolle DJ-Events.
Di + Mi 21 - 2 h, Do 22 - 3 h, Fr + Sa 22 - 4 h, So + Mo Ruhetage. Ainmillerstraße 1 / Ecke Leopoldstraße, www.prager-fruehling.de, www.popclub.info, MVG/MVV: U3 + 6 Giselastraße

Prinzip
Altstadt

Im Prinzip kann man im Prinzip gut tanzen, doch eigentlich ist der schöne Kellerclub eher ein chilliger Treffpunkt, wo man relaxt die Nacht - auf einer House-Wolke schwebend - genießt.
Do ab 23 h, Fr + Sa ab 24 h, So - Mi Ruhetage. Maximilianstraße 29, www.prinzip-club.de, MVG/MVV: Tram 19 Kammerspiele

Privee 2
Altstadt

In Schwabing haben die Privee-Macher angefangen und nun sind sie in der Maximilianstraße angekommen: mit grünen Sitzgelegenheiten, einer langen messingbeschlagenen Bar und gaaaanz viel Elitär-Szenegetue. Es ist doch irgendwie rührend, wenn man hört/liest, wie toll sich manche Wirte vorkommen und wie sie es mit einem völlig ungetrübten Selbstwertgefühl schaffen, ein adäquates Publikum anzusprechen. Hier solls die größte Ginauswahl der Stadt geben - voraussichtlich bis Ende 2007 in der ehemaligen Hauptpost. (xl)
Mi - Sa 21 - 5 h, So + Di Anmietung für Privatfeiern möglich. Maximilianstraße 2, www.privee-muenchen.de, MVG/MVV: U3 + 6, S1 - 8 Marienplatz; Tram 19 Nationaltheater

Registratur
Glockenbachviertel

Als Zwischennutzung gedacht, hat sich die Registratur inzwischen zu einem der Hotspots des Szenenachtlebens entwickelt. Wie lange der angesagte Club noch besteht, wissen wir nicht. So lange es geht, wird hier getanzt und gefeiert mit Electro, Trash, Rock, HipHop oder Soul.
Do - Sa ab 23 h, So - Mi Ruhetage, gelegentlich Konzerte. Blumenstraße 28, ☎ 23 88 77 58, www.dieregistratur.de, MVG/MVV: U1 - 3, 6 + 7, Tram 16 - 18 + 27 Sendlinger Tor

Rote Sonne
Altstadt

Internationale (Sex in Dallas, Annie & Timo Kaukulampi, Andreas Dorau) Live-Gigs mit Underground, Clubsounds, Disco, Wave, Garage, Acid, Electro, Deephouse, Techno, Discopunk usw. für Leute ohne Scheuklappen. Nichts für Stilpuristen, die sich ständig selbst beschränken und nur eines gelten lassen - es gibt ja soo vieles. Hier ist man ganz entspannt (Schwabings Hippie-Come-back!) und deshalb wirkt die Rote Sonne so sympathisch.
Do ab 22 h, Fr + Sa ab 23 h, So - Mi Ruhetage. Maximilianstraße 5, ☎ 55 26 33 30, www.rote-sonne.com, MVG/MVV: U4 + 5, S1 - 8, Tram 16 - 21, 27 Karlsplatz/Stachus

The Garden
Isarvorstadt

Die jüngeren Szene-Nachtschwärmer rauschen hier ein und tanzen zu HipHop, Reggae, Elektro und Techno. Partys, nationale und internationale DJs. Der als Namenspatron fungierende Japangarten ist hinter Glas angepflanzt. Im Sommer Feste im Hof.
Fr + Sa ab 23 h, andere Tage je nach Veranstaltung. Lindwurmstraße 88, ☎ 45 02 88 18, www.the-garden.de, MVG/MVV: U3 + 6 Poccistraße

Volksgarten-Club
Haidhausen

Das Ex-Pacha mit 1.600 qm, auf zwei Etagen verteilt - in Nachbarschaft zu Kultfabrik und Optimolwerken. Das Freigelände mit Bars, „Teich", Wasserfall und Sandstrand ist im Sommer der Bringer. Im Restaurant locken, neben der regulären Speisekarte, täglich zwei Business-Lunches. (xl)
Restaurant Mo - Fr 11 - 16 h, Club Fr + Sa 22 - 5 h, Eintritt 6,00 €. Rosenheimer Straße 145a, ☎ 45 06 92 14, www.volksgarten.de, MVG/MVV: U5 + 6, S1 - 8, Tram 19, Bus 45, 53, 54, 89, 95, 96, 198 + 199 Ostbahnhof

Anna Hotel (l.), Cortiina Hotel (r.),
ArabellaSheraton Westpark (u.)

Schlaf' gut!

HOTELS

Hostels (24 h offen)

4 you München
Maxvorstadt

Ökologisches Jugendgästehaus.
Auch Halb- oder Vollpension ist
möglich. Duschen und Bäder sind
jeweils für eine Etage angelegt.
Zwei Etagen im Gebäude dienen
als Jugendhotel, hier haben alle
EZ und DZ eigene Bäder/WCs.
Gäste über 27 Jahren (keine
Altersbegrenzung) zahlen etwas
höhere Preise.

*Hostel: EZ ab 37,00 € (bis 26 J.)
bzw. 44,00 € (über 26 J.), DZ ab 27,00 €
bzw. 32,00 €, 4-Bett-Zi. ab 24,00 € bzw.
28,50 €, 6-Bett-Zi. ab 22,00 € bzw. 26,50 €,
8-Bett-Zi. 21,00 € bzw. 25,00 €, 12-Bett-Zi.
ab 18,50 € bzw. 22,00 €. Sommer-Preise
inkl. Frühstück & Bettwäsche. Winter-
Preise etwas günstiger. Hotel: EZ ab
46,00 € (bis 26 J.) bzw. 55,00 € (über 26
J.), DZ ab 75,00 € bzw. 89,25 €, 3-Bett-Zi.
ab 95,00 € bzw. 113,00 €, Sommer-Preise
pro Zimmer inkl. Frühstück. Winter-Preise
etwas günstiger, Messe- & Oktoberfest-
preise höher. Hirtenstraße 18, ☎ 5 52 16 60,
www.the4you.de, MVG/MVV: U1, 2, 4, 5, 7
+ 8, S1 - 8, Tram 16 - 21 Hauptbahnhof*

Easy Palace City Hostel
Isarvorstadt

Das Wiesnnahe Jugendhotel
bietet in allen Zimmern Dusche/
WC. Im Haus befinden sich das
Restaurant Sinans (ital.-asiat., 11
bis 23 h) und eine Bar, es gibt Internetzugänge, Billard und einen
Fahrradverleih.

*Preise pro Zi. + Nacht: EZ 55,00 €, DZ
79,00 €, EZ-Appartement 65,00 €, DZ-
Appartement 89,00 €, Zi. + Appartements
mit Dusche/WC, Appartements auch
mit Küche. Preise inkl. Frühstücksbuffet.
Extrabett für Kinder (bis 6 J.) kostenfrei, bis
15 J. 17,50 €. Preise pro Person + Nacht im
Mehrbettzimmer: 3-Bett-Zi.-Appartement
mit Bad/Dusche, WC + Küche ab 29,00 €,
4- bis 5-Bett-Zi.-Appartement mit Bad/
Dusche, WC + Küche ab 24,00 €, 3-Bett-Zi
mit Bad/Dusche + WC ab 27,00 € (bis 1.4.:
17,90 €), 4- bis 6-Bett-Zi. mit Bad/Dusche +
WC ab 22,00 € (bis 1.4.: 16,00 €), 8-Bett-Zi.
mit Bad/Dusche + WC ab 17,50 € (bis 1.4.:
14,00 €), Frühstücksbuffet 4,90 € (7 - 11 h),
Garage 6,00 €. Mozartstraße 4,
☎ 5 58 79 70, www.easypalace.de,
MVG/MVV: U3 + 6 Goetheplatz*

Easy Palace Station Hotel
Ludwigsvorstadt

Die Easy Palace Filiale nahe am
Hauptbahnhof - mit Café-Bistro
im Haus.

*EZ ab 35,00 €, DZ ab 49,00 €, 2-Bett-Zi.
(Stockbett) 32,50 €, 4- bis 6-Bett-Zi.
19,90 €, pro Person, Frühstücksbuffet
4,90 € (7 - 11 h). Schützenstraße 7,
☎ 5 52 52 10, www.easypalace.de,
MVG/MVV: U1, 2, 4, 5, 7 + 8, S1 - 8, Tram 16
- 21 Hauptbahnhof*

Euro Youth Hotel
Ludwigsvorstadt

Direkt am Hauptbahnhof gelegenes Jugendhotel. In der Globe-
trotters International Bar treffen
sich die Gäste um im Internet zu
surfen, Sportübertragungen auf

Bayerischer Hof (o.), Easy Palace (m.l.), Cosmopolitan (m.r.), Excelsior / www.excelsior-muenchen.de (u.)

der Großleinwand (2 x 3 Meter) zu sehen, um Augustiner Bier oder sonst was zu trinken oder zur Movie-Night (Okt. - April, Do + So) bei der englischsprachige Spielfilme im Original gezeigt werden.
EZ mit Etagendusche/WC 39,00 €, DZ mit Dusche/WC 30,00 €, DZ mit Etagendu-

sche/WC 25,00 €, 3-Bett-Zi. mit eigener Dusche/WC 19,90 €, 3- bis 5-Bett-Zi. mit Etagendusche/WC 17,90 €, 18-Bett-Schlaf-saal 14,90 €, pro Person, inkl. Frühstücks-buffet (3,90 €). Senefelderstraße 5,
☎ 59 90 88 11, www.euro-youth-hotel.de, MVG/MVV: U1, 2, 4, 5, 7 + 8, S1 - 8, Tram 16 - 21 Hauptbahnhof*

haus international
Schwabing

In diesem Jugendgästehaus gibt es Zimmer mit und ohne Dusche/WC. Die Gäste wählen zwischen Frühstück (Buffet), Halb- oder Vollpension. Schlicht und gut. Die Disco, der Biergarten und das Restaurant sorgen für das Freizeitvergnügen.
*EZ ab 32,00 €, DZ ab 28,00 €, Mehrbett-zimmer ab 25,00 €, pro Person, inkl. Frühstück. Elisabethstraße 87,
☎ 12 00 60, www.haus-international.de, MVG/MVV: Tram 12, Bus 53 Barbarastraße*

Jaegers Hotel-Hostel
Ludwigsvorstadt

Gleich beim Hauptbahnhof befindet sich dieses internationale Jugendhostel. Bettwäsche ist im Zimmerpreis enthalten. In manchen Zimmern ist auch TV. Es gibt Schlafräume für bis zu 40 Personen. Schließfächer sind kostenlos.

EZ ab 49,00 €, DZ ab 39,50 €, Mehrbettzimmer ab 11,00 €, pro Person, inkl. Frühstück. Senefelderstraße 3, ☎ 55 52 81, www.jaegershotel.de, MVG/MVV: U1, 2, 4, 5, 7 + 8, S1 - 8, Tram 16 - 21 Hauptbahnhof

Kapuzinerhölzl Das Zelt - The Tent
Obermenzing

Die Anlaufstelle für Backpacker aus aller Welt, für Schulklassen, Radlergruppen und Einzelreisende ist ein in einem Park errichtetes sommerliches Zeltlager, das alles bietet, was man von einem Campingplatz erwartet - plus Internetzugang, Cafeteria, Biergarten, Fahrradverleih, Sportmöglichkeiten und internationalem Flair. Einmal pro Woche: kostenlose Stadtführungen.

geöffnet von 15. Juni bis 15. Oktober. Großraumzelt (mit Frühstück, Decken, Isomatte) 7,50 €, Bettenzelt (mit Frühstück, Decken) 10,50 €, Camping im eigenen Zelt pro Person und Nacht 5,50 €. Preise fürs Zelt nach Größe: 1- bis 3-Personen-Zelt 5,50 €, 4- bis 10-Pers.-Zelt 15,00 €, 10- bis 30-Pers.-Zelt 30,00 €. In den Kirschen 30, ☎ 1 41 43 00, www.the-tent.com, MVG/MVV: S2 Obermenzing

Meininger City Hotel & Hostels
Schwanthalerhöhe

Drei-Sterne-Hotel/Hostel. Alle Zimmer haben Dusche & WC, EZ und DZ sind zusätzlich mit TV und Telefon ausgestattet. Eine Bar und ein Biergarten gehören zum Haus. Internetzugang, Kicker, Big-Screen-Filmabende. Kostenpflichtige Parkplätze.

EZ 43,00 €, DZ 31,00 €, 3-Bett-Zi. 24,00 €, 4- bis 6-Bett-Zi. 21,50 €, 4 - 6-Bett-Zi. 20,50 €, 7- bis 12-Bett-Zi. 16,50 €, pro Person, inkl. Frühstücksbuffet und Bettwäsche. Landsberger Straße 20, ☎ 55 05 35 50, www.meininger-hostels.de, MVG/MVV: S1 - 8 Hackerbrücke; Tram 18 + 19 Holzapfelstraße

Wombat's City Hostel
Ludwigsvorstadt

Die Zimmer im Wombat's sind mit Dusche, WC und Schließfächern ausgestattet. Neuankömmlinge bekommen einen Welcome-Drink. Im Haus gibt es eine Bar (Happy Hours), Internetzugänge, Münzwaschmaschinen, Pool Billard und einen verglasten Innenhof/Wintergarten.

EZ 68,00 €, DZ 34,00 €, Mehrbettzimmer 22,00 €, Zehnbettzimmer 18,00 € (im Winter, Frühjahr und Herbst etwas günstiger) pro Person inkl. Frühstück (4,00 €) und Bettwäsche. Senefelderstraße 1, ☎ 59 98 91 80, www.wombats-hostels.com, MVG/MVV: U1, 2, 4, 5, 7 + 8, S1 - 8, Tram 16 - 21 Hauptbahnhof

EZ bis 50,00 €

Eder ✳
Ludwigsvorstadt

In einer ruhigen Seitenstraße, zwischen Hauptbahnhof und Stachus, befindet sich dieser altmünchnerische Bau, der zweckorientiert saniert wurde. Die Räumlichkeiten sind recht charmant im rustikal-bäuerlichen Stil mit Holzdecken und entsprechendem Dekor gestaltet.

EZ ab 47,00 €, DZ ab 62,00 € (DZ mit Etagendusche ab 47,00 €), 3-Bett-Zi. ab 89,00 €, 4-Bett-Zi. ab 99,00 €, inkl. Frühstücksbuffet. Zweigstraße 8, ☎ 55 46 60, www.hotel-eder.de, MVG/MVV: U4 + 5, S1 - 8, Tram 16 - 21, 27 Karlsplatz/Stachus

Hotel am Viktualienmarkt
Altstadt

Die Lage, direkt am Viktualienmarkt, ist ideal um München zu erkunden. Alles was zur Großstadt gehört, kann man zu Fuß erreichen. Das Hotel besitzt einen begrünten Innenhof und eine Dachterrasse. Die Zimmer sind einfach eingerichtet.

EZ ab 48,00 € (Fr - So 40,00 €), DZ ab 98,00 € (Fr - So 68,00 €), 3-Bett-Zi ab 115,00 € (Fr - So 98,00 €), 4-Bett-Zi ab 130,00 € (Fr - So 115,00 €), inkl. Frühstücksbuffet. Utzschneiderstraße 14, ☎ 2 31 10 90, www.hotel-am-viktualienmarkt.de, MVG/MVV: Tram 17 + 18 Reichenbachplatz

Hotel-Pension am Siegestor
Maxvorstadt

20 angenehm große Zimmer, die ohne besonderes Stilempfinden eingerichtet wurden, bietet diese

✳ = stadtbuch-tipp!

Pension in einem Haus unweit des Siegestores.

EZ ab 45,00 € bzw. ab 55,00 € (mit Dusche/WC), DZ ab 60,00 € bzw. 75,00 € (mit Dusche/WC). Akademiestraße 5,
☎ *39 95 50, www.siegestor.com,*
MVG/MVV: U3 + 6 Universität

Pension am Kaiserplatz
Schwabing

Die zehn Zimmer, in einer histo-rischen Villa, sind individuell ein-gerichtet: mal im Jugendstil, mal bayerisch, mal altdeutsch…, oft mit Dusche, aber das WC befindet sich auf der Etage. Das Frühstück wird auf dem Zimmer serviert.

EZ ab 31,00 €, DZ ab 49,00 €, 3-Bett-Zi ab 66,00 €, inkl. Frühstück.
Kaiserplatz 12, ☎ *34 91 90,*
MVG/MVV: U3 + 6 Münchner Freiheit

EZ bis 75,00 €

Deutsche Eiche ✳
Gärtnerplatzviertel

Alle 26 Zimmer sind modern, funktionell und mit Geschmack eingerichtet. Im Haus, in dem u. a. Rainer Werner Fassbinder sich gerne aufgehalten hat, befin-det sich auch ein gemütliches bayerisch-internationales Res-taurant. Im Rückgebäude ist die berühmte Gay-Sauna gleichen Namens.

EZ ab 70,00 €, DZ ab 95,00 €, Komfort-DZ ab 119,00 €, DZ zur Einzelbelegung abzgl. 10,00 €, Business Suite 145,00 €, Junior Suite 195,00 €, inkl. Frühstücksbuffet (7 - 11.30 h), Garage 13,00 €.
Reichenbachstraße 13, ☎ *2 31 16 60,*
www.deutsche-eiche.com, MVG/MVV: U1 + 2, 7 + 8, Tram 27 Fraunhoferstraße

Englischer Garten ✳
Schwabing

Wie der Name bereits verrät, kann man in diesem denkmal-geschützten Gästehaus, das wunderbar am Kleinhesseloher See gelegen ist, wie im Grünen wohnen. Die 29 Zimmer haben teilweise Terrasse oder Balkon.

EZ ab 63,00 €, DZ ab 71,00 €, Apparte-ment/1 Pers. ab 87,00 €, App./2 Pers. ab 103,00 €, Zustell- oder Babybett 21,00 €, Frühstücksbuffet 9,50 €, Garage 8,00 €, Fahrrad 10,00 €, Hund 5,50 €. Apparte-ments pro Monat 1.450,00 € (1 Pers.), 1.800,00 € (2 Pers.), 2.000,00 € (3 Pers.), Endreinigung 50,00 €.
Liebergesellstraße 8, ☎ *3 83 94 10,*
www.hotelenglischergarten.de,
MVG/MVV: U3 + 6 Münchner Freiheit

Mariandl ✳
Isarvorstadt

Sympathisches 28-Zimmer-Hotel, das sich in einem neugotischen Prachtgebäude, über Münchens ältestem Konzertcafé, dem Café am Beethovenplatz, befindet. Stuckdecken, Kronleuchter, teils historische Möbel und herrlich alte Parkettböden schaffen eine außergewöhnliche Atmosphäre.

EZ ab 65,00 €, DZ ab 70,00 €, Zustellbett ab 35,00 €, inkl. Frühstücksbuffet (7 - 10 h). Goethestraße 51, ☎ *53 41 08,*
www.mariandl.com,
MVG/MVV: U3 + 6 Goethestraße

Uhland
Ludwigsvorstadt

Das Hotel befindet sich in einer prächtigen Villa mit Neo-Renais-sancefassade. Leider ist innen von der Historie nichts mehr zu sehen, stattdessen bestimmen Zweckmöbel die Ausstattung. Schönes Frühstücksbuffet. Die Lage an der Oktoberfestwiese bedeutet: hier wohnt man direkt am Festgeschehen.

EZ ab 58,50 €, DZ ab 80,50 €, Zustellbett 20,50 €, inkl. Frühstücksbuffet, Parkplätze und Fahrräder kostenlos. Uhlandstraße 1,
☎ *54 33 50, www.hotel-uhland.de,*
MVG/MVV: U4 + 5 Theresienwiese; U3 + 6 Goetheplatz, dann Bus 58 Georg-Hirth-Platz

EZ bis 100,00 €

Am Nockherberg
Giesing

38 Zimmer-Hotel mit Blick in den Garten und mit Sauna, Fitnessbe-reich und Solarium.

EZ ab 87,00 €, DZ ab 110,00 €, Zustellbett 28,00 €, inkl. Frühstücksbuffet, Garage 9,00 €. Nockherstraße 38a,
☎ *6 23 00 10, www.nockherberg.de,*
MVG/MVV: U1, 2 + 7 Kolumbusplatz

Belle Blue
Ludwigsvorstadt

Aus dem ehemaligen Hotel Schillerhof ist das Belle Blue geworden. Blautöne bestimmen, wie der Name schon verspricht, die durchdachte Gestaltung des 30-Zimmer-Hauses.

EZ ab 75,00 €, DZ ab 92,00 €, 3-Bett-Zi ab 120,00 €, inkl. Frühstücksbuffet, Parkplatz ab 10,00 €. Schillerstraße 21, ☎ *5 50 62 60,*
www.hotel-belleblue.com,
MVG/MVV: U1, 2, 4, 5, 7 + 8, S1 - 8, Tram 16 - 21 Hauptbahnhof

typisch münchen · kultur & erlebnis · freizeit & relaxen · essen & trinken · city & guide

Dorint Sofitel Bayerpost (o.), Das Palace / www.muenchenpalace.de (u.l.), Am Nockherberg (u.r.)

Brunnenhof
Ludwigsvorstadt

Fußgängerfreundliche Lage. 500 Meter zum Oktoberfest. Hier gibt es auch preisgünstige Familienzimmer (bis 45 qm) für bis zu sechs Personen. Viele Zimmer sind zum Innenhof gelegen.

EZ ab 84,00 €, DZ ab 99,00 €, Familien-Zi. ab 123,00 €, Kinder (bis 2 J.) im Elternbett frei, bis 6 J. 10,00 € im Zustellbett, bis 13 J. 14,00 € im Zustellbett, inkl. Frühstücksbuffet (7 - 10 h), zusätzliche Teilnahme am Buffet 10,00 €, Parkplatz 10,00 €, Haustier 5,00 €. Schillerstraße 36, ☎ 54 51 00, www.brunnenhof.de, MVG/MVV: U1, 2, 4, 5, 7 + 8, S1 - 8, Tram 16 - 21 Hauptbahnhof

Holiday Inn Munich
Bogenhausen

Unerwartet, bei diesem Namen, ist das bayerische Flair mancher Zimmer und Suiten - mit Kachelöfen und Eckbänken. Das rustikale Ludwig-Stüberl (täglich 17 bis 24 h) bietet die entsprechende Küche dazu - das Mobiliar der Sitzecken stammt allerdings aus einer alten englischen Kirche. Den Sonntagsbrunch (26,50 €, Kinder bis 5 J. frei, Kinder von 6 - 12 J.

zahlen 1,00 € pro Lebensjahr, von 11.30 bis 14 h, Vorspeisen, Salate, Fisch- und Fleischgerichte, Desserts und typische Frühstücksspeisen, außerdem Sekt, Bier und alkoholfreie Getränke, (☎ 92 79 82 00) und international-bayerische Gerichte kann man im Restaurant Tiffany (täglich 6.30 - 10.30 h, 12 - 14 h + 18 - 23 h) einnehmen.

EZ ab 80,00 €, DZ ab 80,00 €, Komfortaufschlag 15,00 €, Frühstücksbuffet 18,00 €. Effnerstraße 99, ☎ 92 79 80, www.munich-holiday-inn.de, MVG/MVV: U4 Richard-Strauss-Straße oder Arabellapark

Marriott
Schwabing

First Class-Hotel mit Schwimmbad und Restaurant im Haus. Rollstuhlgerechte Zimmer. Jeden Sonntag wird von 12 bis 15 h ein Brunch-Buffet aufgebaut. Dazu gehören Speisen aus aller Welt. Im Preis von 37,00 € sind Heißgetränke, Weine, Prosecco, Wasser und ein Glas Sekt enthalten. Im „Grill 93"-Restaurant werden Grillgerichte serviert.

EZ ab 99,00 €, DZ ebenfalls ab 99,00 €, inkl. Frühstück, Parkplatz 18,00 €. Berliner Straße 93, ☎ 36 00 20, www.marriott.com/mucno, MVG/MVV: U6 Nordfriedhof

La Maison (o.), Königshof (u.)

der Stadt. Im Sommer schöne Frühstücksterrasse. Die Bilder und Skulpturen, die die Räume schmücken, gehören zu wechselnden Kunstausstellungen.

EZ ab 98,00 €, DZ ab 118,00 €, inkl. Frühstücksbuffet (bis 11 h, mit Öko-Produkten), Fahrrad 9,00 €, Parkplatz/Garage 9,50 €. Hochstraße 45, ☎ 4 41 40 80, www.hotel-prinz.de, MVG/MVV: Tram 15 + 25, Bus 56 Regerplatz; S1 - 8, Tram 15 + 25 Rosenheimer Platz

Ritzi ✳
Haidhausen

Individuell und mit viel Stilgefühl sind die 25 Zimmer dieses Hotels, das sich in einem schönen historischen Gebäude befindet, eingerichtet. Länder/Regionen (Bali, Afrika, Marokko, England, Mittelmeer) oder Farben (rot, gelb, blau) liefern dazu die Gestaltungsideen. Treffpunkte im Haus sind das Restaurant Ritzi (asiatischmediterrane Küche, täglich wechselnder Mittagstisch), die stimmungsvolle Art déco-Bar und die gemütliche Lounge. Sonn- und feiertags (10.30 bis 13 h) kann man im Ritzi international vielfältig brunchen (15,50 €).

EZ ab 100,00 €, DZ ab 155,00 €, Suite ab 210,00 €, inkl. Frühstücksbuffet (6.30 - 10.30 h). Maria-Theresia-Straße 2a, ☎ 4 19 50 30, www.hotel-ritzi.de, MVG/MVV: U4 + 5, Tram 15, 18, 19 + 25 Max-Weber-Platz

Hotel Olympic
Glockenbachviertel

Christine Klessingers ruhiges Stadthotel liegt in einem der lebendigsten Stadtviertel. Die individuell und charmant eingerichteten Zimmer sind teilweise mit Antiquitäten ausgestattet. Viele Schauspieler und Filmleute übernachten hier. Netter Service.

EZ ab 95,00 €, DZ ab 155,00 €, Appartement pro Woche ab 530,00 €, inkl. Frühstücksbuffet, Parkplatz 18,00 €. Hans-Sachs-Straße 4, ☎ 23 18 90, www.hotel-olympic.de, MVG/MVV: U1 + 2, 7 + 8, Tram 27 Fraunhoferstraße; Tram 18, 19 + 21 Müllerstraße

Prinz
Haidhausen

Umweltfreundliches First Class-Hotel. 41 komfortable Zimmer - auch für Nichtraucher -, zum Teil mit Blick über die Dächer

EZ bis 125,00 €

Cosmopolitan
Schwabing

Unweit der Münchner Freiheit befindet sich dieses Drei-Sterne-Hotel mit 63 Zimmern und acht Junior Suiten. Alle Räume sind mit Möbeln von Ligne Roset eingerichtet und verfügen über einen Balkon.

EZ ab 115,00 €, DZ ab 125,00 €, Junior Suite ab 145,00 €, Extrabett 25,00 €, bis zu zwei Kinder (bis 12 J.) übernachten im Zimmer der Eltern kostenlos, inkl. Frühstücksbuffet (6.30 - 11 h), Garage 12,00 €, Haustier 12,00 €. Hohenzollernstraße 5, ☎ 38 38 10, www.cosmopolitan-hotel.de, MVG/MVV: U3 + 6 Münchner Freiheit

Platzl Hotel
Innenstadt

Mitten in der Altstadt liegt dieses nobel-gemütliche Hotel das eine typisch münchnerische Atmosphäre ausstrahlt. Die historische Lobby, wo man Kaffee oder Weißbier trinken kann, ist das einladende Entree in dieses First Class-Haus. In der fünften Etage wurde ein Wellnessbereich - mit Fitnessraum, Sauna, Erlebnisduschen und Solarium - nach dem Vorbild des Maurischen Kiosk bei Schloss Linderhof -, mit bunten Glasfenstern und reichem ornamentalen Schmuck, gestaltet.

EZ ab 120,00 €, DZ ab 175,00 €, Junior Suite 280,00 €, bayerische Suite 375,00 €, Kinder (bis 12 J.) übernachten im Zimmer der Eltern kostenfrei, inkl. Frühstücksbuffet. Sparkassenstraße 10, ☎ 23 70 30, www.platzl.de, MVG/MVV: U3 + 6, S1 - 8 Marienplatz

Schiller5
Ludwigsvorstadt

Das sehr geschmackvoll und modern gestaltete Hotel und Boardinghaus verfügt über 55 Zimmer und Suiten. Jede Einheit ist mit einer Kitchenette ausgestattet. Auf Bestellung füllt der Einkaufsservice den Kühlschrank nach Wunsch. Für Langzeitmieter günstigere Zimmerpreise.

EZ ab 117,00 €, DZ ab 137,00 €, Junior Suite ab 167,00 €, Suite ab 250,00 €, Zusatzbett 25,00 €, Frühstücksbuffet 14,00 €, Garage 14,00 €, Servicegebühr für Einkauf 5,00 €. Schillerstraße 5, ☎ 51 50 40, www.schiller5.com, MVG/MVV: U1, 2, 4, 5, 7 + 8, S1 - 8, Tram 16 - 21 Hauptbahnhof

EZ bis 150,00 €

Advokat
Gärtnerplatzviertel

Puristisch, individuell und mit Sinn fürs aufeinander abgestimmte Detail eingerichtet. Aktuelle Kunst schmückt das ganze Haus - z. B. Roni Horns Fotoserie „You are the weather". Schöne Dachterrasse mit Ausblick auf das angesagte Viertel bzw. die Innenstadt. Sehr üppiges und vielfältiges Frühstücksbuffet.

EZ ab 140,00 €, DZ ab 160,00 €, (Wochenendpreise EZ 120,00 €, DZ 140,00 €), inkl. Frühstücksbuffet und Minibar. Baaderstraße 1, ☎ 21 63 10, www.hotel-advokat.de, MVG/MVV: S1-8, Tram 17, 18 Isartor

ArabellaSheraton
Bogenhausen

First Class-Hotel im Arabellapark. In diesem riesigen Hotelkomplex mit 468 (darunter 44 Suiten) im Landhausstil (Kanadischer Ahorn, Makassaholz) eingerichteten Zimmern, können 37 Appartements (mit Küchenzeile) auch von Dauergästen gemietet werden. Zur Entspannung begibt man sich in die Badelandschaft Arabella Mar in der 22. Etage. Im Haus sind mehrere Lokale. Sonntags (12.30 bis 15 h) lockt ein vielfältiges Brunch-Buffet (mit Live-Musik) für 36,00 € (inkl. Heißgetränken, Säften, Wasser und einem Glas Champagner).

EZ ab 141,00 €, DZ ab 141,00 €. Arabellastraße 5, ☎ 9 23 20, www.arabellasheraton.com, MVG/MVV: U4, Arabellapark

Cortiina Hotel ✹
Innenstadt

Alle Zimmer in diesem edlen Designhotel sind mit Mooreichentäfelung, Eichenparkett, Jura-Naturstein (Bäder), Whirlwanne, Lichtobjekten und speziell angefertigten Möbeln ausgestattet. Die Lage des Hotels in der Innenstadt ist ebenfalls perfekt. In der Lounge-Bar trifft sich abends ein Teil der Münchner Szene zum Cocktail oder Wein trinken, kurz: zum sehen und gesehen werden. Von Oktober bis April ist hier

✹ = stadtbuch-tipp!

samstags (14 bis 17.30 h) Teatime am offenen Kamin.

EZ 146,00 €, DZ 186,00 €, Studio 206,00 €, Business-Suite 286,00 €, Zustellbett für Kinder bis 12 J. 26,00 €, inkl. Frühstücksbuffet (Mo - Sa 7 - 11 h, So 8 - 12 h), Garage 13,00 €. Ledererstraße 8, ☎ 2 42 24 90, www.cortiina.com, MVG/MVV: U3 + 6, S1-8 Marienplatz

Eden Hotel Wolff
Maxvorstadt

Das traditionsreiche First Class-Hotel bietet 210 geschmackvoll gestaltete Räume. Es gibt zehn Konferenz- und Veranstaltungsräume und einen Fitness- und Saunabereich mit Dachterrasse, das gemütliche Restaurant Zirbelstube und die schöne Kaminbar mit ihrer beeindruckenden Onyxdecke.

EZ ab 110,00 €, DZ ab 143,00 €, Junior Suite ab 265,00 €, Extrabett 44,00 €, inkl. Frühstücksbuffet. Arnulfstraße 4, ☎ 55 11 50, www.ehw.de, MVG/MVV: U1, 2, 4, 5, 7 + 8, S1 - 8, Tram 16 - 21 Hauptbahnhof

Excelsior
Ludwigsvorstadt

Das exklusive Haus von Familie Geisel bietet eine ruhige und entspannte Atmosphäre. Helle und perfekt ausgestattete Zimmer mit üppigem Dekor. Im Haus befindet sich Geisel's Vinothek.

EZ ab 140,00 €, DZ ab 200,00 €, Suite ab 300,00 €, Extrabett 40,00 €, bis zu zwei Kinder (bis 12 J.) übernachten im Zimmer der Eltern kostenfrei, Frühstücksbuffet pro Person 17,00 €, Garage 18,00 €, Haustier 20,00 €. Schützenstraße 11, ☎ 55 13 71 93, www.geisel-privathotels.de, MVG/MVV: U1, 2, 4, 5, 7 + 8, S1 - 8, Tram 16 - 21 Hauptbahnhof

La Maison
Schwabing

Von außen wirkt der Bau funktionell-modern, doch die Räume des La Maison verführen die Gäste mit einem sinnlichen Ambiente. Die Ausstattung ist hochwertig, sehr *stylish* und erfüllt den Wunsch nach einer exklusiven Wohnlichkeit. Modernste Technik gepaart mit Eichendielenböden und extravaganten Gestaltungsideen machen den Charme dieses Designhotels aus. Im Haus: ein elegantes Restaurant.

EZ ab 135,00 €, DZ ab 165,00 €, Studio ab 215,00 €, inkl. Frühstück (Mo - Fr 7 - 11 h, Sa + So 8 - 12 h). Occamstraße 24,

☎ 33 03 55 50, www.hotel-la-maison.com, MVG/MVV: U3 + 6 Münchner Freiheit

Splendid Dollmann ✸
Lehel

Charmantes Komfort-Hotel in einem markanten Haus aus der Gründerzeit. Die historischen Möbel - teils Antiquitäten -, die Kunstobjekte, die Bibliothek, der offene Kamin und die kleine Bar verbreiten eine gediegene Pracht. Netter Garten. Sympathisch: der Welcome-Drink und die Obstschale auf dem Zimmer.

EZ ab 120,00 €, DZ ab 150,00 €, DZ deluxe ab 160,00 €, Grand Lit-Zimmer ab 120,00 €, Appartement mit Küche ab 150,00 €, Junior Suite ab 190,00 €, Zustellbett 25,00 €, Frühstücksbuffet 12,50 €, Garage 8,50 €, Hund 6,00 €, Fahrrad 10,00 €. Thierschstraße 49, ☎ 23 80 80, www.hotel-splendid-dollmann.de, MVG/MVV: U4 + 5, Tram 17 Lehel

EZ über 150,00 €

Admiral
Gärtnerplatzviertel

Die stilvolle Lobby ist eine individuelle Visitenkarte des Hauses und der nette Frühstücksraum, der auch einen Blick in den Garten bietet, bildet den angenehmen Rahmen für das reichhaltige Buffet. Die 33 Zimmer sind mit historischen Gemälden geschmückt und modern eingerichtet.

EZ ab 170,00 €, DZ ab 200,00 €, (Wochenendpreise EZ 120,00 €, DZ 150,00 €) inkl. Frühstücksbuffet und Minibar. Kohlstraße 9, ☎ 21 63 50, www.hotel-admiral.de, MVG/MVV: S1-8, Tram 17, 18 Isartor

Annahotel ✸
Ludwigsvorstadt

Die Zimmer dieses farbenfrohen Designhotels sind jung-modern und mit viel Geschmack hochwertig ausgestattet. Die Turm-, Oberdeck- und Panoramazimmer geben den Blick auf die Innenstadt frei. Im Annahotel befindet sich die Restaurant-Bar Anna.

EZ ab 170,00 €, DZ ab 190,00 €, Turmzimmer ab 240,00 €, Oberdeckzimmer ab 240,00 €, Panoramazimmer ab 250,00 €, Extrabett 55,00 €, Kinder (bis 12 J.) übernachten kostenfrei im Zimmer der Eltern, Garage 21,00 €, inkl. Frühstücksbuffet (7 - 11 h). Schützenstraße 1, ☎ 59 99 40, www.geisel-privathotels.de, MVG/MVV: U4 + 5, S1 - 8, Tram 16 - 21, 27 Karlsplatz/Stachus

Bayerischer Hof
Altstadt

Eines der bekanntesten Luxushotels der Welt. Exklusive Ausstattung, gediegenes Interieur, perfekter Service. Die Räume und Suiten sind sehr unterschiedlich gestaltet. In den vielfältigen Bars und Restaurants, die sich im Haus befinden, treffen Hotelgäste mit Münchnern zusammen. Auf der Dachterrasse befindet sich das, vom französischen Interieurstar Andrée Putman gestaltete Blu Spa mit 200.000 Liter-Schwimmbecken, Wellnessbereich, Sauna und Bar-Lounge.

EZ ab 205,00 €, DZ ab 263,00 €, Junior Suiten ab 474,00 €, Suiten ab 1.400,00 €, Extrabett 57,00 €, Kinder (bis 11 J.) wohnen kostenlos im Elternzimmer, Kinder ab 12 J. wohnen für 57,00 € im Zimmer der Eltern, Champagner-Frühstück 24,50 €, Garage 25,20 €. Promenadeplatz 2 - 6, ☎ 2 12 00, www.bayerischerhof.de, MVG/MVV: Tram 19 Theatinerstraße; U3 + 6, S1 - 8 Marienplatz

Dorint Sofitel Bayerpost
Ludwigsvorstadt

Die Kombination des historischen Hauses mit seiner prächtigen Fassade und der modern-avantgardistischen Innenausstattung macht den unübersehbaren Reiz dieses First Class-Hotels aus. Edle Materialien, Stein und Hölzer, kennzeichnen auch die beeindruckende Lobby, das hauseigene Spa mit Wellnessbereich und der einladenden Schwimmgrotte und natürlich die hervorragenden Lokale im Hotel.

EZ ab 365,00 €, DZ ab 395,00 €, Junior Suite ab 445,00 €, Superior Suite 560,00 €, Frühstück 22,00 €, nach Sondertarifen fragen. Bayerstraße 12, ☎ 59 94 80, www.dorint.com, www.sofitel.com, MVG/MVV: S1 - 8, U1 + 2, U4 + 5, Tram 16, 17, 19, 20, 21 Hauptbahnhof

Kempinski Hotel Vier Jahreszeiten
Altstadt

Das legendäre Grandhotel wurde 1858 auf königlichen Wunsch erbaut. Im Haus: das Restaurant „Vue Maximilian" und die „MaxPrivate Vinobar". Zum „Afternoon Tea" lädt die elegante Lobby ein - sie zählt zu den schönsten Hotelhallen Europas.

EZ ab 215,00 €, DZ ab 240,00 €, Junior Suite ab 690,00 €, Suite ab 790,00 €, Frühstück 32,00 €. Maximilianstraße 17, ☎ 21 25 27 00, www.kempinski-vierjahreszeiten.de, MVG/MVV: Tram 19 Kammerspiele

Königshof
Innenstadt

Die Zimmer und Suiten dieses Grandhotels sind luxuriös und dabei liebevoll eingerichtet. Das Restaurant im ersten Stock des Hauses ist berühmt für seine Gourmet-Küche.

EZ ab 220,00 € (Superior) bzw. 230,00 € (Deluxe), DZ ab 270,00 € (Superior) bzw. 290,00 € (Deluxe), Suite ab 390,00 € - 830,00 €, Extrabett 40,00 €, bis zu zwei Kinder (bis 12 J.) übernachten im Zimmer der Eltern kostenfrei, Frühstücksbuffet im Restaurant pro Person 22,00 €, Garage 21,00 €, Haustier 20,00 €. Karlsplatz 25, ☎ 55 13 61 93, www.geisel-privathotels.de, MVG/MVV: U4 + 5, S1 - 8, Tram 16 - 21, 27 Karlsplatz/Stachus

Le Méridien
Ludwigsvorstadt

Der gelbe Bau des Fünf-Sterne-Hauses bietet luxuriöse Zimmer mit stilvoll-zeitgenössischer Ausstattung, die natürlich den Erwartungen an ein Hotel dieser Kategorie gerecht werden. Dazu gehört auch ein Spa mit Fitnessbereich, Pool, Dampfbad, Whirlpool und Sauna. Kulinarisch verwöhnt das Gourmetrestaurant Le Potager.

EZ ab 215,00 €, DZ ab 235,00 €, Kinderzusatzbett 55,00 €, inkl. Frühstück. Bayerstraße 41, ☎ 2 42 20, www.munich-lemeridien.com, MVG/MVV: U1, 2, 4, 5, 7 + 8, S1 - 8, Tram 16 - 21 Hauptbahnhof

Mandarin Oriental
Altstadt

Elegantes Nobelhotel mit individuell gestalteten Räumen und Suiten - nahe beim Marienplatz. Das hauseigene Gourmetrestaurant Mark's verwöhnt die Gäste mit einer mehrfach ausgezeichneten Küche. Vom Swimmingpool auf der Dachterrasse aus hat man einen atemberaubenden Ausblick.

EZ ab 325,00 €, DZ ab 369,00 €, Junior Suite ab 580,00 €, Suite ab 929,00 €. Bistro Mark's Corner: tägl. 9 - 1 h, Mark's Restaurant: Di - Sa 12 - 14 h + 19 - 23 h, So + Mo Ruhetag, Frühstück täglich 6.30 - 11 h. Neuturmstraße 1, ☎ 29 09 80, www.mandarinoriental.com, MVG/MVV: U3 + 6, S1 - 8 Marienplatz

Allianz ⑪ Arena

Stadtgeschichte

ca. 2000 v. Chr.: *das Petersbergl ist besiedelt, wie Funde unter der Kirche St. Peter zeigen*

um 800: *Mönche des Klosters Tegernsee auf dem Petersbergl*

1158 (Stadtgründungsjahr): *Heinrich der Löwe zerstört die Isarbrücke bei Oberföhring und baut eine in Munichen, um Zölle erheben zu können. Markt- und Münzrecht durch Kaiser Friedrich Barbarossa.*

1175: *erste Stadtbefestigung*

1255: *Residenzstadt des Teilherzogtums Bayern-München*

1327: *ein Drittel Münchens wird durch einen Brand vernichtet*

1468 - 94: *Bau der Frauenkirche*

1505: *München ist Hauptstadt des vereinigten Bayern*

1550-1579: *unter Herzog Albrecht V. erblüht die Stadt*

1623: *München wird kurfürstliche Residenzstadt*

1634: *die Schweden besetzen die Stadt. Die Pest wütet. Ein Drittel der Bevölkerung stirbt.*

1705-14: *Spanischer Erbfolgekrieg, die Österreicher besetzen München*

1705: *in der Sendlinger Mordweihnacht wird der Aufstand der Bevölkerung gegen die Österreichischen Besatzer blutig niedergeschlagen*

1729: *München erhält die ersten Straßenlaternen*

1743/44: *Österreicher besetzen die Stadt (Österreichischer Erbfolgekrieg)*

1770: *Münchens Häuser werden nummeriert*

ab 1789: *der Englische Garten wird angelegt und die Festungsmauern der Stadt werden abgetragen*

1800: *die Franzosen besetzen München*

1805: *Napoleon ist in der Stadt - als Verbündeter*

1806: *München ist die Hauptstadt des neuen Königreichs Bayern*

1810: *anläßlich der Heirat von Kronprinz Ludwig mit Prinzessin Therese wird das erste Oktoberfest gefeiert*

1819: *der Bayerische Landtag tritt erstmals zusammen*

1826: *die Universität wird eröffnet*

1825 - 1848: *König Ludwig I. macht München zur bedeutenden Kunststadt*

Ansichtssache:

MÜNCHEN ODER WAS?

Die einen sind verliebt in die Stadt, die anderen mögen sie nicht. Zur Schwärmerei oder Ablehnung tragen eigene Erfahrungen, oft aber auch ständig wiederholte Klischees bei.

Wer glaubt, von München zu sprechen, wenn er Lodenjacke und Dackel, Grant und Bierdimpfl, Brauchtum und Barock aufzählt, plappert nur Klischees aus abgelaufenen Tourismusprospekten und schlechten TV-Filmen nach, zitiert unreflektiert den Komödienstadl oder Artikel fauler Autoren, die - weils so schön ins bajuwarische Album paßt, in dem keine Farbfotos, sondern nur schlechte Weiß-Blau-Abzüge kleben - ständig Veraltetes wiederholen. Vergessen wir also mal einige Klischees bzw. halten wir uns an Tatsachen.

Das Typische ist nur eines von vielem, die Großstadt ist ein Puzzle aus Originärem, Originellem und Austauschbarem. Karl Valentins „Fremd ist der Fremde nur in der Fremde" ist eine universell gültige *Erkenntnis*, denn fremd ist heute, weil wir uns vernetzt und globalisiert fühlen, meist *oder auch nur scheinbar* nicht vieles.

* = stadtbuch-tipp!

Fischbrunnen am Marienplatz

Für München gilt nicht das vielzitierte „leben und leben lassen", was ja für eine außergewöhnliche Toleranz sprechen würde, für München und Bayern gilt **„Leben leben lassen"**. Was durchaus für eine gewisse Lässigkeit und Entspanntheit gegenüber allem steht, allerdings nur solange man nicht gestört wird. Die Ursache für das **Laisser-faire bavarois** liegt vielleicht in der Entstehungsgeschichte des bayerischen Stammes, der ein **Multikultimix** mit starker südlicher/römischer Beeinflussung sein soll, vielleicht aber auch am **Föhn**, diesem trocken-warmen Fallwind, in dem manche träumerisch das Mittelmeer riechen, der vom leichten, südlichen Leben kündet und ihnen den Kopf verdreht. Andere plagt der Föhn mit Migräne, Bluthochdruck und anderem Unbill. Die meisten kümmern sich nicht um den Wind aus Italien, sondern freuen sich über den blauen Himmel.

Fangen wir jetzt am Anfang an, nämlich beim Essen: Nein, die Münchner ernähren sich nicht nur von **Pasta & Pizza**, auch wenn die Zahl der Ristorante/Pizzerien darauf hindeuten könnte. Sushi, Schweinsbraten, Salate und Hamburger (als Fleischklops) sind genauso beliebt. Und: die **Weißwurst** ist hier vor 150 Jahren erfunden worden. Das sollte niemanden verunsichern - auch nicht, dass außerhalb Bayerns

Stadtgeschichte

1839: *zwischen München und Augsburg fährt die Eisenbahn*
um 1850: *München hat über 100.000 Einwohner*
1854: *im Glaspalast wird die deutsche Industrieausstellung gezeigt*
1857: *gilt als Jahr der Erfindung der Weißwurst*
1876: *die von Pferden gezogene Schienenbahn wird Vorläufer der Tram*
1886 - 1916: *München „leuchtete" in der Zeit der Prinzregenten, nicht nur wegen der vielen Straßenlampen, sondern kulturell, wirtschaftlich und gesellschaftlich. Die Stadt zählt nach 1900 über 500.000 Einwohner.*
1918/19: *Revolution, Kurt Eisner wird erschossen*
1923: *Hitler marschiert auf die Feldherrnhalle - der Putsch scheitert*
1933: *so genannte „Nationalsozialistische Revolution"*
1935-45: *Hauptstadt der Bewegung*
1939: *Attentat auf Hitler mißlingt*
1942/43: *die Widerstandgruppe Weiße Rose verteilt Flugblätter*
1944: *München ist vom Bombenhagel zerstört*
1945: *der Wiederaufbau der Altstadt beginnt*
1957: *München ist Millionenstadt*
1966-1971: *die erste U-Bahn-Linie wird gebaut und in Betrieb genommen*
1972: *bei den Olympischen Sommerspielen überfallen arabische Terroristen die israelische Mannschaft*
1992: *der Flughafen München II wird eröffnet. Deutschlands erste Lichterkette gegen Ausländerhass wird veranstaltet.*
1998: *die Neue Messe wird in Riem auf der Fläche des ehemaligen Flughafens eröffnet*
2002: *die Pinakothek der Moderne wird eröffnet*
2004: *laut Bürgerentscheid darf kein Hochhaus höher als die Frauenkirche (100 m) gebaut werden*
2005: *die Allianz Arena in Fröttmaning ist fertig*
2006: *Eröffnungsspiel der Fußball-Weltmeisterschaft in München*
2007: *mit dem Jüdischen Museum ist das Jüdische Zentrum komplett*

Allianz-Arena mit Bayern-Fans (o.), Feldherrnhallen-Löwen vor der Residenz (u.)

gelegentlich behauptet wird, das Weißwurstähnliches bereits im späten Mittelalter in Frankreich serviert wurde oder das in Hamburg bereits Anfang des 19. Jh. Weißwürste gebrüht wurden *(berichtete das Hamburger(!) Magazin Stern)*. Wie dem auch sei: jeder kann die Wurst essen, wie er will - den meisten ist das sprichwörtlich „wurscht". Die manchmal propagierten *Regeln* sind eine Albernheit. Viel wichtiger ist es, dass man eine gute Weißwurst isst, die nicht nach altem Karton oder Katzenpisse schmeckt. Vor der Erfindung des Kühlschranks sollten die frischen Weißwürste vor dem Zwölfuhrläuten verspeist werden. Diese Tradition kann

man durchaus einhalten, denn Weißwürste passen nicht zum Fünfuhrtee - aber süßer Senf und Breze gehören in jedem Fall dazu. Weißbier trinkt nur der ders mag. Damit sind wir beim Münchner Bier angekommen und auch beim **„Laptop und Lederhosen-Klischee"**. Allerdings: wesentlich mehr Bayern haben einen Laptop als eine Lederhose.

Die traditionsbetonte Aufgeschlossenheit gegenüber dem technischen Fortschritt ist eine bayerische Tugend. Die hiesige **Bierbranche** war ein Vorreiter in Sachen Technik. Sprich, die Münchner Großbrauer der Prinzregentenzeit waren die ersten, die vor 1900 die neu erfundene Kühlanlage nützten, um ihre Erzeugnisse im Alleingang in die ganze Welt zu exportieren. Übrigens, von den ca. 60 eigenständigen Braustätten, die um 1900 in München arbeiteten, existiert heute weniger als eine Hand voll. Eine Brauerei gehört dem Freistaat, die andere einer Stiftung und der Rest ist im Besitz von internationalen Biermultis. Apropos Tradition, ein weiteres Klischee soll ausgeräumt werden: in München gibt es **keine**

Blasmusik auf dem Marienplatz

Tracht, sofern damit nicht Label wie Dolce & Gabbana, Gucci, Replay, Diesel usw. gemeint sind. In Bayern waren Trachten nie besonders üblich. Diese vermeintlich typische Tradition ist eine Erfindung des 19. Jh., eine Idee des damals neuen Könighauses. Beim ebenfalls neuen Staatsvolk, das sich bis heute eher lose aus Altbayern, Franken und Schwaben zusammenwürfelt, sollte ein nicht vorhandenes Gemeinschaftsgefühl erzeugt werden. Besonders erfolgreich, weil pittoresk, waren dann die Lederhosen und Dirndl vom Tegernsee und aus dem Tölzer Land. Genauso absurd wie Mittelfränkische Traditionsvereine in „Verkleidungen" aus dem Oberland, sind Münchner oder Touristen, die wie Tegernseer Schuhplattler herumlaufen. Was man heute, vor allem zu Oktoberfestzeiten sieht, ist die unsägliche Landhausmode. Tracht und Mode sind Widersprüche, die sich abstoßen. Kostümiert und aufgebrezelt, in Farben, die *man dieses Jahr trägt*, wird die **Wiesn** besucht. Die Wiesn heißt das Oktoberfest bei den Münchnern, weil es auf der Theresienwiese stattfindet. Die Theresienwiese ist aber asphaltiert, also keine Wiese mehr. Typisch: wenn etwas richtig ist, ist dessen Gegenteil nicht unbedingt falsch. Das Oktoberfest beginnt deshalb generell im September. Früher

war die jährliche Erhöhung des Oktoberfest-Bierpreises eine Art Politikum mit programmatischem Aufschrei. Nachdem das Bier trotzdem getrunken wird, ist die mediale Erbosung inzwischen relativ eingeschlafen. Für Aufregung sorgen die Wildbisler (Pinkler außerhalb von Toiletten), die ständig reservierten Plätze in den Festzelten und der Promiauftrieb. Prominent sind in München etwa die Fußballer des **FC Bayern**. Der Rekordmeister, der vielleicht genauso viele Neider wie Fans hat, steht auch für das erfolgreiche München. Nicht wenige Spieler nützen den FC Bayern als Durchlauferhitzer um ihren Marktwert zu steigern und dann anderswo noch mehr Kasse zu machen. Das ist legitim, sympathisch ist aber einer wie **Mehmet Scholl** (Vertrag bis Juni 2007), der nicht nur (oft) klasse spielt(e), sondern auch München liebt und selbstverständlich beim Verein und in der Stadt bleibt. Und Mehmet interessiert sich für mehr als Fußball, deshalb wirkt er lässig und cool - so wie München auch sein kann.

Berlin, London, New York können so dreckig und unaufgeräumt sein, so undergroundig und subversiv. Und München? München ist eine oberbayerische **Schönheit**, die - vor allem - von italienischen Designern aufgestylt wurde. **König Ludwig I.** sei Dank, er hat bereits als Kronprinz

München in Zahlen und Stichworten:

Fläche: 310,5 qkm
durchschnittl. Höhe: 519 m ü. NN
Einwohner: 1,3 Mio., drittgrößte
(nach Berlin und Hamburg) Stadt
Deutschlands, aber dichtbesie-
deltste (4.206 Einwohner je qkm)
Ausländeranteil: 23,2 %
Arbeitslosigkeit: 6,2 %
PLZ: 8000-81929
Tel.-Vorwahl: 089
Kfz-Kennzeichen: M
Gliederung: 25 Bezirke
Homepage: www.muenchen.de
Isar: 13,9 km durch die Stadt
Wetter: wechselhaft, Föhn bringt
warme Winde, viele Sommerge-
witter
Religion: 60 % kath., 20 % evang.,
7 % andere, 13 % konfessionslos
Stadtrat: Koalition aus SPD, Bündnis
90/Die Grünen und Rosa Liste
Bürgermeister: Christian Ude/SPD
Wappen: Mönch in schwarzer
Kutte, wurde im Laufe der Zeit zum
Münchner Kindl verniedlicht
Blade Nights (April - Sept): größte
Nachtskate-Ereignisse Europas
Oktoberfest (Ende September):
größtes Volksfest der Welt
Theatron (August): längstes
Open Air-Festival der Welt
Wirtschaftskraft & Perspektive:
Deutschlands Nummer 1
Airport München (eigentlich Mün-
chen Franz Josef Strauß, aber die
wenigsten nennen ihn so):
nach Frankfurt die Nr. 2 mit über
28,6 Mio. Passagieren
U-Bahn: 94,6 km Netz, täglich etwa
1,5 Mio Passagiere
wichtige Unternehmen:
Allianz AG, amazon.de, BMW,
E.ON, EADS, Krauss-Maffei, MAN,
Münchener Rückversicherungs AG,
NEC, OSRAM, Siemens AG, Wacker
Chemie AG, GlaxoSmithKline
Tageszeitungen: Süddeutsche
Zeitung, Münchner Merkur,
Abendzeitung, tz

Jon Borofskys „Walking Man" in der Leo

damit begonnen, die dörfliche Residenzstadt in eine **Kulturmetropole** mit prächtigen Renaissancepalästen, an der Klassik orientierten Bauten und durchkomponierten Straßenzügen umzugestalten. Sein Werk und das seiner Nachfolger erzeugt nach wie vor die Strahlkraft der Stadt. Das die Künstler, Architekten und Stadtplaner ihre gute Arbeit gründlich gemacht haben, sieht man noch heute. Mit der Restaurierung/Rekonstruktion der im Zweiten Weltkrieg fast flächendeckend zerstörten Altstadt wurde bereits 1945 entschieden begonnen. Ein weiterer Grund für das aufgeräumte München,

München im Netz:

www.muenchen.de
www.minga.de
www.muenchenwiki.de
www.monacomedia.de
www.muenchenblogger.de
www.muenchen-tourist.de
www.muenchen.org
www.oktoberfest.de
www.muenchen-panorama.de
www.muenchenticket.de

✱ = stadtbuch-tipp!

das selbst ernannte Stadtindianer gerne plakativ stört, ist der vermeintliche und tatsächliche Reichtum. In München war mindestens seit dem 19 Jh. immer Geld zuhause. Und damit konnte man die Stadt her- und einrichten und Künstler, Geistesgrößen und Wissenschaftler anziehen. Nichtsdestotrotz war München immer auch vital und aufregend. Man denke an die Zeit des **Jugendstils**, an die **Satiriker und Kabarettisten** der 1910/20er Jahre, an den **Blauen Reiter**, die **Gruppe Spur**, an die **Hippiedekade** oder, ganz aktuell, an die junge **Kunstszene**. Hinter dem Klischeebild vom saturierten München bleibt immer genügend Platz fürs Experiment. Ganz so dynamisch-progressiv wie anderswo mag es hier wohl nie zugehen, dafür gibt es zwei stichhaltigen Gründe: das **Wetter** und die **Umgebung**. Während man anderswo vermeintliche Revolutionen plant, liegt man in München halt lieber auf einer Wiese oder relaxt im **Biergarten**, schwimmt in einem **See**, geht winters snowboarden in den **Alpen** oder fährt sommers „auf einen Espresso" nach **Italien**. Kurz: das Leben ist eine Lust. Wer entspannt und gelassen ist, wer ein **„südliches Gefühl"** in sich trägt, ist auch weniger aggressiv, sofern einem keiner in der Sonne steht. Generell hat man weniger Ambitionen sich zu quälen oder zu überarbeiten.

München ist die Stadt, die sich nach Süden orientiert. München ist die Stadt, die sich nach der Sonne ausgerichtet hat. Wenn sie scheint, leuchten die Gebäude, die Menschen blinzeln und im Maßkrug strahlt das kühle Bier. Kitsch ist beneidenswerte Realität. München ist die **Stadt des Sommers**. Deshalb ist München auch so aufgeräumt. Haben Sie schon mal Müll in der Sonne liegen lassen? Der Gestank verdirbt einem jede gute Laune. Wer sich also beklagt, das München zu sauber ist, hat schlicht keine Ah-

nung, worum es wirklich geht. München ist eine **Stadt der Plätze**. Bis auf Ludwigstraße, Maximilianstraße und wenige andere Ausnahmen, sind die Plätze die Fixpunkte im Stadtgeschehen. Straßen suggerieren mehrspurige Hektik. Plätze sind Haltepunkte, bieten (meist) Entspannung und Ruhe. Selbst Friedhöfe werden als Liegewiesen genützt - von den Lebenden versteht sich. München ist ein **Synonym für Freizeit**, für Entspannung. Trotzdem war die Stadt (fast) immer auch innovativ und wandelbar. Man denke nur an Münchens beispielhafte Position bei **Hightech- und Biotech-Arbeitsplätzen**, oder (wiederholt) an die vielbeachtete Kunst- und Designerszene. Trotz der ewigen Rivalin, dem preußischen Berlin. Die Prämisse „Hauptsache Berlin" gilt inzwischen nicht mehr so uneingeschränkt für alle Progressiven und Innovativen. Im Gegenteil: zahlreiche „Auswanderer" sind inzwischen ernüchtert zurückgekehrt - nicht allein wegen dem Wetter. Die Rivalität mit Berlin hat Tradition. Ein paar Beispiele: Berlin steht für Preußen, München ist **Bayern**. Berlin hatte Kaiser Wilhelm, München den **Prinzregenten**. In Berlin litt Kurt Tucholsky, in München **Karl Valentin**. In Berlin agiert Desiree Nick, in München **Petra Perle**. Die beste Band Berlins heißt die Ärzte, die beste Band Münchens sind die **Sportfreunde Stiller**. Berlins Schnauze bellt den Besucher ins Koma, **Münchens Schweigen** bringt den Fremden um den Verstand. Berlin hat die Currywurst, München die **Weißwurst**. Fazit: Berlin und München kann man nicht vergleichen. Nachsatz: München wird gerne hochnäsig als Millionendorf belächelt, dabei ist des Berliners propagierte Grundstimmung (*„Ach wissen Sie, der Berliner interessiert sich nur für seinen Kiez"*, also seine direkte Nachbarschaft) an Provinzialität kaum zu toppen.

Die Münchner sind nicht schlechter gelaunt, als andere Großstädter. Wie könnten sie auch - schließlich sind sie in der **Stadt der Singles** auf das *sehen und gesehen werden* angewiesen. Motto: vielleicht ist heute *etwas* für mich dabei.

Der wiederholt publizierte „Grant", der Griesgram, ist ein Phantom. Tatsache: der Münchner oder die Bayern zeigen keine geschäftstüchtige Freundlichkeit, die außerhalb des Freistaates oft zum oberflächlichen Umgang gehört und gerne als Distanzmittel eingesetzt wird. Die bayerisch-mentale Inselhaltung wird von einem kollektiven „lass ma mei Rua", der entschiedenen **Ausweitung der Ruhezone** gekennzeichnet. Zusammen schweigen ist die Lebenskunst, der gerne gefrönt wird. Dampfplauderer landen im Abseits. Wenige gezielt platzierte oder zusammengeschraubte Worte, Fremdsprachler interpretieren sie eventuell als „Stich"worte, reichen und man versteht sich oder nicht. Dieses abstandhaltende Kennenlernen kann durchaus als **maulfaule Ruppigkeit**, aber keinesfalls als Bösartigkeit verstanden werden. Eines ist sicher, sobald das Eis gebrochen ist, sobald man sich

Wirtshaus in der Au

kennt und vielleicht sogar mag, weht ein anderer Wind. Die **Herzlichkeit** (*„Geh her oide Wurschthaut, sitz de zura, dann samma mera!"*) ist echt und **Freundschaft hat Bedeutung**.

Wenn der Münchner also nett ist, dann meint er es auch so - oder er hat den Kurs „Freundlicher Umgang mit Gästen", der anläßlich der Fußball-WM fürs Gastro-Personal und zum Amüsement der Restrepublik durchgeführt wurde, besucht.

Hans Lankes

Marienplatz: Mariensäule und Altes Rathaus
Frauenplatz: Türme der Frauenkirche (u.)

Ansichtssachen:

SEHENSWERT

Nicht wenige Münchner glauben, die Prachtbauten, Kirchen, Schlösser und Paläste wären nur für die Touristen da. Als Münchner läuft man daran oft wie blind vorbei. Doch spätestens wenn sich Besuch ankündigt und die Gäste etwas von der Stadt erfahren wollen, stellen sich Fragen nach Sehenswertem und die Suche nach Ansichtssachen geht los. Das STADTBUCH zeigt die wichtigsten Sehenswürdigkeiten.

Allianz-Arena ☀

Die 2005 eröffnete Allianz-Arena wird von vielen als das schönste Fußballstadion der Welt bezeichnet. Dies liegt vor allem an seiner ovalen, mit 2.760 rautenförmigen, transluzenten Luftkissen umhüllten Form. Das 258 m lange, 227 m breite und 50 m hohe Stadion leuchtet nachts Weiß oder in den Vereinsfarben des FC Bayern München (Rot) und des TSV 1860 München (Blau). Damit ist die Allianz-Arena nicht nur ein markantes architektonischen Wahrzeichen im Münchner Norden - schon ihr leuchtender Anblick vermag bei vielen Fans Vorfreude zu wecken. 69.901 Menschen können sich hier ein Spiel ansehen, doch das von den Architekten Herzog & de Meuron gebaute Stadion ist auch eine Sehenwürdigkeit. Täglich - außer an Spieltagen und bei Veranstaltungen - führen Touren durch die Arena (Sommer 10 - 19 h). Eingang: Allianz Arena Shop, Markenwelt, Aufgang J 332-334, Info-Telefon: 0 18 05 / 55 51 01 (Mo - Fr 8.30 - 17.30 h). www.allianz-arena.de

Alter Peter/Peterskirche ☀

Zwischen Marienplatz und Viktualienmarkt steht die älteste Kirche Münchens: St. Peter. Ihr

typisch münchen

kultur & erlebnis

freizeit & relaxen

essen & trinken

city & guide

Blumen für Julia

An der Südseite des Alten Rathauses steht die schöne Julia. Die Bronzefigur (1972) ist ein Geschenk der Partnerstadt Verona und auch ein Sinnbild für die Verbundenheit von Bella Monaco mit Italien. Wer Liebeskummer hat oder eine erträumte Liaison wahr werden lassen will, verehrt der zauberhaften Skulptur einen Blumenstrauß - und schon können alle Liebeswünsche wahr werden - verspricht die Legende. Der Brauch, daß jede Frau mit dem Vornamen Julia gegen Vorlage ihres Personalausweises an ihrem Namenstag vor der Statue von der Stadt München einen Blumenstrauss überreicht bekam, ist leider etwas in Vergessenheit geraten.

markanter 91 m hoher Renaissanceturm ist als „Alter Peter" auch ein idealer Aussichtspunkt für einen Blick über die Dächer der Innenstadt - bei Föhn kann man die Alpen sehen, vorausgesetzt, man erklimmt die über 300 Stufen zum Aussichtsbalkon. Im Innenraum der, seit der romanischen Gründung im 11. Jh., immer wieder umgebauten und prächtig geschmückten Kirche, kann man u. a. mit dem Schrenk-Altar (Gotik), dem Krumper-Taufbecken (Barock) und den Seitenaltären (Rokoko) von Ignaz Günther wesentliche und bedeutende Beispiele unterschiedlicher Stile betrachten.

Altes Rathaus

Das Alte Rathaus (ab 1470) mit seinem markanten Turm bildet den östlichen Abschluss des Marienplatzes. Nach der fast kompletten Zerstörung im Zweiten Weltkrieg erfolgte der Wiederaufbau in den 1950er Jahren nach den gotischen Plänen des Dombaumeisters Jörg von Halspach. Sehenswert sind die geschnitzte Holztonnendecke und das Fries mit den Münchner Stadtwappen im Rats- und Tanzsaal. Das Erdgeschoß des Alten Rathauses wurde bereits im 19. Jh. und weiter in den 1930er Jahren entfernt, um Durchfahrten bzw. Fußgängerwege zu schaffen. Der bronzene Moriskentänzer neben dem Saalaufgang erinnert an die vormals im Tanzsaal aufgestellten geschnitzten Moriskentänzer, die sich heute im Stadtmuseum befinden. Im 56 m hohen Turm, der ursprünglich als Stadttor diente und erst Anfang der 1970er Jahre gotisch rekonstruiert wurde, befindet sich heute ein Spielzeugmuseum.

Asamkirche ✳

Eine beeindruckende Visitenkarte ihres Könnens haben Ägid Quirin Asam und Cosmas Damian Asam mit der kleinen, aber dafür umso prächtigeren Johann-Nepomuk-Kirche, die seit der Fertigstellung

✳ = stadtbuch-tipp!

Asamkirche genannt wird, hinterlassen. Sie ist ein Dokument der künstlerischen Schaffenskraft der Gebrüder Asam. Die Privatkirche in der Sendlinger Straße 62/64 und das angrenzende Wohnhaus bilden, auch als Ensemble, einen Höhepunkt des süddeutschen Barock. Der Innenraum der Kirche erstrahlt als ein atemberaubendes Meisterwerk mit einer überbordenden Fülle an blendender Dekoration. Die Gebrüder Asam sind allein für Architektur, Stuck, Skulpturen und Malereien verantwortlich - genauso wie die Finanzierung des Kirchenbaus (1733 - 46) komplett von ihnen geleistet wurde.

Bavaria mit Ruhmeshalle

New York hat die Freiheitsstatue, München die Bavaria. Über der Theresienwiese, auf einem ca. 9 m hohen Sockel, steht die altgermanisch anmutende Bronzefigur mit Eichenkranz in der linken Hand und dem bayerischen Löwen an ihrer rechten Seite. Ludwig von Schwanthaler hat die über 18 m große Skulptur 1837 entworfen. Gegossen wurde die Bavaria ab 1843 und 1850 konnte

Pater Rupert Mayer

Der Jesuit hat als einer der wenigen Geistlichen in der Nazi-Zeit gegen das Unrechtsregime Stellung bezogen. Er wurde denunziert und ins KZ Dachau gebracht. Am 1. November 1945 ist er an den Folgen der Misshandlungen gestorben. Papst Johannes Paul II. hat Rupert Mayer 1987 selig gesprochen. Seit den 1950er Jahren ist Mayers Grab in der Bürgersaalkirche ein Wallfahrtsziel für viele, die zum Teil aus der Ferne anreisen oder zwischen ihren Einkäufen in der Neuhauser Straße für ein (Bitt-)Gebet innehalten. Nicht wenige Gläubige berühren die bronzene Büste, die den Pater darstellt, - wie die von zahllosen Händen blank polierte Stelle auf der rechten Brust der Skulptur zeigt.

sie endlich eingeweiht werden. Die Figur bietet in ihrem Kopf eine Aussichtsplattform von der aus man einen schönen Blick über das Oktoberfest hat. Hinter der Bavaria steht die u-förmige Säulenhalle in der, nach der Idee von König Ludwig I., verdienstvolle Bayern mit der Aufstellung ihrer Büsten geehrt werden sollen. Leo v. Klenzes dorischer Bau entstand 1843/53.

BMW-Welt

Bereits das berühmte „Vierzylinder-Hochhaus" (1970/73) am Petuelring 130, in dem sich das BMW-Verwaltungszentrum befindet, ist ein architektonischer Blickfang. Die neue BMW-Welt (www.bmw-welt.com), eine futuristisch-beschwingte Stahl-Glas-Konstruktion (2005/06) von COOP Himmelb(l)au, setzt als Auslieferungs- und Eventzentrum, ein weiteres architektonisches Zeichen gegenüber dem Olympiagelände. Besucher können auf einer Fläche von zwei Fußballfeldern die Markenfamilie von BMW bestaunen, Ausstellungen („Welten des Antriebs, der Präzision, des Lichts, der Schönheit und der Vernetzung") erleben und diverse Lokale und Shops besuchen. Auch eine Kinder- und Jugendwelt (Thema: Mobilität) wurde eingerichtet. 2007 eröffnet auch das neue BMW-Museum.

Bürgersaalkirche ✴

Die Bürgersaalkirche in der Neuhauser Straße 14 teilt sich in Unter- und Oberkirche. Das ursprüngliche, im 17. Jh. errichtete Gebäude diente als einfacher Betsaal der Marianischen Männerkongregation. Erst ab 1709 erfolgte die barocke Aufstockung nach Plänen von Giovanni A. Viscardi. Zur Kirche geweiht hat man das von außen unscheinbare Gebäude erst 1778. Beliebt und viel besucht ist die Bürgersaalkirche heute, weil sich in der kargen Unterkirche das Grab des Paters Rupert Mayer befindet.

typisch münchen

kultur & erlebnis

freizeit & relaxen

essen & trinken

city & guide

Friedensengel (o.), Hofbräuhaus (u.), Olafur Eliassons Skulptur in den Fünf Höfen (o.r.), Staatstheater am Gärtnerplatz (u.r.)

Dreifaltigkeitskirche

„Dreifaltigkeit der Glorie" lautet der Titel des Deckengemäldes (1714/15) von Cosmas Damian Asam, der den gesamten Innenraum der Dreifaltigkeitskirche, Pacellistraße 6, gestaltet hat. Giovanni A. Viscardis Gotteshaus gilt als erstes Beispiel für den bayerisch-italienischen Spätbarock in München. Die Dreifaltigkeitskirche ist übrigens die einzige Kirche in der Innenstadt, die im Zweiten Weltkrieg nicht zerstört worden ist.

Blick auf Odeonsplatz mit Feldherrnhalle und Theatinerkirche - dahinter der Turm des Neuen Rathauses, der Alte Peter und die Alpenkette

Frauenkirche

Mit einer Länge von 109 m, 40 m Breite und ca. 37 m Höhe erreicht der „Dom zu unserer lieben Frau" enorme Ausmaße. Es gilt: der Blick auf die Frauenkirche darf nicht verbaut werden. Einen Höhepunkt, im Sinne des Worte, bildet die Aussicht vom Südturm der Frauenkirche - auf München und, bei entsprechendem Wetter, auf die Alpen. Mit 99 m bzw. 100 m Höhe und den weithin sichtbaren Kuppelhauben sind die beiden Türme der Frauenkirche das Wahrzeichen der Stadt. Die gotische Stadtpfarrkirche am Frauenplatz 1 wurde von Jörg von Halsbach für etwa 20.000 Gläubige ab 1468 gebaut und

hatte damit mehr Platz als die Stadt Bewohner (damals ca. 13.000). 22 in zwei Reihen angeordnete Achteckpfeiler tragen die Sternrippengewölbe des dreischiffigen Innenraums. Die spätgotische Puristik erstrahlt hier in ihrer schlichten Schönheit - auch wegen der erheblichen Verluste im Zweiten Weltkrieg. Die Altäre, die teilweise barockisiert worden sind und die Gemälde sind bunte Blickfänge. Sehenswert sind auch die Gräber von Kaiser Ludwig dem Bayern und seiner Gattin. Und der so genannte „Teufelstritt", der vermeintliche Fußabdruck des Teufels, darf im Boden des Eingangsbereiches bestaunt werden.

typisch münchen

kultur & erlebnis

freizeit & relaxen

essen & trinken

city & guide

Friedensengel ✷

Weithin sichtbar ist der Friedensengel als krönender Abschluss der Prinzregentenstraße. Das Denkmal erinnert an den Frieden von Versailles (1871). Auf einer 23 m hohen Säule, mit einem korinthischen Kapitell, steht ein vergoldeter Bronze-Engel in Gestalt einer Siegesgöttin. In der rechten Hand hält er einen Palmenzweig, in der linken die Figur der Pallas Athene. Die überaus gelungen gestaltete Terrassenanlage (1896/99) am östlichen Isarufer - mit der kleinen Halle unter der Säule, zwei schönen Freitreppen und einem Brunnen - hat florentinisch-römische Vorbilder.

Gärtnerplatz

Der Gärtnerplatz ist der kreisrunde, von G. Fischer 1861 gestaltete Mittelpunkt des gleichnamigen pulsierenden Viertels. Platzbeherrschend ist das leuchtend weiße Staatstheater am Gärtnerplatz, das F. M. Reifenstuel 1864/65 im Stil der italienischen Neorenaissance gebaut hat. Vom Gärtnerplatz aus führen die Reichenbach-, die Klenze- und die Corneliusstraße sternförmig in das, in der 2. Hälfte des 19. Jh., mit Mietshäusern bebaute Wohn- und Arbeitsquartier. Heute zählt das Viertel mit einer Vielzahl hervorragender Lokale und nicht wenigen interessanten Läden und Galerien zu den beliebtesten Stadtteilen, wobei die schwullesbische Szene das Gebiet - wie auch das Glockenbachviertel - erschlossen hat, bevor der Mainstream begeistert gefolgt ist. Im Süden des Gärtnerplatzviertels stehen das Patentamt und das Deutsche Museum.

Heiliggeistkirche

Zwischen 1723 und 1730 hat Johann G. Ettenhofer die älteste gotische Hallenkirche (1208) der Stadt nach Plänen seines Lehrers Viscardi barockisiert. Die Fresken (Geschichte des Spitals) und der Stuck im dreischiffigen Innenraum sind Arbeiten der Gebrüder Asam. 1885 hat man das Spitalgebäude abgerissen und die Kirche, Tal 77, erweitert. 1888 ist die neubarocke Westfassade entstanden. Aufgrund der vielen Umbauten vereinigt die Kirche Gotik, Barock und Rokoko.

Herz-Jesu-Kirche ✷

Die von den Architekten Allmann-Sattler-Wappner 1997 bis 2000 erbaute Herz-Jesu-Kirche (www.herzjesu-muenchen.de) in Neuhausen ist eine zeitgemäße Antwort auf die Frage, wie Kirchen heute aussehen können. Wie Schleusen wirken die haushohen blauen gläsernen Tore (14 m) die sich zum Vorplatz hin weit öffnen lassen und Gläubige

Neuhauser Tor am Karlsplatz/Stachus (ganz o.), Königsplatz mit Propyläen (links im Bild) und Glyptothek (rechts im Bild) (o.), Jüdisches Museum am St. Jakobsplatz (linke Seite)

und Besucher quasi mit offenen Armen empfangen. Der lichtdurchflutete Bau, Romanstraße 6, besteht aus zwei Raumhüllen: der äußeren Glasfassade und dem inneren, holzverkleideten Kirchenraum. Die Kombination von Glas, Holz, Beton und Stahl und die durchdachte Lichtführung schaffen einen schlichten Raum mit großer sakraler Wirkung. Während am Tag die Sonne die Kirche erfüllt, leuchtet das Gotteshaus nachts von innen heraus wie ein Kristall.

Hofbräuhaus

Seit 1890 wird in dem 1644 errichteten Hofbräuhaus, Am Platzl 9, kein Bier mehr gebraut, sondern nur ausgeschenkt. Es ist eine der ersten Touristenattraktionen Münchens und trägt damit weltweit zum Klischee vom bierseligen Bayern („Oans, zwoa, gsuffa!" bzw. „bsuffa!") bei. Die rustikale Schwemme im Erdgeschoß gilt als Zentrum der Lederhosen tragenden, jodelnden Münchner. Unbeachtet bleibt, dass die Blasmusik-Folkloreshow mit der Stadt wirklich nichts zu tun hat. Was man sieht, passt eher ins Oberland. Der schöne Innenhof des Hofbräuhauses ist ein Tipp und wers etwas ruhiger mag, kann sich in die Gasträume im ersten Stock zurückziehen. Weil das Bier süffig und das Essen gut und preiswert ist, kehren nicht wenige Münchner im Hofbräuhaus ein.

Jüdisches Zentrum ✫

Mit der Eröffnung der Synagoge in der Mitte Münchens am 09. November 2006 wurde zum einen an die Reichspogromnacht erinnert und zum anderen ein Signal für die Zukunft gesetzt. Während die steinerne Basis des beeindruckenden Baus der Architekten Wendel Hoefer Lorch an den Salomon-Tempel in Jerusalem erinnert, steht die aufgesetzte Glaskonstruktion für

Blick durchs Siegestor in die Ludwigsstraße mit Ludwigs- u. Theatinerkirche u. Feldherrnhalle

das „Zelt Jakobs" („Ohel Jakob"
ist der Name der Synagoge). Zum
Baukomplex am St. Jakobsplatz
gehören neben der Synagoge,
das Gemeindezentrum, ein
Kindergarten, eine Ganztags-
schule, Verwaltungen, soziale
Einrichtungen und das Jüdische
Museum - ein freistehender
Kubus mit ebenerdig umlaufend
verglastem Foyer, wo auch eine
Café-Bar und eine Buchhandlung
untergebracht sind.

Maximilianeum (o.), Theatinerkirche (m.), Wasserspeier am Neuen Rathaus (u.)

Karlsplatz/Stachus

Vor dem Neuhauser Tor, das heute einen Eingang in die Fußgängerzone bildet, liegt der Karlsplatz, der ab 1791 auf der Fläche der eingeebneten Stadtbefestigung angelegt wurde. Den großen schmucklosen Fontänenbrunnen installierte man 1972 nach dem Bau der U- und S-Bahnhaltestelle. Er ist heute ein beliebter sommerlicher Treffpunkt. Platzbeherrschend sind die Rondellbauten die Gabriel von Seidl ab 1899 errichtet hat. Nachts strahlen hier Leuchtreklamen. Nördlich des Brunnens grüßt der Justizpalast, den Friedrich von Thiersch 1891/97 als prächtigen Mix aus Spätrenaissance und Barock errichtet hat. Die Bezeichnung Stachus geht auf den einst berühmten Wirt

Eustachius zurück. Sein Gasthaus stand gleich beim Neuhauser Tor. Der Karlsplatz ist einer der belebtesten Verkehrsknotenpunkte, daher kommt der Spruch „Hier geht es zu wie auf dem Stachus!".

Nasen streicheln ✱

Die Portale zur Residenz in der Residenzstraße werden von Schilde haltenden Löwen bewacht. Ursprünglich waren die vier Bronzetiere für das Grab von Herzog Wilhelm V. bestimmt. An jedem Sockel, auf dem ein Löwe thront, ist eine Tafel mit einem karikierten menschlich-tierischen Gesicht angebracht. Die Nasen sind auffällig blankpoliert. Wer stehen bleibt, sieht viele Münchner, die im Vorbeigehen ganz beiläufig mit der Hand über eine oder alle Nasen streichen. Die Löwennasen selbst werden nie gestreichelt, weil sie schlicht unerreichbar sind. In vielen München-Büchern kann man lesen, daß die Nasen der Löwen gestreichelt werden - die gegenseitig voneinander abschreibenden Autoren vergessen dabei zu erwähnen, dass jeder Passant eine Staffelei mitbringen müsste, wenn er die Nasen der Löwen berühren wollte. Übrigens: das Nasereiben in der Residenzstraße soll Glück und Reichtum bringen.

Königsplatz ✱

Kronprinz Ludwig ließ den Königsplatz ab 1816 als umgrünten Ort der Kultur anlegen. Im Laufe der folgenden 130 Jahre wurde diese Idee für politische Propaganda umgedeutet, der Platz mehrmals umgebaut und nach 1945 auch als Parkplatz mißbraucht. Erst in den 1990er Jahren hat man die Anlage, so weit es noch möglich war, rekonstruiert. Die **Propyläen**, ein griechisch-ägyptisches Triumphtor ohne Durchfahrt, das an König Otto von Griechenland erinnern soll, beherrscht den Platz im Westen. Im Norden steht die griechisch anmutende **Glyptothek**, die Leo von Klenze für Ludwigs Antikensammlung gebaut hat. Der Süden des Platzes wird von Zieblands **Ausstellungshaus** (1838/48) begrenzt, das man über eine theatralische Freitreppe erreicht. Heute befindet sich hier die Staatliche Antikensammlung.

Maximilianstraße

Die Maximilianstraße ist eine teuere Luxuseinkaufsstraße und Amüsiermeile mit Restaurants und Cafés. Damit erfüllt die Straße nach wie vor das urban ausgerichtete Konzept. Maximilian II., der Sohn Ludwigs I., wollte eine neue Architektur fördern. Der „Maximilianische Stil" ist

✱ = stadtbuch-tipp!

eine Mischung aus englischer Gotik und italienischer Spätrenaissance. 1850 gewann der Schinkelschüler Wilhelm Stier den Architektenwettbewerb und entwarf eine Straße die sich, am Max-Joseph-Platz beginnend, auf das Maximilianeum auf dem Isarhochufer ausrichtet. Das **Hotel Vier Jahreszeiten** wurde als eines der ersten Gebäude der Straße errichtet. Das **Schauspielhaus**, heute Kammerspiele, entstand 1900/01 im Jugendstil. Die **Regierung von Oberbayern**, gilt als typischer Maximilianischer Bau mit „kathedraler Optik". Das **Staatliche Museum für Völkerkunde** wurde als Bayerisches Nationalmuseum gebaut. Das **Max-II-Denkmal** erinnert an den Bauherrn der Straße. Als krönender Abschluss wurde das **Maximilianeum** geplant, wobei von diesem nur die dekorativ-romantische Hauptfront sehenswert ist. Die Gesamtwirkung der Maximilianstraße wurde durch späteren Straßenbau, wie dem Karl-Scharnagel-Ring, zerstört.

Leopoldstraße

Zwischen Siegestor und der Münchner Freiheit erstreckt sich die, ab 1845 von Gärtner konzipierte Leopoldstraße. Der Ruf der Straße gründet in den 1960er und -70er Jahren als Schwabing das (Lebens-)Künstler- und Szeneviertel der Stadt war. Neben Villen und Gebäuden des 19. Jh. stehen gelungene moderne Bauten und hässliche Bausünden des 20. Jh. An der Leopoldstraße haben sich Universitätsinstitute, Versicherungen, Banken, Kaufhäuser, kleine Läden und vielerlei Gastronomie mit den obligatorischen Freisitzen angesiedelt. Zwischen Billigläden und Touristenlokalen kann man auch interessante Geschäfte und gute Cafés und Restaurants finden. Das berühmt-lässige Schwabinger Flair längst vergangener Jahrzehnte muss man allerdings abseits der Verkehrsader Leopoldstraße suchen.

Brunnen auf dem Geschwister-Scholl-Platz (o.), Stachusbrunnen auf dem Karlsplatz (l. Seite)

Ludwigstraße

Zwischen Siegestor und Odeonsplatz erstreckt sich die Ludwigstraße. Das monumentale Bauprojekt (1816/52) ist eine Idee des Kronprinzen und späteren Königs Ludwig I., das parallel zur Entwicklung der Maxvorstadt entstand. Die Entwürfe stammen von Leo von Klenze und Friedrich von Gärtner. Die wichtigsten Bauten an der Ludwigsstraße: die **Bayerische Staatbibliothek** (mit 155 m Frontfassade das größte Gebäude. Vorbilder: italienische Renaissancepaläste), die zweitürmige **Ludwigskirche** (im neuromanisch-byzantinischen Stil errichtet. Fassade mit Ludwig Schwanthalers Skulpturen. Im Innenraum Peter Cornelius Gemälde „Das jüngste Gericht", das als eines der größten Freskos der Welt gilt), das ehemalige Kriegsministerium, heute **Hochschulgebäude** Ludwigstraße 14 (florentinischer Renaissance nachempfunden), die **Ludwig-Maximilians-Universität** rund um den Geschwister-Scholl-Platz (das Gebäudekonzept erinnert an die römische Piazza del Popolo, die Originale der Brunnen stehen auf dem vatikanischen Petersplatz) und das **Siegestor** (römisch-antiker Triumphbogen. Erinnert an die Erfolge der bayerischen Heere. Bronzene Löwenquadriga von der Bavaria gelenkt. Kriegsbeschädigungen nicht vollständig beseitigt. Seit den 1950er Jahren an der Südseite des Tores der Spruch „Dem Sieg geweiht, im Krieg zerstört, zum Frieden mahnend").

Schloss Nymphenburg (o.), Marienplatz (u.)

Marienplatz

Seit der Gründung der Stadt ist der Marienplatz, der bis 1854 wegen des hier stattfindenden Getreidehandels Schrannenplatz hieß, der Mittelpunkt Münchens: für Feste, Märkte, Turniere, Kundgebungen, Hinrichtungen, Demonstrationen und Veranstaltungen. Hier kreuzte sich die Handelsstraße von Süd (Sendlinger Straße) nach Nord (Theatinerstraße) mit der Salzstraße, die von Ost (Tal) nach West (Neuhauser Straße) führte. Als Fußgängerzone ist der Marienplatz heute Treffpunkt für Flaneure, Shopper und Touristen. Um 11 Uhr richten sich die meisten Blicke auf das Glockenspiel im Turm des Neuen Rathauses. Das Spielwerk (43 Glocken) kann 24 Musikstücke darbieten, ist aber auch individuell spielbar. Zwei figurenreiche Szenen aus der Stadtgeschichte werden gezeigt: das Turnier bei der Hochzeit Herzog Wilhelms V. mit Renata von Lothringen im Jahr 1568 und der „Schäfflertanz", der Tanz der Holzfaßmacher, dessen Ursprung in die Pestzeiten zurückreicht. In den Erkern des Turmes erscheinen um 21 Uhr ein Engel (rechts) der das „Münchner Kindl" (ursprünglich der Mönch im Stadtwappen) segnet und ein hornblasender Nachtwächter (links). Gerahmt wird der Marienplatz vom wuchtigen Neuen Rathaus, dem Alten Rathaus, anderen historischen Gebäuden und Bausünden aus dem 20. Jh. Die Mariensäule wur-

de 1638 aus Dankbarkeit für den Schutz von Stadt und Land vor den Zerstörungen der Schweden errichtet. Für das Landesvermessungsamt ist die Mariensäule der Mittelpunkt Bayerns, bzw. der 0-Punkt von dem alle Messungen ausgehen. Der Fischbrunnen von 1862 erinnert an den ehemals hier stattfindenden Fischhandel. Am Aschermittwoch um 11 Uhr waschen traditionelle Münchner und die Bürgermeister ihre leeren Geldbeutel im Brunnen - auf das sich die Börsen wieder füllen mögen. Dieser Brauch kann bis ins 15. Jh. zurück verfolgt werden.

Oktoberfest-Impression

Müller'sches Volksbad ✳

Wer das „schönste Jugendstil-bad Deutschlands" besuchen will, muss die Schuhe ausziehen und Badekleidung tragen. „Hauptsächlich für das unbemittelte Volk" hat der erfolgreiche Ingenieur Karl Müller das erste öffentliche Hallenbad (1897/1901) Münchens gestiftet. Der markante Bau mit Turm und Kuppel, und reich verzierter Innenausstattung, steht am östlichen Isarufer und gliedert sich in zwei großzügige Schwimmhallen und ein römisch-irisches Dampfbad.

Nationaltheater

Hier hatten Wagners *Tristan und Isolde* (1865), *Meistersinger* (1868), *Rheingold* (1869) und *Walküre* (1870) ihre Uraufführungen und seit 1964 beginnen hier die Opernfestspiele. Das Nationaltheater wurde ab 1811/18 von Karl von Fischer auf der Fläche eines säkularisierten und abgerissenen Franziskanerklosters errichtet. Trotz Protesten der Bevölkerung musste die Klosteranlage für den „königlichen" Max-Joseph-Platz und das Nationaltheater weichen. Über eine feierliche Treppe betritt man das Opernhaus durch einen Giebel-Portikus mit acht korinthischen Säulen. Der Max-Joseph-Platz wird von der Renaissance-Fassade des Königsbaus (1826/35) der Residenz, dem verglasten Eingangsbereich des Residenztheaters (1950/51), dem klassischen Nationaltheater, der florentinisch anmutenden alten Hauptpost und einer Bürgerhäuserzeile gebildet. Im Zentrum des Platzes steht das klassizistische Denkmal für König Max. I. Josef. Die Ab-/Auffahrt zur Tiefgarage stört das Platzgefüge sehr.

Neues Rathaus

Neben der Frauenkirche ist das neugotische Neue Rathaus, das den Marienplatz dominiert, das Wahrzeichen der Stadt. Größe und Gestaltung lassen das Bauwerk, das auf der Fläche von 24 Altstadthäusern in drei Phasen (1867-1908) errichtet wurde, wie einen Fremdkörper wirken. Vor

Löwenquadriga auf dem Siegestor

allem die ca. 100 m lange Fassade am Marienplatz ist mit Figuren, Tieren, Masken, Wasserspeiern, Fratzen, Wappen und Schmuckwerk reich verziert. Blickfang ist aber der zwölfstöckige, 85 m hohe Turm mit dem Glockenspiel, das zu den größten Europas zählt.

Schloss Nymphenburg

Heute schenken stolze Väter ihren Frauen zur Geburt eines Stammhalters Blumen. Kurfürst Ferdinand Maria überraschte seine Frau Henriette Adelaide zur Geburt des Thronfolgers Max Emanuel 1663 mit der Kemnather Schwaige. Ab 1664 begannen die Bauarbeiten an der Villa die bis 1826, auch von den nachfolgenden Fürsten, zur heute prächtigen Schlossanlage erweitert wurde. Nymphenburg war der Sommersitz der Wittelsbacher und ist mit einer Gesamtlänge von fast 700 m das größte Barockschloss Deutschlands. Der Steinerne Saal mit wunderbaren Fresken und Stuck (1756/57) von Joh. Bapt. Zimmermann und die anderen herrlich ausgestatteten Räume im Schloss sind genauso sehenswert wie die Schönheitsgalerie von Ludwig I. und das Marstallmuseum. Der weitläufige

Park bietet, neben Wasserspielen, Skulpturen, Seen, Pavillons und Schmuckpflanzungen, vier Gartenschlösschen. Die Amalienburg (1734/1739), von Cuvilliés errichtet, präsentiert den schönsten deutschen Rokoko. Die Badenburg (1718/21) ist das erste beheizte Hallenbad der Neuzeit. Die Pagodenburg (1717/19) war das erste Gartenschlösschen im Park. Die Magdalenenklause (1725/28) wurde als künstliche Ruine nach damals modisch-romantischen Ideen gebaut.

Odeonsplatz ⋇

Der Odeonsplatz bildet den Anfang der im 19. Jh. entstandenen Maxvorstadt. Rund um das Reiterdenkmal für König Ludwig I., gruppieren sich markante Bauten Leo von Klenzes. Das Leuchtenberg-Palais (1816/21) wurde für den italienischen Vizekönig errichtet. Korrespondierend dazu entstanden das Odeon (1826-28), als Musikhochschule mit einem damals berühmten und im Zweiten Weltkrieg zerstörten Konzertsaal, und das Basargebäude (1824/26), das noch heute als Geschäftshaus und westliche Flanke des Hofgartens fungiert. Südlich des Odeonsplatzes bildet

⋇ = stadtbuch-tipp!

Monopteros im Nymphenburger Schlosspark

die dreibogige offene Feldherrnhalle (1841/44) den Abschluss der
Altstadt. Auf Befehl des Königs
musste Friedrich von Gärtner die
florentinische Loggi dei Lanzi
als Vorbild nehmen. Neben dem
Denkmal für die bayerische
Armee wurden Bronzen der
Generäle Tilly und Wrede aufgestellt. Die schönen Löwen an der
Treppe kamen erst Anfang des
20. Jahrhunderts dazu.

Residenz ☆

Zwischen Residenz- (Westen)
und Hofgartenstraße (Norden)
und Max-Joseph- (Süden) und
Marstallplatz (Osten) erstreckt
sich der weitläufige Komplex der
Residenz um sieben Innenhöfe.
In ca. 500 Jahren entwickelte sich
eine spätmittelalterliche Burg
zu einem monumentalen Palast.
Jeder Wittelsbacher-Fürst hat am
Regierungs- und Wohnsitz mit-
gebaut, so dass die Residenz eine
Kombination aus Renaissance,
Barock, Rokoko und Klassizismus
darstellt. Von 23.500 qm Dach-
fläche blieben nur 50 qm vom
Bombenhagel des Zweiten Weltkrieges verschont. Unmittelbar
nach 1945 begann der Wiederaufbau, der in den 1980er Jahren
abgeschlossen werden konnte.
Besonders sehenswert: Residenzmuseum, Cuvilliéstheater (= Altes
Residenztheater), Antiquarium,
Herkulessaal, die Innenhöfe und
die Schaufassaden im Norden,
Süden und Westen.

„Drückebergergasserl"

*Die kleine Viscardigasse, die hinter
der Feldherrnhalle liegend an den
italienischen Baumeister Giovanni
Antonio Viscardi (1645-1713)
erinnert, wird seit der Nazi-Zeit auch
„Drückebergergasserl" genannt.
Zur Erinnerung an die 16 „Blutzeu-
gen der Bewegung", die bei Hitlers
Putschversuch, dem „Marsch auf
die Feldherrnhalle", 1923 erschossen
wurden, stand in der Feldherrnhalle,
auf der Seite zur Residenzstraße, ein
bewachtes Mahnmal. Passanten
mussten davor ihre Hochachtung
mit dem „Deutschen Gruß" bezeu-
gen. Alle die „sich drücken" wollten,
nahmen deshalb die Abkürzung
oder den Umweg über die Viscardigasse.*

Theatinerkirche (St. Kajetan)

Als Dank für die Geburt des
Kronprinzen Max Emanuel
(11.07.1662) ließen Kurfürst
Ferdinand Maria und seine Frau
Henriette Adelaide von Savoy-
en ab April 1663 St. Kajetan,
Theatinerstraße 22, errichten. Die
reich geschmückte und markante
Theatinerkirche gilt vielen als
die schönste Kirche Münchens.
Die Entwürfe und Pläne für das
barocke Gotteshaus stammen
von A. Barelli, Enrico Zuccalli und
Giovanni A. Viscardi. Die heute
sichtbare Rokokofassade der
Kirche vollendeten Cuvilliés d. Ä.
und Cuvilliés d. J. erst 1768. Im
Innenraum der Kreuzkuppelkir-

Nationaltheater am Max-Joseph-Platz (o.),
Viktualienmarkt (u.)

che sorgt die raffinierte Lichtführung für ein beeindruckendes Raumerlebnis, das vom Blick in die 71 m hohe Kuppel und der überbordenden Stuckdekoration bestimmt wird.

St. Michael

St. Michael in der Neuhauser Straße 52 wurde als größte Renaissancekirche des Nordens mit einer skulpturengeschmückten Schaufront und einem über 20 m breiten Tonnengewölbe ab 1583 gebaut. Die Jesuitenkirche sollte ein massives Zeichen der katholischen Gegenreformation setzen. Heute beeindruckt die Tiefenwirkung des Raumes, die durch die Gliederung der Wände mit kannelierten Pilastern und Triumphbögen unterstützt wird. Sehenswert: der prächtige Hochaltar (1586/89).

Olympiapark ☀

Das luftig-leichte Zeltdach, das sich über Stadion, Halle und Schwimmhalle spannt und die Bauten, die sich harmonisch mit der hügeligen Parklandschaft mit See und 60 m hohem Berg verbinden, kennzeichnen den Olympiapark. Bis 1966 war das Oberwiesenfeld Brachland, das auch als Exerzierplatz genützt wurde. Anfang des 19. Jh. landete auf dem Gelände der erste Zeppelin und später war hier Münchens erster Flughafen. Das Gesamtkonzept für das fast 3 qkm große Gelände der Olympischen Sommerspiele 1972 stammt von den Architekten

Zeltdach-Tour

120 aufregende Minuten dauert die Tour auf das Zeltdach des Olympiastadions. Mit Seil und Karabiner gesichert, klettern die Teams mit ihrem Guide auf die weltberühmte silbrig-glänzende Dachkonstruktion und genießen einen atemberaubenden Blick auf Stadion, Olympiagelände, Stadt und bei schönem Wetter bis in die Alpen. Kinder unter 10 Jahren dürfen nicht mit. Die Zeltdach-Touren finden im Sommer (ab April) täglich um 14.30 h statt. Im Winter müssen sich Gruppen (Mindestpauschale 225,00 €) voranmelden.

Preise: Mo - Fr 25,00 € (Erw.), 20,00 €
(K. 10 - 15 J., Schüler/Studenten);
Sa, So, Feiertage & Ferien 30,00 €
Erw., Kinder usw. 20,00 €.
Info-☎ 0 89 / 30 67 - 24 14,
Treffpunkt: Kasse Nord

Blick auf das Olympiagelände (o.), auf dem Dach des Stadions bei der Zeltdach-Tour (u.)

typisch münchen

kultur & erlebnis

freizeit & relaxen

essen & trinken

city & guide

Benisch & Partner. Der Blickfang ist das 75.000 qm große Zeltdach, das von einem gigantischen Netz aus über 130.000 Knoten und 4 mm dicken Acrylplatten, die daran befestigt sind, gebildet und von 58 Masten getragen wird. Das Olympiastadion mit bis zu 76.000 Zuschauerplätzen dient, seit Eröffnung der Allianz-Arena 2005, als Sportstätte, Konzertarena, Veranstaltungsort für Shows, Messen und Events. Eine einstündige Stadion-Tour (5,00 € Erw., 3,50 € Jugendl./Schüler/Studenten, Info-☎ 0 89 / 30 67 - 24 14) führt in den Ehrengastbereich, zu den ehemaligen Umkleide- und Duschräumen der Fußballer und auf das Feld zum Torwandschießen. Die Olympiahalle wurde als Mehrzweckhalle konzipiert. Bis zu 10.000 Zuschauer können hier Konzerte, Bälle, Messen und sportliche Veranstaltungen, wie das 6-Tage-Rennen, verfolgen. Die Schwimmhalle gilt als das schönste Garten-Hallenbad Europas. Fünf Schwimmbecken, Saunen, die Sprunganlage und die große Liegewiese bieten Freizeitschwimmern viel Platz. Der 291,3 m hohe Olympiaturm überragt das Gelände. Unter dem Grün des 60 m hohen Olympiaberges liegen die Trümmer der im Zweiten Weltkrieg zerstörten Gebäude Münchens. Vom Berg aus kann man kostenlos die Events im Stadion verfolgen und man hat einen schönen Blick auf den künstlichen, über 80.000 qm großen See. Im Sommer finden auf der Seebühne kostenlose Konzerte statt.

Viktualienmarkt ✳

Die Entstehung des Viktualienmarktes reicht ins Jahr 1807 zurück. Damals war der heutige Marienplatz als Umschlagplatz für Getreide und andere Agrarerzeugnisse zu klein geworden. Deshalb wurde ein Teil des Marktes, der so genannte Kräutermarkt, in das Gebiet zwischen Heiliggeist-Kirche und Frauenstraße verlegt. Alle Gebäude, die der Entwicklung des Marktes im Weg standen, hat man im Laufe der Jahre (bis ca. 1885) abgerissen. Der „grüne Markt" hatte nun einen eigenen Platz, der geraume Zeit auch Marktplatz hieß. Erst viel später kam das Wort „Viktualien" (lat. Lebensmittel) in Gebrauch. Nach dem Zweiten Weltkrieg sollte der Viktualienmarkt aufgegeben werden, weil man auf dem wertvollen Grund Hochhäuser errichten wollte. Doch die Befürworter des Marktes obsiegten und aus dem ursprünglichen Bauernmarkt wurde mit der Zeit eine Einkaufsstätte für Feinschmecker. Umfang, Vielfalt und Exklusivität seines Angebotes machen aus dem Viktualienmarkt etwas Besonderes. Auf einer Gesamtfläche von 22.000 qm bieten 140 Standbetreiber vieles was in Gärten und Kellern rund um München und in aller Welt geerntet und veredelt wird: Blumen und Pflanzen, Obst, Gemüse, Kräuter, Südfrüchte, Wild und Geflügel, Eier, Milchprodukte, Honig, Säfte, Wein, Fisch sowie Fleisch- und Wurstwaren und vielerlei Spezereien. Manche Marktfrauen und Händler sind noch vom alten Schlag und haben oft einen frechen Spruch auf den Lippen. Die meisten sind aber einfach nur Verkäufer. Trotzdem macht es Spaß über den Viktualienmarkt zu schlendern und zu schauen. Die Berühmtheit des belanglosen „Tanz der Marktfrauen" am Faschingsdienstag, kann allerdings nur als Marketingleistung gewürdigt werden. Unter dem Maibaum gruppieren sich nicht nur Stände, Buden und der schöne Biergarten, sondern auch Brunnen und Skulpturen die man zur Erinnerung an Münchner Originale aufgestellt hat. Vor allem die Denkmäler für Karl Valentin und Liesl Karlstadt werden regelmäßig mit frischen Blumen geschmückt. **Tipp:** Sagen Sie bitte nie „Wiktualienmarkt" oder „Walentin". Sie sprechen ja Vater auch nicht wie „Water" aus.

✳ = stadtbuch-tipp!

München ist ein Puzzle:

STADTBEZIRKE

München gliedert sich in 25 Bezirke. Innerhalb mancher Bezirke gibt es eigenständige Viertel, die teilweise das überregional wirkende Bild Münchens prägen, teilweise nur für die Nachbarschaft Bedeutung haben.
Dorith Herfeld und Robert Wagner geben einen Überblick.

---

1. Bezirk

Altstadt-Lehel ✳
(316,36 ha Fläche, 20.000 Einw.)

Während des Zweiten Weltkrieges wurde die historische Altstadt großflächig zerstört. Heute sind, dank penibler Wiederaufbaumaßnahmen, bei denen man darauf bedacht war, die historische Struktur aufrecht zu erhalten bzw. zu rekonstruieren was möglich war, wenige Spuren und Bausünden geschmackloser Architekten zu sehen. Monumentalbauten wie die zahlreichen Kirchen, das Nationaltheater, das Alte und das Neue Rathaus sowie die ehemalige königliche Residenz bestimmen das Stadtbild der Altstadt. Museen, Sammlungen, Theater und Konzertsäle befinden sich im Residenzkomplex. Touristen gehören zum Straßenbild. Im Osten haben sich Banken und Büros angesiedelt. In der Altstadt verlaufen zwischen Karls- und Isartor, sowie zwischen Odeonsplatz und Sendlinger Tor die Haupteinkaufsstraßen. Bei einem Einkaufsbummel in der Fußgängerzone macht man gerne am Viktualienmarkt halt und genießt eine teuere Vielfalt an kulinarischen Spezialitäten aus aller Welt. Das beschauliche Lehel zählt zu den beliebtesten und teuersten Wohnvierteln. Vor Jahrhunderten siedelten sich hier Arme an, die man nicht in der Stadt wohnen ließ. Im 19. Jh. sorgten Max II. mit der Maximilianstraße und Prinzregent Luitpold mit der Prinzregentenstraße für die Anbindung der ältesten Vorstadt. Das Bild des Lehel wird von den vielen restaurierten Gründerzeitbauten bestimmt, von ruhigen Straßenzügen und von der Nähe zum Englischen Garten. Entlang der Prinzregentenstraße findet man sechs Museen und das Haus der Kunst. Wer im pulsierenden Herzen der Stadt oder im Lehel wohnen will, muss über ein entsprechend großes Budget verfügen. Die beeindruckenden Altbauten werden dann auch eher vom geldigen Nachwuchs oder von erfolgreichen Herrschaften gemietet.

---

2. Bezirk

Ludwigsvorstadt-Isarvorstadt ✳
(438,75 ha Fläche, 44.000 Einw.)

Der 2. Bezirk umrahmt die Altstadt im Südwesten, Süden und Südosten und ist infolge des Zusammenschlusses der Ludwigsvorstadt mit den Isarvorstadt entstanden. Die Ludwigsvorstadt sollte, auf Anregung von Kronprinz Ludwig, ein grünes Viertel rund um die Bavaria bilden. Heute teilt sich die Ludwigsvorstadt in drei Gebiete. Im Wiesnviertel, östlich der Theresienwiese, stehen alte Villen, Mietshäuser und Bürogebäude. Das Bahnhofsviertel wird von zahlreichen Hotels (Kategorien: First Class bis Absteige), Wohn- und Geschäftshäusern, Lokalen und multikul-

typisch münchen

kultur & erlebnis

freizeit & relaxen

essen & trinken

city & guide

Münchner Turmlandschaft: Frauenkirche (h.), Neues Rathaus (m.), Altes Rathaus (v.)

turellen Läden bestimmt. Das Klinikviertel bildet sich aus Universitätskliniken und angegliederten Instituten.

Die Isarvorstadt, zwischen Altstadt und Isar gelegen, drittelt sich in Gärtnerplatz-, Glockenbach- und Schlachthofviertel und ist der angesagteste Stadtbezirk. Die weltoffene Isarvorstadt ist „in", weil sie noch als lebendiges Wohn- und Gewerbegebiet funktioniert. Während das Schlachthofviertel erst zu pulsieren beginnt, stehen Gärtnerplatz und Glockenbach seit Jahren im Mittelpunkt des Interesses der aktiven Stadtbewohner. Vorreiter war die schwullesbische Gemeinde, die bereits in den 1970er Jahren begann, die öde und heruntergekommene Vorstadt mit Lokalen und Geschäften zu beleben. Diese Pionierarbeit und die vormals billigen Mieten lockten Studenten, Kreative und Szenegastronomen an. Denen folgten schließlich Immobilienmakler die gut geschnittene Altbauwohnungen für besser verdienende Singles sanierten. Man kann aber auch noch günstig woh-

nen. Neben Galerien, Lifestyle-Läden, Boutiquen und guten Restaurants, Cafés und Bars, gibt es immer noch Billigdiscounter und Absturzlokale genauso wie Handwerksbetriebe, Kleingewerbe und Nahversorgungseinrichtungen. Vielfalt ist also nach wie vor der Trumpf. „Hauptsache Gärtnerplatz" lautet deshalb das Motto.

3. Bezirk

Maxvorstadt ✴
(429,04 ha Fläche, 50.000 Einw.)

Der dritte, erst 1992 entstandene Stadtbezirk setzt sich aus den drei Maxvorstädten Universität, Königsplatz-Marsfeld und Josephsplatz zusammen. Im Nordwesten schließt er an den Odeonsplatz und den Stachus an, im Osten an den Englischen Garten. Zu Beginn des 19. Jahrhunderts begann mit der klassizistischen Maxvorstadt, die nach dem ersten König Bayerns, Max I. Joseph benannt wurde, die Altstadterweiterung nach Plan. Ab König Ludwig I. wandelte sich München von einer verschlafenen Residenzstadt zum „Isar-

Renaissance-Arkaden im Hofgarten

Athen": Königsplatz und Ludwigstraße zeugen davon. Um 1900 erklärte Thomas Mann: „München leuchtet!". In den 1910/20er Jahren war die heutige Maxvorstadt der Ort des Münchner Nachtlebens. Heute prägen viele lässige Cafés und bunte Läden das Straßenbild. Man kann die Maxvorstadt als ein Zentrum der Wissenschaft und Kultur bezeichnen. Viele Theater, Museen und Sammlungen, wie die Pinakotheken, das Lenbachhaus, die Grafische Sammlung, die Glyptothek und die Antikensammlung stehen hier. Außerdem haben sich die Kunstakademie, die Hochschule für Musik, die LMU, die TU, die FH, das Orff-Zentrum, das Staatsarchiv, die Staats- und Universitätsbibliothek und andere Akademien hier niedergelassen. Tausende Studenten sind tagsüber im hier unterwegs.

4. Bezirk
Schwabing-West
(436,92 ha Fläche, 53.000 Einw.)

Der Luitpoldpark und die Anlagen am Schuttberg sind die grünen Lungen des vierten Bezirks. Schwabing-West ist ein Viertel, in dem man vor allem Ein- und Zweipersonenhaushalte aus den Reihen der Mittelschicht findet. Das Bild des Stadtteils wird durch die zur Gründerzeit angelegten Plätze (Elisabeth-, Kurfürsten- und Hohenzollernplatz) nachhaltig geprägt.

5. Bezirk
Au-Haidhausen ✴
(421,75 ha Fläche, 52.000 Einw.)

Als „Land am Wasser" gehörte die Au, vor der Isarregulierung, zum Überschwemmungsgebiet. Hier lebten Tagelöhner, einfache Leute und Handwerker. Wohnen und Arbeiten bildeten eine Einheit. Die Weltkriegsbomben zerstörten die Hälfte der Bebauung. Noch heute bietet die Au aber auch Altmünchner Atmosphäre. Dreimal im Jahr wird die Auer Dult gefeiert und an die vielen Brauereien, die es früher hier gab, erinnern Lokale mit dem Wort „Keller" im Namen. Wie die Au, war auch Haidhausen eine Arme-Leute-Gegend. Ab Ende der 1970er Jahre wandelte sich der Stadtteil, in der Nachfolge Schwabings, zum Szene- und Amüsierviertel. Mit der Folge das alteingesessene Lokale und Läden verdrängt wurden und viele Bewohner die steigenden Mieten nicht mehr bezahlen konnten. Vor allem das „Franzosenviertel" mit den aufwändig sanierten Gründerzeitgebäuden rund um den Pariser Platz ist eine gesuchte Wohnlage. Kultur, Gastronomie und Dienstleistungsunternehmen kennzeichnen heute Au-Haidhausen. Das soziale Gefälle ist groß: es bewegt sich zwischen alteingesessener Bevölkerung mit einem hohen Ausländeranteil, Ökos und Alt-68ern, und geldigen Zugezogenen, die beim

typisch münchen

kultur & erlebnis

freizeit & relaxen

essen & trinken

city & guide

Kauf einer herrlich sanierten Altbauwohnung horrende Preise nicht scheuen. Das schöne Haidhausen weist allerdings rund um den Orleansplatz bzw. am Ostbahnhof, den Brennpunkten der Drogenszene, leider auch eine extreme Steigerung der Raub- und Gewaltdelikte auf.

6. Bezirk
Sendling
(393,80 ha Fläche, 34.500 Einw.)

Sendling wurde 1877 eingemeindet und war schon immer ein Industrie- und Handelsviertel. Auch heute finden sich hier das Großmarkthallenareal (310.000 qm), Dienstleistungs- und handwerkliche Betriebe. Für Obst oder Gemüse ist Sendling der drittgrößte Umschlagplatz Europas - nach Paris und Mailand. Der Schlachthof und sein Umfeld bilden mit Lokalen, kleinen Läden und multikulturellem Flair ein eigenes Viertel im Bezirk. Hier herrscht fast rund um die Uhr Betrieb. Das innenstadtnahe Sendling (25 % Ausländeranteil) ist dicht besiedelt. Einen angenehmen Ausgleich dazu schaffen große Erholungsflächen, wie Kleingärten oder die Neuhofener- und Flaucheranlagen. Heftige Diskussionen hat der Plan, am Gotzinger Platz eine Moschee zu bauen, ausgelöst.

7. Bezirk
Sendling-Westpark
(781,33 ha Fläche, 48.000 Einw.)

Sendling-Westpark liegt im Südwesten Münchens und wird von zahlreichen Hauptverkehrsstraßen, einem Teil des Mittleren Rings, sowie den Autobahnen A 96 und A 95 durchzogen. Die Wohnqualität wird durch eine sehr hohe Umweltbelastung in Folge des starken Verkehrsaufkommens gemindert.

8. Bezirk
Schwanthalerhöhe ✳
(207,27 ha Fläche, 25.000 Einw.)

Die Schwanthalerhöhe - Mitte des 19. Jh. als Industrie- und Handwerksviertel westlich der Altstadt entstanden und nach Ludwig Schwanthaler, dem Schöpfer der Bavaria, benannt - ist im Kommen. Nicht nur die Bebauung des ehemaligen Messegeländes mit ca. 1.800 Wohnungen, Gewerbeeinheiten und großen Grünflächen, trägt dazu bei. Auch die vielen, in den 1970er Jahren sanierten Altbauten bieten einen akzeptablen Wohnstandard. Nach wie vor leben viele Arbeiter im dicht besiedelten Bezirk, der mit über 40 % den höchsten Ausländeranteil Münchens hat. Außerdem ist die Kriminalitätsrate verhältnismäßig hoch. Der westliche Teil des Bezirks, das Westend, entwickelt sich zu einer interessanten Gegend: Kreative mieten sich ein, Galerien und Agenturen freuen sich über - noch - günstige Mieten und die junge Szene-Meute will beim Westend-Boom ganz vorne mitmischen. Manche Alteingesessenen werden schon nervös, sie wollen sich ihre gewachsenen Wohn- und Lebensstrukturen nicht gerne (zer-)stören lassen.

9. Bezirk
Neuhausen-Nymphenburg
(1.291,86 ha Fläche, 90.000 Einw.)

Neuhausen-Nymphenburg ist der zweitgrößte Stadtbezirk Münchens. Die Siedlung Neuhausen wurde 1170 erstmals erwähnt. Das Dorf verwandelte sich im 19. Jh. in ein Wohn- und Industriegebiet, das 1890 eingemeindet wurde. Heute zählt Neuhausen wegen seiner schönen Altbauten in ruhigen Seitenstraßen zu den beliebtesten Quartieren. Hier leben junge Akademikerfamilien und eine gut situierte Mittelschicht. Das Viertel ist zwar dicht bebaut, die Wohnqualität jedoch

✳ = stadtbuch-tipp!

hervorragend. Rund um Schloss Nymphenburg, der ab 1664 entstandenen Sommerresidenz der Wittelsbacher, bauten sich reiche Münchner ihre Villen. Der Hirschgarten wurde angelegt, damit immer genügend Jagdwild für den Adel vorhanden war. Noch heute wird Nymphenburg vom Schloss, seinem Park und den historischen Bauten und Wohnhäusern aus der Gründerzeit bzw. aus der Jugendstilperiode geprägt. Dominiert wird dieser beeindruckend schöne Stadtteil von einer wohlhabenden Mittelschicht.

12. Bezirk
Schwabing-Freimann
(2.566,44 ha Fläche, 60.000 Einw.)

Fast jeder Tourist will über die Leopoldstraße, zwischen Siegestor und Münchner Freiheit, flanieren, weil Straßencafés locken und der (historische) Ruf vom Künstlerviertel und der lässigen Atmosphäre in den Ohren klingt. Das Klischee geht auf die pulsierenden Jahre vor und nach dem Ersten Weltkrieg zurück, als hier tatsächlich bedeutende Maler, Literaten und Kabarettisten lebten und arbeiteten. Die Jugendstilfassaden in der Ainmiller- oder Gedonstraße erinnern auch an prächtige Zeiten. In den 1960er Jahren warens dann eher Lebenskünstler, Hippies, Studenten und Filmemacher, die das Image Schwabings vom amüsierlustigen und entspannten Stadtteil prägten. Impulse fürs Münchner Nachtleben kommen schon lange nicht mehr aus Schwabing. Trotz Verkehrslärm und teurer Mieten ist der Stadtteil als lebensfreudiges Viertel sehr begehrt, besonders die Wohnungen in sanierten Altbauten aus der Gründerzeit oder dem Jugendstil sind gesucht. Außerdem ist der Englische Garten nicht weit. Im Westen des Stadtbezirks befinden sich große Gewerbeflächen, wie etwa der Euro-Industriepark, in Alt-Schwabing dagegen dominieren nach wie vor Einzelhändler.

13. Bezirk
Bogenhausen
(70.936 ha Fläche, 71.000 Einw.)

Bogenhausen mit den Bezirksteilen Bogenhausen, Oberföhring, Johanneskirchen, Englschalking, Denning, Daglfing und Zamdorf ist seit 1892 Teil Münchens. Vor allem in der Nachkriegszeit wurden hier viele Großwohnanlagen gebaut - das bekannteste dürfte der Arabellapark sein, der in den 1980er Jahren entstand. Ein Gegensatz dazu ist die Villengegend, wo Promis oder Reiche ihren Wohnsitz haben.

10. Bezirk
Moosach
(1.108,82 ha Fläche, 45.500 Einw.)

Moosach liegt im Nordwesten der Stadt und wurde 1913 eingemeindet. Der 10. Stadtbezirk ist ein ausgesprochener Wohnbezirk, in dem sich viele Familien niedergelassen haben. Das Uptown-Haus ist bislang Münchens höchstes Bürogebäude.

11. Bezirk
Milbertshofen-Am Hart
(1.337,33 ha Fläche, 60.000 Einw.)

Wie ein schmaler Streifen von der Stadtgrenze im Norden bis zum Petuelring im Süden zieht sich dieser Stadtbezirk. Der Petuelpark „deckelt" nicht nur die verkehrsreiche Straße, er wird auch als Erholungsfläche genützt. Viel Industrie (BMW) hat sich im Stadtbezirk mit den meisten Arbeitsplätzen im produzierenden Gewerbe angesiedelt. Der Ausländeranteil liegt bei 33 %.

14. Bezirk
Berg am Laim
(631,54 ha Fläche, 37.000 Einw.)

Anfang des Jahrhunderts entstanden im Osten Münchens viele Eisenbahnerwohnungen. Heute ist Berg am Laim ein nettes Wohngebiet von eher dörflichem Charakter, in dem man vor allem auf Familien trifft.

Relaxen vor der Glyptothek am Königsplatz

15. Bezirk
Trudering-Riem
(2.245,39 ha Fläche, 43.000 Einw.)

Nach der Verlagerung des Flughafens nach Erding wurde der 15. Stadtbezirk im Osten Münchens zu einer ruhigen Wohngegend mit vielen Grünflächen und wenig Menschen, denn der Bezirk hat, im Vergleich mit dem restlichen München, die geringste Bebauungs- und Einwohnerdichte. Mit der Neuen Messe (140.000 qm Hallenfläche) und dem Gelände der Bundesgartenschau (mit Park und Badesee) hat der Bezirk an Bedeutung gewonnen.

16. Bezirk
Perlach
(1.989,32 ha Fläche, 100.000 Einw.)

Mit Ramersdorf, Perlach, Neuperlach und Waldperlach der größte Stadtbezirk.

17. Bezirk
Obergiesing
(571,42 ha Fläche, 44.000 Einw.)

Der 17. Stadtbezirk liegt auf der östlichen Isarhochterrasse und ist ein reiner Wohnbezirk.

18. Bezirk
Untergiesing-Harlaching
(805,96 ha Fläche, 47.000 Einw.)

Der südlichste Stadtbezirk rechts der Isar und vor allem durch Flaucher, den Perlacher Forst sowie den Tierpark Hellabrunn ein beliebtes Wochenendziel. Ansonsten ein gemütliches Wohnviertel - mit Villen in der Menterschwaige am Isarhochufer. Und - wir sind hier im Fußball-Bezirk: in der Säbener Straße residiert der FC Bayern und in der Grünwalder Straße der TSV 1860.

19. Bezirk
Thalkirchen-Obersendling-Forstenried-Fürstenried-Solln
(1.775,14 ha Fläche, 77.000 Einw.)

Forstenried umfasst die Stadtteile Thalkirchen, Obersendling, Forstenried, Fürstenried und Solln. Nicht nur die Nähe zur renaturierten Isar, sondern auch viele Grünanlagen, wie das Isartal, der Forstenrieder Park, das Siemenswäldchen oder der Waldfriedhof machen Forstenried zu einer begehrten, aber teuren Wohngegend.

20. Bezirk
Hadern
(921,59 ha Fläche, 42.000 Einw.)

Das ehemalige Bauerndorf Hadern wurde 1938 in die Stadtgemeinde eingegliedert. Hier im Süden Münchens befindet sich unter anderem das Klinikum Großhadern, Münchens größter geschlossener Krankenhauskomplex.

Der „Monaco Franze" zwinkert immer noch den hübschen Frauen im Café Münchner Freiheit zu

21. Bezirk
Pasing-Obermenzing
(1.649,34 ha Fläche, 60.000 Einw.)

1938 wurde der westliche Außenbezirk Pasing eingemeindet. Er zeichnet sich durch viele Grün- und Erholungsflächen, wie den Pasinger Stadtpark, den Würmgrünzug oder Schloss Blutenburg aus.

22. Bezirk
Aubing
(3.404,56 ha Fläche, 38.000 Einw.)

Aubing ist als jüngster Stadtbezirk Münchens erst 1992 durch die Zusammenlegung von Aubing und Lochhausen-Langwied entstanden. Die vielen Grün- und Waldflächen sowie der Langwieder See machen Aubing zu einer sehr schönen Wohngegend.

23. Bezirk
Allach-Untermenzing
(1.545,75 ha Fläche, 27.000 Einw.)

Allach liegt im Nordwesten Münchens. Das ehemalige Dorf ist heute Wohnstätte für Familien, die täglich von ihren Ein- oder Mehrfamilienhäusern in die Innenstadt pendeln.

24. Bezirk
Feldmoching-Hasenbergl
(2.870,93 ha Fläche, 53.000 Einw.)

Die in den 60er Jahren erbaute Großsiedlung liegt im Norden Münchens. Die drei künstlich angelegten Seen (Feldmochinger See, Lerchenauer See, Fasanerie-See) bringen in der warmen Jahreszeit viele Badegäste in das Gebiet, das aufgrund seiner hohen Arbeitslosenquote und Kriminalitätsrate keinen besonders guten Ruf besitzt. Doch „Bunny Hill" ist längst nicht mehr nur trostlos: Grünanlagen, Einkaufsmöglichkeiten, eine gute Anbindung an die City und Bürgerzentren haben dem Bezirk gut getan.

25. Bezirk
Laim
(528,65 ha Fläche, 48.500 Einw.)

Laim liegt zwischen Schwanthaler Höhe im Osten und Pasing im Westen. Im Jahre 1900 wurde es nach München eingemeindet. Neben Baumärkten, KFZ-Gewerbe, Speditionen und Einzelhandelssubzentren ist der Bezirk ein schönes ruhiges Wohngebiet, in dem sich der bürgerliche Mittelstand niedergelassen hat.

typisch münchen

kultur & erlebnis

freizeit & relaxen

essen & trinken

city & guide

Infos, Tipps, Telefon

MÜNCHNER ADRESSEN

Notfälle

- Ärztlicher Bereitschaftsdienst: ☎ 0 18 05 / 19 12 12
- Lebensbedrohliche Verletzungen/Erkrankungen, Rettungsdienst, Notarzt ☎ 1 12
- Krankenbeförderung ☎ 1 92 22
- Feuerwehr ☎ 1 12
- Polizei ☎ 1 10
- Die Arche - Selbstmordverhütung und Hilfe in Lebenskrisen e.V., Viktoriastraße 9, ☎ 33 40 41
- Drogennotruf ☎ 7 24 20 03
- Familien-Notruf e.V. ☎ 2 38 85 66
- Frauennotruf-München ☎ 7 21 17 15
- Frauen-Notruf ☎ 76 37 37
- Gasunfälle/-wache ☎ 15 30 - 16 / - 17
- Giftnotruf ☎ 1 92 40
- Gehörlosentelefon-Notruf ☎ 11 92 94
- Heilpraktiker-Notruf ☎ 55 55 40
- Heilpraktiker-Bereitschaft ☎ 50 30 50
- Homöopathischer Notdienst ☎ 01 72 / 9 61 01 12
- Infofon von Jugendlichen für Jugendliche ☎ 1 21 50 00
- Jugendnotdienst, Capinellistraße 15a, ☎ 82 99 03 14
- Kinder- und Jugendtelefon ☎ 08 00 / 1 11 03 33 (kostenlos)
- Kindernothilfe e.V. ☎ 13 44 67
- Landeskriminalamt, Maillingerstraße 15, ☎ 1 21 20, www.polizei.bayern.de/schutz
- Mädchen-Nachtnotruf ☎ 82 02 00 02
- Münchner Angst-Selbsthilfe e.V., Bayerstraße 77a, ☎ 5 43 80 80 oder 54 40 37 75
- Münchner Insel, Krisen- und Lebensberatung, Marienplatz Untergeschoss, ☎ 22 00 41
- Naturschutzwacht ☎ 2 33 - 2 76 56
- Notfall Bankkonto: Sperren von ec-Karten, Service-Card etc. bei Verlust ☎ 11 61 16
- Notruf für vergewaltigte Frauen e.V. ☎ 59 37 01
- Notruf Stadtwerke: M-Strom ☎ 3 81 01 01, M-Gas ☎ 15 30 16, M-Wasser ☎ 18 20 52, M-Fernwärme ☎ 23 03 03
- Ölunfälle ☎ 1 12
- Senioren-Notruf ☎ 1 92 31, 1 40 44 44
- SuchtHotline, Suchtgefährdeten e.V.-Notruf ☎ 28 28 22
- Anonyme AIDS-Beratung: ☎ 1 94 11
- Anonyme AIDS-Beratung des Gesundheitsamtes: persönl. Beratung,

Testmöglichkeit Mo - Fr 8 - 11 h, Di 15 - 19 h, Do 14 - 15 h und nach Vereinbarung, Lindwurmstraße 41/4. Stock, ☎ 2 33 - 2 33 33
- Münchner AIDS-Hilfe e.V., Lindwurmstraße 71, ☎ 5 44 64 70
- Tauchernotruf ☎ 40 66 55
- Telefonseelsorge (kostenlos) ☎ 08 00 / 1 11 01 11 (evang.) oder 08 00 / 1 11 02 22 (kath.); Notfallseelsorge des Erzbistums, Schäfflerstraße 9/IV, ☎ 21 37 - 28 13; Evang. Beratungszentrum, Landwehrstraße 15/Rgb., ☎ 59 04 80
- Tierärztlicher Notruf (Sa./So.) ☎ 29 45 28
- Tierrettung e.V. ☎ 01 80 / 5 84 37 73
- Franziskushilfe f. Tiere ☎ 43 53 97 71
- Umwelttelefon ☎ 2 33 - 2 66 66
- Weißer Ring, Verein zur Unterstützung von Kriminalitätsopfern und zur Verhütung von Straftaten e.V., Info-☎ 0 18 03 / 34 34 34, www.weisser-ring.de, Löwengrube 1, ☎ 22 76 05
- Zahnärztlicher Notdienst ☎ 72 33 09 - 3, - 4

Bibliotheken

- Bayerische Staatsbibliothek, Ludwigstraße 16, ☎ 2 86 38 - 0, www.bsb-muenchen.de. Eine der größten wissenschaftlichen Universalbibliotheken des deutschsprachigen Raumes; sie umfasst etwa 6,6 Mio. Bände und 39.000 laufende Zeitschriften. Die Benutzung der Bibliothek ist kostenlos.
- Stadtbibliothek Am Gasteig, Rosenheimer Straße 5, ☎ 4 80 98 - 3 13, Mo - Fr 10.30 - 19 h, Sa 10.30 - 16 h (nur Lesesaal). 1,2 Mio. Medien aus allen Wissensgebieten. Filialbibliotheken in allen Stadtteilen.
- Monacensia - Literaturarchiv und Bibliothek, Maria-Theresia-Straße 23, ☎ 41 94 72 - 0, www.muenchen.de/monacensia, Mo - Mi 9 - 17 h, Do 10.30 - 19 h, Fr 9 - 15 h. Schwerpunktthema: München.
- Bibliothek der LMU, Geschwister-Scholl-Platz 1, ☎ 21 80 - 24 28, Mo - Do 9 - 18 (Semesterferien 16) h, Fr 9 - 16 h. 2.000.000 Bände aus allen Wissensgebieten.
- Bibliothek der Techn. Universität, Arcisstraße 21, Eingang gegenüber der Alten Pinakothek, ☎ 2 89 - 2 86 21, www.biblio.tu-muenchen.de, Lesesaal Mo - Fr 9 - 19.30 h, Ausleihe Mo - Do 9 - 19.30 h, Fr 9 - 14 h. Die TU-Bibliothek kann von jedermann benützt werden.
- Zentralbibliothek der Fachhochschule, Lothstraße 13, ☎ 12 65 13 25, www.fh-muenchen.de, Mo, Di + Do 9 - 18 h, Mi 9 - 16 h, Fr 9 - 15 h. Auch für Nichtstudenten zugänglich.
- Lyrikkabinett,

Schellingstraße 3/Rgb., ☎ 21 80 37 77, www.lyrik-kabinett.de, Di + Do 18 - 21.30 h. Tausende Bände mit Lyrik aus aller Welt, z. T. in Originalsprache.
• Bibliothek des Deutschen Museums, Museumsinsel 1, Ludwigsbrücke, ☎ 21 79 - 2 24, www.deutsches-museum.de, täglich 9 - 17 h. Im Lesesaal sind von den 850.000 Bänden der Bibliothek 25.000 zugänglich, außerdem liegen 1.600 Zeitschriften auf.
• Bibliothek des Deutschen Alpenvereins, Praterinsel 5, ☎ 21 12 24 - 23, - 24, - 25, www.alpines-museum.de, Di 10 - 17 h, Do 13 - 19 h. Bücher, Karten und Zeitschriften zum Thema Berge.
• Internationale Jugendbibliothek, Schloss Blutenburg, München-Obermenzing, ☎ 89 12 11 - 0, Mo - Fr 10 - 16 h, feiertags geschlossen. Diese Jugendbibliothek ist die weltweit größte Bibliothek, die internationale Kinder- und Jugendliteratur sammelt. Der Bestand umfasst 450.000 Bände in über 110 Sprachen.

Bürger-Info

• An-, Ab-, Ummeldungen, Kreisverwaltungsreferat, zentrale Einwohnermeldestelle, Ruppertstraße 19, ☎ 2 33 - 2 31 54, - 2 31 55, - 2 31 56, - 2 31 57, Mo - Fr 8 - 12 h, Di 14 - 17.30 h
• Personalausweise und Reisepässe, zentrale Einwohnermeldestelle, Ruppertstraße 19, ☎ 2 33 - 00
• Bürgerberatung, Rathaus, Marienplatz 8/II, Bereich München-Mitte, Bezirke 1, 2, 3, 4, 5, 12, ☎ 2 33 - 9 25 25; Bereich München-Ost, Bezirke 13, 14, 15 ,16, 17, 18, ☎ 2 33 - 9 25 26; Bereich München-Süd/West, Bezirke 6, 7, 19, 20, 21, 22, 23, ☎ 2 33 - 9 25 27; Bereich München-Nord, Bezirke 8, 9, 10, 11, 24, 25, ☎ 2 33 - 9 25 28

Fundbüros

• Städtisches Fundbüro, Kreisverwaltungsreferat, Oetztaler Straße 17, ☎ 2 33 - 4 59 01, Mo, Mi + Do 8 - 12 h, Di 14 - 17.30 h, Fr 7 - 12 h. Ausgabe nur bei Vorlage eines gültigen Personalausweises oder Reisepasses.
• Deutsche Post AG-Fundbüro, Funde im Bereich der DBP, in Telefonzellen und Briefkästen, Postamt 24, Verpackungsstelle, Arnulfstraße 32, ☎ 54 54 - 14 19, Mo - Fr 7.30 - 15 h
• Bahn AG-Fundbüro, Funde im Bahnbereich, Landsberger Straße 472, ☎ 13 08 - 66 64, Mo - Mi + Fr 8 - 12 h, Do 14 - 18 h
• Fundstelle Ostbahnhof, ☎ 13 08 44 94
• Flughafen-Fundbüro, ☎ 97 52 13 70
• Stadt-Information im Rathaus, Marienplatz 8, ☎ 22 23 24

Eltern & Familie

• Allgemeiner Sozialdienst, Orleansplatz 11, ☎ 2 33 - 2 26 16
• Ehe-, Partnerschafts- und Familienberatung München e.V., Rückertstraße 9, ☎ 54 43 11 - 0
• Evangelische Ehe-, Familien- und Lebensberatung, Landwehrstraße 15, Rückgebäude, ☎ 5 90 48 - 1 20 Beratung und Vermittlung von Hilfen
• Beratungsstelle des Gesundheitsreferats für Schwangerschaftsfragen, Karlstraße 40, ☎ 2 33 - 3 75 56
• Pro Familia, Erziehungsberatung, Schwangeren- und Familienhilfeberatung, Bodenseestraße 226, ☎ 89 76 73 - 0
• Sozialpädagogische Familienhilfe, Stadtjugendamt, Orleansplatz 11, ☎ 2 33 - 2 28 23 Elternarbeit und -initiativen:
• Alleinerziehende Mütter und Väter, Herzog-Wilhelm-Straße 24, ☎ 59 81 81
• Alleinerziehende Mütter und Väter, Erzbischöfliches Ordinariat, Rochusstraße 5, ☎ 21 37 - 0
• Verband alleinerziehender Mütter & Väter, Silberhornstraße 6, ☎ 6 92 70 60
• K.I.N.D. e.V. - Eltern-Kindtreffpunkt, Germersheimer Straße 26, ☎ 40 34 01
• Selbsthilfezentrum, Bayerstraße 77, ☎ 53 29 56 - 11. Das Selbsthilfezentrum bietet Informationen über Gruppen zum Thema Familie und stellt den Kontakt zu den jeweiligen Gruppen her.
• VAMV - Verband alleinstehender Mütter + Väter, Düsseldorfer Straße 22, ☎ 30 61 11 21

Floh- & Antikmärkte

• Antikpalast, Optimolgelände, Rosenheimer Straße 143, www.antikpalast-muenchen.de, ☎ 01 74 / 4 26 30 00 oder 45 08 27 75. Bayerns größtes Kunst- und Antiquitätenzentrum auf 8.000 qm. 1 x im Monat Sa./So. (jeweils 10 - 18 h) Floh- und Antikmarkt für reisende Händler.
• Antik- & Trödelmarkt, kleine Markthalle und Freiflächen, Optimolgelände, Friedenstraße 10, ☎ 01 74 / 4 26 30 00, Fr + Sa 10 - 18 h
• Antik- und Trödelmarkt Daglfing, Burgauer Straße Trabrennbahn und Freigelände, ☎ 0 85 64 / 16 65 oder 9 30 00 10, Fr 10 - 17 h, Sa 8 - 17 h
• Flohmarkt der Gaststätte Hopfendolde, Feilitzschstraße 17, Schwabing, ☎ 33 36 22, So 9 - 15 h
• Flohmarkt der Gaststätte Iberl-Bühne, Wilhelm-Leibl-Straße 22, Solln, ☎ 7 60 97 05, Sa 8 - 16 h (Feb. - Dez.)
• Flohmarkt des BRK, Arnulfpark, An der Hacker Brücke, Arnulfstraße 31, ☎ 18 99 91 20, Do, Fr + Sa 7 - 17 h

• Flohmarkt des Seehauses,
Englischer Garten, Kleinhesselohe 3,
☎ 3 81 61 30, Sa ab 8 h (Okt. - März)
• Flohmarkt der Sportstätte SF-Harteck,
Trenkleweg 5, Am Hart, ☎ 3 16 49 53,
Sa 10 - 14 h (Okt. - 28. März)
• Flohmarkt im Internationalen
Jugendzentrum, Einsteinstraße 90,
Haidhausen, ☎ 47 10 40, So 9.30 - 15 h
• Flohmarkt Neues Messegelände
Riem, Am Messeweg 2, Tor 9 + 10,
☎ 9 50 39 60, jeden Sa 6 - 16 h, wenn
keine Messe stattfindet.
• Flohmarkt Parkharfe-Olympiastadion,
Olympiapark, ☎ 2 37 32 54, Fr 10
- 16 h, Sa 7 - 16 h
• Flohmarkt-Seniorenbörse „Alte
verkaufen Altes" Rumfordstraße 35,
Isarvorstadt, ☎ 29 16 24 77, jeden 2.
Sa 13 -17 h
• Flohmarkt Sendling, Ladenzentrum
„Südpark", Boschetsrieder Straße 136,
☎ 7 60 97 05, Sa 10 - 16 h (Mitte Feb-
ruar - Mitte Dezember)
• Flohmarkt Thalkirchen,
Fraunbergstraße 2, ☎ 6 89 16 91, Sa 9
- 16 h (Mitte Februar - Mitte Dez.)
• Flohmarkt Theresienwiese,
Matthias-Pschorr-Straße, Schwantha-
lerhöhe, ☎ 2 37 32 55: jährlich zum
Frühlingsfest
• Fußgängerflohmarkt Werkhaus e.V.,
Leonrodstraße 19, Neuhausen,
☎ 16 61 02, jeden zweiten Sa 9 -15 h,
bei schlechter Witterung im Café.
• Flohmarkt Zenith-Halle, Lilienthalal-
lee 29, Freimann, ☎ 4 50 69 20 oder
01 70 / 3 41 70 70, Do 7 - 15 h, Fr + Sa
7 - 18 h. In der Halle und davor.
• Grosso-Flohmarkt,
Am Neubruch 7, Moosach,
☎ 1 48 84 30, jeden 1. Sa 8 - 16 h

Frauen

Allgemeine Beratung
• Frauenbörse (Verein für Fraueninter-
essen), Rumfordstraße 25, ☎ 29 39 68
• Frauengesundheitszentrum e.V.,
Nymphenburger Str. 38, ☎ 1 29 11 95
• Frauenhaus - Frauen helfen Frauen
e.V., ☎ 64 51 69
• Frauenhilfe, Frauenhaus ☎ 3 54 83 - 0,
Beratungsstelle ☎ 3 54 83 - 11
• IAF Verband bi-nationaler Familien
und Partnerschaften,
Goethestraße 53, ☎ 53 14 14
• Sozialdienst katholischer Frauen e.V.
München, Marsstraße 5, ☎ 5 59 81 - 0
• Stadtbund, Münchner Frauenverbän-
de, Maximilianstraße 6, ☎ 2 90 44 63,
www.frauenverbaende.de
Frauenbeauftragte
• Frauen-Gleichstellungsstelle,
Rathaus, Marienplatz 8,
www.muenchen.de/gstfrau/index.
html, ☎ 2 33 - 9 24 65, - 9 24 68

Frauen in Not
• Familien-Notruf München,
Pestalozzistraße 46, ☎ 2 38 85 66
• Frauenhaus für mißhandelte Frauen,
Frauen helfen Frauen e.V., ☎ 64 51 69
Das autonome Frauenhaus bietet
mißhandelten und von Mißbrauch be-
drohten Frauen und Kindern Schutz.
• Frauenhilfe München, Notruf,
☎ 3 54 83 - 0, - 11: Von der Stadt ge-
fördertes Frauenhaus für mißhandelte
und bedrohte Frauen und Kinder.
• Frauennotruf, Beratung für Frauen
und Mädchen mit sexueller Gewalter-
fahrung, Fürstenrieder Straße 84,
☎ 76 37 37, Mo - Fr 10 - 18 h
• Anonyme Zufluchtstelle „Mädchen-
haus" (für Mädchen und junge Frauen
bis 20 J.) der Initiative Münchner
Mädchenarbeit (IMMA), ☎ 18 36 09,
www.imma.de
• Notschlafstelle für drogenabhängige
Mädchen und Frauen,
Fürstenbergstraße 22, ☎ 3 06 37 10
• Jugendschutzstelle für Mädchen
☎ 82 07 00 47, Nachtnotruf 82 02 00 02
• „Amyna" Verein zur Abschaffung von
sexuellem Mißbrauch und sexueller
Gewalt, Mariahilfplatz 9,
www.amyna.de, ☎ 2 01 70 01
• „TuSch" (Trennung und Scheidung)
Frauen für Frauen e.V.,
Grimmstraße 1, ☎ 77 40 41
• Frauen beraten Frauen ☎ 5 99 95 70

Märkte

In fast jedem Stadtteil finden Märkte
statt, die schönsten sind:
• Viktualienmarkt, Altstadt: Mo - Fr
7.30 - 18 h, Sa 7.30 - 13 h. Portrait auf
Seite 314.
• Markt auf dem Wiener Platz, Haidhausen: Mo - Fr 7.30 - 18 h, Sa 7.30
- 13 h. Ein Dutzend fester Marktbuden
drängt sich mitten auf dem Wiener
Platz. Hier findet man neben frischem
Obst und Gemüse auch Wurst, Käse
und andere Lebensmittel.
• Elisabethmarkt, Elisabethplatz,
Schwabing: Mo - Fr 10 - 18 h, Sa 10
- 15 h. Elisabethplatz und Elisa-
bethstrasse wurden 1898 nach der
Kaiserin Sissi benannt. Den Markt
am Elisabethplatz hat man 1903
gegründet, wobei seine Wurzeln bis
1880 zurückreichen. Er ist, nach dem
Viktualienmarkt in der Altstadt, der
zweitgrößte der Stadt: hier findet
man Obst, Gemüse, Käse, Wurst, Wein
und internationale Spezialitäten
neben vielem Hausgemachten, wie
Marmelade wie von Großmutter.
• Viktualienmarkt Pasing, Bäckerstraße
7: Mo - Fr 10 - 18 h, Sa 10 - 15 h. Seit
1907 gibt es den Viktualienmarkt
Pasing, der erst ab 1930 in der

Bäckerstraße betrieben wurde. Mit der traditionell vielfältigen Auswahl an Blumen, Obst und Gemüse und den Angeboten an Fisch, Geflügel, Fleisch und Wurst ist er sich im Laufe der 100 Jahre seines Bestehens treu geblieben.

Studieren in München

• Ludwig-Maximilians-Universität, LMU-München, Geschwister-Scholl-Platz 1, 80539 München, ☎ 21 80 - 0, www.uni-muenchen.de
• TU-München, Arcisstraße 21, 80333 München, ☎ 2 89 - 01, www.tu-muenchen.de
• FH-München, Lothstraße 34, 80335 München, ☎ 12 65 - 0, www.fh-muenchen.de
• Hochschule für Musik und Theater, Arcisstraße 12, 80333 München, ☎ 2 89 - 03, www.musikhochschule-muenchen.mhn.de
• Akademie der Bildenden Künste, Akademiestraße 2, 80799 München, www.adbk.mhn.de
• Deutsche Journalistenschule, Altheimer Eck 3, 80331 München, ☎ 2 35 57 40, www.djs-online.de
• Hochschule für Philosophie, Kaulbachstraße 31a, 80539 München, ☎ 23 86 - 23 00, www.hfph.mwn.de
• Universität der Bundeswehr, 85577 Neubiberg, ☎ 60 04 - 1, www.unibw-muenchen.de
• Fachhochschule Weihenstephan, Am Hofgarten 4, 85350 Freising, ☎ 0 81 61 / 71 -33 39, www.fh-weihenstephan.de

Tiere

• Tierärztlicher Notdienst ☎ 29 45 28
• Tierambulanz ☎ 69 70 84 94
• Tierrettung e.V. ☎ 0 18 05 / 84 37 73
• Ignaz-Perner-Tierheim, Riemer Straße 270, ☎ 92 10 00 - 0, Di - Sa 13 - 16 h
• Tiervermisstenstelle ☎ 92 10 00 - 22
• Tierabgabe ☎ 92 10 00 - 44 (Hunde/Kleintiere), - 48 (Katzen)
• Tierärztliche Kliniken und Institute der Universität München, Veterinärstraße 13, ☎ 21 80 - 0
• Akademie für Tierschutz, Spechtstraße 1, Neubiberg, ☎ 6 00 29 10
• Bund gegen Mißbrauch der Tiere, Viktor-Scheffel-Straße 15, ☎ 38 39 52 - 0
• Franziskushilfe für notleidende Tiere e.V., Risserkogelstraße 6, ☎ 43 53 97 71
• Landesverb. für Vogelschutz in Bayern e.V., Klenzestraße 37, ☎ 20 02 70 - 6
• Tierhilfe Süden e.V. ☎ 39 77 22
• Tierrettung München e.V., Herzogstraße 127, ☎ 30 77 95 22, www.tierrettungmuenchen.de
• Tierschutzverein München e.V., Riemer Straße 270, ☎ 92 10 00 - 0

Touristen

Stadtführungen
• Cityhopper Touren, Hohenzollernstraße 95, ☎ 2 72 11 31, Stadtführungen per Rad und zu Fuß.
• Fremdenverkehrsamt/Gästeführungen, ☎ 23 33 02 34
• KunstTour, ☎ 36 10 10 83, www.kunst-tour.de
• Kutscherei Holzmann, Schwere-Reiter-Straße 22, ☎ 18 06 08
• Münchener Stadt-Rundfahrten oHG, Arnulfstraße 8, ☎ 55 02 89 95, www.muenchenerstadtrundfahrten.de
• Rikscha-Mobil, ☎ 1 29 48 08, www.

rikscha-mobil.de, ab Marienplatz
• Spurwechsel, ☎ 6 92 46 99, www.
spurwechsel.info, Stadtführung per
Rad, mit der Party-Tram oder zu Fuß.
• Stattreisen München e.V., Frauen-
lobstraße 8, ☎ 54 40 42 30, www.
stattreisen-muenchen.de, München
zu Fuß, per Tram oder mit dem Rad.
• Taxi-Guide München, 24-Stunden-
Service, ☎ 01 75 / 4 81 28 48,
www.taxi-guide-muenchen.de oder
IsarFunk Taxizentrale, ☎ 45 05 40 oder
Taxi München e.G., ☎ 2 16 10. Mit
dem persönlichen Taxi-Guide zu den
Sehenswürdigkeiten.
• Wei(s)ser Stadtvogel, ☎ 29 16 97 65,
www.weisser-stadtvogel.de. Jeden Fr
und Sa 10.30 und 13 h: Altstadtfüh-
rungen. Treffpunkt ist die Mariensäule
am Marienplatz. Themen: Henker,
Huren & Hexen, Bier, Märchen &
Sagen u.v.m.
Touristeninformation
• Fremdenverkehrsamt München,
☎ 2 33 - 03 00, Mo - Do 9 - 15 h, Fr 9 -
12.30 h, www.muenchen-tourist.de
Tourismus-Informationsstellen:
Hauptbahnhof, Bahnhofplatz 2,
☎ 2 33 - 3 02 56, - 3 02 57, Mo - Sa 10
- 20 h, So 10 - 18 h;
Rathaus, Marienplatz, ☎ 2 33 - 3 02 72,
- 3 02 73, Mo - Fr 10 - 20 h, Sa 10 - 16 h

Verkehr

Car-Sharing
• Stadt-Teil-Auto, Ollenhauerstraße 5,
☎ 6 37 77 77, werktags 9 - 12 h
• Stattauto,
Kapuzinerstraße 39, ☎ 2 02 05 70,
www.stattauto-muenchen.de.
• DB AG-Carsharing, ☎ 01 80 /
1 28 28 28, www.dbsharing.de
Flughafen München:
• ☎ 9 75 - 00, www.munich-airport.de
• Flugauskunft ☎ 9 75 - 2 13 13
• Besucherdienst/Führungen,
☎ 9 75 - 4 13 33
• Fundbüro ☎ 9 75 - 2 13 70
• Besucherpark/Rundfahrten:
täglich Flughafen-Rundfahrten für
Einzelbesucher (Mo - Sa 11.30 h,
13.30 h, 15.30 h; So + Feiertage
11.30 h, 12.30 h, 13.30 h, 14.30 h,
15.30 h) oder Gruppen (ab 15 Pers.
auch nach Vereinbarung),
☎ 9 75 - 4 13 33.
Mitfahrzentralen:
• Mitfahrzentrale ADM München,
Lämmerstraße 4, ☎ 1 94 40
• Känguruh-Mitfahrzentrale,
Amalienstraße 87, Amalienpassage,
☎ 1 94 44, www.carnetz.de
• Mitfahrzentrale für Frauen,
www.she-drives.de
Öffentlicher Personennahverkehr:
• Info-Telefon von MVG, MVV, DB AG

und Regionalverkehr Oberbayern
(RVO): ☎ 41 42 43 44 oder ☎ MVVINFO
(täglich von 6 - 24 h) oder
www.mvg-mobil.de
Taxi:
• Taxi-München eG, Zentrale,
☎ 1 94 10; Vorbestellung ☎ 21 61 - 0;
Besorgungsfahrten ☎ 21 61 - 57,
www.taxi-muenchen.com

Wohnen

Beratungsstelle:
• Amt für Wohnungswesen, Franziska-
nerstraße 6 - 8, ☎ 2 33 - 4 02 00,
Mo, Mi + Fr 8.30 - 12 h, für Berufstäti-
ge Mi 15 - 17 h
Mietervereine:
• Mieterbeistand e.V., Beratungsstelle,
Bavariaring 25, ☎ 79 91 96
• Mieterhilfe Deutschland e.V.,
Ringseisstraße 8, ☎ 5 43 83 53
• Mieterverein München e.V.,
Son-nenstraße 10, ☎ 55 21 43 - 0
• Mieterschutzverein Garching-Hoch-
brück e.V., ☎ 3 26 13 64
• Mieter helfen Mietern, Münchner
Mieterverein e.V., Weißenburger
Straße 25, ☎ 4 44 88 20
Mietspiegel:
• Mietspiegel für München, Broschüre
des Amtes für Wohnungswesen, Fran-
ziskanerstraße 6 + 8, ☎ 2 33 - 4 02 00,
Mo, Mi + Fr 8.30 - 12 h, für Berufstäti-
ge Mi 15 - 17 h
Mitwohnzentralen:
• Bed & Breakfast, Carmen Wiegandt,
Schulstraße 31, ☎ 1 68 87 81,
www.bed-breakfast-muc.de
• bed & breakfast München,
Klingerstraße 42, ☎ 76 99 69 00,
www.bed-and-breakfast.de/Muenchen
• City-Mitwohnzentrale am Haupt-
bahnhof, Lämmerstraße 4, ☎ 1 94 30
• Home Company, Germaniastraße 20,
☎ 1 94 45, www.HomeCompany.de
• Mitwohnzentrale an der Uni,
U-Bahnhof Universität, ☎ 2 86 60 60,
www.mwz-munich.com
• Statthotel, Donnersbergerstraße 57,
☎ 01 80 / 5 30 55 30, www.statthotel.de
• WG-Börse: www.wggesucht.de
Wohnungssuche:
Erfolg versprechender als Zettel an
Laternenpfählen sind nach wie vor
Anzeigen in der Abendzeitung (Ausgabe Di + Sa) in der SZ (Mi, Fr + im Internet), in Kurz & Fündig (Di), Münchner Wochenanzeiger (Sa) und in der
tz/im Münchner Merkur (Mi + Sa).
• Wohungssuche im Internet:
www.immobilien.de
www.immoscout24.de
www.immowelt.de
www.studenten-wohnung.de
www.wowohnen.de

INDEX

typisch münchen

kultur & erlebnis

freizeit & relaxen

essen & trinken

city & guide

Index

Index

Bier- und Oktoberfestmuseum (l.),
Rittersaal im Bayerischen Nationalmuseum

typisch münchen

kultur & erlebnis

freizeit & relaxen

essen & trinken

city & guide

Gastro-Index

Gastro-Index

8Seasons Terrasse

typisch münchen · kultur & erlebnis · freizeit & relaxen · essen & trinken · city & guide

(r = rechts, l = links, o = oben, m = mitte, u = unten, v = von):

8Seasons: 277/2. vu; 333; **A** Akakiko: 253 u; Alfonso's: 136 ol; Allianz-Arena: 3 lu; 105 o; 289; 292 o; 296 o; Alpamare.de: 89, 112 u; Alte Pinakothek (Foto: Haydar Koyupinar): 45; Anna Hotel: 216 l; 280 l; Archiv Bayern Tourismus Marketing GmbH: 81 o; 87 o; 94; Augustiner Keller: 180 u; **B** Badeanstalt: 277/2. vo; Bar Centrale (www.wilhelmy-fotografie.de): 136 u; Barysphär: 221 o; Bayer. Nationalmuseum: 46; 329 r; Bayer. Seenschifffahrt: 77 o + u; 79 or; 92 mr; 92 u; 93; Bayer. Staatsoper: 5 l; Bayer. Verwaltung der Schlösser, Gärten und Seen: 64 o; 80 u; 82 o; 85 u; 92 ml; Bier- und Oktoberfestmuseum: 47; 329 r; brik: 117; Bratwurst Glöckl am Dom: 180 m; Broeding: 216 ur; Buchheimmuseum (Foto: Ralf Gerard): 80 ol; **C** Café Glockenspiel Restaurant: 220 u; Café Ludwig (Foto: Alessandra Schellnegger): 216 or; Champor: 168; Cedar Lounge: 260 u; Chang Noi: 167; 173 or; Coffee-Fellows: 128; Cohen's: 217 u; Cosmogrill (Foto: Rüdiger Breitbach): 217 o; **D** Dallmayr: 121; 204 l; Das Kranz: 228 o; Dorint Sofitel Bayerpost: 204 r; 284 o; Dukatz: 221 u; **E** Easy Palace: 281 ml; **F** Fastfood Theater (Foto: Frommel Fotodesign): 28 u; Feuerwehrmuseum: 48 u; Filmfest München: 6 ol + 38 (Fotos: Eugen Haller): 20 u; Filmtheater Sendlinger Tor: 41; Forum Café-Restaurant: Titelfoto unten; 3 r; 113; Fraunhofer: 180 u; Fremdenverkehrsamt München: Aerobild Luftbild (65 u); Heinz Gebhardt (293, 313 o); Werner O. Hausmann (11 o); Robert Hetz (72); Wilfried Hösl: (53 o); Jochen Kankel (301, 305 o); Lothar Kaster (312 u); Tim Krieger (2, 297); Torsten Krüger (300 ml, 317); Alfred Müller (309; 316); Christl Reiter (Titelfoto o, 4 o, 8 u, 23, 112, 125, 177); Bernd Römmelt (3 lo, 308 o); Ulrike Romeis (312 o); Pierre Rouchaléon (14 u, 21 u); Hans Schmied (65 o); C. L. Schmitt (56 or); Rudolf Sterflinger (9 l); Christa Tkaczyk (56 or); Josef Wildgruber (65 m, 297 o, 300 ur, 304); Friedrich Zenz (308 u); Füssen Tourismus: 79 u; 85 m; **G** g*cafè-bar: 124 o; g34/gap: 141 u; Garibaldi: 237 o; Glyptothek: 303 u; Green City e.V.: 16 u; **H** Hans Lankes: 310; Haus der Kunst: 57; 60 (Foto: Florian Holzherr); Heike Bogenberger: 11 o; Heyluigi: 157 o + u; Hide Out: 156; Hinduküsch: 260 o; Hotel Am Nockherberg: 284 ur; Hotel ArabellaSheraton Westpark: 280 lu; Hotel Bayerischer Hof: 152/2. vu; 205 u; 281 o; Hotel Cortiina: 141 o; 280 r; Hotel Das Palace: 284 ul; Hotel Kempinski Vier Jahreszeiten: 272; Hotel Königshof: 285 u; Hotel La Maison: 228 u; 285 o; **I** Iberl-Bühne: 32 o; Innsbruck-Tourismus.com: 96 o + u; 97; **J** Jochen Schweitzer: 104 o + m; Joint Adventures (Foto: Benedict Johnson): 25; Jüdisches Museum: 302; Juha Päätalo: 8 o; 9 r; **K** Kaltenberger Rittertournier: 14/15 o (Foto: Peter Ernszt); 82 (Foto: Klaus Bock); Keller-Club: 161; Kino am Königsplatz (www.kinoopenair.de): 40; Kleine Schmausefalle: 188 o; Krimitheater: 28/2. vu; Kulisse: 229 u; Kull (www.wilhelmy-fotografie.de): 220 o; Kurbetrieb Pfronten: 85 o; Kur- und Verkehrsverein Bad Reichenhall: 105 u; Kurverwaltung Grainau: 88 ol; 88 o; 104 u; **L** La Villa: 12 o; 232 o + u; Lange Nacht der Museen/Programmhefttitel (Elka Jordanow) 16 m; Lardy: 264 l + r; Le Faubourg: 201, 203; Lenbach: 220 u; Literaturhaus (Fotos: Heidi Maier): 36 l + r; Loggia Lounge: 140 u; **M** Mangostin: 173 u; Max-Emanuel-Brauerei: 144 o; Max Faltlhauser: 107; Mia Supper & Club: 276 u; Michael Spaan: 4 u; 5 r; 6 u; 6 or; 7 o; 10 l + r; 12 r; 63 o + u; 66 o + u; 67, 68, 78; 79 ol; 80 m; 81 u; 101; 102; 103 o + u; 106; 111; 114 o; 115; 116 o; 118; 119; 124 ul + ur; 129 u; 133; 137 o; 150 m; 160 o; 172 r; 173 ol; 181 u; 185 o; 200 r; 212; 236; 240; 241; 259; 269 u; 290; 292 u; 294; 298; 300 or; 300 ol; 303 o; 305 m + u; 306 l + r; 307; 311; 315; 320; 321; 325; München Marathon: 17; Münchner Sommertheater (Foto: Beatrice Benedict): 29 o; Münchner Volkstheater (Foto: Johannes Seyerlein): 32; Muffatwerk: 181 o; Museum für Abgüsse: 48/49 o; Myra: 265 o + u; **N** Nachtgalerie (Foto: Hagen von Deylen): 276 o; Nage + Sauge: 224 m + u; Nektar: 229 o; Nero: 237 u; 244 u; Neue Pinakothek: 49 u; **O** Öeins: 225; Ötztal-Arena Tourismusverband (Foto: Ewald Schöpf): 95; Olympiapark: 61; 69; 313 u; Opera Players (Foto: Saskia Pavek): 24; Optimolwerke (Fotos: Andreas Heddergott): 150 l + r; Osteria Tendarossa: 249; **P** P1: 277 u; Piazza Linda: 245; Pinakothek der Moderne: 7 u; 52 (Foto: Sibylle Forster); 56 ol; Pommes Boutique: 233; Prinz Myschkin: 268 o; **R** Registrator: 277 u; Reizbar: 145 o; Riva (www.wilhelmy-fotografie.de): 248 u; Rockmuseum: 53 u; Ryan's Muddy Boot: 144 u; **S** Salzburg.info: 99 o + u; 100 u; Samara Oriental: 261; Sausalitos: 257; Schauburg (Foto: Digipott): 33; Schuhbecks in den Südtiroler Stuben: 205 o; Schuhbecks Weinbistro: 132 m; Sea-Life: 109 u; Seehaus: 224 ol; Sektion Oberland des DAV: 108; Seven Fish: 224 or (Alberto); Spektakel: 193 o; Spielart: 13; 21 o; Städt. Galerie im Lenbachhaus: 56 u; Städt. Kurverwaltung Bad Tölz: 88 m; Stadtwerke München: 74; Stefan Huber: 64 u; Substanz (Foto Franziska Schwarz): 164 ol; Südstadt: 148; 165; Sushi + Soul: 253 o; Swarovski-Kristallwelten: 100 o; **T** Tabacco: 164 u; Taj Mahal: 213 r; Tantris: 208; 178 o; 179 o; Tattenbach: 164 u; Tegernseer Tal-Gemeinschaft (Foto: Hans Metzger): 87 u; Theatron (Foto: Silberpfeil): 20 o; The Atomic Café (Foto: www.gesa-simons.de): 137 u; Theater am Sozialamt Tams: 2; 28 o; 29 u; Theater Kleines Spiel: 28/2. vo; Tourismus-prien. de: 92 u; Tourist-Info Kochel am See: 88 u; TV Pfaffenwinkel (Fotos: Willi Weidenauer): 83, 84 o; TV Starnberger Fünf-Seen-Land (Gronau): 80 u; **U** Unionsbräu: 196/2. vu; **V** Valentin-Karlstadt Theater (Foto: Oskar Henn): 35; Vegelangelo: 269 o; Veronika Strohmeir: 114 u; 116 u; 120 l + r; 129 o; 132 o + u; 145 u; 152 o; 152/2. vo; 162 u; 169; 172 ol + u; 185 u; 196 u; 200 l; 209 u; 213 l; 244 o; 248 o; 252; 268 u; Volkssternwarte München: 109 o; 110; **W** Waldwirtschaft: 184; 193 u; Wirtshaus im Grüntal: 188 u; Wirtshaus in der Au: 196 o; 296 u; Wirtshaus zum Isartal: 196/2. vo; Wirtshaus zum Straubinger: 197; Wotrys: 209 u; **Z** Zum Koreaner: 176;

STADTBUCH MÜNCHEN, Das Neue STADTBUCH MÜNCHEN
Mai 2007
Konzept: Hans Lankes
Redaktion & Satz: Hans Lankes und Michael Spaan
STADTBUCH-Team: Hanno Adam (ha), Adrian Beckner (ab), Liane M. Dubowy (lmd), Barbara Englinger (be), Hartmund Gabriel (hg), Elke Hoffmann (eh), Gerd Huber (gh), Andreas Kunkel (ak), Xaver Lang (xl), Reinhard Lankes (rl), Christian Meier (cm), Mario Nikoli (mn), Maximilian Oberwegner (mo), Ralph Peter (rp), Katharina Vähning (kv), Anita Vormer (av), Robert Wagner (rw) u. a.
Bildquellen/Fotografen: Seite 335

Verbesserungsvorschläge, Hinweise und Korrekturen sind immer willkommen:
STADTBUCH-VERLAG, Redaktion: Stadtbuch München, 93161 Eilsbrunn

ISBN: 3-930966-02-6 / 978-3-930966-02-8